환경
판례백선

(사) 한국환경법학회
대법원 환경법연구회

박영사

발 간 사

한국환경법학회와 대법원 환경법연구회가 환경판례백선을 발간합니다.

추진과정에서 대법원 환경법연구회와 협력하게 되었는데, 이렇게 학계와 법원이 힘을 모았다는 것 자체만으로도 의미가 있지만, 이에 더하여 환경법 도그마틱 발전의 의미까지 생각하게 됩니다. 법도그마틱은 법실무와 동떨어진 추상적인 것으로 오해되곤 하지만, 그것은 '실무차원의 법적용과 학문으로서 법학의 교집합'이라는 권위 있는 주장이 있습니다 (Schmidt-Assmann, Verwaltungsrechtliche Dogmatik, 2013). 그에 따르면, 법도그마틱은 사법부의 구체적인 판단과 학자들의 체계화된 질서정립을 통하여 이루어지는 법학의 핵심영역입니다. 이번 공동업적이 환경법 도그마틱 발전에 기여할 것으로 기대하는 이유가 여기에 있습니다. 이 점에서 앞으로도 양 기관의 협력이 이어지길 바라며, 이 일에 뜻을 함께 해 주신 대법원 환경법연구회 회장 설범식 서울고법 부장판사님과 회원 판사님들께 깊이 감사드립니다.

이번에 우리 학회 회원들이 보여준 적극적인 참여와 호응은 실로 기대 이상이었습니다. 이는 1977년 학회 창립 이래 지난 40여 년간 이상규 명예회장님(초대회장)과 고문님들을 비롯한 여러 선생님들이 지켜 온 우리 학회의 저력일 것입니다.

특별히 감사드려야 할 (학회) 분들이 더 있습니다. 저의 간행위원장 제의를 흔쾌히 수락하셨던 김홍균 위원장님은 특유의 리더십으로 출간에 결정적으로 기여하셨습니다. 간행위원들도 헌신적으로 수고하셨는데, 특히 박태현 위원님(간사), 이순자 위원님, 김태호 위원님, 최종편집을 맡았던 김성배 위원님이 큰 역할을 하셨습니다. 환경법 권위자이신 송동수, 조홍식, 전경운 세 분 교수님은 감수위원으로 노고 많으셨습니다. 학회 총무이사 박종원 교수님은 학회 차원의 실무를 빈틈없이 처리하셨습니다. 본서의 의미를 잘 이해해주셨던 박영사 조성호 이사님께도 감사의 인사를 전합니다.

이번 출간의 주인공인 필진들, 그리고 이번엔 참여하지 못했지만 환경법연구의 길을 늘 함께 걸어갈 회원님들과도 출간의 기쁨을 함께하고 싶습니다. 앞으로도 계속될 우리들의 환경법 열정으로 이 땅에서 건강하고 쾌적한 환경에서 생활할 권리가 더 잘 실현되어 가리라 믿습니다. 감사합니다.

2019년 12월

(사)한국환경법학회 회장 김현준

발 간 사

쾌적한 환경은 인간의 건강과 문화적인 생활의 향유에 필수적입니다. 이를 위하여 우리는 자연환경의 훼손을 최소화하고, 모든 유형의 환경오염을 방지하도록 노력하여야 합니다. 한편, 산업화의 진전에 따른 사업 활동의 증가는 미래세대까지 위협하는 심각한 환경오염을 수반하고 있습니다. 환경개발과 환경보전이라는 쟁점은 가치관이 상충되는 지점이기도 합니다. 또한 온실가스 배출로 인한 지구온난화에 따른 기후변화와 미세먼지의 확산 등은 어느 한 국가 차원의 문제를 넘어섭니다.

환경 법령의 해석에 있어서나 환경에 관한 권리의 침해로 인한 구제에 있어서 당사자 적격이나 처분성 및 입증책임의 완화 또는 전환 등 다양한 법적 쟁점이 대두됩니다. 이러한 쟁점에 대처하기 위하여 기존 환경 관련 법률에 대한 유연한 해석이나 새로운 입법론이 주장되기도 합니다. 그러나 이에 못지않게 환경 관련 판례에 대한 평석을 통하여 현재까지 제기된 법적 쟁점들을 명확하게 분석하는 작업이 중요합니다.

대법원 환경법연구회는 환경법 분야에 관심을 가진 법관들이 모여 대법원 산하에 2000년에 설립한 학술연구모임으로 매년 환경 관련 법률 및 판례에 관한 연구 결과를 발표하는 세미나를 지속해 왔습니다. 2009년에는 일본 환경판례백선을 번역하여 외국 판례와의 비교를 통한 환경 분쟁 사례를 연구하였습니다. 이젠 우리나라에도 환경권 및 환경 관련 법률의 다양한 쟁점을 다룬 판례가 상당히 나왔고, 환경 판례에 대한 연구 자료도 충분히 축적되었기에 우리나라 환경 판례를 체계적으로 분석하고 평가한 책자가 필요한 시점입니다.

우리 연구회는 마침 이러한 책자 발간의 필요성에 공감한 한국환경법학회와 공동으로 환경판례백선을 발간하게 되었습니다. 환경판례백선의 공동발간에 흔쾌히 동의해주신 한국환경법학회 김현준 회장님을 비롯한 관계자분들께 감사의 말씀을 드립니다. 그리고 재판업무로 바쁜 와중에도 틈틈이 시간을 내어 원고 작성을 해주신 환경법연구회 회원님들과 편집 및 감수 작업에 열정적인 노력을 해주신 이영창, 임정엽 부장판사님, 한지형, 박진욱 판사님께 감사드립니다. 앞으로 이 책자가 우리나라 환경법 분야 법리 발전의 토대가 되리라고 믿습니다.

2019년 12월
대법원 환경법연구회 회장 설범식

간 행 사

다소 늦은 감이 없지 않으나 이 책이 출간된 것이 여간 다행이 아니다. 환경판례가 계속 축적되어 가고 있는 상태에서 개인적으로 어느 단계에선가 정리해야겠다는 숙제를 가지고 있었는데, 최근에 혼자만으로는 힘들다는 것을 명확히 알게 되었다. 그러든 차에 학회 차원에서 판례집을 출간하자는 제안이 있었고, 나는 기꺼운 마음으로 참여 의사를 밝혔다. 어디로 갈지는 정확히 모르지만 옳은 것이기에.

판례는 대표성과 상징성, 최신성 등을 고려하면서 가능하면 주제가 한 쪽으로 치우치지 않게 여러 분야에 골고루 걸치도록 선정하였다. 원고 작성의 큰 원칙으로는 지나치게 학문적이지도 않고 지나치게 실용적이지도 않을 것으로 정하였다. 이는 독자의 입장에서 보면 핵심 판례에 대해 접근이 용이하고 그 내용을 쉽게 이해할 수 있게 된다는 것을 의미한다. 이 책은 이론과 실무의 경계에서 중심을 잡으면서 판례를 평석하고 있다고 할 수 있는데, 여기에 대법원 환경법연구회와 변호사 등의 참여가 크게 기여하였다고 할 수 있다. 판사, 변호사 등 다수 실무자의 동참은 다른 학회에서 발간하는 판례집에서는 쉽게 볼 수 없는 환경법 역사에서 상징적인 사건이라고 할 수 있으며, 두고두고 이 책의 자랑거리로 남을 것이다.

잊기 전에 이 즈음에서 감사의 말을 전해야겠다. 우선 원고를 집필해준 필자들에게 감사를 드릴 수밖에 없다. 필진으로 가능하면 많이 참여하는 것이 좋겠다는 생각을 하면서도 과연 그 수가 많겠는가 걱정을 하였는데, 결과적으로 '한 필자 한 판례'를 원칙으로 정할 정도로 많은 필진이 참여하였다. 회장, 편집위원들, 감수위원들도 적시에 세심한 노력으로 답해주었다. 결론적으로 이들의 애정이 없었다면 이 책은 나오기 힘들었을 것이다.

필자들에게 분량을 정하고 시간 엄수를 독촉한 것은 미안하기 그지없다. 분량을 엄격히 제한한 것은 이 책이 논문집이 아니고 원고 간에 균형을 맞추어야 한다는 점이 중요한 이유였다. "흐린 것을 버리면 맑음이 절로 나타날 것이다"라는 말을 생각하였던 것도 같다. 시간 독촉은 필자들에게 가장 미안한 부분인데, 매사에 집중력을 이길 수 있는 무기가 많지 않다는 개인적 믿음도 작용하였다. 10개월. 짧다면 짧은 기간에 큰 차질 없이 출간에 이르게 된 것은 나에겐 큰 영광이라고 할 수 있다. 개인적으로나 학회 차원에서 숙원사업을 해결한 것 같아 번잡함이 사라지는 것 같다.

2019년 12월
간행위원회 위원장 김홍균

[집필진명단] (가나다순)

강 정 혜 (서울시립대학교)	신 성 욱 (춘천지방법원 강릉지원)
강 종 선 (창원지방법원)	신 원 일 (춘천지방법원 속초지원)
강 현 호 (성균관대학교)	신 지 형 (녹색법률센터)
고 은 설 (광주지방법원 목포지원)	신 철 순 (서울중앙지방법원)
구 도 형 (법무법인(유한) 태평양)	안 경 희 (국민대학교)
구 지 선 (녹색기술센터, 법학박사)	안 종 오 (법무법인 서중)
권 순 현 (서울중앙지방법원)	엄 윤 령 (법무법인(유한) 광장)
김 홍 (법무법인(유한) 율촌)	위 광 하 (서울고등법원)
김 길 량 (서울고등법원)	윤 용 희 (법무법인(유한) 율촌)
김 남 욱 (송원대학교)	윤 익 준 (부경대학교)
김 대 인 (이화여자대학교)	윤 태 현 (김·장 법률사무소)
김 도 요 (부산지방법원)	이 기 춘 (부산대학교)
김 상 민 (법무법인(유한) 광장)	이 상 윤 (서울중앙지방법원)
김 새 미 (서울중앙지방법원)	이 순 자 (고려대학교)
김 성 배 (국민대학교)	이 승 훈 (청주지방법원 충주지원)
김 성 수 (연세대학교)	이 영 창 (광주고등법원 전주재판부)
김 성 인 (수원지방법원)	이 유 봉 (한국법제연구원)
김 유 성 (서울중앙지방법원)	이 윤 정 (김·장 법률사무소)
김 윤 희 (광주지방법원)	이 재 욱 (서울고등법원)
김 은 주 (제주대학교)	이 준 서 (한국법제연구원)
김 종 천 (한국법제연구원)	이 희 정 (고려대학교)
김 중 권 (중앙대학교)	임 현 (고려대학교)
김 지 희 (대법원 재판연구관)	장 철 원 (법무법인 정상)
김 치 환 (영산대학교)	전 인 환 (김·장 법률사무소)
김 태 호 (서울대학교)	정 완 (서울중앙지방법원)
김 현 아 (법무법인(유한) 태평양)	정 훈 (전남대학교)
김 현 준 (영남대학교)	정 남 철 (숙명여자대학교)
류 권 홍 (원광대학교)	정 지 영 (법무법인(유한) 율촌)
류 직 하 (김현석·함윤식 법률사무소)	조 민 정 (한국환경공단, 변호사)
문 병 선 (법무법인(유한) 태평양)	조 은 래 (부산외국어대학교)
박 노 을 (대구지방법원 안동지원)	조 혜 인 (법무법인(유한) 광장)
박 대 범 (제주지방검찰청)	주 신 영 (법률사무소 ELPS)
박 대 영 (법무법인 케이엘에프)	진 재 용 (법무법인(유한) 강남)
박 상 훈 (서울중앙지방법원)	채 동 수 (부산고등법원 창원재판부)
박 시 원 (강원대학교)	채 영 근 (인하대학교)
박 종 원 (부경대학교)	최 봉 석 (동국대학교)
박 종 준 (한국법제연구원)	최 승 필 (한국외국어대학교)
박 지 혜 (기후솔루션, 변호사)	최 우 용 (동아대학교)
박 창 신 (법무법인(유한) 강남)	최 인 호 (충남대학교)
박 태 현 (강원대학교)	최 철 호 (청주대학교)
박 희 경 (한국환경공단, 변호사)	한 귀 현 (순천대학교)
배 병 호 (성균관대학교)	한 수 연 (법무법인(유한) 율촌)
배 영 근 (법무법인 자연)	한 지 형 (서울남부지방법원)
설 동 근 (법무법인(유한) 광장)	함 태 성 (강원대학교)
설 정 은 (수원지방법원)	허 성 욱 (서울대학교)
성 봉 근 (서경대학교)	현 준 원 (한국법제연구원)
소 병 천 (아주대학교)	황 성 익 (법무법인 세종)
송 승 훈 (인천지방법원)	황 형 준 (김·장 법률사무소)

차 례

제 1 장 환경권

제 2 장 환경정책기본법

제 3 장 환경영향평가

제 4 장 자연환경

제 5 장 물환경

제9장　토양환경

제10장　환경피해 공법상 구제

제11장 환경피해 사법상 구제

제12장 환경형법

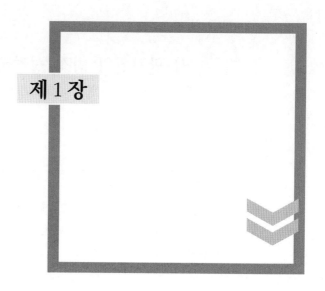

제1장

환경권

[1] 환경권의 법적 성격과 기본권 침해의 심사기준

—헌재 2008. 7. 31. 2006헌마711 결정—

김 태 호 (서울대학교)

[사실 개요]

1. 청구인 甲은 전국 동시 지방선거를 비롯해 공직선거마다 발생하는 과도한 소음, 특히 선거운동을 위해 사용하는 확성기 소음이 심해 고통을 받고 있다고 주장한다. 이에 甲은 공직선거법의 선거운동 관련 규정이 확성장치의 출력수 제한 등 소음허용기준 조항을 제대로 두지 않았기 때문에 자신의 건강하고 쾌적한 환경에서 생활할 권리(환경권)가 침해되었다는 이유로 헌법소원심판을 청구하였다.

2. 헌법소원심판의 대상이 된 법률조항(공직선거법 제79조 제3항, 제216조, '이 사건 법률조항')은 선거 후보자가 공개장소에서 연설·대담을 위하여 자동차 1대와 이에 부착된 확성장치 및 휴대용 확성장치 1조를 각각 사용할 수 있다고 규정하고 있다.

[결정 요지]

1. 일정한 경우 국가는 사인인 제3자에 의한 국민의 환경권 침해에 대해서도 적극적으로 기본권 보호조치를 취할 의무를 진다. 그러나 그 경우 이 사건 법률조항으로 인하여 환경권이 침해되었는지를 헌법재판소가 심사할 때에는 국가가 국민의 기본권적 법익 보호를 위하여 적어도 적절하고 효율적인 최소한의 보호조치를 취했는가 하는 이른바 과소보호금지원칙의 위반 여부를 기준으로 삼아야 한다.

2. **[재판관 3인의 법정의견]**

청구인의 기본권적 법익이 침해되고 있음이 명백히 드러나지 않고, 공직선거법의 규정을 보더라도 확성장치로 인한 소음을 예방하는 규정이 불충분하다고 단정할 수도 없으며, 기본권보호의무의 인정 여부를 선거운동의 자유와의 비교형량하에서 판단할 때, 확성장치 소음규제기준을 정하지 않았다는 것만으로 청구인의 정온한 환경에서 생활할 권리를 보호하기 위한 입법자의 의무를 과소하게 이행하였다고 평가할 수는 없다.

[재판관 4인의 반대의견]

이 사건 법률조항은 관련 법익을 형량하여 기본권 보호의무를 이행하는 데 있어서 환경권을 과소하게 보호하고 있고, 이로 인해 청구인이 누려야 할 정온한 환경에서 생활할 권리의 침해를 가져왔다고 하지 않을 수 없으므로, 입법자가 공직선거 시 유발되는 선거소음에 대한 입법을 개선할 수 있도록 이 사건 법률조항에 대하여 헌법불합치 결정을 선고하여야 한다.

해설 ───────────────────────────────────

I. 대상결정의 의의 및 쟁점

선거운동에서 확성장치를 사용할 수 있도록 허용하면서도 소음에 대한 명확한 허용기준을 두지 않은 공직선거법 법률조항의 불충분성(부진정 입법부작위)을 놓고 환경권 침해 여부를 판단한 헌법재판소의 본 결정은 현재까지 환경권의 침해 여부를 정면으로 취급한 유일한 헌법소원 사례이다. 그 점에서 대상결정의 세부적인 설시사항을 살펴보는 것은 헌법재판소가 환경권의 법적 성격과 환경권의 침해 여부 판단방법에 대해 어떤 법리적 관점을 취하고 있는지 확인하는 의의가 있다.

II. 대상결정의 판단 구조

1. 환경권의 성격

헌법재판소는 우선 기본권으로서 환경권의 법적 성격에 관한 일반적 언급을 하고 있다. 이에 따르면 환경권은 "건강하고 쾌적한 생활을 유지하는 조건으로서 양호한 환경을 향유할 권리이고, 생명·신체의 자유를 보호하는 토대를 이루며, 궁극적으로 '삶의 질' 확보를 목표로 하는 권리"이다. 그리고 환경권은 "국가로부터 건강하고 쾌적한 환경을 향유할 수 있는 자유를 침해당하지 않을 권리"(자유권적 성격)이면서 "일정한 경우 국가에 대하여 건강하고 쾌적한 환경에서 생활할 수 있도록 요구할 수 있는 권리"(사회권적 성격)로서의 성격을 갖는 종합적 기본권이라고도 한다.

특히 주목할 바는 환경권의 독자성과 구체적 권리성을 인정한 점이다. 문헌 중에는 우리 헌법 고유의 환경권이 갖는 특수성을 소극적으로 파악함으로써 자유권으로서 환경권의 보호하는 영역의 설정에 소극적인 견해들이 있으나(이런 견해에 따르면 소음으로 인한 생명·신체에 대한 피해는 환경권이 아니라 신체의 자유, 생명권 내지 건강권의 문제가 된다. 이부하, 727면) 대상결정은 환경권의 독자적 영역과 그 구체적 권리성을 긍정하고 있다(김태호, 5-6면; 최희수, 448면 이하 참조). 대상결정에 따르면 또한 환경권의 법률유보 조항은 "특별히 명문으로 헌법에서 정한 환경권을 입법자가 그 취지에 부합하도록 법률로써 내용을 구체화하도록 한 것"이라고 한다. 이 점에서 환경권은 "일정한 요건이 충족될 때 환경권 보호를 위한 입법이 없거나 현저히 불충분하여 국민의 환경권을 과도하게 침해하고 있다면 헌법재판소에 그 구제를 구할 수 있"는 구체적 권리이다.

2. 환경권을 위한 국가의 보호의무

대상결정은 제3자인 사인으로부터 유발되어 기본권에 대한 위법한 침해가 발생했거나 침해 우려가 있는 일정한 상황에서 국가가 기본권 주체를 보호할 의무가 생긴다고 보는, 이른바 국가의 기본권 보호의무 이론을 수용한 점에서 특징적이다. 이러한 법리의 수용은 이상과 같은 상황이 환경분쟁에서는 흔한 구도라는 점에서 의미가 크다. 즉 환경분쟁에서는 국가가 직접적으로 환경피해를 초래하여 기본권 주체의 (자유권적) 환경권이 침해되는 상황보다는 제3자라 할 사적 주체의 활동으로 인하여 환경피해가 발생함으로써 환경권의 향유 주체가 쾌적한 환경에서 생활할 수 없게 될 때 환경권이 어떤 기능을 할 수 있는지가 더 빈번하게 문제될 수 있기 때문이다.

3. 환경권 보호의무 위반 심사기준으로서 과소보호 금지원칙

국가가 기본권에 대한 보호의무를 진다고 하더라도 헌법재판소의 심사에는 일정한 제한이 따른다. 국가의 구체적인 보호수준 이행에 대한 평가는 국가작용의 재량적 측면을 존중할 필요도 있고, 이 사건에서 보듯이 제3자인 사인의 활동을 뒷받침하는 기본권 역시 함께 고려되어야 할 것이기 때문이다. 이에 헌법재판소 또한 국가가 국민의 기본권적 법익 보호를 위하여 적어도 적절하고 효율적인 최소한의 보호조치를 취했는가 하는 이른바 "과소보호 금지원칙"을 기본권 침해에 대한 판단기준으로 삼아 왔다. 여기서 과소보호 금지 위배 여부에 대한 판단기준은 개별 사례별로 ① 관련 법익의 종류 및 그 법익이 헌법 질서에서 차지하는 위상, ② 그 법익에 대한 침해 위험의 태양과 정도, ③ 상충하는 법익의 의미 등을 비교 형량하여 구체적으로 확정하여야 한다.

Ⅲ. 사건에서의 구체적 적용과 대상결정의 평가

1. 대립된 견해의 논거

이 사건 법률조항의 경우에 확성장치를 1대 사용할 수 있다는 제한이 이미 있으므로 소음에 대한 국가의 보호의무 이행이 전무하다고 할 수는 없다. 문제는 이 사건 법률조항에서 소음·진동규제법에서와 같이 확성장치의 출력수, 사용시간, 사용장소 등에 대해서까지 세부적인 규정을 두었어야 온전히 기본권 보호의무가 이행되었다고 할 것인가에 있다.

법정의견은 선거운동의 자유와 보장을 감안할 때 그러한 수준의 보호의무를 강제할 정도는 아니라는 취지이다. "입법자가 소음에 대한 규율을 명확히 설정하지 않아 그로 인해 불편과 피해가 발생할 여지가 있다고 하더라도 그것이 기본권 보호의무 위반에 해당하여 헌법상 보장된 기본권의 침해로 인정되려면, 입법자가 기본권적 법익 보호를 위하여 적절하고 효율적인 최소한의 보호조치를 취했는가를 살펴서 그 보호조치 위반이 명백하여야 할 것"인데 "청구인의 정신적·육체적 법익 침해가 청구인의 수인한도를 넘어설 정도"는 아니라는 것이다.

반면, 반대의견은 "환경권은 국민의 생명·신체의 안전에 관한 법익과 밀접하게 관련되어 있으므로 입법자가 그에 대한 보호의무를 충분하게 이행하고 있는지를 심사할 때에는 국민의 생명·신체의 안전이라는 법익의 중대성과 헌법 질서에서 위상, 법익에 대한 위험의 직접성·심각성·불가역성 등을 종합 검토하여 입법자의 보호의무 위반이 명백한지에 대한 판단에서 나아가, 입법내용에 대한 보다 엄격한 통제가 가해질 필요가 있다"고 하면서 소음을 유발하는 선거운동을 할 필요가 없게 된 사회현실에서 규정을 제대로 마련하지 않은 것은 기본권 보호의무를 위반한 것으로 보았다.

2. 평가

반대의견의 견해는 소음이 유발하는 건강침해의 위험성과 분산된 불이익의 보호를 위한 환경권의 중요성을 강조하고 있다는 점에서 장차의 법 형성에서 숙고되어야 할 지적을 제시하고 있다. 만약 그와 같은 잣대를 다른 사건에서도 적용해 나간다면 환경권의 규범력을 대단히 적극적으로 확장할 수 있을 것이다. 그러나 대상결정에서 결론은 법정의견이 타당했다고 생각한다. 선거소음의 실태나 그 피해에 대한 어느 정도의 과학적 근거 제시 없이 기본권 보호의무의 위반을 인정한다는 것은 실증적인 논거가 부족한 논증이 될 것이기 때문이다. 반대의견이 채택되었다면 과소보호 금지원칙의 불명확성 또는 자의적 적용의 문제가 제기되었을 것이다.

참고문헌

김태호, "환경권과 헌법 개정 입법론적 접근", 환경법연구 제39권 제2호 (2017)
이부하, "공직선거법상 선거운동 시 확성장치 소음제한기준", 일감법학 제21호 (2012)
최희수, "환경권과 국가의 보호의무 헌재 2006헌마711 결정", 강원법학 제50권 (2017)

[2] 환경권의 법적 성질과 환경이익의 보전
— 대법원 1995. 5. 23. 94마2218 결정 —

이 유 봉 (한국법제연구원)

[사실 개요]

1. 1989. 12. 11. 피신청인은 골프연습장 설치부지인 토지에 대한 소유권을 취득하게 되었다. 골프연습장 건설부지가 속하는 청담공원은 야산 형태의 자연림지역으로 1970년대 중반경 공원용지로 지정된 바 있고, 골프연습장 건설부지 면적은 청담공원 전체 면적의 19%에 달하였다. 1990. 8. 30. 건설부장관이 도시계획시설(청담근린공원) 조성계획을 고시한 이후, 1992. 9. 1. 서울특별시장이 위 계획을 변경하여, 일부 용지를 골프연습장 및 부대시설로 하는 조성계획을 고시하였다. 이에, 1993. 8. 5. 피신청인이 강남구청장에게 조성사업실시계획의 인가를 신청하였는데, 1993. 10. 27. 주민의 반대 민원과 진입로의 교통혼잡을 이유로 위 신청에 대하여 반려결정을 하였다. 이에 1993. 12. 6. 피신청인이 서울시장에게 행정심판을 제기하자, 서울시는 신청반려처분을 취소하는 재결을 하였고, 이에 따라, 1993. 12. 20. 강남구청장은 골프연습장설치를 인가하였다. 이어, 1994. 1. 29. 피신청인에게 용도를 운동시설로, 주차시설 및 오수정화시설을 갖춘 건축물의 건축허가를 하였고, 해당 부지의 나무를 벌채한 후 부지에 대한 토목공사를 실시하였다.

2. 신청인인 '청담공원 인근 주민' 286명은 골프연습장 부지 소유자인 피신청인을 상대로, 첫째로, 토지를 공원으로서 자유롭게 이용할 수 있는 권리와 둘째로, 수면 및 조용한 생활, 경관 및 생활환경이 파괴될 급박한 위험이 있어 쾌적한 환경에서 생활할 수 있는 권리가 침해된다는 이유로 환경권을 피보전권리로 하여 골프연습장 설치를 금하는 가처분신청을 하였다. 원심(서울고법 1994. 10. 15. 94라90 결정)은 그러나 모두 신청인의 청구를 기각하였다.

[결정 요지]

1. 헌법 제35조 제1항은 환경권을 기본권의 하나로 승인하고 있으므로, 사법의 해석과 적용에 있어서도 이러한 기본권이 충분히 보장되도록 배려하여야 하나, 헌법상의 기본권으로서의 환경권에 관한 위 규정만으로서는 그 보호대상인 환경의 내용과 범위, 권리의 주체가 되는 권리자의 범위 등이 명확하지 못하여 이 규정이 개개의 국민에게 직접으로 구체적인 사법상의 권리를 부여한 것이라고 보기는 어렵고, 사법적 권리인 환경권을 인정하면 그 상대방의 활동의 자유와 권리를 불가피하게 제약할 수밖에 없으므로, 사법상의 권리로서의 환경권이 인정되려면 그에 관한 명문의 법률규정이 있거나 관계 법령의 규정취지나 조리에 비추어 권리의 주체, 대상, 내용, 행사방법 등이 구체적으로 정립될

수 있어야 한다.

　2. 관할행정청으로부터 도시공원법상의 근린공원 내의 개인 소유 토지상에 골프연습장을 설치할 수 있다는 인가처분을 받은 데 하자가 있다는 점만으로 바로 그 근린공원 인근 주민들에게 토지소유자에 대하여 골프연습장 건설의 금지를 구할 사법상의 권리가 생기는 것이라고는 할 수 없다.

　3. 도시공원법상 근린공원으로 지정된 공원은 일반 주민들이 다른 사람의 공동 사용을 방해하지 않는 한 자유로이 이용할 수 있지만 그러한 사정만으로 인근 주민들이 누구에게나 주장할 수 있는 공원이용권이라는 배타적인 권리를 취득하였다고는 할 수 없고, 골프연습장 설치인가처분에 하자가 있다는 이유만으로는 근린공원 내의 개인 소유 토지상에 골프연습장을 설치하는 것이 인근 주민들에 대한 불법행위가 된다고 할 수도 없다.

해설

Ⅰ. 대상결정의 의의 및 쟁점

　대상결정은 환경권의 사법적 효력에 대해 판단한 초기의 판례로서, 환경권을 피보전권리로 하는 공사금지 가처분 신청 등, 환경권을 근거로 한 사법상의 청구에 관한 수많은 판결에서 인용되었다. 이 판례는 헌법 제35조의 환경권 조항의 직접적 효력을 부정하고, 법률에서 권리의 주체, 대상, 내용, 행사 방법 등이 구체적으로 정하는 경우에만, 법률을 근거로 해당 권리가 주장될 수 있다고 하여, 공원이용권 등 구체적 근거 법률이 없는 경우에는 이를 소송에서 권리로서 주장할 수 없다고 보았다.

Ⅱ. 대상결정의 분석

1. 환경권의 법적 성질과 효력

　대상결정에서 대법원은 헌법 제35조 제1항의 환경권에 대하여는 "사법의 해석과 적용에 있어서도 이러한 기본권이 충분히 보장되도록 배려"하도록 하여야 한다고 보면서도, 헌법만으로는 "보호대상인 환경의 내용과 범위, 권리의 주체가 되는 권리자의 범위 등이 명확하지 못하여" 구체적 사법상의 권리를 인정할 수 없다고 보았다. 또한 사법적 권리로서의 환경권을 인정한다면 다른 사람의 활동의 자유와 상충될 여지가 있어, 이러한 권리들 간의 조정, 권리의 내용과 한계에 대하여는 국민의 대표로 구성되는 국회가 제정하는 법률에 따라 정하여야 한다고 판단하였다. 이것을 헌법 제35조 제2항에서 "환경권의 내용과 행사에 관하여는 법률로 정한다"고 규정한 취지라고 해석하였다.

2. 처분의 하자와 사법상의 권리

이 사건에서 원고는 골프연습장 인가처분이 헌법상 환경권 조항 및 도시공원법, 도시계획법에 위배되어 당연무효라고 주장하고, 당연무효인 인가처분에 근거한 골프장 건립이 신청인들에게 초래하는 생활, 주거환경, 교통체증, 소음, 조명 피해 등 민법상 상린관계 또는 생활이익을 피보전권리로 제시하였다. 원심은 그러나 위 인가처분이 취소되지 않는 한 하자가 중대 명백하다고 보기 어려워 당연무효라고 보기 어렵다고 보았다. 그리고는 인가처분에 부가된 민원해결방안(주차장 확보, 방음시설, 경관 조성, 식재, 조명차단 등)을 위한 조건을 이행할 경우, 생활환경 침해가 수인한도를 넘는다고 보기 어렵다고 판단했다.

대법원은 이러한 원심의 판결을 그대로 받아들였는데, 다만, 판결 요지에서 "인가처분을 받은 데 하자가 있다는 점만으로 바로 … 공원 인근 주민들에게 토지소유자에 대하여 골프연습장 건설의 금지를 구할 사법상의 권리가 생기는 것이라고는 할 수 없다."고 하고 있으면서도, 여기서 "바로" 즉, 직접적 근거로서가 아닌, 처분의 하자가 가지는 사법상의 권리에 대한 의미가 어떠한 것인지는 구체적으로 적시하지 않아, 처분의 하자가 사법상의 권리에 미치는 영향에 대한 대법원의 취지를 분명하게 알기는 어렵다. 다만, 가처분의 피보전권리가 사법상의 권리인 상린관계나 생활이익인 경우, 그 침해 여부에 대하여는 수인한도를 넘었는지라는 사법적 법리에 기초하여 판단한 것은 읽을 수 있다.

3. 공원이용권의 법적 성질

이 판결은 근린공원에 대해 주민들이 사용하는 이익은 공원이용권이라는 배타적 권리라고 볼 수 없다고 하였다. 그리고 근거 조문으로 "물권은 법률 또는 관습법에 의하는 외에는 임의로 창설하지 못한다"는 민법 제185조와 도시에서의 공원녹지의 확충·관리·이용 및 도시녹화라는 입법목적으로 정하는 도시공원 및 녹지 등에 관한 법률 제1조를 들고 있다.

그러면서 여기에서도 골프연습장설치 인가처분의 하자를 이유로 불법행위를 구성하지 않는다고 하였으나, 인가처분의 '하자'가 가지는 사법상의 권리에 대한 의미가 어떠한 것인지는 구체적으로 제시하지는 않았다. 다만, 원심의 판결을 통해서 추측해 보면, 공원이용으로 인한 이익의 침해가 수인한도를 넘어 불법행위를 구성할 정도에 이르지 않는 한 피보전권리로 인정되기 어렵다는 의미로 판단한 것으로 보인다. 즉, 불법행위를 구성할 정도의 생활이익의 범주에 해당하는가는 별론으로 하고, 공원이용권이라는 것은 그 자체로 독자적 권리(물권)를 인정하기는 어렵다고 보았다.

Ⅲ. 대상결정의 평가

대상결정은 환경권에 기한 방해배제청구를 위한 가처분 신청사건으로는 거의 최초의 판결로서, 환경권이 개인의 사적 권리로 사회적으로 인식되기 시작하는 사회적 흐름을 인지할 수 있는 판례라고 할 수 있다. 즉, 환경권을 권리로 인식하고 이에 대한 권리구제를 시도했다는 사회적 의미는 인정될 수 있다. 다만 헌법상 환경권의 직접적 효력에 대하여는 부정적으로 해석하였으며, 이러한 태도는 부산대사건 등 이후의 관련 판례(대법원 1997. 7. 22. 96다56153 판결; 대법원 1998. 4. 10. 96다52359 판결; 대법원 1999. 7. 27. 98다47528 판결 등)에 많은 영향을 미쳤다.

그러나 대상판결은 사법적 이론에 충실하면서도 여러 가지 부분에서 분명한 논리를 근거로 판단하지는 않았다. 예를 들면, 수인한도를 넘었는가를 상린관계뿐 아니라 불법행위를 구성하는가의 판단기준으로 인정하는 논리 또는 근거나, 처분의 하자 또는 위법성과 사법적 권리의 관계에 대하여는 뚜렷한 인식이나 논리를 가지고 있는 것으로 보이지 않는다는 점에서 여러 가지 점에서 한계를 남기고 있다. 그러나 환경권을 권리로 인식하고 이에 대한 권리구제를 시도했다는 사회적 의미는 인정될 수 있을 것이다.

참고문헌

문광섭, "환경침해에 대한 유지청구", 재판자료 제94집(상) (2002)
윤진수, "환경권 침해를 이유로 하는 유지청구의 허용 여부", 대법원판례해설 23호 (1995)
조홍식, "유지청구 허용 여부에 관한 소고", 민사판례연구 제22권 (2000)

[3] 환경권의 법적 성질과 환경이익의 보전

— 대법원 1995. 9. 15. 95다23378 판결 —

조 은 래 (부산외국어대학교)

[사실 개요]

1. 신청인 甲(부산대학교)은 부산대학교 부지와 인접한 토지의 소유자인 피신청인 乙(강암주택)이 당해 행정청으로부터 그 토지의 지상에 24층의 아파트 1개동 277세대의 건축에 관한 사업시행승인을 받고, 17층 부분의 골조공사를 진행하였다. 이보다 앞서 신청인 甲은 이 사건 토지로부터 불과 20 내지 40m 떨어진 거리에 5층 높이 첨단과학관의 건축을 이미 완공하였다.

2. 이에 甲은 만일 乙이 건설 중인 24층 높이의 아파트가 완공되는 경우, 그 건물의 높이가 甲의 교내 전체를 내려다볼 수 있어 대학교의 경관 및 교육환경, 교육 활동을 현저히 해할 우려가 있는 등 교육환경권을 침해하고, 또한 위 과학관 옥상에 설치될 자동 기상관측장비를 비롯한 최신 과학 장비가 제대로 작동되지 아니함으로써, 이와 관련된 교수들의 연구 활동이나 학생들의 수업에 막대한 지장이 예상될 뿐만 아니라, 아파트 상주인구의 증가로 인한 통행 차량, 생활소음 등으로 연구 활동에도 심각한 지장을 초래할 것이고, 이러한 침해는 금전적 보상만으로 회복하기 어려운 손해가 될 것이므로 위 아파트를 적어도 16층 이상의 높이로 건축하여서는 아니 된다고 주장하였다.

3. 원심(부산고법 1995. 5. 18. 95카합5 판결)은 위 아파트가 24층까지 완공됨으로 인하여 부산대학교가 받게 될 교육환경 등의 침해는 사회통념상 수인한도를 초과한다고 판단하고, 아파트 건축공사 중 18층을 초과하는 부분에 대한 공사를 금지하였다. 이에 피신청인 乙은 원심 판결에 불복하여 대법원에 상고하였다.

[판결 요지]

1. 환경권에 관한 헌법 제35조의 규정이 개개의 국민에게 직접으로 구체적인 사법상의 권리를 부여한 것이라고 보기는 어렵고, 사법상의 권리로서의 환경권이 인정되려면 그에 관한 명문의 법률규정이 있거나 관계 법령의 규정 취지 및 조리에 비추어 권리의 주체, 대상, 내용, 행사 방법 등이 구체적으로 정립될 수 있어야 한다.

2. 인접 대지 위에 건축 중인 아파트가 24층까지 완공되는 경우, 대학교 구내의 첨단과학관에서의 교육 및 연구 활동에 커다란 지장이 초래되고 첨단과학관 옥상에 설치된 자동 기상관측장비 등의 본래 기능 및 활용성이 극도로 저하되며 대학교로서의 경관·조망이 훼손되고 조용하고 쾌적한 교육환경이 저해되며 소음의 증가 등으로 교육 및 연구 활동이 방해받게 된다면, 그 부지 및 건물을 교육 및 연구시설로 활용하는 것을 방해받게

되는 대학교 측으로서는 그 방해가 사회통념상 일반적으로 수인할 정도를 넘어선다고 인정되는 한 그것이 민법 제217조 제1항 소정의 매연, 열기체, 액체, 음향, 진동 기타 이에 유사한 것에 해당하는지 여부를 떠나 그 소유권에 기하여 그 방해의 제거나 예방을 청구할 수 있다.

　3. 이 경우 그 침해가 사회통념상 일반적으로 수인할 정도를 넘어서는지 여부는 피해의 성질 및 정도, 피해이익의 공공성과 사회적 가치, 가해행위의 태양, 가해행위의 공공성과 사회적 가치, 방지조치 또는 손해회피의 가능성, 공법적 규제 및 인·허가 관계, 지역성, 토지이용의 선후 관계 등 모든 사정을 종합적으로 고려하여 판단하여야 한다.

해설

Ⅰ. 대상판결의 의의 및 쟁점

　대상판결은 환경권에 대한 법적 성질에 대하여 최초로 판결한 것으로 환경권이 사법상의 구체적인 권리로 인정되지 않았지만(대법원 1995. 5. 23. 94마2218 결정), 환경이익을 인용하고 그 인정기준을 제시하였다는 점에서 그 의의가 있다고 할 것이다.

　또한 대상판결을 통하여 환경권의 법적 성질에 관하여 많은 논의를 가져왔으며, 교육(및 주거)환경이라는 환경이익을 보호하는 선례를 남김과 동시에 환경권 보호가 한층 강화되었다.

Ⅱ. 대상판결의 분석

1. 환경권의 의의와 법적 성질

　헌법 제35조에서는 환경권을 규정하고 있다. 환경권이라 함은 환경의 이익을 향유할 권리로서 사람이 건강한 생활을 할 수 있는 쾌적한 환경과 자연현상의 쾌적한 환경을 향유할 수 있고, 환경침해로 인한 재산과 신체 또는 생명의 침해를 배제할 수 있는 배타적인 권리를 의미한다(김철수, 22면).

　대상판결은 헌법 제35조의 환경권의 법적 성질을 구체적인 사법상의 권리로 인정하지는 않았지만, 교육환경의 침해로 인한 금지청구를 인용한 판결이다. 즉 "사법상의 권리로서의 환경권이 인정되려면 그에 관한 명문의 법률규정이 있거나 관계 법령의 규정 취지 및 조리에 비추어 권리의 주체, 대상, 내용, 행사방법 등이 구체적으로 정립될 수 있어야 한다."

고 판시하였다. 이러한 판례의 입장은 환경권의 기본권적 성질을 사회적(생존권적) 기본권설로 보는 것 같다. 즉 이 설은 환경권의 권리성에 대하여 국민은 국가에 대하여 환경보전에 대하여 추상적 권리를 가질 뿐, 국가의 의무위반에 대하여 사법적 책임을 물을 수 없다는 견해(추상적 권리설)와 환경권을 침해한 때에는 환경보전과 배상청구를 할 수 있다는 구체적 권리로 보는 견해(구체적 권리설)로 나누어 주장한다.

환경권의 기본권적 성질에 대하여는 자유권적 기본권설, 사회권적 기본권설, 양면적 기본권설, 복합적 사회적 기본권설, 종합적 기본권설 등 다양한 견해들이 있다. 이와 같이 환경권의 기본권적 성질에 관하여 견해가 다양하지만, 대체로 "건강하고 쾌적한 환경에서 생활할 권리"로서, 자유권적 성격뿐만 아니라 인간의 존엄과 가치·행복추구권으로부터 도출되는 생존권 또는 사회적 기본권으로서의 성격을 갖는 종합적 기본권이라는 것이 지배적인 견해이다(조은래, 194면 이하).

2. 환경이익의 보전과 침해배제청구 및 금지 청구

대상판결에서 "乙이 건축하는 아파트가 24층까지 완공되는 경우, … 위 대학교의 대학교로서의 경관, 조망이 훼손되고, 조용하고 쾌적한 교육환경이 저해되며, 소음의 증가 등으로 교육 및 연구 활동이 방해받게 된다면, 위 대학교의 부지 및 건물을 교육 및 연구시설로서 활용하는 것을 방해받게 되는 그 소유자인 신청인으로서는 위와 같은 방해가 사회통념상 일반적으로 수인할 정도를 넘어선다고 인정되는 한 그것이 민법 제217조 제1항 소정의 매연, 열기체, 액체, 음향, 진동 기타 이에 유사한 것에 해당하는지 여부를 떠나 그 소유권에 기하여 그 방해의 제거나 예방을 청구할 수 있다."고 하여, 환경권의 권리성을 구체적으로 인정하지는 않았지만, 교육환경 등의 침해는 사회통념상 수인한도를 초과한다고 판단하고, 교육환경 침해를 이유로 한 고층 아파트의 건축공사를 금지하도록 하였다.

3. 제한 법리(수인한도론)

수인한도라 함은 가해측의 사정과 피해자 측의 사정 및 지역성 등 기타의 사정 등을 비교교량하여 환경피해로 인한 손해가 일반인, 합리인으로 하여금 통상 수인할 수 있는 한도를 말하며, 이러한 한도를 넘어서 타인에게 피해를 준 경우에는 위법성이 인정된다고 하는 것이다. 쾌적한 교육환경의 유지는 넓은 의미의 생활환경임을 인정하고, 교육환경에 대한 방해 등이 피해자의 수인한도를 초과하는 것으로 인정될 때에는, 당해 토지의 소유자는 이웃 토지의 그와 같은 생활이익을 보호하기 위한 적당한 조치를 취할 의무가 있다. 따라서 대상판결에서도 수인한도를 소유권에 기한 교육환경 이익의 침해배제청구권(및 금지청구)의 요건으로 판단하였다.

Ⅲ. 대상판결의 평가

환경권에 대한 판례의 입장은 대체로 사법상의 권리로는 인정할 수 없으며, 생활이익이나 교육환경 등과 같은 것은 토지소유권에 기하여 방해배제청구권을 인정한다는 것이다. 대상판결에서 환경권을 구체적 권리로 인정하지 못하는 근거는 권리부여에 관한 명문의 법률상의 규정이 없거나 관계법령의 규정취지 및 조리에 비추어 권리의 주체, 대상, 내용, 행사방법 등이 구체적으로 정립될 수도 없다는 것인데, 이는 권리부여의 근거 법률에 대해서 지나치게 좁게 본다고 할 수 있다(김형석, 125−126면). 그러나 이 사건에서 교육환경을 인정함으로써 환경권을 일정한 범위 내에서 사권성을 인정한 것이라고 볼 수 있다(최상호, 177면).

요컨대 대상판결 이후 20여 년이 지난 현재에서는 환경권의 사권성과 관련하여 환경이익을 구체적 권리로 본다면, 이러한 권리들은 개별적 환경보전법들과 환경정책기본법, 환경오염피해 배상책임 및 구제에 관한 법률, 민법 제214조, 제217조, 제750조 그리고 다수의 판례(대법원 1998. 4. 24. 97누3286 판결; 대법원 2001. 7. 27. 99두8589 판결 등) 등을 통하여 구체적 권리로서 보장된다고 보아야 할 여지가 있다.

참고문헌

김철수, "환경권", 환경법연구 제3권 (1981)

김형석, "헌법상 환경규정의 규범적 의의", 환경법연구 제26권 제4호 (2004)

조은래, "환경권의 법적 성질에 관한 연구", 비교법학 제11집 (2000)

최상호, 『환경권』, 형설출판사 (1998)

[4] 환경권에 기초한 금지청구권의 인정

—대법원 2008. 9. 25. 2006다49284 판결—

박 태 현 (강원대학교)

[사실 개요]

원고 회사가 충북 음성군 소재 광산에서 금광의 탐광 및 채광을 위한 굴진공사(이하 '이 사건 공사')를 진행하려고 하자, 인근 토지소유자 및 거주자인 피고들은 위 공사로 인하여 지하수가 고갈되고, 인근 토지가 침하되며, 지하수와 토양이 오염될 것이라고 주장하며, 물리력을 동원하여 위 공사를 방해하였다. 피고들의 공사방해행위가 계속되자 원고 회사는 피고들을 상대로 불법행위로 인한 손해배상청구를 하였다.

[판결 요지]

이 사건 공사를 계속 진행할 경우, 지하수 고갈과 인근 토지의 침하, 지하수 및 토양 오염의 가능성에 대한 충분한 개연성이 인정되고, 환경침해가 발생할 경우 광산 인근 토지소유자와 거주자들이 종전부터 향유하고 있던 자연환경 및 생활환경에 수인한도를 넘는 침해가 발생하며, 침해되는 환경적 이익이 생명, 건강 기타 금전으로 배상하기 어려운 생활상의 이익에 관련된 것이므로 피고들을 포함한 인근 주민들은 토지 소유권 및 환경권에 기초하여 이 사건 공사의 금지를 청구할 권리가 있으므로 이 사건 공사를 계속할 권리가 침해되었음을 전제로 하는 원고 회사의 손해배상청구는 받아들일 수 없다고 한 원심의 판단은 옳다.

해설

I. 대상판결의 의의 및 쟁점

"환경권"에 기초하여 금지청구권을 인정한 최초의 대법원 판결이다. 이 사건 손해배상청구는 이 사건 공사를 계속할 원고 회사의 권리가 피고들의 방해행위로 침해되었음을 전제로 한다. 그런데 대법원은 피고들에게 토지 소유권 및 환경권에 기초하여 이 사건 공사의 금지를 청구할 권리가 있으므로 결국 원고 회사는 이 사건 공사를 계속할 권리가 없다(당연히 권리침해도 없다)고 본 것이다. 따라서 이 사건의 쟁점은 피고들에게 과연 '토지 소유권' 및 '환경권'에 기초하여 이 사건 공사의 금지를 청구할 권리가 있는가 하는 점인데 대법원이 이를 긍정한 것이다.

헌법상 환경권에 기초한 금지청구권 인정 여부에서 대법원은 원칙적으로 이를 부정하고 있다는 것이 학계의 일반적 이해이므로 환경권에 기초하여 공사금지청구권을 인정한 대상판결을 기존 판례의 맥락에서 어떻게 이해하고 받아들일 것인지 문제된다.

Ⅱ. 환경침해에 대한 금지청구권에 관한 법리

환경침해에 대한 금지청구권 인정의 법적 근거에 대해 학설은 ① 물권적 청구권설, ② 상린관계설, ③ 인격권설, ④ 환경권설, ⑤ 불법행위설 등으로 갈려 있다. 판례는 물권적 청구권설의 입장으로 이해되고 있다(김홍균, 1026면; 박균성·함태성, 190면). 그 근거로 보통 부산대 사건 판결(대법원 1995. 9. 15. 95다23378 판결; "인접 대지 위에 건축 중인 아파트가 24층까지 완공되는 경우 … 대학교로서의 경관·조망이 훼손되고 조용하고 쾌적한 교육환경이 저해되며 소음의 증가 등으로 교육 및 연구 활동이 방해받게 된다면 … 대학교측으로서는 … 소유권에 기하여 그 방해의 제거나 예방을 청구할 수 있다")과 봉은사 사건 판결(대법원 1997. 7. 22. 96다56153 판결; "어느 토지나 건물의 소유자가 종전부터 향유하고 있던 경관이나 조망, 조용하고 쾌적한 종교적 환경 등이 그에게 하나의 생활이익으로서의 가치를 가지고 있다고 객관적으로 인정된다면 … 토지 등의 소유자는 소유권에 기하여 방해의 제거나 예방을 위하여 필요한 청구를 할 수 있다")을 든다.

그런데 환경권에 기하여 유지청구권을 원칙적으로 인정할 수 없다는 입장을 표명한 최초의 사례는 소위 청담 골프연습장 사건이다. 이 사건에서 대법원은 환경권 규정만으로 개개의 국민에게 직접 구체적인 사법상의 권리를 부여한 것이라고 보기는 어렵다며, 사법상의 권리로서의 환경권이 인정되려면 "명문의 법률규정이 있거나 관계 법령의 규정취지나 조리에 비추어 권리의 주체, 대상, 내용, 행사방법 등이 구체적으로 정립될 수 있어야 한다"(대법원 1995. 5. 23. 94마2218 결정)고 하였다. 이 결정 이후 환경권에 기한 방해배제청구권은 계속 부정되어왔다(대법원 1997. 7. 22. 96다56153 판결; 대법원 2006. 6. 2. 2004마1148, 1149 결정 참조).

Ⅲ. 대상판결의 분석

1. 현행 사법체계 아래에서 환경이익의 보호

대상판결은 기존 판례 법리의 맥락에서 어떻게 이해할 수 있을까. 일단 사법상의 권리로서 환경권이 '예외적'으로 인정된 경우라고 볼 수 있을 것이다. 그러나 대상판결에서 관련 법령의 규정취지나 조리에 비춰 환경권의 주체나 대상, 내용 등을 구체적으로 정립하는 논증 부분이 부재하므로 대상판결을 이러한 맥락에서 파악하는 것이 과연 적절한 것인지는 논란의 여지가 있다. 다른 한편, 대상판결은 환경권을 독자적인 사법상의 권리로 인정한 최초의 대법원 판례로 이해할 수 있을 것인가? 환경권의 주체, 대상, 내용, 행사방법 등에 관한 구체적 논증을 거치지 않고 환경권에 기초하여 금지청구를 인정하였다는 점에서 그렇게 볼 여지도 있다.

생각건대, 대상판결은 헌법상 환경권 규정 내용(건강하고 쾌적한 환경에서 '생활'할 권리) 및 환경권의 기능과 위 골프연습장 및 봉은사 사건 판결의 맥락에서 이해하는 것이 가장 적절할 것으로 생각한다. 대법원은 "환경권의 취지가 현행의 사법체계 아래서 인정되는 생활이익 내지 상린관계에 터잡은 사법적 구제를 초과하는 의미에서의 권리의 주장이라면 직접 사인에 대하여 금지청구를 할 수 없다"(위 청담 골프연습장 사건)고 하며, "환경상 이익이 생활이익으로서 가치를 가지고 있다"고 인정되는 경우에 소유권에 기하여 보호를 받을 수 있다고 하였다(위 봉은사 사건). 곧 헌법상 환경이익은 현행 사법체계 아래에서는 생활이익의 형태로 전환되는 경우 보호를 받을 수 있는 것이다.

2. 생활이익과 그 보호를 위한 법적 근거

생활이익은 소음·진동이나 악취, 일조, 조망 등 일상적인 수준의 것도 있지만, 생명·건강 등 기본적 이익과 밀접하게 관련된 것도 있을 수 있다. 앞의 생활이익은 주로 거주공간에서 영위되는 것으로 토지 및 주택 소유권의 보호범위에 속하는 것으로 볼 수 있다. 그러나 뒤의 생활이익, 곧 생명이나 건강 등과 밀접한 관련성을 가지는 이익이라면 소유권에 의한 보호보다는 더 기본적인 권리에 의한 보호로 접근하는 것이 보다 적절할 것이다. 환경권은 "헌법 제10조에서 정하고 있는 인간의 존엄과 가치 및 행복을 추구할 권리를 비롯하여 생명권, 신체적 완전성에 대한 권리, 보건권과 재산권 등이 실효성 있도록 뒷받침하기 위한 이른바 '기본권의 전제조건의 보호'라는 헌법상의 의의와 기능"을 가진다(허영, 421면). 따라서 생명·건강 등과 밀접한 관련이 있는 생활이익을 보호하기 위하여 '기본권의 전제조건의 보호'의 기능을 가지는 환경권을 금지청구의 법적 근거로 삼을 수 있다고 본다.

Ⅳ. 대상판결의 평가

대상판결은 "현행의 사법체계 아래 환경상 이익은 생활이익으로서 법적 보호가치가 객관적으로 인정되는 경우 소유권에 기하여 보호된다"는 기존 판례의 입장을 존중하면서도, 침해되는 환경상 이익이 생명, 건강 기타 금전으로 배상하기 어려운 생활상의 이익에

관련되는 경우 환경권에 기초하여 금지청구를 할 수 있도록 길을 터줌으로써 헌법상 기본
권의 하나로 보장되는 환경권의 의의와 가치를 적극 살린 매우 의미 있는 판례라 하겠다.
　　"환경상 이익은 사법상 권리로서의 환경권에 의하여 직접 보호될 수 있다"는 판례 법
리가 법원에서 확립될지는 앞으로 지켜봐야 한다. 환경변호사들의 적극적인 변론과 함께
환경단체에 제소권 부여 등 제도 변화가 이러한 방향으로 판례 태도의 변화를 촉진할 수
있음은 물론이다.

참고문헌

김홍균, 『환경법』 제4판, 홍문사 (2017)

박균성·함태성, 『환경법』 제8판, 박영사 (2017)

허　영, 『한국헌법론』, 박영사 (2004)

[5] 일조권 침해에 따른 불법행위의 성립과 손해배상의 범위

— 대법원 1999. 1. 26. 98다23850 판결 —

최 우 용 (동아대학교)

[사실 개요]

乙은 일반주거지역 안에 12층 아파트 3동을 신축하는 주택건설사업승인을 받아 착공하였다가 이후 사업을 변경하여 같은 토지 위에 16층 내지 20층 규모의 아파트 3동(이하, 'A 아파트'라 한다)을 신축하였다. 한편 丙도 이 사건 토지의 북쪽 방향으로 인접하여 4동 15층 규모로 아파트(이하, 'B 아파트'라 한다)를 신축하였다. 그런데 A 아파트는 B 아파트의 남쪽 방향으로 인접하여 10m가량 높은 언덕에 위치하고 있는데, B 아파트의 일부와 A 아파트 102동이 서로 마주하고 있으며, 그 경계지점에 A 아파트의 보일러실, 전기실, 관리실 등 부속시설이 설치되어 있었다. 乙이 건축한 A 아파트는 일조권 확보를 위한 건축물의 높이 제한에 관한 주택건설사업승인 당시의 구 건축법령에 위배되지는 아니하였으나, A 아파트 101동과 102동의 건축으로 인하여 원고 甲 등이 거주하고 있는 B 아파트의 일부는 위치에 따라 다소간의 차이는 있지만 춘분에서 동지를 거쳐 춘분에 이르기까지의 기간 동안 세대에 따라서는 대낮에도 전등을 켜 놓아야 할 정도의 일조 침해를 받게 되었다. 이에 甲 등은 일조권 및 조망권 등의 침해를 이유로 乙에게 손해배상청구소송을 제기하였다.

[판결 요지]

1. 건물의 신축으로 인하여 그 이웃 토지의 거주자가 직사광선이 차단되는 불이익을 받은 경우 그 신축행위가 정당한 권리행사로서의 범위를 벗어나 사법상 위법한 가해행위로 평가되기 위해서는 그 일조방해의 정도가 사회통념상 일반적으로 인용하는 수인한도를 넘어야 한다.

2. 사회통념상 수인한도를 넘었는지 여부는 피해의 정도, 피해이익의 성질 및 그에 대한 사회적 평가, 가해 건물의 용도, 지역성, 토지이용의 선후 관계, 가해방지 및 피해회피의 가능성, 공법적 규제의 위반 여부, 교섭 경과 등 모든 사정을 종합적으로 고려하여 판단하여야 하고, 건축 후에 신설된 일조권에 관한 새로운 공법적 규제 역시 이러한 위법성의 평가에 있어서 중요한 자료가 될 수 있다.

3. 건축법 등 관계 법령에 일조방해에 관한 직접적인 단속법규가 있다면 동 법규에 적합한지 여부가 사법상 위법성을 판단함에 있어서 중요한 판단자료가 될 것이지만, 이러한 공법적 규제에 의하여 확보하고자 하는 일조는 원래 사법상 보호되는 일조권을 공법적인 면에서도 가능한 한 보증하려는 것으로서 특별한 사정이 없는 한 일조권 보호를 위

한 최소한도의 기준으로 봄이 상당하고, 구체적인 경우 어떠한 건물신축이 건축 당시의 공법적 규제에 형식적으로 적합하다고 하더라도 현실적인 일조방해의 정도가 현저하게 커 사회통념상 수인한도를 넘은 경우에는 위법행위로 평가될 수 있다.

4. 일조장해, 사생활 침해, 시야 차단으로 인한 압박감, 소음, 분진, 진동 등과 같은 생활이익의 침해로 인하여 발생한 재산적 손해의 항목 중 토지·가옥의 가격 저하에 의한 손해를 산정함에 있어서는 광열비·건조비 등의 지출 증대와는 별도로 일조장해 등과 상당인과관계가 있는 정상가격의 감소액을 부동산감정 등의 방법으로 평가하여야 할 것이고, 분양된 아파트가 일조피해를 입고 있는 경우 그 아파트의 시세가 분양대금에 물가상승률이나 예금금리를 감안한 금액보다 높게 유지된다고 하여 그 소유자에게 당해 아파트의 가격 저하로 인한 손해가 발생하지 아니하였다고 볼 수 없다.

해설

Ⅰ. 대상판결의 의의 및 쟁점

1. 일조권의 침해가 불법행위가 되기 위한 조건과 판단 방법(수인한도론)

대상판결은 일조권의 침해가 사법상의 불법행위가 될 수 있음을 확인하고 이의 요건으로 다음을 언급하고 있다. 첫째, 그 일조방해의 정도가 사회통념상 일반적으로 인용하는 수인한도를 넘어야 한다. 그 기준으로는 동지일을 기준으로 09:00부터 15:00까지 사이의 6시간 중 일조시간이 연속하여 2시간 이상 확보되지 아니하여 수인한도를 넘는다고 본 원심의 판단을 유지하였다. 둘째, 사회통념상 수인한도를 넘었는지 여부는 위 판결 요지 2에서와 같은 요건을 제시하였다.

2. 건축법 등 공법적 규제의 의미

일조에 관한 건축법 등 공법적 규제에 관하여, "일조는 원래 사법상 보호되는 일조권을 공법적인 면에서도 가능한 한 보증하려는 것으로서 특별한 사정이 없는 한 일조권 보호를 위한 최소한도의 기준으로 봄이 상당하다"고 하여, 일조권의 보호에 관한 공법적 규제의 적용 범위에 한계가 있음을 간접적으로 언급하고 있다.

3. 일조권 침해에 따른 손해배상책임의 범위

대상판결은 일조권 및 조망·프라이버시·통풍 침해 등을 아울러 고려하여 그 침해 전후의 통상적인 아파트 가격의 차이를 감정한 다음, 그에 따라 원고들의 각 아파트가 일조 침해 등으로 말미암아 가격하락이 발생한 부분에 대한 甲 등의 손해배상 주장을 인정하였다. 배상액은 수인한도와 관련된 감액사유 또한 고려하여 乙이 배상하여야 할 손해액을 가격하락분의 50%로 보았다.

Ⅱ. 대상판결의 분석

1. 일조권의 인정 여부

학설과 판례의 축적으로 오늘날 일조권의 개념은 법적 권리로서 일반적으로 인정되고 있다. 다만, 그 법적 근거에 대해서는 물권설, 인격권설, 환경권설, 일조권설, 불법행위설, 생활이익향수설로 구분하기도 한다. 일조가 한편으로 개인의 건강하고 쾌적한 생활을 위한 필요불가결한 요소임과 동시에 다른 한편으로는 토지 및 건물의 사용과 밀접불가분한 관계에 있으므로 인격권적 성격과 물권적 성격을 함께 지니고 있는 것으로 파악할 수 있어, 생활이익향수권설의 입장이 타당한 것으로 보기도 한다(이동원, 261면).

대상판결은 일조권을 헌법상의 환경권에서 유래하는 고유한 권리의 하나로 인정하는 환경권설을 부인하고, 소유권설에 근거를 둔 일조권으로 인정하고 있다. 이러한 판례의 입장은 지금도 유지되고 있다.

2. 수인한도론

수인한도론은 가해자와 피해자의 이익, 즉 가해자 측의 건물이 건축됨으로써 피해자가 받는 일조 등 생활이익의 침해와 가해자의 권리행사의 사회적 타당성을 비교형량하여 상린자 상호 간에 어느 정도 수인을 필요로 하며 그 한계를 넘는 경우 피해자에게 손해배상 청구권이나 방해제거 및 방해예방청구권 등의 구제책을 인정한다고 하는 이론이다. 일조 침해에 관한 위법성 판단의 주요한 기준으로 제시되고 있는 것으로, 대상판결은 수인한도를 판단하는 개별 형량 요소들에 관하여 언급하고 있는바, 이는 향후 유사 판례에서도 그대로 유지되고 있다.

3. 일조 침해로 인한 손해 산출의 구체적 기준과 방법의 제시

대상판결은 재산적 손해의 항목 중 토지·가옥의 가격 저하에 의한 손해를 산정함에 있어서는 광열비·건조비 등의 지출 증대와는 별도로 일조장해 등과 상당인과관계가 있는 정상가격의 감소액을 부동산감정 등의 방법으로 평가하여야 함을 인정하였다.

Ⅲ. 대상판결의 평가

대상판결은 일조권과 관련하여 하급심에서 논의되었던 쟁점들을 종합적으로 정리·판단한 것으로 이후의 유사 판례에 많은 영향을 미쳤다. 그럼에도 불구하고, 다음과 같은 점은 향후 더욱 검토가 요망된다.

첫째, 일조권과 관련한 공법상의 규정이 사법상 규정의 최소화에 그친다는 점이다. 일조권 등 환경이익이 침해되는 경우에 사법상의 청구와 공법적 규제가 유기적으로 연결될 때 그 효과는 극대화될 것이다. 그렇지만 구체적 사안에서 일조 침해의 위법성 판단은 공법 규정에의 위법 여부가 우선적으로 고려되는 만큼, 위법성 판단 시 공법적 규정의 위상 내지는 역할에 관한 논의는 필요해 보인다.

둘째, 수인한도론이 가지는 한계의 극복이다. 수인한도론은 법관의 재량적 판단에 근거한다는 실무상의 장점에도 불구하고, 수인한도의 초과 여부는 여전히 법관의 재량에 의존하게 되는바, 재량의 일탈·남용을 방지하기 위한 재량 요소의 객관화 문제 또한 향후의 과제라 할 것이다.

참고문헌

이동원, "일조권 침해에 관한 판례의 동향", 민사법학 제27호 (2005)

전경운, "일조방해와 전망방해의 성립의 법적 구조와 그 한계", 민사법학 제18호 (2000)

최우용, "소유권에 근거한 유지청구", 법률신문 (2007. 3. 5)

[6] 복합 일조방해로 인한 손해배상책임의 귀속과 범위

— 대법원 2010. 6. 24. 2008다23729 판결 —

이 상 윤 (서울중앙지방법원)

[사실 개요]

1. 피고 丙은 4층 건물(피고 건물) 및 대지(피고 대지)의 소유자이다. 선정자 甲 소유의 2층 주택(제1주택) 및 대지(제1대지), 선정자 乙 소유의 단층 주택(제2주택) 및 대지, 제3자 소유의 5층 건물(인접 건물)은 피고 대지에 인접해 있다.

2. 丙은 원래 피고 대지 위에 2층 주택(종전 주택)을 소유하고 있다가 이를 철거하고 피고 건물을 신축하였다. 한편 종전 주택의 건축 이후 피고 건물이 건축되기 전에 인접 건물이 건축되었다. 제1주택과 제2주택은 종전 주택과 인접 건물에 의하여 이미 일조방해를 받고 있었는데, 피고 건물이 신축됨으로써 복합 일조방해가 가중되었다.

3. 甲, 乙은 원고 X를 선정당사자로 삼아 丙을 상대로 피고 건물의 신축에 의하여 발생한 일조방해로 인하여 입은 손해의 배상 등을 청구하였다.

[판결 요지]

1. 기존 건물의 일조방해만으로는 피해건물의 수인한도를 넘지 않았는데, 그 후 신축된 타인 소유의 인접 건물 때문에 생긴 일영이 결합하여 수인한도를 넘는 일조방해가 발생한 경우, 피해건물 소유자 등은 특별한 사정이 없는 한 그 수인한도를 넘는 일조방해 결과에 대하여 기존 건물 소유자를 상대로는 불법행위책임을 물을 수 없다.

2. 피해건물이 이미 타인 소유의 다른 기존 건물에 의하여 일조방해를 받던 상황에서 가해건물의 신축으로 일조방해 정도가 심화되어 수인한도를 넘게 됨으로써 피해건물의 재산적 가치가 하락된 경우, 신축건물 소유자는 피해건물 소유자에 대하여 불법행위로 인한 손해배상책임을 부담한다. 이 경우 상린관계에 있는 이웃 간 토지이용의 합리적인 조정이라는 요청과 손해부담의 공평이라는 손해배상제도의 이념에 비추어, 피해건물 소유자의 재산적 손해 중 '기존 건물의 일조방해가 수인한도를 넘는 데 기여한 부분에 대한 책임'은 신축건물 소유자 또는 피해건물 소유자 사이에 합리적이고 공평하게 분담될 수 있도록 정하여야 한다. 이를 위해서는 특히 가해건물 신축 전부터 있었던 기존 건물로 인한 일조방해의 정도, 신축 가해건물에 의한 일조방해의 정도, 가해건물 신축 후 전체 일조방해의 정도, 기존 건물 및 신축건물의 각 일조방해가 겹치는 정도, 신축건물에 의한 일조방해시간이 전체 일조방해시간 중 차지하는 비율 등을 고려하여야 한다.

해설 ─────────────────────────────

I. 대상판결의 쟁점

건물의 건축으로 인하여 이웃 토지 거주자에게 사회통념상 수인한도를 넘는 일조방해를 가하는 경우 그 건축행위는 불법행위가 될 수 있다. 주거환경의 밀집화·고층화에 따라 일조방해가 다수 건물에 의하여 복합적으로 발생하는 경우가 증가하고 있는데, 그 책임을 가해건물들에게 어떻게 귀속시킬 것인지 문제된다. 이는 가해건물들이 동시에 또는 거의 같은 시기에 건축되는 경우[동시(同時) 건축]와 서로 다른 시기에 건축되는 경우[이시(異時) 건축]로 구분해서 논의된다.

우선 동시 건축에 의하여 전체적으로 수인한도를 초과하는 일조방해가 생긴 경우, 다수설·판례(대법원 2006. 1. 26. 2005다47014, 47021, 47038 판결)는 피해건물 거주자 등이 입은 손해 전부에 대하여 각 가해건물 소유자 등이 민법 제760조에 따라 공동불법행위 책임을 진다고 본다. 한편 이시 건축에 의한 복합 일조방해에 관하여 종전에 대법원은 신축 가해건물에 의한 일조방해가 수인한도를 넘었는지를 판단함에 있어서 고려해야 할 여러 사정을 제시한 바 있으나(대법원 2004. 10. 28. 2002다63565 판결; 대법원 2007. 6. 28. 2004다54282 판결), 결과적으로 수인한도를 초과하지 않았다고 판단한 사례들이었다.

이시 건축에서 기존 건물의 일조방해만으로는 피해건물의 수인한도를 넘지 아니하였는데, 신축건물의 일조방해가 복합되어 수인한도를 넘게 된 경우, 먼저 건축된 기존 건물 소유자의 책임 유무(논점 ①)와 나중에 건축된 신축건물 소유자의 책임 부담 범위(논점 ②)에 대하여 종래 학설·실무상 논의되었을 뿐 대법원의 선례가 없었는데 대상판결이 이를 처음 다루었다.

II. 일조방해 관련 법리

일조방해의 수인한도 초과 여부 판단에 있어서 법원은 관련된 여러 사정을 고려하나, '동지일 8시부터 16시까지 8시간 중 총 일조시간이 4시간 미만이고, 9시부터 15시까지 6시간 중 연속 일조시간이 2시간 미만인 경우'에는 원칙적으로 수인한도를 초과하는 것으로 보는 것을 가장 중요한 기준으로 삼고 있다.

논점 ①에 관하여, 기존 건물의 일조방해만으로는 피해건물의 수인한도를 넘지 않았던 이상, 나중에 신축된 건물의 일조방해가 결합되어 수인한도가 초과되었다고 하더라도 기존 건물 소유자에게 복합 일조방해의 결과에 대한 책임을 부담시킬 수 없다는 것이 학설상 지배적인 견해이다.

논점 ②의 해결방법과 관련하여 국내 문헌들에 소개된 일본의 학설은 크게 3가지이다. ① 제1설은 기존 건물과 별개로 신축건물만의 일조방해가 그 자체로 수인한도를 초과하는 경우에만 신축건물의 책임을 인정한다. ② 제2설은 전체 일조방해의 결과 중 수인한도를 넘는 부분에 대한 책임을 신축건물에 전부 귀속시킨다. ③ 제3설은 다수설로서 전체 일조방해의 결과 중 수인한도를 넘는 부분에 대한 불이익을 신축건물과 피해건물 사이에 적정하게 배분하는 절충적인 입장인데, 구체적으로는 전체 일조방해 시간 중 수인한도를 넘는 부분에 대한 책임의 일정 비율(R)을 신축건물에 부담시키게 된다. 일본 학설상 신축건물의 책임 비율(R)을 산정하는 방법으로는 '신축건물 및 기존 건물의 (독자)일조방해시간 합계' 중에서 '신축건물의 (독자)일조방해시간'이 차지하는 비율에 관한 몇 가지 계산식들이 제시된다.

한편 대상판결 이전의 우리나라 하급심 실무는, 이시 건축에 의한 복합 일조방해가 수인한도를 초과하여 신축건물 소유자에게 단독으로 불법행위책임을 부담시키는 경우, 감정에 의하여 시가하락액 손해액을 산정한 다음 여러 사정을 감안하여 책임을 제한하면서 기존 건물에 의하여 이미 일조방해를 받고 있던 사정을 지역적 특성의 한 요소로 고려하는 경우가 많았다.

Ⅲ. 대상판결의 분석

1. 논점 ①

피고 건물의 신축 이후 인접 건물 및 피고 건물의 제2주택에 대한 복합 일조방해는 그 정도가 매우 심하였다(총 일조시간 8분, 연속 일조시간 0분). 원심은 그러한 사정에 주목하여 丙의 乙에 대한 손해배상책임을 인정하였다.

그러나 대상판결은 이 부분 원심판결을 파기하였다. 인접 건물과 피고 건물이 모두 건축되기 전에 종전 주택만 있는 상태에서 제2주택에 대한 일조방해는 주요기준상 수인한도 이내였으나(총 일조시간 4시간 33분, 연속 일조시간 4시간), 그 후 종전 주택 옆에 인접 건물이 신축되자 제2주택의 일조시간은 급격히 단축되어 이미 위 기준상 수인한도를 훨씬 초과하게 되었으므로(총 일조시간 36분, 연속 일조시간 0분), 乙이 종전 주택의 소유자인 丙을 상대로 불법행위책임을 물을 수 없다고 판단하였다. 즉 대상판결은 논점 ①에 관하여 종전의 지배적인 학설과 같은 입장을 취한 것이다.

2. 논점 ②

종전 주택과 인접 건물의 복합 일조방해에 의해서는 제1대지 및 주택의 수인한도를 넘지 않았으나, 그 후 4층인 피고 건물이 신축되자 인접 건물과의 복합 일조방해에 의하여 전체적으로 수인한도를 넘게 되었고, 그로 인하여 제1대지 및 주택의 시가가 하락하였다. 이 경우 丙이 甲에 대하여 일조방해로 인한 손해배상책임을 부담함에는 별다른 이론이 없을 것으로 보이고, 원심도 그와 같이 판단하였다. 그러나 丙이 부담하는 책임의 범위와 관련하여 논점 ②가 문제된다.

원심은 손해배상액 산정에 있어서 종전 하급심 실무와 같이 감정에 의하여 '인접 건물로 인한 일조방해만 있는 상태와 대비하여 피고 건물로 인한 일조방해가 있는 상태에서의 제1대지 및 주택의 시가하락액'을 인정한 다음, 피고 건물로 인한 일조방해의 정도, 지역적 특성 등 여러 사정을 고려해서 丙의 책임을 일부 제한하였다.

대상판결은 원심의 판단을 수긍하면서 논점 ②에 관한 법리를 제시하였다. 즉 기존 건물에 의하여 이미 발생한 일조방해의 불이익을 피해건물 또는 신축건물 중 어느 한쪽에 전부 부담시키는 것(위 제1설 또는 제2설)의 불합리성을 지적하고, 이는 양자 사이에 합리적이고 공평하게 분담될 수 있도록 정하여야 한다고 판시함으로써, 종래 학설 중 제3설에 가까운 절충적 입장을 취하였다. 그러나 대상판결은 위 논점에 관하여 일본의 절충설들에서 다소 기교적으로 논의된 것처럼 신축건물 소유자의 책임 부분을 산정하는 구체적인 계산방법을 제시하지는 않았고, 종래 하급심의 재산상 손해액 인정 및 책임 제한에 관한 실무를 지지하되, 그 손해액 산정에 있어서 기존 건물 및 신축 건물의 각 일조방해 정도와 전체 일조방해에서의 비율 등(위 제3설에서 논의된 사정들)을 고려하도록 설시하였다.

Ⅳ. 대상판결의 평가

대상판결은 선례가 없었던 논점 ①, ②에 관한 대법원의 입장을 명확히 하고 새로운 법리를 제시한 점에서 그 의의와 가치가 크다. 대상판결은 학설상 다수견해를 채택하고 하급심의 실무를 지지·확인하면서 그 판단에 있어서 고려하여야 할 사정들을 제시하였는바, 모두 정당한 판단이라고 생각된다.

참고문헌

이동진, "복합일영에 의한 일조방해의 책임", 민사재판의 제문제 제20권 (2011)

[7] 일조방해와 소멸시효 기산점

── 대법원 2008. 4. 17. 2006다35865 전원합의체 판결 ──

허 성 욱 (서울대학교)

[사실 개요]

1. 피고는 1993. 10. 27. 남원시장으로부터 남원시 도통동 000 대 29,413㎡ 지상에 임대아파트인 A 아파트 7동 1,032세대(이하 'A 아파트'라 한다)를 건설하는 사업계획승인을 받은 다음 A 아파트 건축공사를 시행하여(이하 '이 사건 공사'라 한다) 1995. 11. 18. 사용검사를 마쳤고, 1995. 11. 20. 준공검사를 받았다.

2. A 아파트와 약 40m 떨어진 곳에 건축된 B 아파트(이하 '이 사건 아파트'라 한다)는 1993. 3. 5. 남원시장으로부터 사업계획승인을 받고 위 아파트 건축공사를 진행하여 1995. 2. 28.경부터 사용승인을 받았고, 원고들은 피고가 이 사건 공사를 완료한 시점인 1995. 11. 20.을 기준으로 그 이전에 이 사건 아파트를 분양받아 소유 및 점유·사용하고 있거나, 1995. 11. 20. 이전에 분양받은 소유자로부터 이를 매수하여 그 이후에 이를 소유 및 점유·사용하고 있다.

[판결 요지]

1. [다수의견]

가. 토지의 소유자 등이 종전부터 향유하던 일조이익이 객관적인 생활이익으로서 가치가 있다고 인정되면 법적인 보호의 대상이 될 수 있는데, 그 인근에서 건물이나 구조물 등이 신축됨으로 인하여 햇빛이 차단되어 생기는 그늘, 즉 일영이 증가함으로써 해당 토지에서 종래 향유하던 일조량이 감소하는 일조방해가 발생한 경우, 그 일조방해의 정도, 피해이익의 법적 성질, 가해 건물의 용도, 지역성, 토지이용의 선후 관계, 가해 방지 및 피해 회피의 가능성, 공법적 규제의 위반 여부, 교섭 경과 등 모든 사정을 종합적으로 고려하여 사회통념상 일반적으로 해당 토지 소유자의 수인한도를 넘게 되면 그 건축행위는 정당한 권리행사의 범위를 벗어나 사법상 위법한 가해행위로 평가된다.

나. 일반적으로 위법한 건축행위에 의하여 건물 등이 준공되거나 외부골조공사가 완료되면 그 건축행위에 따른 일영의 증가는 더 이상 발생하지 않게 되고 해당 토지의 소유자는 그 시점에 이러한 일조방해 행위로 인하여 현재 또는 장래에 발생 가능한 재산상 손해나 정신적 손해 등을 예견할 수 있다고 할 것이므로, 이러한 손해배상청구권에 관한 민법 제766조 제1항 소정의 소멸시효는 원칙적으로 그때부터 진행한다. 다만, 위와 같은 일조방해로 인하여 건물 등의 소유자 내지 실질적 처분권자가 피해자에 대하여 건물 등

의 전부 또는 일부에 대한 철거의무를 부담하는 경우가 있다면, 이러한 철거의무를 계속적으로 이행하지 않는 부작위는 새로운 불법행위가 되고 그 손해는 날마다 새로운 불법행위에 기하여 발생하는 것이므로 피해자가 그 각 손해를 안 때로부터 각별로 소멸시효가 진행한다.

2. [대법관 4인의 반대의견]

가. 일조방해란 태양의 직사광선이 차단되는 불이익을 말하는 것이고, 그 일조방해의 정도가 사회통념상 일반적으로 인용하는 수인한도를 넘게 되면 사법상 위법한 가해행위로 평가된다. 헌법 제35조 제1항에 비추어 볼 때, 위법한 일조방해는 단순한 재산권의 침해에 그치는 것이 아니라 건강하고 쾌적한 환경에서 생활할 개인의 인격권을 침해하는 성격도 지니고 있다.

나. 위법한 일조방해 행위로 인한 피해 부동산의 시세 하락 등 재산상의 손해는 특별한 사정이 없는 한 가해 건물이 완성될 때 일회적으로 발생한다고 볼 수 있으나, 위법한 일조방해로 직사광선이 차단되는 등 생활환경이 악화됨으로써 피해 건물의 거주자가 입게 되는 정신적 손해는 가해 건물이 존속하는 한 날마다 계속적으로 발생한다고 보아야 하므로, 그 위자료 청구권의 소멸시효는 가해 건물이 피해 부동산의 일조를 방해하는 상태로 존속하는 한 날마다 개별적으로 진행한다.

해설

I. 대상판결의 의의 및 쟁점

대상판결은 그동안 실무에서 자주 다루어지던 일조침해 사건에서 손해배상청구권의 소멸시효 기산점에 관한 법률적 쟁점이 다루어진 사건이다. 그 법률적 쟁점에 관해 대법관들 사이에서 다수의견과 반대의견으로 결론이 나뉘어졌고 그 논리적 흐름을 이해하기 위해서는 환경권으로서 일조권의 법적 성질에 대한 이해와 수인한도를 넘는 일조방해에 대한 권리구제수단으로서 손해배상청구권과 물권적 청구권으로서 철거청구권의 인정요건에 대한 법리를 이해하는 것이 필요하다.

II. 대상판결의 분석과 평가

1. 일조권의 보호법익

대표적인 환경권의 한 유형으로서 일조권의 보호법익 또는 일조방해로 인한 침해이익의 법적 성질이 문제가 된다. 그에 대해서는 일조방해로 인한 기존 건축물의 재산적 가치의 하락과 같은 소유자 등의 재산상 이익 침해에 보다 중점을 두는 입장과 기존 건축물 거주자의 건강하고 쾌적한 환경에서 생활할 개인의 인격권에 보다 중점을 두는 입장이 있을 수 있다. 이론적으로는 양자 모두가 일조권의 보호법익이라고 볼 수 있을 것이지만, 실무에서는 일조침해로 인한 부동산 시세 하락 등의 재산적 가치의 하락 여부가 주된 소송상 쟁점으로 다루어지고 있고 후자의 이익은 시가감정 등을 통해 입증이 가능한 경우에는 재산적 손해의 청구로, 그 입증이 곤란한 경우에는 정신적 손해의 산정과정에서 보완적으로 고려되고 있다.

2. 손해배상청구권의 소멸시효 기산점

소송상 수인한도를 넘는 일조방해가 인정되어 원고들에게 손해배상청구권이 인정되는 경우 그 소멸시효의 기산점에 관해 판결의 다수의견은 위법한 건축행위에 의한 건축물의 준공이나 외부골조공사가 완료되는 시점이 일조방해의 불법행위가 완료되는 시점이므로 피고에게 건축물 철거의무가 인정되는 등의 특별한 사정이 없다면 그때로부터 소멸시효가 진행되는 것으로 보았다. 이는 일조권의 보호법익으로서 재산권적 측면에 보다 초점을 맞춘 것으로 이해할 수 있다. 반면, 반대의견은 위법 건축물의 준공 이후에도 일조방해의 상태는 지속되는 것이므로 불법행위는 가해 건축물이 존속하는 이상 날마다 새롭게 이루어지는 것이어서 손해배상청구권의 소멸시효는 날마다 개별적으로 진행하는 것으로 보았다. 이는 일조권의 보호법익으로서 생활방해로 인한 인격권 침해의 측면에 보다 초점을 맞춘 것으로 이해할 수 있다. 다만, 다수의견의 경우에도 일조방해자가 피해자에 대하여 건물의 전부 또는 일부에 대한 철거의무를 부담하는 경우에는 철거의무의 계속적 불이행이라는 부작위가 새로운 불법행위가 되고 그로 인한 손해배상청구권의 소멸시효는 계속되는 각 불법행위별로 진행된다고 본 점은 인상적이다. 이 경우 실제 소송실무에서 시효소멸되지 않은 손해배상액을 어떻게 산정할 것인지가 흥미로운 이론적 쟁점이 될 수 있다.

3. 손해배상청구권과 물권적 청구권의 관계

다수의견은 일조방해로 인해 피고가 가해 건축물의 철거의무를 부담하는 경우에는 반대의견과 마찬가지로 손해배상청구권의 소멸시효가 날마다 새롭게 진행하는 것으로 판단하였다. 이 사건에서 직접적으로 다루어지지 않았으나 일조침해에 대한 법률적 구제수단으로서 손해배상청구권과 물권적 청구권의 인정요건에 대한 법률적 이해가 필요한 부분이다. 그에 대해 기존의 학설적 논의는 양자의 인정요건으로서 '위법성'의 개념과 기준이 같은 것인지 아니면 위법성단계설 등과 같이 서로 다른 것인지 등의 쟁점을 중심으로 진행되었다.

　이 쟁점들에 대해서는 법경제학적 논의의 출발점 중 하나인 권리보호방식으로서 물권적 보호의 원칙(Property rule)과 손해배상의 원칙(Liability rule)에 대한 논의를 거래비용의 관점에서 분석하고 이해하는 것이 크게 도움이 될 수 있을 것이다. 이에 관한 자세한 내용은 필자의 관련 논문을 참고하기 바란다.

참고문헌 ───

허성욱, "태양반사광에 의한 눈부심 현상이 발생한 경우에 그로 인한 침해 정도가 사회통념상 참을 한도를 넘었는지 판단하는 기준", 법경제학연구 제14권 제3호 (2017)

허성욱, "환경법에서의 공법과 사법 – 공법상 환경기준의 사법상 효력에 관한 논의를 중심으로 –", 환경법연구 제39권 제1호 (2017)

허성욱, "권리남용금지법리에 관한 법경제학적 고찰 (상)", 법조 통권 제591호 (2005)

허성욱, "권리남용금지법리에 관한 법경제학적 고찰 (하)", 법조 통권 제592호 (2006)

[8] 일조이익의 법적 성격과 학생 일조권 인정 여부

—대법원 2008. 12. 24. 2008다41499 판결—

윤 익 준 (부경대학교)

[사실 개요]

1. 원고 甲은 ○○초등학교(이하 이 사건 학교)에 재학하는 학생들로서 이 사건 소가 제기될 무렵 이 사건 학교의 학년·반에 재학하고 있었으며, 乙은 이 사건 아파트 신축사업 시행자로서 그 시행자이다. 원고 甲이 재학하는 이 사건 학교가 신축되어 개교하는 시점에 있어 피고 乙이 신축하던 이 사건 아파트의 골조공사가 완공되기 전이어서 이 사건 학교의 일조량 변화가 없었으나, 이 사건 아파트의 골조공사가 완공될 무렵부터 학교의 일조량 변화가 나타났다.

2. 이 사건 아파트가 신축되기 이전과 신축된 이후의 이 사건 학교의 동짓날을 기준으로 09:00부터 15:00까지 사이의 6시간 중 연속일조시간 2시간 이상 또는 08:00부터 16:00까지 사이의 8시간 중 총 일조시간 4시간 이상이 확보되는지 여부를 살펴보면, 학교 본관 및 별관의 상당 부분 및 운동장 전부가 이에 해당하지 않는 것으로 나타났다.

[판결 요지]

1. 일조권 침해에 있어 객관적인 생활이익으로서 일조이익을 향유하는 '토지의 소유자 등'은 토지소유자, 건물소유자, 지상권자, 전세권자 또는 임차인 등의 거주자를 말하는 것으로서, 당해 토지·건물을 일시적으로 이용하는 것에 불과한 사람은 이러한 일조이익을 향유하는 주체가 될 수 없다.

2. 초등학교 학생들은 공공시설인 학교시설을 방학 기간이나 휴일을 제외한 개학 기간 중, 그것도 학교에 머무르는 시간 동안 일시적으로 이용하는 지위에 있을 뿐이고, 학교를 점유하면서 지속적으로 거주하고 있다고 할 수 없어서 생활이익으로서의 일조권을 법적으로 보호받을 수 있는 지위에 있지 않다.

해설 ————————————————————————————————————

I. 대상판결의 의의 및 쟁점

일조권 침해에 대한 방해배제 및 방해예방, 손해배상을 청구할 수 있는 주체와 관련하여 객관적인 생활이익으로서 일조이익을 향유하는 '토지의 소유자 등'이란 토지소유자, 건물소유자, 지상권자, 전세권자 또는 임차인 등의 거주자를 말하는 것으로 당해 토지나 건물을 일시 사용하는 자에 대해서는 일조이익을 향유할 주체가 될 수 없으며, 학교 교실과 운동장 등 시설을 이용하는 학생은 일시 사용자로 지속적으로 거주하고 있지 않아 일조권을 법적으로 보호받을 수 있는 지위에 있지 않다는 대상판결은 일조권의 성격과 보호법리에 있어서 물권적 청구권설을 재확인하고 있다.

다만, 일시 사용의 범위, 일조이익의 향유가 필수적인 유치원생이나 초등학생 등에 대한 보호의 필요성이라는 관점에서 대상결정에 대해 재고할 필요가 있으며, 손해배상청구의 권원으로서 환경권의 인정 가능성도 검토할 필요가 있다.

Ⅱ. 대상판결의 분석

1. 일조방해로 인한 손해배상청구의 인정 근거

법원은 객관적인 생활이익으로서 일조이익의 향유 주체를 '토지의 소유자 등'으로 보면서 일조권 침해를 토지나 건물에 대한 소유권의 침해로 보아 민법 제214조에 따라 물권에 기해 방해배제를 청구할 수 있다고 보아 물권설(물권적 청구권설)을 취하고 있다.

이에 관하여 우리나라의 학설에 따르면, 인격권설, 환경권설, 일조권설, 불법행위설 및 생활이익향수권(상린권)설 등 다양한 이론 전개가 이루어지고 있다. 그러나 판례는 헌법 제35조에서 환경권을 기본권으로 규정하고 있다고 하여 그 자체로 개개인에 환경권이라는 사법적 권리가 창설될 수는 없다는 입장이다. 그러면서 "주거의 일조는 쾌적하고 건강한 생활에 필요한 생활이익으로서 법적 보호의 대상"이 되며(대법원 2001. 6. 26, 2000다44928, 44935 판결), "어느 토지나 건물의 소유자가 종전부터 향유하고 있던 경관이나 조망, 조용하고 쾌적한 종교적 환경 등이 그에게 하나의 생활이익으로서의 가치를 가지고 있다고 객관적으로 인정된다면 법적인 보호의 대상이 될 수 있는 것이라 할 것"이라고(대법원 1997. 7. 22, 96다56153 판결) 판시한 바 있다(일조이익에 대해 일본도 실무상 물권설과 인격권설을 모두 고려하면서 판례에서 "쾌적하고 건강한 생활에 필요한 생활이익"이라 판시하고 있다 일본 최고재판소 1972. 6. 27, 소43(オ)32 판결).

이와 같이 판례는 물권적 청구권설의 입장을 취하면서도 일조이익이 쾌적하고 건강한 생활의 보호라는 점에서 생활이익을 전제로 하고 있다. 그러나 학교는 계속적으로 발육, 성장하고 있는 단계에 있고, 튼튼한 골격 등의 형성에 매우 중요한 햇빛을 누구보다도 필요로 하는 나이 어린 유치원생 및 초등학생들이 주로 이용하는 시설이라는 점을 고려할 필요가 있다.

2. 학교 학생들이 일시적 이용관계인지 여부

대법원은 원고 등이 학생으로서 이 사건 학교 교실과 운동장 등 시설을 이용하더라도 이는 공공시설인 이 사건 학교시설을 방학 기간이나 휴일을 제외한 개학 기간 중, 그것도 학교에 머무르는 시간 동안 일시적으로 이용하는 지위에 있을 뿐이고, 이 사건 학교를 점유하면서 지속적으로 거주하고 있다고 할 수 없어서 생활이익으로서의 일조권을 법적으로 보호받을 수 있는 지위에 있지 않다고 판단하였다.

일반적으로 '일시적'이라는 의미를 판단함에 있어 이용 기간이 가장 큰 고려 요소이나 일시적 사용자인지 여부를 판단함에 있어서는 이용의 반복성 여부, 지속성 여부도 고려할 필요가 있다. 판례가 통상 임차인에 대해서도 일조침해로 인한 손해배상청구권을 인정하는 데 학생들은 휴일을 감안하더라도 200일 이상을 학교에서 생활하고, 방학 기간 동안 특별활동 등을 감안하지 않더라도 1년 중 2/3 이상을 학교에서 생활하는 한편 초등학교의 경우, 특별한 사정이 없는 한 6년을 계속 다녀야 하므로 임차인보다 장기간 이용하는 자의 지위에 있다고 보아야 하며, 이와 같이 지속적·반복적으로 통상 주간에 학교에서 생활하는 학생들은 일시 사용자의 범주에 속하지 않는다고 보아야 할 여지가 있다.

3. 일조이익의 판단근거로써 거주 시간 및 거주 형태

종전의 판례는 일조이익의 향유주체를 소유권자뿐만 아니라 지상권자, 전세권자 또는 임차인 등의 거주자도 일조이익의 향유주체로 보고 있다. 이러한 점에서 일조이익의 침해 여부를 판단함에 있어 피침해 건물에 거주하는 자의 거주 시간 및 거주 형태도 침해이익의 귀속 여부 판단에 있어 고려해야 할 요소로 여겨진다. 가령 종전의 판례대로라면 출퇴근 등의 이유로 일조시간 대 거주하지 않는 임차인과 낮 시간 동안 지속적으로 거주해야 하는 학생 사이에 전자는 일조이익의 침해가 인정되는 데 반해 후자는 일조이익의 침해가 인정되지 않는 불합리한 결과가 도출될 수밖에 없다.

Ⅲ. 대상판결의 평가

대상판결은 이 사건 학교 학생들이 이 사건 학교시설을 방학 기간이나 휴일을 제외한 개학 기간 중, 그것도 학교에 머무르는 시간 동안 일시적으로 이용하는 지위에 있을 뿐이고, 이 사건 학교를 점유하면서 지속적으로 거주하고 있다고 할 수 없어서 생활이익으로서의 일조권을 법적으로 보호받을 수 있는 지위에 있지 않다고 판단하였으나, 이는 앞서 본 바와 같이 부당하다는 비판이 제기될 수 있다.

그러나 일반적으로 법원이 일조이익을 건강하고 쾌적한 생활이익으로 보는 이상 이는 헌법 제35조의 환경권 규정과 보호의 대상을 같이 하고 있고, 이 사건과 같이 생활이익으로 일조이익의 침해를 받는 자와 해당 건물의 권원을 지닌 자가 다른 경우에 실질적으로 침해를 받는 자를 보호한다는 측면에서 피해자의 범위를 확대하여 그 보호를 충실히 하기 위한 시대적 당위성과 필요성이 요청된다고 할 것이다.

대상판결은 일시적 이용자의 범위를 판단함에 있어 '일시적'의 범위를 판단함에 있어서 고려해야 할 여러 요소를 무시하고 너무 좁게 인정하고 있을 뿐 아니라, 이 사건 학생들이 학교를 6년이라는 긴 시간 동안 이 사건 학교 건물 및 운동장을 지속적·반복적으로 이용을 해야 하고, 휴일이나 방학을 고려하더라도 일년 중 이용 기간이 200여 일이 넘는 점을 간과하고 있을 뿐 아니라, 침해 여부를 판단함에 있어서도 학생들의 피침해 건물에 대한 거주 시간대 및 거주 형태를 고려하지 않은 점에서 부당한 측면이 있다.

참고문헌

변환철, "학교시설을 이용하는 학생들의 일조이익에 대하여", 법학논문집 제33집 제2호 (2009)
이동원, "일조권 침해에 관한 판례의 동향", 민사법학 제27집 (2005)

[9] 한강의 조망이익

— 대법원 2004. 9. 13. 2003다64602 판결 —

김 남 욱 (송원대학교)

[사실 개요]

원고들은 이 사건 아파트보다 13~15m 정도 낮은 북쪽 저지대에 위치한 토지 및 지상 주택 소유자들이며, 이 사건 아파트가 들어서기 전에는 원고들의 거실에서 한강 조망이 비교적 양호한 편이었으나 천공 조망률이 감소하고 한강의 조망의 이익이 감소하게 되어 결국 건물 시가 하락으로 인한 재산상의 손해와, 주거환경의 악화로 정신적 손해도 입게 되었다면서 피고에게 불법행위로 인한 손해배상을 피고에게 청구하였다.

[판결 요지]

  조망이익은 원칙적으로 특정의 장소가 그 장소로부터 외부를 조망함에 있어 특별한 가치를 가지고 있고, 조망이익의 향유를 하나의 중요한 목적으로 하여 그 장소에 건물이 건축된 경우와 같이 당해 건물의 소유자나 점유자가 그 건물로부터 향유하는 조망이익이 사회통념상 독자의 이익으로 승인되어야 할 정도로 중요성을 갖는다고 인정되는 경우에 법적인 보호의 대상이 된다. 조망이익의 침해하는 행위가 사법상 위법한 가해행위로 평가되기 위해서는 조망이익의 침해 정도가 사회통념상의 수인한도를 넘어야 한다. 그 수인한도의 초과 여부는 조망의 대상이 되는 경관의 내용과 피해건물이 입지하고 있는 지역성, 피해건물의 위치 및 구조와 조망상황 등 가해건물의 상황, 가해건물 건축의 경위, 조망방해의 회피 가능성의 유무, 조망방해의 가해자측 해의 유무, 조망이익의 보호필요 정도 등 모든 사정을 종합적으로 고려하여 판단하여야 한다.

  이 사건 원고들의 주택 주위에는 특별히 경관으로서 내세울 만한 것이 없고, 이 사건 아파트 건축으로 인하여 원고들의 주택에서 남쪽으로의 조망이 종전보다 나쁘게 되었으나, 이 사건 아파트가 건축되기 전부터 대부분 위 언덕 및 그 위에 있던 이 사건 아파트 건축 전의 5층 아파트 단지에 의하여 시야가 가로막혀 남쪽으로의 조망이 양호하지 못한 점, 가해건물의 위치와 아파트 단지의 합리성 등에 비추어 조망 개선이 사실상 어려운 점 등을 고려하면 조망이익 침해의 정도가 사회통념적으로 수인한도를 초과하였다고 보기 어렵다.

해설

I. 대상판결의 의의

이 사건 대법원 판결은 쾌적한 주거환경을 개선하고 도시의 재생을 위해 재건축, 재개발이 이루어지고 있는 주거지역에서 법률상 보호되는 조망이익에 대한 요건을 명확하게 최초로 제시하고 조망권이 일조권의 부수된 권리가 아니라 독자적 권리임을 처음으로 인정한 판결이다. 또한 법률상 보호되는 조망이익의 침해에 대한 위법성 판단 기준을 제시하고 공법상 규정을 준수하였다 하더라도 수인한도를 초과하면 위법하다고 적시한 판결이다.

II. 한강 조망이익의 법리

1. 조망권과 조망의 이익의 개념

조망권은 아름다운 자연적·역사적·문화적인 경관조망 또는 천공조망을 하는 자에게 심미적 만족감과 정신적 편안함을 주고, 토지·건물의 소유자가 종래부터 향유하여 오던 심미적 환경을 생활상 이익으로 누려온 객관적 가치를 인정되는 권리이다(김남욱, 49면). 조망권은 일조권에서 파생된 권리가 아니라 독자적 권리로서 환경권 중 하나의 권리이다(김남욱, 25면). 경관조망권은 주된 생활공간(거실)에서 객관적으로 중요한 자연경관이나 역사적·문화적 경관을 객관적으로 생활상 이익으로 향유하는 권리이며, 천공조망권은 주된 생활공간(거실)에서 폐쇄감과 압박감 없이 쾌적한 하늘을 조망할 수 있는 권리를 말한다(김남욱, 132면).

조망의 이익은 아름다운 경치나 풍물, 하늘을 눈으로 바라보며 즐기는 이익을 말하여, 법적 보호의 조망이익은 일조보호보다 보호의 필요성이 낮으며, 특정장소가 그 장소에서의 조망 점에서 남다른 가치를 갖고 조망이익의 향유를 하나의 중요한 목적으로 그 위치에 건물이 건축되어 당해 건물의 소유자 내지 점유자에 의한 건물의 조망이익의 향유가 사회통념상으로부터도 자신의 이익으로 승인되어 그 중요성을 갖는 것으로 인정되는 경우에는 법적 관점에서도 보호되는 이익이 된다(富井利安, 512면). 특히 한강의 조망이익은 2017년 기준 최고 76,000만 원되고, 한강조망이 주택가치에 영향을 주어 주거환경 선택시 중요한 기준이 되고 있으며, 주택공시 가격과 조세 부과에서도 고려되고 있다.

2. 한강 조망이익의 법적 보호요건

조망이익의 법적 보호요건은 경관의 객관성, 장소가치의 경관의존성, 건축물의 토지이용과의 조화성, 정당한 소유·점유의 권원성이다(오사카 지방법원 판결 1999. 6. 25; 김남욱, 54-57면).

(1) 경관의 객관성

조망가치가 있는 경관이 사회적 통념에 비추어 객관적으로 존재하여야 한다. 한강과 같이 심미적 경관이라고 부를 정도로 아름답고 쾌적한 풍물적 요소를 조망할 수 있는 지정학적 위치에 지어진 주택, 아파트, 별장 등에 대하여 객관적으로 조망적 가치가 있는 경관이 존재하여야 한다.

(2) 장소가치의 경관의존성

당해 장소의 특별한 가치가 그 외부의 경관을 조망함에 있어서 해당 경관의 조망에 의존하고 있어야 한다. 그러나 한강 조망이 되지 않는 평지에 고층건물(아파트)을 신축·증축하여 너른 지역의 한강 조망을 할 수 있게 된 경우, 당초부터 한강 조망이익을 비교적 제한을 많이 받고 있는 경우, 건축물의 건축당시에는 한강 조망이익이 확보되더라도 인접 토지의 상업용 건축물, 초고층아파트가 건축되리라고 예측할 수 있는 경우, 개발제한구역 또는 절대환경보전지역이 해제된 경우에는 인근 다른 고층건물의 건축에 의하여 한강 조망이익이 저해·방해받더라도 장소가치의 경관의존성이 인정되지 않으므로 이러한 조망의 이익은 법적 보호대상이 되지 못한다.

(3) 건축물의 토지이용과의 조화성

건축물이 조망이익의 보호·유지하기 위한 주변의 토지이용과 조화를 이루고 있어야 한다. 한강 조망을 향수할 목적으로 지어진 주택, 아파트, 호텔 등의 소유자·점유자가 한강조망을 위한 토지이용과 조화가 이루어져야 한다.

(4) 정당한 소유·점유의 권원성

조망의 향수자가 당해 경관과 하늘을 생활상 이익으로 사용함에 있어서 정당한 권한을 가지고 있어야 한다. 그러나 선주자의 건축물 때문에 후에 신축된 건축물에 입주한 후주자의 한강 조망이익이 침해되는 경우에는 법적보호가 인정되지 않는다.

Ⅲ. 대상판결의 분석

한강 조망이익의 침해로 발생되는 수인한도는 ① 조망피해의 성질은 가해건물로 인하여 한강을 조망하지 못함으로써 재산적 가치를 하락시키고 정신적 피해를 초래하는 한강 조망이익의 성질, ② 안방 및 거실에서 한강조망이익이 40% 이상 받거나 건축법상 이격거리·건축물높이제한·일조량기준의 위반의 정도, ③ 주거지역 또는 사실상 주거지역 등의 지역성, ④ 피해건물의 토지이용에서의 선주성, ⑤ 가해건물의 건축경위와 공공성 여부, ⑥ 가해건물의 피해건물에 대한 손해회피 가능성, ⑦ 공법상 규제 및 인허가의 준수성, ⑧ 경제적 이익과 결부성 등을 종합적으로 고려하여 수인한도를 초과한 경우에는 위법하게 된다.

한강을 조망하여 온 피해건축물의 인접 토지에 가해건물이 건축되어 발생하는 쾌적한 하늘을 바라볼 수 있는 시야를 차단하여 폐쇄감·압박감 등의 생활이익의 침해가 사회통념상 일반적으로 수인한도는 이른바 천공률이나 조망침해율, 특히 가해 아파트 건축으로 천공조망률이 40% 이하로 낮아진 경우에는 당해 소유자·점유자의 천공조망이익을 침해한 것으로 볼 수 있다(윤철홍, 222면).

Ⅳ. 대상판결의 평가

대상판결은 조망이익의 법적 보호요건과 조망권의 법리를 명확히 제시하고 있다. 또한 이 사건 대법원은 한강 조망이익 침해에 대한 수인한도론을 적용하여 이 사건 아파트가 건축이 되어 조망이익의 피해가 있다고 하더라도 종래부터 피해 주택보다 높은 언덕에 위치한 5층 건물에 의하여 조망이익에 대한 피해를 사실상 받아 왔고, 피해주택이 심미적인 한강을 조망하기 위하여 건축되지 아니하였을 뿐만 아니라 낮은 지대에 위치한 피해건물의 인근 주변에 수려한 경관이 존재하지 아니하므로 한강 조망이익의 법적 보호요건에 충족하지 아니한다고 보고 있다. 따라서 대법원의 판결은 한강 조망이익에 대한 법적 보호요건과 수인한도론에 의한 위법성판단에 기초하여 타당한 판결을 한 것으로 이해할 수 있다.

참고문헌

김남욱, 조망권의 법리, 환경법연구 제27권 제1호 (2005)

김남욱, 조망권과 경관권의 보호요건과 손해배상기준에 관한 연구, 국가법연구 제11집 제2호 (2015)

김남욱, 조망권에 대한 법적 보장, 환경법연구 제31권 제3호 (2009)

윤철홍, 조망권의 침해시 수인한도의 판단기준, 동북아법연구 제9권 제2호 (2015)

富井利安, 眺望·景観の保護と裁判事例の道標, 修道法学 31巻1号 (2008)

[10] 조망이익 침해행위로 인한 불법행위책임의 성립요건

─대법원 2007. 6. 28. 2004다54282 판결─

김 새 미 (서울중앙지방법원)

[사실 개요]

1. 원고들은 서울 용산구 이촌동에 있는 10층 높이 리바뷰아파트의 소유자들이다. 리바뷰아파트와 한강 사이에는 1970년경 지어진 5층 높이 외인아파트가 있었는데, 피고 甲은 2003. 4.경 외인아파트를 철거하고 그 자리에 19층 내지 25층 높이 엘지한강빌리지아파트 10개동을 분양한 시행사이고, 피고 乙은 피고 甲으로부터 엘지한강빌리지아파트 건설공사를 도급받은 시공사이다.

2. 리바뷰아파트는 엘지한강빌리지아파트 부지의 동북쪽 끝부분에 위치하여, 엘지한강빌리지아파트가 건설된 후 일부 원고들 아파트의 일조시간, 한강조망률, 천공률이 감소하고 사생활 침해 가능성이 증가하였다.

3. 원고들은 피고들을 상대로 일조시간, 한강조망률, 천공률, 사생활 침해로 인한 재산상 손해배상과 위 침해 및 공사과정에서의 소음, 진동, 분진으로 인한 정신적 손해배상을 청구하였다.

[판결 요지]

1. 어느 토지나 건물의 소유자가 종전부터 향유하고 있던 경관이나 조망이 그에게 하나의 생활이익으로서의 가치를 가지고 있다고 객관적으로 인정된다면 법적인 보호의 대상이 될 수 있는 것인바, 이와 같은 조망이익은 원칙적으로 특정의 장소가 그 장소로부터 외부를 조망함에 있어 특별한 가치를 가지고 있고, 그와 같은 조망이익의 향유를 하나의 중요한 목적으로 하여 그 장소에 건물이 건축된 경우와 같이 당해 건물의 소유자나 점유자가 그 건물로부터 향유하는 조망이익이 사회통념상 독자의 이익으로 승인되어야 할 정도로 중요성을 갖는다고 인정되는 경우에 비로소 법적인 보호의 대상이 되는 것이고, 그와 같은 정도에 이르지 못하는 조망이익의 경우에는 특별한 사정이 없는 한 법적인 보호의 대상이 될 수 없다.

2. 조망이익이 법적인 보호의 대상이 되는 경우에 이를 침해하는 행위가 사법상 위법한 가해행위로 평가되기 위해서는 조망이익의 침해 정도가 사회통념상 일반적으로 인용되는 수인한도를 넘어야 하고, 그 수인한도를 넘었는지 여부는 조망의 대상이 되는 경관의 내용과 피해건물이 입지하고 있는 지역에 있어서 건조물의 전체적 상황 등의 사정을 포함한 넓은 의미에서의 지역성, 피해건물의 위치 및 구조와 조망상황, 특히 조망과의 관계에서의 건물의 건축·사용목적 등 피해건물의 상황, 주관적 성격이 강한 것인지 여부와

여관·식당 등의 영업과 같이 경제적 이익과 밀접하게 결부되어 있는지 여부 등 당해 조망이익의 내용, 가해건물의 위치 및 구조와 조망방해의 상황 및 건축·사용목적 등 가해건물의 상황, 가해건물 건축의 경위, 조망방해를 회피할 수 있는 가능성의 유무, 조망방해에 관하여 가해자 측이 해의를 가졌는지의 유무, 조망이익이 피해이익으로서 보호가 필요한 정도 등 모든 사정을 종합적으로 고려하여 판단하여야 한다.

3. 조망의 대상과 그에 대한 조망의 이익을 누리는 건물 사이에 타인 소유의 토지가 있지만 그 토지 위에 건물이 건축되어 있지 않거나 저층의 건물만이 건축되어 있어 그 결과 타인의 토지를 통한 조망의 향수가 가능하였던 경우, 그 타인은 자신의 토지에 대한 소유권을 자유롭게 행사하여 그 토지 위에 건물을 건축할 수 있고, 그 건물 신축이 국토의 계획 및 이용에 관한 법률에 의하여 정해진 지역의 용도에 부합하고 건물의 높이나 이격거리에 관한 건축관계법규에 어긋나지 않으며 조망 향수자가 누리던 조망의 이익을 부당하게 침해하려는 해의에 의한 것으로서 권리의 남용에 이를 정도가 아닌 한 인접한 토지에서 조망의 이익을 누리던 자라도 이를 함부로 막을 수는 없으며, 따라서 조망의 이익은 주변에 있는 객관적 상황의 변화에 의하여 저절로 변용 내지 제약을 받을 수밖에 없고, 그 이익의 향수자가 이러한 변화를 당연히 제약할 수 있는 것도 아니다.

해설

I. 대상판결의 쟁점

이 사건의 쟁점은 원고들의 조망이익이 법적 보호대상인지, 피고들의 조망이익 침해행위가 참을 한도를 초과하여 위법한 불법행위에 해당하는지 여부이다. 원심은 원고들이 누리던 한강조망에 큰 경제적 가치가 부여되는 점을 고려하여 이를 법적 보호대상인 조망이익으로 보고, 그에 대한 피고들의 침해행위의 정도가 참을 한도를 초과하여 위법하다고 판단하며 조망이익 침해로 인한 재산상 손해배상청구를 일부 인용하였다.

대법원은 예전부터 조망이익이 법적으로 보호될 수 있는 권리임을 밝혀왔지만(대법원 1995. 9. 15. 95다23378 판결), 이를 일조, 사생활 침해 등과 함께 환경침해 여부를 결정하기 위한 하나의 판단요소로만 여겨왔다. 이후 대법원 2004. 9. 13. 2003다64602 판결을 통하여 처음으로 법적 보호대상인 조망이익과 참을 한도를 판단하는 기준이 제시되었다. 그러나 위 판결은 아름다운 경관이 존재하지 않는 사안에 관한 것이어서 이 사건의 한강조망과 같이 특별한 가치를 지닌 조망이 문제된 사안에 적용하기 어려웠고, 추상적 기준이 구체적 사례에 어떻게 적용되어야 하는지에 관한 판시가 없어 판단에 어려움이 있었다. 대상판결은 위

2003다64602 판결에서 제시된 기준이 구체적인 사례에서 어떻게 적용되는 것인지를 보여준 최초의 판결로서 의의가 있다.

Ⅱ. 대상판결의 분석

1. 조망이익에 관한 법리

(1) 조망이익의 개념

조망이익이란 어느 토지나 건물의 소유자가 종전부터 향유하고 있던 경관이나 조망으로서 그에게 하나의 생활이익으로서의 가치를 가지고 있다고 객관적으로 인정되어 법적인 보호의 대상이 될 수 있는 것을 말한다.

(2) 법적 보호대상인 조망이익

대법원은 특정의 장소가 그 장소로부터 외부를 조망함에 있어 특별한 가치를 가지고 있고, 그와 같은 조망이익의 향유를 하나의 중요한 목적으로 하여 그 장소에 건물이 건축된 경우와 같이 당해 건물의 소유자나 점유자가 그 건물로부터 향유하는 조망이익이 사회통념상 독자의 이익으로 승인되어야 할 정도로 중요성을 갖는다고 인정되는 경우에 법적인 보호대상이 된다고 판시하고 있다. 즉, 특별히 아름다운 경관이 없음에도 단지 전망이 나빠졌다는 사정만으로는 법적 보호를 받을 수 없고, 조망이익의 향수자는 특별한 시설의 설치 없이 통상적인 건물에서 경관을 조망할 수 있는 지리적 위치에 있어야 한다. 관광지의 호텔, 별장지대와 같이 조망의 향유를 목적으로 건물이 축조된 경우에도 조망이익이 인정된다.

(3) 참을 한도 초과 여부

대법원은 조망이익 침해행위가 참을 한도를 초과하는지 여부에 관하여 크게 피해자와 가해자의 측면으로 나누어 판결요지 2.항과 같은 구체적 판단 요건을 제시하고 있다. 참을 한도 초과 여부 판단 요건 중 지역성, 피해건물의 조망상황, 건물의 사용 목적 등은 법적 보호대상인 조망이익인지 여부를 판단하는 과정에서 다뤄지므로, 참을 한도 초과 여부를 판단함에 있어서는 상대적으로 가해자의 측면이 중요하게 작용한다.

2. 조망이익 침해행위로 인한 불법행위책임의 성립 여부

대상판결은 원고들이 조망이익을 향유한 것은 5층 높이 외인아파트 뒤에 10층짜리 리바뷰아파트를 건축하였기 때문이고, 이촌동 일대는 고층아파트의 건축이 허용되는 지역으로서 언제든 조망이익이 제한되리란 것을 예상할 수 있었으므로, 원고들이 향유하던 조망이익은 법적 보호대상이 아니라 판단하였다. 대상판결은 한강과 같이 특별한 가치가 있는 경관을 조망하고 있었더라도, 인공적으로 특별한 시설(고층건물 등)을 갖춤으로써 조망을 누릴 수 있게 되었거나, 언제든지 조망을 방해하는 건물이 건축되리라 예상할 수 있는 지역에 위치해 있는 경우에는 법적 보호를 받을 수 없다는 구체적 기준을 제시하는 한편, 조망이익은 주변에 있는 객관적 상황의 변화에 의하여 저절로 변용 내지 제약을 받을 수밖에 없는 한계를 지니고 있다는 점을 명시하였다.

　침해행위가 참을 한도를 초과하는지 여부를 판단함에 있어서는 가해자 측면의 사정을 중심으로 피고들이 엘지한강빌리지 아파트를 건축한 것이 정당한 권리행사 범위 내에 있고, 피고들이 단지 배치를 달리하더라도 원고들의 조망이 크게 개선될 것으로 보이지 않으며, 피고들이 보상을 제의하였다거나, 인근 아파트에만 보상한 사실 등만으로는 피고들의 해의를 인정할 수 없다고 판단하여 원고들의 청구를 기각하였다. 대상판결은 가해자 측면의 사정 중에서도 조망방해를 회피할 수 있는 가능성, 가해자 측의 해의 유무를 중요하게 고려한 것으로 보인다.

Ⅲ. 대상판결의 평가

　대법원은 조망이익이 일조, 소음, 공기오염보다 생활에 절실한 것은 아니고, 보호대상인지 여부 및 침해의 정도를 추상적인 기준에 의하여 판단할 수밖에 없는 반면, 이를 널리 인정할 경우 소유권 행사에 제약이 가해질 우려가 있는 점을 고려하여 법적 보호대상인 조망이익 인정 범위를 엄격히 제한하고 있는 것으로 해석된다.

　대상판결 선고 이후에도 대상판결의 판결요지는 유지되고 있으며, 조망이익 침해를 이유로 한 손해배상청구를 받아들인 하급심이 있었으나 아직까지 대법원에서는 이를 인용한 사례가 없는 것으로 보아[대법원 2016. 1. 28. 2015다55373 판결(파기환송)], 법적 보호대상인 조망이익의 인정 범위를 엄격히 제한하는 대상판결의 취지가 유지되고 있는 것으로 보인다.

참고문헌

문준섭, "조망침해에 대한 사법적 구제", 민사판례연구 제29권 (2007)

서민석, "조망이익의 침해행위가 사법상 위법한 가해행위로 평가되기 위한 요건(중략) 등", 대법원판례해설 제78호 (2008)

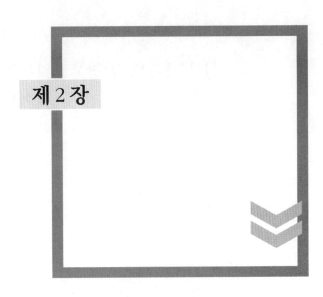

제 2 장

환경정책기본법

[11] 국가의 환경보호의무의 법적 성질과 부작위로 인한 국가배상책임

— 대법원 2001. 10. 23. 99다36280 판결 —

김 현 준 (영남대학교)

[사실 개요]

1. 부산 시민인 원고들 100인은 헌법 제10조, 제35조, 환경정책기본법, 수질환경보전법, 수도법과 그 시행령 등의 관련 규정에 따라 피고 국가는 상수원으로 사용되는 하천수를 환경정책기본법시행령에서 정한 상수원수 3급 이상의 수질이 유지되게 하여 그 기준에 미달한 상수원수로 생산한 수돗물이 공급되지 아니하도록 하고, 또한 수돗물 공급자인 피고 부산광역시는 상수원수 2급에 미달하는 상수원수를 취수하여 수돗물을 생산할 경우에는 고도의 정수처리를 하여야 함에도 불구하고, 피고들이 이러한 의무에 위반하여 수질기준에 미달하는 낙동강 하천수를 취수하여 수돗물을 생산·공급하거나, 상수원수 2급에 미달하는 하천수를 일반적 정수처리 후 수돗물을 생산·공급함으로써, 이를 마신 원고들이 정신적 고통을 입었으므로, 피고들은 불법행위책임을 부담하여야 한다고 주장하며, 위자료를 청구하는 소를 제기했다.

2. 제1심과 원심은 사법상 손해배상청구권으로서의 환경권 내지 인격권이 인정되려면 명문의 규정 등으로 구체적으로 정립될 수 있어야 하며, 국가의 환경보전의무를 지운 법령 위반행위 그 자체를 들어 바로 국가를 상대로 손해배상을 청구할 수 없다는 등의 이유로 피고 국가에 대한 원고들의 청구를 기각했다. 피고 부산광역시에 대해서도 가능한 조치를 취하지 못하였거나 게을리하여 위법한 행위를 한 것으로 평가할 수 없고, 원고들이 수질기준에 미달하는 원수를 일반 정수처리 방법에 의하여 정수한 수돗물을 음용한 것은 수인하여야 할 정도로 봄이 상당하다고 보아 원고들의 청구를 기각했다. 이에 원고들은 법리 오해, 이유모순을 들어 상고했다.

[판결 요지]

1. 일반적으로 국가 또는 지방자치단체가 권한을 행사할 때에는 국민에 대한 손해를 방지하여야 하고, 국민의 안전을 배려하여야 하며, 소속 공무원이 전적으로 또는 부수적으로라도 국민 개개인의 안전과 이익을 보호하기 위하여 법령에서 정한 직무상의 의무에 위반하여 국민에게 손해를 가하면 상당인과관계가 인정되는 범위 안에서 국가 또는 지방자치단체가 배상책임을 부담하는 것이지만, 공무원이 직무를 수행하면서 그 근거되는 법령의 규정에 따라 구체적으로 의무를 부여받았어도 그것이 국민의 이익과는 관계없이 순전히 행정기관 내부의 질서를 유지하기 위한 것이거나, 또는 국민의 이익과 관련된 것이

라도 직접 국민 개개인의 이익을 위한 것이 아니라 전체적으로 공공 일반의 이익을 도모하기 위한 것이라면 그 의무에 위반하여 국민에게 손해를 가하여도 국가 또는 지방자치단체는 배상책임을 부담하지 아니한다.

2. 상수원수의 수질을 환경기준에 따라 유지하도록 규정하고 있는 관련 법령의 취지·목적·내용과 그 법령에 따라 국가 또는 지방자치단체가 부담하는 의무의 성질 등을 고려할 때, 국가 등에게 일정한 기준에 따라 상수원수의 수질을 유지하여야 할 의무를 부과하고 있는 법령의 규정은 국민에게 양질의 수돗물이 공급되게 함으로써 국민 일반의 건강을 보호하여 공공 일반의 전체적인 이익을 도모하기 위한 것이지, 국민 개개인의 안전과 이익을 직접적으로 보호하기 위한 규정이 아니므로, 국민에게 공급된 수돗물의 상수원의 수질이 수질기준에 미달한 경우가 있고, 이로 말미암아 국민이 법령에 정하여진 수질기준에 미달한 상수원수로 생산된 수돗물을 마심으로써 건강상의 위해 발생에 대한 염려 등에 따른 정신적 고통을 받았다고 하더라도, 이러한 사정만으로는 국가 또는 지방자치단체가 국민에게 손해배상책임을 부담하지 아니한다. 또한 상수원수 2급에 미달하는 상수원수는 고도의 정수처리 후 사용하여야 한다는 환경정책기본법령상의 의무 역시 위에서 본 수질기준 유지의무와 같은 성질의 것이므로, 지방자치단체가 상수원수의 수질기준에 미달하는 하천수를 취수하거나 상수원수 3급 이하의 하천수를 취수하여 고도의 정수처리가 아닌 일반적 정수처리 후 수돗물을 생산·공급하였다고 하더라도, 그렇게 공급된 수돗물이 음용수 기준에 적합하고 몸에 해로운 물질이 포함되어 있지 아니한 이상, 지방자치단체의 위와 같은 수돗물 생산·공급행위가 국민에 대한 불법행위가 되지 아니한다.

해설

I. 대상판결의 쟁점

환경보호가 현대국가의 숙명적 과제가 되었다. 주관적 성격의 기본권으로서 환경권을 규정한 우리나라 헌법하에서 국가의 환경보호의무는 더욱 분명하게 도출될 수 있다. 국가의 공무담당자인 공무원이 이러한 직무를 게을리한다면 국가배상법 제2조의 배상책임이 문제될 수 있다. 대상판결에서는 국가 외에 지방자치단체의 국가배상책임도 다투어졌지만, 여기서는 국가의 책임에 한정하여 살펴본다.

II. 대상판결의 분석

1. 공권 실현으로서 부작위로 인한 국가배상청구

국가의 환경보호의무 해태로 인한 손해배상책임을 불법행위책임의 차원에서 이해할 수 있다(이경춘, 87면). 그런데 사인과 국가의 관계에서는 그 전제로서 개인의 국가에 대한 주관적 공권의 틀을 먼저 생각해 볼 수 있다. 즉 ① 행정에 의한 침해에 대한 방어청구권, ② 행정에 의한 예상되는 침해에 대한 방지청구권, ③ 행정상대방의 행정에 대한 요구권, ④ 제3자의 행정개입청구권으로 나누어 볼 수 있다(김현준, 2012, 63-67면). 이러한 권리를 실현하는 항고소송의 문제가 우선 있지만, 여기서는 별론으로 하고서, 이러한 권리가 침해되어 사후적으로 손해배상을 청구하는 경우만 본다면 그것은 주로 ①과 관련하여 나타난다. 대상판결은 ③과 관련된다. 최근 판례에서는 ④와 관련된 국가배상소송도 볼 수 있다(가령 미니컵 젤리 사건에 관한 대법원 2010. 11. 5. 2008다77795 판결; 김현준, 2011, 271면 이하).

2. 공무원의 작위의무와 '법령에 위반하여'

부작위에 의한 배상책임에서는 공무원의 작위의무가 주로 다투어진다. 작위의무는 법령에서 일의적으로 정해지는 경우와 권한 행사가 공무원의 재량에 맡겨져 있는 경우로 나눌 수 있다. 본건 사례에서 공무원의 작위의무는 전자에 해당하기에 어렵지 않게 도출할 수 있을 것 같은데, 대상판결은 후술하는 직무의 사익보호성 요건을 소극적으로 판단하여 이미 기각사유를 충족했기에 이를 굳이 검토할 필요가 없었던 것으로 보인다.

3. 국가의 환경보호의무와 사익보호성

국가배상법 제2조에서 명문의 규정이 없지만 직무의 '사익보호성'을 국가배상책임의 요건으로 보는 것이 일반적 입장이다(김현준, 2011, 236면). 그 체계적 지위를 두고선 다투어지는데, 판례는 상당인과관계로 파악한다(대법원 2011. 9. 8. 2011다34521 판결 등). 대상판결에서 다투어진 직무는 국가(공무원)의 '환경보호의무'이었고, 헌법상 환경권 및 환경정책기본법상 환경기준에서 도출되는 환경보호의무가 최소한 부수적으로나마 사익도 보호하는 것이어야 한다. 헌법상 환경권의 성질은 여러 차원에서 문제 되는데, 민사상 유지(방지)청구권의 법적 근거가 될 수 있는지에 대해 판례는 부정적이다(대법원 1997. 7. 22. 96다56153 판결 등). 취소소송의 원고적격에 관한 행정소송법 제12조의 해석에서 환경권조항으로부터 '법률상 이익'을 도출할 수 있는지에 대해서도 마찬가지로 부정적이다(대법원 2015. 12. 10. 2012두6322 판결 등). 나아가, 국가배상책임의 성립요건으로서 직무의 사익보호성도 환경권의 성질과 관련하여 다투어지는데, 대상판결은 마찬가지로 부인한다. 요컨대, 헌법학에서 널리 인정되고 있는 환경권의 구체적 권리성은 행정소송이나 민사소송의 다양한 쟁점에서 구두선(口頭禪)에 그치고 있음을 알 수 있다. 이러한 판례 입장에 대해 비판도 있지만, 그 이전에 환경권이 어떠한 근거에서 사익보호성을 도출할 수 있는 구체적 권리인가를 – 법원을 설득할 수 있을 만큼 – 분명하게 밝힐 필요가 있다는 점만 여기서는 지적한다.

4. 환경기준 준수의무의 규범적 의미

환경정책기본법상 '환경기준'은 행정주체와 같은 정책담당자를 구속하지만 개별국민들을 구속하지 않는 점에서 개별국민들을 직접 구속하는 물환경보전법상 '배출허용기준'과 구분된다(김홍균, 75면). 환경기준을 준수할 의무가 국민들에게는 구체적으로 작용하지 않지만, 국가나 지방자치단체의 공무원들에게는 구체적인 의무로서 작동함에는 의문이 없다. 그러나 이러한 직무상 의무는 최소한 부수적으로나마 사익도 보호하는 것이어야 한다는 사익보호성을 충족해야 국가배상책임이 인정될 수 있는데, 대상판결은 환경기준에서는 사익보호성을 도출할 수 없다고 본 것이다.

Ⅲ. 대상판결의 평가

대상판결은 국가 또는 지방자치단체의 (공무원의) 부작위로 인한 국가배상책임에 관한 판결이다. '사익보호성'의 판단문제가 주된 쟁점이었는데, 그 밖에도 '작위의무'가 중요한 쟁점이 될 수 있고, 본건과 같은 2면관계만이 아니라 제3자까지 등장하는 3면관계, 그리고 기속행위만이 아니라 재량행위까지 문제될 수 있다. 대상판결은 헌법 및 환경정책기본법 등에서 인정되는 국가의 환경보호의무가 국가지방자치단체의 부작위에서 기인하는 국가배상책임에서 다투어질 수 있고, 환경보호의무의 법적 성질에 관한 근본적인 성찰이 필요함을 보여주는 판결이라고 할 수 있다.

참고문헌

김현준, "규제권한 불행사에 의한 국가배상책임의 구조와 위법성 판단기준", 행정판례연구 16권 1호 (2011)
김현준, "실체적 공권의 4유형과 행정소송법상 항고소송", 공법학연구 13권 2호 (2012)
이경춘, "상수원수가 법령이 정하는 수질기준에 미달한 경우 국가배상책임 유무: 낙동강 수질오염을 원인으로 한 부산시민의 국가 및 부산광역시에 대한 위자료 청구 사안", 대법원판례해설 38호 (2002)
김홍균, 『환경법』, 홍문사 (2017)

[12] 오염원 인근 주민의 건강 침해를 원인으로 하는 손해배상청구 요건

— 대법원 1990. 3. 13. 89다카15472 판결 —

설 정 은 (수원지방법원)

[사실 개요]

1. 피고가 운영하는 연탄공장(이하 '피고 공장'이라고 한다)에서 배출·확산되는 석탄 분진으로 인근 주택가에 거주하던 원고가 진폐증(탄분침착증)에 걸린 경우 피고가 원고에게 손해배상책임을 부담하는지와 그 범위가 문제된 사안이다.

2. 원고는 1943. 4.생 여성으로 1979. 4.경부터 1987. 5.경까지 피고 공장에서 1km 인근에 있는 주택가에 거주하였다. 원고는 1983.경부터 심한 호흡기 질환 증상을 보였으나 정확한 원인을 알지 못하던 중 1986. 11.경 국립의료원에서 탄분침착으로 인한 진폐증 판정을 받았다. 원고는 자신의 진폐증 발병이 피고의 불법행위에 기인한 것이라고 주장하고 이에 대한 손해배상을 청구하였다.

3. 피고는 ① 원고의 진폐증은 원고 자신의 기왕증과 특이체질에 기인한 것이지 피고 공장에서 배출되는 분진과 인과관계가 없고, ② 피고 공장은 적법한 등록을 거쳤고 연탄공장에 일반적으로 요구되는 분진방지시설을 갖추고 있어 예상치 못한 석탄 분진 배출에 대한 과실이 없으며, ③ 연탄공장은 도시 인근에 있을 수밖에 없고 인근 지역의 주민은 어느 정도의 석탄 분진 발생은 용인하여야 하며, 원고는 피고 공장이 운영 중인 사정을 알면서 인근에 이주하여 석탄 분진으로 인한 피해를 스스로 감수하였으므로, 피고에게 위법성이 없거나 손해배상의 책임 산정 시 이 부분이 감안되어야 한다고 주장하였다.

[판결 요지]

1. 대기오염으로 인한 공해소송에 있어서는 가해자의 공장에서 대기에 악영향을 줄 수 있는 석탄 분진이 생성·배출되고, 그 석탄 분진 중 일부가 대기를 통하여 피해자의 거주지 등에 확산·도달되었으며, 그 후 피해자에게 진폐증의 발병이라는 피해가 있었다는 사실이 모순 없이 증명된다면 위 석탄 분진의 배출이 피해자가 진폐증에 이환된 원인이 되었을 개연성이 있음은 일응 입증되었다고 보아야 할 것이고, 이러한 사정 아래에서는 가해자가 그 공장에서의 분진 속에는 피해발생의 원인물질이 들어 있지 아니하며 원인물질이 들어 있다 하더라도 그 혼합률이 피해발생에는 영향을 미치지 아니한다는 사실을 반증을 들어 증명하지 못하는 이상 그 불이익은 가해자에게 돌려 그 분진 배출과 피해자의 진폐증 이환 사이에 원인관계의 증명이 있다고 보아야 마땅하다. 원고가 진폐증에 이

환되게 된 주요 원인은 원고가 흡입한 석탄 분진이고, 피고 공장에서는 원고가 인근에 이주하기 전부터 계속하여 석탄 분진을 분출, 확산하여 왔으며, 피고 공장과 원고의 거주지까지의 거리 등으로 보아 피고 공장에서 분출되는 석탄 분진이 원고의 거주지까지 도달되는 것으로 보인다. 원고는 피고 공장 인근으로 이주하기 이전에는 달리 호흡기 계통의 질환을 앓지 않았고, 원고 외에도 기존에 석탄 분진에 노출된 경력이 없었던 원고 거주지 인근 주민들 중 3명이 추가로 진폐증 판정을 받았다. 따라서 원고의 진폐증 발병과 피고 공장의 석탄 분진 분출, 확산 사이에는 인과관계가 인정된다.

2. 피고 공장에서 주민들에게 진폐증을 일으킬 정도로 석탄 분진이 배출되었으므로, 피고는 석탄 분진 배출에 대하여 주의의무를 다하지 아니한 과실이 있다. 피고가 방진망을 설치하는 등의 조치를 취한 것만으로 석탄 분진의 발생과 확산을 막을 수 있는 주의의무를 다하였다고 할 수 없다. 방진망의 보완, 철저한 살수, 카덤프시설 등 방진방지를 위한 설비나 조치를 취하였다면 비교적 저렴한 비용으로도 분진발생을 크게 줄일 수 있었다. 피고가 공장에 대하여 적법한 공장등록을 마쳐 합법적으로 설립, 운영하고 있다는 사정만으로는 피고의 과실을 인정하는 데에 영향이 없다.

3. 원고는 피고 공장이 본격적으로 가동하고 있는 사정을 알면서도 인근에 입주하였다. 피고 공장이 배출하는 석탄 분진은 환경보전법에서 정한 배출허용기준을 조금 상회하거나 미달하였다. 그러나 석탄 분진으로 인한 환경오염이 단순히 재산상의 손해라든가 정신적 불편을 가져오는 데 그치는 것이 아니라 사람의 생명, 신체에 치유될 수 없는 장해를 야기하였으므로, 원고가 불치의 병을 일으킬 수 있는 석탄 분진의 발생까지 수인하여야 한다고 볼 수는 없고, 행정적 규제기준 이하의 분진 발생이라 하여도 수인의무의 범위 내라고 할 수 없다.

해설

I. 대상판결의 쟁점

이 사건은 법원에 의해 인정된 최초의 공해병 사례이다. 이 사건 이전부터 환경소송에서 피해자의 입증부담을 경감하여 실효적인 피해구제를 도모하기 위해 여러 가지 인과관계 입증책임 완화를 위한 이론들이 논의되었고, 대법원은 1984. 6. 12. 81다558 판결(진해화학 사건)에서 인과관계 입증부담 완화에 관한 판례 법리를 확립하였다.

이 사건의 1심은 질병 피해를 주장하는 이 사건에 진해화학 사건의 법리를 그대로 적용하여 피고 공장에서 석탄 분진이 배출되었고, 그 석탄 분진이 원고의 주거지에 도달하였으며, 그 후 원고가 진폐증에 걸렸다는 사실을 원고가 증명한 이상 피고가 반증을 들어 인과관계가 없음을 증명하지 못하는 한 원고의 질병 발병과 피고의 분진 배출 사이에는 인과관계가 인정된다고 판시하였고, 이는 항소심에서도 그대로 인정되었다.

II. 대상판결의 분석

원고는 민법 제763조, 제393조를 근거로 하여 피고를 상대로 손해배상을 청구하였다. 당시 시행 중이던 구 환경보전법(1990. 8. 1. 환경정책기본법이 제정되어 1991. 2. 2. 시행되면서 폐지됨) 제60조 제1항, 제3항은 사업장 등에서 발생되는 오염물질로 인하여 사람의 생명 또는 신체에 피해가 발생한 때에는 당해 사업자는 그 피해를 배상하여야 하고, 피해의 배상에 관하여는 해당 법률에 의한 것을 제외하고는 민법의 규정에 의한다고 정하여 사람의 생명 또는 신체에 피해가 발생한 때에는 사업자가 무과실책임을 부담한다는 점을 명시하고 있었다. 그러나 원고는 구 환경보전법을 근거로 한 손해배상청구의 예가 없는 점을 고려하고, 진해화학 사건에서 설시된 인과관계 입증책임 완화 법리를 적용하기 위해 민법에 근거한 손해배상청구를 한 것으로 보인다.

1심과 항소심은 원고가 기존에 호흡기 질환을 앓은 적이 있고 호흡 방법이 얕아 다른 사람보다 다소 진폐증에 이환되기 쉬운 체질이며, 피고 공장이 정상 가동 중인 사정을 알면서도 피고 공장 주변으로 이주하였다는 사정을 과실상계에 준하는 손해배상액 제한사유로 참작하였다(1심과 항소심에서 원고 일부 승소 판결이 선고되었고, 원고만이 상고하였다). 그러나 원고가 피고 공장 주변으로 이주할 당시 장래 발생할 수 있는 건강상 피해를 인식할 수는 없었으므로(1심 판결문에 의하면 이 사건 이전에 단순히 연탄공장 부근에 살고 있는 경력만으로 진폐증에 이환된 예는 보고된 바 없었다고 한다), 이 부분을 손해배상범위의 제한 근거로 삼은 것은 부당하다고 판단된다.

대법원은 1심과 항소심이 든 위와 같은 손해배상액 제한사유들이 원고의 과실이라 할 수 없다고 하더라도 원고에 대한 위자료 산정에는 위법이 없다고 판시하였다. 위자료의 보완적 기능을 고려하면 해당 부분 판시에 무리는 없으나, 피해자가 후입자라는 사정이 손해배상액 제한사유에 해당하는지 여부에 대한 명시적인 판단에 나아갔더라면 하는 아쉬움이 남는다.

III. 대상판결의 평가

1심과 항소심에서 드러난 사실관계에 의하면, 서울시에서 1988년에 피고 공장의 오염도를 검사한 결과 비산분진 배출량은 산업안전보건법상의 허용기준치에는 미달하였으나 환경보전법상의 허용기준치를 거의 두 번에 한 번꼴로 상회하였다. 1심과 항소심은 "보통 정도의 건강상태에 있던 사람이 진폐증에 이환될 정도의 분진이 발생되는 이상 행정적 규제 기준 이하의 분진 발생이라 하더라도 수인의무의 범위 내라고 할 수는 없고"라는 표현을 사용하여 공법상 환경기준에 적합하다고 하더라도 사회통념상 수인한도를 넘는 경우에는 위법행위로 평가될 수 있다는 점을 명시하였다.

공법상 환경기준은 위법성 판단의 기준인 수인한도를 결정하는 데 고려되는 여러 요소 중 하나에 불과하므로, 대상판결은 공법상 환경기준을 충족하였다고 하여 반드시 피해자에게 발생한 사법상 손해배상책임이 면책되는 것은 아니라는 점을 분명히 드러냈다고 판단된다.

참고문헌

신원일, "환경침해와 인과관계의 증명—판례 법리의 비판적 검토 및 환경오염피해구제법 제9조의 전망에 관하여", 민사판례연구 제39권 (2017)

조홍식, 『판례환경법』, 박영사 (2012)

[13] 사업장 등에서 발생되는 소음·진동 피해와 환경정책기본법상의 손해배상책임

─ 대법원 2008. 9. 11. 2006다50338 판결 ─

위 광 하 (서울고등법원)

[사실 개요]

1. 피고 甲 회사는 지하 3층, 지상 7층 규모의 건물을 신축한 건축주, 피고 乙 회사는 시공사, 피고 丙 회사는 피고 乙 회사로부터 위 신축공사 중 지하 터파기 및 흙막이 공사를 하도급 받은 회사이다. 원고들 3명은 위 신축건물 인근에 각각 건물을 소유하고 있다. 이 사건 공사의 영향으로 원고들 소유 건물에 대지 지반의 부동침하, 건물의 변위·균열 등의 피해가 발생하였다. 원고들은 피고들을 상대로 건물, 지반 보수보강공사비용 등을 손해배상으로 청구하였다.

2. 제1심(청주지법 2005. 8. 18. 2003가합1714 판결)은 피고 甲 회사에 대하여는 도급 또는 지시에 관한 중대한 과실이 있음을 인정할 증거가 없다는 이유로 원고들의 청구를 기각하였고, 피고 乙 회사에 대하여는 도급인 또는 사용자로서 책임이 있음을 인정할 증거가 없다는 이유로 원고들의 청구를 기각하였다. 피고 丙 회사에 대하여는, 이 사건 공사 과정에서 공사현장의 지반에 대한 지질조사와 인접 건물의 현황에 대한 사전조사를 충분히 하여 공사 중에 발생할 충격과 진동 등으로 말미암아 인근에 있는 건물에 끼칠 피해 가능성을 예견하고 그에 대한 충분한 대책을 마련한 다음에 공사를 진행하여야 함에도 불구하고, 피해를 방지하기 위한 적절한 조치를 취하지 아니한 채 만연히 위와 같은 공사를 실시한 잘못으로 인하여 원고들의 건물에 지반 침하 및 균열 등이 발생하게 하였다는 이유로 불법행위로 인한 손해배상책임을 인정하였다. 다만, 원고들의 건물이 신축된 지 오래되었고 기존에 균열 등이 존재하였던 점을 고려하여 피고 丙 회사의 책임을 일부 제한하였다.

3. 제2심(대전고법 2006. 7. 12. 2005나8802 판결)은 피고 甲 회사에 대하여는, 구 환경정책기본법(2011. 7. 21. 법률 제10893호로 전부 개정되기 전의 것, 이하 '환경정책기본법'이라 함) 제31조 제1항 및 제3조 제1호, 제3호, 제4호에 의하여 이 사건 공사 과정에서 발생한 주변 토지의 침하로 인하여 원고들이 입은 손해를 배상할 책임이 있다고 판단하였다. 피고 乙 회사에 대하여는 건설산업기본법 제44조 제3항에 의하여 하수급인인 피고 丙 회사가 시공을 조잡하게 하여 발생한 주변 토지의 침하로 인하여 원고들이 입은 손해를 배상할 책임이 있다고 판단하였다. 피고 丙회사에 대하여는 제1심과 같은 이유로 손해배상책임을 인정하였다. 다만, 제1심과는 달리 책임을 제한하지 아니한 채 감정결과에 따른 지반보수공사 및 균열보수공사 등에 필요한 비용을 모두 손해액으로 인정하였다.

4. 제2심판결에 대하여 피고 甲, 乙 회사만 상고하였고, 피고 丙 회사는 상고하지 않아 그대로 확정되었다.

[판결 요지]

1. 이 사건 소송의 심리과정에 비추어 볼 때, 환경정책기본법 제31조 제1항은 불법행위에 관한 민법 규정의 특별 규정이라고 할 것이므로 환경오염으로 인하여 손해를 입은 자가 환경정책기본법에 의하여 손해배상을 주장하지 않았다고 하더라도 법원은 민법에 우선하여 환경정책기본법을 적용하여야 하지만, 이 사건 원심 변론종결 당시까지 당사자 사이에는 건축주인 피고 甲 회사가 이 사건 공사의 도급 또는 지시에 관하여 중대한 과실이 있거나 원심 공동피고 丙 회사를 구체적으로 지휘·감독함에 따른 사용자책임이 있는지에 대하여만 다투어졌을 뿐, 피고 甲 회사가 환경정책기본법 제31조 제1항에 의한 책임을 지는지 여부에 대하여는 당사자 사이에 전혀 쟁점이 된 바가 없었고 원심도 그에 대하여 피고 甲 회사에 의견진술의 기회를 주거나 석명권을 행사한 바 없음을 알 수 있다. 그럼에도 원심이 피고 甲 회사에 대하여 환경정책기본법 제31조 제1항에 의한 손해배상책임을 인정한 것은 당사자가 전혀 예상하지 못한 법률적인 관점에 기한 예상외의 재판으로서 당사자에게 불의의 타격을 가하였을 뿐 아니라 석명의무를 다하지 아니하여 심리를 제대로 하지 아니한 잘못이 있다.

2. 환경정책기본법 제31조 제1항 및 제3조 제1호, 제3호, 제4호에 의하면, 사업장 등에서 발생되는 환경오염으로 인하여 피해가 발생한 경우에는 당해 사업자는 귀책사유가 없더라도 그 피해를 배상하여야 하고, 위 환경오염에는 소음·진동으로 사람의 건강이나 환경에 피해를 주는 것도 포함된다. 따라서 피고 甲 회사에 대하여 환경정책기본법 제31조 제1항에 의한 손해배상책임을 인정하기 위해서는 적어도 이 사건 신축공사장에서 이루어진 지하 터파기 및 흙막이 공사 과정에서 환경오염에 해당하는 소음·진동이 발생하였는지, 나아가 어느 정도의 소음·진동이 어떠한 경위로 발생하였는지, 그 소음·진동으로 인하여 원고들 건물과 그 대지에 어떠한 피해가 초래되었는지 등에 관하여 심리가 이루어질 필요가 있다 할 것인데도, 원심은 위와 같은 점들에 대하여는 전혀 심리함이 없이, 단지 丙 회사의 지하 터파기 및 흙막이 공사의 영향으로 인근 토지에 지반침하 현상이 발생하였고, 이로 인하여 원고들의 건물에 피해가 발생하였다는 사실만을 인정한 채, 위 사실관계에 터 잡아 곧바로 피고 甲 회사에 대하여 환경정책기본법 제31조 제1항에 의한 책임이 있는 것으로 인정하고 말았으니, 결국 원심 판결은 피고 甲 회사의 환경정책기본법 제31조 제1항에 의한 손해배상책임을 인정함에 있어 심리를 다하지 아니하였거나, 구체적인 사실을 인정함이 없이 법률을 적용하여 결론을 도출한 이유불비의 잘못이 있다.

해설 ───

Ⅰ. 대상판결의 적용 법률

환경정책기본법

제3조(정의) 이 법에서 사용하는 용어의 정의는 다음과 같다.

1. "환경"이라 함은 자연환경과 생활환경을 말한다.

3. "생활환경"이라 함은 대기, 물, 폐기물, 소음·진동, 악취, 일조 등 사람의 일상생활과 관계되는 환경을 말한다.

4. "환경오염"이라 함은 사업활동 기타 사람의 활동에 따라 발생되는 대기오염, 수질오염, 토양오염, 해양오염, 방사능오염, 소음·진동, 악취, 일조방해 등으로서 사람의 건강이나 환경에 피해를 주는 상태를 말한다.

제31조(환경오염의 피해에 대한 무과실책임)

① 사업장 등에서 발생되는 환경오염 또는 환경훼손으로 인하여 피해가 발생한 때에는 당해 사업자는 그 피해를 배상하여야 한다.

Ⅱ. 대상판결의 분석

1. 환경정책기본법 제31조가 불법행위에 관한 민법의 특별 규정에 해당하는지 여부

환경정책기본법 제31조 등의 규정에서 환경오염으로 인하여 피해가 발생한 경우 당해 사업자에게 귀책사유가 없더라도 피해를 배상하게 한 취지는 환경오염으로 인하여 피해가 발생한 경우 환경오염으로 인한 피해가 심각하고 광범위한 데 반하여 환경오염을 유발한 사업자의 고의·과실을 증명하기 쉽지 아니하기 때문에 그 증명책임을 경감함으로써 피해자를 두텁게 보호하고자 하는 데 있으므로, 환경정책기본법 제31조는 불법행위에 관한 민법의 규정에 대한 특별규정에 해당한다. 대법원 2018. 9. 13. 2016다35802 판결도 같은 취지이다. 따라서 설령 환경오염으로 피해를 입은 자가 환경정책기본법 제31조의 적용을 주장하지 않더라도 법원은 민법에 우선하여 환경정책기본법 제31조를 적용할 수 있다.

2. 환경정책기본법 제31조의 적용 여부

환경정책기본법 제31조는 환경오염으로 인하여 피해가 발생한 경우에 적용되고, 환경오염에는 소음·진동으로 사람의 건강이나 환경에 피해를 주는 것도 포함되므로, 이 사건 공사현장에서 발생한 소음·진동으로 원고들의 건물 지반에 부동침하가 유발되고 건물 균열 등의 피해가 발생되었다면, 위와 같이 환경정책기본법 제31조가 불법행위에 관한 민법의 규정에 우선하여 적용될 수 있다. 그러나 환경정책기본법 제31조 제1항에 의한 무과실책임은 당해 사업자의 귀책사유의 주장·증명이 필요하지 않다는 것일 뿐, 피해자는 ① 환경오염의 존재, ② 피해의 발생, ③ 환경오염과 피해 발생 사이의 인과관계를 모두 주장·증명하여야 한다. 그런데도 원심은 환경정책기본법 제31조 제1항에 의한 손해배상책임을 인정하면서도 이 사건 공사 현장에서 어떠한 환경오염이 있었는지, 그 환경오염이 어떠한 경위로 원고들에게 피해를 입혔는지 등에 관하여 구체적인 사실인정 없이 위 법조항을 적용하여 피고 甲회사의 책임을 인정한 잘못이 있다.

Ⅲ. 대상판결의 평가

대상판결은 환경정책기본법 제31조 제1항이 불법행위에 관한 민법 규정의 특별 규정이라는 점을 최초로 판시하면서, 무과실책임을 규정하고 있는 환경정책기본법 제31조 제1항을 적용함에 있어서도 피해자가 환경오염의 존재, 피해의 발생, 인과관계의 존재에 대하여 주장·증명책임을 여전히 부담하여야 한다는 점을 명백히 한 사례로서 의미가 있다. 이 사건은 과실상계를 하지 않았다는 이유로 원심법원으로 파기·환송되어 조정으로 종결되었다.

참고문헌

김홍균, "환경정책기본법상의 무과실책임 규정의 한계와 극복", 사법 26호 (2013)

허용구, "법원의 석명권 행사 범위", 재판과 판례 19집 (2010)

조홍식, 『판례환경법』, 박영사 (2012)

[14] 철도소음과 환경정책기본법상 무과실책임

—대법원 2017. 2. 15. 2015다23321 판결—

박 태 현 (강원대학교)

[사실 개요]

1. 원고는 1996년 이전부터 한우사육농장(이하 '이 사건 농장')을 운영하였다. 2010. 12. 13. 부산신항만 배후철도(이하 '이 사건 철로')가 개통된 후 1일 24회 정도 열차가 통행하고 있다. 피고 한국철도시설공단(이하 '피고 철도공단')은 이 사건 철로의 건설과 관리를 맡았고, 피고 한국철도공사(이하 '피고 철도공사')는 열차사업을 운영하고 있다. 2010. 11. 이후 이 사건 농장에서 사육 중인 한우들에 유·사산, 성장지연, 수태율 저하 등의 피해가 발생하였고, 원고는 마침내 이 사건 농장을 휴업하였다.

2. 열차를 시험 운행하던 2010. 11. 3. 이 사건 농장에서 열차 통행으로 인한 소음·진동을 측정한 결과 최대소음도가 78dB(A), 5분 등가소음도가 67dB(A)이었다. 제1심 감정인이 2011. 10. 10.부터 10. 11.까지 24시간 동안 열차 통행으로 인한 소음과 진동을 측정한 결과, 최대소음도는 63.8~81.8dB(A), 5분 등가소음도는 51.0~67.7dB(A)였고, 최대진동도는 39.5~67.2dB(V)이었다.

[판결 요지]

이 사건 소음·진동이 열차로부터, 또 철로를 통해서도 생긴다. 이 사건 철로를 통한 열차 운행으로 원고에게 참을 한도를 넘는 소음·진동이 발생하는 경우 피고 공단과 피고 공사는 연대하여 구 환경정책기본법 제31조 제1항의 사업자와 환경정책기본법 제44조 제1항에 따라 그 손해를 배상할 책임이 있다. 또한, 피고 공단은 철로 건설 후에도 이를 관리하면서 열차 운행으로 인하여 참을 한도를 넘는 소음·진동 피해가 발생하지 않도록 하여야 할 주의의무가 있으므로 민법 제758조 제1항에 따라 그 손해를 배상할 책임이 있다.

이 사안에서 중앙환경분쟁조정위원회의 '환경피해 평가방법 및 배상액 산정기준'에서 정한 기준은 공법상 규제기준으로서 참을 한도를 넘는 피해가 발생하였는지 여부를 판단하는 데 중요한 고려요소가 될 수 있는데 이 기준이 지속적으로 초과되었다. 또, 이 사건 농장과 철로 사이의 직선거리는 62.5m에 불과한데도 피고들은 소음·진동 방지를 위한 방지대책을 마련하지 않았다. 이 사건 철로를 통한 열차 운행으로 생긴 소음·진동으로 말미암아 원고에게 참을 한도를 넘는 피해가 발생하였다.

해설 ───

I. 대상판결의 의의 및 쟁점

구 환경정책기본법 제31조 제1항은 "사업장 등에서 발생되는 환경오염 또는 환경훼손 으로 인하여 피해가 발생한 때에는 당해 사업자는 그 피해를 배상하여야 한다."고 정하고 있었다. 그러다 2011. 7. 21. 개정된 환경정책기본법 제44조 제1항은 "해당 환경오염 또는 환경훼손의 원인자"가 피해를 배상하여야 하는 것으로 변경되었다. 대상판결은 이와 같이 환경오염으로 인한 손해배상책임의 주체가 '사업자'에서 '원인자' 로 바뀌고 난 후 원인자의 의미를 최초로 밝힌 대법원 판결이다. 철도 소음·진동으로 인한 생활방해에서 환경정책기본법 제44조 제1항의 적용을 둘러싸고 배상책임의 주체로서 원인자의 의미, 동 조항에 따른 배상책임과 민법 불법행위 책임 및 제758조 제1항의 공작물 책임과의 관계 그리고 위법성 요소로서 참을 한도의 초과 여부가 다투어졌다.

II. 대상판결의 분석 및 평가

1. 환경정책기본법 제44조에 따른 손해배상책임

(1) 배상책임 주체로서 원인자의 의미

대법원은 '사업자'를 "피해의 원인인 오염물질을 배출할 당시 사업장 등을 운영하기 위하여 비용을 조달하고 의사결정을 하는 등으로 사업장 등을 사실상·경제상 지배하는 자"로, '원인자'는 "자기의 행위 또는 사업활동을 위하여 자기의 영향을 받는 사람의 행위나 물건으로 환경오염을 야기한 자"로 새기며, 환경오염이 발생된 사업장의 사업자는 일반적으로 원인자에 포함된다고 하였다. 불법행위책임은 그 양태에 따라 행위책임과 상태책임으로 구분된다. 대법원은 원인자를 사람의 행위나 물건으로 환경오염을 야기한 자로 정의함으로써 두 유형의 책임을 반영하고 있다. 행위책임과 관련해서는 자기의 행위로 인한 경우를 넘어 사업활동을 위하여 자기의 영향을 받는 사람의 행위로 인한 경우로까지 확장하였다. '사업활동과 관련성'이라는 표지에서 환경적 리스크가 수반되는 행위로 이익을 얻는 사람에게 리스크의 현실화에 따른 비용을 부담케 하려는 법원의 의도를 읽을 수 있다. '영향을 받는'이라는 표지의 의미(범위)는 다소 추상적이지만 개별 사건에서 구체적 타당성을 갖는 결론을 도출하기 위한 탄력적인 기능 개념이 될 수 있을 것이다. 피고 철도공단과 철도공사는 모두 사업자로서 원인자에 해당한다.

(2) 민법의 불법행위 규정과의 관계

피고 철도공단은 공작물인 철로의 설치·관리주체로서 철로의 설치 또는 보존·관리의 하자로 피해가 발생한 경우 민법 제758조 제1항에 의해서도 배상책임을 진다(여기서 하자는 아래에서 보는 바와 같이 공작물의 이용과정에서 제3자에게 '참을 한도'를 넘는 해를 입히는 이른바 '기능상' 하자도 포함된다). 법원은 "환경정책기본법 제44조 제1항은 민법의 불법행위 규정에 대한 특별 규정"이라고 보고 있다(대법원 2018. 9. 13. 2016다35802 판결 등). 따라서, 철도공사에 대해서는 민법 제750조에 우선하여 환경정책기본법 제44조 제1항에 따라 책임을 물을 수 있다. 하지만, 철도공단에 대해서는 환경정책기본법 제44조는 물론 공작물 책임 조항에 근거해서도 책임을 물을 수 있다(이른바 청구권 경합).

2. 환경오염으로 인한 손해배상책임에서 위법성과 참을 한도

(1) 참을 한도의 판단 요소

환경정책기본법 제44조에 따른 손해배상책임은 귀책사유가 없더라도 성립하는 이른바 무과실책임이다. 그런데 여기서도 위법성(환경오염으로 인하여 '참을 한도'를 넘는 피해가 발생할 것, 대법원 2001. 2. 9. 99다55434 판결 등)은 필요하다. 한편, 민법 제758조 제1항에 따른 공작물 책임에서도 공작물을 본래의 용도로 이용하는 과정에서 일정한 한도를 초과하여 제3자에게 사회통념상 '참을 한도' 넘는 피해를 입히는 경우 공작물의 (기능적) 하자를 인정하고 있다.

여기서 참을 한도를 넘는 피해가 발생하였는지 여부는 "피해의 성질과 정도, 피해이익의 공공성, 가해행위의 종류와 태양, 가해행위의 공공성, 가해자의 방지조치 또는 손해 회피의 가능성, 공법상 규제기준의 위반 여부, 토지가 있는 지역의 특성과 용도, 토지이용의 선후 관계 등 모든 사정을 종합적으로 고려하여 판단하여야 한다"고 한다. 이와 관련하여, "(생활)방해가 공공의 이익에 직접 봉사하는 생활에 중요한 운용과 공공에 중요한 운영으로부터 생성될 때에는 유지청구권이 배제"되고, 또 "토지 통상적 이용으로 인한 침해는 위법성이 없으므로 손해배상청구권은 부인되고 단지 경제적·기술적으로 기대 가능한 방지조치와 조정적 보상청구권만이 인정될 수 있다"는 견해가 있다(전경운, 2012, 319, 323면). 이 견해에 따르면 철도소음은 공공에 중요한 운영 내지 토지 통상적 이용에 따른 침해로 볼 수 있으므로 위법성이 부인될 것이다.

(2) 공법상 규제기준과 참을 한도

공법상 규제기준의 위반 여부와 관련하여, 법원은 행정법규에서 정하는 기준을 넘는 환경오염이 있다고 하여 바로 참을 한도를 넘는 위법한 침해행위가 있다고 보지 않는다. 그러나 그 행정법규가 인근 주민의 건강이나 재산, 환경을 환경오염으로부터 보호하는 데 주요한 목적이 있다면, 그 기준의 초과 여부는 참을 한도를 정하는 데 중요한 고려요소로 삼는다.

이 사안에서는 중앙환경분쟁조정위원회의 '환경피해 평가방법 및 배상액 산정기준'을 그러한 공법상 규제기준으로 본 점이 특기할 만하다. 위 산정기준은 분쟁조정위원회의 내부 사무처리 기준에 불과한 것으로 보인다. 그렇다면 이를 통상적 의미에서의 '공법상 규제기준'으로 볼 수는 없다(위 '산정기준'을 공법상 규제기준으로 볼 수 있는지 연구가 필요하다는 견해로는 전경운, 2018, 517면 각주 7).

　생각건대, 공법상 규제기준을 참을 한도 판단의 중요한 요소로 보는 까닭은 통상 주민의 건강과 재산 또는 환경 보호라는 목적성을 (부수적으로라도) 갖고 있는 규제기준의 미준수는 사회통념상 용인될 수 없는 사태이기 때문일 것이다. 그런데 위 산정기준은 가해자(원인자)에 직접 향해 있는 것은 아니므로 엄밀하게 말하면 종래 참을 한도의 판단요소 중 하나인 공법상 규제기준에 해당한다고 볼 수 없다. 하지만 참을 한도의 판단이 본질적으로 이익형량의 한 과정이라고 본다면 위 산정기준을 참작한 것이 잘못이라고 말할 수는 없을 것이다. 여하튼 이 판결로 종전의 공법상 규제기준의 의미는 널리 공법상 관련기준으로 확대되었다고도 말할 수 있을 것이다.

참고문헌

오현규, "위법성 판단기준으로서의 수인한도", 민사판례연구 25권 (2003)

이강원, "공해배상소송에서 수인한도론과 공용관련하자", 민사재판의 제문제 13권 (2004)

전경운, "비행장소음에 대한 인용의무-대법원 2005. 1. 27. 선고 2003다49566 판결-", 민사재판의 제문제 21권 (2012)

전경운, "환경오염피해에 대한 원인자의 무과실책임: 대법원 2017. 2. 15. 선고 2015다23321 판결", 법조 통권 728호 (2018)

[15] 방사능오염과 환경정책기본법상 오염원인자 책임에 따른 손해배상책임

―대법원 2018. 9. 13. 2016다35802 판결―

김 지 희 (대법원 재판연구관)

[사실 개요]

원고는 고철 등을 재활용, 판매하는 사업을 영위하는 회사로 피고 2회사로부터 고철을 제공받아 납품해 왔고, 피고 2회사는 피고 1회사로부터 고철을 제공받아 원고에게 납품하였다. 원고는 피고 2회사로부터 납품받은 고철을 다른 회사에 납품하는 도중 해당 고철이 방사능에 오염되어 있었다는 것을 확인하였다. 원고는 피고 2회사를 상대로는 하자담보책임, 불완전이행에 따른 손해배상책임, 불법행위책임을 주장하였고, 피고 1회사를 상대로는 불법행위책임을 주장하면서 방사능오염으로 원고가 입은 손해의 배상을 청구하였다.

[판결 요지]

1. 피고 1 회사에 대한 손해배상책임과 관련하여 환경정책기본법 제44조 제1항은 민법의 불법행위 규정에 대한 특별 규정으로서, 환경오염의 피해자가 그 원인을 발생시킨 자에게 손해배상을 청구할 수 있는 근거규정이다. 환경오염에는 방사능오염도 속한다. 원인자는 사업자인지와 관계없이 그로 인한 피해에 대하여 귀책사유를 묻지 않고 배상할 의무가 있다. 방사능에 오염된 고철을 타인에게 매도하고 유통하여 거래 상대방이나 전전 취득자가 방사능오염으로 인한 피해를 입게 되면 그 원인자는 오염사실을 모르고 유통시켰더라도 환경정책기본법 제44조 제1항에 따라 피해자에게 피해를 배상할 의무가 있다.

2. 피고 2 회사의 채무불이행책임과 관련하여 이 사건 고철의 공급과 관련하여 귀책사유를 인정할 수 없으므로 채무불이행책임이 인정되지 않는다.

해설

I. 대상판결의 의의 및 쟁점

대상판결은 환경오염피해에 대하여 오염원인자에게 무과실책임을 인정하는 환경정책기본법 제44조 제1항에 의한 손해배상책임을 인정함으로써, 환경정책기본법상 손해배상의무 규정의 효력을 정면으로 인정한 판결이라는 데 의의가 있다. 이에 그 책임의 성질 및 범위를 이해하는 것이 필요하다.

Ⅱ. 대상판결의 분석

1. 환경정책기본법 제44조 제1항의 무과실책임

환경정책기본법은 제44조 제1항에 "환경오염 또는 환경훼손으로 피해가 발생한 경우에는 해당 환경오염 또는 환경훼손의 원인자가 그 피해를 배상하여야 한다"고 규정하여 오염원인자의 무과실책임을 천명하고 있다. 위 대상판결은 동 규정이 단순한 선언적 규정이 아니라 민법의 불법행위책임의 특별법으로 실체법상 효력을 갖는다고 판시하여 기존 판례의 입장을 견지하였다.

대상판결은 방사능오염도 환경정책기본법의 적용대상인 환경오염임을 명시하였고, 고철을 방사능에 오염시킨 자가 오염된 고철을 매도하고 해당 고철이 제3자에게 전매된 상황에서도 거래 상대방 및 전전 취득자인 제3자에까지 환경정책기본법 제44조 제1항의 손해배상책임을 인정하였다. 동 규정은 오염원인자의 무과실책임을 규정하여 오염 사실을 모르고 유통한 경우에도 적용되며, 면책사유 및 배상한도를 규정하고 있지 않을뿐더러 손해배상책임의 대상을 거래 상대방에 제한하지 않고 제3자로 확대하여 인정하므로, 오염원인자가 손해배상책임을 지는 대상 및 가능성을 상당히 넓혔다.

2. 손해배상의 범위와 책임의 제한

대상판결은 환경정책기본법 제44조 제1항에 따른 손해배상책임을 민법상 불법행위책임에 대한 특별 규정으로 보았기 때문에, 그 손해배상 범위도 피해 회사가 영업을 중단하지 않았으면 얻었을 영업이익 및 영업 중단과는 상관없이 지출되는 고정비용을 손해로 인정하였다.

불법행위로 인한 손해배상사건에서는 가해자에게 손해의 전부를 배상하게 하는 것이 공평의 이념에 반하는 경우 법원은 과실상계의 법리를 적용하여 손해배상액을 정한다. 본래 무과실책임에는 원칙적으로 과실상계 규정이 적용될 수 없으나, 손해의 성격이나 발생 경위를 고려하여 손해의 전부를 배상시키는 것이 공평의 이념에 반할 수 있으므로 과실상계의 법리를 유추 적용하여 오염원인자의 손해배상책임을 제한하였다.

Ⅲ. 대상판결의 평가

대상판결은 우선 방사능오염을 환경정책기본법상 환경오염으로 인정하여 최초로 방사능오염에 대한 손해배상책임을 인정했다는 데에 의의가 있다. 환경정책기본법 제3조 제4호는 방사능오염을 법 적용대상인 환경오염 중 하나로 명시하고 있고 이 사건에서 방사능 오염된 고철, 차량, 하치장 등도 같은 법 제3조 제1호 내지 3호의 자연환경 또는 생활환경에 해당되므로 이 사건의 경우 방사능오염으로 인한 피해 발생의 전형적인 경우에 해당한다. 환경정책기본법 제44조의 무과실책임은 방사능오염을 포함한 모든 유형의 환경침해사건에 적용될 수 있다.

민법 제750조에 따라 불법행위에 기한 손해배상을 청구하기 위해서는 ① 가해자의 고의 또는 과실, ② 가해행위의 위법성, ③ 손해의 발생, ④ 가해행위와 손해 발생 간의 인과관계를 주장, 입증해야 한다. 불법행위의 경우 상대방의 과실 및 인과관계까지 피해자가 입증해야 하는데 환경오염과 관련하여 피해자가 이 모든 사실을 입증하기는 쉽지 않다. 대법원은 환경정책기본법은 민법상 손해배상책임의 특칙으로서 변론주의의 적용을 받지 않고 법원이 이를 우선 적용하여야 한다는 입장이다(대법원 2008. 9. 11. 2006다50338 판결). 하지만 이러한 입장이 있음에도 기존에는 비행장 소음사건 등에서 보듯이 환경정책기본법을 적용하지 않고 민법만을 적용하는 것이 대부분이었지만, 본 판결을 통하여 법원은 당사자가 환경정책기본법상 손해배상책임을 주장하지 않는 경우에도 민법에 우선하여 환경정책기본법을 우선으로 적용하여 제44조 제1항에 따른 손해배상책임을 인정해야 한다는 것을 명시하였다. 이를 통하여 환경오염피해자를 입증의 어려움으로부터 구제하였으며 불법행위에 기한 손해배상청구를 하였을 경우와 다르지 않은 범위의 손해를 인정하여 적극적으로 손해를 전보받을 수 있는 가능성을 열었다.

환경정책기본법상의 무과실책임은 민·형사 책임과는 달리 주관적인 요소는 고려하지 아니하는 객관적 성격을 가진다. 원칙적으로는 객관적 책임이지만 손해배상의 범위와 관련하여 가해자에게 손해의 전부를 배상시키는 것이 과연 옳은 것인지에 대한 종합적 판단을 하고 원고 또한 해당 물건이 방사능에 오염되었는지 여부를 점검할 거래상 주의의무가 있음에도 확인하지 않은 과실이 있으므로 과실상계의 법리를 유추적용하였다. 손해의 발생과 인과관계의 성립이 인정되는 경우에도 손해의 범위를 제한하는 것이 불법행위법의 이념에 합치하기 때문이다. 결국 한편으로는 환경오염 문제에 있어서 무과실책임을 통하여 피해자를 구제하며 전득자까지 포괄하여 손해배상의 대상을 넓히고, 다른 한편으로는 손해의 성격 및 경위를 고려하여 가해자의 손해를 제한하는 방식을 통하여 어느 일방에 치우치지 않는 손해의 공평한 부담의 원칙을 실현한 것으로 이해할 수 있다.

　　방사능오염 원인자의 전득자에 대한 손해배상책임까지 인정할 경우 손해가 지나치게 확대되는 것은 아닌가에 대하여 의문이 있을 수도 있다. 또한 원인자는 그 개념의 불명확성으로 인하여 그 범위가 지나치게 확장될 수 있다. 시효 규정이 없는 환경정책기본법이 적용되면 오염원인자는 과실에 관계 없이 오염정도 또는 시간적 제한 없이 책임을 진다. 이는 원인자에게 지나친 부담이 되어 오히려 피해자가 구제를 받지 못하게 되는 부작용이 발생할 수 있다. 환경정책기본법상 오염원인자 책임은 위험책임이며 무과실책임으로 과실과 위법성을 요구하지 않는 책임이므로 면책규정이 필요하다. 대상판결이 이러한 입법의 흠결을 법해석상으로 공평의 이념에 따른 손해의 분담으로 해결한 것은 고무적이다. 하지만 사법부의 해석 이전에 불가항력 또는 제3자의 행위가 경합하여 원인이 된 경우 배상책임을 감경하고 면책하도록 하는 규정을 신설하는 등의 입법적 해결이 우선일 것이다.

참고문헌

전경운, "환경오염피해에 대한 원인자의 무과실책임: 대법원 2017. 2. 15. 선고 2015다23321 판결", 법조 통
　　권 728호 (2018)

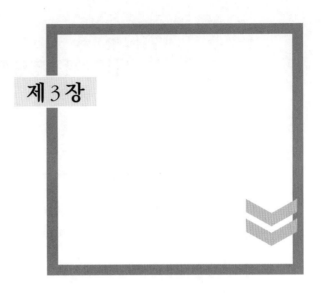

제 3 장

환경영향평가

[16] 환경영향평가법과 원고적격

— 대법원 1998. 4. 24. 97누3286 판결 —

박 시 원 (강원대학교)

[사실 개요]

1. 원고들은 신월천 하류지역 거주 주민들로 속리산국립공원 내에 용화집단시설지구의 환경영향평가대상지역 안의 주민들이기도 하다. 원고들은 피고보조참가인 공원사업시행자가 피고인 국립공원관리청인 내무부장관으로부터 구 자연공원법 및 구 자연공원법시행규칙 규정에 의해 이 사건 기본설계변경승인을 받고 이어서 피고 국립공원관리공단으로부터 개정된 자연공원법 제22조 제1항과 개정된 자연공원법시행규칙 제9조의 규정에 의해 이 사건 변경승인 및 허가처분에 의하여 식수원 등의 환경적 이익을 침해받게 되었다고 주장하며 공원사업시행허가처분취소 소송을 제기하였다.

2. 이 사건 승인 처분의 주요 내용은 조성 면적 601,456㎡인 속리산국립공원 용화집단시설지구를 개발하는 것으로 환경영향평가법시행령 제2조 제2항 [별표 1] 카의 (4) 규정에서는 10만㎡ 이상인 집단시설지구개발사업의 사업 시행자가 공원계획의 결정전에 환경영향평가서를 제출 및 협의요청을 하도록 규정하고 있다.

[판결 요지]

1. 환경영향평가법은 환경영향평가대상사업이 환경에 미칠 영향을 평가·검토하여 환경적으로 건전하고 지속 가능한 개발이 되도록 함으로써 쾌적한 환경을 유지·조성할 목적으로 제정된 법률로서(제1조) 환경영향평가대상사업의 사업자로 하여금 설명회나 공청회를 개최하여 환경영향평가대상지역 간의 주민의 의견을 수렴한 다음(제9조 제1항) 이를 포함하여 환경영향평가서를 작성하고(제8조) 그 사업에 대한 승인·허가 등을 행하는 승인기관의 장에게 이를 제출하도록 하며(제16조 제1항) 승인기관의 장으로 하여금 그 제출된 환경영향평가서에 대하여 환경부장관과 협의하고(제16조 제2항) 그 협의내용이 사업계획에 반영되도록 한 후에 승인·허가 등을 하도록(제19조 제1항) 규정하고 있다. 환경영향평가법과 동법 시행령에 따라 조성 면적 10만㎡ 이상인 집단시설지구개발사업은 환경영향평가대상사업이므로, 이 사건 용화집단시설지구개발사업에 관하여 피고가 변경 승인 및 허가처분을 하려면 반드시 자연공원법령 및 환경영향평가법령 소정의 환경영향평가와 협의과정을 거쳐야 하므로 자연공원법령뿐 아니라 환경영향평가법령도 이 사건의 변경승인 및 허가처분에 직접적인 영향을 미치는 근거 법률이 된다.

2. 환경영향평가에 관한 규정들의 취지는 그 사업으로 인하여 직접적, 중대한 환경피해

가 예상되는 환경영향평가대상지역 안의 주민들이 개발 전과 비교, 수인한도를 넘는 환경침해를 받지 아니하고 쾌적한 환경에서 생활할 수 있는 개별적 이익도 보호하려는 데 있다. 당해 변경승인 및 허가처분과 관련하여 갖고 있는 식수원 오염 등 환경상의 이익은 단순히 환경공익 보호의 결과로 국민일반이 공통적으로 가지게 되는 추상적, 평균적, 일반적인 이익에 그치지 아니하고 주민 개개인에 대하여 개별적으로 보호되는 직접적, 구체적인 이익이라고 보아야 한다.

해설

I. 대상판결의 의의 및 쟁점

대상판결은 제3자가 행정처분의 취소를 구할 수 있는 원고적격을 판단함에 있어 자연공원법령뿐 아니라 환경영향평가법령도 환경경영향평가대상사업에 해당하는 국립공원집단시설지구개발사업에 관한 기본설계변경승인 및 공원사업시행허가처분의 근거 법률임을 판결한 최초의 대법원 판례이다. 이 판결은 제3자가 행정처분의 취소를 구할 수 있는 원고적격을 확대한 사례라는 데 의의가 있다. 이에 대법원이 설시한 처분의 근거 법률과 이를 통해 보호되는 직접적이고 구체적인 이익을 판단하는 방법에 관해 대상판결의 세부적인 법리를 이해·분석하는 것이 필요하다.

II. 대상판결의 분석

1. 처분의 근거 법률로서 환경영향평가법

대상판결 이전의 판례는 행정처분의 직접 상대방이 아닌 제3자라도 당해 행정처분의 취소를 구할 "법률상의 이익이 있는 경우" 원고적격을 인정하였으나, 여기서 말하는 법률상의 이익을 판단하는 데 있어 당해 처분의 근거 법률을 엄격하게 제한하고 법률에 의하여 보호되는 이익이 직접적이며 구체적인 이익일 것을 강조하는 경향을 띠었다. 대상판결의 원심판결에서도 기존의 판례 경향에 의존하여 용화집단시설시구를 발원지로 하는 신월천의 하류지역 거주민인 원고들이 이 사건 변경승인 및 허가처분에 의하여 침해받게 되었다고 주장하는 식수원 등의 환경적 이익은 위 처분들의 근거 법률인 자연공원법령에 의하여 보호되는 직접적이고 구체적인 이익이라 할 수 없고 따라서 원고들에게 처분취소를 구할 원고적격이 없다고 판단하였다.

그러나 대상판결은 자연공원법뿐만 아니라 환경영향평가법 또한 처분의 근거 법률이라고 판단하며 원심을 파기하였다. 피고인 내무부장관이 국립공원 내 일정 규모 이상의 집단시설지구를 개발하는 공원사업을 승인·허가하기 위해서는 반드시 환경영향평가법령에 따라 사업자에게 설명회나 공청회 등을 개최하여 환경영향평가대상지역 안의 주민의 의견을 수렴한 다음 이를 반영하여 환경영향평가서를 작성하게 하고, 그 사업에 대한 승인·허가권을 갖는 승인기관의 장에게 이를 제출하며, 승인기관의 장으로 하여금 환경영향평가서 내용을 환경부장관과 협의하는 등의 일련의 과정을 거쳐야 한다. 이러한 이유로 대상판결은 이 사건 변경승인 및 허가처분의 근거 법률은 자연공원법령뿐만 아니라 환경영향평가법령도 포함된다고 판시하였다.

2. 환경영향평가대상지역 안 주민들의 환경상의 이익의 직접성과 구체성

대상판결의 또 다른 특징은 환경영향평가법령을 통해 보호하고자 하는 환경영향평가대상지역 안 주민들의 환경상 이익은 직접적이고 구체적인 이익이라고 판단한 점이다. 기존의 판례가 확립한 기준에 따르면 단순히 환경공익 보호의 결과로 국민 일반이 공통적으로 가지게 되는 추상적·평균적·일반적인 이익만으로는 제3자가 행정처분의 취소를 구할 원고적격이 없다. 근거 법률이 제3자 개개인에 대하여 개별적으로 보호하고자 하는 개별적·직접적·구체적 이익이 있어야 원고적격을 인정한다는 것이다.

대상판결은 환경영향평가법령을 당해 처분의 근거 법률로 인정하고, 환경영향평가법 규정의 취지에 근거하여 환경영향평가대상주민들에 대한 법률상의 보호이익의 구체성과 직접성을 적극적으로 인정하였다. 즉, 환경영향평가법은 집단시설지구개발사업이 환경을 해치지 아니하는 방법으로 시행되도록 함으로써 집단시설지구개발사업과 관련된 환경공익을 보호하려는 데에 그치는 것이 아니라 그 사업으로 인하여 직접적으로 중대한 환경피해를 입으리라고 예상되는 환경영향평가대상지역 안의 주민들이 개발 전과 비교하여 수인한도를 넘는 환경침해를 받지 아니하고 쾌적한 환경에서 생활할 수 있는 개별적 이익까지도 보호하려는 데에 있다고 강조하였다. 따라서 주민들이 당해 변경승인 및 허가처분과 관련하여 갖고 있는 환경상의 이익은 단순히 환경공익 보호의 결과로 국민 일반이 공통적으로 가지게 되는 추상적·평균적·일반적인 이익에 그치지 아니하고 주민 개개인에 대하여 개별적으로 보호되는 직접적·구체적 이익이라고 판단하였다.

Ⅲ. 대상판결의 평가

대법원은 당해 판결에서 최초로 환경영향평가법을 환경영향평가 적용의 대상이 되는 개발사업 관련한 행정처분의 근거 법령으로 인정하였다. 환경영향평가법이 근거 법령이 됨으로써 환경영향평가대상지역 안의 주민들의 환경상의 이익은 구체성과 직접성을 인정받기 수월해졌고, 따라서 원고적격을 인정받기에도 용이해졌다.

대상판결의 의의는 대법원이 3년 전 비슷한 사실관계를 다룬 사건과 비교할 때 더욱 뚜렷이 드러난다. 대법원은 상수원에서 급수를 받고 있는 지역주민들이 상수원보호구역 지역 내에 공설화장장을 설치하기 위해 상수원보호구역 설정을 변경한 부산시의 처분을 취소하기 위한 소송에서 주민들의 원고적격을 인정하지 않았다(대법원 1995. 9. 26. 94누14544 판결). 판결문에 따르면 상수원보호구역 설정의 근거가 되는 수도법 및 관련 시행령이 보호하고자 하는 것은 상수원의 확보와 수질보전일 뿐이고, 그 상수원에서 급수를 받고 있는 지역주민들이 가지는 이익은 상수원의 확보와 수질보호라는 공공의 이익이 달성됨에 따라 반사적으로 얻게 되는 이익에 불과하므로 상수원 지역주민들이 가지는 이익은 직접적이고 구체적으로 보호되는 법적 이익이 아님이 명백하다고 판단한 바 있다.

대상판결 이후 환경영향평가 적용의 대상이 되는 개발사업과 관련한 처분으로 인한 환경상의 이익의 침해를 다투는 행정소송에서 환경영향평가대상지역 안의 주민들은 용이하게 원고적격을 인정받게 되었고, 이를 활용하는 것이 환경 소송의 일반적인 사례로 정착하였다. 참고로 당해 판결 이후 행정처분의 제3자인 환경영향평가대상지역 안의 주민들의 원고적격을 인정한 대표적인 판례로는 대법원 1998. 9. 22. 97누19571 판결(양수발전소 건설사업승인처분취소), 대법원 1998. 9. 4. 97누19588 판결(원자로 시설부지 사전승인처분취소), 서울행정법원 2005. 2. 4. 2001구합33563 판결(새만금간척종합개발사업 정부조치계획취소등) 등이 있다.

참고문헌

김학세, "취소소송과 원고적격, 법률상 이익", 법제 505호 (2000)

박종국, "인인소송상의 제3자의 원고적격에 관한 고찰", 공법연구 31집 2호 (2002)

홍준형, "환경영향평가와 대상지역 주민들의 환경상의 이익", 판례행정법 (1999)

[17] 환경영향평가의 실체적 하자

― 대법원 2001. 6. 29. 99두9902 판결 ―

이 순 자 (고려대학교)

[사실 개요]

1. 한국고속철도건설공단은 경부고속철도 서울차량기지와 정비창을 건설하기 위하여 환경영향평가업자에게 환경영향평가등의 평가서 초안 등을 작성하도록 하였고, 주민들의 의견을 수렴 후 그 결과를 반영하여 환경영향평가서를 작성한 후 건설교통부장관에게 제출하였다. 피고인 건설교통부장관은 환경부장관에게 협의를 요청하였고, 환경부장관은 환경영향평가서의 미비점을 지적하고 보완자료 제출을 요청하였다.

2. 그러나 한국고속철도건설공단은 환경부의 협의 내용을 다 반영하지는 않고 평가서를 보완한 후 건설교통부장관에게 1996년 7월 12일 사업실시계획승인을 신청하였다. 이에 건설교통부장관은 고속철도에 대한 차량의 검수 및 유치 기능을 담당하는 차량기지와 정비창을 건설하는 경부고속철도서울차량기지정비창건설사업실시계획을 승인하는 처분을 하고 같은 해 10월 25일 이를 고시하였다.

3. 경부고속철도 서울차량기지 예정지역 인근에 거주하는 주민인 원고는 이 사건 환경영향평가는 주민의견 수렴절차를 요식행위로 하고, 추가로 해야만 하는 공사에 대한 고려가 없는 점, 대안을 제대로 검토하지 않은 점, 침수 저감대책을 제대로 마련하지 않은 점 등을 들어 형식만을 갖춘 것으로 법상 요구되는 요건을 갖춘 환경영향평가서라고 할 수 없으므로 이를 기초로 한 이 사건 처분은 위법하다고 주장하였다.

[판결 요지]

1. 구 환경영향평가법(1997. 3. 7. 법률 제5302호로 개정되기 전의 것) 제4조에서 환경영향평가를 실시하여야 할 사업을 정하고, 그 제16조 내지 제19조에서 대상사업에 대하여 반드시 환경영향평가를 거치도록 한 취지 등에 비추어 보면, 같은 법에서 정한 환경영향평가를 거쳐야 할 대상사업에 대하여 그러한 환경영향평가를 거치지 아니하였음에도 승인 등 처분을 하였다면 그 처분은 위법하다 할 것이나, 그러한 절차를 거쳤다면, 비록 그 환경영향평가의 내용이 다소 부실하다 하더라도, 그 부실의 정도가 환경영향평가제도를 둔 입법 취지를 달성할 수 없을 정도이어서 환경영향평가를 하지 아니한 것과 다를 바 없는 정도의 것이 아닌 이상 그 부실은 당해 승인 등 처분에 재량권 일탈·남용의 위법이 있는지 여부를 판단하는 하나의 요소로 됨에 그칠 뿐, 그 부실로 인하여 당연히 당해 승인 등 처분이 위법하게 되는 것이 아니다.

2. 한국고속철도건설공단의 경부고속철도 서울차량기지 정비창 건설사업에 관한 환경영향평가 내용의 부실의 정도가 환경영향평가제도를 둔 입법 취지를 달성할 수 없을 정도이어서 환경영향평가를 하지 아니한 것과 다를 바 없는 정도의 것은 아니라는 이유로 위 사업의 실시계획의 승인처분이 위법하지 아니하다.

해설

Ⅰ. 대상판결의 의의 및 쟁점

환경영향평가의 하자와 관련하여 환경영향평가법에서 정한 환경영향평가 절차를 거쳤으나 그 환경영향평가의 내용이 부실한 경우, 그 부실로 인하여 환경영향평가 대상사업에 대한 승인 등 처분이 위법하게 되는지에 대해 환경영향평가의 내용이 심히 부실하는 등 특별한 사정이 있으면 제한적이나마 사업계획승인처분의 독자적인 위법사유로 인정할 수 있는 여지를 남긴 판례로 따름 판례들이 다수 있다.

Ⅱ. 대상판결의 분석

1. 부실한 환경영향평가와 사업계획승인처분의 효력

환경영향평가가 내용상 부실하다는 것은 환경에 대한 영향을 조사·평가하여야 할 사항을 누락하였거나, 대안 검토를 하지 않은 경우, 환경저감방안을 충분히 검토하지 않은 경우, 조사·평가하기는 하였으나 그 내용이 부실한 경우 등을 말한다. 문제는 그 부실이 어느 정도인 경우에 사업계획승인처분의 위법사유가 되는가 하는 것이다.

대법원은 부실하게 작성된 환경영향평가에 의해 내려진 승인처분의 위법성 여부를 다투는 소송에서 (1) … 녹지자연도의 등급평가와 희귀식물의 서식분포에 관한 조사를 다소 잘못하였다고 하더라도 그 후 환경부장관과의 협의를 거친 이상(이는 그와 같은 환경영향평가의 부실 정도가 환경영향평가제도를 둔 입법취지를 달성할 수 없을 정도이어서 환경영향평가를 하지 아니한 것과 다를 바 없는 정도의 것이 아닌 이상이라는 취지로 이해된다), 그 때문에 이 사건 승인처분이 위법하다고 할 수 없으며, … (대법원 1998. 9. 22. 97누19571 판결)라고 하면서 부실작성에 대한 위법성을 인정하지 않았다. 다른 판례(대법원 2006. 3. 16. 2006두330 전원합의체 판결; 대법원 2001. 6. 29. 99두9902 판결)에서도 같은 취지의 판결을 내렸다. 따라서 판례에 따르면 환경영향평가제도를 둔 입법취지를 달성할 수 없을 정도로 심히 부실하다는 등의 특별한 사정이 있는 경우에는 사업계획승인처분이 위법하게 될 수 있다고 보아야 한다.

그러나 이런 대법원 판례를 따를 경우 "내용상 부실의 정도가 환경영향평가를 하지 아니한 것과 다를 바 없는 정도의 것"에 한하여 환경영향평가의 하자가 사업계획승인처분의 독자적인 위법사유가 될 것이다. 그렇다면 어느 정도의 부실이 과연 환경영향평가를 하지 않는 것과 같은 부실인지에 대해서는 언급이 없다. 이와 같이 엄격한 기준을 제시한 판례에 따를 경우 환경영향평가를 둔 취지를 유명무실하게 할 수 있다.

그러하기에 환경영향평가의 내용이 환경영향평가제도의 취지에 비추어 충실하게 작성되었는지 여부를 기준으로 환경영향평가의 실체적 하자가 사업계획승인처분의 위법사유가 되는지 여부를 판단하여야 한다. 판례의 판시처럼 "환경영향평가를 하지 아니한 것과 다를 바 없는 정도"라는 엄격한 기준은 폐기하고, 환경영향평가의 내용상 부실이 중대하여 승인·인가·허가처분의 의사결정에 중대한 영향을 미칠 가능성이 있는 경우에는 승인처분의 위법사유가 된다고 보는 것이 하나의 대안이 될 수 있다(박균성·함태성, 147-148면; 김홍균, 161-163면).

Ⅲ. 대상판결의 평가

이 판례 이후 법원은 반복된 판박이 판시 이유를 내놓고 있다. 환경영향평가서의 위법성 사유로서 너무 엄격한 기준을 요구함으로써 환경영향평가제도를 형해화하고 있다. 아직도 법원은 환경영향평가제도를 절차법적 시각에서 접근하는 것이 아닌가 하는 의구심이 들 정도이다.

판례의 판시내용처럼 "그러한 절차를 거쳤다면, 비록 그 환경영향평가의 내용이 다소 부실하다 하더라도, 그 부실의 정도가 환경영향평가제도를 둔 입법 취지를 달성할 수 없을 정도이어서 환경영향평가를 하지 아니한 것과 다를 바 없는 정도의 것이 아닌 이상 그 부실로 인하여 당연히 당해 승인 등 처분이 위법하게 되는 것이 아니다"라고 판결하는 것은 문제가 있다. 법원이 이런 견해를 유지하는 한 절차법적으로 환경영향평가서를 작성하기만 하면 환경영향평가를 하지 아니한 것과 다를 바 없는 정도의 환경영향평가는 사실상 있을 수가 없으므로 부실작성으로 인한 독자적인 위법성을 인정받기는 어려울 것이다.

환경영향평가법이 처음 미국에서 절차법적인 시각에서 접근을 하였으나 우리나라는 절차법적 내용뿐만 아니라 개정을 통해 실체법적 내용도 같이 규율하고 있다. 즉 환경영향평가서를 부실하게 작성하거나 허위로 작성한 자에 대한 벌칙규정이 있고, 시행규칙에서는 부실과 허위작성에 대한 구체적인 기준을 제시하고 있으며, 이를 위반한 자에 대해서는 벌칙 및 과태료를 부과할 수 있다. 따라서 환경영향평가를 부실하거나 허위로 작성한 자에 대해서는 벌칙과 과태료를 부과하면서 부실하거나 허위로 작성한 환경영향평가를 바탕으로 이루어진 승인처분은 위법하지 않다는 논리는 법령의 취지나 법감정에 반한다는 지적이 나오는 이유이다(김홍균, 162면).

이 판례가 나온 지 18년이 지났다. 이 판결을 할 당시에는 환경보호 및 보전의 논리보다 개발의 논리가 더 설득력이 있었을 것이다. 그러나 지금은 충분히 늦었지만 환경보호 및 보전과 개발의 논리에 형평성을 갖고 판단해야 하며, 법원은 더 이상 반복된 판박이 판결을 하지 말고 실체적 하자를 독립된 위법성 사유로 삼기 위한 논리를 개발하여 환경영향평가법의 취지를 살려야 하며 국민의 법감정에 맞는 판결을 하여야 할 것이다.

참고문헌

박균성, "환경영향평가의 흠의 효과", 행정판례평선 (2011)

이은기, "하자 있는 환경영향평가를 거친 행정처분의 판결이유에 관한 재검토 소고: 반복된 판박이 대법원 판시이유에 대한 비판", 공법연구 제45권 제3호 (2017)

김홍균, 『환경법』 제4판, 홍문사 (2017)

이순자, 『환경법』 제4판, 법원사 (2015)

[18] 환경행정소송에서의 원고적격 확대와 환경영향평가의 하자

—대법원 2004. 12. 9. 2003두12073 판결—

신 지 형 (녹색법률센터)

[사실 개요]

환경영향평가를 받아 그 결과를 사업계획에 반영할 것을 조건으로 하는 피고의 납골당 설치허가에 대하여, 환경영향평가 대상지역 안의 주민들이 이 사건 처분으로 원고들의 환경상 이익이 침해받는다는 이유로 이 사건 처분의 취소를 청구하였다.

[판결 요지]

1. 납골당설치허가처분의 허가조건을 성취하거나 그 처분의 목적을 달성하기 위한 산림형질변경허가와 환경영향평가의 근거법규는 납골당설치허가처분에 대한 관련 처분의 근거법규이고, 그 환경영향평가 대상지역 안에 거주하는 주민들은 위 처분의 무효확인이나 취소를 구할 원고적격이 있다.

2. 환경영향평가를 거쳐야 할 대상 사업에 대하여 비록 그 환경영향평가의 내용이 다소 부실하다 하더라도 그 부실의 정도가 환경영향평가제도를 둔 입법취지를 달성할 수 없을 정도이어서 환경영향평가를 하지 아니한 것과 다를 바 없는 정도의 것이 아닌 이상, 그 부실은 당해 승인 등 처분에 재량권 일탈·위법이 있는지 여부를 판단하는 하나의 요소로 됨에 그칠 뿐, 그 부실로 인하여 당연히 당해 승인 등 처분이 위법하게 되는 것은 아니다.

해설

I. 대상판결의 의의 및 쟁점

대상판결은 처분의 직접 근거가 되는 법규에서 나아가 처분의 근거법규가 원용하고 있는 관련 법규도 원고적격 인정기준으로 봄으로써 취소소송의 원고적격을 확대했다는 점에서 의미가 있다. 또한, 환경영향평가가 부실하게 실시된 경우 이러한 하자가 사업승인처분을 취소할 수 있는 위법사유가 되는 기준을 제시하였다는 점에서도 의미가 있다. 그러나, 환경영향평가의 하자가 처분의 취소 사유가 되기 위해서는 환경영향평가를 실시하지 않은 것과 같은 정도의 중대한 것임을 요구한다는 점에서 환경영향평가 제도의 실효성 확보 측면에서 우려가 있는 판결이기도 하다.

Ⅱ. 대상판결의 분석

1. 행정소송에서의 원고적격 확대

행정소송에서 원고적격의 문제는 행정소송법 제12조에서 명시하고 있는 '법률상 이익이 있는지'의 해석문제이다. 그리고 우리나라 행정소송에서의 원고적격은 처분의 근거법규는 물론 처분의 근거법규가 원용하는 법규, 처분이 실행되기 위해 불가피하게 실시되어야 하는 절차법규까지 확대됨으로써 그 범위가 점차 확대되고 있다(송동수, 48면).

2. 행정처분의 직접 상대방이 아닌 제3자의 법률상 보호되는 이익의 범위

행정처분의 직접 상대방이 아닌 제3자라 하더라도 당해 행정처분으로 인하여 법률상 이익을 침해 받은 경우 취소소송을 제기하여 그 당부의 판단을 받을 자격이 있다. 대상판결에서는 "여기에서 말하는 법률상 보호되는 이익에는 당해 처분의 근거법규에 의하여 보호되지는 아니하지만 당해 처분의 조건을 성취하거나 당해 처분의 행정 목적을 달성하기 위한 일련의 관련 처분들의 근거법규에 의하여 명시적으로 보호받는 법률상 이익도 포함된다"고 하였다. 즉, 법률상 보호되는 이익이라 함은 당해 처분의 근거법규 및 관련법규에 의하여 보호되는 개별적·직접적·구체적 이익이 있는 경우를 말한다고 볼 수 있다.

3. 환경영향평가 미실시의 하자

환경영향평가법상 환경영향평가를 실시하여야 할 사업에 대하여 환경영향평가를 거치지 아니하였음에도 승인 등의 처분을 한 경우, 그 하자는 법규의 중요한 부분을 위반한 중대한 것이며, 객관적으로 명백한 것이어서 행정처분의 당연무효 사유에 해당한다(강수경, 135면). 대법원도 이러한 사안에 대해 예외 없이 그 처분의 하자를 중대하고 명백한 하자로서 행정처분의 당연무효 사유에 해당한다고 보았다. 그 이유로 대법원은 사전에 주민들의 의견을 수렴하고, 그 협의 내용을 반영시키는 것이 원천 봉쇄되어 환경영향평가 제도를 둔 입법취지를 달성할 수 없기 때문이라고 보고 있다(대법원 2006. 6. 30. 2005두14363 판결).

4. 환경영향평가의 내용이 부실한 경우의 하자

환경영향평가법 제56조 제1항 제2호는 환경영향평가업자의 준수사항으로 "환경영향평가서 등과 그 작성의 기초가 되는 자료를 거짓으로 또는 부실하게 작성하지 아니할 것"을 명시하고 있다. 한편 대법원은 환경영향평가의 내용상 부실에 대하여 "환경영향평가의 절차를 거쳤다면, 비록 그 환경영향평가의 내용이 다소 부실하더라도, 그 부실의 정도가 환경영향평가제도를 둔 입법 취지를 달성할 수 없을 정도이어서 환경영향평가를 하지 아니한 것과 다를 바 없는 정도의 것이 아닌 이상 그 부실은 당해 승인 등 처분에 재량권 일탈·남용의 위법이 있는지 여부를 판단하는 하나의 요소로 됨에 그칠 뿐, 그 부실로 인하여 당연히 당해 승인 등 처분이 위법하게 되는 것이 아니"라고 보고 있다(대법원 2001. 6. 29. 99두9902 판결).

Ⅲ. 대상판결의 평가

환경문제와 관련하여 환경침해의 광범위성과 환경피해로 인한 피해자의 권익 보호를 위하여 행정소송의 원고적격 확대 필요성은 날로 증가하고 있다. 우리나라 법원은 환경영향평가 대상지역이라는 것을 기준으로 대상지역 내의 주민들에게는 원고적격을 인정하고, 대상지역 밖의 주민들에게는 스스로 환경피해를 입증한 경우에 한하여 예외적으로 원고적격을 인정하고 있다. 그러나 현실적으로 환경피해에 대한 입증책임이 완화되지 않는 상황에서 환경영향평가 대상지역 밖의 주민들이 원고적격을 입증하기는 매우 어려운 실정이다. 우리 법원이 원고적격의 범위를 점차 넓혀가고는 있지만 판례의 해석만으로 원고적격을 확대하는 것에는 분명 한계가 있다. 그러므로 환경단체소송 도입 등 입법을 통한 개선이 필요하다.

환경영향평가의 내용상 부실과 관련하여 대상판결은 어떠한 경우에 환경영향평가의 내용상 부실이 사업계획승인처분의 위법사유가 되는지 구체적으로 제시하지 못하고 있다. 만약에 대상판결처럼 환경영향평가의 내용상 부실 정도가 환경영향평가제도를 둔 입법취지를 달성할 수 없을 정도이어서 환경영향평가를 하지 아니한 것과 다를 바 없는 정도인 경우에 한하여 그 하자가 당해 처분의 독자적 위법사유가 된다고 보는 것이라면 이는 너무 엄격한 기준이 되는 것이다.

환경영향평가는 승인기관이 환경영향평가의 대상이 되는 사업계획의 승인 여부를 판단함에 있어서 필요한 정보를 제공하여 의사결정을 지원하는 기능을 하는 것이다. 그러므로 환경영향평가의 내용상 부실이 매우 중대하여 승인처분 여부의 결정에 중대한 영향을 미친 경우에는 승인처분의 위법사유가 된다고 보는 것이 타당하다. 즉, 환경영향평가가 부실하게 됨으로써 승인기관이 사업계획승인 여부를 판단함에 있어 중요한 고려사항을 고려하지 못하게 된 경우에는 당해 환경영향평가의 부실은 사업계획승인처분의 위법사유가 되는 환경영향평가의 실체적 하자가 된다고 보아야 한다(박균성, 319면). 다만, 환경영향평가의 내용이 다소 부실한 경우에는 그 부실의 정도가 환경영향평가를 하지 아니한 것과 다를 바 없는 정도의 것이 아닌 이상, 당해 승인 등 처분에 재량권 일탈·남용의 위법이 있는지 여부를 판단하는 하나의 요소가 될 뿐이다.

　　환경영향평가제도는 행정소송을 통한 엄격한 사법심사의 뒷받침 없이는 그 실효성을 담보하기 어렵다. 사법부는 가능한 한 적극적인 사법심사를 통하여 하자 있는 환경영향평가와 그 대상사업의 승인처분의 위법성을 현재보다 폭넓게 인정하여 환경영향평가의 규범통제를 실현해 나가는 것이 필요하다.

참고문헌

강수경, "항고소송제도와 행정행위의 무효", 사회과학연구 제14호 (2008)

송동수, "환경영향평가의 하자와 사법심사", 환경법연구 제34권 제3호 (2012)

박균성·함태성, 『환경법』, 박영사 (2013)

[19] 환경소송에서 자연물의 당사자능력

— 대법원 2006. 6. 2. 2004마1148 결정 —

박 대 영 (법무법인 케이엘에프)

[사실 개요]

1. 1980년대부터 국토종합개발을 위한 경부고속철도 건설 필요성이 대두되었고, 1990년 천성산을 통과하는 경부고속철도 노선이 결정되었다. 1994년에는 경부고속철도 천상산 구간에 대한 환경영향평가 및 협의가 이뤄졌고, 이에 따라 2000년대에는 실제 천성산 구간에 대한 공사가 진행될 예정이었다. 이후 환경단체 등에서는 고속철도 구간을 재검토해줄 것을 정부에 강력하게 요청하였다. 그러나 정부에서 원안대로 천성산 터널 공사를 강행하기로 하자, 환경단체 등에서는 '도롱뇽의 친구들' 이라는 단체 및 자연물 '도롱뇽'의 명의로 2003년 11월 울산지방법원에 원효터널공사 및 기타 이에 부수하는 공사를 착공하여서는 안 된다는 내용의 가처분 신청을 하였다.

2. 1심인 울산지방법원에서는 '도롱뇽'의 신청은 각하하고 신청인 '도롱뇽의 친구들'의 신청은 기각(울산지방법원 2004. 4. 8. 2003카합982 결정)하였으며, 원심에서도 신청인들의 항고를 기각(부산고법 2004. 11. 29. 2004라41, 42 결정)하였다. '도롱뇽' 및 도롱뇽의 친구들. 내원사, 미타암은 대법원에 재항고를 하였다.

[결정 요지]

1. 도롱뇽은 천성산 일원에 서식하고 있는 도롱뇽목 도롱뇽과에 속하는 양서류로서 자연물인 도롱뇽 또는 그를 포함한 자연 그 자체로서는 소송을 수행할 당사자능력을 인정할 수 없다.

2. 환경권에 관한 헌법 제35조 제1항이나 자연방위권 등 헌법상의 권리에 의하여 직접 한국철도시설공단에 대하여 고속철도 중 일부 구간의 공사 금지를 청구할 수 없고, 환경정책기본법 등 관계 법령의 규정 역시 그와 같이 구체적인 청구권원을 발생시키는 것으로 해석할 수 없다.

3. (전략) … 환경영향평가절차를 이행한 후 환경영향평가시에 고려되지 아니하였던 새로운 사정이 발견되어 그 사업으로 인하여 사업시행구간 관련 토지소유자들의 환경이익을 침해할 수 있다는 개연성이 나타나고 종전의 환경영향평가만으로는 그와 같은 개연성에 관한 우려를 해소하기에 충분하지 못한 경우에는 새로이 환경영향평가를 실시하거나 그 환경이익의 침해를 예방할 수 있는 적절한 조처를 먼저 행한 후 사업을 시행하도록 함이 상당하다. 그러나 위와 같은 환경영향평가를 통한 권리의 보장은 실체적인 환경이

익의 침해를 보호하기 위한 것이므로, 비록 위와 같이 다시 환경영향평가를 함이 상당한 새로운 사정들이 발생되었다고 하더라도, 그 새로운 사정들과 소유자들의 환경이익 사이에 구체적인 피해가능성 내지는 연관성을 인정하기 어려운 사정이 소명되는 경우 또는 새로운 환경영향평가절차 내지는 이에 준하는 조사가 이루어지고 환경이익의 침해를 예방할 수 있는 적절한 방법이 보완되는 등 소유자들의 환경이익이 침해될 수 있다는 개연성이 부정될 만한 사정이 소명되는 경우에는 더 이상 사업시행의 중지를 구할 수는 없다.

해설

Ⅰ. 대상결정의 쟁점

대상결정은 크게 3가지 쟁점을 담고 있다. 첫 번째로, 자연물인 도롱뇽에게 당시자능력을 인정할 수 있냐는 것이다. 두 번째는 헌법상 환경권을 근거로 하여 구체적인 권리가 도출되느냐 하는 것이다. 세 번째는 기존 환경영향평가 시 밝혀지지 않았던 새로운 사정이 발견되었을 경우, 새로운 환경영향평가를 반드시 거쳐야 하느냐는 것이다.

법원이 이 결정을 통해 판시한 법리는 현재까지도 대법원의 입장으로 유지되고 있으며, 위에서 밝힌 세 가지 쟁점 모두 다 환경소송에서 중요한 내용들이다. 다만 이번 평석에서는 자연물의 당사자 능력에 중점을 두고 평석을 하도록 하겠다.

Ⅱ. 대상결정의 주요 법리

1. 신청인측의 주장 및 법원의 결정이유

신청인들은 신청인 '도롱뇽'은 천성산에 서식하는 도롱뇽 또는 위 도롱뇽을 포함한 자연 그 자체로서, 이 사건 터널 공사로 인한 도롱뇽의 생존환경 및 천성산의 자연환경 파괴를 막기 위하여 자연 내지 자연물의 고유의 가치의 대변자인 환경단체인 신청인 단체를 그 사법적 활동의 담당자로 삼아 이 사건 신청을 할 수 있다고 주장하였다.

이에 대하여 법원은 민사상의 가처분은 그 가처분에 의해 보전될 권리관계가 존재하여야 하고, 그 권리관계는 민사소송에 의하여 보호를 받을 자격이 있어야 하는 것인바, 자연물인 도롱뇽 또는 그를 포함한 자연 그 자체에 대하여는 현행법의 해석상, 혹은 이를 인정하는 관습법도 존재하지 아니하므로 그 당사자능력을 인정할 만한 근거를 찾을 수 없다는 이유로 도롱뇽의 당사자능력을 인정하지 않았다.

2. 자연의 권리 이론

과학기술의 발전과 그에 따른 범지구적 개발열풍이 일어나면서, 자연환경은 예전과는 비교할 수 없을 정도의 속도로 파괴되어가고 있다. 그리고 이러한 자연의 파괴로 인해 발생하는 온난화 및 생태계 파괴, 대기 및 수질 오염 등은 인간의 생존을 위협하고 있다.

이러한 환경의 파괴는 인간이 거주하지 않지만 생태적으로 중요한 곳에서도 벌어지고 있어, 기존 인간 중심의 권리구제 수단으로는 위와 같은 곳에서 벌어지는 환경파괴를 막기 쉽지 않다. 또한, 자연물 자체를 인간 못지않게 존중하고 보호해야 한다는 자연의 고유 가치를 인정하는 사상 또한 확산되어 가고 있다.

위와 같은 배경하에, 자연에는 자연 고유의 가치가 있는 것이고, 사람이 자연을 대신하여 자연의 가치를 보전하는 소송을 제기할 수 있다는 것이 '자연의 권리' 이론이다.

3. 각국의 자연의 권리 관련 이론 및 법제

(1) 미국

미국에서 자연의 권리와 관련된 최초의 사례로 인정받는 사건은, 1972년 Sierra Club v. Morton 사건이다. 이 사건에서 환경보호단체인 Sierra club의 원고적격이 문제되었는데, 당시 연방대법원의 더글라스 판사는 '소송의 당사자는 개발의 대상이 되는 협곡 및 협곡에 존재하는 수목들'로, Sierra club이 위 협곡에 존재하는 자연물들을 대변하여 소송을 수행하는 위치에 있다는, 자연의 권리 이론을 반영한 소수의견을 제시하였다.

이후 미국에서는 희귀종자보호법이 제정되어, 희귀종자를 보호하기 위해서는 누구라도 소송을 제기할 수 있다는 규정을 두게 되었고, 이와 관련하여 환경보호단체가 자연물과 공동원고가 되어 제기한 소송에서 환경보호단체 및 자연물의 승소 판결을 내린 사례도 찾아볼 수 있다.

(2) 일본

일본에서도 미국의 자연의 권리 소송의 영향을 받은 '자연의 권리' 소송이 수차례 제기되었다. 다만, 일본에서도 아직 명시적으로 자연물의 당사자 적격을 인정하는 판결은 나오고 있지 않다.

(3) 유럽연합

유럽의 경우에도 자연물의 당사자 능력을 직접 인정하는 판결은 찾아보기 힘드나, 오루스 협약 등을 통해 자연물 등 환경파괴에 대해 환경단체가 단체소송을 제기할 수 있도록 하고 있다. 이에 조류 등 자연물들이 입는 피해를 막기 위해 환경단체들이 직접 단체소송을 제기하는 경우가 매우 많으며, 국가에 따라 다르나 승소율도 꽤 높은 편이다.

Ⅲ. 대상결정의 분석과 평가

자연의 권리 이론은 지금까지의 민사소송법 체계와는 배치되는 점 때문에 쉽게 받아들여지기 쉽지 않을 것이다. 그러나 권리 침해를 입고 있는 자연인이나 법인으로 소송 당사자를 제한할 경우, 범지구적으로 광범위 하게 일어나고 있는 환경피해를 막기 어려운 것도 사실이다.

현행법상 도롱뇽 등 자연물의 당사자능력을 인정할 근거가 없는 것은 사실이다. 다만, 이 사건에서 대법원이 진지한 고민 없이 자연물의 당사자능력은 인정할 수 없다는 내용만을 결정이유로 기재한 것은 아쉬운 부분이다. 자연파괴를 막기 위해 앞으로 나아가야 할 방향에 대한 고민 정도는 드러났어야 하지 않을까. 이와 비교하면 원심은 향후 관습법적으로 자연물의 당사자능력이 인정된다면 자연물의 당사자능력 인정될 수도 있다는 듯한 조금은 전향적 태도를 보여주었다.

현 시점에서 자연의 권리에 대해 논하는 이유는 무엇일까. 전 국민, 더 나아가서는 인류와 지구를 위해 자연파괴를 막고 환경을 보전하기 위해서다. 현행 민사소송법이나 행정소송법상의 절차만으로는 자연파괴에 대해 충실히 다툴 수 없는 경우가 많기 때문에, 이를 극복하고 능동적으로 자연파괴에 대처하기 위해 자연의 권리이론이 등장한 것이다. 당장 자연물의 당사자 능력을 인정받지는 못하더라도, 자연을 대신하여 환경단 등이 소송을 할 수 있도록 하는 것은 어떨까. 이를 통해 환경파괴를 막고 자연물의 가치에 대한 인식의 재고를 꾀하면서, 관습법적인 자연의 권리를 주장하는 것도 생각해 볼 수 있을 것이다.

참고문헌

강재규, "자연의 권리", 환경법연구 제30권 (2008)

송동수, "유럽에서의 환경단체소송의 변화와 시사점", 환경법연구 제34권 제1호 (2012)

[20] 환경영향평가가 결여된 행정행위의 효력

— 대법원 2006. 6. 30. 2005두14363 판결 —

김 중 권 (중앙대학교)

[사실 개요]

국방부 산하 육군 A 부대장은 1998. 4.경 김화읍 도창리 산 246 외 인근 부지에 박격포 사격장을 설치하기로 하는 '도창리 백골종합훈련장 피탄지조성사업계획'을 수립하여 사업실시계획을 국방부장관에게 제출하였고, 이에 국방부장관은 1999. 12. 4. 국방시설사업법 제4조에 따라 사업계획에 대한 승인을 한 후 국방부 고시로 이를 고시하였다. 이에 따라 A 부대장은 1999. 12.경부터 2000. 11.경까지 약 13억 원의 예산으로 사업부지에 대한 협의 및 보상 절차를 마친 후 표적 및 방화지대 설치작업을 실시하여 2001. 8.경 설치공사를 완료하였다. 사업부지 인근인 도창리 마을에 거주하는 주민들로선 사격장이 설치되어 사격훈련이 실시될 경우 인근 식수원에 대한 수질오염 등 여러 가지 환경오염에 노출될 위험성이 크다는 등의 이유로 사업계획에 반대하였는데, 2001. 1.경 사업계획이 구 환경영향평가법상의 환경영향평가대상사업에 해당함에도 환경영향평가를 전혀 실시하지 않은 채 국방부장관이 이 사건 승인처분을 하였다는 점을 발견하였다.

[판결 요지]

1. 구 환경영향평가법(1999. 12. 31. 법률 제6095호 환경·교통·재해 등에 관한 영향평가법 부칙 제2조로 폐지) 제1조, 제3조, 제9조, 제16조, 제17조, 제27조 등의 규정 취지는 환경영향평가를 실시하여야 할 사업(이하 '대상사업'이라 한다)이 환경을 해치지 아니하는 방법으로 시행되도록 함으로써 당해 사업과 관련된 환경공익을 보호하려는 데 그치는 것이 아니라, 당해 사업으로 인하여 직접적이고 중대한 환경피해를 입으리라고 예상되는 환경영향평가대상지역 안의 주민들이 전과 비교하여 수인한도를 넘는 환경침해를 받지 아니하고 쾌적한 환경에서 생활할 수 있는 개별적 이익까지도 보호하려는 데에 있는 것이다. 그런데 환경영향평가를 거쳐야 할 대상사업에 대하여 환경영향평가를 거치지 아니하였음에도 불구하고 승인 등 처분이 이루어진다면, 사전에 환경영향평가를 함에 있어 평가대상지역 주민들의 의견을 수렴하고 그 결과를 토대로 하여 환경부장관과의 협의 내용을 사업계획에 미리 반영시키는 것 자체가 원천적으로 봉쇄되는바, 이렇게 되면 환경파괴를 미연에 방지하고 쾌적한 환경을 유지·조성하기 위하여 환경영향평가제도를 둔 입법 취지를 달성할 수 없게 되는 결과를 초래할 뿐만 아니라 환경영향평가대상지역 안의 주민들의 직접적이고 개별적인 이익을 근본적으로 침해하게 되므로, 이러한 행정처분

의 하자는 법규의 중요한 부분을 위반한 중대한 것이고 객관적으로도 명백한 것이라고 하지 않을 수 없어, 이와 같은 행정처분은 당연무효이다.

2. 국방·군사시설 사업에 관한 법률 및 구 산림법(2002. 12. 30. 법률 제6841호로 개정되기 전의 것)에서 보전임지를 다른 용도로 이용하기 위한 사업에 대하여 승인 등 처분을 하기 전에 미리 산림청장과 협의를 하라고 규정한 의미는 그의 자문을 구하라는 것이지 그 의견을 따라 처분을 하라는 의미는 아니라 할 것이므로, 이러한 협의를 거치지 아니하였다고 하더라도 이는 당해 승인처분을 취소할 수 있는 원인이 되는 하자 정도에 불과하고 그 승인처분이 당연무효가 되는 하자에 해당하는 것은 아니라고 봄이 상당하다.

해설

Ⅰ. 대상판결의 의의 및 쟁점

대상판결은 제1심인 서울행정법원 2004. 10. 8. 2003구합37607 판결이 취한 기조를 그대로 받아들였다. 다만 산림청장과의 협의를 거치지 않은 부분에 대해서 제1심과 제2심이 환경영향평가의 결여와 합쳐서 무효로 접근한 반면, 대법원은 양자를 분리하여 접근하였다. 일찍이 대법원 2001. 6. 29. 99두9902 판결이 환경영향평가를 거치지 아니한 처분은 위법하다고 판시하였는데, 대상판결은 이보다 더 나아갔다. 환경영향평가의 결여를 무효사유를 봄으로써 환경영향평가제도의 위상과 환경의 중요성을 제고시켰기에, 대상판결에 대해 대부분 문헌은 호평한다. 대상판결의 긍정적인 점에도 불구하고. 행정법 도그마틱상으로 검토되어야 할 문제점이 몇 가지 있다.

Ⅱ. 대상판결의 분석

1. 환경영향평가의 본질

행정행위의 하자치유를 절차·형식상의 하자에 한정하는 것이 다수 경향인데, 만약 환경영향평가의 절차적 성격을 분명히 하지 않는다면, 환경영향평가상의 하자는 자칫 하자치유의 대상에서 배제될 우려가 있다. 따라서 환경영향평가의 본질의 규명은 그것의 하자의 치유 가능성을 가늠하기 위한 첫 단추이다. 환경영향평가의 주안점은 환경 그 자체에 대한 사업계획의 영향을 설명, 평가하고, 또한 연계된 결정근거로서 준비하는 데 있다. 비록 관련 법제(구 환경영향평가법이나 현행 환경영향평가법 등)에서 법적 성질을 명시하진 않지만, 환경영향평가법 제2조의 개념정의(환경영향평가 대상사업의 사업계획을 수립하려고 할 때 그 사업의 시행이 환경에 미치는 영향을 미리 조사·예측·평가하여 해로운 환경영향을 피하거나 줄일 수 있는 방안을 강구하는 것)에 비추어, 환경영향평가는 순전히 절차도구적 성격을 가지며, 당연히 비독립적이다.

　　우리의 경우 절차하자를 독립된 쟁송취소사유(독립쟁송가능성)로 보기에, 실체적 하자가 없더라도 절차상의 하자를 이유로 대상처분의 위법성을 다툴 수 있다. 나아가 판례는 환경영향평가상의 결여나 하자를 재량의 일탈과 남용에 따른 대상처분의 위법성을 판단하기 위한 하나의 요소로 보고 있다.

2. 환경영향평가의 결여의 무효사유 여부

　　대법원 1998. 4. 24. 97누3286 판결을 기화로 환경영향평가의 제3자 보호성이 별 다른 마찰이 없이 공고화된 것은 바람직하다. 판례는 행정행위의 무효에서 중대명백성설을 취한다. 그리하여 '법규의 중요한 부분', '행정처분의 중요한 부분에 해당하는 규정'을 위반한 것을 '하자의 중대성'으로, 하자가 통상인의 평균적 인식능력에 비추어 외관상으로 객관적으로 명백한 것을 '하자의 명백성'으로 받아들이고 있다. 법원은 不實한 환경영향평가의 경우 당해 승인처분 등의 위법성을 논증하는 데 있어서 비교적 엄격한(?) 태도를 취하였는데(대법원 2001. 7. 27. 99두2970 판결: 환경영향평가서의 내용이 환경영향평가제도를 둔 입법 취지를 달성할 수 없을 정도로 심히 부실하다는 등의 특별한 사정이 없는 한, 그 처분이 위법하다고 할 수는 없다), 대상판결은 종래의 이런 기조에서 벗어나 환경영향평가의 결여를 취소 가능한 단순 위법이 아니라, 무효사유로 보았다.

Ⅲ. 대상판결의 평가

1. 하자의 중대성 논증의 문제점

　　대상판결에 대해 호평하는 입장에선 대상판결과 대비하여 환경영향평가의 不實에 관한 법원의 기왕의 태도가 엄격하고 맞지 않는다고 정당하게 비판한다. 대상판결은 "… 이렇게 되면 환경파괴를 미연에 방지하고 쾌적한 환경을 유지·조성하기 위하여 환경영향평가제도를 둔 입법 취지를 달성할 수 없게 되는 결과를 초래할 뿐만 아니라 환경영향평가대상지역 안의 주민들의 직접적이고 개별적인 이익을 근본적으로 침해하게 되므로, 이러한 행정처분의 하자는 법규의 중요한 부분을 위반한 중대한 것이고 객관적으로도 명백한 것이라고 하지 않을 수 없다"고 논증하였다. 대상판결에서의 무효성논증은 환경적 중요성이 더해진 결과이다. 이런 논증태도가 과연 하자의 중대명백성을 논증하기 위해 법원이 제시하는 일반론에 부합하는지 의문이 든다. 이제 하자의 무효성에 관한 좀 더 설득력이 있는 논증을 기할 필요가 있다. 단지 '법규의 중요한 부분', '행정처분의 중요한 부분에 해당하는 규정'을 위반한 것을 내세우는 것은 너무 단순하다. 하자의 중대성은, 행정행위에 대해 유효한 외관이나 잠정적인 통용을 용인하는 것마저 법치행정에 관한 법치국가원리적 질서와 요청에 부합하지 않는다고 여겨질 정도이어야 인정된다고 하겠다(김중권, 2019, 329면).

2. 무효인정에 따라 지불하여야 할 도그마틱적 대가

무효의 결과는 사정판결 및 하자치유의 가능성이 원천 배제되는 것이다. 하자의 치유와 관련해서 가뜩이나 법원은 행정의 법률적합성 원칙만을 지나치게 앞세워 매우 엄격한 입장을 견지하고 있어서, 그것이 절차 간소화와 신속화란 시대 경향에 역행한다는 비판이 가해지고 있다. 인용 판결 이후에 환경영향평가절차를 거쳐 동일한 승인처분을 할 수 있다는 점에서, 대상판결로 인해 치유 가능성이 원천 배제된 데 대해서는 문제가 제기될 수 있다(역설적 상황이 강정마을 사건에서 대법원 2012. 7. 5. 2011두19239 전원합의체 판결의 다수의견은 환경영향평가가 실시계획승인처분 이전에 행해지지는 않았지만, '기본설계의 승인 전'에 행해졌음을 들어 실시계획승인처분의 위법성을 부인한 것이다). 환경영향평가의 결여 역시 그것의 不實과 마찬가지로 실체적 처분에 재량권 일탈·남용의 위법이 있는지 여부를 판단하는 하나의 요소로 접근하여야 한다. 하자의 치유에 대한 전향적 자세의 전환도 병행되어야 한다.

참고문헌

김중권, "환경영향평가가 결여된 행정행위의 효력에 관한 소고", 저스티스 제114호 (2009)

김홍균, "환경영향평가제도와 사법심사", 행정소송(I) (2008)

이은기, "하자 있는 환경영향평가를 거친 행정처분의 판결이유에 관한 재검토 소고: 반복된 판박이 대법원 판시이유에 대한 비판", 공법연구 제45집 제3호 (2017)

김중권, 『행정법』 제3판, 법문사 (2019)

[21] 새만금 판결의 환경법적 쟁점

— 대법원 2006. 3. 16. 2006두330 전원합의체 판결 —

정 남 철 (숙명여자대학교)

[사실 개요]

1. 이 사건 새만금간척종합개발사업은 전라북도에 위치한 만경강, 동진강의 하구해역에 방조제를 설치하고 공유수면을 매립·간척하여 28,300ha의 농지와 11,800ha의 담수호(이하 '새만금 담수호'라 한다)를 조성하는 것을 내용으로 하는 매립 및 간척사업이다. 주무장관인 구 농림수산부장관은 1991. 10. 17. 구 공유수면매립법 제4조에 근거하여 '공유수면매립면허처분'과 같은 해 11. 13. 농촌근대화촉진법 제96조 및 구 공유수면매립법 제9조의2에 근거하여 새만금사업 '시행인가처분'을 하였다. 군산시, 김제시, 전북 부안군 각 지역을 비롯하여, 환경영향평가 대상지역 밖인 목포시, 익산시, 전북완주군, 전주시, 서울 등의 지역에 거주하는 원고들은 위 이 사건 각 처분에 대해 무효확인을 다투었다.

2. 또한 원고들은 새만금간척종합개발사업을 위한 공유수면매립면허 및 사업시행인가처분의 취소를 신청하였으나, 처분청은 구 공유수면매립법 제32조 제3호에 의한 취소권 행사의 거부(이하 '이 사건 거부처분'이라 한다)를 하였다. 이에 원고들은 이 사건 거부처분의 취소를 구하고 있다. 제1심은 새만금사업이 시행되는 환경영향평가대상지역 내에 거주하는 주민으로부터 공유수면매립면허 및 시행인가처분의 취소 등 행정권 발동요구를 받은 농림부장관이 그 취소권 행사를 거부한 것을 재량권의 일탈·남용으로 판시하였다(서울행정법원 2005. 2. 4. 2001구합33563 판결). 그러나 원심인 서울고등법원은 제1심과 달리 원고패소판결을 내렸다(서울고등법원 2005. 12. 21. 2005누4412 판결).

[판결 요지]

1. 새만금간척종합개발사업을 위한 공유수면매립면허처분 및 농지개량사업 시행인가처분의 하자인 사업의 경제성 결여, 사업의 필요성 결여, 적법한 환경영향평가의 결여, 담수호의 수질기준 및 사업목적 달성 불능 등의 사유가 새만금간척종합개발사업을 당연무효라고 할 만큼 중대·명백하다고 할 수 없다.

2. **[다수의견]**

새만금간척종합개발사업을 위한 공유수면매립면허 및 사업시행인가처분의 취소신청에 대하여 처분청이 구 공유수면매립법 제32조 제3호에 의한 취소권의 행사를 거부한 경우에 그 사업목적상의 사정변경, 농지의 필요성에 대한 사정변경, 경제적 타당성에 대한 사정변경, 수질관리상의 사정변경, 해양환경상의 사정변경이 위 개발사업을 중단하여야 할 정도로 중대한 사정변경이나 공익상 필요가 있다고 인정하기에 부족하다.

[반대의견]

새만금간척종합개발사업에는 농지의 필요성, 수질관리, 해양환경 및 경제적 타당성과 사업성 등의 측면에서 당초 예상하지 못한 사정변경이 생겼고, 구 농림수산부장관이 환경영향평가 대상지역 주민으로부터 위 공유수면매립면허처분 등을 취소해 달라는 신청을 거부한 것은 재량을 일탈·남용한 것으로 위법하다.

해설

I. 대상판결의 의의 및 쟁점

대상판결은 환경소송의 기념비적 사건을 다루고 있다. 또한 개발이익과 환경이익이 첨예하게 대립하는 대규모 공공사업에 관한 사법적 판결이다. 이 판결에 대한 평가는 다양하지만, 법리적 문제점도 적지 않다. 이에 대한 비판적 견해로는 "계획법규범에 적합한 통제 메커니즘"이 필요하다는 견해(강현호, 197면), 새만금 판결이 "사법적 결정의 법이론적 한계와 위험"을 노정하였다는 견해(홍준형, 51-52면) 등이 있다. 이 사건의 쟁점은 아래와 같다. 첫째, 환경소송에 있어서 인근 주민 내지 제3자의 원고적격이 문제되고 있다. 둘째, 환경영향평가의 하자에 관한 판단이다. 셋째, 사업의 경제성 내지 필요성 결여 등이 무효사유가 되는지 여부이다. 마지막으로 주민들이 사정변경을 이유로 공유수면매립면허 등의 취소신청을 거부한 것이 위법인지 여부이다.

II. 대상판결의 분석

1. 환경소송과 원고적격

대법원은 행정처분의 직접 상대방이 아닌 제3자라 하더라도 당해 행정처분으로 인하여 법률상 보호되는 이익을 침해당한 경우에는 그 처분의 무효확인을 구할 원고적격이 있다고 보고 있다. 또한 환경영향평가 대상지역 안의 주민에게는 특단의 사정이 없는 한 환경상의 이익에 대한 침해 또는 침해 우려가 있는 것으로 사실상 추정되어 이 사건 각 처분의 무효를 구할 원고적격이 인정된다고 본다. 나아가 대법원은 환경영향평가 대상지역 밖의 주민들도 그 처분 전과 비교하여 수인한도를 넘는 환경피해를 받거나 받을 우려가 있다는 것을 입증함으로써 원고적격을 인정받을 수 있다고 판시하고 있다. 환경영향평가 대상지역을 기준으로 원고적격을 인정하고 있으나, 이러한 형식적 기준만으로 원고적격 여부를 판단하는 것은 바람직하지 않다. 특히 대상지역 밖의 주민들에 대해서는 원고적격의 문제를 입증책임의 전환 문제로 접근하고 있으나, 환경소송의 특성상 입증의 곤란으로 원고적격은 현실적으로 인정되기가 쉽지 않다(정남철, 2006, 249–250면).

취소소송의 법률상 이익을 '법률상 보호되는 이익'으로 보는 것이 통설 및 판례의 입장이며, 환경법 및 도시계획법의 분야에서는 원고적격의 범위가 확대되고 있다. 이와 관련하여 2013년 법무부는 행정소송법 개정안을 입법예고하였는데, 그 개정안에는 법률상 이익을 '법적 이익'으로 변경하고 있다. 그러나 법적 이익의 개념 해석에도 적지 않은 문제점이 있다(정남철, 2015, 498–501면). 독일에서는 이러한 제3자 보호를 고려명령(Rücksichtnahmegebot)의 문제로 접근하고 있다. 독일 연방행정법원은 모든 규범이 잠재적으로 제3자 보호적인 것은 아니라고 보고 있다. 즉 개인적 공권의 사익보호성은 규범의 문언에서 도출되어야 한다는 것이다(BVerwG, DVBl. 1987, S. 476f.). 이와 달리 환경소송에서 환경영향평가라는 형식적 기준에 의해 원고적격을 판단하고 있는 대법원 판례의 입장은 대체로 그대로 유지되고 있다. 그러나 형식적 기준에 의한 원고적격의 무리한 확대보다는 공권론에 바탕을 둔 치밀한 논증이 필요하다(정남철, 행정법의 특수문제, 347–351면).

2. 환경영향평가의 하자와 처분의 위법

대상판결에서는 환경영향평가법령에서 정한 환경영향평가를 거쳐야 할 대상사업에 대하여 그러한 환경영향평가를 거치지 아니하였음에도 승인 등의 처분을 하였다면 그 처분은 위법하다고 보고 있다. 그러나 환경영향평가의 내용이 다소 부실하다 하더라도 그 부실의 정도가 환경영향평가를 하지 아니한 것과 다를 바 없는 정도의 것이 아닌 이상 그 부실로 인하여 당연히 당해 승인 등 처분이 위법하게 되는 것은 아니라고 보고 있다. 부실한 환경영향평가는 대규모 공공사업에 면죄부를 주는 경우가 적지 않고, 환경영향평가의 하자가 형량의 고려요소라는 점에서 종국적인 처분의 위법성 판단에서도 이러한 점을 고려해야 한다. 이러한 환경영향평가의 부실을 당해 처분의 위법 여부를 판단하는 요소로 보고 있다는 점을 간과해서는 아니 된다.

3. 사업의 경제성·필요성과 사정변경의 위법판단

대상판결에서는 공공사업의 경제성 내지 사업성의 결여로 인해 행정처분이 무효가 될 수 있는 요건을 설시하고 있다. 공공사업을 시행함으로 인하여 얻는 이익에 비하여 공공사업에 소요되는 비용이 훨씬 커서 현저하게 균형을 잃고 사회통념에 비추어 행정처분으로 달성하고자 하는 사업 목적을 실질적으로 실현할 수 없는 정도에 이르렀다고 볼 정도로 과다한 비용과 희생이 요구되는 등 그 하자가 중대하여야 할 뿐만 아니라, 그러한 사정이 객관적으로 명백한 경우이어야 한다는 것이다. 그러나 대상판결에서는 행정계획의 법리적 특성이 간과되었으며, 사업의 경제성이나 필요성과 같은 정부의 정책적 판단이 행정처분의 무효를 판단하는 결정적 기준이 될 수는 없다. 대규모 공공사업은 목적합치성의 통제가 필요하며, 계획정당성(Planrechtfertigung)의 문제로 접근해야 한다. 사업의 경제성 판단에 있어서 비용편익분석의 방법을 사용하고 있으나, 이러한 방법은 타당성이 문제될 뿐만 아니라 환경이익의 계량화의 관점에서 비판이 제기되고 있다(정남철, 2006, 255-257면).

한편, 다수의견은 새만금간척종합개발사업을 중단하여야 할 정도로 중대한 사정변경이나 공익상 필요가 있다고 인정할 수 없다고 보고 있다. 그러나 반대의견은 당초 예상하지 못한 중대한 사정변경이 있으며, 구 농림수산부장관이 공유수면매립면허처분 등을 취소해 달라는 주민의 신청을 거부한 것이 재량권을 일탈·남용한 것으로 위법하다고 보고 있다. 그러나 일면적인 행정처분의 사정변경이 아니라 계획변경과 신뢰보호의 문제로 접근하는 것이 타당하다. 행정계획은 신뢰보호의 전형적 사례에 해당한다.

Ⅲ. 대상판결의 평가 및 과제

새만금 판결은 환경소송의 이정표(里程標)를 남겼다. 그러나 새만금 판결에서는 행정계획의 특성과 계획규범의 법리가 충분히 고려되지 않았다. 대규모 공공사업의 위법성 판단을 일반적인 행정처분의 무효 또는 취소 문제로 접근하고 있지만, 이는 계획변경과 신뢰보호의 관점에서 접근해야 한다. 대규모 공공사업의 경제성 문제는 규범적으로 계획정당성과 관련되어 있다. 환경영향평가의 하자에 관한 판단도 형식논리로 접근할 것이 아니라, 행정청의 최종결정 단계에서 형량을 통해 다시 그 위법 여부를 종합적으로 판단하여야 한다.

새만금 판결에서는 특히 제3자의 원고적격이 중요한 쟁점 중의 하나이다. 판례는 환경영향평가 대상지역이라는 형식적 기준에 의해 원고적격을 판단하고 있으나 개별 사례의 상황과 특수성을 충분히 고려하여 원고적격의 존부를 실질적으로 판단하여야 한다. 원고적격은 도식적(圖式的)인 해석론이 아니라 규범에 근거하여 철저히 논증되어야 한다. 나아가 환경영향평가 대상지역 밖의 주민들이 입는 환경피해에 대한 입증책임을 완화할 수 있는 방안도 마련되어야 한다. 해석론에 의한 원고적격의 확대에는 일정한 한계가 있다. 입법론으로는 주관소송의 한계를 극복하기 위해 환경공익소송의 도입을 적극적으로 검토해야 한다(정남철, 2018, 351-353면).

참고문헌

강현호, "새만금 사업과 환경법적 제문제", 환경법연구 제28권 제1호 (2006)

정남철, "환경소송과 인인보호-소위 새만금사건과 관련하여", 환경법연구 제28권 제1호 (2006)

홍준형, "공공정책에 대한 사법적 결정의 법이론적 한계(Ⅱ)", 법제 통권 제581호 (2006)

정남철, 『행정구제의 기본원리』 제1전정판, 법문사 (2015)

정남철, 『행정법의 특수문제』, 법문사 (2018)

[22] 환경영향평가의 미실시와 집행정지 판단의 관계

—서울고법 2006. 9. 11. 2006루122 결정—

한 수 연 (법무법인(유한) 율촌)

[사실 개요]

1. 신청인들은 주택건설사업인 이 사건 사업의 현장으로부터 100m가량 떨어진 곳에 거주하는 주민들인데, 이 사건 사업이 환경영향평가법상 환경영향평가를 거쳐야 할 대상사업인데도 환경영향평가를 거치치 않았고, 그런데도 피신청인인 용인시장이 이에 대하여 사업계획을 승인하는 이 사건 처분을 하였으니, 그 처분은 위법하여 취소되어야 한다며, 이 사건 처분의 집행을 본안사건 제1심판결 선고 시까지 정지하여 달라고 신청하였다. 이에 피신청인은 이 사건 사업이 환경영향평가 대상사업이 아니어서 환경영향평가를 거치지 않았다고 하더라도 절차상 위법이 없고, 신청인들은 이 사건 처분의 직접 상대방이 아니므로 그 취소를 구할 법률상 이익(원고적격)이 없다고 주장하였다.

2. 행정소송법 제38조 제1항, 제23조 제2항은 무효확인 소송이 제기된 경우에 처분등이나 그 집행 또는 절차의 속행으로 인하여 생길 회복하기 어려운 손해를 예방하기 위하여 긴급한 필요가 있다고 인정할 때에는 본안이 계속되고 있는 법원은 당사자의 신청 또는 직원에 의하여 처분등의 효력이나 그 집행 또는 절차의 속행의 전부 또는 일부의 정지를 결정할 수 있다고 규정하고 있다.

[결정 요지]

1. 주택건설사업계획승인처분을 함에 있어서 환경영향평가법에 의한 환경영향평가를 실시하여야 함에도 피신청인이 이 사건 처분 당시 그와 같은 환경영향평가 절차를 거치지 않았다는 점은 당사자 사이에 다툼이 없으므로, 이 사건 처분은 절차상 위법함을 면할 수 없다.

2. 아파트 단지를 조성하는 주택건설사업의 성격과 규모에 비추어, 만약 행정처분의 외형적인 효력에 의하여 주택건설사업이 상당 기간 그대로 진행되고 만다면 나중에 주택건설사업계획승인처분이 취소되더라도 원래의 상태대로 회복하기가 어렵고, 그와 같은 손해는 행정처분의 집행정지로 인하여 사업이 중단됨으로 인한 손해보다 훨씬 크고 중요하며 거의 영구적이므로 위 사업계획승인처분의 집행을 정지할 긴급한 필요성이 인정된다.

해설

Ⅰ. 대상결정의 의의 및 쟁점

실무적으로 행정사건의 경우 본안소송 자체도 중요하지만 처분의 집행정지를 받는 것도 매우 중요하다. 만약 집행정지를 받지 못한 상태에서 처분에 따른 현상 변경이 이루어지고 그 변경이 상당한 규모인 경우에는, 처분의 위법성 자체에는 변함이 없다고 하더라도 본안 판단에 결코 유리하지 않을 뿐만 아니라 심한 경우에는 위법함을 인정받더라도 처분을 취소하는 것이 현저히 공공복리에 적합하지 않다고 인정되어 사정판결(행정소송법 제28조)을 받을 가능성마저 있다.

대상결정은, 대지조성을 수반하는 주택건설사업이 환경영향평가대상사업에 해당하고, 환경영향평가대상지역 안의 주민들에게는 주택건설사업계획승인처분의 취소를 구할 원고적격이 인정된다는 점도 판시하였지만, 환경영향평가법상 환경영향평가를 거쳐야 함에도 이를 미실시한 경우 관련 처분의 집행을 정지할 수 있는지에 대해서도 정면으로 판단하였다. 이 평석에서는 환경영향평가의 미실시와 그에 관련된 집행정지의 관계에 주목하여 대상결정을 분석해 본다.

Ⅱ. 대상결정의 분석

1. 처분의 적법 여부 판단

처분의 효력정지나 집행정지를 구하는 신청 사건에서는 처분 자체의 적법 여부는 본안 재판에서 심리를 거쳐 판단할 성질의 것이므로 원칙적으로 판단할 것이 아니지만, 집행정지 제도는 신청인이 본안소송에서 승소 판결을 받을 때까지 그 지위를 보호함과 동시에 후에 받을 승소 판결을 무의미하게 하는 것을 방지하려는 것이어서 본안소송에서의 처분의 취소 가능성이 없음에도 처분의 효력이나 집행의 정지를 인정한다는 것은 제도의 취지에 반하므로 신청사건 자체에 의하여도 신청인의 본안청구가 이유 없음이 명백하지 않아야 한다는 것도 집행정지의 요건이다(대법원 1992. 6. 8. 92두14 결정).

대상결정 역시 이를 전제로, 처분의 적법 여부를 별도로 판단하였는데, 환경영향평가를 거치지 않았다는 점은 당사자 사이에 다툼 없는 사실로 정리되어 절차상 위법이 명확히 인정되었다.

2. 집행정지의 필요성 판단

처분의 효력이나 집행을 정지하기 위한 요건으로서의 '회복하기 어려운 손해'라 함은 특별한 사정이 없는 한 금전으로 보상할 수 없는 손해로서 이는 금전보상이 불능인 경우뿐만 아니라 금전보상으로는 사회관념상 처분을 받은 당사자가 참고 견딜 수 없거나 또는 참고 견디기가 현저히 곤란한 경우의 유형·무형의 손해를 의미하고(대법원 1977. 10. 4. 75그2 결정), '처분 등이나 그 집행 또는 절차의 속행으로 인하여 생길 회복하기 어려운 손해를 예방하기 위하여 긴급한 필요'가 있는지 여부는 처분의 성질과 태양 및 내용, 처분상대방이 입는 손해의 성질·내용 및 정도, 원상회복·금전배상의 방법 및 난이 등은 물론 본안청구의 승소 가능성의 정도 등을 종합적으로 고려하여 구체적 개별적으로 판단하여야 한다(대법원 2004. 5. 12. 2003무41 결정).

대상결정 역시 본안청구의 승소 가능성에 대해 다시 언급한 후, 대규모 아파트 단지 조성사업인 이 사건 사업의 성격과 규모에 비추어 나중에 이 사건 처분이 취소되더라도 원래의 상태대로 회복하기 어렵고, 이러한 손해는 집행정지로 인하여 사업이 중단됨으로 인한 손해보다 훨씬 크고 중요하며 거의 영구적이므로, 이 사건 처분의 집행으로 인하여 생길 회복하기 어려운 손해를 예방하기 위해 이 사건 처분의 집행을 본안인 이 사건 처분의 취소소송 판결 선고 시까지 잠정적으로 정지할 긴급한 필요가 있다고 인정하였다.

Ⅲ. 대상결정의 평가

실무적으로 볼 때 집행정지 사건은 관련 처분이나 위법사유의 성격에 따라 유형적으로 판단되는 면이 있다. 대상결정은 이런 면에서, 환경영향평가가 미실시된 대규모 건설사업계획승인처분과 집행정지의 관계에 대해 보여주고 있다.

우선 환경영향평가를 거쳐야 함에도 이를 미실시한 이상, 특별한 사정이 없는 한 당사자들 사이에 다툼 없는 사실로 정리되어 처분의 위법성이 매우 분명히 인정될 수밖에 없다. 처분의 위법성이 짙은 경우 그에 비례하여 본안 승소 가능성은 높아질 수밖에 없는데, 특히 환경영향평가 미실시라는 절차상 위법의 경우 그 자체로 실체상 위법성 판단에 나아가지 않고 처분의 무효사유가 될 수 있으므로 이미 집행정지신청 사건을 통해 본안의 결과가 예측될 수밖에 없다.

이와 같이 처분이 본안에서 당연무효될 것이 상당한 이상, 설령 처분으로 인한 손해가 일반적인 경우보다 적더라도 집행정지의 가능성은 낮지 않을 수 있는데, 환경영향평가의 미실시는 오히려 환경의 침해라는 중대하고 영구적인 손해를 가져오게 되므로, 집행정지의 필요성은 상당히 높을 수밖에 없다.

대상결정은 환경영향평가를 실시하여야 함에도 미실시한 대규모 건설사업 관련 집행정지 신청사건에서, 처분의 위법성 및 집행정지의 필요성이 용이하게 인정될 가능성이 있음을 잘 보여주고 있다.

참고문헌

김중권, "환경영향평가가 결여된 행정행위의 효력에 관한 소고", 저스티스 제114호 (2009)

김홍균, "환경영향평가제도와 사법심사", 행정소송(I) (2008)

박균성, "환경영향평가의 흠의 효과", 행정판례평선 (2011)

[23] 사전환경성검토협의의 대상과 원고적격

—대법원 2006. 12. 22. 2006두14001 판결—

한 귀 현 (순천대학교)

[사실 개요]

1. 이 사건의 피고 보조참가인들(이하 '참가인들'이라고 한다)인 甲, 乙, 丙, 丁 및 戊는 플라스틱 필름·시트 및 판 제조업 등을 영위하기 위한 공장을 설립하고자 2002. 11. 16.부터 2004. 7. 6. 사이에 각자 농림지역 내의 보전임지(생산) 및 수질보전특별대책지역 1권역에 속하는, 경기도 광주시 목현동 산 219의 3, 4, 23 내지 25 등 서로 연접하여 있는 각 임야의 소유권 또는 사용권을 취득한 후, 피고 광주시장에 대하여 중소기업창업지원법에 의한 창업사업계획승인신청 또는 산업집적활성화 및 공장설립에 관한 법률(이하 '공장설립법'이라 한다)에 의한 공장설립승인신청을 하였다. 이에 피고는 참가인들이 신청한 각 공장들이 공장설립법 시행령에서 규정한 '도시형 공장'에 해당된다고 하여 2003. 10. 2. 참가인 甲에 대하여, 2003. 12. 5. 참가인 乙에 대하여, 2004. 1. 28. 참가인 丙에 대하여 각 창업사업계획승인처분을, 2004. 6. 2. 참가인 丁에 대하여, 2004. 8. 6. 참가인 戊에 대하여 각 공장설립승인처분(이하 '이 사건 각 처분'이라 하는 한편, 시간 순서대로 '1 내지 5 처분'이라고 함)을 하였다.

2. 이에 대하여 원고들은, 이 사건 각 처분으로 설립될 각 공장의 인근에 거주하는 아파트의 주민들로서 피고가 참가인들에게 한 이 사건 각 처분에 위법이 있다는 사유로 피고에 대해 이 사건 각 처분의 취소를 구하였다. 원심은 원고들에게는 이 사건 각 처분의 취소를 구할 원고적격이 인정되지 않는다고 하여 원고들의 소를 각하하였던바, 원고들은 이러한 원심결정에 불복하여 대법원에 상고하였다.

[판결 요지]

1. 행정처분의 직접 상대방이 아닌 제3자라 하더라도 당해 행정처분으로 인하여 법률상 보호되는 이익을 침해당한 경우에는 그 처분의 취소나 무효확인을 구하는 행정소송을 제기하여 그 당부의 판단을 받을 자격이 있다 할 것이며, 여기에서 말하는 법률상 보호되는 이익이라 함은 당해 처분의 근거 법규 및 관련 법규에 의하여 보호되는 개별적·직접적·구체적 이익이 있는 경우를 말하고, 공익보호의 결과로 국민 일반이 공통적으로 가지는 일반적·간접적·추상적 이익이 생기는 경우에는 법률상 보호되는 이익이 있다고 할 수 없다.

2. 행정처분의 직접 상대방이 아닌 자로서 그 처분에 의하여 자신의 환경상 이익이 침해받거나 침해받을 우려가 있다는 이유로 취소소송을 제기하는 제3자는, 자신의 환경상 이익이 그 처분의 근거 법규 또는 관련 법규에 의하여 개별적·직접적·구체적으로 보호

되는 이익, 즉 법률상 보호되는 이익임을 입증하여야 원고적격이 인정되고, 다만 그 행정처분의 근거 법규 또는 관련 법규에 그 처분으로써 이루어지는 행위 등 사업으로 인하여 환경상 침해를 받으리라고 예상되는 영향권의 범위가 구체적으로 규정되어 있는 경우에는, 그 영향권 내의 주민들에 대하여는 당해 처분으로 인하여 직접적이고 중대한 환경피해를 입으리라고 예상할 수 있고, 이와 같은 환경상의 이익은 주민 개개인에 대하여 개별적으로 보호되는 직접적·구체적 이익으로서 그들에 대하여는 특단의 사정이 없는 한 환경상 이익에 대한 침해 또는 침해 우려가 있는 것으로 사실상 추정되어 법률상 보호되는 이익으로 인정됨으로써 원고적격이 인정되며, 그 영향권 밖의 주민들은 당해 처분으로 인하여 그 처분 전과 비교하여 수인한도를 넘는 환경피해를 받거나 받을 우려가 있다는 자신의 환경상 이익에 대한 침해 또는 침해 우려가 있음을 증명하여야만 법률상 보호되는 이익으로 인정되어 원고적격이 인정된다.

3. 구 환경정책기본법(2005. 5. 31. 법률 제7561호로 개정되기 전의 것, 이하 같음) 제25조 제1항 및 제4항과 같은 법 시행령(2005. 1. 31. 대통령령 제18693호로 개정되기 전의 것, 이하 같음) 제7조 제1항 [별표 2] '사전환경성검토대상 및 협의요청시기'의 2. 가. (2)항 및 비고 제7항 등 관계 규정에 의하면, 사전환경성검토협의 대상면적 미만으로 이미 허가를 받은 개발사업지역과 연접한 지역에 추가로 개발사업을 하고자 하는 연접개발이 사전환경성검토협의 대상사업에 해당하는지 여부를 판단함에 있어서, 위 연접개발에 관하여 규정한 위 비고 제7항은 사업주체가 동일한 경우는 물론 사업주체나 사업시기를 달리하는 경우에도 그 적용이 있다고 해석함이 상당하다.

4. 환경정책기본법령상 사전환경성검토협의 대상지역 내에 포함될 개연성이 충분하다고 보이는 주민들에게 그 협의대상에 해당하는 창업사업계획승인처분과 공장설립승인처분의 취소를 구할 원고적격이 인정된다.

해설 ─────────────────────────────

I. 사전환경성검토제도의 의의

사전환경성검토제도는 환경영향평가제도의 미비점을 보완하기 위하여 도입된 제도로서, 그 대상은 환경에 영향을 미치는 행정계획과 소규모 개발사업이다(다만, 사전환경성검토제도에 대해서는 여러 가지의 문제점이 지적됨에 따라 현재는 종전의 환경정책기본법에 따른 사전환경성검토 대상 중 행정계획은 전략환경평가를 받도록 하고, 개발사업은 소규모 환경영향평가를 받도록 하고 있다).

한편, 관계 행정기관의 장은 환경기준의 적정성 유지 및 자연환경의 보전을 위하여 환경에 영향을 미치는 행정계획을 수립·확정하거나 개발사업의 허가 등을 하고자 할 경우에는 당해 행정계획 및 개발사업의 확정·허가 등을 하기 전에 환경부장관 또는 지방환경관서의 장과 사전환경성검토협의를 하여야 하고, 국토의 계획 및 이용에 관한 법률 제6조 제3호의 규정에 의한 농림지역에서의 사업계획 면적이 7,500㎡ 이상인 개발사업은 협의대상사업의 하나이다. 다만, 이른바 연접개발에도 일정한 경우에는 역시 사전환경성검토협의대상에 포함된다.

Ⅱ. 대상판결의 분석

1. 환경영향평가대상지역과 원고적격

대법원은 본 판결의 요지에서 적시하고 있는 바와 같이, 행정처분의 직접 상대방이 아닌 제3자가 당해 행정처분의 취소나 무효확인을 구할 수 있는 요건으로서 '법률상 이익'의 의미, 그리고 행정처분의 직접 상대방이 아닌 자로서 그 처분에 의하여 환경상 침해를 받으리라고 예상되는 영향권 범위 내의 주민 및 그 영향권 밖의 주민이 처분의 취소를 구할 원고적격을 인정받기 위한 요건과 관련하여 종래의 판례를 재차 확인하고 있다.

2. 연접개발과 총량적 영향평가

위 연접개발의 사전환경성검토협의 대상사업 해당 여부와 관련하여 기존 개발사업과 추가 개발사업 사이에 그 사업주체나 사업시기가 동일한 경우에만 협의 대상사업에 해당한다고 볼 수 있는지에 관하여서는, 법문의 문리적 해석상 반드시 동일 사업자가 추가로 허가를 받아 개발하는 경우에 한정하여 적용된다고 해석할 근거가 없는 점, '사전환경성검토협의' 제도는 '환경기준의 적정성 유지' 및 '자연환경의 보전' 등을 위하여 환경에 영향을 미치는 행정계획 및 개발사업을 그 대상으로 하고 있는 점, 연접개발의 경우를 규정한 위 비고 제7항은 소규모 개발사업의 누적적 환경영향의 발생에 대비한 사전 검토에 그 취지가 있는 것으로 보이므로, 사업주체가 동일인인 경우에 한정하여 이를 적용한다면 그 규범적 실효성이 크게 떨어질 것으로 예상되는 점 등의 각 사정에 비추어 볼 때, 위 연접개발에 관하여 규정한 비고 제7항은 사업주체가 동일한 경우는 물론 사업주체나 사업시기를 달리하는 경우에도 그 적용이 있다고 해석함이 상당하다고 판시하고 있다. 따라서 이 사건 각 처분으로 인한 참가인들의 공장 설립에 있어서 각 사업계획면적은 모두 구 환경정책기본법 시행령 [별표 2]의 사전환경성검토협의 최소 대상면적인 7,500㎡ 미만으로서 사전환경성검토협의 대상사업에 해당하지 아니한다고 할 것이나, 그중 1 처분을 제외한 2 내지 5 처분의 경우는 모두 위 비고 제7항의 요건을 충족하는 연접개발에 해당함이 분명하므로 위 2 내지 5 처분에 의한 공장의 설립과 관련된 개발사업은 사전환경성검토협의 대상에 해당한다고 판시하였다.

3. 대상지역 내 주민의 원고적격

위 사전환경성검토협의 대상지역 내에 포함될 개연성이 충분하다고 보이는 주민들인 원고들에 대하여는 그 환경상 이익에 대한 침해 또는 침해 우려가 있는 것으로 추정할 수 있고 이는 법률상 보호되는 이익에 해당한다고 해석함이 상당하므로, 원고들로서는 이 사건 각 처분 중 이른바 연접개발로서 사전환경성검토협의 대상사업에 해당하는 乙, 丙, 丁 및 戊에 대한 2 내지 5 처분의 취소를 구할 원고적격을 가지며, 따라서 원심판결을 파기환송하였다.

Ⅲ. 대상판결의 평가

대상판결은 행정처분의 직접 상대방이 아닌 제3자가 당해 행정처분의 취소나 무효확인을 구할 수 있는 요건으로서 '법률상 보호되는 이익'의 의미 및 그 제3자가 원고적격을 인정받기 위한 요건과 관련하여 종래의 대법원 판례를 재차 확인함과 아울러, 특히 연접개발의 사전환경성검토협의 대상사업 해당 여부와 관련하여 사업주체가 동일한 경우는 물론 사업주체나 사업시기를 달리하는 경우에도 그 적용이 있음을 명확히 한 점에 의의가 있다.

참고문헌

함태성, "사전환경성검토제도에 관한 공법적 검토", 환경법연구 제28권 1호 (2006)

박균성·함태성, 『환경법』 제8판, 박영사 (2017)

[24] 환경영향평가소송에서 환경상 이익침해와 원고적격

— 대법원 2009. 9. 24. 2009두2825 판결 —

배 병 호 (성균관대학교)

[사실 개요]

1. 소외 A 주식회사(이하 소외 회사라 한다)는 2004. 12. 30. 피고(제주특별자치도지사)에게 서귀포시 성산읍 난산리 임야 일대 6,913㎡에 규모 21MW(풍력발전기 1.5MW 14기)의 제주 B 풍력발전소 개발사업시행승인을 신청하였다. 이에 피고는 2005. 1. 19. 산업자원부장관 및 남제주군수와 관계기관 협의를 실시하였고, 제주도건축위원회는 2005. 4. 20.경 1차 심의 및 2005. 9. 22. 재심의를 거쳐 위 개발사업에 대하여 조건부 의결을 하였다. 이에 소외 회사는 2005. 11. 3. 2차로 피고에게 개발사업의 면적 및 시설규모 일부를 감축한 제주 B 풍력발전소 개발사업시행승인을 신청하였고, 피고는 이에 따라 남제주군수와 관계기관 협의를 거친 후, 2005. 12. 30. 소외 회사에 제주 B 풍력발전소 개발사업의 시행을 승인(이하 이 사건 처분이라 한다)하였다{이 사건 사업부지 6,418㎡(진입로 부지 총 4,004㎡, 발전기 부지 총 1,960㎡, 변전소 부지 총 454㎡), 풍력발전설비 14.7 MW(2.1MW × 7기)}. 이 사건 사업부지는 국토의 계획 및 이용에 관한 법률(이하 국토계획이용법이라 한다)상의 '관리지역'으로 지정되어 있고, 제주국제자유도시특별법(이하 특별법이라 한다)상의 '관리보전지역'으로 지하수자원보전지구 3등급 내지 4등급, 생태계보전지구 4-2등급, 경관보전지구 3등급 내지 5등급으로 각 지정되어 있다.

   원고 16인 중 원고 2, 3, 6, 10, 16을 제외한 나머지 원고들은 대구, 성남시, 울산, 서울, 등 제주도 밖에서, 원고 2, 3, 6, 10도 이 사건 사업부지로부터 직선거리로 약 22~31㎞ 떨어진 제주시, 서귀포시에 거주하는 사람들로 이 사건 사업부지로부터 약 350m 이내에 인접한 토지들의 소유자이며, 원고 16은 이 사건 사업부지로부터 직선거리로 약 3.6㎞ 떨어진 '성읍승마장'에서 거주하면서 2001. 5.경부터 이 사건 사업부지에 근접한 서귀포시 표선면 성읍리 24 외 12필지를 청초밭영농조합법인으로부터 임차하여 그곳에서 경주마를 사육하고 있고, 원고 16을 제외한 나머지 원고들이 소유하고 있는 토지들도 말의 방목지 또는 무, 더덕 등의 재배지로 이용되고 있다.

2. 원고들은 주위적으로, 피고가 이 사건 개발사업에 대하여 사전환경성검토 및 문화재 지표조사를 실시하지 않고 이 사건 처분을 하였으므로 이 사건 처분은 그 절차상 중대하고도 명백한 하자가 있어 당연무효이고, 예비적으로 설령 이 사건 처분이 당연무효 사유에 해당되지 않더라도 그 절차상 및 내용상의 하자로 인하여 위법하므로 취소되어야 한다고 주장하였다. 또 내용상 하자로 이 사건 처분으로 인한 풍력발전기에서 발생하는 소음, 그림자 등으로 인하여 원고들은 심각한 환경피해를 받을 것임에도, 소외 회사의 이익만을 위하여 정당하게 고려하여야 할 제반 이익을 제대로 고려하지 않은 채 이루어진 것이므로, 재량권의 범위를 넘거나 잘못 행사한 것으로서 위법하다고 주장하였다.

   이에 대하여 피고는 ① 원고들은 이 사건 사업부지 내 또는 인근에서 거주하고 있지 않으므로 이 사건 처분의 무효확인 또는 취소를 구할 원고적격이 없고, ② 이 사건 사업부지는 국토계획이용법상의 계획관리지역이고 그 면적 또한 10,000㎡를 넘지 않으므로 이 사건 개발사업은 환경정책기본법상의 사전환경성검토협의 대상사업이 아니며, ③ 설령 이 사건 개발사업이 사전환경성검토협의를 거쳐야 한다고 하더라도 제반 사정에 비추어 보면 그와 같은 사전환경성검토협의를 거치지 아니하였다는 사정만으로 이 사건 처분이 당연무효가 아니고, ④ 이 사건 처분의 취소를 구하는 이 사건 소는 제소기간을 지나 제기된 것으로 부적법하고, ⑤ 이 사건 처분에 취소사유가 있다 하더라도 이 사건 처분을 취소하는 것은 현저히 공공복리에 적합하지 아니하므로 행정소송법 제28조에 의하여 이 사건 처분을 취소하여서는 안 된다고 주장했다.

3. 1심인 제주지방법원은 원고들의 주위적 청구를 받아들여 원고의 청구를 인용하고, 원심인 광주고등법원도 원고적격을 인정하고 피고의 항소를 기각하였다. 대법원은 원심판결을 모두 파기하고 사건을 광주고등법원에 환송하였다.

[판결 요지]

1. 행정처분의 직접 상대방이 아닌 자로서 그 처분에 의하여 자신의 환경상 이익이 침해받거나 침해받을 우려가 있다는 이유로 취소나 무효확인을 구하는 제3자는, 자신의 환경상 이익이 그 처분의 근거 법규 또는 관련 법규에 의하여 개별적·직접적·구체적으로 보호되는 이익, 즉 법률상 보호되는 이익임을 입증하여야 원고적격이 인정된다. 다만, 그 행정처분의 근거 법규 또는 관련 법규에 그 처분으로써 이루어지는 행위 등 사업으로 인하여 환경상 침해를 받으리라고 예상되는 영향권의 범위가 구체적으로 규정되어 있는 경우에는, 그 영향권 내의 주민들에 대하여는 당해 처분으로 인하여 직접적이고 중대한 환경피해를 입으리라고 예상할 수 있고, 이와 같은 환경상의 이익은 주민 개개인에 대하여 개별적으로 보호되는 직접적·구체적 이익으로서 그들에 대하여는 특단의 사정이 없는 한 환경상 이익에 대한 침해 또는 침해 우려가 있는 것으로 사실상 추정되어 법률상 보호되는 이익으로 인정됨으로써 원고적격이 인정되며, 그 영향권 밖의 주민들은 당해 처분으로 인하여 그 처분 전과 비교하여 수인한도를 넘는 환경피해를 받거나 받을 우려가 있다는 자신의 환경상 이익에 대한 침해 또는 침해 우려가 있음을 입증하여야만 법률상 보호되는 이익으로 인정되어 원고적격이 인정된다.

2. 환경상 이익에 대한 침해 또는 침해 우려가 있는 것으로 사실상 추정되어 원고적격이 인정되는 사람에는 환경상 침해를 받으리라고 예상되는 영향권 내의 주민들을 비롯하여 그 영향권 내에서 농작물을 경작하는 등 현실적으로 환경상 이익을 향유하는 사람도 포함된다. 그러나 단지 그 영향권 내의 건물·토지를 소유하거나 환경상 이익을 일시적으로 향유하는 데 그치는 사람은 포함되지 않는다.

해설

I. 대상판결의 의의

대상판결은 대법원 2006. 3. 16. 2006두330 전원합의체 판결(이른바 새만금 판결)을 따른 것으로 원고적격 인정과 관련된 환경상 이익에 대한 침해 또는 침해 우려의 범위에 대한 구체적인 선례로서 가치가 있다.

II. 대상판결의 분석과 평가

대상판결은 풍력발전소 건설을 둘러싼 분쟁이다. 청정에너지로 평가되는 풍력발전이지만 이로 인한 소음과 그림자 등으로 인한 환경상 이익의 침해가 발생한다. 제1심과 원심판결은 이 사건 사업의 사전환경성검토협의 대상지역의 범위는 이 사건 사업부지 및 그 반경 1km 내지 1.2km 내 주변지역으로 될 개연성이 크다 할 것인데, 원고들은 그 대상지역이 될 개연성이 큰 지역 안에서 거주하거나 토지를 소유하고 있어 풍력발전기가 설치될 경우 이들 토지에서 이루어지는 경주마 사육, 무, 더덕 등의 재배에 피해를 입을 우려가 있는 것으로 추정할 수 있고, 이러한 원고들의 이익은 법률상 보호되는 이익에 해당한다고 봄이 상당하므로, 원고들은 원고적격을 가진다고 하였다.

그러나 대상판결은 "원고 16은 그 거주지와 이 사건 개발사업 부지 사이에 표고 326.4m의 영주산이 있어 이 사건 사업부지 및 그 반경 1km 내지 1.2km 내에 거주하지 않고 다만 이 사건 개발사업 부지에 근접하여 방목장을 운영하는 것으로 보이고, 나머지 원고들은 모두 이 사건 개발사업 부지 및 그 반경 1km 내지 1.2km 밖에 거주하고 있다고 하면서, 원고들이 현실적으로 환경상 이익을 향유하는 자에 해당하는지 여부를 심리하지 않았음"을 지적하였다.

파기환송심인 광주고등법원 2009. 12. 4. 2009누1951 판결은 원고들이 환경상 영향을 받으리라고 예상되는 영향권 내의 주민들이 아니고 원고들이 이 사건 처분으로 인하여 수인한도를 넘는 직접적이고 중대한 환경피해를 입을 우려가 없거나 환경상 이익을 일시적으로 향유하는 데 그치고 달리 그것을 인정할 만한 증거가 없다고 판단하여 제1심판결을 취소하고 원고들의 이 사건 소를 각하하였다.

생각건대 대상판결이 환경적 이익의 침해 등과 관련된 원고적격을 확대하면서도 구체적으로 "단지 그 영향권 내의 건물·토지를 소유하거나 환경상 이익을 일시적으로 향유하는 데 그치는 자는 포함되지 않는다"고 판시하면서 그 범위를 제한한 것은 타당하다고 할 것이다.

원고들은 파기환송법원에서 대상판결이 지적하고 있는 환경상 이익의 침해 부분을 입증하지 못하였던 것이다. 즉 파기환송법원은 풍력발전소 7기의 건설로 인하여 발생하는 소음과 그림자 등으로 원고들이 현실적으로 향유하고 있는 환경상 이익의 침해를 인정할 증거가 없다고 하면서 원고들의 원고적격을 인정하지 않았던 것이다.

Ⅲ. 대상판결의 결론

생각건대 재생에너지 공급원으로 부각되는 풍력발전소 설치와 관련된 사건에서 대상판결이 환경적 이익의 침해 등과 관련된 원고적격을 확대하면서도 구체적으로 "단지 그 영향권 내의 건물·토지를 소유하거나 환경상 이익을 일시적으로 향유하는 데 그치는 자는 포함되지 않는다고"판시하면서 그 범위를 제한한 것은 타당하다고 할 것이다.

참고문헌

조용현, "환경상 이익 침해 소송의 원고적격", 대법원판례해설 81호 (2010)

조홍식, 『판례환경법』, 박영사 (2012)

[25] 환경영향평가와 공청회 등의 절차상 하자

─대법원 2009. 4. 23. 2007두13159 판결─

성 봉 근 (서경대학교)

[사실 개요]

구 '사회간접자본시설에 대한 민간투자법'에 근거하여 서울—춘천 간 고속도로 민간투자시설사업이 추진되었다. 국토해양부장관은 2003. 9. 3. 환경부장관에게 환경영향평가협의 요청을 하였다. 국토해양부장관은 2004. 3. 19. 乙에게 이 사건 사업시행자로 지정하는 처분을 하였다. 국토해양부장관은 2004. 3. 22. 환경영향평가협의 내용을 송부 받은 후, 같은 해 7. 2. 도로구역결정을 하였다. 국토해양부장관은 2004. 8. 18. 이 사건 사업에 대한 실시계획의 승인·고시를 하였다.

지역주민들이 원고가 되어 선행처분인 사업시행자지정처분에 대하여 취소소송을 제기하고자 하였으나 제소기간이 도과되어 후행처분인 도로구역결정에 대하여 취소소송을 제기하였다. 선행처분의 위법성이 무효이고, 그 위법성 사유는 환경영향평가법 위반이라고 주장하였다. 위법성 사유는 도로건설사업은 환경영향평가협의를 하여야 하고 이전에 사전환경성검토협의를 거쳐야 하는데 사전환경성검토협의를 거치지 않고서 사업시행자지정의 처분이 내려졌다는 것이다. 또한 사업은 법령상 공청회를 시행하여야 하는데, 절차적 하자가 있다는 것이다. 원고들은 선행처분인 사업시행자지정처분이 위법하고 위법성의 정도도 무효사유로 보아야 하므로 후행처분인 도로구역결정처분은 취소사유가 있다고 주장하였다.

[판결 요지]

1. 구 환경정책기본법 시행령 제7조 제1항 단서 제1호에서는 '환경·교통·재해 등에 관한 영향평가법'에 의한 환경영향평가의 대상이 되는 사업 중에서 "사전환경성검토협의의 시기가 환경영향평가의 협의시기와 같은 행정계획 또는 개발사업"은 사전환경성검토협의 대상에서 제외하고 있다. 환경영향평가협의는 사전환경성검토협의를 거친 사업 중 일정 규모 이상의 사업에 대하여 그 실시계획을 승인하는 등의 행정처분을 하기 전에 하는 것이 원칙이지만, 환경영향평가협의의 기준시점인 행정처분이 사전환경성검토협의의 기준시점인 개발사업의 인·허가를 전제로 하지 않는 경우에 동일한 사업에 대하여 근접한 시기에 유사한 내용의 환경성 평가를 중복하여 행하는 것을 피하기 위한 취지이다. 민간제안사업의 경우에 적용되는 환경정책기본법 시행령의 별표 2 중 제2항, '환경·교통·재해 등에 관한 영향평가법 시행령' 제2조 제3항, 제14조 및 별표 1의 제1항 마목 등 법규정의 내용 및 취지, 사실관계에 비추어 보면, 도로구역의 결정 직후 실시계획이 승인·고시된 개발사업으로서, 환경영향평가의 협의시기(도로구역의 결정 전)와 사전환경성검토협

의의 시기(사업허가 전)가 같은 경우에 해당하므로, 구 환경정책기본법 시행령 제7조 제1항 단서 제1호에 따라 사전환경성 검토 협의대상에서 제외되는 사업이다.

2. 구 환경영향평가법 시행령 제9조 제4항은 천재지변이나 사업을 반대하는 세력에 의한 공청회의 개최 또는 진행 방해 등 사업자가 책임질 수 없는 사유로 인해 공청회를 개최 또는 진행하는 것이 불가능할 경우에는 공청회를 생략하고, 다른 방법으로 주민의 의견을 들을 수 있도록 하는 데 취지가 있다. 1회의 공청회가 개최 또는 정상 진행되지 못한 경우에도 공청회가 개최 또는 진행되지 못한 사유 등에 비추어 차후의 공청회 역시 개최 또는 정상 진행되지 못할 것이 확실한 경우에는 취지에 비추어 반드시 2회 공청회를 개최할 필요는 없다. 참가인이 2003. 1. 15. 개최한 공청회가 주민들의 반대로 정상적으로 진행되지 못하였으며, 다시 공청회를 개최하여도 같은 사유로 정상적으로 진행되지 못할 것으로 인정되고, 한편 위 공청회 이후 주민들은 수회에 걸쳐 의견을 제출하였다. 그러므로 절차적 하자가 없다.

해설

I. 대상판결의 쟁점

대상판결의 환경법적 쟁점 중 첫 번째는 환경영향평가를 거치지 않은 처분의 위법성이다. 두 번째는 주민들의 공청회를 거치지 않은 처분의 위법성이다. 숨어 있는 쟁점은 이들 환경영향평가나 주민들의 공청회에 대한 예외적인 생략사유가 존재할 수 있다는 점이다. 세 번째는 이러한 환경법상의 요건을 흠결한 경우에 처분의 위법성의 정도이다. 부수적으로 고려할 네 번째는 행정법적 쟁점으로서 하자 승계 이론이 결합되어 있다.

II. 대상판결의 분석

1. 환경영향평가를 거치지 않은 처분의 위법성

환경영향평가를 규정하고 있는 법령들은 무분별한 개발을 억제하고 환경보호를 위한 절차를 일정한 경우에는 반드시 거치도록 하고 있다. 헌법 제12조의 적법절차의 원리는 형사절차뿐 아니라 행정절차도 포함하여 적용된다고 보는 것이 다수설과 판례의 태도이다. 환경영향평가를 규정하는 법령의 태도는 이러한 헌법을 구체화한 것이다. 환경영향평가를 거쳐야만 하는 대상사업인지 여부를 반드시 확인하여 처분을 발급하여야 한다. 국가는 주민들과 함께 정보를 공유하고 개발에 대한 대응방법과 다양한 규제에 피드백을 할 수 있도록 절차에 대한 장치를 강화하여야 한다(성봉근·김연태, 130면).

그러면서도 환경영향평가를 중복적으로 실시하는 것을 방지하거나 기타 법령상의 사유가 있는 경우에는 이를 생략할 수 있도록 규정하고 있다(환경영향평가법 제50조 제2항; 동 시행령 제18조; 행정절차법 제22조 제4항 등). 최근에는 처분에 대한 절차요건 중 생략사유 해당여부가 중요한 쟁점이 된다.

2. 공청회를 거치지 않은 처분의 위법성

개발사업과 관련하여 최근에는 주민들이 받아들일 수 있어야 하는데, 이를 수용성(acceptance, akzeptanz)이라고 한다(성봉근, 227면). 개발과 관련된 처분이 내용상으로 정당성과 타당성 및 적법성을 가지게 된다고 하더라도 주민들이 충분히 납득하고 받아들일 수 있는 절차를 거치지 않으면 안 된다. 마찬가지로 처분절차의 생략사유 해당 여부가 쟁점이 된다.

3. 환경영향평가나 공청회 등 절차를 거치지 않은 처분의 위법성의 정도

대법원과 헌재가 취하는 위법성의 기준은 중대명백설인데, 원칙은 취소사유이고 예외적으로 무효로 보고 있다.

4. 행정법적인 쟁점으로서 하자 승계론

후행처분을 대상으로 취소소송을 제기하면서도 선행처분의 위법성을 다투는 특이한 구조인데, 이는 선행처분의 후행처분에 대한 하자 승계론으로 설명된다. 취소사유인 경우에는 두 처분 사이에 추구하는 목적과 효과가 다른 경우에는 하자가 승계되지 않는다. 주민들이 선행처분에 있는 환경법적 쟁점을 다투면서 무효사유라고 주장한 사례이다.

Ⅲ. 대상판결의 평가

대상판결의 기본적인 출발점은 개발사업을 추진함에 있어서 처분의 내용뿐만 아니라 환경영향평가절차와 공청회 등 주민들이 수용할 수 있도록 입법된 절차까지 모두 준수하여야 한다는 것이다. 대법원의 기본적인 입장은 절차 요건의 중요성을 내용 요건보다 경시하는 것이 아니라 대등하게 평가하고 요구한다는 점은 분명하다. 한편, 입법자는 절차하자에 대하여 절차준수를 하여야 하는 의무적인 경우와 그렇지 않은 경우를 구분하여 입법하고 있다. 절차의 유형에 대하여 사전통지, 약식청문(의견제출), 이유부기(이유제시) 등은 법률의 규정이 없어도 언제나 지켜야 하는 절차요건이다. 그러나 청문, 공청회, 환경영향평가 등은 법률의 규정이 있어야 적법 요건이 되도록 규정하고 있다. 다만, 절차를 생략할 수 있는 경우를 법령에서 함께 규정을 하고 있다. 최근 절차를 이유로 개발사업과 관련된 처분의 취소 소송이 제기되는 경우 결국 절차의 생략사유가 되는가가 크게 쟁점이 되는 이유이다.

결국 대법원은 환경영향평가와 주민 공청회 등이 모두 법령에서 규정된 생략사유에 해당한다고 보아서 주민들에게 패소판결을 내리게 되었다. 결코 절차를 소홀히 하려는 것이 아니라 처분의 절차 요건이 내용 요건과 동일하게 중요하지만 이 사건의 경우에는 생략사유(환경영향평가법 제50조 제2항; 동 시행령 제18조; 행정절차법제22조 제4항 등)에 해당한다고 보아 처분에는 절차하자가 없다고 판시한 것이다. 다만, 대법원이 앞으로 절차에 대하여 판시하면서 주의할 점은 절차의 생략사유가 있는지에 대하여 지나치게 행정편의주의에 치우쳐서 생략사유가 있다고 쉽게 판결해서는 안 된다는 점이다. 대법원이 절차생략 사유에 대하여 엄격하게 접근하고 신중하게 생각하여야만 적법절차의 원칙과 환경 관련 절차규정들이 의미를 제대로 가질 수 있게 될 것이다.

참고문헌

성봉근·김연태, "환경법상 화학물질 등에 대한 자율규제와 위험성 제어-유럽의 리치(REACH)와 화학물질의 등록 및 평가 등에 관한 법률을 중심으로-", 환경법연구 제39권 제3호 (2017)

성봉근, "수재방지를 위한 제어행정과 입법", 토지공법연구 제81집 (2018)

김연태·성봉근, 『행정법 객관식 연습』, 박영사 (2014)

이순자, 『환경법』 제4판, 법원사 (2015)

[26] 환경영향평가의 하자와 사정판결

— 서울행정법원 2010. 4. 23. 2008구합29038 판결 —

황 형 준 (김·장 법률사무소)

[사실 개요]

1. 참가인은 군산시 내 부지에 액화석유가스(LNG)를 주연료로 하는 복합화력발전소를 건설하여 운영하기로 하고, 환경영향평가 실시 및 협의완료를 근거로 산업자원부에 공사계획인가신청을 하였고, 피고인 산업자원부장관은 이를 승인(이하 "이 사건 처분")하였다.

2. 원고들은, 이 사건 처분은 인근 지역인 충남 서천군 주민들의 의견수렴절차를 거치지 아니한 절차적 하자 및 평가서 내용이 부실한 실체적 하자가 있는 위법한 환경영향평가에 근거한 것이라고 주장하면서, 이 사건 처분에 대한 취소 또는 무효확인을 청구하였다.

3. 원고들 중 원고 검은머리물떼새는 천연기념물 제326호이면서 멸종위기동물 2급에 속하는 조류이다.

[판결 요지]

1. 검은머리물떼새는 자연물이고, 비록 자연물에 대한 보호의 필요성이 크다고는 하나 자연 내지 자연물 자체에 대하여 당사자능력을 인정하고 있는 현행 법률이 없으며, 이를 인정하는 관습법도 존재하지 않으므로, 복합화력발전소 공사계획 인가처분에 대한 검은머리물떼새의 취소 또는 무효확인을 구하는 소는 당사자적격을 인정할 수 없어 부적법하다.

2. 군산화력발전소 부지에 건립하는 복합화력발전소 공사계획 인가처분에 군산시 주민들을 상대로 한 의견수렴 절차만 이루어지고 환경영향평가 대상지역에 포함되는 서천군 주민들의 의견수렴 절차를 거치지 않고 온배수의 영향에 관한 예측의 충실성이 떨어지는 등 환경영향평가의 시행에서 다소 부실하게 이루어진 하자가 있으나, 군산시 주민들에 대한 의견수렴 절차를 거친 점, 환경영향의 평가 항목 대부분의 대상지역이 발전소 주변 지역이나 해역으로 설정되어 있어 서천군이 그 범위에 포함되어 있는지 여부가 명백한 것은 아닌 점, 그 부실의 정도가 환경영향평가제도를 둔 입법 취지를 달성할 수 없을 정도이어서 환경영향평가를 하지 않은 것과 다를 바 없을 정도라고 보기 어려운 점 등에 비추어, 그 하자가 중대·명백하다고 볼 수 없어 취소사유에 불과하고, 위 처분을 취소할 경우 전력수급기본계획에 따른 안정적인 전력공급에 차질이 생길 수 있는 점, 상당한 기간 동안 막대한 자금이 투입된 복합화력발전소가 무용지물이 됨으로써 적지 않은 사회적 손실이 예상되는 점 등에 비추어, 위 처분을 취소하는 것이 오히려 현저히 공공복리에 적합하지 않으므로, 사정판결을 함이 타당하다.

해설 ─────────────────────────────

Ⅰ. 대상판결의 의의 및 쟁점

이 사건에서는 화력발전소 건설사업의 환경영향평가에 관한 위법을 다투는 쟁송에서 제기될 수 있는 여러 법적 쟁점이 다루어지고 있다. 우선, 대상판결은 자연물인 검은머리물떼새의 당사자능력에 관하여 비교적 상세한 판단을 하고 있다. 나아가, 처분의 적법성과 관련하여 환경영향평가에 관한 절차적 하자 및 실체적 하자 여부가 상세히 검토되고 판단되었다. 끝으로, 대상판결은 이 사건 처분에 환경영향평가의 절차상 하자로 인한 위법 사유가 존재함을 인정하면서도, 위 처분을 취소하는 것이 오히려 공공복리에 적합하지 않다고 보아 사정판결을 하였다.

Ⅱ. 대상판결의 분석

1. 환경행정소송의 당사자적격

원고 검은머리물떼새는 천연기념물인 조류로서 이른바 '자연물'에 해당한다. 1970년대 이래로 미국, 독일, 일본 등에서 자연물을 원고로 하는 소송이 제기된 바 있고, 우리나라에서도 도롱뇽, 황금박쥐 등을 원고로 하는 소송이 시도된 바 있다. 그러나, 자연물의 당사자적격을 적극적으로 판단하여 인정한 선례는 찾기 어렵다. 대상판결 역시, "비록 자연물에 대한 보호의 필요성이 크다고는 하나 자연 내지 자연물 자체에 대하여 당사자능력을 인정하고 있는 현행 법률이 없으며, 이를 인정하는 관습법도 존재하지 않는다"는 점을 근거로, 자연물인 검은머리물떼새의 당사자능력을 부정하였다.

2. 환경영향평가의 하자에 대한 사법심사

환경영향평가의 절차적 하자와 관련하여, 판례는 환경영향평가 중 대상 지역 주민들의 의견수렴절차를 거치지 않는 것에 대해서는 이를 위법으로 판단하고 있다(대법원 2011. 11. 10. 2010두22832 판결). 대상판결은, 환경영향평가 대상지역 주민들 중에서 일부 주민들의 의견수렴절차를 거치지 아니한 환경영향평가는 위법하다고 판단하였다.

환경영향평가의 실체적 하자와 관련하여, 판례는 환경영향평가의 내용이 다소 부실하다 하더라도, 그 부실의 정도가 환경영향평가제도를 둔 입법 취지를 달성할 수 없을 정도이어서 환경영향평가를 하지 아니한 것과 다를 바 없는 정도의 것이 아닌 이상, 그 부실은 당해 승인 등 처분에 재량권 일탈·남용의 위법이 있는지 여부를 판단하는 하나의 요소로 됨에 그칠 뿐, 그 부실로 인하여 당연히 당해 승인 등 처분이 위법하게 되는 것이 아니라고 판시하고 있다(대법원 2006. 3. 16. 2006두330 전원합의체 판결 등). 대상판결은, 이 사건 환경영향평가 시행에 있어 온배수의 영향에 관한 예측의 충실성이 떨어지는 등 다소 부실하게 이루어진 하자가 있기는 하나, 그 부실로 인하여 이 사건 처분이 위법하게 되지는 않는다고 판단하였다.

3. 위법한 환경영향평가와 사정판결

행정소송법 제28조 제1항은, 원고의 청구가 이유 있다고 인정하는 경우에도 처분등을 취소하는 것이 현저히 공공복리에 적합하지 아니하다고 인정하는 때에는 법원이 원고의 청구를 기각할 수 있다고 규정하고 있다. 대상판결은, "환경영향평가의 시행 과정에서 취소사유인 절차상 위법이 존재하나, 위 처분을 취소할 경우 전력수급기본계획에 따른 안정적인 전력공급에 차질이 생길 수 있는 점, 상당한 기간 동안 막대한 자금이 투입된 복합화력발전소가 무용지물이 됨으로써 적지 않은 사회적 손실이 예상되는 점, 이 사건 처분을 취소하고 다시 환경영향평가를 거치도록 하는 것은 무익한 절차의 반복에 그칠 것으로 보이는 점" 등을 근거로, 이 사건 처분을 취소하는 것이 오히려 현저히 공공복리에 적합하지 않다고 보아 사정판결을 하였다.

참고로, 환경영향평가서 초안만을 제출 받은 상태에서 적법한 협의절차나 주민설명회를 거치지 아니하고 한 처분의 위법성이 문제된 사건에서 서울고등법원은, "환경영향평가를 이행하지 아니한 절차상 하자는 원고의 직접적이고 개별적인 이익을 근본적으로 침해하는 것으로 중대한 법규위반이고, 사업이 상당부분 진척되었다는 이유만으로 사정판결을 할 경우 환경영향평가 제도를 둔 입법취지를 몰각시키는 결과가 초래되는 점 등에 비추어 보면 피고가 주장하는 사유만으로는 처분을 취소하는 것이 현저히 공공복리에 적합하지 아니하다고 인정하는 때에 해당한다고 볼 수 없다"고 판시하여 사정판결 주장을 배척한 바 있다(서울고등법원 2010. 9. 2. 2009누36363 판결).

Ⅲ. 대상판결의 평가

자연물을 원고로 인정 받으려는 시도에는 보다 많은 사회적 관심을 이끌어내는 동시에 재판부로 하여금 적극적으로 자연보호의 가치를 고려하도록 유도하는 소송기술적 측면도 존재하나, 그 근저에는 인간중심적 사고로 이루어진 현행 법제에서 탈피하여 자연을 중심으로 법체계를 새롭게 구성하려는 사고의 대전환에 관한 노력이 존재한다. 대상판결이 현행법 및 관습법상 이를 인정하는 규정이 없다는 이유로 검은머리물떼새의 당사자능력이 결여되어 있다고 판시한 것 및 헌법상 환경권, 환경영향평가법 등을 근거로 원고적격 인정 여부를 판단한 것은 실정법 해석의 관점에서 접근한 것으로서 법리적으로 수긍할 만한 것이다.

환경영향평가의 실체적 하자에 관하여 현저한 부실이 있는 경우에만 취소사유를 인정하는 판례의 태도는, 환경영향평가법의 절차법적 성격을 강조하는 입장으로 이해된다. 이에 대하여는, 실체적 하자에 관하여 지나치게 엄격한 기준을 제시하는 것이라는 비판도 존재한다. 대상판결은 판례의 입장을 기초로 하면서도, 대상지역 주민들 중 '일부 주민들'에 대한 의견수렴절차를 거치지 아니하더라도 독립적 취소사유가 된다고 밝힘으로써 절차적 하자의 인정 범위를 보다 명확히 하였다는 점에서 의의가 있다.

한편, 대상판결은 매몰비용으로 인한 사회적 손실, 안정적 전력공급에 관한 공익의 존재 등을 근거로 사정판결을 하고 있는데, 비교 판결로 제시한 서울고등법원 판결이 "사업이 상당 부분 진척되었다는 이유만으로 사정판결을 할 경우 환경영향평가 제도를 둔 입법취지를 몰각시키는 결과가 초래된다"는 지적을 하고 있음에 비추어 보면, 하자로 인한 취소의 필요성과 사정판결을 하여야 할 공공복리 필요성 간의 비교형량에 관하여는 보다 심도 있는 연구와 기준 정립이 필요할 것으로 보인다.

참고문헌

김연태, "환경행정소송상 소송요건의 문제점과 한계−원고적격을 중심으로−", 안암법학 제35호 (2011)

박태현·정남순, "환경영향평가의 적정성에 대한 현행 사법심사 기준의 비판적 검토와 대안 고찰", 환경법과
　　　　정책 제6권 (2011)

윤용희, "환경영향평가의 내용상 하자에 대한 사법심사의 방법", 저스티스 제130호 (2012)

최승필, "환경영향평가와 사법심사−환경영향평가의 하자에 대한 판례의 검토를 중심으로−", 경제규제와
　　　　법 제11권 제1호 (2018)

[27] 사전공사 시행 금지 위반과 승인의 위법성

—대법원 2014. 3. 13. 2012두1006 판결—

구 지 선 (녹색기술센터, 법학박사)

[사실 개요]

1. 피고보조참가인인 전주시장은 국방부장관으로부터 관할구역 내에 있는 ○○사단을 전라북도 임실군 일대로 이전하는 사업의 시행자로 지정되어 국방·군사시설사업 실시계획 수립 및 승인 신청을 하였으며, 국방부장관인 피고 乙은 국방·군사시설 사업에 관한 법률 제4조에 따라 실시계획을 승인(이하 "종전 처분"이라고 함)하였다. ○○사단 이전사업의 부지에서 거주 중이던 주민인 원고 甲 등은 국방·군사시설사업 실시계획 승인처분에 대한 무효확인소송을 제기하였고, 당시 법원은 환경영향평가가 실시되지 않은 상태에서 실시계획을 승인하는 처분에 중대하고 명백한 하자가 존재하므로 무효에 해당한다고 보았다. 이후 전주시장은 ○○사단 이전사업에 대해 환경영향평가를 실시한 후 실시계획을 수립하였고, 국방부장관 乙은 동 실시계획을 승인(이하 "이 사건 처분"이라고 함)하였다.

2. 원고 甲 등은 ① 이 사건 처분이 종전 처분의 변경처분이므로 환경영향평가를 실시하지 않은 종전 처분의 중대·명백한 하자가 이 사건 처분에 승계되며, ② 이 사건 처분이 종전 처분과 별개의 새로운 처분이라고 하더라도 종전 처분에 기한 공사가 진행된 상태에서 환경영향평가가 이루어진 점, 주민의 견수렴 절차를 거치지 않은 점, 환경영향평가에 대한 협의절차가 끝나기 전에 공사가 진행된 점을 들어 환경영향평가에 하자가 있다고 주장하였다.

[판결 요지]

환경영향평가법 제16조 제1항, 제28조 제1항 본문, 제3항, 제51조 제1호 및 제52조 제2항 제2호의 내용, 형식 및 체계에 비추어 보면, 환경영향평가법 제28조 제1항 본문이 환경영향평가절차가 완료되기 전에 공사시행을 금지하고, 제51조 제1호 및 제52조 제2항 제2호가 그 위반행위에 대하여 형사처벌을 하도록 한 것은 환경영향평가의 결과에 따라 사업계획 등에 대한 승인 여부를 결정하고, 그러한 사업계획 등에 따라 공사를 시행하도록 하여 당해 사업으로 인한 해로운 환경영향을 피하거나 줄이고자 하는 환경영향평가제도의 목적을 달성하기 위한 데에 입법 취지가 있다. 따라서 사업자가 이러한 사전 공사시행 금지규정을 위반하였다고 하여 승인기관의 장이 한 사업계획 등에 대한 승인 등의 처분이 위법하게 된다고는 볼 수 없다.

해설

Ⅰ. 대상판결의 의의 및 쟁점

환경영향평가제도는 1977년 환경보전법의 제정과 함께 사전협의 형식으로 도입된 이후부터 지금까지 수차례의 법령 제·개정을 통해 보완되어 왔으며, 환경법 영역에서는 주로 원고적격의 인정 범위, 환경영향평가의 미시행하자, 실체적·절차적 하자와 관련하여 활발한 논의가 진행되어 왔다. 대상판결은 그동안 논의되지 않았던 내용인 사전공사 시행 금지를 위반한 처분의 효력에 대해 다루고 있다는 점에서 의의가 있으며, 그 밖에도 종전 처분과 이 사건 처분 간 관계, 실질적인 주민의견수렴 및 관계기관과의 협의 절차 미이행에 대한 쟁점도 포함되어 있다. 이에, 환경영향평가 절차를 거침이 없이 사업계획을 승인한 후 새로이 환경영향평가 절차를 진행한 경우에 사업계획 승인처분의 하자가 치유되는지의 여부는 물론 환경영향평가법상 사전공사 시행 금지의 의미와 관련하여 대상판결의 법리를 이해 및 분석할 필요가 있다.

Ⅱ. 대상판결의 분석

1. 환경영향평가의 하자와 처분의 효력

환경영향평가는 초안 작성, 주민의견수렴, 평가서 작성, 협의, 반영, 이행 및 이행 감독의 절차를 거쳐야 하므로, 환경영향평가의 하자에는 평가 과정에서 거쳐야 하는 법규를 위반한 절차적 하자와 평가 내용이 부실한 실체적 하자가 모두 포함된다. 법원은 법령상 환경영향평가가 행해져야 함에도 환경영향평가가 행해지지 않고 승인처분이 내려진 환경영향평가의 미시행 사안에 있어 그 처분의 하자는 중대하고 명백한 하자로서 행정처분의 당연무효 사유에 해당한다고 보고 있다(대법원 2006. 6. 30. 2005두14363 판결 참조). 반면, 환경영향평가의 절차상 위법으로서 협의 내용에 반하는 처분을 한 경우, 주민의견수렴 절차를 거치지 않은 경우, 협의절차를 거치지 않은 경우에 대해서는 다소 소극적인 태도를 취하고 있다.

원심에서는 이 사건 처분을 위한 절차를 진행하는 동안 새로운 공사가 진행되지 않은 이상 종전 처분으로 인한 공사 이전의 상태를 기준으로 환경영향평가를 하면 족하다고 보았다. 대상판결은 환경영향평가절차가 완료되기 전에 공사시행을 금지하고, 그 위반행위에 대해 형사처벌을 하도록 한 규정의 취지에 대해 환경영향평가의 결과에 따라 사업계획에 대한 승인 여부를 결정하고, 사업계획에 따라 공사를 진행하도록 하여 해로운 환경영향을 피하거나 최소화하려는 것이라고 설시하는 한편, 사전공사 시행 금지규정을 위반한 경우 실시계획 승인처분까지 위법하게 되는 것을 전제로 한 원심의 이유 설시에 적절하지 않은 점이 있다고 지적하면서 사업자가 사전 공사시행 금지규정을 위반하였다고 하여 승인기관의 장이 한 사업계획 승인 처분까지 위법하게 된다고 볼 수 없다는 입장을 취하고 있다.

2. 환경영향평가를 거치지 않은 하자의 치유

환경영향평가는 사전예방의 원칙을 구현하고자 하는 제도의 취지상 사업계획의 승인 전에 행해져야 하고, 그 결과가 사업계획의 승인 여부 및 내용에 반영되어야 한다. 대상판결의 사안에서 전주시장은 종전 처분의 무효 판결이 선고된 이후 의견수렴 결과 등을 반영하여 환경영향평가서를 작성하였으며, 국방부장관 乙은 환경부장관과의 협의를 거쳐 이 사건 처분을 하였다. 원심과 대법원 판결은 이 사건 처분에 대해 새로운 국방·군사시설사업 실시계획 승인처분으로서의 요건을 갖춘 새로운 처분일 뿐, 종전 처분과 동일성을 유지하되 종전 처분의 내용을 일부 수정하거나 새로운 사항을 추가하는 것에 불과한 종전 처분의 변경 처분이 아니라고 보고 있으며, 설령 종전 처분에 하자가 있더라도 이 사건 처분이 관계 법령에 규정된 절차를 거쳐 그 요건을 구비한 이상 적법하다는 취지로 판단하고 있다.

Ⅲ. 대상판결의 평가

환경영향평가법에서는 사업자가 이 법 제16조부터 제21조까지의 규정에 따른 협의·재협의 절차 또는 제22조 제1항부터 제3항까지의 규정에 따른 사업계획 등의 변경 절차가 끝나기 전에 공사를 시행하여서는 안 되며, 승인기관의 장은 사업계획 등에 대한 승인 등을 하여서는 안 된다고 규정하고 있다. 공사중지명령을 이행하지 않거나 공사 중지에 대한 협의·재협의 절차를 끝내지 않고 공사를 시행한 자를 형사처벌할 수 있는 규정을 둠으로써 사전공사 시행 금지 규정의 실효성을 확보하고 있는 것이다. 침해된 질서를 다른 수단으로 회복할 수 없을 경우에 한해 최후의 수단(ultima ratio)으로만 선택해야 하는 행정형벌을 활용하고 있음에도 불구하고, 정작 금지 규정을 위반한 사업계획 승인처분이 위법하지 않다고 보는 것은 바람직하지 않다. 오히려 대법원이 설시하고 있는 사전공사 금지 및 처벌 규정의 입법 취지로 본다면, 환경부장관과의 협의 절차 및 협의 결과를 사업계획 등에 반영하는 절차가 채 끝나기도 전에 공사를 시행하는 경우 환경영향평가제도를 둔 입법 취지를 달성할 수 없게 된다. 이에 대해서는 사전공사 시행 금지가 환경영향평가를 하는 데 있어 거치는 절차는 아니라는 점에서 절차상 하자라고 보기 어려우며, 사전공사 시행 금지 규정을 위반하였다는 이유만으로 후에 이루어진 승인처분이 위법하게 되는 것은 아니라고 보는 견해도 존재한다(김홍균, 118면; 박균성·함태성, 337면).

한편, 2017년에는 환경영향평가법이 개정되면서 사전공사 금지 위반 시 조치 유형으로 공사중지 외에도 원상복구를 명시하였으며, 원상복구가 주민의 생활, 국민경제, 그 밖에 공익에 현저한 지장을 초래하여 현실적으로 불가능할 경우에는 원상복구를 갈음하여 총공사비의 3퍼센트 이하의 범위에서 과징금을 부과할 수 있도록 하는 규정이 신설되었다. 그동안 환경영향평가의 하자에 대한 법원의 소극적인 태도로 인해 환경영향평가의 하자에 대해 판단할 수 있는 기회도 축소되어 있는 실정인데, 과징금이 주민의 생활, 국민경제, 공익이라는 다소 포괄적이고 불명확한 이유에 기반하여 절차적 하자를 합법적으로 회피할 수 있는 방안으로 악용되지 않을까 우려된다. 또한 법률상 과징금 부과 규정에는 부과권자, 부과사유, 상한액, 부과금액 산출기준, 체납 시의 강제징수 절차 등이 포함되어 있어야 하지만, 현행 환경영향평가법에서는 과징금을 기한 내 납부하지 않는 경우에 대해 강제징수 절차를 규정하고 있지 않으므로 조속한 개정이 요구된다.

환경영향평가제도가 개발과 환경보전 간의 균형추 역할을 제대로 수행하기 위해서는 사법심사의 역할이 무엇보다도 중요하다. 법원이 환경영향평가의 하자는 물론 이와 관련된 사업계획 승인처분 등의 위법성을 보다 폭넓게 인정함으로써 국민의 환경권을 실현하는 미래를 기대해 본다.

참고문헌

송동수, "환경영향평가의 하자와 사법심사", 환경법연구 제34권 3호 (2012)

정성윤, "제주해군기지 건설사업과 환경영향평가제도-대상판결; 대법원 2012. 7. 5. 선고 2011두19239 전원합의체 판결", 법학논총 제30집 제2호 (2013)

김홍균, 『환경법』 제4판, 홍문사 (2019)

박균성·함태성, 『환경법』 제8판, 박영사 (2017)

최봉석, 『행정법총론』, 삼원사 (2018)

최봉석, 『환경법』, 도서출판 청목 (2014)

[28] 4대강 사업(낙동강)

— 대법원 2015. 12. 10. 2012두6322 판결 —

소 병 천 (아주대학교)

[사실 개요]

1. 대상판결은 소위 4대강 살리기 사업(이하 4대강 사업)의 일부인 낙동강 하천공사시행계획 취소청구소송에 대한 대법원 판결이다. 4대강 사업은 이명박 정부가 추진한 대표적 정책 사업으로 하천법에 따른 유역종합계획 및 하천기본계획 그리고 기타 법령에 의한 한강, 낙동강, 금강, 영산강의 하천사업으로 홍수, 가뭄 등 수해예방 및 하천생태계 복원, 문화 레저 그리고 지역경제 활성화 등 다목적 차원에서 진행되었다. 동 사업은 환경단체를 포함한 시민사회단체의 반대 등 많은 사회적 논란을 야기하였다.

2. 2009년 사업에 반대하는 4대강 주변 지역주민들 9,089명은 국토교통부장관과 부산지방국토관리청장을 대상으로 국가재정법 위반, 하천법 위반, 환경영향평가법 위반, 건설기술관리법 위반, 수자원공사법 위반 그리고 재량권 일탈 및 남용의 위법성을 이유로 사업취소소송을 제기하였다.

3. 1심에 이어 항소심 재판부인 서울고등법원(한강 사건), 대전고등법원(금강사건), 광주고등법원(영산강 사건)은 각각 원고들의 청구를 기각하였다. 그러나 낙동강 사건을 담당한 부산고등법원은 낙동강 사업은 국가재정법이 요구하는 예비타당성조사 미시행하여 위법하다고 판시하되 공공복리를 위해 처분 취소 대신 청구를 기각하는 사정판결을 하였다. 대법원은 부산고등법원의 판결을 제외한 나머지 판결은 원심을 인정하여 상고기각 하였고 낙동강 사업에 대해서는 다소 이례적으로 원심인 부산고법의 판결을 파기 환송하는 대신 원고의 청구를 기각했던 1심 판결을 확정 선고하는 재판을 하였다.

[판결 요지]

　환경영향평가법령에서 정한 환경영향평가를 거쳐야 할 대상사업에 대하여 그러한 환경영향평가를 거치지 아니하였음에도 승인 등 처분을 하였다면 그 처분은 위법하다 할 것이나, 그러한 절차를 거쳤다면, 비록 그 환경영향평가의 내용이 다소 부실하다 하더라도, 그 부실의 정도가 환경영향평가 제도를 둔 입법 취지를 달성할 수 없을 정도 이어서 환경영향평가를 하지 아니한 것과 다를 바 없는 정도의 것이 아닌 이상 그 부실은 당해 승인 등 처분에 재량권 일탈·남용의 위법이 있는지 여부를 판단하는 하나의 요소로 됨에 그칠 뿐, 그 부실로 인하여 당연히 당해 승인 등 처분이 위법하게 되는 것이 아니다(대법원 2006. 3. 16. 2006두330 전원합의체 판결 등 참조).

　원심은 (1) 피고 부산지방국토관리청장이 이 사건 환경영향평가서를 작성함에 있어서

환경부 산하 국립환경과학원의 수질예측 모델링 결과를 이용하였다고 하여 이 사건 환경
영향평가서가 그 작성 주체에 관하여 환경영향평가법령을 위반하였다고 볼 수 없고, (2)
이 사건 환경영향평가는 계획 단계에서부터 사후 보완까지 환경부의 보완요청에 따라 검
토·보완되었고, 그 시기 역시 시행계획 또는 실시계획 수립 또는 승인 전에 완료되었던
점이 인정되므로 작성 시기에 관하여 환경영향평가법령을 위반하였다고 볼 수도 없으며,
(3) 이 사건 환경영향평가서에는 수질예측 결과 및 일부 지역의 침수피해 등 이 사건 사
업으로 인하여 환경에 미치는 영향이 제시되어 있고, 지하수위 상승으로 인한 영향거리
뿐 아니라 그로 인한 저지대 침수 등의 영향에 대해 언급하면서 배수시설 확충 등의 대
책을 마련할 것을 지적하고 있다는 등의 이유를 들어, 이 사건 환경영향평가가 3개월여
만에 이루어져 그 내용이 일부 부실하다 하더라도, 그 부실의 정도가 환경영향평가제도
를 둔 입법 취지를 달성할 수 없을 정도이어서 환경영향평가를 하지 아니한 것과 다를
바 없는 정도의 것이라고 할 수 없다. 원심판결 이유를 앞서 본 법리와 기록에 비추어
살펴보면, 원심의 위와 같은 판단은 수긍할 수 있고 거기에 환경영향평가에 관한 법리를
오해한 잘못이 없다.

해설

I. 대상판결의 분석

1. 환경영향평가상의 실체적 하자

부실한 환경영향평가로 인한 공사시행계획의 취소 여부에 대한 이번 대법원 판결은 기
존 대법원 입장과 동일하여 해당 쟁점에 대한 하등 변화가 없는 대법원의 기계적인 태도를
볼 수 있다. 이러한 대법원의 사법소극주의는 행정부의 업무수행과 판단을 존중하는 것으
로 이해될 수도 있으나 환경영향평가법제의 취지이자 목적인 "환경에 영향을 미치는 계획
또는 사업을 수립·시행할 때에 해당 계획과 사업이 환경에 미치는 영향을 미리 예측·평가
하고 환경보전방안 등을 마련하도록 하여 친환경적이고 지속가능한 발전과 건강하고 쾌적
한 국민생활을 도모"함에 전혀 부응하지 못하고 있다. 대법원의 태도는 결국 환경영향평가
법에서 규정한 절차만 형식적으로 진행하면 문제가 없다는 사실상 비계획적인 개발주의에
면죄부를 부여하는 것이다.

대법원 입장과 같이 부실을 그 정도에 따라 환경영향평가를 하지 않은 것과 같은 정도
의 것과 그 정도에 해당하지 않는 부실로 두 가지로 구분하여 전자의 경우에는 당연 위법으

로 그리고 후자의 경우 당해 처분에 재량권 일탈, 남용의 위법이 있는지 여부를 판단 요소 중 하나로 간주하는 논리 역시 그 구분의 근거도 명쾌하지 않을 뿐 아니라 국민의 입장에서는 기본권인 환경권과 환경보호의 운명을 행정부와 법원의 재량에 맡긴 것과 다름이 없다. 따라서 환경영향평가의 부실을 재량권 판단의 한 요소로서만 간주할 것이 아니라 독자적인 절차법적 판단요소로 간주하여 그 위반 여부가 위법성으로 이어지는 논리가 타당할 것이다. 즉, 환경영향평가의 절차와 효력이 사법부의 판단이 되는 이상 "환경영향평가는 법령에 따라야 하고 정당한 사유가 없는 한 부실한 내용은 허용되어서는 안 된다"는 입장으로 바뀌어야 한다(배병호, 198면). 설령 환경영향평가의 부실을 재량권 일탈·남용의 판단의 한 요소로 본다 하더라도 이를 행정계획에서의 재량행사의 원칙인 이익형량의 원칙의 중요 판단요소로 삼아 환경영향평가의 부실이 형량의 하자를 초래하는 것으로 해석하여 재량권 행사의 한계를 벗어나는 것으로 이론 구성하는 것이 차선이다(임영호, 587면).

2. 국가재정법 위반 여부

사실 동 판결에서 더욱 논란이 되었던 부분은 원심인 부산고등법원이 낙동강사업의 보 설치, 준설 사업 추진과정에서 예비타당성 조사를 하지 않은 것이 국가재정법 위법이라고 판단한 부분을 뒤집은 것이다. 원심은 예비타당성조사를 하지 않은 절차상의 하자는 이 사건 각 처분 자체에 내재된 하자로서 이를 단순히 이 사건 각 처분과는 별개인 예산 편성의 하자에 불과하다고 볼 수 없고, 그 후의 절차단계로 넘어가기 위한 선행절차의 하자일 뿐이라고 축소 해석할 여지도 없음으로 보의 설치, 준설 등의 사업에 대하여 예비타당성조사를 거치지 않은 것은 국가재정법 제38조 제1항을 위반하였다고 판단하였다.

그러나 대법원은 국가재정법령에 규정된 예비타당성조사는 이 사건 각 처분과 형식상 전혀 별개의 행정계획인 예산의 편성을 위한 절차일 뿐 이 사건 각 처분에 앞서 거쳐야 하거나 그 근거법규 자체에서 규정한 절차가 아니므로, 예비타당성조사를 실시하지 아니한 하자는 예산 자체의 하자일 뿐, 곧바로 이 사건 각 처분의 하자가 된다고 할 수 없다고 하였다.

그러나 이러한 대법원의 입장은, 환경영향평가법과 같이 행정처분의 근거법이 원용하는 법의 하자가 있는 경우 다툴 수 있다는 판결 이전의 구시대적 관점과 동일하다. 이는 4대강 사업이 이루어지기 위해서는 국가재정법에서 요구하는 예비타당성 및 타당성조사가 합법적으로 선행되어야만 한다는 점을 도외시하는 판결로서 특히, 대법원은 위법성 여부를 판단할 때, 처분근거가 되는 법뿐만 아니라, 근거 법률에서 원용 또는 연결되는 규정을 두고 있을 때에는 관계 법률을 추적하여 관계 법률의 위반 여부도 심사해 왔다는 점에서 더욱 불성실한 판결이라고 할 것이다.

Ⅱ. 대상판결의 평가

　　결국, 대법원은 예비타당성조사를 실시하지 않은 것은 예산 자체의 하자일 뿐 이에 근거한 사업은 합법이라는 매우 비상식적인 판단을 하였을 뿐만 아니라, 하천법에서 국가재정법을 연결하는 관련 법률 규정을 심사하지 않은 중대한 결함을 보이고 있다. 동 판결이 4대강 사업을 적법성 논란에서 벗어나게 한 점 그리고 판결 후 불과 5년이 지나지 않아 4대강 사업을 통해 건설된 보들이 철거되고 있는 점을 고려할 때 대법원의 독립적이고 객관적인 판결의 중요성을 명백히 보여주는 사례이다.

참고문헌

김재광, "4대강사업설치절차의 법적 문제", 공법연구 제39집 제3호 (2011)

박태현, "환경가치, 민주주의 그리고 사법심사", 민주법학 제50호 (2012)

박태현, "대규모 환경훼손을 수반하는 국책사업에 대한 사법통제와 환경변호사의 도전과제", 환경법과 정책 제13권 (2014)

배병호, "대규모 개발사업(4대강사업)에 따른 하천공사시행계획 및 실시계획승인처분의 위법성", 행정판례연구 XXI-2 (2016)

정남철, "4대강 사건의 법적 쟁점과 문제점에 관한 비판적 고찰", 토지공법연구 제73집 1호 (2016)

임영호, 『행정소송의 쟁점』, 진원사 (2014)

[29] 제주해군기지 건설과 환경영향평가

— 대법원 2012. 7. 5. 2011두19239 전원합의체 판결 —

김 종 천 (한국법제연구원)

[사실 개요]

1. 2007. 6. 8. 국방부가 제주해군기지 건설지역으로 강정마을로 결정을 하였고, 이어서 2009. 1. 21. 국방부가 제주해군기지 건설사업 실시계획에 대하여 제1차 국방·군사시설사업 실시계획 승인처분을 하였다. 이에 제주도민 甲 외 437명은 2009. 4. "제주해군기지 건설사업 설립계획 승인처분은 사전에 환경영향평가를 거치지 않아 무효"라며 "사업계획 승인처분 무효확인소송"을 제기하였다.

2. 그 후 해군본부는 환경영향평가서를 보완하여 작성한 환경영향평가서를 2009. 7. 국방부에 제출하였고, 국방부는 제주도지사에게 제주해군기지사업에 대한 환경영향평가 협의 요청을 하여 시공사들에 실시설계에 환경영향평가서 내용을 반영하도록 하였다.

3. 이에 해군본부는 2009. 12. 말 환경영향평가 협의 절차가 종료되자, 환경영향평가를 반영한 항만설계 관련 사항을 실시계획의 내용으로 추가하였고, 사업 시행 만료 시점을 연장하며, 보상대상 권리를 변경 및 추가내용을 반영한 2010. 1. 27. 새로운 실시계획 변경승인을 신청하였다. 이에 따라 국방부는 2010. 3. 15. 제주해군기지 건설사업 실시계획에 대하여 제2차로 국방·군사시설사업 실시계획 변경승인 처분을 하였고, 2010. 3. 17. 국방부고시 제2010-10호를 제정하게 되었다.

[판결 요지]

1. 제주특별자치도 설치 및 국제자유도시 조성을 위한 특별법 제292조 제1항의 형식 및 문언에 의하면 도지사의 절대보전지역 지정 및 변경행위는 재량행위로 보는 것이 타당하다. 한편 제주특별자치도 보전지역 관리에 관한 조례 제3조 제1항에 의하면 도지사가 제주특별법 제292조부터 제294조까지의 규정에 따라 보전지역·지구 등을 지정(변경을 포함한다)하고자 하는 때에는 주민의견을 들어야 하나, 보전지역·지구 등의 면적 축소(제1호), 보전지역·지구 등의 면적 100분의 10 이내의 확대(제2호) 등 경미한 사항을 변경하는 경우에는 그렇지 않으므로, 도지사가 절대보전지역의 면적을 축소하는 경우에는 주민의견 청취절차를 거칠 필요가 없다.

2. [다수의견]

환경영향평가법의 위임에 따라 환경영향평가 대상사업 또는 사업계획에 대한 환경영향평가서 제출시기를 규정하고 있는 구 환경영향평가법 시행령(2010. 2. 4. 대통령령 제22017호로 개정되기 전의 것, 이하 같다) 제23조 [별표 1] 제16호 (가)목에서 정한 '기본설계의 승인 전'은 문언 그대로 구 건설기술관리법 시행령(2009. 11. 26. 대통령령 제21852호로 개정되기 전의 것) 제38조의9에서 정한 '기본설계'의 승인 전을 의미한다고 해석하는 것이 타당하고, 그렇게 보는 것이 환경영향평가법의 위임범위를 벗어나는 것도 아니다.

[대법관 전수안, 대법관 이상훈의 반대의견]

구 국방·군사시설 사업에 관한 법률(2009. 1. 30. 법률 제9401호로 개정되기 전의 것, 이하 '구 국방사업법'이라 한다)에 따른 국방·군사시설사업의 경우 환경영향평가법 제16조 제1항의 '사업계획 등에 대한 승인 등'은 구 국방사업법 제4조 제1항의 '실시계획의 승인'을 의미한다고 보아야 한다. 환경영향평가법 제16조 제1항은 구 국방사업법상 국방·군사시설사업에 대한 실시계획 승인을 받기 전에 환경영향평가서를 제출하도록 규정하면서 그 범위 내에서 구체적인 제출시기를 대통령령에 위임한 것인데, 구 환경영향평가법시행령 제23조 [별표 1] 제16호 (가)목은 이와 같은 위임 범위를 벗어나 실시계획의 승인이 이루어진 후 실제 공사가 진행되는 과정의 하나로 보이는 '기본설계의 승인 전'까지 환경영향평가서를 제출하도록 규정하고 있으므로, 이는 근거가 되는 상위법률에 위반되는 무효인 규정이다.

해설

I. 대상판결의 의의

2019년 5월 현재에도 제주해군기지 건설사건은 지속적인 논쟁의 대상이 되고 있다. 1993년도에 김영삼 문민정부에서 처음으로 해군기지의 필요성에 대한 문제가 제기되었고, 노무현 참여정부에서 제주해군기지 설치를 결정하였으며, 이명박 정부에서 해군기지 건설을 진행하였다. 이처럼 대규모 국책사업인 도로, 댐, 항만, 공항, 해군기지, 4대강 등이 진행하면서 국민들 간의 첨예한 갈등문제를 발생시켜왔다. 예컨대, 제주해군기지 건설과정에서도 설치를 찬성하고자 하는 쪽과 반대하는 쪽에서 "국가안보"와 "환경보호"라는 가치충돌의 문제로 많은 사회적인 갈등비용을 부담했다. 따라서 대한민국 정부는 대규모 국책사업인 도로, 댐, 항만, 공항, 해군기지, 4대강 등을 진행하면서 발생하게 되는 사회적인 갈등문제를 해결하기 위한 사회통합갈등기구 또는 갈등관리기본법 입법모델을 마련해야 한다. 이러한 사회적인 갈등에 관한 혜안을 모색하기 위하여 "제주해군기지 사건"은 시사하는 바가 크다.

Ⅱ. 대상판결의 분석

1. 환경영향평가제도

환경영향평가제도는 1981년 2월에 시행되었고, 시행초기에는 행정기관, 정부투자기관에서 시행하는 사업만을 평가대상사업을 정했을 뿐 환경영향평가제도에 대한 인식이 미흡하였다. 2000년대 넘어오면서 산업단지, 도로, 댐, 항만, 공항, 해군기지, 4대강 등의 건설과정에서 환경에 영향을 미치는 사업을 실시하기 전에 환경에 관한 영향을 조사하여 환경영향을 최소화하는 방안으로 사업을 수행하도록 하는, 환경보호 수단으로 환경영향평가를 활용하게 되었다. 따라서 환경영향평가법 제2조 제2호에 환경영향평가란 "환경에 영향을 미치는 실시계획·시행계획 등의 허가·인가·승인·면허 또는 결정 등을 할 때에 해당 사업이 환경에 미치는 영향을 미리 조사·예측·평가하여 해로운 환경영향을 피하거나 제거 또는 감소시킬 수 있는 방안을 마련하는 것을 말한다"고 규정하고 있다.

2. 환경영향평가의 대상

환경영향평가법 제22조 제1항은 사업자로 하여금 "도시의 개발사업, 산업입지 및 산업단지의 조성사업, 에너지 개발사업, 항만의 건설사업, 도로의 건설사업, 수자원의 개발사업, 철도(도시철도를 포함한다)의 건설사업, 공항의 건설사업, 하천의 이용 및 개발 사업, 개간 및 공유수면의 매립사업, 관광단지의 개발사업, 산지의 개발사업, 특정 지역의 개발사업, 체육시설의 설치사업, 폐기물 처리시설의 설치사업, 국방·군사 시설의 설치사업, 토석·모래·자갈·광물 등의 채취사업, 환경에 영향을 미치는 시설로서 대통령령으로 정하는 시설의 설치사업"인 대규모 국책사업을 시행하는 경우에 환경영향평가를 실시하도록 규정하고 있다.

3. 주민 등의 의견 수렴

사업자는 법 제24(평가항목·범위 등의 결정)에 따라 결정된 환경영향평가항목 등에 따라 환경영향평가서 초안을 작성하여 주민 등의 의견을 수렴하여야 한다(환경영향평가법 제25조 제1항). 동조 제3항에서 사업자가 제1항에 따른 환경영향평가서 초안에 대하여 다른 법령에 따라 주민 등의 의견을 20일 이상 수렴하는 등 제2항의 절차에 준하여 수렴한 경우에는 제1항에 따라 주민 등의 의견을 수렴한 것으로 본다. 이어서 사업자는 제1항 및 제3항에 따른 주민 등의 의견 수렴 결과와 반영 여부를 대통령령으로 정하는 방법에 따라 공개하여야 한다(동법 제25조 제4항).

Ⅲ. 대상판결의 평가

1심과 2심판결은 제1차 국방·군사시설사업 실시계획 승인처분은 환경영향평가를 거치지 않은 잘못이 있어 무효이지만, 이를 보완한 제2차 승인처분은 적법하다고 판결했다. 그러나 대상판결에서 11명의 대법관은 환경영향평가를 받지 않았다는 이유로 제2차 승인처분을 위법하다고 본 원심(2심)은 잘못이라고 판시했다. 왜냐하면 현행법상 환경영향평가의 시기는 원고 甲측이 주장하는 "사업 실시계획 승인 전"이 아니라 "기본설계 승인 전"으로 볼 수 있기 때문에 제1차 승인처분에 문제가 없다고 판시했다. 이어서 "구 국방·군사시설사업에 관한 법률상 국방·군사시설 사업에 대하여 실시계획 승인처분 전에는 사전환경성검토와 환경영향평가 모두 거칠 것을 요구하는 것이 아니라, 그 법적 성격이 사업지역의 지정단계에 불과한 실시계획 승인 전에는 구 환경정책기본법에 따라 사전환경성 검토를, 구 건설기술관리법령상 기본설계의 승인 전에는 환경영향평가를 거치도록 하는 것이 합리적이라고 판시했다.

반대의견으로 2명의 대법관은 환경영향평가법상 '사업계획 등에 대한 승인 등'은 '실시계획의 승인'을 의미하며, '기본설계의 승인 전'까지 환경영향평가서를 제출하도록 규정하는 것은 상위법에 위반되는 무효인 규정이라고 판시했다. 또한, 대상판결은 도지사의 절대보전지역 지정 및 변경행위는 재량행위이고, 도지사가 절대보전지역의 면적을 축소하는 경우에는 주민의견 청취절차를 거칠 필요가 없으며, 절대보전지역의 축소결정이 위법하거나 환경영향평가가 부실하여 이 계획에 대한 변경승인처분이 위법하다고 할 수 없다고 판시했다. 따라서 대상판결은 제주도 강정해안의 연산호 군락지의 "환경보호"가치보다는 제주해군기지건설을 통하여 대한민국의 국방력 강화라는 "국가의 안보"라는 가치가 더 우월하다는 측면에서 법 논리를 전개했다고 판단된다.

참고문헌

박균성, 『행정법론(하)』, 박영사 (2019)

홍정선, 『행정법원론(하)』, 박영사 (2019)

홍준형, 『환경법특강』, 박영사 (2017)

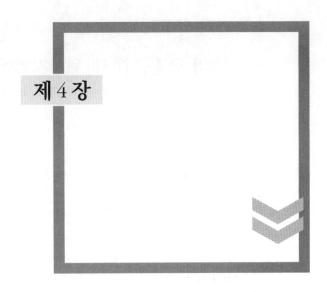

제4장

자연환경

[30] 국립공원 내 위험지역에 대한 적절한 보전·관리방법

— 대법원 1997. 8. 29. 97다19137 판결 —

김 성 인 (수원지방법원)

[사실 개요]

1. 피고 乙은 그 산하 관리사무소를 통해 한려해상국립공원 내 신선대 바위를 찾는 관광객들로부터 입장료를 징수하며 신선대 바위 부근을 유지, 관리하여 왔는데, 망인 丙은 신선대 부근 바닷가 바위(이하 '이 사건 사고 장소'라 한다) 위에서 사진을 찍다가 실족하여 바다에 빠져 심정지, 호흡부전 등으로 사망하였다.

2. 망인 丙의 유족들인 원고 甲 등은 피고 乙이 위험지역인 이 사건 사고 장소에 대한 안전관리 의무를 소홀히 하여 사고가 발생하였다고 주장하며 피고 乙을 상대로 손해배상을 청구하였다.

[판결 요지]

1. 국립공원이라 함은 우리나라의 풍경을 대표할 만한 수려한 자연풍경지로서 국가차원에서 이를 보전·관리하기 위하여 자연공원법에 의하여 공원으로 지정한 곳인데, 이러한 국립공원은 자연풍경지 그대로를 보호하는 것이 가장 좋은 보전·관리 방법이므로, 비록 그 곳에 위험한 곳이 있다 하여도 피고 乙로서는 인위적으로 난간 등과 같은 인공물을 설치하기보다는 자연공원법 제36조의2(현행 자연공원법 제28조와 내용이 비슷하다)에 의하여 이용자의 출입을 제한하거나 금지시킴으로써 자연풍경지를 보호하고 국민의 안전도 도모할 수 있다.

2. 피고 乙이 관광객들의 위험지역 접근을 막기 위해 철조망과 출입금지 경고판을 설치하고 정기적인 순찰을 통해 출입을 통제한 이상 피고 乙로서는 관광객들의 안전을 보호하기 위하여 통상 갖추어야 할 출입금지 시설 등을 갖추었다고 보아야 하므로 피고 乙은 손해배상책임을 지지 않고, 오히려 망인 丙이 통상의 주의를 가지고 확인하였더라면 출입금지 경고판과 철조망이 처진 의미를 쉽게 알 수 있었을 것임에도 이를 무시하고 위험을 무릅쓰다가 발생한 사고는 전적으로 망인 丙의 잘못이다.

해설 ─────────────────────────────────

I. 대상판결의 쟁점

원고 甲 등은 피고 乙을 상대로 민법 제750조 불법행위에 기한 손해배상책임을 구한 것으로 보인다. 민법 제750조에 따라 피고 乙에게 손해배상책임이 인정되려면 ① 피고 乙에게 고의 또는 과실이 있고(귀책사유), ② 가해행위가 위법하고(위법성), ③ 가해행위와 피해의 발생 사이에 인과관계가 있으며(인과관계), ④ 손해가 발생하여야 한다(손해 발생).

피고 乙이 산하 관리사무소를 통해 관광객들로부터 입장료를 받으며 이 사건 사고 장소 부근을 유지·관리하고 있었던 이상 피고 乙은 자신의 관리 범위 내에 있는 위험요소로부터 관광객들을 적절히 보호할 주의의무를 부담한다. 따라서 해당 사건에서는 피고 乙의 귀책사유 존부와 관련하여, 피고 乙이 취한 여러 조치들이 국립공원 내 위험지역에서 관광객들에 대한 보호조치로서 충분하였는지가 문제되었다.

사고가 발생한 신선대 바위 부근은 많은 관광객들이 찾는 반면 깊은 수심과 빠른 물살, 바다에 접한 높은 바위 등의 지형으로 사고가 자주 발생하는 장소였고, 이 사건 사고 장소 역시 약 2m에 이르는 해수면 높이, 절벽으로 이루어진 바다쪽 지형, 앞바다의 빠른 물살로 위험한 곳이었다. 이에 피고 乙은 평소 ① 신선대 바위로의 통행을 막기 위해 철조망을 설치하고 출입문을 잠가 두었고(이 사건 사고 당시 출입문은 거제분소가 자물쇠로 잠가 놓은 것을 관광객들이 망가뜨려 놓은 상태였다), ② 위 바위에 이르는 길 3군데에 잦은 사고를 이유로 한 출입 금지 경고판을 설치하였으며, ③ 1일 3회 직원 순찰을 통해 관광객들의 출입을 통제하였다.

제1심과 원심은, 이 사건 사고 장소의 깊은 수심과 앞바다의 빠른 물살, 바다에 접한 지형 등을 고려하면, 피고 乙은 출입문을 잠가 관광객들의 접근을 일절 금지시키거나 안전요원의 순찰 내지 상주를 통해 철조망 안쪽으로 들어간 관광객들이 위험한 바위 위로 나아가지 못하도록 하는 등 안전관리를 철저히 하여야 할 주의의무가 있었음에도 피고 乙이 이를 위반하여 사망 사고가 발생하였다고 보아 피고 乙에게 손해배상책임을 인정하였다.

그러나, 대상판결은 제1심과 원심의 판단과는 달리 乙이 관광객들의 안전을 보호하기 위한 주의의무를 소홀히 하지 않았다고 판단하여 피고 乙의 손해배상책임을 부정하였는데, 하급심과는 달리 이 사건 사고 장소가 자연환경의 보전을 특히 필요로 하는 국립공원인 점이 중요하게 고려되었다.

Ⅱ. 대상판결의 분석

1. 국립공원의 보전·관리에 대한 기본원칙

헌법 제35조 제1항은 "모든 국민은 건강하고 쾌적한 환경에서 생활할 권리를 가지며, 국가와 국민은 환경보전을 위하여 노력하여야 한다."고 규정하여 환경권을 헌법상의 기본권으로 명시함과 동시에 국가와 국민에게 환경보전을 위하여 노력할 의무를 부과하고 있다. 특히 국립공원은 우리나라의 자연생태계나 자연 및 문화경관을 대표할 만한 지역으로서 자연공원법에서 정한 일정한 절차를 거쳐 지정되는 자연공원으로, 국립공원이 가진 뛰어난 경관뿐만 아니라 학술적, 교육적, 위락적 가치에 비추어 여타의 자연환경보다 그 보전 가치가 훨씬 더 크다고 볼 수 있다. 때문에 국립공원은 자연공원법에 의해 특별히 보전·관리되고 있다.

자연환경의 관리와 관련하여 최근에는 장래의 세대에게도 현재의 세대와 동등한 기회를 가지고 자연환경을 이용하거나 혜택을 누릴 수 있도록 하자는 이른바 '지속 가능한 이용'이라는 개념(자연환경보전법 제2조 제3호)이 대두되고 있고, 현행 자연공원법 제1조도 위 개념을 법의 목적으로 두고 있다. 지속 가능한 이용을 실현하기 위해서는 자연환경의 보전과 현명한 이용이 적절히 조화되어야 하는데, 국립공원의 지정목적과 그 가치를 고려하면, 국립공원의 관리는 특히 보전을 절대적 우위에 두고 이용·개발은 예외적이고 최소화하는 방식으로 이루어져야만 할 것이다.

대상판결 역시 '국립공원은 자연풍경지 그대로를 보호하는 것이 가장 좋은 보전·관리방법'이라고 판시하여 위와 같은 원칙을 분명히 밝히고 있다.

2. 국립공원 내 위험지역에 대한 보전·관리방법

대상판결은 국립공원 내 위험지역 관리 원칙에 대하여 '비록 그 곳에 위험한 곳이 있다 하여도 피고로서는 인위적으로 난간 등과 같은 인공물을 설치하기보다는 이용자의 출입을 제한하거나 금지시킴으로써 자연풍경지를 보호하고 국민의 안전도 도모할 수 있다'고 하였고, 인공적인 위험 방지 시설 설치와 관련하여서는 '국립공원 중 위험한 곳에 모두 위험 방지 시설을 하여야 한다면 우리나라의 국립공원은 수려한 자연환경이 파괴되어 심각히 훼손될 것이 분명하다'고 하여 위험지역에서의 안전시설이라 하더라도 자연환경을 훼손할 수 있는 인공시설은 최소화하는 것이 바람직하다고 판시하였다. 보전을 최우선으로 하여야 한다는 일반적인 국립공원 관리 원칙이 위험지역에서도 기본적으로 동일하게 적용되어야 한다고 본 것이다.

대상판결은 위와 같은 원칙에 입각하여, 피고 乙이 철조망과 여러 개의 출입금지 경고

판을 설치하고, 직원들을 통해 정기적인 순찰을 하게 한 것은 관광객들의 안전을 보호할 의무를 모두 이행한 것이라고 판단하였다. 피고 乙이 난간 등 위험방지시설의 설치, 안전요원의 상주 등과 같은 보다 적극적인 조치를 취했어야 했음에도 이를 이행하지 않았다고 보아 피고 乙에게 손해배상책임을 인정한 하급심 판단과는 대비된다. 대상판결은 피고 乙의 여러 조치가 적절한지를 판단하면서 하급심과는 달리 국립공원의 관리는 보전이 최우선적 목표라는 환경법적 관점을 충분히 반영하였고, 동시에 관광객들의 안전을 위한 적절한 이용·개발과도 조화를 꾀한 것으로서 지속 가능한 이용이라는 측면에도 타당한 결론이라고 생각된다.

또한 대상판결은 '망인 丙은 사고 당시 경험과 사리의 분별력을 갖춘 자'로 '통상의 주의를 가지고 확인하였더라면 소로를 따라 설치된 출입금지 경고판과 철조망이 처진 의미를 쉽게 알 수 있었음'에도 이를 무시하여 발생한 사고는 전적으로 망인 丙의 잘못이라고 판시하였다. 이는 일반적인 경험과 사리분별력 및 통상의 주의력을 가진 관광객들을 기준으로 그들에게 위험지역임을 알리고 출입을 통제한다는 내용을 적절히 환기해주었는지 여부가 국립공원 내 위험지역에 대한 안전조치의 적절성 판단 시 하나의 기준이 될 수 있음을 보여준 것으로서 그 의미가 있다.

Ⅲ. 대상판결의 평가

대상판결은 '자연풍경지 그대로를 보호하는 것이 가장 좋은 보전·관리 방법'임을 천명하여 국립공원의 관리에 관한 기본적인 원칙을 분명히 하면서도, 위험지역을 이용하는 관광객들의 안전을 보호하기 위해 국립공원을 유지·관리하는 자가 취해야 할 적절한 방법과 그 기준을 제시한 최초의 대법원 판결로서 의의가 있다.

참고문헌

김홍균, 『환경법』, 홍문사 (2017)

조홍식, 『판례환경법』, 박영사 (2012)

홍준형, 『환경법특강』, 박영사 (2017)

[31] 구 자연공원법 제4조의 위헌소원 – 보상규정 없는 토지재산권 제한의 심사기준

―헌재 2003. 4. 24. 99헌바110, 2000헌바46(병합) 결정―

김 도 요 (부산지방법원)

[사실 개요]

1. 청구인들 소유 임야를 포함한 북한산 인근 지역이 구 자연공원법(2001. 3. 28. 법률 제6450호로 전문개정되기 전의 것, 이하 '구법'이라 함) 제4조에 의하여 국립공원으로 지정되었다. 청구인들은 대한민국을 상대로 손실보상, 부당이득반환 등을 구하고 구법 제4조에 대한 위헌제청신청을 하였으나 기각되자 헌법소원심판을 청구하였다.

2. 구법에는 국립공원지정처분에 따른 보상조치가 없었으나, 위 심판청구 이후 개정된 자연공원법(2001. 3. 28. 법률 제6450호로 개정된 것, 이하 '신법'이라 함)에서는 공원구역 폐지 또는 구역변경(제8조), 공원사업의 시행을 위한 수용, 손실보상, 환매(제22조), 협의매수(제76조), 매수청구권(제77조, 제78조) 등 보상조치가 규정되었다.

[결정 요지]

▶ 5인이 심판청구가 적법하다고 판단하여 본안판단을 하였으나 위헌결정의 정족수 6인에 미달하여 합헌결정이 선고됨

1. 재판의 전제성에 관한 판단

[각하의견 4인]

반성적 고려에서 개정된 신법에서 보상조치에 관한 규정이 신설되어 보상조치가 없는 상태에서의 구법 제4조는 더 이상 적용되지 않는다. 또한 국회가 금전보상과 같은 추가 보상조치를 입법하더라도 이는 신법의 개정을 통하여 이루어질 수밖에 없고, 구법 제4조에 대하여 헌법불합치결정을 하더라도 더 이상 적용되지 않는 법률을 다시 개정할 수 없다. 따라서 재판의 전제성이 없어 각하되어야 한다.

[적법판단 5인]

가. 구법을 심판대상법령으로 보고 적법하다고 본 4인

구법 제4조에 대한 위헌결정 등에 따른 개선입법이 있는 경우, 해당 사건에서 다른 내용의 재판을 할 여지가 있기 때문에, 재판의 전제성을 인정할 수 있다. 또한 청구인들은 해당 사건에서 금전보상을 구하고 있고, 보상조치가 있는 신법 제4조와 보상규정이 없는 구법 제4조에 대한 헌법적 평가가 다르므로, 신법 제4조가 위헌인지와 관계없이 심판이

익을 인정할 수 있다.

나. 신법을 심판대상법령으로 보고 적법하다고 본 1인

자연공원 및 그 지정제도는 신법에도 존속하고, 구법 제4조에 근거한 국립공원지정처분의 효력은 신법에서 유지되고 있으므로, 지정처분의 근거법률은 신법 제4조이고 그 처분관련 법률관계에 신법만 적용된다. 헌법소원 계속 중 법률이 개정되었고, 개정 전후 조문내용이 동일하여 당사자의 명시적 반대의사가 없는 한, 심판대상조문은 당연히 신법조문으로 변경된다.

2. 본안판단

[헌법불합치의견 4인 - 심판대상 구법]

구법 제4조와 이를 근거로 토지사용을 제한하는 규정은 입법자가 토지재산권에 관한 권리와 의무를 일반·추상적으로 확정하는 재산권의 내용과 한계에 관한 규정이면서 재산권의 사회적 제약을 구체화하는 규정이다. 토지재산권의 강한 사회성·공공성으로 다른 재산권에 비하여 보다 강한 제한과 의무가 부과될 수 있으나 그 제한입법 역시 과잉금지의 원칙을 준수해야 하고 재산권의 본질적 내용인 사적유용성과 처분권을 부인해서는 안 된다. 국립공원지정 후 토지를 종래 목적대로 사용할 수 있는 원칙적인 경우에는 합헌이다. 그러나 예외적으로 국립공원 지정 후 토지를 종래의 목적으로도 사용할 수 없거나, 토지를 사적으로 사용할 수 있는 방법이 없이 공원구역 내 일부 토지소유자에게 가혹한 부담을 부과하면서 아무런 보상규정을 두지 않는 경우에는 비례의 원칙에 위반되어 재산권을 과도하게 침해하게 된다. 구체적으로 예를 들면, 첫째, '자연보존지구'는 자연경관과 생태계를 그대로 보존하는 것을 주된 목적으로 삼아 토지소유자가 산림을 경제적으로 활용할 수 있는 일체의 행위가 금지되므로, 토지의 사적 효용성이 폐지되었고, 이는 국민이 수인해야 하는 사회적 제약의 범위를 넘었다. 둘째, 토지소유자가 공원구역 지정 전 영림을 목적으로 조림·육림을 통해 토지상황을 적극적으로 형성한 경우 보상 없이 박탈할 수 없는 재산권적 지위를 획득한 것이고, 자연보존지구 안의 토지를 이미 농지나 대지로 합법적으로 이용하였는데, 구역지정으로 종래의 용도대로 더 이상 사용할 수 없으면, 특별한 재산적 손해가 발생한 것이다. 셋째, '자연환경지구'안의 나대지의 경우 신축을 할 수 없으므로, 지정당시 지목이 대지로 되어 있고 토지현상도 지목과 일치한다면, 구역지정으로 토지의 이용이 사실상 폐지되는 효과가 발생하는 효과가 발생한다.

[위헌의견 1인 - 심판대상 신법]

신법은 매수청구권 등 보상조치에 관한 일부 규정을 신설하였으나, 금전적 보상의 길을 막아 놓은 채 자연공원을 지정하는 것은 여전히 비례의 원칙에 어긋나므로 재산권을 과도하게 침해하여 위헌이다.

해설

Ⅰ. 대상결정의 쟁점

헌법 제35조의 환경권과 환경보호의무, 헌법 제23조에 규정된 재산권 사이의 긴장관계는 빈번하게 논의되어 왔다. 특히 토지재산권의 사용은 환경사용을 수반하기 때문에 소유자가 환경부담의 원인제공자로서 인식되는 한편, 환경적 가치가 반영된 부담을 지는 희생자로서도 고려된다.

자연공원법은 자연생태계 보호와 지속가능한 이용이라는 환경적 가치를 위하여 국립공원 등 자연공원을 지정하고, 토지소유자에게 일정한 사용제한을 부담시키는 계획제한 방식의 통제를 가하고 있다. 이 방식으로 재산권을 제한하는 경우 법률에 보상규정을 두지 않은 경우가 많다. 대상결정에서는 보상규정을 두지 않은 채 국립공원을 지정하도록 한 구법 제4조와 관련하여 그 제한의 성질, 허용 정도에 관한 판단기준을 제시하고 있다.

Ⅱ. 대상결정의 분석

대법원은 유신헌법 이후 법률에서 손실보상을 규정하지 않는 이상 원칙적으로 손실보상청구를 인정하지 않고, 수용유사침해이론이나 수용적침해이론을 수용한 바 없으며, 다만 어업권 등 간접침해와 관련하여 관련 법령을 유추적용하여 예외적으로만 손실보상을 하고 있다. 이러한 법원 실무를 고려하면 헌법재판소의 위헌심사를 통한 통제가 중요하다.

대상결정에서 헌법불합치의견은 그린벨트 지정의 근거규정인 도시계획법 제21조에 대한 헌법재판소 1998. 12. 24. 97헌바78 등 전원재판부 결정(이하 '그린벨트 결정'이라 함)과 맥락을 같이 한다. 그린벨트 결정에서는, 보상규정 없는 계획제한의 위헌성을 이유로 법원에 금전보상을 구하는 소송이 제기된 경우 재산권 제한 규정의 위헌 여부가 재판의 전제성이 있음을 인정하면서 독일연방헌법재판소의 분리이론을 최초로 수용하였다고 해석된다. 분리이론에 따르면, '내용·한계규정'과 '공용수용'에 의한 재산권 제한이 전혀 다른 기능을 수행하기 위한 것이어서 '내용·한계규정'이 재산권자에게 과도한 부담을 주더라도 '공용수용'을 위한 규정으로 전환되지 않는다.

위 의견도 이러한 준별을 기초로, 구법 제4조는 헌법 제23조 제1, 2항에 근거한 '일반·추상적으로 토지재산권의 내용을 확정하는' 내용·한계규정에 해당한다고 하면서, 그 위헌 여부를 헌법 제23조 제3항에 규정된 '공공필요에 의한 제한인지'와 '법률에 따른 정당한 보상이 있는지'의 기준이 아닌, 비례의 원칙, 평등의 원칙에 따라 심사하였다. 아울러 헌법 제23조 제1, 2항의 보상은 금전보상에 한하지 않고 매수청구권 부여 등 입법자가 광범위한 형성권을 갖는다고 확인하였다. 토지재산권의 제한내용과 관련해서도, 공원지정으로 인한 개발가능성의 소멸, 지가의 상대적 하락, 지가상승률의 감소는 원칙적으로 사회적 제약의 범주를 넘지 않으나, 이미 비용을 투입하였거나 기존의 이용용도가 확립되는 등 법질서의 존속을 신뢰하여 토지에 가치가 창설된 경우 또는 토지재산권의 본질과 관련하여 사적 효용이 폐지된 경우에는 예외적으로 과도한 부담이 될 수 있음을 명확히 하였다.

대상결정에서는 헌법소원심판청구 후 신법에서 보상규정이 신설된 경우 재판의 전제성에 관한 견해의 대립도 드러난다. 구법에 근거한 처분이 신법 시행 이후에도 잔존하고, 구법의 처분근거 조항이 위헌으로 효력을 상실하는 경우 신법이 당해 사건에 적용될 수 없으며, 금전보상의무를 규정하는 방향으로 개정되어 구법에 의하여 처분을 받은 청구인에게 소급되는 경우 재판의 결론이 바뀔 수 있으므로, 재판의 전제성을 인정하는 것이 타당하다.

Ⅲ. 대상결정의 평가

대상결정은 그린벨트 결정과 같이 환경적 가치가 토지재산권의 내용·한계에 일반적으로 반영될 수 있으나, 기존 법질서를 신뢰하여 형성된 법질서를 침해하는 경우에는 위헌의 소지가 있음을 확인하면서 토지재산권 제약에 관한 위헌심사기준에 대한 기준을 제시한다. 헌법재판소가 설시한 논리에 비추어 추후 보상규정이 필요한 재산권의 내용·한계규정과 관련된 결정 주체 및 쟁송 방법 등에 대한 심도 깊은 논의가 필요하다.

참고문헌

강현호, "자연공원구역의 지정과 재산권 보호의 조화 방안", 환경법연구 제26권 제1호 (2004)

김문현, "재산권의 사회구속성과 공용수용의 체계에 대한 검토 – 소위 '분리이론'의 한국헌법상 수용에 대한 평가를 중심으로", 공법연구 제32집 제4호 (2004)

김현철, "보상규정 없는 재산권제약법률에 대한 헌법적 심사", 헌법논총 15집 (2004)

홍완표, "토지법상 개발권양도제의 도입에 관한 연구 – 미국의 TDR 제도를 중심으로", 서울시립대학교 박사학위논문 (2000)

[32] 자연환경지구 내에서의 건축행위제한

— 헌재 2006. 1. 26. 2005헌바18 결정 —

함 태 성 (강원대학교)

[사실 개요]

1. 청구인은 1963년 서울 도봉구 내 임야 29,455㎡(이하 '이 사건 임야'라고 한다)의 소유권을 취득하였다. 한편, 1983년 정부는 이 사건 임야를 포함한 북한산 부근 국·공유지 및 사유지를 북한산국립공원으로 지정·고시하였고, 이 사건 임야는 1985년 자연공원법상의 자연환경지구로 지정되었다.

2. 청구인은 2003년 1월 국립공원관리공단에 대하여 이 사건 임야에 극기훈련장의 설치·운영이나 약초나무의 식재가 가능한지 등에 관한 문의를 하였으나, 국립공원관리공단은 이러한 행위들은 허용될 수 없다는 통보를 하였다.

3. 이에 청구인은 2003년 2월 대한민국과 국립공원관리공단을 상대로 매수나 토지수용 등의 적법한 절차 없이 청구인 소유의 임야를 무단으로 점유·사용·수익하는 것에 대한 임야 인도 및 부당이득반환청구, 예비적으로 불법점유로 인한 손해배상청구를 서울서부지방법원에 제기하였으나 청구가 기각되자, 이에 불복하여 서울고등법원에 항소하고, 그 소송 계속 중 위헌제청신청을 하였다가 기각되자 2005년 3월 이 사건 헌법소원심판을 청구하였다.

[결정 요지]

1. 자연환경지구에서 건축행위를 제한하는 것은 자연보존지구의 완충공간으로 보전할 필요가 있는 지역을 자연환경지구로 지정한 취지에 부합하는 것으로 자연생태계와 자연 및 문화경관의 보전 및 지속 가능한 이용을 도모하기 위한 것이므로 그 입법목적의 정당성과 방법의 적절성을 인정할 수 있다. 그리고 자연공원은 그 성격상 보호, 관리와 자연재난으로부터 탐방객의 안전도모가 필수적으로 요구되므로 이를 위해 필요한 경우 공원구역에 대한 출입제한이나 금지 조치를 취할 수 있도록 한 것은 그 입법목적이 정당할 뿐 아니라, 그 방법 역시 적절하다.

2. 또한, 자연환경지구에서 건축물 건축의 가능성이 전면적으로 배제되는 것이 아니라 자연환경지구에서 허용되는 행위의 기준에 부합하는 등 자연공원법 제23조 제2항의 요건을 갖추면 공원관리청의 허가를 받아 증·개축, 재축 및 이축행위를 할 수 있고, 출입의 제한이나 금지는 아무런 제한 없이 이루어질 수 있는 것이 아니라 일정 기간, 일정 지역이라는 시간적, 장소적 제한을 필요로 하므로 이 사건 법률조항들은 최소침해성 원칙에

도 부합한다.

　3. 토지를 종래의 목적으로 사용할 수 있는 경우에 있어서 자연환경지구에 대한 건축행위의 제한이나 공원구역의 출입제한 또는 일시적인 출입금지는 재산권에 내재하는 사회적 제약의 범위 내라 할 것이므로, 이 사건 법률조항들이 실현하고자 하는 공익의 비중과 그로 인하여 발생하는 토지재산권의 침해 사이에 법익균형성이 충족된다 할 것이고, 토지를 종래의 목적으로 사용할 수 없거나 또는 더 이상 법적으로 허용된 토지이용방법이 없어서 실질적으로 사용 및 수익을 전혀 할 수 없는 경우, 즉 자연환경지구 내 토지에서의 건축행위 제한과 공원구역의 출입제한·금지로 인한 재산권 제한이 사회적 제약의 한계를 초과하는 경우에 대하여는 자연공원법이 공원사업에 들어가는 토지와 그 토지에 정착된 물건에 대한 소유권 등 권리의 수용·사용과 이에 대한 손실보상 및 환매권 규정(제22조), 협의에 의한 토지 등의 매수에 관한 규정(제76조), 매수청구권 규정(제77조, 제78조) 등 적절한 보상적 조치를 마련하고 있으므로, 이 사건 법률조항들에 관하여 그를 통하여 달성하려고 하는 공익과 그로 인하여 침해되는 사익 사이에 적절한 균형이 이루어져 있다 할 것이다. 따라서 이 사건 법률조항들은 비례의 원칙에 반하여 청구인의 재산권을 침해한다고 볼 수 없다.

해설

I. 대상결정의 의의 및 쟁점

　대상결정의 쟁점은 자연공원 중 자연환경지구에서의 건축행위 제한에 관하여 규정한 심판대상조항이 비례의 원칙에 반하는지 여부이다. 심판대상 법률조항은 ① 자연환경지구에서의 건축행위 제한에 관하여 규정한 자연공원법 제23조 제1항 제1호 중 제23조 제2항 제1호에 의한 제18조 제2항 제2호 적용부분과 ② 자연공원의 출입제한 또는 금지에 관하여 규정한 같은 법 제28조 제1항이다. 헌법재판소는 이 사건 법률조항들이 비례원칙에 위반되는지 여부를 판단함에 있어서 목적의 정당성과 방법의 적절성이 인정되고, 최소침해성의 원칙에도 부합하며, 법익의 균형성도 충족된다고 보아 비례원칙에 반하지 아니하다고 하였다.

　현재 환경보호를 위하여 용도지구를 설정하고 이를 통하여 일정한 행위제한을 하고 있는 것으로는 「자연공원법」상의 용도지구 이외에도 자연환경보전법상의 '생태·경관보전지역', 야생생물 보호 및 관리에 관한 법률상의 '야생생물 특별보호구역', 습지보전법상의 '습지보호지역', 백두대간 보호에 관한 법률상의 '백두대간보호지역', 독도 등 도서지역의 생태계 보전에 관한 특별법상의 '특정도서', 해양생태계의 보전 및 관리에 관한 법률상의 '해양보호구역', 수도법상의 '상수원보호구역', 한강수계 상수원수질개선 및 주민지원 등에 관한 법률 등 4대강 수계법상의 '수변구역', 지하수법상의 '지하수보전구역' 등이 있다. 이들 지역 내의 행위제한 규정들에 대하여도 재산권 침해의 문제를 제기할 수 있으나, 대상판결의 법적 논리는 그대로 적용될 수 있을 것이다.

Ⅱ. 대상결정의 분석

주요 법리적 쟁점은 자연환경지구에서의 건축행위제한이나 출입제한·금지가 우리 헌법상 재산권의 사회적 제약의 한계를 넘는지에 관한 것이다. 헌법재판소는 토지재산권에 대한 제한이 언제 토지소유자가 수인해야 하는 사회적 제약의 한계를 넘는지에 대하여 그 판단기준을 제시한 바 있다.

즉, "도시계획시설의 지정에도 불구하고 토지를 종래의 용도대로 계속 사용할 수 있는 경우에는, 가사 사업시행자에 의한 토지매수가 장기간 지연된다고 하더라도 토지소유자의 재산권행사에 크게 불리한 효과를 가져오지 않고, 도시계획시설의 지정으로 인한 개발가능성의 소멸과 그에 따른 지가의 하락, 수용 시까지 토지를 종래의 용도대로만 이용해야 할 현상유지의무 등은 토지소유자가 감수해야 하는 사회적 제약의 범주에 속하는 것이지만, 도시계획시설로 지정된 토지가 나대지인 경우, 토지소유자는 더 이상 그 토지를 종래 허용된 용도(건축)대로 사용할 수 없게 됨으로써 토지의 매도가 사실상 거의 불가능하고 경제적으로 의미 있는 이용 가능성이 배제되는데, 이처럼 도시계획결정으로 말미암아 토지를 종래의 목적으로도 사용할 수 없거나 또는 더 이상 법적으로 허용된 토지이용의 방법이 없기 때문에 사실상 토지의 사적인 이용 가능성이 폐지된 경우, 재산권에 대한 이러한 제한은 토지소유자가 수인해야 하는 사회적 제약의 한계를 넘는 것이고, 이러한 경우 사업시행자에 의한 토지매수가 장기간 지체되어 토지소유자에게 토지를 계속 보유하도록 하는 것이 경제적인 관점에서 보아 더 이상 요구될 수 없다면, 입법자는 매수청구권이나 수용신청권의 부여, 지정의 해제, 금전적 보상 등 다양한 보상가능성을 통하여 재산권에 대한 가혹한 침해를 적절하게 보상하여야 한다."(헌재 1999. 10. 21. 97헌바26 결정).

이러한 기준은 대상결정의 사안에도 적용될 수 있다. 우선 토지소유자가 해당 토지를 종래의 목적으로도 사용할 수 없거나 또는 더 이상 법적으로 허용된 토지이용의 방법이 없는지가 문제된다. 그리고 해당 토지를 실질적으로 사용·수익을 할 수 있는 방법이 전혀 없는 경우로 볼 경우 그럼에도 아무런 보상규정을 두고 있지 않은가가 문제된다.

자연환경지구 내 토지에서의 건축행위 제한과 공원구역의 출입제한·금지 규정이 재산권 제한이 사회적 제약의 한계를 넘는 경우로 보더라도 당시 자연공원법이 손실보상 및 환매권 규정, 협의매수규정, 매수청구권 규정 등의 보상적 조치를 마련하고 있었고, 이들 법률조항들을 통하여 달성하려고 하는 공익과 그로 인하여 침해되는 사익 사이에 적절한 균형이 이루어져 있다고 볼 수 있다. 따라서 비례의 원칙에 반하여 토지소유자의 재산권을 침해한다고는 볼 수 없다. 다만, 대상결정의 반대견해(재판관 권 성)는 당시 자연공원법이 마련한 보상적 조치들은 정당한 보상 및 완전한 보상의 원칙을 충족하지 못한다고 하여 위헌이라는 의견을 제시하였다.

Ⅲ. 대상결정의 평가

대상결정은 이 사건 법률조항들을 통하여 달성하려고 하는 공익과 그로 인하여 침해되는 사익이 적절히 균형을 이루고 있는지 중점적으로 검토하고 있다. 자연공원법상의 용도지구를 포함하여 대부분의 환경보호를 위한 용도지구는 생물다양성의 보고로서 우리 인간에게 생태계서비스를 제공하는 중요한 역할을 하고 있다. 특히 대규모 개발사업으로 인한 생태계 파괴와 기후변화로 인한 생물다양성의 급격한 감소 등은 환경보호를 위한 용도지구의 중요성을 더욱 크게 만들고 있다. 환경보호를 위한 용도지구제를 통하여 달성하고자 하는 공익의 중요성이 점점 커지고 있는 오늘날의 상황을 볼 때, 향후 환경보호를 위한 용도지구 내에서의 행위제한 등을 다투는 법적 문제가 제기되는 경우 해당 조항들은 재산권의 사회적 제약 내의 것으로 평가될 가능성은 더욱 커졌다고 하겠다.

참고문헌

박균성·함태성, 『환경법』 제8판, 박영사 (2019)

조홍식, 『판례환경법』, 박영사 (2012)

[33] 환경침해 구제 수단으로서의 가처분

— 부산고법 2006. 6. 19. 2006라64 결정 —

신 원 일 (춘천지방법원 속초지원)

[사실 개요]

1. 신청인들은 환경보호단체에 속한 사람들이고 피신청인들은 명지대교 건설공사의 사업주체인 부산광역시와 위 사업의 시행사이다.

2. 명지대교가 통과하게 되는 을숙도 주변에는 문화재보호법상 천연기념물인 낙동강 하류 철새 도래지, 습지보전법상 습지보호지역, 자연환경보전법상 생태계보전지역 등이 위치하고 있다.

3. 신청인들은 위 사업이 헌법과 법률에서 정하는 신청인들의 환경권을 침해하고, 생활이익 또는 상린관계에 기초한 사법상 권리를 침해한다고 주장하면서 피신청인들을 상대로 공사착공금지 가처분을 구하였다.

[결정 요지]

1. 헌법 제35조 제1항의 환경권 규정만으로는 그 권리의 주체·대상·내용·행사방법 등이 구체적으로 정립되어 있다고 볼 수 없어 신청인들에게 민사상의 가처분으로 이 사건 공사의 금지를 구할 권리가 생긴다고 할 수는 없다.

2. 신청인들은 비록 이 사건 환경영향평가 대상지역 안의 주민들은 아니나, 오래전부터 을숙도에 자주 찾아와 새의 관찰·연구, 안내와 교육, 자연보호 및 감시 활동 등의 방법으로 그 환경이익을 향유하던 사람들인바, 대법원 2006. 3. 16. 2006두330 전원합의체 판결의 법리를 감안하여 볼 때, 신청인들은 자신들의 환경이익을 피보전권리로 하여 그 수인한도를 초과하는 침해가 있을 경우 민사상의 가처분으로 이를 다툴 수 있다고 봄이 상당하다.

해설

I. 대상결정의 쟁점

가처분의 요건은 피보전권리의 존재와 보전의 필요성이다. 환경소송에서 주로 문제되는 것은 피보전권리로서 금지청구권의 근거이다. 대상결정에서는 환경영향평가 대상지역 안에 거주하고 있는 주민들에게 관련 법령에서 개별적·구체적으로 보호하고 있는 개인의 환경적 이익(이하 추상적 환경권 및 단순한 환경이익과 구별하여 이를 '구체화된 환경권'이라고 함)이 피보전권리로 인정된다는 전제하에, 원고적격에 관한 대법원 2006두330 전원합의체 판결을 근거로 그 대상지역 밖에 거주하는 신청인들도 수인한도를 초과하는 환경이익의 침해가 있을 경우 민사상의 가처분으로 다툴 수 있다고 보았다.

나아가 환경이익의 실체에 관하여 새의 관찰·연구 등의 방법으로 향유하던 이익을 들고 있다. 대상결정은 취미권, 심미적 권리, 휴식권과 같이 인격권 내지 행복추구권에 포섭될 수 있는 권리(이하 '포괄적 인격권'이라 한다)에도 광범위하게 피보전권리로서의 자격을 부여한 것으로 보인다.

이러한 법적 구성은 물권적 청구권과 별개로 구체화된 환경권, 더 나아가 포괄적 인격권까지도 독자적인 피보전권리로 인정하였다는 점에서 대법원의 입장과 분명한 차이가 있다. 이하 대상결정이 어떠한 근거로 위와 같은 판단을 한 것인지, 그 타당성을 인정할 수 있는지 살펴보고, 대상결정의 의의를 서술하고자 한다.

Ⅱ. 대상결정의 분석

1. 피보전권리에 관한 학설 및 판례

(1) 학설

환경 관련 가처분소송에서의 피보전권리에 관하여는, ① 생활방해를 물권에 대한 침해로 보아 민법상 물권적 청구권에 기하여 침해행위 방지를 구할 수 있다는 물권적 청구권설, ② 생활방해를 헌법 제10조에 기초한 인격권 침해로 보고 인격권이 방지청구권의 근거가 된다는 인격권설, ③ 불법행위의 효과로서 손해배상뿐만 아니라 원상회복까지도 인정됨을 전제로 하는 불법행위설, ④ 헌법상 환경권에 직접 근거하여 방지청구권 등 사법상의 권리까지 인정할 수 있다는 환경권설 등이 있다.

(2) 판례

판례는 기본적으로 물권적 청구권설에 입각하여 소유권 또는 점유권에 기하여 생활방해에 대한 방지청구를 할 수 있다고 설시하고 있다(대법원 2015. 10. 29. 2008다47558 판결). 또한 판례는 일관되게 헌법상 환경권 규정만으로는 구체적인 사법상 권리를 부여한 것으로 보기 어렵다는 입장을 취하여 환경권설을 명시적으로 배척하고 있다(대법원 2006. 6. 2. 2004마1148, 1149 결정).

2. 가처분에서의 피보전권리와 개별 법률에서 보호되는 법률상 이익

대상결정의 가장 큰 특징은 피보전권리의 근거에 관하여 설시하면서 행정소송의 원고적격에 관한 대법원 2006두330 판결의 구성을 차용한 점이다.

행정소송에서 원고적격을 인정하기 위한 법률상 이익은 해당 법률이 보호하고 있는 개인의 구체적·개별적 이익을 의미한다. 대법원은 일찍이 환경영향평가 대상지역 안의 주민에 대해 원고적격을 인정하여 왔고, 대법원 2006두330 판결을 통해 제한적이나마 환경영향평가 대상지역 밖의 주민까지 이를 확대하였다.

이에 비해 민사상 가처분에서는, 대법원이 물권적 청구권으로 대표되는 사법(私法)상의 권리와 분리된 법률상 권리나 이익을 독자적인 피보전권리로 인정하고 있지 않다고 보인다. 즉, 판례는 아직 가처분의 피보전권리의 근거에 관하여 물권적 청구권설의 단단한 토대 위에 서 있다 하겠다.

행정소송에서의 '법률상 이익'과 가처분소송의 '피보전권리' 모두 추상적 공익이 아니라 법률에 의하여 인정되는 개인의 개별적이고 구체적인 권리, 즉 사권(私權, 이는 私法상 권리와는 구별된다)이라는 점에서 중요한 공통점이 있음에도 대법원이 이를 달리 취급하는 것은, 법률에서 보호하는 이익이 사권이라고 하더라도 이는 공법 규정에서 비롯된 것이므로 사법(私法)상 권리와 별개로 보아야 하고, 따라서 가처분 등 민사사건의 실정법적 근거로 사용되기에 부적합하다는 공사법 이원론의 도그마틱에서 기인한 것이라 생각된다.

그러나 하나의 법률에 공법·사법 규정이 혼재될 수도 있고(대법원 2017. 6. 29. 2014두14389 판결), 그 기준도 상대적이라는 점에서 공사법 이원론이 절대적인 법도그마틱이 될 수는 없다고 본다. 오히려 해당 법률의 규정을 분석하여 그 법조항이 사권을 창출하였다고 인정된다면, 그 사권을 보호하는 것이 전체적인 법체계에 부합하고, 가처분의 피보전권리로서 이를 인정함에도 주저할 이유가 없다.

대상결정에서 환경영향평가 대상지역 안의 주민은 신청인에 포함되지 않았으므로 그에 대한 직접적인 설시는 없으나, 논리상 환경영향평가 대상지역 안의 주민들에 대해서는 사권으로서의 구체화된 환경권을 피보전권리로 하여 가처분을 제기할 수 있다고 판단한 것으로 해석된다. 이는 기존의 물권적 청구권 위주의 판례를 과감하게 넘어선 것으로 상당한 의미가 있다고 생각된다.

3. 가처분상 피보전권리로서의 포괄적 인격권

대상결정의 또 하나의 특징은 피보전권리로서 인정될 수 있는 환경이익을 열거하면서 '새의 관찰·연구 등의 방법으로 향유하던 이익'을 들고 있다는 점이다.

기존에 물권적 청구권에 부수하여 인격권을 피보전권리로 인정한 것으로 평가되는 판례에서도 인격권의 내용은 주로 생명이나 건강, 평온한 일상생활의 유지 등에 관련된 것이었다. 그런데 위에 열거한 것은 인간의 삶의 질에 관한 취미권 등 포괄적 인격권에 해당하는 것이다.

　이러한 대상결정에 대하여, 포괄적 인격권까지 널리 피보전권리로 인정한다는 것은 결국 피보전권리를 무한정으로 확대하여 가처분에 있어 객관소송을 인정한 것이나 다름이 없다는 비판이 가능하다. 물론 대상결정에서도 밝히고 있는 것처럼 수인한도 심사를 통한 제한이 가능하다고는 하지만, 수인한도의 심사 대상이나 기준 또한 모호할 수밖에 없을 것이다.

　물권적 청구권설에 집착하게 되면 권리구제의 폭이 지나치게 좁아지고, 포괄적 인격권까지 포함시키는 경우 객관소송이 될 우려가 있다는 딜레마를 어떻게 해결할 것인가? 여기에서는 다음과 같은 해석론을 제안하여 본다.

　우선, 개별 법률이 개인의 구체적·개별적 권리 즉 사권을 창출하고 있다고 인정된다면 그 사권의 내용이 무엇이든지(일조권 등은 물론 포괄적 인격권도 포함될 수 있다) 피보전권리로서의 자격도 인정하는 것이 법체계에 부합한다. 그에 대한 제한은 가처분의 다른 요건, 즉 보전의 필요성에 대한 심사로 충분하다.

　법률이 사권을 창출하는 것으로 단정하기 어려운 경우에는 피보전권리를 인정할 여지가 전혀 없는가? 대법원 2006두330 판결의 법리를 감안해 볼 때, 신청인이 수인한도를 넘는 특수한 인격적·환경적 이익의 침해를 입증해 낸다면 예외적으로 이를 인정할 여지도 있겠으나, 결론적으로 이것이 인정되는 경우를 쉽게 상정하기는 어려울 것이다.

Ⅲ. 대상결정의 평가

　대법원이 가처분을 위한 피보전권리로서 물권적 청구권에 주로 집중하고 있고, 법률에서 보호하고 있는 개별·구체적 권리, 즉 사권을 피보전권리로 인정하기 주저하고 있다고 보이는 상황에서, 물권적 청구권과 독립하여 개별 법률에서 창출된 사권을 피보전권리로 인정할 수 있다는 가능성을 제시하였다는 점에서 대상결정은 매우 의미 있는 결정이라고 평가할 수 있다. 다만, 포괄적 인격권도 피보전권리로서 인정될 수 있다고 하면서도 문화재보호법 등 관련 법령이 규정하고 있는 보호법익을 살피는 등 그 이론적, 실정법적 근거를 충분히 밝히지 못한 것은 대상결정의 한계로 보인다.

참고문헌
문광섭, "환경침해에 대한 유지청구", 재판자료 제94집 (2002)
조재헌, "도로소음으로 인한 생활방해의 방지청구", 민사판례연구 제39권 (2017)
조홍식, "유지청구 허용 여부에 관한 소고", 민사판례연구 제22권 (2000)
최준규, "환경소송과 임시구제수단", 저스티스 제164호 (2018)

[34] 국제적 멸종위기종 용도변경불승인의 재산권 등 침해 여부

— 대법원 2011. 1. 27. 2010두23033 판결; 헌재 2013. 10. 24. 2012헌바431 결정 —

배 영 근 (법무법인 자연)

[사실 개요]

1. [대법원 판결]

원고 甲은 1989년 수입하여 사육하던 곰 1두에서 추출한 웅지(熊脂, 곰기름)를 이용하여 화장품과 비누를 제조하고 곰발바닥 요리에 쓸 목적으로 2009. 8.경 한강유역환경청장에게 국제적 멸종위기종의 용도변경 승인신청을 하였다. 한강유역환경청장은 2009. 9.경 웅담 등을 약재로 사용하는 경우 이외에는 용도변경승인을 해줄 수 없다며 위 용도변경신청을 거부하였다. 구 야생동·식물보호법 제16조에서는 환경부장관의 허가를 받아 국제적 멸종위기종 및 그 가공품을 수입하도록 하되, 이와 같이 허가를 받아 수입된 국제적 멸종위기종 및 그 가공품은 수입 목적 외의 용도로는 사용할 수 없고, 다만 불가피한 경우로서 환경부령이 정하는 바에 따라 환경부장관의 승인을 얻은 경우에는 용도변경을 할 수 있도록 규정하고 있다.

2. [헌법재판소 결정]

청구인 乙은 1985년 이전에 재수출 목적으로 수입된 반달가슴곰으로부터 증식된 2001년생 반달가슴곰 등을 사육하는 자로서, 2011. 11.경 금강유역환경청장에게 그 용도를 '웅담, 웅지, 가공용품 재료'로 변경해달라는 취지의 국제적 멸종위기종 용도변경 승인신청을 하였다. 금강유역환경청장은 2011. 12.경 '약용(웅담)'으로의 용도변경을 승인하되, 나머지 신청에 대하여는 불허하는 내용의 용도변경 재승인 처분을 하였다. 청구인 乙은 2012. 3.경 그 취소를 구하는 소를 제기하고, 그 소송 계속 중 용도변경 불허가의 근거가 된 구 야생동·식물보호법 제16조 제3항 본문에 대하여 위헌법률심판제청신청을 하였으나, 2012. 11.경 취소청구 및 제청신청이 모두 기각되자, 헌법소원심판을 청구하였다.

[판결·결정 요지]

1. [대법원 판결]

환경부장관이 지방환경관서의 장에게 보낸 '사육곰 용도변경 시의 유의사항 통보'는 용도변경이 불가피한 경우를 웅담 등을 약재로 사용하는 경우로 제한하는 기준을 제시한 것으로 보이고, 그 설정된 기준이 법의 목적이나 취지에 비추어 객관적으로 합리적이 아니라거나 타당하지 않다고 볼 만한 다른 특별한 사정이 없으므로, 이러한 통보에 따른 위 처분은 적법함에도 이와 달리 본 원심판결에 법리를 오해한 위법이 있다.

2. [헌법재판소 결정]

가. 일반적인 물건에 대한 재산권 행사에 비하여 동물에 대한 재산권 행사는 사회적 연관성과 사회적 기능이 매우 크다 할 것이므로 이를 제한하는 경우 입법재량의 범위를 폭넓게 인정함이 타당하다. 그러므로 이 사건 법률조항이 과잉금지원칙을 위반하여 재산권을 침해하는지 여부를 살펴보되 심사기준을 완화하여 적용함이 상당하다.

나. 국제적 멸종위기종의 멸종 예방과 서식환경 보호라는 이 사건 법률조항의 입법목적은 인간이 공존하는 자연환경을 보존하기 위한 것으로서 정당하다. 동·식물이 멸종하고 자연생태계가 파괴되는 다양한 원인 중 상업적 이득을 취하려는 인간의 무분별한 행동이 한 가지 주요한 원인이 되고 있으므로, 증식된 종을 포함하여 국제적 멸종위기종에 대한 사인의 자의적 용도변경을 원천적으로 봉쇄함으로써 그 이용범위를 엄격히 국가의 통제 아래 둔 것은 위 입법목적을 이루기 위한 적절한 수단이다. 이 사건 법률조항은 국제적 멸종위기종에 대한 이용 및 처분을 전면적으로 금지하는 것이 아니라 이미 허가된 용도로는 계속 보유 및 사용토록 하고, 수입 또는 반입 목적 이외의 다른 용도로의 변경만을 원칙적으로 금지하고 있으며, 용도변경이 불가피한 경우 환경부장관의 승인을 받아 부분적으로 용도변경을 할 수 있도록 하고 있으므로 침해의 최소성도 충족한다. 또한 이 사건 법률조항을 통하여 국제적 멸종위기종의 멸종을 예방하고, 인간의 무분별한 이용으로 인한 자연파괴를 방지하며, 인류가 세대에 걸쳐 공존할 수 있는 지속가능한 자연생태계를 보존하려는 공익의 비중에 비하여 그 침해의 정도가 크다고 보기 어려우므로 법익의 균형성도 갖추었다. 그러므로 이 사건 법률조항은 과잉금지원칙을 위반하여 청구인의 재산권을 침해하지 아니한다.

다. 이 사건 법률조항은 청구인의 직업수행의 자유를 제한하지만, 이러한 제한은 멸종위기종의 보호와 자연환경의 보전이라는 공익을 위하여 국제적 멸종위기종의 사적 이용을 규제한 것으로서 과잉금지원칙에 반하지 않으므로, 청구인의 직업수행의 자유를 침해하지 않는다.

해설

I. 대상판결·결정의 쟁점

우리나라는 1993년 「멸종위기에 처한 야생동식물종의 국제거래에 관한 협약」(CITES)에 가입하여 위 협약에서 규정한 멸종위기종을 보호하고 국제거래를 제한할 의무가 있다. 평석대상판결 및 결정은 우리나라가 위 협약에 가입하기 전부터 재수출 목적으로 사육하고 있던 국제적 멸종위기종인 반달가슴곰의 처리에 관하여 문제가 된 사안이다.

Ⅱ. 대상판결·결정의 분석

1. 국제적 멸종위기종에 대한 용도변경 제한의 재산권 침해 가능성

헌법재판소는 "일반적인 물건에 대한 재산권 행사에 비하여 동물에 대한 재산권 행사는 사회적 연관성과 사회적 기능이 매우 크다"고 판단하면서, 재산권 침해에 관한 과잉금지원칙 위반 여부에 대하여 그 심사기준을 완화하여 적용하였다.

위와 같이 완화된 심사기준에 따라서, 이미 허가된 용도로는 계속 보유 및 사용토록 하면서 용도변경이 불가피한 경우 예외적으로 용도변경을 할 수 있도록 한 것은 목적의 정당성, 수단의 적절성, 침해의 최소성 및 법익 균형성을 모두 갖추었으므로, 이 사건 법률조항은 과잉금지원칙을 위반하지 않아 청구인의 재산권을 침해하지 아니한다고 판단하였다.

2. 국제적 멸종위기종에 대한 용도변경 제한의 직업수행의 자유 침해 가능성

헌법재판소는 이 사건 법률조항이 직업수행의 자유를 제한함은 인정하되, 과잉금지원칙에 반하지 않으므로 청구인의 직업수행의 자유를 침해하지 않는다고 판단하였다.

3. 국제적 멸종위기종에 대한 용도변경승인의 법적 성질

대법원 사건의 원심 법원에서는 "국제적 멸종위기종에 대한 용도변경허가는 그 성질상 일반적 금지를 특정한 경우에 해제하는 수익적 행정행위에 해당하여 그 허가 여부의 결정은 허가권자의 재량에 속한다"고 판단하여, 용도변경승인을 강학상 '허가'로 판단한 것으로 보인다.

반면 대법원은 "용도변경승인은 특정인에게만 용도 외의 사용을 허용해주는 권리나 이익을 부여하는 이른바 수익적 행정행위로서 법령에 특별한 규정이 없는 한 재량행위"라고 판단하여, 명확하지 아니하나 강학상 '특허'로 판단한 것으로 보인다.

4. 「사육곰 관리 지침」 등의 법규성

대법원 사건의 원심 법원은 "사육곰의 용도변경 승인시 웅담 등을 약재로 사용하는 경우 외에 곰 고기 등을 식용으로 판매하는 용도로 변경하고자 하는 경우에는 용도변경 승인 불허의 조치를 하라는 내용의 「사육곰 관리 지침」 및 '사육곰 용도변경승인 시의 유의사항 통보'에 의해 '가공품의 재료로 사용하는 경우'를 '웅담 등을 약재로 사용하는 경우'로 제한하는 것은 상위 법령에 근거하지 않은 단순한 내부적 행정지침에 불과할 뿐 대외적으로 일반 국민에 대하여 효력을 가지는 법규라 할 수 없으므로 이 사건 처분의 적법성 근거가 될 수 없다."라고 판단하였다.

반면 대법원은 「사육곰 관리 지침」 등의 법규성에 대하여 명확히 판단하지 아니하면서, 다만 "용도변경 신청을 할 수 있는 경우에 대하여만 확정적 규정을 두고 있을 뿐 용도변경이 불가피한 경우에 대하여는 아무런 규정을 두지 아니하여 용도변경 승인을 할 수 있는 용도변경의 불가피성에 대한 판단에서 재량의 여지를 남겨 두고 있는 이상, 용도변경을 승인하기 위한 요건으로서의 용도변경의 불가피성에 관한 판단에 필요한 기준을 정하는 것도 역시 행정청의 재량에 속하는 것이므로, 그 설정된 기준이 객관적으로 합리적이 아니라거나 타당하지 않다고 볼 만한 다른 특별한 사정이 없는 이상 행정청의 의사는 가능한 한 존중되어야 할 것이다."고 판시하면서, 환경부장관이 2015. 3.경 지방환경관서의 장에게 보낸 '사육곰 용도변경승인 시의 유의사항 통보'는 용도변경이 불가피한 경우를 웅담 등을 약제로 사용하는 경우로 제한하는 기준을 제시하였는바, 그 기준이 객관적으로 합리적이 아니라거나 타당하지 않다고 볼만한 특별한 사정이 없으므로, 이러한 통보에 따라 한 이 사건 처분은 적법하다고 판단하였다.

Ⅲ. 대상판결·결정의 평가

이 사건은 조약에 의하여 보호되는 동물에 대한 국내법 적용 사례이다. 그중 헌법재판소는 동물에 대한 재산권 행사의 심사기준을 정하면서, 재산권 및 직업수행의 자유 침해 여부를 판단하였고, 대법원은 법령에서 용도변경의 불가피성에 대한 재량성을 판단하였다.

참고문헌

박영호, "국제적 멸종 위기종 동물인 반달가슴곰의 용도 변경 승인 처분이 재량행위인지 여부", 대법원 판례해설 제87호 (2011)

유영인, "국제멸종위기종 용도변경승인의 법적 성질 등", 환경판례해설 (2016)

조홍식, 『판례환경법』, 박영사 (2012)

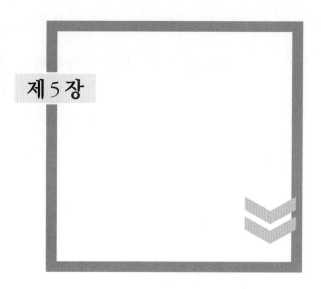

제5장

물환경

[35] '사업장별 배출부과금 부담비율'에 근거한 배출부과금 부과처분의 적법성

— 대법원 2017. 11. 29. 2014두13232 판결 —

조 민 정 (한국환경공단, 변호사)

[사실 개요]

1. A 조합은 2012. 8. 31. 임시총회를 열어, '공동협동화 사업장 규정'에 '회원이 부담하는 분담금'의 종류로 배출부과금 등을 추가하는 규정(제10조 제7항)과 사업장별 폐수배출량 및 수질오염물질 농도를 측정할 수 없을 때의 배출부과금 등에 대한 분담기준을 정하는 규정(제12조 제7항, 이하 '이 사건 분담규정'이라 한다)을 신설하는 내용을 안건으로 상정하여, 정관의 요건에 따라 위 안건을 가결하였다.

2. 이 사건 분담규정은, 사업장별 폐수배출량 및 수질오염물질 농도를 측정할 수 없을 때의 배출부과금 등에 대한 분담 중 크롬 등 중금속에 관한 분담에 대하여, ① 배출부과금은 배출 업체가 부담하고(제1호), ② 분담비율은 2012. 2. 폐수처리장 운영에 따른 분담금 결정을 위한 자료 분석 연구(이하 '이 사건 연구'라 한다) 표21. '크롬에 의한 운영비 비율 산정'에 따르되, 미가동 확인업체에 대한 분담비율은 백분율에 의거 잔여업체가 부담한다고(제4호) 규정하고 있다.

3. 이 사건 조합은 관할 구청장에게 이 사건 분담규정을 제출하였고, 피고는 2012. 10. 4. 이 사건 공동시설에 대한 총 초과배출부과금을 합계 17,317,908,080원으로 산정한 후, 이를 이 사건 분담규정에서 정한 바에 따라 각 사업장별로 배분하여 원고들에게 이 사건 각 처분을 하였다.

[판결 요지]

1. 구 수질 및 수생태계 보전에 관한 법률(2013. 7. 30. 법률 제11979호로 개정되기 전의 것) 제35조 제1항, 제4항, 제6항, 수질 및 수생태계 보전에 관한 법률 시행규칙 제45조 제1항 제6호, 제2항의 취지는 폐수배출시설로부터 배출되는 수질오염물질의 공동처리를 위한 공동방지시설을 설치할 경우 각 사업장별 폐수배출량 및 수질오염물질 농도를 정확하게 측정하기가 어려울 수 있으므로, 사업자들이 자율적으로 배출부과금 부담비율을 정할 경우 행정청이 이를 존중하여, 공동방지시설에서 배출된 총 수질오염물질에 대하여 산정한 배출부과금을 사업자들이 정한 부담비율에 따라 각 사업자별로 분담시켜 부과금을 부과할 수 있도록 함으로써, 배출부과금 산정에서의 편의와 적정성을 도모하려는 것으로 볼 수 있다.

2. 사업자들이 배출시설로부터 배출되는 수질오염물질의 공동처리를 위하여 공동방지시설을 설치하였고, 사업장별 폐수배출량 및 수질오염물질 농도를 측정할 수 없는 경우,

행정청이 사업자들이 제출한 '공동방지시설의 운영에 관한 규약'에서 정해진 '사업장별 배출부과금 부담비율'에 근거하여 각 사업자들에게 배출부과금을 부과하였다면, 그 규약에서 정한 분담기준이 현저히 불합리하다는 등 특별한 사정이 없는 이상 이러한 배출부과금 부과처분이 위법하다고 볼 수 없다.

해설

I. 대상판결의 쟁점

구 수질 및 수생태계 보전에 관한 법률(2013. 7. 30. 법률 제11979호로 개정되기 전의 것)에 의하면 사업자는 배출시설(폐수무방류시설은 제외)로부터 배출되는 수질오염물질의 공동처리를 위한 공동방지시설을 설치할 수 있고, 이 경우 각 사업자는 사업장별로 해당 수질오염물질에 대한 방지시설을 설치한 것으로 본다(법 제35조)고 정하며, 동법 시행규칙에서는 공동방지시설을 설치하려는 경우에 사업장별 폐수배출량 및 수질오염물질 농도를 측정할 수 없을 때의 배출부과금·과태료·과징금 및 벌금 등에 대한 분담명세를 포함한 공동방지시설의 운영에 관한 규약을 제출하여야 하며, 공동방지시설의 운영관리와 관련된 배출부과금의 납부는 사업자별로 부담비율을 미리 정하여 분담하는 것으로 정하고 있다(법 시행규칙 제45조).

여기서 사업자들 사이의 내부관계를 정하는 "공동방지시설의 운영에 관한 규약"에 근거하여 배출부과금 부과처분을 하는 것이 과연 적법한 것인지 의문이 제기된다.

II. 대상판결의 분석

1. 종전 대법원 판결

종전 대법원 1996. 3. 22. 95누18000 판결에서는 "구 환경보전법(1990. 8. 1. 법률 제4257호 환경정책기본법에 의하여 폐지) 제19조의2 제1항에 의하면 배출부과금은 사업자가 배출한 오염물질처리 비용 상당액을 한도로 부과하여야 하는 것이므로, 공동방지시설로부터 기준초과 오염물질 등이 배출되어 배출부과금을 부과하는 경우에도 법령에 특별한 규정이 없는 한 행정청은 각 사업장별로 사용된 원료의 양, 제품생산량, 공정 등에 의하여 각 사업자가 실제로 배출한 오염물질 등의 양을 합리적으로 산정한 다음 각 사업자에게 각자 배출한 오염물질 처리비용에 상당하는 금액만을 부과하여야 하고, 또한 배출부과금 부과처분과 같이 국민에게 의무를 부과하는 행정처분은 법령의 근거하에 행해져야 하는 것이므로 공동방지시설을 설치한 사업자들 상호 간의 내부관계를 정한 것에 불과한 소론과 같은 '공동방지시설의 운영에 관한 규약'에 근거하여 배출부과금을 부과할 수는 없으며 위 규약이 관계 행정청의 승인을 받았다고 해서 달리 볼 것은 아니다"라고 판시하였다.

2. 행정처분의 입증책임

대법원은 행정처분의 입증책임에 대하여 "민사소송법의 규정이 준용되는 행정소송에 있어서 증명책임은 원칙적으로 민사소송의 일반원칙에 따라 당사자 간에 분배되고 항고소송의 특성에 따라 당해 처분의 적법을 주장하는 행정청인 피고에게 그 적법사유에 대한 증명책임이 있다고 할 것이므로 피고가 주장하는 당해 처분의 적법성이 합리적으로 수긍할 수 있는 일응의 증명이 있는 경우에는 그 처분은 정당하다고 할 것이며, 위와 같은 합리적으로 수긍할 수 있는 증거와 상반되는 주장과 증명은 그 상대방인 원고에게 그 책임이 돌아간다고 풀이하여야 할 것인바"(대법원 1984. 7. 24. 84누124 판결 참조)라고 판시하고 있다. 즉, 행정처분의 성질과 행정청의 설명의무 등을 고려할 때, 각 행정처분별로 어떻게 입증책임을 분배할 것인가에 대해서 처분의 근거법규에서 정하고 있다면 그에 의하여야 하는 것이 당연하나, 대부분의 처분의 근거법규에 이와 같은 규정이 없으므로, 침익적인 처분에 대해서는 행정청이 입증책임을 지는 것이 원칙적인 모습이다.

그렇다면 동일하게 침익적인 행정처분의 입증책임 판단에 있어서 종전 대법원 판결과 대상판결의 결과가 달라진 이유는 무엇일까. 종전 대법원 판결 당시의 시행규칙에서는 공동방지시설을 설치하고자 하는 자는 "공동방지시설의 운영에 관한 규약"을 제출하여야 한다 라고만 정하고 있었으나, 대상판결 당시의 시행규칙에서는 공동방지시설을 설치하려는 경우에 "사업장별 폐수배출량 및 수질오염물질 농도를 측정할 수 없을 때의 배출부과금·과태료·과징금 및 벌금 등에 대한 분담명세를 포함한 공동방지시설의 운영에 관한 규약"을 제출하여야 한다고 정하며, 공동방지시설의 운영관리와 관련된 배출부과금의 납부는 '사업자별로 부담비율을 미리 정하여 분담'하도록 정하고 있는 점을 발견할 수 있다. 즉, 대상판결의 경우 처분의 근거법령에서 이미 입증책임의 분배에 대해서 정하고 있으므로 이에 근거하여 사업자들이 자율적으로 배출부과금 부담비율을 정하고 행정청이 이를 존중하여 배출부과금 부과처분을 행하는 것이 적법한 것이다.

III. 대상판결의 평가

공동방지시설에서의 배출부과금 부과처분 적법 여부에 대한 입증책임을 처분의 근거법령에서 정리하여 대상판결과 같은 결과를 얻은 것은 합리적이고 타당하다고 생각된다.

비단 대상판결에서 문제된 배출부과금뿐만 아니라 폐기물관리법상 폐기물부담금, 자원의 절약과 재활용촉진에 관한 법률상의 재활용부과금 등 환경관련 법령에서 예정하고 있는 부담금 및 부과금 부과처분의 근거자료는 대부분 사업자의 관리영역에서 생성되는 정보이다. 이에 이들 부담금 부과처분 취소 또는 무효소송이 발생하는 경우, 행정청이 부과처분의 적법성을 입증하지 못하거나 또는 처분의 일부에 대해서 적법성을 입증하지 못하고, 그 일부를 특정할 수 있는 방법이나 자료가 없어 처분 전체가 취소되는 경우가 다반사이다. 구수질 및 수생태계 보전에 관한 법률과 같이 문제되는 부담금 및 부과금 부과처분의 입증책임을 법령에서 달리 정하는 방안에 대한 논의가 필요하다고 생각된다.

참고문헌

김창조, "항고소송에 있어서 입증책임", 법학논고 제48집 (2014)

박태현, "환경법과 판례−최근 대기환경보전법 및 물환경보전법 관련 판례를 중심으로", 환경법연구 제40권
　　제2호 (2018)

[36] 배출허용기준 및 배출부과금의 산정방법·기준에 관한 규정과 포괄위임입법금지 원칙

—헌재 2009. 10. 29. 2008헌바122 결정—

임 현 (고려대학교)

[사실 개요]

1. 부산광역시 사하구청장은 청구인이 운영하는 공동폐수처리장에서 2005. 11. 4.부터 2007. 10. 30.까지 구 수질환경보전법(2007. 5. 17. 법률 제8466호 '수질 및 수생태계 보전에 관한 법률'로 개정되기 전의 것)상 배출허용기준을 초과하여 폐수를 배출하였다는 이유로 2007. 11. 12. 초과 배출부과금을 부과하였다. 청구인은 이에 불복하여 그 부과처분의 취소를 구하는 행정소송을 제기하였고, 초과 배출부과금의 근거규정인 구 수질환경보전법 제32조 제1항 및 제41조 제1항이 포괄위임입법금지 원칙을 위반하였다는 이유로 위헌법률심판 제청신청을 하였다가 기각되자 헌법소원심판을 청구하였다.

2. 헌법소원심판의 대상이 된 구 수질환경보전법 제32조 제1항은 폐수배출시설에서 배출되는 수질오염물질의 배출허용기준을 환경부령으로 정하고, 동법 제41조 제1항은 배출부과금의 산정방법 및 기준 등에 관하여 필요한 사항은 대통령령으로 정하도록 규정하였다.

[결정 요지]

1. [재판관 7인의 법정의견]

수질오염물질의 배출허용기준은 수시로 변화하는 수질 및 복잡다단한 여건, 다양한 규율 대상 간의 관계 등을 복합적으로 고려하여 정해져야 할 뿐만 아니라 배출허용기준의 설정은 고도의 전문성과 과학성이 요구되는 영역으로, 수질 환경보호라는 공익을 보다 효과적으로 달성하기 위해서는 배출허용기준을 전문성을 갖춘 행정부에 위임하여 변화하는 상황에 유동적으로 대처하도록 할 필요성이 인정된다. 또한 법의 관련 규정 및 수질환경에 관한 일반법인 환경정책기본법의 규정 등을 종합적으로 고려할 때, 수범자인 수질오염물질을 배출하는 사업자로서는 환경부령에서 정해질 배출허용기준이 해당 지역의 수질 등급에 상응하는 수질환경기준을 유지하기에 충분한 정도를 상한으로 하고, 환경상·건강상의 위해 발생 가능성이 없다고 판단되는 정도를 하한으로 하여 설정될 것이며, 그 기준치는 생활환경기준과 오염원을 기준으로 정해질 것이라는 점을 충분히 예측할 수 있다. 따라서 구 수질환경보전법 제32조 제1항은 포괄위임입법금지 원칙에 위배되지 아니한다.

배출부과금의 산정방법과 기준은 전문적이고 과학적인 판단과 탄력적인 규율이 요구되는 영역으로 이를 모두 법률로 정하기는 어렵다고 할 것이므로 이에 대한 위임의 필요성이 인정된다. 또한 법의 관련 규정 및 배출부과금 제도의 취지 등을 고려할 때 수범자로서는 초과 배출부과금이 초과 배출량 및 그 배출기간, 수질오염물질의 종류 등 기본사항을 중심으로 지역 등의 기타 사항을 반영하여 정하여질 것이라는 점과 그 상한이 오염물질의 배출로 인한 피해액 및 오염물질 처리비용이 될 것이라는 점을 충분히 예측할 수 있다고 할 것인바 구 수질환경보전법 제41조 제1항 부분은 포괄위임입법금지 원칙에 위배되지 아니한다.

2. [재판관 2인의 반대의견]

구 수질환경보전법 제41조 제1항 부분은 초과 배출부과금의 근거 조항이며, 동법 제32조 제1항은 위 조항과 결합하여 초과 배출부과금을 부과하는 구성요건적 조항으로 작용하는바, 이와 같은 부담금 부과법규의 경우에는 포괄위임입법금지 원칙에서의 위임의 필요성과 예측 가능성 요건이 보다 엄격하게 적용되어야 한다. 그런데 동 규정들은 부과금의 산정방법 및 기준이나 배출허용기준의 구체적인 내용을 전부 대통령령이나 환경부령에서 정하도록 위임하고 있고, 관련 법조항 전체를 유기적·체계적으로 살펴보더라도 수질오염물질의 양과 질이 초과 배출부과금의 부과에 있어 일응의 기준이 될 것이라는 점 정도만 예측 가능할 뿐 구체적인 부과기준 및 산정기준에 대해서는 전혀 예측할 수가 없다. 따라서 구 수질환경보전법상 동 규정들은 포괄위임입법금지원칙에 위배된다.

해설

I. 대상결정의 의의

폐수배출시설의 배출허용기준과 배출부과금의 산정방법 및 기준을 각각 환경부령과 대통령령에서 규정하도록 전부 위임한 구 수질환경보전법의 포괄위임입법금지 원칙 여부를 판단한 대상결정은 규율의 전문성과 과학성 및 탄력성이 요청되는 환경법상 배출허용기준 등에 있어 포괄위임입법금지 원칙의 침해 여부를 판단한 사례라는 데 의의가 있다. 구 수질환경보전법상 배출허용기준 및 배출부과금의 산정방법·기준에 관한 위임규정은 현행 물환경보전법에서도 동일한 구조를 취하고 있으며(제32조 제1항, 제41조 제1항), 환경에 관한 개별법 영역에서도 배출허용기준과 배출부과금의 산정방법·기준에 관해 위임입법체계를 취하고 있다(예컨대, 대기환경보전법 제16조 제1항, 제35조 제4항). 따라서 헌법재판소의 결정에 나타난 구 수질환경보전법상 배출허용기준 및 배출부과금의 산정방법·기준의 성격과 포괄위임입법금지 원칙 위반 여부의 판단에 적용된 법리의 이해는 중요한 의미를 갖는다.

Ⅱ. 대상결정의 분석

1. 수질오염물질 배출허용기준 및 배출부과금 산정방법·기준의 성격

구 수질환경보전법상 배출허용기준은 수질오염물질의 배출농도 또는 배출량의 최대허용기준을 뜻한다. 환경정책기본법상 환경기준이 환경목표로서의 의미를 갖는 데 비해 개별법상 배출허용기준은 환경기준을 달성하기 위한 하나의 수단으로서 법적 구속력을 갖는다(송동수, 39면; 강수경, 37-38면). 배출허용기준은 환경기준, 현재 오염물질의 배출수준, 자연의 정화능력, 처리기술수준, 경제적·사회적 여건, 지역적 사정 등을 감안하여 정해진다. 대상결정에서는 수질오염물질 배출허용기준의 설정은 고도의 전문성과 과학성이 요구되는 영역으로 이를 모두 법률로써 명확하게 규정하는 것은 불가능하고 위임의 필요성이 인정된다고 보았다.

구 수질환경보전법상 배출부과금은 기본부과금과 초과부과금으로 구분되며, 그 산정기준과 방법은 대통령령에서 정하도록 규정되었다. 대상결정에서는 배출부과금의 산정방법과 기준은 전문적이고 과학적인 판단과 탄력적인 규율이 요구되는 영역으로 이를 모두 법률로 정하기는 어려우며 이에 대한 위임의 필요성이 인정된다고 보았다.

2. 수질오염물질 배출허용기준 및 배출부과금 산정기준·방법과 포괄위임입법금지 원칙

수질오염물질 배출허용기준 및 배출부과금 산정기준·방법의 법적 근거를 설정함에 있어 요청되는 전문성과 과학성 및 탄력성에 근거하여 행정입법으로의 위임의 필요성이 인정되는 경우에도 포괄위임입법금지 원칙의 한계가 준수되어야 한다.

헌법재판소와 대법원 판례는 포괄위임입법금지 원칙의 준수 여부를 국민의 예측 가능성을 기준으로 판단해왔으며(대법원 2002. 8. 23. 2001두5651 판결; 헌재 2006. 6. 29. 2004헌바8 결정), 예측 가능성이 보장되는지 여부는 법률의 위임규정 자체만이 아니라 당해 규정이 속한 법률의 전반적 체계와 관련 규정을 종합적으로 검토하여 판단하는 입장을 취하고 있다(대법원 2002. 8. 23. 2001두5651 판결; 헌재 2006. 6. 29. 2004헌바8 결정). 또한 이러한 목적론적·체계적 검토 방식이 포괄위임입법금지 원칙을 과도하게 완화할 수 있는 소지를 감안하여 침해행정과 급부행정, 규율대상 영역의 특성과 가변성 등을 고려하여 그 위반 여부를 검토한다(헌재 2002. 8. 29. 2000헌바50 결정; 대법원 2008. 6. 12. 2007다70100 판결; 이부하, 314-315면).

대상결정은 배출허용기준 및 배출부과금 산정기준·방법의 법적 근거는 고도의 전문성과 과학성이 요청되는 영역이어서 위임의 필요성이 인정되며, 법의 관련 규정 및 제도의 취지를 고려할 때 수범자의 예측 가능성이 보장되고 있다고 보아 포괄위임입법금지 원칙에 위배되지 않는다고 보았다.

Ⅲ. 대상결정의 평가

대상결정은 수질오염물질 배출허용기준 및 배출부과금 산정기준·방법의 설정에 요청되는 전문성과 과학성 및 탄력성을 고려하여 위임의 필요성을 인정하였고, 목적론적·체계적 검토를 통해 예측가능성이 보장되고 있다고 보아 포괄위임입법금지 원칙에 위배되지 않는다고 보았다.

반면 반대의견은 침해행정 영역에 해당하는 배출부과금의 부과와 그 구성요건인 배출허용기준의 법적 근거는 위임의 필요성 및 예측 가능성이 엄격하게 검토되어야 하는데, 구 수질환경보전법은 이에 관한 내용을 대통령령과 환경부령에 전부 위임하고 있으며, 목적론적·체계적 해석을 통해서도 수범자의 예측 가능성이 보장되지 않는다고 보았다.

반대의견의 견해는 배출부과금의 부과라는 침해행정 영역에 있어 법률유보원칙 및 포괄위임입법금지 원칙의 준수를 강조하고 있다는 점에서 의의가 있으나, 고도의 전문성과 과학성 및 탄력성이 요청되는 환경행정 영역의 특성을 충분히 고려하지 않은 한계가 있으며 법정의견이 타당하다고 생각된다.

참고문헌

강수경, "환경기준의 법적 성격", 법학연구 제26권 (2007)

송동수, "환경기준의 유형구분과 법적 성질", 환경법연구 제23권 제1호 (2001)

이부하, "포괄위임입법금지원칙에 대한 헌법재판소 견해의 평가", 법학논총 제29권 제2호 (2016)

[37] 배출부과금의 산정에서 배출기간의 의미

—대법원 1998. 4. 10. 98두1406 판결 —

현 준 원 (한국법제연구원)

[사실 개요]

1. 피고 도지사 乙은 원고 甲이 운영하는 사업장의 수질오염 방지시설의 운영상태를 점검하기 위하여 1996. 11. 14.과 19. 두 차례에 걸쳐 시료를 채취하여 수질검사한 결과 오염물질이 수질환경보전법상의 배출허용기준을 초과하는 것을 확인하고, 같은 달 26. 甲에게 방지시설에 대한 개선명령을 내렸다.

2. 반면 원고는 같은 달 20.까지 특별한 개선조치 없이 조업을 계속하면서 배출허용기준을 초과하는 폐수를 방출하였으나, 같은 달 21.부터는 공장가동을 중지하였고 같은 달 24. 활성 상태의 오니 27톤을 구입하여 이를 폭기조에 투입하는 개선조치를 한 후 같은 달 30.에 피고에게 개선명령 이행완료 보고를 하였다.

3. 이에 피고는 같은 달 14.부터 30.까지 중 기록상 甲이 폐수를 방류하지 아니한 날을 제외한 나머지 날에 대하여 배출부과금을 산정하여 부과하였다.

4. 그러나 원고는 개선조치를 한 같은 달 24. 이후에 피고가 다시 그 오염도 등을 조사·확인하지 않았기 때문에, 개선조치를 한 후에도 당초와 동일하게 배출허용기준을 초과한 오염물질을 배출한 것으로 단정할 수 없음에도 불구하고 같은 달 30.까지 배출부과금을 산정하여 부과한 것은 위법하므로, 개선조치를 한 24. 이후, 즉 25.부터 30.까지에 대하여 부과된 배출부과금을 취소하라는 취지로 소송을 제기하였다.

[판결 요지]

1. 개선명령이 있기 전에 스스로 개선을 완료한 경우에는 사업자가 개선 사실을 보고할 법적인 근거가 없음에도 불구하고, 그러한 사업자로 하여금 개선명령을 받은 후 개선완료 사실을 보고하도록 하여 그 보고한 날까지를 배출기간으로 한 배출부과금을 부과한다면, 사업자는 실제로 배출허용기준을 초과하는 오염물질을 배출하지 아니한 기간에 대하여도 배출부과금을 부담하게 되는 부당한 결과가 되는 점을 고려하여, 이러한 경우에는 장차 있을 개선명령의 내용대로 개선작업을 사실상 완료한 때까지를 배출기간으로 보아 배출부과금을 산정하여야 한다.

2. 당해 사업자가 개선명령이 있기 이전인 1996. 11. 24. 활성 상태의 오니를 폭기조에 투입하였다고 하더라도, 그것만으로는 실제로 오염물질이 배출허용기준 이하로 배출되어 개선작업이 사실상 완료되었다고 보기는 어렵고, 따라서 위 사업자가 같은 해 11. 30.

지방자치단체장에게 개선명령 이행완료 보고를 하여 위 지방자치단체장으로부터 이를 확인받았을 뿐, 그 이전에 달리 오염물질의 재점검이 이루어진 바가 없는 이상, 당초의 오염물질 배출량을 기준으로 하여 같은 해 11. 30.까지의 배출기간에 대한 배출부과금을 산정하여야 하는 것이고, 같은 해 11. 24. 이후 위 지방자치단체장이 오염물질 배출량을 재점검하지 않았다고 하여 그 이후의 기간에 대하여 당초의 오염물질의 배출량을 기준으로 배출부과금을 산정할 수 없는 것은 아니다.

해설

I. 대상판결의 의의 및 쟁점

원인자부담의 원칙에 따라 수질오염물질(폐수)을 배출하는 사업자는 그로 인한 수질오염 또는 수생태계 훼손을 방지하거나 감소시키기 위하여 발생하는 사회적 비용을 부담하여야 할 것이며, 이러한 비용을 각각의 사업자에게 그 기여분에 상응하게 분담시키는 방법이 현행 물환경보전법 제41조(대상판결 당시의 시행법률을 기준으로는 수질환경보전법 제19조)에 따른 배출부과금제도라고 할 수 있다. 배출부과금은 또한 기본부과금과 초과부과금으로 구분되는데, 기본부과금은 배출허용기준을 초과하지는 않으나 방류수 수질기준을 초과하는 경우에 오염물질배출량과 배출농도 등에 따라 부과되며, 초과부과금은 배출허용기준을 초과한 경우에 사업장 규모와 배출되는 오염물질의 처리비용에 상응하는 금액이 부과된다(현행 물환경보전법 제41조 제1항; 구 수질환경보전법시행령 제13조).

대상판결은 배출허용기준을 초과하여 수질오염물질을 배출한 사례로서, 부과될 초과부과금의 산정기준, 특히 초과부과금이 산정되는 일수와 관련한 다툼에 관한 것이다. 당시 수질환경보전법시행령 제16조 제1항은 초과부과금을 일일 배출허용기준을 초과한 오염배출량에 상응하는 부과금액에 배출기간의 일수를 곱하여 산정하도록 규정하고 있었으며, 배출기간을 계산하는 방법의 하나로 오염물질이 배출되기 시작한 날이나 이를 알 수 없는 경우에는 기준초과 여부를 검사하기 위하여 오염물질을 채취한 날부터 개선명령 등의 이행 완료 예정일까지를 배출기간으로 산정할 수 있도록 규정하고 있었다(현행 물환경보전법에 따른 초과부과금 산정방법은 구 수질환경보전법에 따른 그것에 비하여 다양한 요소들을 고려하고 있어 다소 복잡해지긴 하였으나 일일 기준초과배출량에 배출기간의 일수를 곱하여 산정하고, 오염물질이 배출되기 시작한 날이나 이를 알 수 없는 경우에는 기준초과 여부를 검사하기 위하여 오염물질을 채취한 날부터 개선명령 등의 이행 완료 예정일까지를 배출기간으로 산정하는 기본적인 원리는 동일하다).

반면 대상판결의 원고는 개선조치를 시행한 이후부터는 배출허용기준을 초과하지 않았을 가능성이 높은데, 피고가 개선조치 이후 수질오염물질 배출에 대한 재점검을 하지도 않고서 개선명령 이행완료 보고서를 제출한 날까지를 배출허용기준을 초과한 날로 간주하고 초과부과금을 부과한 것은 위법하다는 취지로 소송을 제기한 것이다.

즉 원고는 배출허용기준 초과가 적발된 날(기준 초과 여부를 검사하기 위하여 오염물질을 채취한 날)부터 개선조치가 이루어진 날(활성 상태의 오니를 구입하여 폭기조에 투입한 날)까지에 대한 초과부과금을 부과한 것에 대해서는 이의가 없으나, 개선조치가 이루어진 다음 날부터 개선명령 등의 이행완료예정일(개선명령 이행 완료 보고서를 제출한 날)까지의 기간 동안은 배출허용기준을 준수하게 되었을 가능성이 있음에도 불구하고 그 초과 여부를 확인하지도 않고 초과부과금을 부과한 것은 위법하니 이를 취소해달라는 주장을 하는 것이다.

행정청이 개선명령이나 초과부과금 부과와 같은 처분을 할 때는 당사자에게 그 근거와 이유를 제시하여야 하는 것이 행정절차법 제23조가 규정하고 있는 원칙이다. 그러하기에 배출허용기준을 초과하였는지 여부를 확인할 수 없었던 기간까지에 대해서도 초과부과금을 부과하는 것이 합리적이지 않다는 원고의 주장이 일견 설득력이 있는 것처럼 보일 수도 있다. 그러나 항시 시료를 채취하여 배출허용기준 초과 여부를 확인할 수 없는 현실적 문제가 있으므로 입법으로 그 산정기간을 당사자가 더 이상 배출허용기준을 초과하지 않게 되었다는 것을 입증한 기간, 즉 개선명령에 대한 이행 완료를 보고한 시점까지를 배출허용기준을 초과한 기간으로 보겠다는 취지를 명시적으로 규정하고 있는 경우에도 원고의 주장이 설득력을 갖는 것인지는 의문이 있다. 이에 대하여 법원은 합리적인 이유 없이 입법된 내용과 달리 초과부과금의 산정기간을 달리 산정할 수 있는 것은 아니며, 특히 더 이상 배출허용기준을 초과하지 않게 되었다는 점은 행정청이 확인할 책임을 지는 것이 아니고 오히려 오염물질을 초과배출한 자가 입증하여야 한다는 점을 확인해 주었다고 이해할 수 있으므로 본 대상판결이 중요한 의미를 갖는다고 할 수 있다.

Ⅱ. 대상판결의 분석

1. 배출부과금의 성격

일반적으로 행정법상의 의무를 위반한 자에 대하여 당해 위반행위로 얻게 된 경제적 이익을 박탈하기 위한 목적으로 부과하는 금전적인 제재로 정의되는 과징금(대법원 2002. 5. 28. 2000두6121 판결)은 실정법상 다양한 명칭으로 사용되고 있으며, 배출부과금도 그 일종으로 이해되는 것이 일반적이다. 그러나 과징금은 이론적으로 정립된 개념이 있다고 보기 어려워 그 실체가 명확하지 않은 것도 사실이다(조성규, 59면). 때문에 현행 법률에서는 경제적 부당이익을 환수하기 위한 과징금, 영업정지에 갈음하는 과징금, 순수한 금전적 제재로서의 과징금 등 다양한 유형의 과징금 제도가 존재하고, 그 부과금액도 부당이득액만을 고려하는 것이 아니라 위반행위의 가벌성과 책임을 함께 고려한 기준에 따르는 경우가 많다(이준서·양태건, 44면). 결국 배출부과금은 오염물질을 초과배출하여 얻게 된 부당이득만을 기준으로 그 금액을 산정하여야 하는 것은 아니고, 비례의 원칙 등을 현저하게 위반하지 않는 범위 내에서 입법재량으로 다양한 고려를 통해 산정하는 것도 가능하다고 할 것이다.

2. 개선명령의 이행을 입증할 책임

어떠한 의무위반으로 인하여 개선명령이 명해진 경우 그 개선이 이행되어 더 이상 의무위반상태가 아님을 입증할 책임은 누가 지는 것인지에 대한 의문이 있을 수 있다. 이에 대한 일반적인 이론이나 판례가 보이지 않으므로, 해답은 사안별로 관련 법규정을 해석함으로써 유추해 보아야 할 것 같다. 대상판결의 사안에서와 같이 물환경보전법 제39조에 따라 배출허용기준을 초과하여 개선명령을 받은 경우에 당해 사업자는 동법 시행령 제40조 제1항에 따라 개선 사유, 기간, 내용 등이 담긴 개선계획서를 제출하여야 한다. 이는 대상판결이 있었던 당시의 수질환경보전법령에서도 마찬가지로 규정하고 있었다. 즉 개선명령이 있는 경우 그 개신내용과 기간 등을 작성하여 제출하도록 한 법규정의 취지는 그 개선의 의무뿐만 아니라 개선이 이루어졌음을 입증할 책임도 개선명령을 받은 자에게 지우고 있는 것으로 이해함이 옳을 것으로 보인다.

Ⅲ. 대상판결의 평가

대상판결은 개선조치가 이루어진 이후 실제로 더 이상 배출허용기준을 위반하지 않게 된 개선이 이루어졌음을 행정청이 확인하지도 않은 채 개선계획서에 따른 개선완료일까지 초과부과금을 부과하는 것은 위법하다는 원고의 주장을 기각하면서, 배출부과금이 반드시 배출허용기준을 위반함으로써 얻게 된 부당이득과 일치해야만 하는 것은 아니고, 특히 (적어도 물환경보전법상 개선명령의 경우엔) 개선명령에 따른 개선이 이루어졌는지 여부는 개선명령을 받은 상대방이 입증하여야 한다는 점을 간접적으로나마 확인하여 줬다는 점에서 의미를 갖는다고 평가할 수 있다.

참고문헌

이준서·양태건, "행정의 실효성 확보 수단에 관한 법제 정비방안 연구", 한국법제연구원 연구보고서 (2017)
조성규, "과징금의 법적 성격에 대한 시론적 고찰", 행정법연구 제55권 (2018)

[38] 환경피해소송에서의 인과관계

— 대법원 2012. 1. 12. 2009다84608, 84615, 84622, 84639 판결 —

류 권 홍 (원광대학교)

[사실 개요]

1. 원고는 피고가 운영하는 수도권매립지 인근 해역 어장에서 허가를 받아 연안어업 등에 종사하여 온 사람들이고, 수도권매립지의 운영을 담당하는 공기업인 피고는 1992년경부터 2005년경까지 수도권매립지에 연평균 7,203,000톤의 폐기물을 반입·매립하였다.

2. 피고는 같은 기간 동안 수도권매립지에 폐기물을 매립하는 과정에서 발생되는 유기물질·질소·고형물질 등 고농도 침출수를 배출하게 되었는데, 이를 2개의 침출수 정화처리장을 통하여 정화 처리한 후, 정화 처리된 침출 처리수를 외부 배출구를 통하여 수도권매립지 인근 하천에 배출하였다.

3. 위 하천으로 배출된 침출 처리수는 위 하천 유수와 합류하여 약 2.5km 떨어진 하류의 유수지에 일정 기간 저류되었다가 유수지의 수위가 일정 높이로 올라가면 간헐적으로 썰물시 배수갑문의 개방에 따라 바다로 방류되었다.

4. 원고는 피고가 1992년경부터 수도권매립지를 운영하면서 침출수를 제대로 정화 처리하지 않은 채 배출하여 원고의 조업 장소인 이 사건 어장에 유입되게 함으로써 어장을 황폐화하였고, 이로 인하여 어장에서 수산동물을 채취하여 생활하던 원고에게 영업 손실을 입혔다고 주장하면서 불법행위를 원인으로 하는 손해배상청구소송을 제기하였다.

[판결 요지]

일반적으로 불법행위로 인한 손해배상청구사건에서 가해행위와 손해 발생 간의 인과관계의 증명책임은 청구자인 피해자가 부담하나, 대기오염이나 수질오염에 의한 공해로 인한 손해배상을 청구하는 소송에서는 기업이 배출한 원인 물질이 대기나 물을 매체로 하여 간접적으로 손해를 끼치는 수가 많고 공해문제에 관하여는 현재 과학수준으로도 해명할 수 없는 분야가 있기 때문에 가해행위와 손해 발생 사이의 인과관계를 구성하는 하나 하나의 고리를 자연과학적으로 증명한다는 것이 매우 곤란하거나 불가능한 경우가 많다. 그러므로 이러한 공해소송에서 피해자에게 사실적인 인과관계의 존재에 관하여 과학적으로 엄밀한 증명을 요구한다는 것은 공해로 인한 사법적 구제를 사실상 거부하는 결과가 될 수 있는 반면에, 가해기업은 기술적·경제적으로 피해자보다 훨씬 원인조사가 용이한 경우가 많을 뿐만 아니라 원인을 은폐할 염려가 있기 때문에, 가해기업이 어떠한 유해한 원인물질을 배출하고 그것이 피해물건에 도달하여 손해가 발생하였다면 가해자

측에서 그것이 무해하다는 것을 증명하지 못하는 한 책임을 면할 수 없다고 보는 것이
사회형평의 관념에 적합하다.

해설

Ⅰ. 대상판결의 의의 및 쟁점

환경침해에 따른 손해배상청구소송에서 인과관계에 대한 문제는 소송의 승패를 좌우
하는 가장 중요한 쟁점이다. 대상판결에서 대법원은 인과관계의 입증책임에 대한 신개연성
설을 재차 확인하면서, 유해물질의 배출·유해물질의 도달·피해의 발생에 대한 입증 정도에
대한 기준을 구체화하고 있다. 또한, 원고가 신개연성설에 따른 인과관계의 입증에 필요한
요건들을 증명했을 때 피고가 해당 인과관계를 부정하기 위해 증명해야 하는 반증의 정도
를 밝히고 있다.

Ⅱ. 대상판결의 분석

1. 신개연성설에 따른 인과관계의 요건

원심과 대상판결은 모두 대법원 1984. 6. 12. 81다558 판결(진해화학 사건)에서 설시된 인
과관계에 대한 신개연성설에 따라 피고가 운영하는 수도권매립지로부터 유해한 오염물질이
포함된 침출 처리수를 배출하고, 그 오염물질이 원고들이 조업하는 어장에 도달하였으며,
그 이후에 어장이 오염되어 어획량이 감소하는 등의 피해가 발생한 사실이 각 모순 없이 증
명되면 피고의 침출 처리수 배출과 어장에서 발생한 피해 사이의 인과관계가 일응 증명되
는 것으로 보고 있다.

2. 유해물질의 배출에 대한 입증의 정도

원심 판결은 피고가 배출한 침출 처리수는 유해물질을 포함하고 있으며, 이로 인해 환
경피해가 발생할 가능성은 인정하면서도 그 기여 정도는 극히 미미하다고 판단하여 인과관
계를 인정하지 않았다.

특히 원심 판결은 침출 처리수 배출에 관한 폐기물관리법 시행규칙이 정하는 침출 처
리수허용기준의 모든 항목에서 그 기준에 미달된다는 사실, 방류 전후 수질 변화의 측정 결
과 유수자의 물 배출로 인해 해양이 오염되었다고 단정하기 어렵고 방류 이후 한강담수 유

입지점에서 오염물질이 가장 높게 나타나고 배수갑문 인접 지점으로 내려오면서 오히려 낮아진다는 사실, 침출 처리수 외의 한강 담수의 유입 및 인근 하천 또는 다른 매립지 등에서의 유수가 유입되었다는 사실, 피고가 침출 처리수를 배출하는 기간 동안 어장 부근에서 인천국제공항 건설을 위한 호안 및 준설공사를 포함한 다수의 대규모 공공사업들이 진행된 사실 등을 종합하여, 피고가 침출수 처리장을 가동하는 동안 침출수에 포함된 오염물질을 제대로 정화, 처리하지 않고 배출하였고 그것이 해양으로 유입되어 어장에 피해를 미쳤다 하더라도 그 기여 정도는 극히 미미한 것으로 판단하며 인과관계를 부정하였다.

반면, 대상판결은 오염물질의 농도가 배출허용기준에 미달할지라도 그 사정만으로는 침출 처리수가 어장에 피해를 끼칠 수 없다는 사실이 증명되었다고 볼 수 없고, 오염물질의 정도와 오 염여부에 대한 사항은 피고의 반증 사항이며 그 반증이 성공한 것으로 보기 어렵다고 판시하고 있다. 또한, 대상판결은 감정서 등에 따르면 적어도 피고가 배출한 침출 처리수에 오염물질이 포함되어 있는 사실을 인정할 수 있으므로 피고의 오염물질 배출 사실은 일응 증명된 것이라고 판시하고 있다.

3. 유해물질의 도달 및 피해의 발생에 대한 입증의 정도

원심 판결은 감정인들의 유해물질 도달에 대한 감정 결과의 신뢰성에 의심이 있다는 이유로 도달 및 피해 발생에 대해 부정하였으며, 원고 주장의 손해에 대하여 침출 처리수가 배출허용기준보다 낮은 수준으로 배출되고 있다는 점, 수도권매립지의 공공성, 피고의 환경개선을 위한 조치, 원고 또한 수도권매립지로 인해 혜택을 볼 수 있다는 점 등을 이유로 수인한도 내의 손해라고 판시했다.

이에 대해 대상판결은 감정 결과는 감정 방법 등이 경험칙에 반하거나 합리성이 없는 등의 현저한 잘못이 없는 한 이를 존중하여야 하며(대법원 2009. 7. 9. 2006다67602, 67619 판결 등), 법원은 감정인의 감정 결과 일부에 오류가 있는 경우에도 그로 인하여 감정 사항에 대한 감정 결과가 전체적으로 서로 모순되거나 매우 불명료한 것이 아닌 이상, 감정 결과 전부를 배척하여야 할 것이 아니라 그 해당되는 일부 부분만을 배척하고 나머지 부분에 관한 감정 결과는 증거로 채택하여 사용할 수 있으므로 해당 감정을 통해 유해물질의 도달 사실과 오염물질의 유해성을 인정할 수 있고, 피해 발생 사실 또한 증명되었다고 판시하고 있다.

Ⅲ. 대상판결의 평가

신개연성설에서의 '개연성'이 가능성, 개연성 그리고 통상인이라면 의심을 품지 않을 정도의 고도의 개연성 중 어느 정도를 의미하느냐에 대한 해석의 문제이며, 동시에 법관의 자유심증주의와도 관련되는 쟁점이다.

원심 판결과 대상판결의 차이는 인과관계의 각 요소에 대한 입증의 정도에 대한 것이고, 원심 판결은 '개연성'을 '고도의 개연성'으로 보는 반면, 대상판결은 개연성의 정도를 '고도의 개연성보다는 상당히 낮게' 보고 있다.

가능성(Possible)과 개연성(Probable) 그리고 고도의 개연성(Proven)을 수치화하여 구분하기는 어렵지만, 대상판결에 따르면 신개연성설에서의 개연성은 단순한 가능성 수준은 넘어야 하지만, 통상인이 의심을 품지 않을 정도의 고도의 개연성을 의미하는 것은 아니다. 즉, 합리적인 믿음이 형성될 정도의 증명이라면 환경침해에 따른 손해배상에서의 인과관계는 일응 추정되는 것이다.

대상판결과 같이 해석하는 것이 환경소송에서 피해자의 인과관계 입증에 대한 어려움을 덜어준다는 취지와 부합하며, '개연성'을 확정적 심증에 이르는 '고도의 개연성'으로 엄격히 해석하게 되면 신개연성설은 인과관계의 요소를 구분하는 것 이상의 의미를 찾기 어렵게 된다.

사회정의와 형평의 이념에 입각하여 논리와 경험의 법칙에 따라야 한다는 자유심증주의와 신개연성설의 관계는 신개연성설에 따른 인과관계의 판단을 사회정의와 형평의 이념에 부합하는 논리 및 경험법칙으로 본다면 자연스럽게 해소될 문제이다.

참고문헌

신원일, "환경침해와 인과관계의 증명 – 판례 법리의 비판적 검토 및 환경오염피해구제법 제9조의 전망에 대하여", 민사판례연구 제39권 (2017)

전경운, "환경소송에서 인과관계의 입증에 관한 소고", 환경법연구 제32권 제2호 (2010)

한지형, "공해소송에서 법원의 인과관계 판단 – 대법원 2012. 1. 12. 선고 2009다84608, 84615, 84622, 84639 판결", 민사법연구 제24집 (2012)

[39] 하수도 원인자부담금 부과처분 취소

— 대법원 2008. 3. 20. 2007두6342 전원합의체 판결 —

박 창 신 (법무법인(유한) 강남)

[사실 개요]

1. 한국토지공사는 1992. 12. 28. 피고 수원시장으로부터 수원시 3,286,325㎡에 관하여 택지개발계획 승인을 받아 택지개발사업을 시행하던 중, 1995. 12. 15. 피고와 사이에 하수처리장사업의 사업비 분담 등을 정하기 위한 수원시 하수처리장 건설비용 분담협약을 체결하였다. 당시 한국토지공사는 수원시 영통지구의 계획급수인구를 103,000명(단독주택 급수인구 4,995명, 공동주택의 급수인구 98,013명)으로, 1일 계획급수량을 51,500㎥/일(103,000명×0.5㎥/일), 1일 계획최대오수량을 대략 47,400㎥(103,000명×0.46㎥/일)으로 각 산정하였다. 한국토지공사는 협약에 따라 피고에게 1995. 12. 22. 하수처리장 건설사업비의 분담금 16,158,533,000원, 1998. 10. 23. 차집관거 건설공사비 3,034,554,000원, 2002. 9. 26. 용지비 1,263,695,670원을 각 납부하였다.

2. 이후 원고는 1998. 5. 16. 한국토지공사로부터 수원시 소재 토지를 매수하여, 2003. 6. 21. 피고로부터 위 토지 위에 건축면적 137.40㎡, 건축연면적 674.79㎡의 지상 6층 근린생활시설에 대한 건축허가를 받아 건물을 신축하였다. 피고는 위 건축허가 당시 "하수종말처리구역 내에서 오수처리시설을 설치하지 않는 건축물은 완공 이전까지 하수도시설원인자부담금을 납부하고 사용승인 신청시 그 납부영수증 사본을 제출하셔야 합니다"라는 허가조건을 부가하였고, 원고가 건물에 대한 사용승인을 신청하자, 2004. 5. 13. 원고에게 하수도원인자부담금 14,932,620원을 납부하라는 납입고지서를 발부하였다.

3. 원고는 2005. 5. 12. 피고의 하수도원인자부담금부과처분에 관하여 무효확인을 구하는 소를 제기하면서, 피고가 한국토지공사로부터 건물이 위치한 택지개발사업지구에 관하여 하수도원인자부담금을 모두 지급받았음에도 건물의 사용승인과 관련하여 원고에게 다시 하수도원인자부담금을 부과한 이 사건 처분은 이중부과에 해당되어 위법하고, 위법의 정도가 중대·명백하므로 무효라고 주장하였다.

[판결 요지]

구 하수도법(2006. 9. 27. 법률 제9014호로 전문 개정되기 전의 것) 제32조 제2항 및 구 수원시 하수도사용조례(2007. 1. 3. 조례 제2659호로 개정되기 전의 것) 제17조 제2항 제2호 (나)목 (1)에서 타행위로 인하여 필요하게 된 공공하수도에 관한 공사에 요하는 비용의 전부를 타행위자가 부담하도록 한 것은, 타행위에 해당하는 사업으로 인하여 발생할 것이 예상되는 하수를 처리하는 데 필요한 공공하수도 설치에 소요되는 비용에 대하여는 그 원인을 조성한 타행위자로 하여금 이를 부담하게 하려는 데 그 취지가 있으므로, 이러한 타행위자가 그 사업으로 인하여 발생할 것으로 예상되는 하수의 처리에 필요한 공공하수도 공사비용을 부담한 부분에 대하여는 이와 별도로 하수도법 제32조 제4항 및 이 사건 조례 제17조 제2항 제4호에 따른 원인자부담금을 부과할 수 없다. 그리고 이러한 타행위에 해당하는 사업의 기본 또는 실시 설계보고서에 반영된 하수량은 당해 사업으로 조성된 토지의 이용을 포함하여 사업계획에 따라 그 사업을 시행할 경우에 발생할 것으로 예상되는 하수량을 의미하고, 여기에는 당해 사업으로 조성된 토지에 그 사업계획에서 정해진 규모 및 용도에 따라 건축할 건축물로부터 발생할 것으로 예상되는 하수량도 포함된다. 따라서 건축물에 관하여 공공하수도 공사비용을 부담한 부분에 대하여도 마찬가지다

해설

Ⅰ. 대상판결의 쟁점

대상판결에서 한국토지공사가 하수도법 제32조 제2항에 따른 원인자부담금을 부담하였는데, 한국토지공사가 부담한 원인자부담금에 원고가 건축할 건축물에서 발생하는 하수로 인한 비용이 포함되었는지가 문제되었다.

Ⅱ. 대상판결의 분석

1. 부담금관리기본법의 이중부과금지원칙

부담금의 남설 및 증설을 억제하고 부담금의 지속적인 정비를 통하여 국민의 불편을 최소화하며 기업의 경제활용을 촉진하기 위한 목적 하에 제정된 부담금관리기본법은 제2조에서 부담금을 "중앙행정기관의 장, 지방자치단체의 장, 행정권한을 위탁받은 공공단체 또는 법인의 장 등 법률에 따라 금전적 부담의 부과권한을 부여받은 자가 분담금, 부과금, 기여금, 그 밖의 명칭에도 불구하고 재화 또는 용역의 제공과 관계없이 특정 공익사업과 관련하여 법률에서 정하는 바에 따라 부과하는 조세 외의 금전지급의무"라고 규정하고 있다. 부담금관리기본법은 제3조에서 부담금을 "별표에 규정된 법률에 따르지 아니하고는 설치할 수 없다"고 규정하면서, 별표 제79호에서 "하수도법 제61조에 따른 원인자부담금"을 규정하고 있다. 또한 부담금관리기본법 제4조는 "부담금 부과의 근거가 되는 법률에는 부과요건을 구체적이고 명확하게 규정되어야 한다."는 부담금법정화 원칙을 규정하고 있고, 동법 제5조

제1항은 "특별한 사유가 없으면 하나의 부과대상에 이중으로 부담금이 부과되어서는 아니 된다"는 이중부과금지원칙을 규정하고 있다.

2. 하수도 원인자부담금에 관한 요건과 이중부과 가능성

부담금관리기본법의 내용에 따라 하수도 원인자부담금에 관한 하수도법(2006. 9. 27. 법률 제9014호로 전문 개정되기 전의 것) 제32조(현행 하수도법 제61조)는 부과요건을 구체적이고 명확하게 규정하고 있어야 하고, 특별한 사유가 없는 한 이중으로 부담금이 부과되지 않도록 규정하고 있어야 한다.

하수도법(2006. 9. 27. 법률 제8014호로 전문 개정되기 전의 것) 제32조 제2항에서 규정하고 있는 하수도 원인자부담금의 요건은 (1) 공사 또는 행위의 존재, (2) 공공하수도에 관한 공사비용 발생, (3) 공사 또는 행위와 공공하수도 공사비용 사이의 인과관계이다. 반면 하수도법(2006. 9. 27. 법률 제8014호로 전문 개정되기 전의 것) 제32조 제4항에서 규정하고 있는 하수도 원인자부담금의 부과요건은 (1) 하수종말처리시설의 사용개시 후 그 하수처리구역 내 오수를 배출하는 건물 등 또는 수세식화장실의 설치, (2) 오수처리시설 또는 단독정화조의 미설치, (3) 오수처리시설 또는 단독정화조의 미설치로 인한 공공하수도에 미치는 영향 존재이다. 위 요건을 토대로 보면, 사실관계에 따라 위 두 하수도 원인자부담금의 요건은 양립가능할 수도 있고 경합할 수도 있는바, 경합하는 경우 둘 중 하나의 원인자부담금을 부과받았다면 다른 하나의 원인자부담금을 부담하지 않게 된다.

3. 하수도 원인자부담금부과처분의 당연무효성

법원은 한국토지공사가 실시한 사업의 기본 또는 실시설계보고서에 반영된 하수량은 사업으로 조성된 토지에 사업계획에서 정해진 규모 및 용도에 따라 건축할 건축물로부터 발생될 것으로 예상되는 하수량도 포함되므로 한국토지공사가 하수도법 제32조 제2항에 따른 하수도 원인자부담금을 부담한 이상, 원고의 건물 신축으로 인한 하수도법 제32조 제4항에 의한 하수도 원인자부담금의 부과사유는 소멸되었음에도 불구하고 피고가 원고에 대하여 부과한 하수도 원인자부담금 부과처분은 이중부과에 해당하고 이는 하자가 중대하고 객관적으로 명백하므로 당연무효라고 판단하였다. 대상판결은 부담금관리기본법에서 규정하는 부담금 법정화원칙 및 이중부과금지원칙에 충실한 것으로 보인다.

Ⅱ. 대상판결의 평가

앞서 본 바와 같이 사안의 경우 법원의 판결은 타당하다고 보이나, 모든 경우에 적용가능하다고 보기는 어려울 수 있다. 만약 한국토지공사가 부담한 하수도 원인자부담금에 원고가 부담하여야 할 하수도 원인자부담금이 포함되어 있지 않다고 가정해보자. 인구가 감소하는 추세에 있는 경우나 인구의 사회적 이동으로 인하여 공동화되고 있는 경우 또는 계획과 달리 미분양이 장기간 이루어지는 경우라면, 타공사 또는 타행위로 인하여 공공하수도에 관한 공사에 요하는 비용이 발생하지 않을 수도 있다. 왜냐하면 기존에 설치된 공공하수도시설의 실제 사용량이 계획용량에 현저히 미치지 못할 수 있으므로 기존 공공하수도시설의 증축 또는 공공하수도시설의 신축이 필요하지 않을 수도 있기 때문이다.

하수도법(2006. 9. 27. 법률 제9014호로 전문 개정되기 전의 것) 제28조(현행 하수도법 제57조)는 "공공하수도에 관한 비용"은 "당해 공공하수도관리청이 속하는 지방자치단체의 부담"으로 하는 것을 원칙으로 규정하고 있고, 현행 하수도법 제61조 제4항에서 원인자부담금의 용도를 공공하수도의 신설, 증설, 이설, 개축 및 개수 등 공사에 드는 비용으로만 사용할 수 있도록 제한하고 있는 점을 고려하여 보면, 더더욱 하수도 원인자부담금을 부과하기 위해서는 "공사 또는 행위와 공공하수도 공사비용 사이의 인과관계"가 인정되어야 할 것이다. 수도법상의 원인자부담금과 관련하여, 신축 건축물로 인하여 증가하는 수도 사용량이 기존 수도시설의 용량을 벗어나지 않아 신설이 필요하지 않다 하더라도 유량이 증가하면 기존 송수관의 유지관리비용이 증가할 것이 예상되고 또한 향후 증설이 예상되는바 이런 유지관리비용 및 향후의 증설비용을 충당하기 위하여 원인자부담금을 징수하는 것은 적법타당하다는 취지의 지방자치단체의 주장(서울고등법원 2015. 2. 6. 2014누45514 판결)이 있었던바, 아직 발생하지 않은 비용에 관하여 부담시킬 수 있는지 여부, 기설치된 시설에 관한 비용(증설·개조를 제외)을 부담시킬 수 있는지 여부, 단순히 비용발생가능성만으로 비용을 부과할 수 있는지 여부에 관한 문제는 하수도 원인자부담금에서도 마찬가지이다.

이에 침익적 행정행위의 해석에 관하여 엄격해야 한다는 기존 대법원의 판결례에 비추어보면, 사안의 판결내용에 원인자부담금의 부과요건으로서 실제 비용이 발생하는지 여부 및 행위와 비용 사이의 인과관계에 관한 판단이 추가되어야 일반적으로 적용가능할 것이다.

참고문헌

김경란, "구 하수도법 제32조 제2항에 규정된 '타행위로 인하여 필요하게 된 공공하수도'의 의미와 원인자부담금의 부과대상", 대법원판례해설 73호 (2008)

하종대, "타행위자인 사업시행자가 하수도법 제32조 제2항 및 진해시 하수도사용조례에 따라 타행위로 인한 공공하수도 공사비용을 부담한 경우, 이와 별도로 같은 법 제32조 제4항에서 정한 원인자부담금을 부과할 수 있는지", 대법원판례해설 52호 (2005)

조홍식, 『판례환경법』, 박영사 (2012)

[40] 수돗물 공급 정액공사비에 관한 조례 및 고시의 효력

— 대법원 2006. 6. 22. 2003두8128 전원합의체 판결 —

김 대 인 (이화여자대학교)

[사실 개요]

1. 원고는 주택개량재개발조합 설립인가 및 사업시행인가를 받은 재개발조합이다. 원고는 주택개량재개발사업을 시행하면서 상수도에 관한 인가조건에 기재된 공사를 완공한 뒤, 재개발사업결과 완공된 아파트(임대아파트, 일반아파트)와 상가 등 부대시설에 수돗물을 공급받기 위하여 피고(서울남부수도사업소장)에게 급수신청을 하였다.

2. 이에 대하여 피고는 원고에게 14억여 원의 급수공사비부과처분(이하 '이 사건 처분')을 하였다. 이 사건 처분을 하면서 피고는 서울특별시수도조례(2007. 1. 2. 조례 제4466호로 개정되기 전의 것) 제9조 제1항을 근거로 하여 배수관의 일종인 간선배관에 관한 공사비를 포함하여 급수공사비를 산정하였다{서울특별시수도조례(2007. 1. 2. 조례 제4466호로 개정되기 전의 것) 제8조 제1항에 따르면 "계획급수 지역 내에서의 공사비는 제10조의 규정에 의하여 고시하는 세대당 또는 건축 단위면적당 일정한 금액(이하 "정액공사비"라 한다)으로 한다. 다만, 공사의 거리 및 난이도에 따라 공사에 소요되는 비용이 정액공사비의 150%를 초과하는 경우에는 정액공사비 외에 150%를 초과하는 부분의 비용을 가산하여 납부하여야 한다."고 한다. 같은 조례 제9조 제1항에서는 "정액공사비는 재료비, 노무비, 도로복구비, 양수기대금, 일반행정관리비 및 수수료(자재검사, 준공검사, 설계수수료 포함 등) 등 공사에 소요되는 비용을 합산한 금액으로 하되 일정기간 시행된 공사의 평균치를 기준으로 하여 산출한다."고 한다}.

3. 피고는 또한 '신규 급수공사 정액제 실시고시'(1981. 8. 10. 서울특별시고시 제290호)의 정액제 공사비 기준(주거용 건축물의 경우: 세대당 29만 원, 일반건축물의 경우: 연건축면적이 165㎡ 미만인 때는 29만 원, 165㎡ 이상인 때는 ㎡당 1,800원)에 따라 급수공사비를 산정하였다.

4. 원고는 이 사건 처분의 근거가 된 서울특별시수도조례 제9조 및 서울특별시 고시가 헌법 및 수도법 등 상위법에 위반되는 무효의 규정이라고 주장하면서 이 사건 처분에 대해서 취소소송을 제기하였다.

[판결 요지]

1. 구 수도법(2002. 12. 26. 법률 제6828호로 개정되기 전의 것: 이하 구 수도법) 등 관계 법령에 다른 특별한 규정이 없는 한, 수도사업자인 지방자치단체는 수도의 설치비용을 자신이 부담하여야 하고, 다만 급수장치에 관한 공사의 비용부담에 관하여는 이를 조례로 정하도록 되어 있을 뿐이므로, 수도사업자인 지방자치단체가 급수장치에 관한 공사

의 비용부담에 관한 규정을 조례로 정하면서 급수장치가 아닌 수도시설의 설치비용을 급수공사를 하고자 하는 자에게 부담시키는 것은 상위법령인 구 수도법 제23조 및 제52조의2 제1항의 규정에 위반된다.

2. 배수관의 일종인 간선배관에 관한 공사비를 급수장치에 관한 정액공사비의 산출요소에 포함시켜 급수공사를 하고자 하는 자에게 부담시키도록 정한 서울특별시 수도조례 제9조 제1항은 상위법령인 구 수도법 제23조 및 제52조의2 제1항의 규정에 위반되어 그 효력이 없다.

3. 서울특별시의 '급수공사 정액제 실시고시'(1981. 8. 10. 서울특별시고시 제290호)는 주거용 건축물에 대한 부분뿐만 아니라 일반건축물에 대한 부분도 그 효력이 없는 서울특별시 수도조례 제9조 제1항에 정한 바대로 간선배관에 관한 공사비를 정액공사비의 산출요소에 포함시켜 산정한 급수공사비를 정액공사비로 고시하였으므로, 그 전부가 효력이 없다.

해설

I. 대상판결의 의의 및 쟁점

대상판결은 수도조례 및 고시만을 근거로 하여 간선배관(배수지 또는 배수펌프로부터 급수수요가 많은 아파트 단지나 대형 빌딩 등을 이어주는 배수관)의 설치비용을 수요자에게 부담시켜 온 기존관행이 잘못되었다는 점을 지적하였다는 점에서 의미가 크다고 할 수 있다. 대상판결은 단독주택, 공동주택 등 다양한 유형의 건물에 대한 수도관련 공사비 부담에 영향을 미치게 되었다는 점에서도 중요성을 인정할 수 있다(하종대, 1069면).

대상판결과 원심판결(서울고등법원 2003. 6. 27. 2002누11303 판결)에서는 크게 두 가지 쟁점이 논의되었다. 첫째, 배수관의 일종인 간선배관에 관한 공사비를 급수장치에 관한 정액공사비의 산출요소에 포함시켜 급수공사를 하고자 하는 자에게 부담시키도록 정한 서울특별시 수도조례 제9조 제1항이 상위법인 수도법에 위반되는가 하는 점이다. 둘째, 급수공사비의 액수를 세대당 290,000원, ㎡당 1,800원으로 획일적으로 정한 서울특별시 고시가 헌법상의 평등의 원칙에 반하는 것인지 하는 점이다.

Ⅱ. 대상판결의 분석

1. 간선배관의 공사비를 부과하는 조례의 위법성

지방자치법 제22조에서는 "지방자치단체는 법령의 범위 안에서 그 사무에 관하여 조례를 제정할 수 있다. 다만, 주민의 권리 제한 또는 의무 부과에 관한 사항이나 벌칙을 정할 때에는 법률의 위임이 있어야 한다"라고 규정하고 있다. 간선배관(배수지 또는 배수펌프로부터 급수 수요가 많은 아파트 단지나 대형 빌딩 등을 이어주는 배수관)의 공사비를 부과하는 것은 주민에 대한 의무부과에 해당하기 때문에 당연히 법률의 근거를 요한다.

그런데 구 수도법 제52조의2 제1항은 수도의 설치비용은 수도사업자가 부담한다고 규정하고 있고, 제23조는 수도사업자가 지방자치단체인 경우에는 급수장치의 공사비에 관한 부담은 당해 지방자치단체의 조례로 이를 정한다고 규정하고 있다. 대상판결은 구 수도법 제23조에서 조례에 위임한 부분은 '급수장치'의 공사비에 불과하고, 이 사건에서 문제가 되는 '간선배관'의 공사비 부분에 대해서는 법률상 위임의 근거가 없다고 보았다. 즉, 대상판결이 개별가구에 수도를 연결하는 '급수장치'와 '간선배관'의 개념을 엄격하게 구분한 것으로 볼 수 있다.

2. 서울특별시 고시의 위헌·위법성

대상판결에서는 급수공사비의 액수를 세대당 290,000원, ㎡당 1,800원으로 획일적으로 정한 서울특별시 고시에 관해서 동 고시의 근거가 되는 서울특별시 수도조례 제9조 제1항이 무효여서 이 조례에 근거한 이 사건 고시도 무효라고 보았고, 헌법적인 쟁점에 대해서는 특별한 논의를 하지 않았다. 그러나 원심판결에서는 급수공사비의 액수를 세대당 및 건축단위 면적당으로 획일적으로 정한 이 사건 고시에 대해서, 1981년 고시가 제정된 이후에 주거형태별로 정액공사비를 구분하여 산정하는 등 적절한 정액 공사비를 산정할 의무가 있는 서울특별시장이 그 의무를 다하지 못한 상태로 고시의 효력이 유지되고 있는 점을 고려하면 동 고시는 헌법상의 평등의 원칙에도 반하고, 조례에서의 위임취지에도 반한다는 판시가 있었다.

Ⅲ. 대상판결의 평가

대상판결에서 간선배관의 공사비를 부과하는 조례의 위법성을 인정한 것은 타당한 것으로 볼 수 있다. 원칙적으로 지방자치의 활성화를 위해서는 조례에 의한 규율 가능성을 가능한 한 넓혀서 이해하는 것이 바람직하지만, 주민에게 의무를 부과하는 내용을 법률에서 조례에 위임하는 경우에는 주민의 기본권 침해를 최소화하기 위해서 법률의 위임사항을 엄격하게 해석하는 것이 필요하다. 수도의 설치비용은 원칙적으로 수도사업자가 부담한다고 규정하고 있는 구 수도법의 취지를 고려하면, 동법에서 '급수장치'의 공사비에 대해서 조례로 위임한 것을 '간선배관'의 공사비에 대해서까지 위임하였다고 넓게 해석하는 것은 곤란하다.

　　다음으로 대상판결에서 이 사건 고시의 헌법 위반 여부를 명시적으로 판단하지 않은 점은 아쉬운 점이라고 할 수 있다. 대상판결에서 조례의 위법성에 근거한 고시의 위법성 판단 이외에도 고시의 헌법 위반 여부에 대해서 판단하는 것도 가능했을 것으로 보이기 때문이다. 헌법상 법원에 명령·규칙 위헌·위법심사권이 존재한다는 점(헌법 제107조 제2항)을 고려하면 법원이 명령·규칙의 '위헌' 여부에 대한 심사에 대해서 지나치게 소극적일 필요는 없다고 하겠다. 원심판결에서 건물의 유형을 고려하지 않고 일률적으로 정액 공사비를 산정하고 있는 이 사건 고시에 대해서 헌법상 평등원칙위반을 인정한 것은 바람직한 것으로 볼 수 있다. 다만 원심판결에서는 지자체장의 (고시를 개정해야 할) 직무상 의무해태가 있었다는 점도 평등원칙 위반을 인정하는 중요한 근거가 되었는데, 지자체장의 직무상 의무해태가 평등원칙으로 어떻게 연결될 수 있는지에 대한 논리가 충분히 제시되지 못한 아쉬움이 있다.

참고문헌

하종대, "정액공사비에 관한 서울특별시수도조례의 효력", 정의로운 사법: 이용훈 대법원장재임기념, 사법발
　　전재단 (2011)

[41] 지하수 대량취수 생활용수방해 공사중지청구

— 대법원 1998. 4. 28. 97다48913 판결 —

이 준 서 (한국법제연구원)

[사실 개요]

1. 신청인들은 피신청인이 광천 음료수를 제조·판매하기 위해 부산 금련산에 위치한 임야에 착공한 지하수 개발공사 예정지로부터 약 300m 이내에 주택 등을 소유하여 거주하면서 지하수를 개발하여 식수 및 생활용수로 사용하였던 주민이다.

2. 부산의 도심 한가운데 위치한 금련산은 그 기슭에 주택과 근린생활시설, 공공시설이 밀집하여 있어 부산시민들의 생활터전이 되고 있는 한편, 그 부존 지하수는 수질이 양호하여 그 일대의 주민과 공공시설이 지하수를 취수하여 음용수를 비롯한 생활용수, 등산객들의 약수로 이용하고 있었다.

3. 위 지하수 개발 예정지 일대는 원래 지하 50m 내지 100m 깊이에서도 음용수 등 생활용수용 지하수 취수가 가능하였으나 무허가 생수 판매업소의 난립, 주택 및 공공시설의 급증 등으로 1995년에 들어서는 지하 300~400m 이하의 깊이까지 굴착해야 식수용 지하수를 취수할 수 있는 정도에 이르렀다. 이에 신청인들은 지하수의 대량취수에 의한 생활방해의 예방을 위하여 지하수 개발공사의 중지를 청구하였다.

[판결 요지]

1. 토지 소유자가 새로이 지하수 개발공사를 시행하여 설치한 취수공 등을 통하여 지하수를 취수함으로 말미암아 그 이전부터 인근 토지 내의 원천에서 나오는 지하수를 이용하고 있는 인근 토지 소유자의 음료수 기타 생활상 필요한 용수에 장해가 생기거나 그 장해의 염려가 있는 때에는, 생활용수 방해를 정당화하는 사유가 없는 한 인근 토지 소유자는 그 생활용수 방해의 제거(원상회복)나 예방을 청구할 수 있다.

2. 토지 소유자가 지하수 개발에 대하여 관할 행정청으로부터 먹는물관리법에 의한 허가를 받았다는 사유만으로는 기존의 원천에서 나오는 지하수를 이용하고 있던 인근 토지 소유자의 생활용수에 장해, 즉 생활방해가 정당화된다고 할 수 없다.

3. 지하수 개발공사 자체만으로는 인근 토지 소유자의 생활용수에 장해가 생기지 않는다고 하더라도, 인근 토지 소유자는 지하수의 대량취수에 의한 생활방해의 예방을 위하여 필요한 한도 내에서 대량취수를 위한 지하수 개발공사의 중지를 구할 수 있다.

해설 ───

Ⅰ. 대상판결의 쟁점

이 사건의 주된 쟁점은 신청인들이 지하수 개발업자인 피신청인에게 그 소유의 토지에 대한 지하수 개발임에도 불구하고, 자신들의 생활방해에 따른 공사중지 등을 요구할 수 있는지에 대한 것이다.

Ⅱ. 대상판결의 분석

1. 토지소유권과 지하수 이용권의 범위와 한계

(1) 토지소유권자의 권리

토지의 소유권은 정당한 이익이 있는 범위 내에서 토지의 상하에 미치고(민법 제212조), 지하수는 토지의 구성 부분으로 파악하는 것이 일반적이다. 대상판결에서는 '정당한 이익'을 타인의 지하수 이용권을 침해하지 않는 한도로 보고 있다. 이에 따라 토지 소유자는 그 소유의 토지에서 개발하여 취수한 지하수를 독점적으로 이용할 수 있다. 한편 인근 토지 소유자들도 소유권에 기하여 지하수를 이용할 권리가 있다 할 것이므로, 토지 소유자는 그 소유의 토지 내 지하수라고 하더라도 타인의 지하수 이용권을 침해하지 않는 한도에서 지하수를 개발·이용할 수 있다. 지하수의 과다취수로 타인의 지하수 이용권을 방해하는 경우 권리남용이 될 수 있다(김재형, 384면).

(2) 지하수 원천 이용자의 권리

상린자의 지하수 이용권은 독립한 물권이라고 볼 수는 없고 상린자들이 '공용에 속하는 원천'인 지하수를 이용할 권리가 있다는 점을 밝히고 있는 일종의 인역권(人役權)의 성질을 갖는다(민법 제235조). 이때의 원천에는 자연히 용출하는 샘과 인공적으로 용출시키는 우물도 포함된다(김재형, 385면). 따라서 관정을 통하여 지하수를 이용하는 경우에도 이 규정이 적용된다고 보아야 한다.

따라서 토지 소유자 아닌 지하수 원천 이용자 역시 상린관계상으로 어느 토지 소유자가 함부로 지하수를 개발·이용함으로써 그의 지하수 이용을 방해하거나 방해할 우려가 있는 경우에는 지하수 개발자에 대하여 용수(用水)의 장해로 인한 손해배상청구권 및 원상회복청구권 및 방해의 배제 또는 그 예방을 구할 수 있다.

(3) 지하수 이용권의 한계

지하수를 과도하게 개발·이용(이 사건의 경우 목표생산량 1일 500톤에 이르는 대량취수)함으로써 다른 토지소유권자 및 지하수 이용권자의 지하수 용수를 방해하거나 방해할 우려가 있는 경우에는 다른 토지소유권자 및 지하수 이용권자는 지하수 개발자에 대하여 지하수 용수의 방해 배제 또는 그 예방을 청구할 수 있다. 더욱이 타인의 용수권을 침해하는 경우 이는 불법행위에 해당하므로 이로 인한 손해를 배상하고 나아가 원상회복을 할 의무가 있다(민법 제236조).

2. 지하수 대량 취수자의 용수권 제한

신청인들은 금련산 기슭 일대의 토지를 소유하는 자들로서 그들 각 토지의 지하에 흐르는 지하수를 독점적으로 사용할 수 있고, 乙 역시 이 사건 토지의 소유자로서 그 지하에 흐르는 지하수를 취수하여 이용할 권리가 있다. 그러나 금련산에 부존하고 있는 지하수의 양은 한정되어 있고, 지하수는 금련산 주변 주민들과 황령산을 찾는 등산객들이 공동으로 이용하는 공용에 속하는 원천이며, 한 곳에서의 과도한 지하수 취수는 다른 곳에서의 지하수 원천 사용에 영향을 주기 마련이다. 더욱이 乙은 생활상의 수요에 응한 정도의 취수에 그치는 것이 아니라 탄산음료 및 먹는 샘물 제조판매업을 위하여 대량의 취수를 목적으로 개발공사를 한 것이므로, 이는 甲을 비롯한 다른 지하수 이용권자들의 권리를 침해할 우려가 있다.

지하수 개발자가 관할 행정청으로부터 먹는물관리법에 의한 허가를 받았다는 사유만으로는 위 생활방해가 정당화된다고 할 수 없다 할 것이므로, 관할 행정청의 허가를 받은 지하수 개발공사를 중지시킬 수 없다는 乙의 주장은 배척되었으며, 지하수 개발공사 자체만으로는 인근 토지 소유자의 생활용수에 장해가 생기지 않는다고 하더라도, 한정되어 있는 지하수의 과도한 취수가 다른 곳의 지하수 원천 사용에 영향을 미치기 때문에 인근 토지 소유자는 지하수의 대량취수에 의한 생활방해의 예방을 위하여 필요한 한도 내에서 대량취수를 위한 지하수 개발공사의 중지를 구할 수도 있다.

Ⅲ. 대상판결의 평가

대상판결은 토지소유권의 행사라고 하더라도 그것이 수인한도를 넘는 생활방해를 야기하는 경우에는 소유권의 행사가 제한된다는 점을 밝힘과 동시에 공용 자원으로서의 지하수의 공평한 이용에 대한 용수권의 제한을 분명히 했다는 데에 의의가 있다. 지하수는 대수층을 통해 이동하기 때문에 한 곳에서의 과도한 지하수 취수는 다른 곳에서의 지하수 이용에 영향을 주게 되므로 지하수 개발·이용 시에는 상린관계상 이를 고려하여야 한다는 것이다.

또한 이 판결은 토지소유자가 먹는물관리법에 의한 허가를 받았으나, 이때의 허가가 사법(私法)상의 청구권을 인정하는 데 장애가 되지 않는다고 보고 있고, 생활용수의 취수가 제조·판매를 목적으로 하는 지하수의 취수보다 우선적으로 보장되어야 한다는 점도 확인해 주고 있다. 지금까지는 기본적으로 지하수는 토지소유권에 포함된다는 사수론(私水論)을 전제로 지하수의 장해를 방지하기 위하여 필요한 한도 내에서 소유권 일부 규제할 수 있는 것으로 해석되고 있다. 지하수를 공동의 자원으로 파악하게 되는 경우 지하수의 개념에 대하여는 민법뿐만 아니라 관련법인 지하수법 등을 통하여 종래와 다른 관점이 요구된다(이준서, 31면).

참고문헌

김재형, "토지와 물", 서울대학교 법학 제46권 제2호 (2005)

김홍균, "지하수의 공유화", 인권과 정의, 제361호 (2006)

이준서, "지속가능한 지하수의 이용을 위한 우리나라 지하수 관련 법제의 과제", 법과 정책연구 제15집 제1호 (2015)

정남순, "지하수는 고여 있지 않고 흐른다", 환경미디어 (2006)

[42] 지하수 개발·이용권의 법적 성질과 양도·양수

— 대법원 2001. 10. 23. 99두7470 판결 —

박 종 준 (한국법제연구원)

[사실 개요]

1. 지하수공이 소재하는 토지와 이에 인접한 토지, 그 지하수 이용시설인 건물(목욕탕) 일체를 경락받은 소외인 乙은 원고 甲에게 이를 매도하였고, 원고 甲은 소유권이전등기를 모두 마쳤다. 한편 종전 지하수 이용권자 丙은 원고 등으로부터 지하수 동력장치의 대가를 지급 받기로 약정하였으나 그 지급을 받지 아니하였다고 주장하며 지하수 이용허가서 원본을 원고 甲에게 주지 않았다. 이후 원고 甲은 기존에 설치된 지하수 이용시설(굴착공)의 소유주 변경신고를 피고인 북제주군수에게 하였으나 피고는 지하수이용허가서 원본을 첨부하지 않았다는 이유로 그 보완을 위하여 신고를 반려하는 처분을 하였고, 원고 甲은 이러한 반려처분의 취소를 구하는 소를 제기하였다.

2. 제1심(제주지방법원 1998. 8. 27. 98구215 판결)은 원고의 청구를 받아들여 반려처분을 취소하였으나, 항소심은 제1심 판결을 취소하고 원고의 청구를 기각하였다. 대법원은 공적 관리 방법에 의한 규제의 범위에 속하는 지하수 개발·이용권은 토지소유권의 범위에 속하지 않는다고 본 항소심의 판단에는 수긍하였으나, 원고에게 지하수이용허가서 원본의 제출이 없이도 명의변경을 신고할 수 있는 예외적 사유에 해당하는지를 검토하여 원고의 명의변경신고를 거부한 이 사건 처분의 적법 여부를 판단하였어야 함에도, 항소심이 피고의 이 사건 거부처분이 적법하다고 단정한 것은 지하수 이용권자 명의 변경에 대한 관련 법령이나 조례 등에 관한 위 법리를 오해하였거나 심리미진으로 판결 결과에 영향을 미친 위법이 있다고 보아 대법관들의 일치된 의견으로 항소심 판결을 파기하였다.

[판결 요지]

1. 자연히 용출하는 지하수나 동력장치를 사용하지 아니한 가정용 우물 또는 공동우물 및 기타 경미한 개발·이용 등 공공의 이해에 직접 영향을 미치지 아니하는 범위에 속하는 지하수의 이용은 토지소유권에 기한 것으로서 토지소유권에 부수하여 인정되는 권리로 보아야 할 것이지만, 지하수의 공적 수자원으로서의 성질과 기능 등을 고려하여 행정청의 허가·감시·감독·이용제한·공동이용 명령·허가취소 등 공적 관리 방법에 의한 규제의 범위에 속하는 지하수 개발·이용권은 토지소유권의 범위에 속하지 않는 것이므로 지하수의 개발·이용허가를 받은 후 그 토지소유권이 이전된다고 하여 허가에 의한 지하수 개발·이용권이 새로운 토지 소유자에게 당연히 이전되는 것은 아니다.

2. 지하수 개발·이용권이 그 성질상 당연히 양도·양수가 절대적으로 금지되는 성질의

것은 아니므로, 법령이나 조례에서 그 지하수의 관리방법으로 지하수 개발·이용 피허가자의 명의변경을 규정하고 있는 경우에는 그 규정은 유효하다고 할 것이다. 법령이나 조례에서 명의변경 신청 시 첨부서류로 그 소유자변경을 증명하는 서류 외에 제출하도록 한 지하수이용허가서 원본은 모든 경우에 절대적으로 필요한 서류라고 할 수는 없을 것인바, 지하수 이용을 위한 주요 시설 전부와 그 부지의 소유권을 취득한 자는 특별한 사정이 없는 한 종전과 같은 방법으로 지하수를 이용할 수 있다 할 것이고, 이와 같은 경우에 법 소정의 효율적인 지하수 관리를 위해서는 예외적으로 지하수이용허가서 원본의 제출이 없다고 하더라도 그 명의변경신고를 수리하여야 한다.

해설

I. 대상판결의 의의 및 쟁점

대상판결의 핵심적인 쟁점은 토지소유권과의 관계에 있어서 지하수 개발·이용권의 법적 성질과 지하수 개발·이용허가 이후 토지소유권이 이전된 경우 해당 지하수 개발·이용권도 당연히 이전되는지에 대한 것이었다. 즉 지하수 개발·이용 피허가자의 명의변경 신고에 대하여 행정청이 지하수이용허가서 원본의 미제출을 이유로 반려한 것에 대하여 해당 서류의 제출이 반드시 필요한지 여부가 동 판결의 표면적인 쟁점이었다면, 지하수 개발·이용권이 과연 토지소유권에 부수되는 것인지 여부의 문제가 동 판결의 본질적인 쟁점이었다.

이와 관련하여 대상판결은 지하수의 공적 수자원으로서의 성질과 기능 등을 고려하여 공적관리방법에 의한 규제의 범위에 속하는 지하수 개발·이용권을 토지소유권의 범위에 속하지 않는 것으로 결론 내림으로써, 지하수 개발·이용권을 토지소유권과 결부된 권리로 보았던 기존의 판례 입장과 차별화된 논리를 제시한 최초의 판결이라는 점에서 큰 의의를 가진다. 이와 더불어 지하수 개발·이용권이 그 성질상 당연히 양도·양수가 절대적으로 금지되는 성질의 것이 아니라는 점을 분명히 한 다음, 법령이나 조례에서 그 지하수의 관리방법으로 지하수 개발·이용 피허가자의 명의변경을 규정하는 것의 유효성을 인정한 부분은, 지하수에 관한 공적 관리체계의 도입과 관련하여 향후 주목해야 할 제도적 시사점을 제시하고 있다는 점에서도 대상판결은 중요한 의미를 가진다.

II. 대상판결의 분석

1. 지하수 개발·이용권의 법적 성격

지하수 개발·이용권의 법적 성격에 관하여 기존의 통설과 판례는 "토지의 소유권은 정당한 이익 있는 범위 내에서 토지의 상하에 미친다."라고 규정된 민법 제212조에 근거하여 토지소유권에 부수하여 존재하는 권리로 보는 것으로 일반적이었다. 이러한 입장은 특히 대부분의 민법학자들이 주도하여 왔는바, 지하수가 토지의 구성 부분이므로 당연히 토지소유권의 객체로 보는 것이 타당하다는 것을 대표적인 논거로 삼아 왔다. 동 사건의 1심 판결도 바로 이러한 입장에 충실한 것이었다. 하지만 이러한 전통적인 입장과 달리 지하수 개발·이용권을 토지소유권과 구별하여 다루어야 한다는 주장이 지속적으로 제기되어 왔다. 그리고 이러한 주장을 뒷받침하는 논거로는 공용하천이나 미채굴 광물 등의 이용에서와 마찬가지로 지하수의 개발 및 이용도 토지소유권과 분리하여 다루어져야 한다는 점, 토지소유권의 범위에서 벗어나 인근 지역의 다른 지하수와 밀접하게 연관되어 있는 지하수의 수문지질학적 특징을 고려하여야 한다는 점, 지하수 이용권자의 보호를 위한 민법 제236조의 취지를 살펴볼 필요가 있다는 점, 토지 소유자가 아닌 자의 지하수 개발·이용권도 보호할 필요성이 있을 수 있다는 점 등이 제시된 바 있다(김홍균, 171면 이하). 대상판결은 구 지하수법(1999. 3. 31. 법률 제5955호로 개정되기 전의 것) 및 구 제주도개발특별법(2000. 1. 28. 법률 제6249호로 전문 개정되기 전의 것) 등의 관련 규정에 대한 분석을 토대로 토지소유권의 범위에 속하는 지하수의 개발·이용과 토지소유권과 별개로 인정되는 지하수 개발·이용권의 구별 기준으로서 행정청의 허가·감시·감독·이용제한·공동이용 명령·허가취소 등 공적 관리 방법에 의한 규제의 적용 여부를 제시하고 있다.

2. 지하수 개발·이용권의 양도·양수

대상판결은 또한 토지소유권과 분리된 지하수 개발·이용권의 존재 가능성을 인정하면서도 더 나아가 일종의 공권으로서 지하수 개발·이용권의 양도·양수가 가능함을 분명히 인정하였다는 점에서 의의를 가진다. 무엇보다 이러한 판단의 기저에는 지하수의 적정량 개발 원칙, 지하수의 자원 보존과 관리, 오염방지, 지반 침하 방지, 생태계 보전 등을 고려한 지하수의 공적 자원으로서의 효율적인 관리 필요성이라는 공익적인 고려가 내재하고 있다. 즉 지하수 개발·이용권이 절대적으로 보호되어야 할 권리가 아닌 다양한 공익적 사유를 고려한 제한이 적용될 수 있는 상대적인 권리로서 인정되어야 하며 이를 토대로 지하수의 관리방법 중 하나로서 지하수 개발·이용 피허가자의 명의변경을 규정하는 법령 또는 조례는 당연히 유효하다는 것이 대상판결의 결론 중 하나이다.

Ⅲ. 대상판결의 평가

대상판결은 토지소유권과 지하수 개발·이용권 간의 관계를 명확하게 판시하였다는 점에서 중요한 의의를 가진다. 하지만 이러한 의의와 별개로 실은 대상판결에서의 주요 쟁점에 관한 논의에 내재된 복잡한 양상에 주목할 필요가 있다. 1심 결정에서 판단대상이 된 처분은 피고인 북제주군수가 원고에 대하여 한 "굴착공 소유주 변경신고 반려처분"이었다. 1심 결정 이유에서 밝힌 것처럼 구 제주도개발특별법, 같은법시행령, 같은법시행조례는 지하수 이용허가 명의변경 절차를 두고 있지 않고 단지 굴착공 소유주 명의변경 신고 절차만을 두고 있었고, 이에 따라 원고는 불가피하게 굴착공 소유주 명의변경 형식을 선택하여 지하수이용허가 명의의 변경을 시도한 것이었다. 그리고 굴착공 소유주 명의변경절차를 규정한 당시 제주도의 시행조례에서 소유주 변경을 증명할 수 있는 서류 외에 지하수이용허가서 원본을 제출할 것을 규정하고 있었고, 바로 이 지점에서 이러한 시행조례를 문헌상 해석하여 그대로 준수하는 것이 타당하다고 본 2심과 지하수 이용을 위한 주요 시설 전부와 그 부지의 소유권을 취득한 자에게 지하수 이용권을 인정할 특별한 사정이 있는지를 구체적으로 검토하여 지하수이용허가서 원본 제출 여부의 예외를 인정할 수 있다고 본 대상판결의 결론이 각각 다르게 나타난 것으로 보인다.

이 대상판결 이후에도 지하수이용허가의 명의 변경에 관한 사항이나 지위 승계에 관한 사항은 현행 지하수법 및 관계 법령에 여전히 규정되어 있지 않다. 대상판결은 지하수의 공적 수자원으로서의 성질과 기능 등을 고려하여 행정청의 허가·감시·감독·이용제한·공동이용 명령·허가취소 등 공적 관리 방법에 의한 규제가 적용될 경우 토지소유권의 범위에 속하지 않는 지하수 개발·이용권이 존재한다고 설시하고 있지만, 정작 지하수에 관한 공적 규제의 법적 근거가 되는 지하수법(제주도개발특별법이 개정된 「제주특별자치도 설치 및 국제자유도시 조성을 위한 특별법」상의 지하수 관련 조항을 포함)은 이 사건 당시는 물론 18년여 이상이 지난 현시점에서도 적지 않은 입법상 흠결을 드러내고 있는 실정이다.

공법상 규율체계가 제대로 갖추어지지 않을 경우 지하수 개발·이용권을 둘러싼 법 적용상의 혼선은 또다시 나타날 수 있다. 공적 수자원으로서의 지하수에 관한 적절한 보전과 관리를 위한 입법적인 개선 노력의 필요성을 상기시키고 있다는 점에서 대상판결은 중요한 함의를 가지고 있는 현재진행형의 판례라고 할 것이다.

참고문헌

김세규, "지하수이용권에 관한 소고", 공법학연구 제8권 제3호 (2008)

김홍균, "지하수의 공유화", 인권과 정의 제361호 (2006)

이준서, "지속가능한 지하수의 이용을 위한 우리나라 지하수 관련 법제의 과제", 법과 정책연구 제15집 제1호 (2015)

함태성, "지하수의 체계적 보전·관리를 위한 입법적 검토", 환경법연구 제32권 제1호 (2010)

[43] 하천수 이용권 법적 성질

— 대법원 2018. 12. 27. 2014두11601 판결 —

김 성 수 (연세대학교)

[사실 개요]

1. 원고는 1995. 8. 18. 포천시 영북면 대회산리 산51-2 등에서 하천 공작물 설치공사허가를 받은 후, 공사에 착수하여 1998. 5. 4. 이 사건 토지 소재 수력발전용 댐 구조물을 준공하였다. 원고는 그 무렵 포천시장으로부터 이 사건 토지 일대의 한탄강 하천수에 대한 사용허가(사용허가 만료시점은 2010. 12. 31.이다)를 받아 하천수를 사용하여 이 사건 댐을 가동하며 소수력발전사업을 영위하였다.

2. 피고(한국수자원공사)는 한탄강 홍수조절지댐 건설사업 등의 시행자로서 2010. 12. 22.을 수용개시일로 하여 댐 건설에 필요한 이 사건 토지 등을 수용하였는데, 지장물과 영업손실에 대한 보상은 하였으나, 원고의 하천수 사용권에 대하여는 별도로 보상금을 산정하여 지급하지 않았다. 원고는 그에 관한 재결신청이 기각되자 하천수 사용권에 대한 별도의 보상액을 산정하여 지급해 달라는 취지로 이 사건 소를 제기하였다.

[판결 요지]

1. 물을 사용하여 사업을 영위하는 지위가 독립하여 재산권, 즉 처분권을 내포하는 재산적 가치 있는 구체적인 권리로 평가될 수 있는 경우에는 댐건설법 제11조 제1항, 제3항 및 토지보상법 제76조 제1항에 따라 손실보상의 대상이 되는 '물의 사용에 관한 권리'에 해당한다고 볼 수 있다.

2. 하천법 제50조에 의한 하천수 사용권은 하천법 제33조에 의한 하천의 점용허가에 따라 해당 하천을 점용할 수 있는 권리와 마찬가지로 특허에 의한 공물사용권의 일종으로서, 양도가 가능하고 이에 대한 민사집행법상의 집행 역시 가능한 독립된 재산적 가치가 있는 구체적인 권리라고 보아야 한다. 따라서 하천법 제50조에 의한 하천수 사용권은 공익사업을 위한 토지 등의 취득 및 보상에 관한 법률(이하 '공익사업법'이라 한다) 제76조 제1항이 손실보상의 대상으로 규정하고 있는 '물의 사용에 관한 권리'에 해당한다.

해설 ───

Ⅰ. 대상판결의 의의와 쟁점

하천법상 하천수 사용허가를 받아 하천수를 사용하는 자의 법적 지위가 공법상 권리에 해당하는가, 더 나아가 공익사업법에서 규정하는 물의 사용에 대한 권리로서 이에 대한 공용침해가 있는 경우 헌법 제23조 제3항에 따라서 정당한 보상이 필요한가 하는 문제를 제기하고 있다. 보다 근본적으로는 우리가 흔하게 이른바 수리권이라고 부르는 물을 사용하는 권리의 법적 성격이 본격적으로 제기되었다는 점에서 이 사건의 의의가 크다고 할 수 있다. 이에 이른바 "물의 사용에 관한 권리"로서 하천수 사용허가의 법적 성격과 재산적 권리성에 대한 판단 근거와 하천수 사용허가의 양도 가능성 관점에서의 법리적 검토가 필요하다.

Ⅱ. 대상판결의 분석

1. 하천수 사용허가의 법적 성격

하천법 제50조에 의하여 이루어지는 하천수 사용허가는 허가를 받은 자에게 일정 기간 하천수라는 일종의 자연공물을 배타적으로 사용할 수 있는 법적 지위를 설정해 주는 형성적인 특허처분이다. 하천법 제50조 제1항에 따라서 생활·공업·농업·환경개선·발전·주운(舟運) 등의 용도로 하천수를 사용하려는 자는 대통령령으로 정하는 바에 따라 환경부장관의 허가를 받아야 한다. 대법원이 하천법 제33조에 따르는 하천점용허가에 비하여 제55조의 하천수 사용허가에 대한 판례가 상대적으로 적기 때문에 하천점용허가의 법적 성격에 대한 판례를 근거로 하여 하천수 사용허가를 형성적 특허처분으로 정의하고 있다. 또한 대법원은 하천수 사용허가처분이 공물에 대한 특별사용권을 설정하는 특허처분으로서 강제집행의 대상으로서 독립된 재산적 가치를 가지는 권리로 보고 있다.

2. 하천수 사용허가의 재산적 권리성

이 사건의 경우 댐건설을 위한 헌법상 공공필요와 토지보상법의 수용처분으로 인하여 하천수 사용허가에 따르는 '물의 사용에 관한 권리'라는 재산적 권리가 침해되었는가 하는 것이 문제의 핵심이다. 일반적으로 헌법상 재산권의 개념은 "사적 유용성과 임의적인 처분권을 내포하는 재산가치 있는 구체적 권리"로 이해하고 이와 같은 헌법상 재산권의 개념은 보다 세부적으로 '사적 유용성', '임의적 처분권', '구체적인 권리'라는 세 부분의 구성요건으로 이루어지고 있다.

그런데 하천수 사용허가로 인하여 발생한 법적 지위는 특정한 하천수의 물량을 자신의 이익을 위하여 자유롭게 사용할 수 있다는 점에서 사적 유용성을 핵심으로 하는 구체적인 권리에 가까운 것으로 볼 수 있다. 다만, 임의적인 처분과 관련하여서는 하천수 사용허가를 대상으로 하여 이를 매매하거나 담보제공 등의 목적으로 자유롭게 양도할 수 있는 시장이나 장외거래의 체계가 존재하는 것은 아니다. 다시 말하자면, 하천수 사용허가로 인한 법적 지위는 재산권의 본질적 내용의 하나인 원칙적인 처분권(處分權)을 인정하지 않는다는 점에서 헌법상 재산권으로서의 개념적인 요건을 충족하지 못하는 것이라 볼 수 있다(헌재 2003. 4. 24, 99헌바110 참조). 하천수 사용허가가 이루어지는 경우 허가신청자가 상당한 액수의 부담금 등을 하천관리청에 납부하는 경우에는 이는 일종의 자기기여금(自己寄與金)으로서 하천수 사용허가가 재산권으로 인정될 수 있는 여지가 있다. 그러나 하천관리청이 하천수 사용허가를 하는 경우 신청인은 행정업무에 대한 반대급부로서 수수료조차 지급하지 않는 것이 실무상의 관행이다.

3. 하천관리청의 허가 없이 자유로운 양도가 가능한가?

대법원은 하천법 제5조와 제33조 제1항을 거론하면서 하천수 사용허가를 관할관청의 허가 없이 자유롭게 양도할 수 있다는 견해를 제시하고 있다. 하천법 제5조는 '양도, 양수'를 규정하고 있다. 그런데 여기에서 말하는 양도와 양수는 하천수 사용허가로 인한 권리와 의무가 상속이나 법인의 합병 등 특별한 사정으로 인하여 포괄적으로 승계된다는 것이지, 하천수 사용허가로 인한 법적 지위를 매매하거나 임대차의 대상으로 하는 등 적극적인 양도나 양수를 의미하는 것은 아니다. 하천법 제5조의 제목 자체도 '권리·의무의 양도'가 아니라 단순 '승계'라는 점을 주목할 필요가 있다.

대법원의 논리대로라면 사인 간의 약정으로 하천수 관리라는 국가의 자원관리행위를 우회하고 잠탈하는 결과가 빚어질 것이며, 하천관리행정은 무력화되고 강행규범인 하천법 제50조는 형해화된다.

Ⅲ. 대상판결의 평가

법원은 국회나 정부와는 달리 직접적으로 일정한 정책을 결정하는 국가기관은 아니고 일차적으로는 당해 소송사건에 집중하여 심리하고 법률적인 판단으로 분쟁을 해결하는 것을 헌법상 권한과 의무로 한다. 이번 판결이 우려되는 점은 하천수 사용허가에 국한하지 않고 향후 국가가 관리하는 모든 에너지원과 자연자원에 대한 관할 행정청의 허가나 특허처분을 통하여 상대방에게 과도한 법적 지위를 설정하는 잘못된 신호를 보낼 수 있다는 점이다.

그래서 대법원의 판단을 존중하지만 향후 유사한 사건에서는 전향적인 입장 선회를 기대한다. 굳이 공공신탁이론(公共信託理論)을 거론하지 않더라도 헌법 제120조 제2항에 따라서 국토와 자원은 국가의 보호를 받으므로 그 누구도 이를 독점하거나 과용(過用)할 수 없으며, 미래세대와 자손만대를 위하여 세대 간의 정의와 형평성을 우리 기성세대가 지켜주어야 하기 때문이다.

참고문헌

김성수, "수리권의 법적 성격과 하천법의 과제", 토지공법연구 제73권 제1호 (2016)
박균성, "하천수 사용에 관한 공법적 연구", 토지공법연구 제44권 (2009)

[44] 수질개선부담금 제도와 헌법적 정당화의 문제

―헌재 2004. 7. 15. 2002헌바42 결정―

엄 윤 령 (법무법인(유한) 광장)

[사실 개요]

청구인은 먹는샘물 수입판매업을 하는 회사로서, 프랑스의 생수회사로부터 먹는샘물을 수입·판매하여 왔다. 청구인은 구 먹는물관리법(1997. 8. 28. 법률 제5394호로 개정된 것) 제28조 제1항(이하 '이 사건 법률조항')에 따라 부과된 수질개선부담금에 대하여 수질개선부담금 부과처분에 대한 취소의 소를 제기한 후, 위 법률조항 즉, "환경부장관은 공공의 지하수자원을 보호하고 먹는물의 수질 개선에 기여하게 하기 위하여 먹는샘물 제조업자 및 먹는샘물 수입판매업자 기타 제9조의 규정에 의한 샘물개발허가를 받은 자에 대하여 대통령령이 정하는 바에 따라 수질개선부담금을 부과·징수할 수 있다. (이하 생략)" 중 먹는샘물 수입판매업자에 관한 부분이 헌법에 위반된다는 취지의 위헌제청을 신청하였으나 기각되자 헌법소원심판을 청구하였다.

[결정 요지]

1. [다수의견]

가. 부담금 납부의무자는 재정조달 대상인 공적 과제에 대하여 일반 국민에 비해 '특별히 밀접한 관련성'을 가져야 하며, 부담금이 장기적으로 유지되는 경우에는 그 징수의 타당성이나 적정성이 입법자에 의해 지속적으로 심사될 것이 요구된다. 다만, 부담금이 재정조달 목적뿐 아니라 정책실현목적도 함께 가지는 경우에는 위 요건들 중 일부가 완화된다.

나. 수돗물과 대체적·경쟁적 관계에 있는 수입 먹는샘물이 음용수로 사용되는 것이 증가하면 그만큼 수돗물 우선 정책은 위축되고, 수입 먹는샘물을 선택할 경제적 능력이 부족한 저소득층 국민들로 하여금 질 낮은 수돗물을 마시게 하는 결과를 초래한다. 먹는샘물 수입판매업자에게 수질개선부담금을 부과하는 것은 수돗물 우선 정책에 반하는 수입 먹는샘물의 판매를 억제하여 수돗물의 질을 개선하고 이를 국민에게 저렴하게 공급하려는 것으로서 합리적인 이유가 있으므로 평등원칙에 위배되는 것이라 볼 수 없다.

다. 이 사건 법률조항은 수돗물 우선 정책이 원활하게 실현되도록 하여 질 좋은 수돗물을 저렴하게 공급받을 수 있도록 함을 목적으로 하여 정당하다. 한편, 수돗물 우선 정책에 특별한 위험을 야기하는 수입판매업자에 대하여 수질개선부담금을 부과하기로 한 것은 부과대상자 선정의 측면에서 적정하다. 수질개선부담금은 먹는샘물의 수입판매를 간접 규제하는 것일 뿐, 원천 봉쇄하고 있지는 않다. 한편, 수질개선부담금은 수돗물 우선 정책의 원활한 실현과 먹는물의 수질 개선에 소요되는 재정을 마련하기 위한 것인바, 입법자는 공·사익을 형량하여 합리적인 부과율을 책정할 수 있으며, 이 자체가 위헌이라고 볼 정도로 지나치지 아니하다. 나아가 부담금관리기본법 제7조에 의하면 부담금 징수의 적정·타당성은 매년 입법자의 심사하에 놓여 있다. 따라서 이 사건 법률조항은 먹는샘물 수입판매업자의 직업의 자유와 재산권, 국민의 행복추구권을 필요 이상으로 지나치게 제약함으로써 헌법에 위반되는 것이라고는 볼 수 없다.

2. [재판관 4인의 반대의견]

가. 먹는샘물 수입판매업자는 국내 지하수자원을 이용하거나 훼손하지 않는 점에서 공공 지하수자원의 보호라는 과제에 특별히 밀접한 관련성을 가진다고 할 수 없다. 수질 개선의 과제는 국가 등의 일반적 과제에 속하므로 먹는샘물 수입판매업자들에게 특별한 재정 책임을 인정하기는 어렵다. 따라서 수질개선부담금은 합리적 이유 없이 수입판매업자에 대하여 조세외적 부담금을 추가로 부담시킨 것으로서 평등원칙에 위배된다.

나. 수입 먹는샘물에 관한 수질개선사업이란 사실상 수질검사 및 유통관리에 국한될 수밖에 없다. 나아가 수입 먹는샘물 자체의 수질개선사업에 소요되는 재정은 매우 미미할 것으로 보이고, 특별회계의 세입 중 정작 수입 먹는샘물과 관련하여 별도로 지출되는 금액은 거의 전무한 실정이다. 그럼에도 불구하고 먹는샘물 수입판매업자들은 수질개선 부담금을 고정적으로 납부하여 기업활동의 자유나 재산권을 지나치게 제약받게 되어 비례원칙에 위배된다.

해설

I. 대상결정의 의의 및 쟁점

부담금 제도는 부담금 부과의 위헌성을 문제 삼는 여러 경제주체의 도전에 직면해 오면서 다수의 판례와 학설상의 논의를 축적해 왔다. 대상판결은 수질개선부담금에 관한 최초 합헌 결정(헌재 1998. 12. 24. 98헌가1 결정, 이하 '이전판결')의 논지를 유지하면서도 그간의 논의를 바탕으로 부담금의 개념과 헌법적 정당화의 요건을 보다 체계적으로 정리하고 있다. 나아가 대상판결은 먹는샘물의 '수입'판매업자에 관한 것으로서 이전판결의 전원일치 합헌 결정과는 달리 4인의 반대의견으로 첨예하게 대립하고 있는바, 검토의 실익이 있다.

Ⅱ. 대상결정의 분석

1. 부담금의 헌법적 정당화 요건에 관한 헌법재판소 결정의 법리

(1) 부담금의 개념

부담금은 국내법상 "법률에 따라 재화 또는 용역의 제공과 관계없이 특정 공익사업과 관련하여 법률에서 정하는 바에 따라 부과하는 조세 외의 금전지급의무(부담금관리기본법 제2조 참조)"로 정의된다. 그러나 부담금은 조세저항을 회피하거나 조세에 관한 헌법상 특별한 통제장치를 무력화시킬 우려가 있으므로 국가의 일반적 과제수행을 위해서는 반드시 조세를 통해 재원이 마련되어야 한다. 이에 따라 헌법재판소는 부담금에 관하여 입법자의 자유로운 선택권을 허용할 수는 없고 헌법적 정당화의 요건을 충족하여야 한다고 보고 있다.

(2) 부담금의 헌법적 정당화 요건

대상판결은 다음 세 가지 사항을 헌법적 정당화의 요건으로 언급하고 있다. 첫째, 일반적 재정수입에 포함시켜 일반적 과제를 수행하는 데 사용할 목적이라면 조세로 충당하여야 하고 부담금을 부과할 수는 없다. 둘째, 부담금 납부의무자는 공적과제에 대하여 일반 국민에 비해 '특별히 밀접한 관련성'을 가져야 한다. 셋째, 부담금의 남용 위험성을 감안할 때 그 징수의 타당성이나 적정성이 입법자에 의하여 지속적으로 심사되어야 한다.

2. 부담금의 유형 및 심사기준(강도)

관련하여 대상판결에서는 이전판결에서 한 발 더 나아가 부담금을 두 가지로 분류하여, 순수히 재정조달 목적을 가지는 것으로서 징수금의 지출단계에서 그 목적이 달성되는 "재정조달목적 부담금"과, 정책실현의 목적하에 부과되는 부담금으로서 그 부과의 단계에서 이미 목적의 일부 또는 전부가 실현되는 "정책실현목적 부담금"으로 나눈다. 이 중 "정책실현목적 부담금"의 경우에는 위 요건이 완화되어 적용되어야 한다고 보았다.

구체적으로 살피면, 조세에 우선적 지위가 인정되는 것은 조세와 유사한 "재정조달목적 부담금"의 경우이고, "정책실현목적 부담금"은 특정한 정책실현에 목적을 두는 것으로서 조세우선주의의 관점에서 검토할 것은 아니라고 본다.

아울러 "재정조달목적 부담금"의 경우 납부의무자를 차별 취급할 합리적 이유인 "특별히 밀접한 관련성"이 엄격히 요구되나, "정책실현목적 부담금"은 정책실현에 부담금이 적절한 수단이라는 점에서 곧 차별 취급에 관한 합리적 이유가 발생할 여지가 크므로, 그러한 관련성보다는 "재정조달 이전 단계에서 추구되는 특정 사회적·경제적 정책 목적과 부담금의 부과 사이에 존재하는 상관관계"가 규명되는 것이 중요하다고 하였다.

Ⅲ. 대상결정의 평가

다수의견은 수질개선부담금을 수돗물 우선 정책을 달성하기 위한 정책실현목적을 가진 유도적 부담금이라 보았다. 따라서 먹는샘물 수입판매업자를 선별하여 부담금을 부과하는 것에 합리적 이유가 있는지 여부는 수질개선부담금이 정당한 사회적·경제적 정책 목적을 실현하는 데 적절한 수단인지 여부를 살피는 것으로 충분하다고 보고 있다. 이러한 전제 하에 다수의견은 먹는샘물 수입판매업자에 대한 수질개선부담금이 수돗물 우선 정책이라는 정당한 정책목적을 위하여 부과되는 것으로서 합리적 이유가 있다고 본다.

이러한 판단에 대해서는 우선 수돗물 우선 정책이라는 정책 목적이 정당화되는 것인지에 관한 비판이 제기된다. 즉, 이 사건 법률조항은 단지 "공공의 지하수자원을 보호하고 먹는물의 수질 개선에 기여하게 하기 위하여"라는 목적을 밝히고 있을 뿐, 수입판매업자와 경쟁관계에 있는 국내 제조업자의 보호나 저소득 계층의 보호에 관하여는 구체적으로 언급하고 있는 바가 없다. 특히 먹는샘물 수입판매업자는 국내 지하수자원이나 먹는물의 수질 악화 등에 직접적인 관련이 없다는 점에서 법문상 명시된 정책 목적과 수입판매업자에 대한 부담금 부과는 정책 목적과 연관성이 없다는 분석이 가능한데, 이러한 점에서 다수의견은 임의적 정책 목적을 설정하여 정당화 기준의 외연을 부당하게 확장하고 있다는 비판을 받을 수 있다.

또한 먹는샘물 수입판매업자에 부담금을 부과하여 그 사업 활동이 위축되더라도 바로 국내 지하수자원의 고갈이나 수질 문제가 개선된다고 볼 수는 없고, 이러한 결과는 오로지 부담금 수입을 지출하는 단계에서 기대할 수 있는 것이므로, 수입판매업자에 국한하는 경우 수질개선부담금은 재정조달목적 부담금에 가깝다고 볼 수 있다. 그렇다면 수질개선부담금은 조세와의 관계에서 예외적으로만 허용되어야 할 것이며 수입판매업자가 당해 공공정책과 특별히 밀접한 관련성을 가지는지 여부가 면밀히 검토되어야 할 것인데, 수돗물의 수질 개선은 전체 국민에 관련된 일반적 과제로서 조세를 통해 재원을 마련하는 것이 합당하다고 할 수 있고, 대상판결 반대의견의 지적과 같이 수입판매업자가 국내 수질 개선이라는 과제에 특별히 밀접한 관련성을 갖는다고 보기 어렵다는 비판의 여지가 있다.

참고문헌

김민배, "수입생수와 수질개선부담금", 공법연구 제35집 제2호 (2006)

정광현, "먹는물관리법 제28조 제1항 위헌소원", 2004 헌재결정해설집 (2005)

채우석, "수질개선부담금의 법적 문제", 환경법연구 제25권 제2호 (2003)

조홍식, 판례환경법, 박영사 (2012)

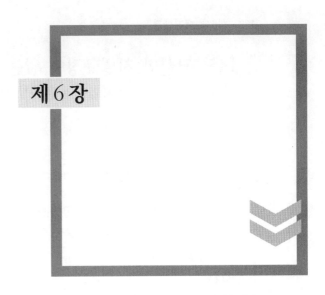

제6장

대기환경

[45] 과실범 처벌규정이 없는 환경법상 과실범의 처벌 가부

—대법원 2008. 11. 27. 2008도7438 판결—

안 종 오 (법무법인 서중)

[사실 개요]

1. 피고인 甲 주식회사(이하 '甲'이라고 한다)는 인천광역시 연수구 송도동에서 도시철도공사를 하면서 비산먼지가 발생하는 토목공사를 위해 공사 기간 2005. 2. 4.부터 2008. 8. 11.까지 비산먼지 억제시설 설치 및 조치내용으로 자동식 세륜시설 및 이동식 살수시설을 모두 설치하여 운영하겠다고 신고하였다.

2. 이후 2007. 3.부터 피고인 甲을 비롯한 5개 업체가 이 사건 자동식 세륜시설을 공동으로 이용하면서 1개월씩 순번제로 관리하기로 하였다. 그런데 피고인 甲이 이 세륜시설을 관리하고 있을 때 세륜시설의 고장으로 인하여 이동식 살수시설만을 사용하며 토목공사를 진행하다가 구 대기환경보전법(2007. 4. 27. 법률 제8404호로 전문 개정되기 전의 것) 제28조 제1항 및 제57조 제4호 위반으로 기소되었다.

3. 형법 제14조는 "정상의 주의를 태만함으로 인하여 죄의 성립요소인 사실을 인식하지 못한 행위는 법률에 특별한 규정이 있는 경우에 한하여 처벌한다."고 규정하고 있다. 그런데 이 사건에 적용된 구 대기환경보전법 제28조 제1항은 "비산먼지의 발생을 억제하기 위한 시설을 설치하거나 필요한 조치를 하여야 한다."라고 규정하고 있고, 같은 법 제57조 제4호는 이를 위반한 자를 처벌하는 규정을 둘 뿐 별도의 과실범 처벌규정은 두지 않고 있다.

[판결 요지]

1. 대기오염으로 인한 국민건강 및 환경상의 위해를 예방하고 대기환경을 적정하고 지속 가능하게 관리·보전함으로써 모든 국민이 건강하고 쾌적한 환경에서 생활할 수 있게 함을 목적으로 한 구 대기환경보전법의 입법 목적이나 제반 관계 규정의 취지 등을 고려하면, 구 대기환경보전법 제28조 제1항에서 규정한 비산먼지의 발생을 억제하기 위한 시설을 설치하지 아니하거나 필요한 조치를 하지 아니한 자를 처벌하고자 하는 같은 법 제57조 제4호의 규정은 고의범은 물론이고, 과실범도 처벌하는 규정이다.

2. 피고인 甲이 비산먼지 발생 억제시설인 위 세륜시설의 고장으로 인하여 이를 가동하지 못한 것이라고 하더라도, 특별한 사정이 없는 한, 그러한 사유만으로 이 사건 세륜시설을 가동하지 못한 점에 과실이 없다고 볼 수는 없다.

3. 이 사건 세륜시설이 비산먼지 주요 억제시설이고, 당초 사업신고 당시에도 이를 사용하겠다고 하였으며, 이를 사용하지 않음으로써 사용하는 것과 동일한 정도의 비산먼지

발생 억제 효과를 거두었다고 인정하기 부족한 이상 甲이 위 조항들 소정의 '필요한 조치'를 다하였다고 보기 어렵다고 판단하여 위 처벌조항에 의한 처벌을 면하기 어렵다고 본 원심의 결론은 정당하다.

해설

Ⅰ. 대상판결의 의의 및 쟁점

대상판결에서 가장 주목할 것은 문제된 구 대기환경보전법의 벌칙규정이 고의범만을 처벌하는 규정인가 아니면 과실범까지 처벌하는 규정인지에 대한 판단이다.

이 사건에 적용된 구 대기환경보전법 제28조 제1항은 「비산먼지의 발생을 억제하기 위한 시설을 설치하거나 필요한 조치를 하여야 한다.」라고 규정하고 있고, 동법 제57조 제4호는 이를 위반한 자를 처벌하는 규정을 두고 있을 뿐, 별도의 과실범 처벌규정을 두고 있지 않다.

그럼에도 이 규정으로 과실범도 처벌할 수 있는지, 처벌할 수 있다면 어떠한 논리 구조를 갖추고 있는지 살펴보고, 문제점과 개선방안을 모색해 볼 필요가 있다.

Ⅱ. 대상판결의 분석

1. 죄형법정주의와 환경형법

형법 제14조는 「정상의 주의를 태만함으로 인하여 죄의 성립요소인 사실을 인식하지 못한 행위는 법률에 특별한 규정이 있는 경우에 한하여 처벌한다.」라고 규정하고 있고, 이에 따라 처벌규정이 없는 과실범은 형사처벌하지 않는 것이 원칙이다. 나아가 이것이 죄형법정주의의 정신에도 부합함은 물론이다. 특별형법은 물론, 행정형법에서도 본래 대법원 판례는 원칙적으로 이와 같은 입장을 견지해 왔었다(대법원 1965. 6. 29. 65도1 판결; 대법원 1983. 12. 13. 83도2467 판결 등).

그런데 대법원은 그 후 유독 '행정상의 단속을 주안으로 하는 법규'에 대하여 과실범 처벌규정이 없는 행정형벌에 있어 '해석상 과실범도 벌할 뜻이 명확한 경우에는 고의가 없어도' 벌할 수 있다는 취지의 판시를 내놓고 있고(대법원 1986. 7. 22. 85도108 판결; 대법원 2010. 2. 11. 2009도9807 판결 등), 그중에서도 특히 환경법에 속하는 대기환경보전법 위반 사건에서 명문규정 없이도 "입법목적이나 제반 관계규정의 취지 등을 고려하여" 과실범을 처벌할 수 있다는 취지의 판시를 한 바 있다(대법원 1993. 9. 10. 92도1136 판결). 그 후 대상판결에 이르러 1993년의 92도1136 판결의 취지를 따라 환경형법상 과실범을 처벌하는 원심을 인용한 것이다.

2. 비판적 견해

대상판결의 환경법상 과실범 처벌 논거는 근대 이후 법치주의의 핵심이자 헌법원칙인 죄형법정주의와, 현행 형법 총칙상의 규정인 형법 제14조가 동시에 문제되는 만큼 행정형법상 과실범 처벌 논거와 마찬가지 비판이 가해진다. 즉, 행정형벌상 과실범 처벌에 관한 85도108 판결이나 2009도9807 판결의 "해석상 과실범도 벌할 뜻이 명확한 경우"라는 설시에는 사법부에 유보된 법해석의 범위를 넘어 죄형법정주의를 침해하는 것이라는 비판이 가해지고 있다(신동운, 130면, 140면; 김홍균, 199면, 214-215면 등).

나아가 환경법상 과실범을 다루고 있는 대상판결과, 대상판결이 참조하고 있는 92도 1136 판결은 "입법목적이나 제반 관계규정의 취지 등을 고려하여"라는 설시를 하고 있다. 여기에 대하여는 행정형법상 과실범과 달리 환경법상 과실범 성립을 더욱 완화하는 취지의 설시를 한 것으로서 죄형법정주의는 물론 입법자의 입법권을 침해하여 삼권분립의 원칙에도 위배되는 것이라는 비판론도 있다(신동운, 130면, 140면).

또한, 형법 제14조의 취지에 입각하여 마련한 과실범 처벌규정들은 고의범보다 그 법정형 자체가 낮은 경우가 대부분이다. 그럼에도 대상판결의 설시대로 별도의 과실범 처벌규정 없이 하나의 법규정으로 고의범과 과실범을 모두 처벌하는 것은 결국 고의범과 과실범의 형량을 동일한 법조항의 법정형 내에서 오직 법원의 양형재량에 맡기는 결과가 되는데, 이것이 입법자의 취지에 부합하는지 의문이라는 비판도 가해질 수 있다.

Ⅲ. 대상판결의 평가

1. 환경형법상 과실범 처벌의 필요성 및 타당성

비판적 견해에도 불구하고, 환경법이 가지는 특수성과 환경범죄의 처벌 필요성, 입법의 미비와 법 개정의 어려움 등을 고려하면 대상판결은 타당하다고 본다.

환경형벌은 행정형벌의 한 부분으로 분류할 수 있지만, 환경범죄의 특성에서 기인하는 특수성을 가진다. 환경침해행위는 특별히 범죄행위로서의 태양을 취하기보다 일상적인 사회활동 속에서 이루어진다는 특성으로 인하여 미필적 고의와 인식있는 과실의 경계에 속해 있는 경우가 종종 발생하는 등 필연적으로 고의·과실이 불분명한 경우가 많아 전통적인 형법이론으로는 해결이 잘 안 되는 새로운 문제들이 제기되어 왔다.

특히, 발생한 환경범죄에 따른 영향은 그 규모와 범위를 미리 예측하기 힘들 뿐 아니라 때로는 환경과 인간에게 예상 밖으로 엄청난 피해를 입힐 수도 있다. 따라서 환경오염사고를 효율적으로 규제하기 위해서는 형사처벌을 확장시킬 필요성이 있다. 그럼에도 불구하고, 현행 환경관계법에서는 극히 제한적으로 과실범을 처벌하고 있을 뿐이므로 명문규정이 없는 경우에는 오로지 고의범만 처벌할 수 있다고 해석한다면 고의·과실이 불분명한 경우에는 환경형벌을 극히 제한적으로 적용할 수밖에 없게 되어 입법목적과 취지 자체가 형해화될 우려까지 있다.

대법원이 대상판결 및 92도1136 판결에서 환경형법상 과실범을 처벌하면서 종래 행정형법상 과실범 처벌가능성을 설시한 것에서 나아가 '입법목적이나 제반 관계규정의 취지 등을 고려하여'라는 표현을 사용한 것은 이러한 부분을 고려한 것으로 보인다.

과거 구미 불산 누출 사고나 최근 한화케미칼의 염소 누출 사고 등에서 보듯 환경관련 사고는 대부분 과실의 영역에서 환경은 물론 국민의 생명, 신체, 재산에 상당한 피해를 발생시키는 사건이 대부분이었다. 나아가 기존 환경법 영역의 모든 형사처벌 관련 법률을 단기간에 개정하는 것은 정치권, 학계, 기업 등 다양한 국민의 견해 차이와 이해대립으로 인한 현실적인 어려움이 있는 점 등을 고려해 볼 때, 지금 시점에서 대상판결의 태도는 타당하다고 본다.

2. 입법론적 해결의 필요성

다만, 향후 환경법 관련 법률이 제정되거나 또는 개정되는 경우에는, 과실범 처벌이 필요한 환경형법 규정마다 과실범 처벌규정을 신설하는 입법론적 해결이 있기를 바란다. 이것이 죄형법정주의와 삼권분립원칙, 형법 제14조의 입법취지에 부합하지 않는 판결이라는 논란에서 자유로워지는 가장 근본적인 개선방안이기 때문이다.

참고문헌

김홍균, "환경범죄의 형사법적 규제", 법조 제52권 제3호 (2003)

박정훈, "광의의 행정벌과 협의의 행정벌", 서울대학교 법학 제41권 제4호 (2001)

신동운, "행정형법과 과실범의 처벌", 서울대학교 법학 제52권 제1호 (2011)

채우상, "대기오염의 법규제적 동향", 환경법연구 제25권 제1호 (2003)

[46] 환경소송에서 역학적 인과관계의 기능과 한계
— 대법원 2014. 9. 4. 2011다7437 판결 —

윤 용 희 (법무법인(유한) 율촌)

[사실 개요]

1. 원고들은 서울특별시에서 거주 또는 근무하였거나 현재 거주 또는 근무하고 있는 사람들로서 호흡기 질환 등(이하 "이 사건 질환")으로 진단을 받거나 치료를 받은 바 있다. 원고들은 피고들(피고 대한민국, 피고 서울특별시 및 자동차 제조·판매 회사들)에게 (i) 헌법상 기본권인 인격권 및 환경권에 기초하여 앞으로 서울특별시에서 대기오염물질인 이산화질소(NO_2) 및 미세먼지($\mu g/m^3$)의 환경기준을 초과한 배출의 금지와 (ii) 국가배상법 제2조, 제5조 및 민법 제750조에 기초하여 서울의 대기오염으로 인한 건강피해에 대하여 손해배상을 청구하였다.

2. 서울중앙지방법원은, 이 사건 소 중 피고 쌍용자동차㈜의 소송수계인 회생회사 쌍용자동차㈜의 공동관리인에 대한 손해배상청구 부분은 부적법하므로 각하하고, 원고들의 위 피고들에 대한 나머지 청구 및 나머지 피고들에 대한 청구는 이유 없으므로 기각한다고 판결하였다(서울중앙지방법원 2010. 2. 3. 2007가합16309 판결). 이에 대하여, 원고들이 항소하였으나, 서울고등법원은 원고들의 항소를 모두 기각하였고(서울고등법원 2010. 12. 23. 2010나35659 판결), 이에 대하여 원고들이 다시 상고하였다.

[판결 요지]

1. 역학이란 집단현상으로서의 질병의 발생, 분포, 소멸 등과 이에 미치는 영향을 분석하여 여러 자연적·사회적 요인과의 상관관계를 통계적 방법으로 규명하고 그에 의하여 질병의 발생을 방지·감소시키는 방법을 발견하려는 학문이다. 역학은 집단현상으로서의 질병에 관한 원인을 조사하여 규명하는 것이고 그 집단에 소속된 개인이 걸린 질병의 원인을 판명하는 것이 아니다. 따라서 어느 위험인자와 어느 질병 사이에 역학적으로 상관관계가 있다고 인정된다 하더라도 그로부터 그 집단에 속한 개인이 걸린 질병의 원인이 무엇인지가 판명되는 것은 아니고, 다만 어느 위험인자에 노출된 집단의 질병 발생률이 그 위험인자에 노출되지 않은 다른 일반 집단의 질병 발생률보다 높은 경우 그 높은 비율의 정도에 따라 그 집단에 속한 개인이 걸린 질병이 그 위험인자로 인하여 발생하였을 가능성이 얼마나 되는지를 추론할 수 있을 뿐이다.

2. 한편 특정 병인에 의하여 발생하고 원인과 결과가 명확히 대응하는 '특이성 질환'과 달리, 이른바 '비특이성 질환'은 그 발생 원인 및 기전이 복잡다기하고, 유전·체질 등의 선천적 요인, 음주, 흡연, 연령, 식생활습관, 직업적·환경적 요인 등 후천적 요인이 복합

적으로 작용하여 발생하는 질환이다. 이러한 비특이성 질환의 경우에는 특정 위험인자와 그 비특이성 질환 사이에 역학적으로 상관관계가 있음이 인정된다 하더라도, 그 위험인 자에 노출된 개인 또는 집단이 그 외의 다른 위험인자에도 노출되었을 가능성이 항시 존 재하는 이상, 그 역학적 상관관계는 그 위험인자에 노출되면 그 질병에 걸릴 위험이 있거 나 증가한다는 것을 의미하는 데 그칠 뿐, 그로부터 그 질병에 걸린 원인이 그 위험인자 라는 결론이 도출되는 것은 아니다.

3. 비특이성 질환의 경우에는 특정 위험인자와 비특이성 질환 사이에 역학적 상관관계 가 인정된다 하더라도, 어느 개인이 그 위험인자에 노출되었다는 사실과 그 비특이성 질 환에 걸렸다는 사실을 증명하는 것만으로 양자 사이의 인과관계를 인정할 만한 개연성이 증명되었다고 볼 수 없다. 이러한 경우에는 그 위험인자에 노출된 집단과 노출되지 않은 다른 일반 집단을 대조하여 역학조사를 한 결과 그 위험인자에 노출된 집단에서 그 비특 이성 질환에 걸린 비율이 그 위험인자에 노출되지 않은 집단에서 그 비특이성 질환에 걸 린 비율을 상당히 초과한다는 점을 증명하고, 그 집단에 속한 개인이 위험인자에 노출된 시기와 노출 정도, 발병시기, 그 위험인자에 노출되기 전의 건강상태, 생활습관, 질병 상 태의 변화, 가족력 등을 추가로 증명하는 등으로 그 위험인자에 의하여 그 비특이성 질환 이 유발되었을 개연성이 있다는 점을 증명하여야 한다.

해설

I. 대상판결의 쟁점 및 분석

1. 역학적 인과관계에 관한 당사자들 주장의 요지

원고들은, 이 사건과 같은 공해소송에서는 개연성 이론에 의한 입증책임 완화의 법리 가 적용되어야 하므로, 원고들이 ① 자동차 운행과정에서 호흡기질환의 발병, 악화에 기여 하는 대기오염물질이 배출된다는 사실, ② 위 대기오염물질이 원고들에게 도달한 사실, ③ 그 후 원고들에게 호흡기질환이 발병 또는 악화된 사실을 입증할 경우, 위 인과관계를 인정 할 수 있다고 보아야 하는데, ① 각종 역학조사와 동물실험에 의하면 이산화질소와 미세먼 지 등 대기오염물질이 호흡기질환, 특히 기관지 천식의 발병·악화의 원인이 되는데, 특히 서울특별시의 경우 자동차의 운행과정에서 발생한 대기오염물질이 호흡기질환에 미치는 영 향이 크며, ② 이 사건 각 도로를 주행하는 자동차로부터의 배출가스로 인하여 서울특별시 전역이 면적으로 오염되었거나 적어도 주요도로변(왕복 4차선 이상)에서 50m 내지 75m 이내 의 지역은 위 배출가스로 인하여 오염되었으므로 위 지역에 거주하는 원고들은 위 대기오염물질에 노출되었고, ③ 위 대기오염물질에 노출된 이후 원고들에게 호흡기질환이 발생 또는 악화되었으므로, 이 사건 각 도로를 주행하는 자동차로부터 배출되는 자동차배출가스와 이 사건 원고들의 이 사건 각 질병 발병 사이에 인과관계가 인정된다고 주장하였다.

이에 대하여, 피고들은 "역학적 인과관계는 집단을 대상으로 하여 다른 요인들이 모두 같다는 가정 아래 추출한 특정 요인과 질병 사이의 통계적 관련성이므로, 이를 특정 개인의 구체적 질병 발생의 원인을 규명하는 개별적 인과관계에 직접 적용할 수 없다"는 취지로 다투었다.

2. 역학적 인과관계의 기능·한계에 관한 대법원의 입장

대법원은, 이 사건에서처럼 비특이성 질환의 경우에는 특정 위험인자와 비특이성 질환 사이에 역학적 상관관계가 인정된다 하더라도, 둘 사이의 법적 인과관계까지 인정되려면 이를 주장하는 자는 기본적으로 아래 4가지 사실을 모두 증명해야 한다는 입장이다.

① 어느 개인이 그 위험인자에 노출되었다는 사실

② 그가 그 비특이성 질환에 걸렸다는 사실

③ 역학조사를 한 결과 그 비특이성 질환에 걸린 비율이 위험인자 노출 집단에서의 수치가 위험인자 비노출 집단에서의 수치를 상당히 초과한다는 사실

④ 그 집단에 속한 개인에 관한 다양한 변수들(위험인자에 노출된 시기와 노출 정도, 발병시기, 그 위험인자에 노출되기 전의 건강상태, 생활습관, 질병 상태의 변화, 가족력 등)을 추가로 증명하는 등으로 그 위험인자에 의하여 그 비특이성 질환이 유발되었을 개연성이 있다는 점

대법원은 위와 같은 법리에 기초하여, 원심(서울고법 2010. 12. 23. 2010나35659 판결)이 "미세먼지나 이산화질소, 이산화황 등의 농도변화와 천식 등 호흡기질환의 발병 또는 악화 사이의 유의미한 상관관계를 인정한 연구결과들이 다수 존재하는 것은 사실이나, 그 역학연구결과들의 내용에 따르더라도 각 결과에 나타난 상대위험도가 크다고 보기 어려운 점 등을 고려할 때, 위 역학연구결과들만으로 대기오염물질과 이 사건 질환 사이의 인과관계를 인정하기 어렵다는 등의 이유"로, 자동차배출가스로 인하여 이 사건 질환이 발병 또는 악화되었다는 원고들의 주장을 배척한 판단이 정당하다고 판시하였다.

Ⅱ. 대상판결의 평가

최근 불법행위로 인한 손해배상을 구하는 소송에서 인과관계의 증명을 위해 역학연구결과가 제출되는 사례가 늘고 있다. 이와 같은 상황에서, 대상판결은 ① 역학의 개념과 특징, ② 역학의 기능 및 한계, ③ 비특이성 질환의 특징까지 두루 참작함으로써 "특정 위험인

자와 비특이성 질환 사이에 역학적 상관관계가 인정되는 경우 어느 정도의 추가적인 사정이 입증되어야 법적 인과관계를 인정할 만한 개연성이 증명되었다고 볼 수 있는지”에 관하여 구체적으로 밝히고 있다는 점에서 선례로서 가치가 큰 판결이다.

역학연구결과는 어떤 개인에게 있어서 특정 요인과 질병 발생 사이의 개별적 인과관계를 인정하거나 입증하는 데 한계가 있는 추정치라고 보는 것이 합리적일 것이다. 따라서 역학연구결과는 대상연구집단 전체에 대한 통계적·확률적 추정치에 불과한 것으로서, 그 집단에 속한 각 개인에게 그대로 적용할 수 없으며, 의학적 측면에서 각 개인의 과거 행적을 검토하여 모든 위험인자를 합리적인 정도로 검토하였다는 전제에서만, 역학연구결과는 법적 인과관계를 판단하는 데 유의미한 자료로 활용될 수 있을 것이다. 이와 같은 견지에서 볼 때, 대상판결의 판시는 타당하다고 생각된다.

역학은 ① 특정 인구집단을 대상으로 하여, ② 질병의 빈도와 분포를 파악하고, ③ 이를 토대로 질병 발생의 위험인자(Risk Factor)에 대한 가설을 수립하여 관찰함으로써, 특정 위험인자와 질병발생 간의 일반적인 연관성을 밝히는 학문이다(박종구, 1면 이하; 이연갑, 10면 이하). 이와 같은 역학의 정의에 비추어 보면, 역학은 개개의 인간이 아닌 ‘인구집단’을 관찰대상으로 하여 집단으로서의 공통적 특징을 관찰하는 학문으로서, 개별 구성원의 질병 원인이 무엇인지는 문제 삼지 않으므로, 가령 역학연구에 의해 어떤 집단에서 원인-결과의 관계가 정량적으로 검출되었다고 해도 그 결론이 당해 집단에 속한 개인에게 그대로 적용될 수 있다는 근거가 되기는 어려울 것이다.

더욱이, 역학은 애당초 급성전염병의 유행을 연구대상으로 하여 발전해온 학문으로서, 폐결핵, 콜레라 등과 같이 특정 병인에 의해 발생하고 원인과 결과가 명확히 대응하는 이른바 ‘특이성 질환’에 대한 규명에 적합한 반면, 그 발생원인 및 기전이 복잡하고 유전·소질 등의 선천적 요인, 음주·연령·식습관·직업적 요인·대기오염·환경적 요인 등 후천적 요인이 복합적으로 작용하여 발병하는 ‘비특이성 질환’의 경우 원인 규명 측면보다는 사회보건 정책적 측면 내지 질병 예방을 위한 방향 제시적 특징이 더욱 두드러진다는 점도 충분히 고려되어야 할 것이다.

참고문헌

신원일, “환경침해와 인과관계의 증명: 판례 법리의 비판적 검토 및 환경오염피해구제법 제9조의 전망에 관하여”, 민사판례연구 39권 (2017)

이연갑, “역학연구결과에 의한 인과관계의 증명”, 법조 61권 7호 (2012)

한지형, “공해소송에서 법원의 인과관계 판단: 대법원 2012. 1. 12. 선고 2009다84608, 84615, 84622, 84639 판결”, 민사법연구 제24집 (2016)

박종구, 『현대역학』, 연세대학교 출판부 (1999)

[47] 배출시설 설치허가의 법적 성격

— 대법원 2013. 5. 9. 2012두22799 판결 —

전 인 환 (김·장 법률사무소)

[사실 개요]

1. 원고는 수도권 대기환경개선에 관한 특별법(이하 '수도권대기법')에 따라 대기오염물질 총량관리사업장 설치허가를 받고 열병합발전소를 운영하던 중, 발전소의 사용연료를 우드칩(Wood Chip)에서 RPF(폐프라스틱 고형연료, Refuse Plastic Fuel), WCF(폐목재 고형연료, Wood Chip Fuel)로 변경하고, 우드칩 전용보일러를 고형연료제품 전용시설로 교체하기 위하여, 피고(경기도지사)에게 수도권대기법에 따른 대기오염물질 총량관리사업장설치 변경허가신청과 대기환경보전법에 따른 대기배출시설 설치허가신청을 하였다.

2. 피고는 위 발전소가 수도권 지역 중 대기오염이 심각하다고 인정되는 대기관리권역으로 지정된 지역에 위치하고 있는 점, 위 시설에서 배출되는 환경오염물질이 주변 300m 내 위치한 상수원(급수인구 168,355명)에 악영향을 끼칠 우려가 있는 점, 지역 주민의 설치반대 민원이 지속적으로 이어지고 있다는 점 등을 들어 위 각 신청에 대해 모두 불허가 처분을 하였다.

3. 원고는 이 사건 불허 처분 당시 반경 1km 안의 상주인구가 2만 명에 미치지 못하므로 대기환경보전법 시행령 제12조 제1호("배출시설 설치 지점으로부터 반경 1km 안의 상주인구가 2만 명 이상인 지역으로서 특정대기유해물질 중 한 가지 종류의 물질을 연간 10톤 이상 배출하거나 두 가지 이상의 물질을 연간 25톤 이상 배출하는 시설을 설치하는 경우")의 허가제한요건에 해당하지 않고, 인근 주민들의 반대 민원과 이천시장의 반대의견이 있다는 사정은 정당한 불허가 사유가 될 수 없다는 취지로 피고의 이 사건 불허 처분이 위법하다고 주장하였다.

[판결 요지]

대기환경보전법에 따른 대기배출시설 설치허가는 원칙적으로 허가기준에 부합하고 허가제한 사유에 해당하지 않는 이상 허가를 하여야 한다. 다만, 허가제한 요건에 준하는 사유로서 환경 기준의 유지가 곤란하거나 주민의 건강 재산, 동식물의 생육에 심각한 위해를 끼칠 우려가 있다고 인정되는 등 중대한 공익상의 필요가 있을 때는 허가를 거부할 수 있다.

해설 ──

Ⅰ. 대상판결의 의의 및 쟁점

행정법은 공법(公法)이며, 공법은 '공익'을 목표로 한다. 일반적으로 기속행위로서의 법적 성질을 가지는 행정행위의 경우, 법령에서 정하는 요건에 부합하면 그에 따른 행정행위가 발급되는 것으로 이해된다. 그러나 기속행위에 해당하는 행정행위라 하더라도, 법에 명시된 요건만을 가지고 판단하여 행정행위를 하는 것이 오히려 '중대한 공익'을 침해하거나 간과하게 되는 결과를 초래한다면, 과연 이 경우에도 법에 명시된 요건만을 검토할 것인지 아니면 법에 명시되지 않은 '공익'을 고려할 것인지에 대한 고민이 필요하다.

대상판결은 법에 명시되지 않은 일반원리로서 공익이라는 개념에 대한 규범력을 어느 범위까지 인정할 수 있는지, 특히 행정청이 환경법규에 따른 처분을 함에 있어 환경이라는 공익을 어떻게 고려할 수 있는지에 관한 기준을 제시하였다는 점에서 의의가 있다.

Ⅱ. 대상판결의 분석

1. 수도권대기법에 따른 총량관리사업장설치 (변경)허가 및 대기환경보전법에 따른 대기배출시설 설치허가의 법적 성질

일반적으로, 강학상 허가는 자연적 자유를 회복하여 주는 것이라는 점에서 일반적으로 기속행위로서의 성격을 갖는 것으로 이해되나, 개별 법령에서 정하는 '허가'의 성격은 일의적으로 판단할 수 없고, 각 근거 규정의 체제·형식과 그 문언, 당해 행위가 속하는 행정 분야의 주된 목적과 특성, 당해 행위 자체의 성질과 유형 등을 고려하여 개별적으로 판단된다.

대상판결은 수도권대기법에 따른 총량관리사업장설치 (변경)허가에 대해서는, 위 허가가 인구가 밀집되고 대기오염이 심각하다고 인정되는 수도권 대기관리권역에서 총량관리대상 오염물질을 일정량을 초과하여 배출할 수 있는 특정한 권리를 설정하여 주는 행위라는 점을 근거로, 1심부터 상고심에 이르기까지 일관되게 그 법적 성질을 재량행위로 판단하였다.

반면, 대기환경보전법에 따른 대기배출시설 설치허가에 대해서는 1심, 항소심, 상고심에서의 판단이 모두 갈렸는데, 1심에서는 위 허가의 법적 성질을 재량행위로, 항소심에서는 기속행위로 각 판단하였고, 상고심에서는 원칙적으로 이를 기속행위로 보되(다만, '기속행위'라는 표현을 명시하지는 않았다), 예외적으로 중대한 공익상의 필요가 있는 경우에는 법규상 요건에도 불구하고 허가를 거부할 수 있다고 판단하였다(이를 두고, 대법원이 위 허가의 법적 성질을 '기속재량행위'로 보았다고 해석되기도 한다).

2. 처분의 독자적 거부사유로서 공익

대상판결에서 대법원은 대기환경보전법에 따른 대기배출시설 설치허가를 함에 있어, 원칙적으로 허가기준에 부합하고 허가제한 사유에 해당하지 않는 이상 행정청이 허가를 하여야 한다고 하면서도, 대기환경보전법 시행령 제12조 각 호에서 정한 사유에 준하는 사유로서 환경 기준의 유지가 곤란하거나 주민의 건강 재산, 동식물의 생육에 심각한 위해를 끼칠 우려가 있다고 인정되는 등 중대한 공익상의 필요가 있을 때는 허가를 거부할 수 있다고 판시하였다.

이와 같은 대법원의 판단에 의하면, 원칙적으로 기속행위로서의 성질을 가지는 행정행위라 하더라도, 명문의 규정이 없는 '중대한 공익상의 필요'를 이유로 허가를 거부할 수 있다는 것으로 이해된다.

Ⅲ. 대상판결의 평가

공법을 해석·집행하는 국가작용인 행정은 공익지향성을 가지며, 공익판단은 단순한 정책적 판단의 문제가 아니라 사법 판단의 문제이다(최송화, 6면). 공익은 공법의 일반원리로서, 공익의 침해는 별도의 근거 규정 없이 처분의 독자적 거부사유가 된다(최송화, 248면).

대법원은 건축법에 따른 일반건축물 건축허가의 법적 성질을 기속행위로 보고 있으나, '중대한 공익상의 필요'가 있는 경우에는 행정청이 법령에서 정하는 제한 사유 이외의 사유를 들어 허가를 거부할 수 있다는 입장인 것으로 해석되고 있다(대법원 2012. 11. 22. 2010두 19270 전원합의체 판결).

이와 같은 판례의 태도에 대하여는, 근거법령에 명시되지 않은 '공익상의 이유'를 들어 허가를 거부하는 것은 법령에 없는 또 하나의 허가 요건을 행정청이 임의로 창설하는 것으로 법치행정의 원리에 반하는 것이라는 지적이 제기되기도 하나, 재량행위와 기속행위의 구별에 관한 종래의 이분법적 구분에서 벗어나, '공익'이라는 요소를 행정청의 행위 기준이 아니라 사법상의 판단기준으로까지 끌어올려 공익판단의 규범력을 제고하였다는 점에서 의미가 있다.

공익판단은 국가작용의 어느 한 부분에만 작용하는 것이 아니라, 입법, 행정, 사법의 모든 단계에서 작용한다. 입법 단계에서는 '공익'이라는 요소를 법령 규정에 반영하게 되는데, 이를 통해 행정행위의 실체적·절차적 요건에 공익판단을 규범화할 수 있다. 그러한 의미에서, 행정법규에서 각종 요건 규정들은 이와 같은 공익판단을 이미 반영하고 있는 것이므로, 행정청으로서는 행정처분 단계에서 근거 규정에 따른 요건 및 절차를 최대한 존중하여야 하고, 불문의 일반원리로서의 공익에 손쉽게 의지하여서는 안 될 것이다(이른바 '공익으로의 도피'). 이러한 점은 환경이라는 중대한 공익을 주제로 하는 환경법규의 해석에 있어서 특히 그러하다. 또한, 그와 같은 공익판단의 결과가 개인의 자유와 권리를 제한하는 방향으로 이어지는 경우에는 법치행정의 원칙을 고려하여 최대한 법규의 문언에 따른 판단을 하여야 할 것이다.

대상판결에서 행정행위의 법적 성질이 기속행위인지 여부와 무관하게 '중대한 공익상의 필요'를 독자적 허가 거부 사유의 하나로 인정한 것은 결과적으로 공익론적 관점에서 타당하다 할 것이나, 입법론적으로는 국민의 신뢰 및 예측가능성을 고려하여 '중대한 공익상의 필요'가 있다고 인정될 만한 경우를 실체적 요건 규정을 통해 구체화하거나, 이를 판단할 수 있는 절차적 규범을 관련 법령에 세밀하게 규정하는 것이 바람직할 것으로 생각된다.

참고문헌

박태현, "대기환경보전법상 배출시설 설치허가, 기속재량 그리고 의회입법의 원칙―대법원 2013. 5. 9. 선고 2012두22799 판결의 비판적 검토", 인권과 정의 (2013)

이영창, "환경소송에서 행정청의 재량에 대한 사법심의 방법과 한계", 2011 환경소송의 제문제 (2011)

이한일, "수도권 대기환경개선에 관한 특별법에서 정한 대기오염물질 총량관리사업장 설치 및 대기환경보전법상의 배출시설 설치에 관한 허가의 성질", 대법원판례해설 제95호, (2013)

최송화, "공익론 공법적 연구", 서울대학교 출판부 (2004)

[48] 배출권거래제에 따른 배출권 할당 분쟁의 법적 쟁점
― 대법원 2018. 6. 15. 2018두38185 판결 ―

최 승 필 (한국외국어대학교)

[사실 개요]

구 온실가스 배출권의 할당 및 거래에 관한 법률 시행령 제3조 제8항에 따라 국가배출권 할당계획이 수립되었으며, 이에 근거하여 석유화학업종에 대해서 탄소배출권이 할당되었다. 甲 회사는 환경부장관(경정 전 피고: 산업통상자원부장관)을 상대로 과소할당분에 대해 배출권 할당 거부처분 취소소송을 제기하였다. 대법원은 상고인(환경부장관)의 상고이유에 관한 주장이 상고심절차에 관한 특례법 제4조 제1항 각 호에서 정한 사유를 포함하지 아니하거나 이유가 없다고 기각하였다. 따라서 구체적인 사실에 대한 사항은 서울고등법원의 판결을 중심으로 살펴본다. 서울고등법원 판결에서 원고 甲 회사는 환경부장관이 甲 회사에 과소할당한 613,120tCO$_2$-eq를 할당거부로 보아 이 처분의 취소를 구하였으며, 1심에서 甲 회사가 승소하여, 환경부장관은 甲 회사의 청구를 기각하는 항소를 제기하였다.

[판결 요지]

1. 사전할당이 완료되었더라도 배출권거래법 제18조는 주무관청이 총배출권의 일정 비율을 예비분으로 보유하도록 하고 있고, 같은 법 제5조 제1항 제9호는 국가배출권할당계획에 예비분의 수량 및 배분기준에 관한 사항을 포함하도록 하고 있어 취소청구에 따른 할당량 조정도 가능하다고 볼 수 있으므로 거부처분에 대한 취소를 구하는 법률상 이익이 인정된다.

2. 할당대상업체에 온실가스 배출권을 무상할당하는 경우에는 온실가스 배출행위에 대한 비용부담 원칙에 대한 일종의 예외를 인정하는 것이므로 이를 침익적 처분으로 보기는 어렵다. 또한 지구 온난화를 촉발·촉진하는 온실가스 배출을 헌법 또는 법률상 당연히 인정되는 권리로 보기 어려우므로 배출권 할당처분이 침익적이라고 할 수 없다.

3. 신설 또는 증설에 대하여서는 온실가스 배출량이 당연히 증가하는 것으로 보면서, 객관적으로 배출량 증가가 예측되는 보일러 시설 가동률 증가에 대하여서는 배출권 할당을 고려하지 않은 것은 합리적 이유 없는 차별로 평등의 원칙에 반하여 재량권을 일탈·남용한 것이다.

4. 제출된 자료만으로는 이 사건 보일러 시설의 가동이 증가함에 따라 배출될 것으로 예상되는 온실가스의 배출량을 산정할 수 없으므로 원고에게 추가되었어야 할 온실가스 배출권 할당량을 산정하기 위해 이 사건 처분 중 원고 부분 전체를 취소할 수밖에 없다.

해설 ──

I. 대상판결의 의의

배출권 할당과 관련하여 빈번하게 발생할 수 있는 법적 쟁점을 일괄하여 살펴보는 데 의의가 있다. 배출권거래제에 따른 배출권 할당은 향후에도 지속적으로 이어질 것이므로, 주요 쟁점을 이해하는 것은 유사 사건의 법리적 접근에서 선결적인 요소라고 할 수 있다.

II. 대상판결의 분석

1. 사전할당 완료 후 취소를 구할 법률상 이익의 존부

환경부는 배출권의 사전할당이 이미 이루어졌으므로 甲 회사가 과소할당된 부분에 대해 거부처분 취소소송을 제기하더라도 그 법률상 이익을 인정하기 어렵다고 주장하였다. 그러나 법원은 법률상 이익을 인정하면서 두 가지 논거를 제시하였다. 첫째, 배출권은 거래가 가능하며, 만약 배출권이 배출량보다 적은 경우 과징금 등의 행정제재를 받는다는 점, 둘째, 취소판결이 인용된다면 그 처분에 의해 발생한 위법상태를 원상회복시키는 방법이 있다는 점이다. 이는 할당량 조정으로, 취소청구에 따른 할당량 조정도 가능하다고 본 것이다.

법률상 이익의 개념과 관련하여, 다수견해는 법률상 보호되는 이익이 침해된 경우에 소로서 권리를 구제받을 수 있는 것으로 보고 있다. 판례 역시 같은 입장으로 "법률상 보호되는 이익이라 함은 당해 처분의 근거법규 및 관련법규에 의하여 보호되는 개별적·직접적·구체적 이익이 있는 경우를 말하고, 공익 보호의 결과로 국민 일반이 가지는 일반적·간접적·추상적 이익이 생기는 경우에는 법률상 보호되는 이익이 있다고 할 수 없다."(대법원 2006. 3. 16. 2006두330 전원합의체 판결)고 보고 있다.

2. 할당처분의 법적 성격과 행정절차의 준수

할당처분이 침익적 처분인지 수익적 처분인지가 쟁점이 되었다. 이는 1심에서 甲 회사를 포함한 원고들이 제기했던 것으로, 甲 회사 등은 할당처분을 침익적으로 보아 행정절차법 제21조와 제22조에서 정하고 있는 사전통지 및 의견제출의 기회가 주어졌어야 했으나, 그러한 절차가 이루어지지 않아 하자가 있다고 주장했다.

이에 대해서 서울고등법원은 1심인 서울행정법원에서 제시하고 있는 논거를 재정리하여 다음과 같이 밝히고 있다. 첫째, 배출권거래제하에서 주무관청은 할당대상업체에 온실가스 배출권을 유상 또는 무상으로 할당해야 하고, 할당대상업체는 할당받은 배출권의 범위 내에서의 온실가스 배출행위에 대해서는 아무런 제재를 받지 않는다는 점, 둘째, 할당받은 배출권의 범위 내에서의 배출행위에 대해서는 오염 및 훼손된 환경을 회복 또는 복원할 책임을 면제받는다는 점, 셋째, 온실가스가 지구온난화의 원인이라는 점이 과학적으로 증명된 상황에서 산업체의 온실가스 배출을 헌법 또는 법률상 당연히 인정되는 권리로 보기는 어렵다는 점, 넷째, 국제사회의 논의를 고려한 국가감축목표에 따라서 한정된 온실가스 배출권을 배분한다는 점, 다섯째, 할당은 신청을 전제로 행해지는 처분으로 신청 없이 행정청이 일방적으로 부과할 수 있는 것이 아니라는 점을 들었다.

이에 따라 1심에서 甲 회사 등 원고들이 주장한 침익적 처분으로서 절차위반의 하자는 인정되지 않았다.

3. 할당거부처분의 재량권 일탈·남용 여부

甲 회사는 자신의 사업장에 EO/EG(Ethylene Oxide/Ethylene Glycol) 시설을 신설하였는데 해당 시설에 대한 스팀공급은 기존에 있는 보일러 시설을 통해 이루어지게 되어 간접배출 인정 여부가 쟁점이 되었다. 그러나 주무관청은 기존 보일러 시설을 통한 예상 간접배출량은 해당 보일러 시설의 단순 가동률 증가에 불과한 것으로 보아 배출권을 할당하지 않았다.

판례는 보일러 시설의 가동률 증가가 온실가 스배출권의 할당, 조정 및 취소에 관한 지침 제2조 제16호의 '증설'에 해당하지는 않지만, 신설 시설에 스팀을 공급하기 위해 연결된 기존 보일러 시설의 가동률의 증가로 인한 온실가스 배출량의 증가가 당연히 예측 또는 예상됨에도 불구하고 배출량을 고려·인정하지 않은 것은 합리적인 이유 없는 차별로 평등의 원칙에 반하여 재량권을 일탈·남용한 것으로 보았다. 즉, 신설 또는 증설의 경우 온실가스 배출량이 당연히 증가하는 것으로 보는 것처럼, 신설 시설 가동을 위해 연결된 기존 시설의 가동률 증가로 인한 온실가스 배출량 역시 객관적 자료에 의해 입증될 수 있다면, 본질적으로 양자 간 차이는 없다고 본 것이다.

4. 처분 중 취소의 범위

할당처분에 하자가 있어 소를 통해 처분이 취소되는 경우 취소의 범위를 어디까지로 해야 하는가 문제 된다. 일부 취소의 핵심은 일부 취소의 대상이 되는 부분의 분리 가능성과 분리 취소되는 부분의 명확한 확정 여부이다.

거부된 부분만큼의 할당이 이루어지기 위해서는 보일러 시설로부터 배출될 것이 예상되는 온실가스 배출량이 산정되고 여기에 조정계수를 적용하여 추가할당량을 산출해야 하나, 판결문에서 설시하고 있는 바를 보면, 주무관청이 甲 회사가 제출한 자료의 객관성도 검토하지 않은 것으로 보아 자료 부족으로 인해 법원이 일부 취소의 판결을 내리기는 현실적으로 어려웠던 것으로 보인다. 결국 기존 시설, 신증설 시설 그리고 신증설 시설을 가동하기 위한 기존 보일러 시설의 증가된 가동률 등을 종합적으로 고려해야 한다는 점에서 할당처분 전체를 취소해야 하며, 판례 역시 甲 회사에 대한 할당처분 전체를 취소하였다.

Ⅲ. 대상판결의 평가

이 사건을 포함하여 배출권거래제와 관련한 할당 분쟁들의 주요한 쟁점은 행정절차법상의 사전통지 내지는 기간 준수상의 하자, 신증설 시설의 인정 여부에 대한 재량권의 일탈·남용, 처분의 일부 취소 가능성 등이다. 따라서 이 사건은 이들 쟁점의 핵심적인 사항을 모두 다루고 있다는 점에서 의의가 있다.

판례의 입장을 요약해보면, 할당처분은 수익적 행정처분이라는 점에서 행정절차법이 규정하고 있는 사전통지 및 의견제출절차를 거치지 않아도 된다고 보았다. 신·증설의 경우, 객관적으로 배출량 증가가 충분히 명확하게 예측 가능한 시설 가동률 증가를 할당처분 시 고려하지 않은 것은 재량권의 일탈·남용이 있는 것으로 보았다. 한편, 취소소송이 인용되는 경우 과소할당된 금액만큼 거부처분이 있었던 것으로 보고, 그 부분만을 취소할 것인지 아니면 할당처분 전체를 취소할 것인지 논란이 있었으나, 이 사건에서는 과소할당된 부분의 획정이 어렵다는 점에서 전부 취소판결을 내렸다.

이 사안은 상고심에서 다루어진 사항이 없다는 점에서 한 번 더 쟁점에 대한 법리적 검토의 기회를 갖지 못했다는 아쉬움이 있다. 다만 항소심과 1심 판결에서 비교적 납득할 만한 결과를 도출하고 있다는 점에서 해당 심급에서 다루어진 내용을 검토하였다.

참고문헌

박균성, 『행정법론(상)』 제16판, 박영사 (2017)

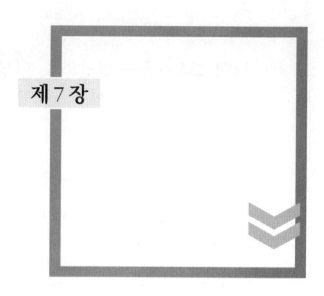

제 7 장

소음·진동 등

[49] 도로소음을 원인으로 한 방지청구 및 손해배상청구의 요건

— 대법원 2007. 6. 15. 2004다37904(본소), 2004다37911(반소) 판결 —

이 영 창 (광주고등법원 전주재판부)

[사실 개요]

1. 원고가 설치, 관리하는 경인고속도로에서 발생하는 교통소음으로 인근 빌라 거주 주민들에 대한 소음 피해가 문제 되었다.

2. 중앙환경분쟁조정위원회는 원고에게 피고 주민들 주택의 소음도가 65dB을 초과하지 않도록 방음설 비 등의 조치를 취하고, 피고 주민들에게 손해배상을 하라는 재정을 하였고 원고는 이를 다투기 위해 피고 주민들을 상대로 채무부존재확인소송을 제기하였다.

3. 피고 주민들은 반소로 고속도로 소음이 65dB 이상 유입되지 않도록 하라는 방지청구를 하고 소음피 해로 인한 위자료를 구하였다.

4. 원심은 빌라의 소음피해 민원이 제기된 시점을 기준으로 그 전에 이주한 주민(피고 甲)에 대하여는 원고의 방지의무와 손해배상책임을 인정하였으나 그 후에 이주한 주민(피고 乙)에 대하여는 선주성 등을 이유로 방지의무와 손해배상책임을 부정하였다.

[판결 요지]

1. 건물의 소유자 또는 점유자가 인근의 소음으로 인하여 정온하고 쾌적한 일상생활을 영유할 수 있는 생활이익이 침해되고 그 침해가 사회통념상 수인한도를 넘어서는 경우에 건물의 소유자 또는 점유자는 그 소유권 또는 점유권에 기하여 소음피해의 제거나 예방 을 위한 방지청구를 할 수 있다.

2. 고속도로로부터 발생하는 소음이 피해 주민들 주택을 기준으로 일정 한도를 초과하 여 유입되지 않도록 하라는 취지의 방지청구는 소음발생원을 특정하여 일정한 종류의 생 활방해를 일정 한도 이상 미치게 하는 것을 금지하는 것으로 청구가 특정되지 않은 것이 라고 할 수 없고, 이러한 내용의 판결이 확정될 경우 민사집행법 제261조 제1항에 따라 간접강제의 방법으로 집행을 할 수 있으므로, 이러한 청구가 내용이 특정되지 않거나 강 제집행이 불가능하여 부적법하다고 볼 수는 없다.

3. 인근 고속도로에서 유입되는 소음으로 인하여 입은 환경 등 생활이익의 침해를 이 유로 일정 한도를 초과하는 소음이 유입되지 않도록 하라는 내용의 방지청구 소송에서 그 침해가 사회통념상 일반적으로 수인할 정도를 넘어서는지 여부는 피해의 성질 및 정

도, 피해이익의 공공성, 가해행위의 태양, 가해행위의 공공성, 가해자의 방지조치 또는 손해회피의 가능성, 인·허가 관계 등 공법상 기준에의 적합 여부, 지역성, 토지이용의 선후관계 등 모든 사정을 종합적으로 고려하여 판단하여야 한다.

4. 민법 제758조에 정한 '공작물의 설치 또는 보존의 하자'라 함은 공작물이 그 용도에 따라 갖추어야 할 안전성을 갖추지 못한 상태에 있음을 말하고, 안전성을 갖추지 못한 상태, 즉 타인에게 위해를 끼칠 위험성이 있는 상태라 함은 당해 공작물을 구성하는 물적 시설 그 자체에 있는 물리적·외형적 흠결이나 불비로 인하여 그 이용자에게 위해를 끼칠 위험성이 있는 경우뿐만 아니라, 그 공작물이 이용됨에 있어 그 이용상태 및 정도가 일정한 한도를 초과하여 제3자에게 사회통념상 수인할 것이 기대되는 한도를 넘는 피해를 입히는 경우까지 포함된다고 보아야 하고, 이 경우 제3자의 수인한도의 기준을 결정함에 있어서는 일반적으로 침해되는 권리나 이익의 성질과 침해의 정도뿐만 아니라 침해행위가 갖는 공공성의 내용과 정도, 그 지역 환경의 특수성, 공법적인 규제에 의하여 확보하려는 환경기준, 침해를 방지 또는 경감시키거나 손해를 회피할 방안의 유무 및 그 난이 정도 등 여러 사정을 종합적으로 고려하여 구체적 사건에 따라 개별적으로 결정하여야 한다.

해설

I. 대상판결의 쟁점

이 사건에서 고속도로 인근 주민들의 소음피해가 참을 한도(수인한도)를 넘었는지가 쟁점이 되었고, 특히 원심이 "고속도로 소음이 피고 甲의 주택을 기준으로 65dB 이상 유입되도록 하여서는 안 된다"고 판결한 것과 관련하여 이른바 '추상적 부작위 명령'을 내용으로 하는 방지청구가 적법한지가 문제 되었다. 이 판결은 도로소음 등 생활방해를 원인으로 한 방지청구와 손해배상청구에 관하여 본격적으로 법리가 선언된 사례이다. 추상적 부작위 명령을 내용으로 하는 방지청구의 적법성에 관한 판시도 주목할 만하다.

II. 대상판결의 분석

1. 생활방해를 원인으로 한 방지청구와 손해배상청구

이 판결은 건물의 소유자·점유자가 인근의 소음으로 인하여 정온하고 쾌적한 일상생활을 할 수 있는 생활이익이 침해되고 그 침해가 사회통념상 참을 한도를 넘어서는 경우에 그 소유권·점유권에 기하여 소음피해의 제거나 예방을 위한 방지청구를 할 수 있다고 하여 일정한 요건을 충족하면 소음의 방지청구가 가능하다는 점을 밝혔다. 또한 방지청구의 법적 근거가 물권적 청구권이라는 입장을 취하였으므로 판례상 방지청구의 법적 근거는 민법 제214조, 제217조 등이 될 것이다.

손해배상청구의 근거와 요건에 관한 판단도 있다. 도로소음에서 소음을 직접 발생시킨 자동차, 운행자를 특정하여 민법 제750조에 따라 손해배상청구를 한다는 것은 사실상 불가능하다. 그렇기에 도로의 관리주체를 상대로 책임을 추궁하는 방법을 모색할 수밖에 없는데, 도로의 관리주체가 직접 소음을 발생시킨 것이 아니므로 결국 민법 제758조(국가나 지방자치단체가 도로의 관리주체인 경우에는 국가배상법 제5조)의 적용이 문제 된다. 도로소음은 노면의 흠처럼 '도로 자체의 물리적 하자'가 아니라 자동차 운행자들이 도로를 이용하면서 소음을 발생시키는 것이므로 전형적인 하자 개념으로 포섭하기가 어렵다. 이 판결은 '하자' 개념을 확대하여, 공작물이 이용됨에 있어 그 이용 상태 및 정도가 일정한 한도를 초과하여 제3자에게 사회통념상 참을 것으로 기대되는 한도를 넘는 피해를 입히고 있다면 그 공작물은 '하자 있는 공작물'에 해당한다고 판단하였다. 따라서 공작물에 물리적 위험성이 없더라도 공작물이 이용되는 과정에서 다른 사람에게 위해가 발생하면 공작물의 소유자나 점유자는 손해를 배상해야 한다는 것이다. 환경침해로 인한 구제의 확대를 위하여 공작물의 하자 개념을 넓혔다고 볼 수 있다.

2. '추상적 부작위'를 구하는 방지청구가 적법한지 여부

방지청구에는 환경침해의 방지를 위한 작위(예: 피고는 ○○설계도면대로 방음벽을 설치하라) 또는 부작위(예: 피고는 18:00부터 다음날 09:00까지 ○○공장을 가동해서는 안 된다)를 구하는 것이 있고, 대체집행이나 간접강제로 강제집행이 가능하다. 이처럼 피고에게 의무지우는 행위를 구체적으로 특정하지 않고 '피고는 ○○dB을 초과하는 소음을 발생시켜서는 안 된다'는 식의 방지청구(추상적 부작위 청구)를 하는 것도 가능한지가 문제 되는데, 이 판결은 ① 소음발생원을 특정하여 ② 일정한 종류의 생활방해를 ③ 일정 한도 이상 미치게 하는 것을 금지할 것을 구하는 것은 그 청구가 특정된 것으로 볼 수 있고, 간접강제로 강제집행을 할 수 있으므로 적법하다고 판단하였다.

3. 방지청구와 손해배상청구의 참을 한도는 어떻게 판단하는지

이 판결은 방지청구의 인용 여부는 도로소음으로 인한 피해가 '사회통념상 일반적으로 참을 정도를 넘어서는지 여부'에 따라 결정되고, 손해배상청구도 '사회통념상 참을 것이 기대되는 한도를 넘는 피해를 입히는지 여부'에 따라 결정되며, 그 판단 시 방지청구에서는

'피해의 성질 및 정도, 피해이익의 공공성, 가해행위의 태양, 가해행위의 공공성, 가해자의 방지조치 또는 손해회피의 가능성, 인·허가 관계 등 공법상 기준에의 적합 여부, 지역성, 토지이용의 선후관계' 등을, 손해배상청구에서는 '침해되는 권리나 이익의 성질과 침해의 정도뿐만 아니라 침해행위가 갖는 공공성의 내용과 정도, 그 지역환경의 특수성, 공법적인 규제에 의하여 확보하려는 환경기준, 침해를 방지 또는 경감시키거나 손해를 회피할 방안의 유무 및 그 난이 정도' 등을 고려해야 한다고 한다.

소음의 크기·정도가 가장 중요한 고려요소지만 그 외에도 위에서 열거한 다양한 요소들을 종합적으로 고려해야만 한다는 것이다. 이 법리는 이후의 도로소음, 철도소음 등 판결에서 계속 유지되고 있다.

Ⅲ. 대상판결의 평가

이 판결은 소음으로 인한 생활방해를 원인으로 한 방지청구 및 손해배상청구의 기본법리를 확립하였다는 점에서 큰 의의가 있다. 하지만 이 판결은 방지청구의 '참을 한도'와 손해방청구의 '참을 한도'가 어떤 관계인지를 밝히지 않았고, 이는 대법원 2015. 9. 24. 2011다91784 판결에서 판단되었다. 이 판결은 추상적 부작위를 구하는 방지청구가 적법하다고 판단했으나, 실제 소송에서는 피고 甲의 주택에 65dB을 초과하는 소음피해가 발생하기 않도록 하기 위한 구체적 조치(기존 방음벽에 더하여 추가 설치되어야 할 방음벽의 높이, 길이, 재질, 비용, 비용부담의 영향, 비용분담의 가능성 등)가 모두 심리된 상태였기에 소송당사자들은 위 판결이 명한 방지조치의 내용이 어떤 것인지를 잘 알고 있었다. 따라서 이 판결이 추상적 부작위 청구를 무제한적으로 허용하였다고 단정할 수는 없다.

참고문헌
이영창, "소음공해, 일조방해, 조망침해에 관한 판례의 동향", 민사판례연구 제39권 (2017)

[50] 도로 소음과 아파트분양회사의 법적 책임

— 대법원 2008. 8. 21. 2008다9358, 9365 판결 —

강 정 혜 (서울시립대학교)

[사실 개요]

1. 부산시 사상구 소재 동서고가도로(이하 이 사건 도로라 함)를 개설하여 관리하고 있는 원고 부산광역시와 이 사건 도로 인근에 아파트(이하 이 사건 아파트라 함)를 분양한 원고 지에스건설(주)는 이 사건 아파트 입주자인 피고들을 상대로 이 사건 도로에서 차량통행 등으로 발생하는 소음으로 인한 손해배상 기타 채무는 존재하지 아니함을 확인하는 채무부본재확인 소송을 제기하였다.

2. 원고 지에스건설(주)는 부산광역시로부터 이 사건 아파트사업승인을 받아 아파트를 신축한 후 사상구청장으로부터 사용승인을 받고 피고들을 입주시켰는데, 원고 지에스건설(주)가 이 사건 아파트의 사용승인을 받을 당시 이 사건 아파트의 소음도는 64.7dB로서 주택법상의 주택건설기준 등에서 규정하고 있는 소음기준을 충족하고 있었다.

3. 이 사건 도로는 하루 통행차량이 약 86,361대에 이르는 공공도로이고 아파트 입주민인 피고들은 이 사건 도로가 개통된 이후 입주하였다.

4. 이 사건 당시 소음·진동규제법상 도로소음 한도는 주거지역의 경우 주간 68dB, 야간 58dB이고, 환경정책기본법은 환경소음기준에 관하여 도로변 지역 중 전용주거지역, 일반주거지역 및 준주거지역은 주간 65dB, 야간 55dB로 규정하고 있었고, 이 사건 아파트에 대한 승인당시 적용되던 주택건설기준 등에 관한 규정 제9조 제1항에서는 "공동주택을 건설하는 지점의 소음도가 건교부장관이 환경부장관과 협의하여 고시하는 소음측정기준에 의하여 65dB 이상인 경우에는 공동주택을 도로 등 소음발생시설로부터 수평거리 50m 이상 떨어진 곳에 배치하거나 방음벽, 수림대 등의 방음시설을 설치하여 당해 공동주택의 건설지점의 소음도가 65dB 미만이 되도록 하여야 한다"고 규정하고 있었다.

[판결 요지]

1. 차량 통행으로 인한 도로 소음으로 인근 주택(아파트) 거주자에게 사회통념상 일반적으로 수인할 정도를 넘어서는 침해가 있는지 여부는, 주택법 등에서 제시하는 주택건설기준보다 환경정책기본법 등에서 설정하고 있는 환경기준을 우선적으로 판단, 적용한다.

2. 도로소음으로 인하여 거주자에게 사회통념상 일반적으로 수인할 정도를 넘어서는 침해가 발생하였다고 하더라도, 그 주택(아파트)을 건축하여 분양한 회사는 도로의 설치·관리자가 아니고 도로소음이 그 주택건축으로 인하여 소음이 발생한 것이 아니므로 생활이익의 침해를 원인으로 하는 불법행위책임을 지지 아니한다.

3. 다만, 분양회사는 (1) 주택의 공급 당시 주택법상의 주택건설기준 등 그 주택이 거래상 통상 소음 방지를 위하여 갖추어야 할 시설이나 품질을 갖추지 못한 경우 집합건물의 소유 및 관리에 관한 법률 제9조 또는 민법 제580조의 담보책임을 부담하거나, (2) 수분양자와의 계약에서 소음방지시설, 조치에 관하여 특약이 있는 경우에 그에 따른 책임을 부담하거나, (3) 분양회사가 수분양자에게 분양하는 주택의 소음 상황 등에 관한 정보를 은폐하거나 부정확한 정보를 제공하는 등 신의칙상 부수의무를 게을리한 경우에 그 책임을 부담할 뿐이다.

해설

Ⅰ. 대상판결의 의의 및 쟁점

대상판결은, 도로 개설 '이후' 입주한 주택(아파트) 거주자가 입은 수인한도를 넘는 도로 소음 피해(일정한 한도를 초과하여 제3자에게 사회통념상 수인할 것이 기대되는 한도를 넘는 피해)에 대하여 소음기준을 책임 주체별로 달리 적용하면서 그에 따른 법적 책임의 근거를 명시하였다는 데에 의미가 있다.

대상판결은 도로 소음과 관련하여 (1) 도로 개설·관리자에 대하여는 주택법 등에서 정하는 주택건설기준보다 환경정책기본법 등에서 설정하는 환경기준을 우선하여 적용함으로써 책임을 강화한 반면, (2) 주택(아파트) 분양 건설회사에 대하여는 주택공급 당시의 주택건설기준을 적용하였다. 그리하여 만일 주택(아파트) 분양 건설회사가 위 주택건설기준을 만족시키지 못한 경우 집합건물의 소유 및 관리에 관한 법률 제9조 또는 민법 제580조의 담보책임을 부담하고, 만일 주택(아파트) 분양 건설회사가 위 주택건설기준을 만족시켰다면, 일반론으로 돌아와 계약상의 책임(소음방지 시설이나 조치에 관하여 특약이 있는 경우)이나 신의칙상의 책임(소음 상황에 대한 정보를 은폐하거나 부정확한 정보를 제공하는 경우)을 부담할 뿐이라고 판시하였다.

Ⅱ. 대상판결의 분석

1. 도로 개설·관리자의 책임: 영조물 책임(수인한도)

환경침해자에 대한 손해배상청구 시 환경침해자의 고의, 과실 또는 무과실 요건이 충족되었다 하더라도 '위법성' 요건이 충족되어야 한다. 이와 관련하여 대법원 판례는 '수인한도'(이후 판결에서는 '참을 한도'라는 용어를 사용) 이론을 적용하여 위법성 요건을 판단하고 있다. 즉 환경침해의 정도가 사회상규상 수인할 수 있는 한도를 초과하는 경우 위법성이 있다고 본다(대법원 2001. 2. 9. 99다55434 판결 등).

원고 부산광역시는 민법상 불법행위의 특칙인 국가배상법의 적용을 받는데 동법 제5조 제1항 소정의 영조물(도로)의 하자로 인한 배상책임 여부가 문제 된다. 대상판결은 이 경우 영조물의 하자에는 "그 영조물의 공공의 목적에 이용됨에 있어 그 이용 상태 및 정도가 일정한 한도를 초과하여 제3자에게 사회통념상 수인할 것이 기대되는 한도를 넘는 피해를 입히는 경우까지 포함된다"고 판시함으로써 수인한도론을 영조물 하자의 근거로도 사용하였다. 그리하여 이 사건 도로는 공공도로이고 비록 도로 개설 이후 피고 거주자들이 아파트에 입주하였으나 피고들이 거주하는 야간 등가소음도가 65dB 이상으로 환경정책기본법이 요구하는 도로변 주거지역의 야간소음도 55dB을 훨씬 초과함으로써 피고들에게 통상의 수인한도를 넘는 피해를 발생시켰으므로 원고 부산광역시는 이 사건 도로의 설치·관리상에 하자가 있다고 판시하고, 배상책임을 인정하였다.

한편 대상판결 이후 대법원은 수인한도를 논함에 있어 환경정책기본법상의 소음기준 수치를 적용하기는 하되 측정방식 기준을 실외에서 실내로 변경하였다. 즉 대법원 2016. 11. 25. 2014다57846 판결, 대법원 2015. 10. 15. 2013다89433, 89457 판결 등에서 환경정책기본법 소정의 소음기준을 적용하되, 다만 측정방식을 기존의 실외소음측정방식이 아닌 "거실에서 해당 소음원에 면한 방향의 모든 창호를 개방한 상태에서 측정한 소음도"를 기준으로 환경정책기본법상 소음환경기준 초과 여부를 판단하고 이로써 수인한도를 초과하였는지 판단하여야 한다고 판시한 바 있다.

2. 아파트 분양회사의 책임

(1) 불법행위책임

도로 소음으로 인근 아파트 거주자에게 사회통념상 수인한도를 넘는 생활이익의 침해가 발생하였다고 하더라도, 그 아파트를 건축하여 분양한 분양회사는 도로의 설치·관리자가 아니고 도로소음이 위 아파트의 건축으로 발생하였다고 할 수 없으므로 아파트 거주자들이 분양회사를 상대로 소음으로 인한 생활이익의 침해를 원인으로 한 불법행위 책임을 물을 수는 없다고 판시하였다. 대상판결은 불법행위의 인과관계의 측면에 주목하여 분양회사의 불법행위책임을 부정한 것이라 볼 수 있다.

(2) 공급 당시의 주택법상의 주택건설기준 준수의무·계약 책임·신의칙상 책임

대상판결은 위에서 본 바와 같이 분양회사에 대하여 불법행위 책임은 부정하였으나, 주택공급 당시의 주택건설기준을 만족시키지 못한 경우, 집합건물의 소유 및 관리에 관한 법률 제9조 또는 민법 제580조의 담보책임을 부담한다고 판시하였다. 위에서 보았듯이 도로 소음 기준에 관하여는 다양한 관점과 정책적 각도에서 각종의 법률에 그 기준이 조금씩 다르게 규정하고 있고 환경정책기본법 등의 환경기준이 가장 강한데 분양회사의 경우 주택 건설과 관련한 기준을 적용하였다.

한편, 분양회사는 위 책임 이외에도 일반론으로 돌아가서, 소음방지 시설이나 조치에 관하여 특약이 있는 경우 계약책임을 질 수도 있고, 소음 상황에 대한 정보를 은폐하거나 부정확한 정보를 제공하는 경우 신의칙상 책임을 부담할 수는 있다고 판시하였다.

Ⅲ. 대상판결의 평가

대상판결은 주택(아파트) 거주자가 입는 수인한도를 넘는 도로 소음피해에 대하여 소음 기준을 책임 주체별로 달리 적용하면서 그에 따른 법적 책임의 근거를 명시하였다는 데에 의미가 있다. 소음기준에 대하여 직접적인 소음관리 주체인지에 여부에 따라 그 기준을 달리 적용할 수 있다는 것이 일견 이해는 가지만, 환경권이나 환경피해의 특성상 책임 주체별로 소음피해 기준을 달리 적용하는 것에 대하여 비판이 있을 수 있다.

건설 건축 분야의 특성을 감안하되, 도로의 설치·관리자뿐만 아니라 도로 옆 아파트 분양회사, 특히 도로가 개설된 '이후' 주택을 분양하는 분양 회사에게도 환경정책기본법상의 수인한도를 넘지 않는 주택공급의무를 지우기 위해 주택법상의 주택건설기준도 이와 합치되는 방향으로 입법론을 검토할 필요가 있다. 수인한도 소음측정방식이 실내로 변경되었으므로 그러한 의무를 부과하는 것이 소음방지 관련 주택건설산업 발전을 유도할 수 있기 때문이다.

참고문헌

이승우, "도로소음으로 인한 손해배상청구에 관한 판례검토", 환경법연구 제39권 제1호 (2017)

이영창, "도로소음을 원인으로 한 손해배상청구 및 방지청구",『올바른 재판 따뜻한 재판』(이인복 대법관 퇴임기념 논문집) (2016)

조재헌, "도로소음으로 인한 생활방해의 방지청구: 수인한도와 이익형량을 중심으로", 민사판례연구 제39권 (2017)

[51] 공동주택의 층간소음에 관한 하자담보책임

― 서울중앙지법 2009. 6. 5. 2007가합52367(본소), 2008가합126289(반소) 판결 ―

강 종 선 (창원지방법원)

[사실 개요]

1. 원고는 이 사건 아파트(공공임대아파트, 2개동 260세대)의 사업주체로서 2000. 7. 13. 관할시장으로부터 사용검사를 받아 이 사건 아파트를 임대하였고, 임대의무기간이 경과한 후 2005. 9. 1.경부터 분양전환하여 이 사건 아파트를 분양하였다.

2. 피고들은 이 사건 아파트의 구분소유자들로서 원고를 상대로 중앙환경분쟁조정위원회에 층간소음으로 인한 손해배상을 구하는 분쟁조정신청을 하였다.

3. 중앙환경분쟁조정위원회는 원고에 대하여 최상층 세대 소유자들을 제외한 나머지 피고들에게 차음공사를 해 주거나 그 공사비를 지급하도록 재정하였는데, 원고는 재정에 이의하여 이 사건 본소(채무부존재확인소송)를 제기하였고, 피고들은 이 사건 반소(손해배상청구소송)를 제기하였으며, 시공사는 원고보조참가인으로서 이 사건 소송에 참가하였다.

[판결 요지]

1. 2003. 4. 22. 대통령령 제17972호로 개정된 주택건설기준 등에 관한 규정의 바닥충격음 기준은 그 시행 전에 사업계획승인을 받은 이 사건 아파트에 그대로 적용될 수 없고, 개정 전 규정의 기준에 부합하는지 여부를 판단하는 데 참작사유가 될 수 있을 뿐이다.

2. 이 사건 아파트는 비슷한 시기에 건축된 다른 아파트에 비해 바닥슬래브가 얇고, 바닥슬래브와 상부구성층 사이 완충재 시공 등 바닥충격음 저감시공이 전혀 안 되어 있으므로, 개정 전 주택건설기준 등에 관한 규정의 기준에 부합하여 시공된 것으로 볼 수 없다.

3. 개정 주택건설기준 등에 관한 규정의 기준은 이 사건 아파트 건축시기와 유사한 시기에 진행된 대한주택공사주택도시연구원의 연구결과를 반영한 것이어서 이 사건 아파트의 층간소음하자를 판단하는 기준으로 삼을 수 있는데, 이 사건 아파트의 바닥충격음이 개정 규정의 기준을 초과한다는 사정도 층간소음하자 인정의 근거가 될 수 있다.

해설

I. 대상판결의 쟁점

층간소음은 공동주택, 특히 아파트 상층 거주자의 보행, 뜀박질, 물건의 낙하 등에 의한 충격으로 바닥슬래브가 굴곡진동을 하고 그로 인한 소음이 아래층에 영향을 미치는 이른바 바닥충격음으로 고체음에 속하며, 대화 또는 TV소리가 직접 공기 중으로 전달되는 공기전달음과는 음의 전달경로가 전혀 다르고 그에 대한 대책 또한 근본적으로 차이가 있다.

대상판결은 층간소음에 관한 공동주택사업주체의 하자담보책임이 문제된 사안으로서, 2003. 4. 22. 대통령령 제17972호로 개정된 주택건설기준 등에 관한 규정 시행 전에 사업계획승인을 받은 아파트에 대하여 개정 규정의 기준이 그대로 적용될 수 없음을 확인하면서도 개정 규정의 기준과 함께 다른 여러 사정을 고려하여 하자담보책임을 인정하였다.

II. 대상판결의 분석

1. 수인한도와 공법상 기준

아파트 등 공동주택의 층간소음하자는 소음·일조 등 일반적인 생활방해의 경우와 마찬가지로 수인한도 초과 여부가 문제되는데, 종래 대법원은 행정법규 등 공법상 기준의 준수 여부를 수인한도 초과 판단에 중요한 요소로 고려하고 있다(대법원 2002. 12. 10. 2000다72213 판결 등). 따라서 층간소음으로 인한 손해배상 등 청구사건에서 수인한도 초과 여부를 판단함에 있어서는 관련 공법 규정, 특히 주택건설기준 등에 관한 규정에서 정한 바닥충격음(또는 바닥구조) 기준의 준수 여부가 중요한 고려요소가 될 수 있다.

2. 주택건설기준 등에 관한 규정의 개정 경과

2003. 4. 22. 대통령령 제17972호로 개정되기 전의 주택건설기준 등에 관한 규정(이하 '개정 전 규정'이라고 함) 제14조 제3항은 "공동주택의 바닥은 각 층간의 바닥충격음을 충분히 차단할 수 있는 구조로 하여야 한다"고 규정하고 있었다.

그 후 2003. 4. 22. 개정된 주택건설기준 등에 관한 규정(이하 '개정 규정'이라고 함) 제14조 제3항은 "공동주택의 바닥은 각 층간의 바닥충격음이 경량충격음(비교적 가볍고 딱딱한 충격에 의한 바닥충격음)은 58dB 이하, 중량충격음(비교적 무겁고 부드러운 충격에 의한 바닥충격음)은 50dB 이하가 되도록 하여야 한다"고 규정하면서, 경량충격음에 관한 규정은 공포 후 1년이 경과한 날부터, 중량충격음에 관한 규정은 2005. 7. 1.부터 각 시행하고(부칙 제1조 단서), 위 바닥충격음 기준은 개정 규정 시행 후 주택법 제33조에 의한 사업계획의 승인을 신청하는 주택

건설사업부터 이를 적용한다(부칙 제2조)고 규정하였다.

개정 규정은 대한주택공사주택도시연구원이 일본·미국 등 외국의 바닥충격음 기준, 관련 연구보고서 및 설문조사자료 등을 참고하여 2001. 12. 발표한 '공동주택 바닥충격음차단성능 기준설정연구' 결과를 반영한 것인데, 위 연구는 필요최소한의 층간소음기준치로서 경량충격음은 58dB, 중량충격음은 50dB을 제시하였다.

3. 개정 규정 시행 전 사업계획승인을 받은 아파트에 대한 적용 가능성

대법원 2008. 6. 26. 2005다56193, 56209 판결은 개정 규정이 부칙에서 그 적용시기를 분명히 하고 있는 점 등을 근거로 "개정 규정은 그 시행 전에 사업승인을 받은 아파트에 그대로 적용될 수 없고, 다만 개정 전 규정의 기준에 부합하는지 여부를 판단함에 있어 참작사유가 될 수 있을 뿐이며, 개정 규정과 아울러 해당 아파트 건축 당시의 공동주택 건축현황이나 바닥충격음의 정도, 당시의 기술수준, 개정 규정의 기준설정 경위 등 여러 사정을 종합 고려하여 개정 전 규정의 기준에의 부합 여부를 판단해야 한다"고 판시하였다.

대상판결도 같은 취지에서 개정 규정의 기준은 그 시행 전에 사업계획승인을 받은 이 사건 아파트에 그대로 적용될 수 없고, 개정 규정과 아울러 이 사건 아파트 건축 당시 공동주택들의 건축현황이나 바닥충격음의 정도, 당시의 기술 수준, 개정 규정의 기준설정 경위 등 여러 사정을 종합적으로 고려하여 층간소음하자 여부를 판단하였다.

4. 층간소음하자의 존재(수인한도 초과) 여부

공동주택의 바닥구조는 철근콘크리트 슬래브, 완충층 및 마감모르타르층으로 구성되고 그 위에 장판지, 펫트류, 룸류 등 바닥마감재로 마무리되는데, 바닥구조 중 슬래브와 완충층이 바닥충격음의 가장 큰 변화요인이어서 바닥슬래브를 두껍게 하거나 바닥슬래브와 상부구성층 사이에 완충제를 삽입하는 방안이 바닥충격음 차단성능을 향상시키는 가장 효과적인 방법으로 알려져 있다.

이 사건 아파트의 바닥구조는 콘크리트슬래브 100 - 120mm, 경량콘크리트 70mm, 시멘트모르타르 50mm 등 총 220 - 240mm의 두께로 설계·시공되었는데, 비슷한 시기에 건축된 다른 아파트에 비하여 바닥슬래브가 얇고, 바닥슬래브와 상부구성층 사이 완충재 시공 등 바닥충격음 저감시공이 전혀 이루어지지 않았으므로(특히 경량콘크리트 구조는 바닥충격음 측면에서 매우 불리한 구조이므로 바닥슬래브 두께를 150mm 이상으로 하고 바닥슬래브와 상부구성층 사이에 스티로폼류의 완충재 설치가 필수적이라고 알려져 있다), 대상판결은 이 사건 아파트의 바닥구조가 개정 전 규정의 기준에 부합하는 것으로 볼 수 없다고 보았다.

나아가, 대상판결은 개정 규정의 기준이 이 사건 아파트 건축시기와 유사한 시기에 진행된 대한주택공사주택도시연구원의 연구결과를 반영한 것이어서 이 사건 아파트의 층간소음하자를 판단하는 기준으로 삼을 수 있다고 하면서, 표본측정결과 이 사건 아파트의 경량충격음이 62dB-65dB로서 개정 규정의 기준을 현저히 초과하므로, 정상적인 주거생활을 영위하는 데 필요한 최소한의 소음차단기준을 충족시키지 못한 하자가 있다고 판단하였다.

5. 손해배상의 범위

대상판결은 최상층 세대 소유자들을 제외한 피고들에 대한 원고의 손해배상책임을 인정하였다. 다만, 피고들 중 상당수는 이 사건 아파트에서 임차하여 거주하다가 분양받았기 때문에 층간소음의 정도를 잘 아는 상황이었고, 신규로 분양을 받은 피고들도 기존 입주자들로부터 듣거나 현장확인을 통하여 층간소음 하자가 있음을 알 수 있었을 가능성이 충분히 존재한다는 점을 들어 차음시설공사비의 50%를 손해배상액으로 인정하였다.

Ⅲ. 대상판결의 평가

대상판결은 종전 대법원 판결의 취지에 따라 개정 규정의 기준은 그 시행 전에 사업계획승인을 받은 아파트에 그대로 적용될 수 없다는 전제하에 이 사건 아파트 신축 당시 건축현황 및 기술수준 등을 종합하여 이 사건 아파트의 바닥구조가 개정 전 규정의 기준에 부합하지 않는다고 보았고, 또한 개정 규정의 기준이 이 사건 아파트 건축 시기와 유사한 시기에 진행된 연구결과를 반영한 것이라는 점을 근거로 이 사건 아파트의 경량충격음이 개정 규정의 기준을 초과한다는 사정도 층간소음하자 인정의 근거로 삼았다는 데 그 의의가 있다.

참고문헌

송경렬, "환경분쟁조정제도의 조정역량 측정에 관한 연구: 층간소음 분쟁사례", 입법과 정책 제9권 제1호 (2017)

최창렬, "공동주택의 층간소음하자와 담보책임", 토지법학 제34권 제2호 (2018)

조홍식, 『판례환경법』, 박영사 (2012)

[52] 도로소음으로 인한 생활방해에서 '참을 한도'의 기준

— 대법원 2015. 9. 24. 2011다91784 판결 —

장 철 원 (법무법인 정상)

[사실 개요]

1. 원고(한국도로공사)는 1998. 3.에 경부고속도로 중 구미~김천 구간을 확장하는 내용의 '확장공사구간 지정결정'을 고시한 후, 1998. 4.부터 2003. 12.까지 위 확장공사를 시행한 자이고, 피고들은 이 사건 고속도로 인근에 위치한 X아파트에 거주하는 주민들이다.

2. X아파트는 1998. 5. 6. 택지개발예정지구로 지정되어 1999. 7. 30.부터 2004. 12. 31.까지 택지개발사업이 시행된 부지에서 2003. 10. 착공되어 2005. 12. 15. 준공되었다. X아파트 남쪽으로 약 204~241m 떨어진 곳에 이 사건 고속도로가 동서 방향으로 지나가고 있는데, 고속도로 1일 통행 차량이 매년 증가하고 있으며, 그로 인한 소음 또한 증가하였다.

3. 피고들은 2007. 7. 19. 중앙환경분쟁조정위원회로부터 "원고 등은 고속도로변 방음벽 추가 설치, 저소음재 포장 및 감시카메라 설치 등 적절한 방음대책을 강구하여야 한다."는 내용의 재정결정을 받았고, 이에 원고는 2007. 9. 13. 위 재정결정에 불복하여 채무부존재 확인의 소를 제기하였다.

[판결 요지]

1. 도로에서 발생하는 소음으로 말미암아 생활에 고통을 받는(이하 '생활방해'라 한다) 정도가 사회통념상 일반적으로 참아내야 할 정도(이하 '참을 한도'라 한다)를 넘는지는 피해의 성질과 정도, 피해이익의 공공성, 가해행위의 태양, 가해행위의 공공성, 가해자의 방지조치 또는 손해 회피의 가능성, 공법상 규제기준의 위반 여부, 지역성, 토지이용의 선·후 관계 등 모든 사정을 종합적으로 고려하여 판단하여야 한다. 그리고 도로가 현대생활에서 필수불가결한 시설로서 지역 간 교통과 균형개발 및 국가의 산업경제활동에 큰 편익을 제공하는 것이고, 도시개발사업도 주변의 정비된 도로망 건설을 필수적인 요소로 하여 이루어지고 있는 점, 자동차 교통이 교통의 많은 부분을 차지하고 있고, 도시화·산업화에 따른 주거의 과밀화가 진행되고 있는 현실에서 일정한 정도의 도로소음의 발생과 증가는 사회발전에 따른 피치 못할 변화에 속하는 점 등도 충분히 고려되어야 한다. 특히 고속국도는 자동차 전용의 고속교통에 공용되는 도로로서 도로소음의 정도가 일반 도로보다 높은 반면, 자동차 교통망의 중요한 축을 이루고 있고, 지역경제뿐 아니라 국민경제 전반의 기반을 공고히 하며 전체 국민 생활의 질을 향상시키는 데 중요한 역할

을 담당하고 있는 점 등을 더하여 보면, 이미 운영 중인 또는 운영이 예정된 고속국도에 근접하여 주거를 시작한 경우의 '참을 한도' 초과 여부는 보다 엄격히 판단하여야 한다.

　2. 공법상 기준으로서 환경정책기본법의 환경기준은 국민의 건강을 보호하고 쾌적한 환경을 조성하기 위하여 유지되는 것이 바람직한 기준, 즉 환경행정에서 정책목표로 설정된 기준인 점, 위 환경기준은 도로법이나 도로교통법에 규정된 도로의 종류와 등급, 차로의 수, 도로와 주거의 선후관계를 고려하지 아니한 채 오로지 적용 대상지역에 따라 일정한 기준을 정하고 있을 뿐이어서 모든 상황의 도로에 구체적인 규제의 기준으로 적용될 수 있는 것으로 보기 어려운 점, 2층 이상의 건물에 미치는 도로교통소음이 환경정책기본법의 환경기준을 준수하였는지는 소음·진동공정시험기준(환경부고시 제2010－142호)에 규정된 측정방법에 따라 소음피해지점에서 소음원 방향으로 창문·출입문 또는 건물벽 밖의 0.5~1m 떨어진 지점에서 측정된 실외소음에 의해 판정하도록 되어 있으나, 공동주택에 거주하는 사람들에 대하여는 일상생활이 실제 이루어지는 실내에서 측정된 소음도에 따라 '참을 한도' 초과 여부를 판단함이 타당한 점 등을 고려하면, 도로변 지역의 소음에 관한 환경정책기본법의 소음환경기준을 초과하는 도로소음이 있다고 하여 바로 민사상 '참을 한도'를 넘는 위법한 침해행위가 있다고 단정할 수 없다.

　이른바 도로소음으로 인한 생활방해를 원인으로 제기된 사건에서 공동주택에 거주하는 사람들이 참을 한도를 넘는 생활방해를 받고 있는지는 특별한 사정이 없는 한 일상생활이 실제 주로 이루어지는 장소인 거실에서 도로 등 소음원에 면한 방향의 모든 창호를 개방한 상태로 측정한 소음도가 환경정책기본법상 소음환경기준 등을 초과하는지에 따라 판단하는 것이 타당하다.

　3. 도로소음으로 인한 생활방해를 원인으로 소음의 예방 또는 배제를 구하는 방지청구는 금전배상을 구하는 손해배상청구와는 내용과 요건을 서로 달리하는 것이어서 같은 사정이라도 청구의 내용에 따라 고려요소의 중요도에 차이가 생길 수 있고, 방지청구는 그것이 허용될 경우 소송당사자뿐 아니라 제3자의 이해관계에도 중대한 영향을 미칠 수 있어, 방지청구의 당부를 판단하는 법원으로서는 청구가 허용될 경우에 방지청구를 구하는 당사자가 받게 될 이익과 상대방 및 제3자가 받게 될 불이익 등을 비교·교량하여야 한다.

해설 ────────────────────────────────────

I. 대상판결의 의의

대상판결은 도로소음으로 인한 생활방해를 원인으로 소음의 예방 또는 배제를 구하는 방지청구에 있어서, 도로소음이 '참을 한도'를 초과하는지 여부를 판단하는 방법을 구체적으로 판시하였다는 점에 의의가 있다.

II. 대상판결의 분석

1. 도로소음으로 인한 생활방해의 '참을 한도' 판단기준

대상판결은 도로소음으로 인한 생활방해의 '참을 한도'는 "피해의 성질과 정도, 피해이익의 공공성, 가해행위의 태양, 가해행위의 공공성, 가해자의 방지조치 또는 손해 회피의 가능성, 공법상 규제기준의 위반 여부, 지역성, 토지이용의 선·후 관계 등 모든 사정을 종합적으로 고려하여" 판단하여야 하고, 이미 운영 중인 또는 운영이 예정된 고속국도에 근접하여 주거를 시작한 경우 '참을 한도'를 넘는지는 보다 엄격히 판단하여야 한다고 함으로써 '참을 한도'를 넘는지 판단하는 기준과 고려할 사항을 구체적으로 판시하였다.

2. 공동주택의 경우 도로소음의 '참을 한도' 판단을 위한 소음도 측정방법

대상판결은 환경정책기본법의 소음환경기준을 초과하는 도로소음이 있다고 하여 민사상 '참을 한도'를 넘는 위법한 침해행위가 있다고 단정할 수 없고, 공동주택에 거주하는 사람들이 '참을 한도'를 넘는 생활방해를 받고 있는지는 거실에서 소음원에 면한 방향의 모든 창호를 개방한 상태로 측정한 소음도가 환경정책기본법상 소음환경기준 등을 초과하는지에 따라 판단하여야 한다고 판시하였다.

3. 방지청구 허용 여부 판단에서 당사자 등의 이익교량 필요성

대상판결은 도로소음에 따른 생활방해를 원인으로 소음의 예방 또는 배제를 구하는 방지청구의 당부를 판단하는 경우, 방지청구의 허용으로 방지청구를 구하는 당사자가 받게 될 이익과 상대방 및 제3자가 받게 될 불이익 등을 비교·교량하여야 한다고 판시하였다.

III. 대상판결의 평가

원심법원은 ① 아파트 베란다 창문으로부터 0.5~1m 돌출시킨 위치에서 외부소음도를 측정한 결과 환경기준을 훨씬 상회하고, ② 고속도로 확장공사 완료 전에 아파트 부지의 택지개발사업이 준공되었으며 아파트 신축공사도 시작되었다는 등의 이유로 원고의 방음대책 이행의무를 인정하였으나(대구고법 2011. 9. 21. 2010나4845 판결), 대상판결은 ① 피고들이 이 사건 아파트에 거주할 당시 이 사건 고속도로로 인하여 도로소음의 발생과 증가를 알 수 있었고, ② 원심과 같이 외부소음도를 기준으로 할 것이 아니라, 피고들의 일상생활이 실제 주로 이루어지는 장소인 거실에서 소음원 방향의 모든 창호를 개방한 상태로 측정한 소음도를 기준으로 하여 소음환경기준 등의 초과 여부를 판단하는 것이 타당하며, ③ 고속도로는 공공성과 사회적 가치가 매우 크기 때문에 방치청구의 당부를 판단함에 있어서 당사자들이 받게 될 영향을 비교·교량하여야 한다는 등의 이유로 원고에게 '참을 한도'를 넘는 생활방해에 따른 방음대책 이행의무가 인정된다고 단정하기 어렵다고 판단하였다.

　　대상판결의 태도에 대하여, ① 환경정책기본법상 환경기준에 따른 실외측정방법은 객관성·획일성을 담보하는 방법인 반면, 대상판결의 실내측정방법은 상대적·개별적이기 때문에 소음측정의 객관성이 확보되지 않고, ② 공법상 환경기준은 객관적·획일적으로 정해지는 특성상 구체적인 상황에서 유연하게 판단할 필요가 있지만, 측정방법의 객관적 동일성은 유지하면서 측정된 소음도의 평가에 있어서 구체적 타당성을 도모해야 한다는 비판도 있다.

참고문헌

이승우, "도로소음으로 인한 손해배상청구에 관한 판례검토", 환경법연구 제39권 제1호 (2017)

이영창, "민사소송을 통한 환경오염피해 구제의 현실과 한계 – 소음피해로 인한 소송을 중심으로 – ", 환경법연구 제36권 제1호 (2014)

조재헌, "도로소음으로 인한 생활방해의 방지청구 – 수인한도와 이익형량을 중심으로 – ", 민사판례연구 제39권 (2017)

최창렬, "도로소음으로 인한 환경침해의 방지청구권 – 대법원 2015. 9. 24.선고 2011다91784 판결을 중심으로 –", 환경법연구 제38권 제3호 (2016)

[53] 사격장에서의 전투기소음에 대한 국가배상책임의 인정요건

—대법원 2004. 3. 12. 2002다14242 판결—

신 철 순 (서울중앙지방법원)

[사실 개요]

미군은 한국전쟁 당시 경기 화성군 우정면에 위치한 매향리 일대에 사격장(이하 '매향리 사격장'이라 함)을 설치하였다. 매향리 사격장에서는 미공군 소속 전투기의 사격훈련이 이루어졌는데, 비행편대가 사격훈련을 하기 위해 급상승·급강하하고 폭탄투하, 기관총 사격 등을 하는 과정에서 소음이 발생하였다. 매향리와 그에 인접한 석천리, 이화리의 주민들인 원고들은 매향리 사격장에서 발생하는 소음으로 신체적·정신적 피해를 입었음을 이유로 국가인 피고를 상대로 손해배상을 청구하였다.

[판결 요지]

1. 국가배상법 제5조 제1항에 정하여진 '영조물의 설치 또는 관리의 하자'라 함은 공공의 목적에 공여된 영조물이 그 용도에 따라 갖추어야 할 안전성을 갖추지 못한 상태에 있음을 말하고, 여기서 안전성을 갖추지 못한 상태, 즉 타인에게 위해를 끼칠 위험성이 있는 상태라 함은 당해 영조물을 구성하는 물적 시설 그 자체에 있는 물리적·외형적 흠결이나 불비로 인하여 그 이용자에게 위해를 끼칠 위험성이 있는 경우뿐만 아니라 그 영조물이 공공의 목적에 이용됨에 있어 그 이용상태 및 정도가 일정한 한도를 초과하여 제3자에게 사회통념상 참을 수 없는 피해를 입히는 경우까지 포함된다고 보아야 할 것이고, 사회통념상 참을 수 있는 피해인지의 여부는 그 영조물의 공공성, 피해의 내용과 정도, 이를 방지하기 위하여 노력한 정도 등을 종합적으로 고려하여 판단하여야 할 것이다.

2. 소음 등을 포함한 공해 등의 위험지역으로 이주하여 들어가서 거주하는 경우와 같이 위험의 존재를 인식하면서 그로 인한 피해를 용인하며 접근한 것으로 볼 수 있는 경우에 그 피해가 직접 생명이나 신체에 관련된 것이 아니라 정신적 고통이나 생활방해의 정도에 그치고, 그 침해행위에 상당한 고도의 공공성이 인정되는 때에는 위험에 접근한 후 실제로 입은 피해 정도가 위험에 접근할 당시에 인식하고 있었던 위험의 정도를 초과하는 것이거나 위험에 접근한 후에 그 위험이 특별히 증대하였다는 등의 특별한 사정이 없는 한 가해자의 면책을 인정하여야 하는 경우도 있을 수 있을 것이다. 그러나 일반인이 공해 등의 위험지역으로 이주하여 거주하는 경우라고 하더라도 위험에 접근할 당시에 그러한 위험이 문제가 되고 있지 아니하였고, 그러한 위험이 존재하는 사실을 정확하게 알

수 없었으며, 그 밖에 위험에 접근하게 된 경위와 동기 등의 여러 가지 사정을 종합하여 그와 같은 위험의 존재를 인식하면서 굳이 위험으로 인한 피해를 용인하였다고 볼 수 없는 경우에는 그 책임이 감면되지 아니한다고 봄이 상당하다.

해설

Ⅰ. 대상판결의 쟁점

이 사건은 매향리 사격장에서 이루어진 전투기 편대의 비행, 기관총 사격 등의 행위로 사격장 인근 거주 주민들에게 발생한 소음 피해에 대한 국가배상책임 유무가 문제된 사안이다. 이른바 '매향리 사격장 사건'으로도 불리는 대상판결은 항공기의 소음으로 인한 피해를 확인하고 그에 대한 국가의 책임을 인정한 판결로서 소음 피해 관련 소송에서 선도적인 역할을 한 판결로 평가된다.

대상판결은 크게 두 가지 쟁점에 대해 판시하고 있다. 하나는 국가배상법 제5조 제1항의 영조물 책임의 인정 여부와 관련하여 영조물의 설치·관리상의 하자 판단 기준으로서 수인한도론의 적용 여부와 그 내용이고, 다른 하나는 소음 피해의 존재를 인식하고 위험지역으로 이주한 사람들에 대한 배상책임을 면제할 수 있는지와 관련한 이른바 위험에의 접근 이론의 적용 여부이다.

Ⅱ. 대상판결의 분석

1. 영조물의 하자 판단 기준으로서 수인한도론

국가배상법 제5조 제1항은 공공의 영조물의 설치나 관리로 인한 하자로 타인에게 손해가 발생한 경우 국가나 지방자치단체는 그 손해를 배상하여야 한다고 규정하고 있다. 공공의 영조물이란 행정주체가 직접 공적 목적을 달성하기 위하여 제공한 유체물을 말하는데, 매향리 사격장이나 군용기가 여기에 해당한다는 데 대해서는 다툼이 없다.

문제는 '영조물의 설치·관리상의 하자'의 해석이다. 이에 대해 전통적으로 대법원은 '영조물의 축조에 불완전한 점이 있어 이 때문에 영조물 자체가 통상 갖추어야 할 완전성을 갖추지 못한 상태'를 말한다는 입장이었다(대법원 1967. 2. 21. 66다1723 판결). 그런데 1981년도에 소음 피해를 입은 피해자들의 수인한도 초과 여부에 따라 영조물의 하자를 판단하여야 한다고 한 일본 최고재판소의 오사카공항 사건(最大判 1981. 12. 16. 民集 35卷 10号 1369頁) 이래

90년대에 군용기지 소음 피해에 대한 배상책임을 인정하는 일본 최고재판소 판결들이 등장하였고, 이는 우리 하급심에도 영향을 미쳤다. 대상판결 또한 영조물책임과 관련하여 환경침해의 위법성을 판단하는 기준으로 수인한도론을 들고 있다.

대법원은 환경침해를 원인으로 한 손해배상책임을 인정함에 있어서는 그 위법성을 별도로 판단하여야 하는데, 이때 판단기준은 침해의 정도가 사회생활상 통상의 수인한도를 넘는 것인지 여부라고 판시하여 왔다. 대상판결은 이러한 수인한도론에 기초하여 영조물의 설치·관리상 하자의 개념에 물리적·외형적 흠결뿐만 아니라 영조물의 이용상태 및 정도가 일정한 한도를 초과하여 제3자에게 사회통념상 참을 수 없는 피해를 입히는 경우까지 포함된다고 판시하면서 구체적으로 영조물의 공공성, 피해의 내용과 정도, 피해를 방지하기 위하여 노력한 정도 등을 고려요소로 들고 있다.

이 사건의 경우 매향리 사격장 부근 마을에서 소음을 측정한 결과 사격훈련이 실시될 때 약 90dB 이상 최고 133.7dB까지 소음이 발생되는 것으로 확인되었다. 원심은 매향리 사격장이 국가안보를 위한 고도의 공익성을 가진 시설이기는 하나 환경정책기본법상 주거지역 환경소음기준인 50dB 내지 60dB을 훨씬 넘는 소음이 발생하여 원고들이 피해를 입었음에도 미공군이 2000. 8. 18. 사격훈련방법을 변경할 때까지 피해를 줄이기 위한 노력을 충분히 하지 않았다는 사정 등을 고려할 때 주민들인 원고들이 사회생활상 참을 수 있는 정도를 넘는 피해를 입었다고 판단하였고, 대법원 또한 원심의 이러한 판단을 수긍하였다.

어떠한 시설이 공익상 필요하다는 사정은 수인한도를 높게 설정하는 하나의 근거가 될 수 있다. 그러나 이러한 경우에도 국민의 건강과 주거의 평온 같은 기본권을 침해하는 것이 언제나 정당화된다고 보기는 어렵다. 군사훈련을 통한 국가안보의 이익이 전 국민에게 돌아감에도 훈련지역 인근의 주민들에게만 특별한 희생을 감내할 것을 요구할 수 없는 점, 매향리 사격장에서 발생하는 소음이 공법적인 규제에 의하여 확보하려는 환경기준을 초과하여 발생하고 있는 점 등에 비추어 보면 매향리 사격장의 설치·관리상 하자를 이유로 하여 국가배상책임을 인정한 대상판결의 결론은 지극히 타당하다고 생각된다.

2. 위험에의 접근 이론에 의한 가해자의 면책 여부

소음피해와 관련하여, 영조물에서 발생하는 소음으로 인한 위험의 존재를 인식하고 이로 인한 피해 발생의 가능성을 용인하면서 또는 과실로 이를 인식하지 못하고 인근지역으로 이주한 사람은 특별한 사정이 없는 한 그 피해를 수인하여야 하고 피해로 인한 손해배상을 청구할 수 없다는 법리를 위험에의 접근 이론이라 한다(이경주, 15면). 이 사건에서 피고는 원고들 중 일부가 사격장이 설치된 이후 소음을 감수할 의사로 사격장 인근으로 전입하였으므로 이들에 대한 배상책임은 면제 내지 감경되어야 한다고 주장하였다.

이 사안의 경우 일부 원고들이 사격장이 설치된 후 부근 마을에 거주를 시작한 것은 사실이나 아동일 때 가족과 함께 전입하여 오거나 결혼으로 위 지역에 이주하여 온 점, 위 원고들이 거주하기 시작한 뒤 20년 이상 지난 1988년경에야 비로소 매향리 사격장의 소음 피해가 사회적으로 문제 된 점 등 피해자들의 거주 시기와 경위에 비추어 볼 때 위 원고들이 피해를 용인하고 사격장 부근에서 거주하게 되었다고 볼 수 없다고 하여 배상책임의 감면 주장은 받아들여지지 않았다. 가해자가 위험지역에 먼저 거주하고 있었다는 사정만으로 공해 발생행위가 정당화될 수 없고, 그 이후에 이주한 피해자가 이를 용인하였다고 단정하기도 어렵다는 점을 고려하면 대상판결의 결론은 충분히 수긍할 수 있다고 판단된다.

Ⅲ. 대상판결의 평가

대상판결은 영조물에 해당하는 사격장과 군용기에서 발생하는 소음으로 인한 피해에 대한 국가배상책임을 인정하고 그 인정기준을 확립하였다는 의미를 갖는다. 이 판결은 항공기 소음소송 분야의 선도사건으로서 그 후 김포공항 사건(대법원 2005. 1. 28. 2003다50535 판결), 웅천사격장 사건(대법원 2010. 11. 11. 2008다57975 판결) 등에 영향을 미쳤다.

참고문헌

이경주, "매향리소음피해소송의 헌법실천적 의의와 과제", 법학연구 제4집 (2001)

박균성·함태성, 『환경법』 제8판, 박영사 (2017)

[54] 김포공항 항공기 이착륙에 의한 소음 손해배상

— 대법원 2005. 1. 27. 2003다49566 판결 —

최 철 호 (청주대학교)

[사실 개요]

1. 원고 甲 등(피상고인)은 김포공항 인근에 거주하는 주민들로서, 김포공항 내 제2 활주로를 이착륙하는 항공기가 발생시키는 소음피해를 입게 되자 김포공항의 설치·관리자인 피고들(대한민국, 공항공사)(상고인)을 상대로 항공기의 소음, 진동 등에 의하여 일상생활을 하기 힘들 정도의 신체나 정신적 피해를 입었다는 것을 이유로 피고 대한민국은 국가배상법 제5조에 근거하여, 피고 공항공사는 민법 제758조에 근거하여 손해배상을 청구하였다. 원심은 원고의 승소 판결, 이에 피고들이 상고하였으나 대법원에서 상고기각되었다.

2. 본 판결의 근거가 된 법규정은 민법 제758조(공작물등의 점유자, 소유자의 책임) 제1항 및 국가배상법 제5조(공공시설 등의 하자로 인한 책임) 제1항 등이다.

[판결 요지]

1. 국가배상법 제5조 제1항에 정하여진 '영조물의 설치 또는 관리의 하자'라 함은 공공의 목적에 공여된 영조물이 그 용도에 따라 갖추어야 할 안전성을 갖추지 못한 상태에 있음을 말하고, 안전성을 갖추지 못한 상태, 즉 타인에게 위해를 끼칠 위험성이 있는 상태라 함은 당해 영조물을 구성하는 물적 시설 그 자체에 있는 물리적·외형적 흠결이나 불비로 인하여 그 이용자에게 위해를 끼칠 위험성이 있는 경우뿐만 아니라, 그 영조물이 공공의 목적에 이용됨에 있어 그 이용상태 및 정도가 일정한 한도를 초과하여 제3자에게 사회통념상 수인할 것이 기대되는 한도를 넘는 피해를 입히는 경우까지 포함된다고 보아야 한다.

2. '영조물 설치 또는 하자'에 관한 제3자의 수인한도의 기준을 결정함에 있어서는 일반적으로 침해되는 권리나 이익의 성질과 침해의 정도뿐만 아니라 침해행위가 갖는 공공성의 내용과 정도, 그 지역환경의 특수성, 공법적인 규제에 의하여 확보하려는 환경기준, 침해를 방지 또는 경감시키거나 손해를 회피할 방안의 유무 및 그 난이 정도 등 여러 사정을 종합적으로 고려하여 구체적 사건에 따라 개별적으로 결정하여야 한다.

3. 김포공항에서 발생하는 소음 등으로 인근 주민들이 입은 피해는 사회통념상 수인한도를 넘는 것으로서 김포공항의 설치·관리에 하자가 있다.

해설 ───

Ⅰ. 대상판결의 쟁점

원고는 1987. 4. 10. 김포국제공항 내 제2 활주로를 설치함에 있어 배후지를 확보하지 않은 설치상의 하자와 항공기의 이착륙 회수를 제한하거나 추가 소음방지시설을 설치하는 등으로 항공기의 소음, 진동 등에 대한 적절한 조치를 취하여야 함에도 이를 이행하지 아니한 관리상의 하자로 말미암아 원고들이 항공기의 소음으로 인한 손해를 입었으므로, 피고 대한민국은 국가배상법 제5조에 의하여, 피고 공사는 민법 제758조에 의하여 이를 배상할 의무가 있다고 주장하였다. 이에 반해 피고는 항공기 소음이 항공기가 운항하는 이상 당연히 발생할 수밖에 없고, 공항을 설치하고 운영하면서 소음의 발생 자체를 방지하는 것은 과학적·기술적·물리적으로 불가능하며, 따라서 피고들이 항공법 등 관계법령과 예산의 범위 내에서 최선의 노력을 다하여 소음대책사업을 수행하여 온 이상 피고들은 김포공항의 설치·관리와 관련된 어떠한 과실도 없다고 주장한다.

따라서, 피고의 방음시설의 설치 및 불가항력에 의한 면책주장의 가부, 소음피해가 발생하고 있는 김포공항 인근으로 이주하여 거주하고 있는 자가 손해배상 청구를 할 수 있는가의 여부, 즉 위험에의 접근이론의 적용 여부가 쟁점이 된다.

Ⅱ. 대상판결의 분석

1. 항공기 이착륙에 의한 소음피해에 대한 배상 주체

일반적으로는 항공기에 의한 소음피해에 대해서는 직접 소음을 발생시키는 항공기를 운행하는 주체인 항공회사가 배상책임을 지는 것이 법리상 타당하겠지만, 항공기 소음은 공항에서 항공기의 이동 및 이착륙할 때 가장 많이 발생하므로 공항의 설치·관리자에게 항공기 소음을 방지하는 조치 등을 다하지 못했다는 이유를 들어 배상책임을 부담하게 하고 있다.

김포공항 등 공항시설의 설치·관리자가 국가인 경우에는 공항시설을 영조물로 보고 국가배상법 제5조의 책임 문제가 생기나 국가배상법 제5조는 영조물의 설치관리책임의 주체를 "국가 또는 지방자치단체"로 한정하고 있어서 이에 해당하지 않는 "한국공항공사"는 국가배상법상의 배상 주체가 될 수 없다.

나아가 한국공항공사법에 의하면 한국공항공사에 인천공항을 제외한 공항의 관리운영권(제9조 제1항 1호), 공항시설 및 비행장시설의 관리운영사업권(제2호), 공항시설 등의 신설·증설·개량사업권(제3호) 등을 부여하고 있으므로 한국공항공사는 민법 제758조의 공작물 소유자·관리자 배상책임을 지게 된다.

2. 국가배상법 제5조의 '영조물의 설치와 하자'의 의미

국가배상법 제5조 제1항에 정하여진 '영조물의 설치 또는 관리의 하자'라 함은 공공의 목적에 공여된 영조물이 그 용도에 따라 갖추어야 할 안전성을 갖추지 못한 상태에 있음을 말하고(대법원 2002. 8. 23. 2002다9158 판결 참조), 여기서 안전성을 갖추지 못한 상태, 즉 타인에게 위해를 끼칠 위험성이 있는 상태라 함은 당해 영조물을 구성하는 물적 시설 그 자체에 있는 물리적·외형적 흠결이나 불비로 인하여 그 이용자에게 위해를 끼칠 위험성이 있는 경우뿐만 아니라, 그 영조물이 공공의 목적에 이용됨에 있어 그 이용상태 및 정도가 일정한 한도를 초과하여 제3자에게 사회통념상 수인할 것이 기대되는 한도를 넘는 피해를 입히는 경우까지 포함된다고 보아야 할 것이다(대법원 2004. 3. 12. 2002다14242 판결 참조).

3. 수인한도의 판단기준

김포공항 주변지역의 소음과 관련하여서는 항공법시행규칙 제271조상의 공항소음피해 예상지역(제3종 구역)으로 분류되는 지역 중 85 WECPNL 이상의 소음이 발생하는 경우에는 사회생활상 통상의 수인한도를 넘는 것으로서 위법성을 띠는 것으로 봄이 상당하다고 할 것인데, 이 사건 원고들의 거주지역이 이에 해당하므로 김포공항을 설치·관리하는 국가는 이에 대하여 손해를 배상할 책임이 있다.

Ⅲ. 대상판결의 평가

1. 소음피해 구제 법리

소음피해에 대한 구제는 일반 불법행위에 기한 손해배상청구와 민법 제758조의 공작물 등의 점유자, 소유자의 책임이나 국가배상법 제5조의 영조물의 설치 및 관리의 하자로 인한 손해배상청구를 하는 것이 일반적인데, 특히 항공기 이착륙 시 소음피해에 대해서는 민법 제758조와 국가배상법 제5조의 법리로 규율되고 있다. 손해배상청구와 별도로 소음이 지나칠 경우에는 유지청구도 가능하지만 본건에서는 논외로 하였다.

2. 공항시설에 있어서의 "하자"의 의미

공항 활주로가 짧거나 활주로에 장애물 등이 있는 등의 결함으로 인하여 공항시설 자체의 물적 안전성을 결여하고 있는 경우 등으로 해석하는 것이 일반적이지만 판례는 항공기 이착륙 소음으로 인하여 사회통념상 수인한도를 넘는 피해를 입히는 경우까지 "하자"에 포함하고 있는데 이러한 판례의 태도는 일면 긍정할 수 있다.

3. 방음시설의 설치가 면책사유가 되는지 여부

주택방음공사 등 항공기소음대책을 실시하였다고 하더라도, 일상 생활의 상당 부분은 방음시설된 실내뿐만 아니라 실외에서도 이루어지는 점, 주택방음공사를 실시하였다고 하여 소음이 완전히 차단되는 것이 아닌 점, 주택방음공사를 실시한 이후에도 아무런 피해가 없다고 단정하기는 어렵기 때문에 피고의 이런 노력만으로 면책주장을 하지 못한다.

4. 위험에의 접근 이론의 적용 여부

서울지방항공청장이 김포공항 주변에 대하여 소음피해지역 및 소음피해예상지역을 분류하여 지정·고시한 1993. 6. 21. 이후에 소음피해 위험지역으로 이주하여 거주하는 경우라고 하더라도 위험에 접근할 당시에 위험이 존재하는 사실을 정확하게 알 수 없는 경우가 많고, 항공기 소음으로 인한 피해를 인식하였거나 과실로 인식하지 못한 것만 가지고 소음으로 인한 피해를 용인하였다고 보기는 어렵고, 또한 그것만으로 피고의 위법한 침해행위가 위법하지 않게 된다거나 김포공항 측의 면책 사유가 될 수 없으며, 다만 손해배상액의 산정에 있어서 형평의 원칙상 위자료의 감액 사유로 고려함이 상당하다고 한 판시내용은 타당하다.

참고문헌

김현준, "공법상 유지청구권 실현의 법치국가적 과제 − 대법원 2016. 11. 10. 선고 2013다71098 판결 − ", 행정판례연구 제22권 제2호 (2017)

정형근, "교통공해와 영조물책임", 인권과 정의 제380호 (2008)

채영근, "항공기소음피해에 대한 국가배상판결에 대한 고찰", 항공우주법학회지 제20권 제1호 (2005)

[55] 광주공군비행장 항공기소음 소송 사건

─ 대법원 2015. 10. 15. 2013다23914 판결 ─

류 직 하 (김현석·함윤식 법률사무소)

[사실 개요]

1. 광주공군비행장 인근에 거주하고 있거나 일정 기간 거주하였던 자들은 소송인단을 모집한 뒤, 원고 (선정당사자) 甲 등은 2005. 8. 31. 대한민국을 상대로 광주 공군비행장 소음으로 인한 피해를 입었다고 주장하며 손해배상을 구하는 소를 제기하였는데, 원고 중에는 군인, 군무원 및 그 가족이 존재하였다.

2. 제1, 2심 법원은 소음피해가 소음도 80웨클(WECPNL) 이상인 경우 사회생활상 통상의 수인한도를 초과하여 광주 공군비행장의 설치·관리상의 하자를 구성한다고 보아 80웨클 이상 지역 거주자들의 청구를 인용하였으나, 대법원은 원심이 수인한도의 기준을 소음도 80웨클로 판단한 것이 잘못되었다고 판시하며 피고 대한민국 패소 부분을 파기·환송하였다.

[판결 요지]

1. 국가배상법 제5조 제1항에 정한 '영조물의 설치나 관리의 하자'란 공공의 목적에 공여된 영조물이 그 용도에 따라 갖추어야 할 안전성을 갖추지 못한 상태에 있음을 말하고, 여기서 안전성을 갖추지 못한 상태, 즉 타인에게 위해를 끼칠 위험성이 있는 상태란 그 영조물을 구성하는 물적 시설 자체에 있는 물리적·외형적 흠결이나 불비로 인하여 그 이용자에게 위해를 끼칠 위험성이 있는 경우뿐만 아니라 그 영조물이 공공의 목적에 이용됨에 있어 그 이용 상태 및 정도가 일정한 한도를 초과하여 제3자에게 사회통념상 수인할 것이 기대되는 한도를 넘는 피해를 입히는 경우까지 포함한다고 보아야 할 것이다.

2. 이 사건 광주공군비행장과 그 주변 지역은 당초 비행장이 개설되었을 때와는 달리 그 후 점차 도시화되어 인구가 밀집되는 등으로 비도시지역에 위치한 국내의 다른 비행장과는 구별되는 반면, 도시지역에 위치한 대구공군비행장이나 김포공항과 비교적 유사한 도시지역으로서의 지역적, 환경적 특성이 있다고 볼 수 있다. 또한, 이 사건 광주공군비행장은 국토방위와 군사전력을 유지하기 위한 필수불가결한 군사시설로서, 대한민국의 존립과 안전을 보장하고 국민 전체의 재산과 생명을 보호하는 국가적 과제를 수행하는 등 고도의 공공성이 인정되고, 대한민국은 광주공군비행장 인근 소음피해를 줄이기 위하여 주말 훈련이나 낮은 고도에서의 훈련을 자제하고, 방음정비고에서 전투기의 엔진을 점검하는 등 지속적으로 소음 감소대책을 시행하고 있다. 따라서 원심 판시와 같은

사정만으로는 광주공군비행장 주변지역의 소음도가 80웨클(WECPNL) 이상인 경우 사회
생활상 통상의 수인한도를 넘는 소음피해를 입었다고 단정하기 어렵다.

3. 공군에 속한 군인이나 군무원의 경우 일반인에 비하여 그 피해에 관하여 잘 인식하
거나 인식할 수 있는 지위에 있다는 이유만으로 가해자의 면책이나 손해배상액의 감액에
있어 달리 볼 수는 없다. 따라서 원심이 위자료 액수를 정하거나 그 감면사유를 고려함에
있어서 군인, 군무원, 가족들인 원고들을 일반인과 달리 취급하지 아니한 것이 형평의 원
칙에 비추어 현저히 불합리하다고 보이지 아니한다.

해설

Ⅰ. 대상판결의 쟁점 및 분석

1. 군비행장 소음에 대한 법적 규율과 손해배상청구의 이론적 구성

소음·진동관리법은 군비행장을 규율대상에서 제외하고 있고(법 제39조; 법 시행령 제9조),
공항소음 방지 및 소음대책지역 지원에 관한 법률 또한 군사기지 및 군사시설 보호법이 적
용되는 군비행장을 제외하고 민간공항만을 대상으로 하고 있으므로(법 제2조 제4호), 군비행
장 소음피해에 대한 손실보상이나 소음방지대책에 관하여는 아무런 규정이 없는 상황이다.
그런데 공군의 항공기 운항은 국가안전보장에 필수적인 공적 업무 수행이고, 적법하게 공
용개시된 군비행장의 운영이 주변 주민들에게 위법한 침해가 된다고 보기 어려우며, 군비
행장의 설치·관리 주체 또한 국가이므로, 군용항공기 운항으로 인한 피해는 실질적으로 공
용수용에 의한 피해와 유사한바, 궁극적으로 손실보상의 법리에 의하여 보상입법체계를 마
련하여 대응하는 것이 타당하다. 특히 손해배상으로 이론 구성하게 되면 군용항공기 운항
의 금지·제한을 구하는 유지청구와의 관계에서 문제가 될 수 있고(위법성단계설), 거주일수
에 비례하여 인용되는 손해배상액으로 인해 분쟁의 일회적 해결이 어렵게 된다. 이와 관련
하여 19대 국회에서부터 군용비행장 소음방지대책지역 지원에 관한 법률안 등이 수차례 제
출되었으나, 현재까지 입법적으로 해결되고 있지는 못하고, 따라서 군비행장 소음소송과 관
련하여서는 손해배상을 구하는 것으로 그 실무가 확립되어 있다.

군용항공기 소음피해 구제를 위한 민사소송에 있어 그 법률구성을 어떻게 할 것인지에
대하여는, 불법행위를 원인으로 한 손해배상책임론으로 구성하는 방법(민법 제750조; 국가배상
법 제2조), 환경정책기본법에 의한 손해배상책임론으로 구성하는 방법(법 제44조) 등이 논의되
나, 현재의 재판실무는 민간항공기 소음피해와 동일하게 국가배상법 제5조의 영조물의 설

치·관리상의 하자를 원인으로 한 손해배상책임론으로 구성하는 것이 일반적이고(기능적 하자론), 이는 대상판결에서도 재차 확인되고 있다. 이에 의하면 군비행장의 설치·관리상 하자의 존재 여부는 '당해 비행장에서의 항공기 이·착륙으로 인한 소음의 정도가 사회통념상 수인한도를 넘는지 여부'에 따라 결정되게 된다.

이에 대하여는 인적 불법행위책임과 물적 불법행위책임의 구별을 어렵게 하는 동시에 국가배상책임의 범위를 지나치게 확대한다는 비판이 있으나, 피해자들로서는 관련 행위자들의 고의 과실 또는 당해 영조물의 물리적·외형적 하자를 입증할 필요가 없이 자신들이 입은 피해의 정도가 수인한도를 초과한다는 사실만 입증하면 되므로, 군비행장과 관련된 공법적 규제나 입법이 미비하고, 환경정책기본법에 의한 청구가 가능한지 논란이 있는 현 상황에서 이 같은 실무의 태도는 수긍할 수 있다.

2. 수인한도의 기준

수인한도의 판단요소와 관련하여, 국가안보에 필수적인 군비행장은 민간공항보다 공공성이 더 큰 반면, 다양한 형태의 항공훈련으로 인해 소음저감 대책에 있어 한계도 존재하므로, 대상판결 또한 이 같은 점을 반영하여 원심의 수인한도 기준을 상향 조정하였다.

특히 지역적, 환경적 특성에 대해 대법원은 2010년 이후 도시지역에 있는 군비행장 주변의 수인한도는 85웨클로, 농촌지역에 위치한 군비행장 주변의 수인한도는 80웨클로 그 기준을 정립하고 있는데, 이는 도시의 경우 배경소음이 높은 반면 옥외활동 비중이 낮기 때문이다. 따라서 광주공군비행장이 위치한 지역을 충주, 군산, 서산과 같은 농촌지역으로 볼 것인지 아니면 대구, 수원과 같이 도시지역으로 볼 것인지에 따라 수인한도의 기준이 달라지는데, 원심은 농지가 상당히 분포한 읍 단위의 도농복합도시에 해당한다고 보았으나, 대상판결은 도시화가 많이 진행되고 인구가 밀집되어 있다는 점을 들어 대구공군비행장이나 김포공항과 유사한 도시지역으로 판단하였다. 실제 광주공군비행장 주변의 2008년 이후 인구밀도를 살펴보면 대구, 수원비행장 소음피해지역의 인구밀도와 유사하고, 군산, 서산, 충주비행장의 소음피해지역의 인구밀도와는 차이가 크며, 위성사진 상의 도시화 진행 정도 또한 대구, 수원과 유사하므로, 대상판결의 판단은 타당하다고 생각된다.

3. 위험에의 접근

대법원은 위험에의 접근 이론을 적용하여 피해를 용인한 것에 이르지는 않은 경우 형평의 원칙상 과실상계에 준하여 전입 시기 등에 따라 손해액을 감액하고 있고, 이는 대상판결에서도 재차 확인되고 있다. 다만 대상판결은 공군비행장이 고도의 공익성이 있다고 판시하였음에도 책임감경비율에 있어 민간공항보다 특별히 상향 조정하거나 면책을 인정하지는 않는 기존의 태도를 유지하고 있다. 한편 대상판결에서 피고 대한민국은 군인, 군무원, 그 가족들인 원고들에 대하여 손해배상책임이 면제되어야 한다고 주장하였으나, 대상판결은 군인, 군무원의 경우에도 자신의 근무지를 스스로 선택하거나 임의로 변경할 수 있는 것이 아니고, 불가피하게 공군비행장 주변 지역으로 전입하였으며, 이는 그 가족 또한 마찬가지란 점을 들어 감액 비율에 차등을 두지 아니한 원심판결이 타당하다고 보았다. 군인, 군무원 및 그 가족 또한 전입 시기에 따른 손해액 감액이 이루어졌을 뿐만 아니라 이는 사실심의 전권사항이라는 점에 비추어, 대상판결의 판단이 형평에 어긋난 것으로 보기는 어렵다.

Ⅱ. 대상판결의 평가

대상판결은 수인한도 판단기준 관련 도시와 농촌지역이 구분된다는 법리를 재차 확인하고, 이 같은 지역적, 환경적 요소를 엄격히 적용할 것을 명하고 있는데, 이는 고도의 공공성을 지닌 군비행장에서 발생하는 소음 관련 의무를 국가에 부담시킨다면 그 부담은 결국 국민 전체에 돌아오게 되므로 그 판단은 신중해야 하기 때문이다. 대상판결은 위험에의 접근과 관련하여서도 판시하고 있는데, 향후 군비행장의 공익성을 고려한 많은 판례가 축적될 필요가 있다. 다만 군비행장 소음 문제는 장기의 시간이 소요되는 반복된 민사소송보다는 사회적 합의를 거친 공법상 기준 설정 및 보상 입법을 통해 해결되는 것이 바람직할 것이다.

참고문헌

강종선, "항공기소음 관련 민사소송의 제 논점", 환경소송의 제문제 (2011)

남기연, "군용항공기 소음피해 구제에 대한 민사법적 고찰", 환경법연구 제34권 제2호 (2012)

이만종, "군용항공기 소음 피해의 쟁점 및 법적 고찰", 환경법연구 제31권 제1호 (2009)

이창현, "군비행장 소음 소송에 관한 실무적 쟁점 소고", 인권과 정의 제450호 (2015)

[56] 태양반사광으로 인한 생활방해와 참을 한도

—서울고법 2016. 6. 17. 2013나28270, 28287 판결—

안 경 희 (국민대학교)

[사실 개요]

1. 원고들은 그동안 태양반사광의 유입 없이 생활해 왔는데, 자신들이 거주하고 있는 아파트와 70m 정도 떨어진 근접한 위치에 피고 회사가 외벽이 모두 통유리로 된 28층의 회사 사옥(그린팩토리 빌딩)을 신축함으로써 자신들의 아파트에 불능현휘(인간은 시야 120° 범위 내의 사물을 볼 수 있으며 그 중 근접주변(near field) 시야 60° 범위 내의 사물에 대하여는 이를 무의식적으로 인지하고 있는데, 인간의 시야 내에서 눈이 순응하고 있는 휘도보다 현저하게 휘도가 높은 부분이 있는 경우에는 잘 보이지 않는 현상이 나타난다. 이것을 불능현휘라고 한다)를 유발할 정도로 높은 휘도의 태양반사광을 유입시켜 정상적인 일상생활이 불가능하게 되었고, 이러한 생활방해의 정도가 참을 한도를 초과하였다고 주장한다. 이에 원고들은 민법 제217조 제1항 및 제750조에 기하여 피고 회사를 상대로 아파트에 유입되는 태양반사광의 정도가 25,000cd/㎡를 초과하지 않도록 커튼월(curtain wall), 필름(film), 수직 핀(pin) 내지 루버(louver) 방법 중 하나의 방법으로 태양반사광 차단시설을 설치하고 손해배상을 지급할 것을 청구하였다.

2. 제1심 법원은 원고들의 아파트에 유입되는 태양반사광의 정도가 제217조 제2항 소정의 수인한도를 초과한 것으로 보아 피고회사에게 불능현휘 및 맹안효과의 정도에 이르지 않도록 원고들이 제시한 3가지 방법들 중 하나의 방법으로 태양반사광 차단시설을 설치하고 아파트의 사용가치 감소분 및 위자료 상당의 손해배상금을 지급할 것을 명하였다(수원지법 성남지원 2013. 4. 2. 2011가합4847 판결). 그러나 제2심 법원은 생활방해가 참을 한도를 넘었다고 보기 어렵다는 이유로 피고 회사의 패소 부분을 취소하고 그 부분에 해당하는 원고들과 원고승계참가인들의 청구를 모두 기각하였다(서울고법 2016. 6. 17. 2013나28270·2013나28287 판결). 2019. 8. 현재 이 사건은 대법원에 계류 중이다.

[판결 요지]

이 사건 건물 신축 전후로 태양광(직사광 + 반사광)에 의한 불능현휘 발생가능 총시간이 증가되었다고 보기 어려운 점, 이 사건 아파트 A, D동의 불능현휘 발생가능 총시간이 반대방향인 B, C동보다 유의미하게 높다고 보기 어려운 점, 태양반사광의 휘도는 태양 직사광 휘도의 약 1/7 이하 수준으로 색, 형태 등의 차이로 응시자에게 시각적, 심리적 불쾌감의 차이를 유발할 뿐 불능현휘에는 별다른 차이가 없어 보이는 점, 일조방해는 동지날 08시부터 16시 사이에 4시간 이상일 것을 요구하는데 이 사건 태양반사광 유입은 1일 1~3시간에 불과한 점, 태양반사광 유입으로 실내 일부 면적에서 천공광에 의한 실내 전체 밝기보다 현저히 밝은 현상이 나타나지만, 그러한 밝기 차이(휘도대비)로 인하여 불능현휘가 발생하지 않는 점, 태양반사광원을 직접 바라보지 않는 일상생활(독서, 바느질 등)에서는 불능현휘가 발생하지 않는 점, 중심상업지역에 상응하는 건축이 예정된 점, 공법상 규제를 모두 준수하였고 신축시 태양반사광 문제가 제기되지 않은 점, 커튼으로 태양반사광을 차단할 수 있는 점(1~3시간 차단해도 일조권 침해 수준에 이르지 않는 점)을 종합하면, 이 사건에서 태양반사광으로 인한 생활방해가 참을 한도를 넘었다고 보기 어렵다. 따라서 이와 전제를 달리하는 원고들의 주장은 받아들이지 않는다.

해설

I. 대상판결의 의의

대상판결들은 태양반사광으로 인한 생활방해의 참을 한도를 최초로 판단했다는 점에 그 의의가 있다. 다만 제1심 법원과 세2심 법원은 모두 동일한 판단기준을 원용했음에도 불구하고 상이한 결론에 도달했는바, 대상판결들의 세부적인 내용을 이해·분석하는 것이 필요하다.

II. 대상판결의 분석

1. 민법 제217조의 적용대상

제1심·제2심 법원은 모두 태양반사광 유입이 제217조의 적용대상('이와 유사한 것')이 된다는 전제하에 민법상 일반조항(제217조)에 의하여 이웃 거주자들이 수인한도를 초과하는 임미시온이나 태양반사광 유입에 대하여는 소유권에 기한 침해금지청구권을 행사할 수 있다고 보았다.

2. 수인한도론

판례를 통하여 정착된 수인한도론은 사회공동생활을 하는 이상 일방이 타방에 어떤 피해를 준다 할지라도 상호 간에 어느 정도까지는 이를 참고 수인해야 할 범위(수인한도 내지 참을 한도)가 있음을 전제로, 이 한도를 넘는 생활방해 또는 손해를 입힌 경우에 한하여 당해 생활방해 또는 불법행위의 위법성을 인정하는 이론이다. 제1심·제2심 법원도 이 이론에 기초하여 토지소유자가 태양반사광을 생성·유입시켜 이웃 거주자의 생활에 고통을 주는 정도가 민법 제217조 제1항 및 제2항 소정의 '수인한도'를 초과하였는지 여부를 판단함에 있어서는, ⅰ) 태양반사광으로 인한 생활방해의 정도, ⅱ) 태양반사광으로 훼손되는 생활이익의 법적 성질, ⅲ) 토지이용의 선후관계와 지역성, ⅳ) 토지이용의 용도 및 회피가능성, ⅴ) 공법적 규제의 위반 여부, ⅵ) 교섭경과 등의 모든 사정을 종합적으로 고려하여 사회통념에 비추어 합리적으로 판단하여야 한다고 보았다.

다만 이처럼 동일한 법리에 따라 태양반사광으로 인한 생활방해의 참을 한도를 판단했음에도 불구하고 제1심·제2심 법원은 상이한 결론에 도달하였다. 제1심 법원은 피고 회사는 공법상의 규제를 위반한 적이 없고, 중심상업지역에서 이 사건 건물을 신축·준공한 점 등의 피고 회사에게 유리한 사실도 일부 인정되기는 하지만, 한편 태양반사광으로 인한 원고들의 피해 정도가 매우 심각한 수준에 이르고, 원고들은 주거에 대한 소유권의 본질적인 내용을 침해당하고 있으며, 이 사건 건물상의 통유리 외벽은 랜드마크(Land Mark)로 각광을 받는 관광명소나 사무실 밀집지역, 유흥지역에서나 어울리는 것임에도 불구하고, 이러한 상황과 아무런 관계가 없는 해당 지역에서 주민들의 반대를 무릅쓰고 피고 회사의 사적인 이익을 추구하기 위하여 시공되었을 뿐이고, 피고 회사가 통유리 시공방법을 시행하는 것이 사옥을 신축하기 위하여 반드시 필요한 것이라고 보기도 어려운 점 등의 사실을 종합하여 보면, 이 사건 아파트에 유입되는 태양반사광으로 인한 생활방해는 민법 제217조 제2항 소정의 수인한도를 초과하는 것이라고 봄이 상당하다고 판단하였다. 이에 반하여 제2심 법원은 전술한 판결요지에서 언급한 바와 같은 논거로 태양반사광으로 인한 생활방해가 참을 한도를 넘었다고 보기 어렵다고 판시하였다.

Ⅲ. 대상판결의 평가

도심에 통유리 건물들이 증가하면서 태양반사광으로 인한 생활방해가 사회적 담론이 되고 있고 특히 이 네이버 사옥 케이스에서는 제1심 법원과 제2심 법원이 상이하게 판단했었기 때문에 향후 대법원이 어떠한 판결을 내놓을 것인지에 귀추가 주목되고 있다. 대법원의 판결이 태양반사광 사건에 대한 리딩케이스가 될 수 있다는 점에 비추어 볼 때 대법원에서 다음과 같은 법리적인 검토가 이루어질 것을 기대한다.

먼저 최근에 등장한 새로운 형태의 임미시온인 태양반사광도 일응 제217조의 적용대상에 포섭될 수 있다(김수정, 62면; 허성욱, 481면). 다만 이 경우에는 사람에 의하여 또는 시설에서 직접 배출되는 매연 등과는 달리 사람이 인위적으로 설치한 공작물(그린 팩토리)에 반사된 태양광이 문제된다. 따라서 사람의 행위(공작물 설치·보존행위)와 자연력(태양광)이 결합하여 반사광이 발생한 경우에도 제217조가 적용되는지에 대하여 법리적으로 검토되어야 한다(안경희, 134-136면). 아울러 피고 회사가 부담하는 책임의 성질(행위책임 또는 상태책임)에 대한 판단도 부가되어야 한다(안경희, 141-144면).

나아가 종래 판례를 통하여 형성되어온 수인한도론에 따르면 모든 사정을 비교·교량하여 참을 한도를 정하게 되므로 기준들 상호 간에 우열은 없는 것으로 보이나, 그 기준들이 어떠한 순서로 적용되는지(가령 cut off의 역할을 하는 기준이 있는지), 구체적으로 어떠한 기준들이 얼마만큼 고려되는지가 명확하지 않다. 위법성이 방해배제청구의 객관적 구성요건인 점에 비추어 볼 때 이 요건을 법관의 재량에만 맡길 수는 없는바, 대법원에서 기준들 상호 간의 적용순서 등에 대한 가이드라인을 제시해 줄 필요가 있다고 하겠다.

참고문헌

김수정, "태양반사광에 의한 빛공해에 관한 비교법적 연구", 법학논총 제31권 1호 (2018)

안경희, "태양반사광으로 인한 방해에 대한 배제 청구", 법학연구 제58권 (2018)

허성욱, "태양반사광에 의한 눈부심현상이 발생한 경우에 그로 인한 침해 정도가 사회통념상 참을 한도를 넘었는지 판단하는 기준", 법경제학연구 제14권 3호 (2017)

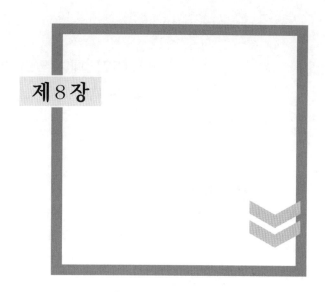

제 8 장

폐기물

[57] 폐기물의 정의 및 판단기준
— 대법원 2009. 1. 30. 2008도8971 판결 —

김 상 민 (법무법인(유한) 광장)

[사실 개요]

1. 피고인은 비료생산업체를 운영하는 자인바, 2007. 8. 31.경 원료인 액체비료 등을 보관하면서 빗물 등이 들어올 수 없는 차단시설 등을 하지 않은 관계로, 아미노산 발효 부산 비료 및 침출수 등이 위 공장의 인근 농경지로 흘러들게 하여 주변환경을 오염시켰다는 이유에서 폐기물관리법 위반 혐의로 기소되었다.

2. 위 행위 당시 적용되던 구 폐기물관리법(2007. 4. 11. 법률 제8371호로 전문 개정된 것, 이하 같다) 제13조에 의하면, 폐기물을 보관하는 자는 폐기물관리법 시행령에서 정하는 방법과 기준에 따라 침출수를 유출시키지 아니하도록 처리해야 하며, 이를 위반하는 경우에는 제66조 제1호에 따라 2년 이하의 징역이나 1천만 원 이하의 벌금에 처하게 된다.

[판결 요지]

1. 원심은 위 액체비료는 위 공장에서 흘러나간 것이어서 생활폐기물이라고 볼 수 없고, 또 위 공장은 폐기물을 배출하는 사업장에 해당하지 않아 이를 사업장폐기물로도 볼 수 없다는 이유에서, 위 액체비료가 폐기물관리법상의 폐기물에 해당하지 않는다고 보고, 위 공소사실에 대하여 무죄를 선고하였다.

2. 그러나 대법원은 다음의 이유에서 위 액체비료가 폐기물에 해당한다고 보고, 원심판결을 파기하여 사건을 다시 원심법원으로 환송하였다. 참고로 파기환송심에서는 폐기물관리법 위반이 인정되어 피고인 甲에게 벌금형이 선고되었다.

구 폐기물관리법 제2조 제1호는 폐기물을 "쓰레기·연소재·오니·폐유·폐산·폐알칼리·동물의 사체 등으로서 사람의 생활이나 사업활동에 필요하지 아니하게 된 물질"로 정의하고 있다. 폐기물의 발생을 최대한 억제하고 발생한 폐기물을 적정하게 처리하여 환경보전과 국민생활의 질적 향상에 이바지하는 것을 목적으로 하는 구 폐기물관리법의 취지에 비추어 볼 때, 위 액체비료가 본래 위 공장의 원료로서 보관하던 것이라 하더라도 그것이 일단 저장탱크로부터 유출되어 더 이상 위 생산 목적에 사용하기 어렵게 된 이상은 사람의 생활이나 사업활동에 필요하지 아니하게 된 물질로서 폐기물에 해당한다고 보아야 한다.

또한, 구 폐기물관리법 제2조 제2호 소정의 생활폐기물이란 사업장폐기물 외의 폐기물을 말한다. 따라서 원심이 피고인 甲이 운영하는 비료공장이 구 폐기물관리법 제2조 제3호에 의한 폐기물을 배출하는 사업장이라고 볼 수 없다는 이유로 위 유출된 액체비료가 사업장폐기물에 해당하지 않는다고 판단하였다면, 원심으로서는 마땅히 이를 생활폐기물로 보아 구 폐기물관리법 시행령 등이 정하는 기준 및 방법에 따라 처리하였는지 여부를 심리하였어야 한다. 이를 충분히 심리하지 아니하고 만연히 위 액체비료가 생활폐기물에도 해당하지 않는다는 이유로 무죄를 선고한 원심판결에는 위 폐기물에 관한 법리를 오해하고 채증법칙을 위반한 위법이 있다.

해설

Ⅰ. 대상판결의 의의

대상판결은 폐기물관리법 제2조 제1호의 폐기물의 정의인 "사람의 생활이나 사업활동에 필요하지 아니하게 된 물질"의 구체적인 판단기준을 제시하였다는 의의를 가진다. 대상판결의 요지는 사업활동에 필요한 원료로 사용되는 물질이라고 하더라도, 그 관리 영역에서 벗어나 다른 물질과 혼합되는 등으로 인하여 더 이상 의도하였던 목적에 이용할 수 없게 된다면, 그 순간부터는 폐기물로 취급되어야 한다는 것이다.

Ⅱ. 대상판결의 분석

1. 폐기물의 판단기준

폐기물관리법 제2조 제1호는 '필요성'을 폐기물의 판단기준으로 삼고 있다. 이때, 필요성의 판단 주체 및 기준에 대하여는 당사자의 주관적인 의사를 기준으로 하여야 한다는 견해와 객관적으로 사용가치가 없다고 사회통념상 승인되는 경우에는 폐기물로 보는 것이 타당하다는 견해가 대립한다. 판례는 주관적 의사와 물건의 객관적 성상 등을 함께 고려해야 한다는 종합판단설(김홍균, 494면)을 취하고 있다.

2. 사업장폐기물과 생활폐기물의 분류

폐기물은 발생 장소가 폐기물관리법 및 동법 시행령에서 정하는 사업장인지 여부에 따라 사업장폐기물과 생활폐기물로 분류된다. 이 중 '사업장폐기물'이란 대기환경보전법, 물환경보전법 또는 소음·진동관리법에 따라 배출시설을 설치·운영하는 사업장이나 지정폐기물을 배출하는 사업장, 폐기물을 1일 평균 300킬로그램 이상 배출하는 사업장 등에서 발생하는 폐기물을 말한다(폐기물관리법 제2조 제3호; 동법 시행령 제2조). 그리고 '생활폐기물'이란 사업장폐기물 외의 폐기물을 말한다(폐기물관리법 제2조 제2호).

대상판결의 원심은 위 액체비료를 보관하던 위 공장이 폐기물관리법 제2조 제3호, 동법 시행령 제2조에서 정하는 사업장에 해당하지 아니한다는 이유로 사업장폐기물이 아니라고 보는 한편, 위 공장은 일반적인 생활공간에서 배출된 것은 아니라는 이유에서 위 액체비료가 생활폐기물에도 해당하지 아니하는 것으로 판단하였다. 그러나 환경보전과 국민생활의 질적 향상이라는 폐기물관리법의 취지를 고려할 때, 폐기물관리법의 적용 대상인 폐기물의 범위를 과도하게 축소하지 아니하여야 할 필요성이 인정된다. 그러므로 대상판결이 정당하게 판시한 바와 같이, 어느 물질이 필요성을 상실하게 되어 폐기물의 정의를 충족시키는 이상, 그 물질이 폐기물관리법령에서 정의하는 사업장폐기물에 해당하지 않는다고 하더라도, 생활폐기물에는 해당하는 것으로 보아야 할 것이다.

Ⅲ. 대상판결의 평가

대상판결은 제품 생산을 위하여 아직 사용되지 아니한 위 액체비료가 유출되지 아니한 상태에서도 폐기물에 해당하는지는 논하고 있지 않다. 이는 원료로 사용되고 난 물질이 폐기물이 되었다가 다시 재활용 가능한 원료로 가공되어 폐기물로서의 성질을 상실하는 일련의 과정을 설명하고 있는 재활용에 관한 대법원 2008. 6. 12. 2008도3108 판결 등과의 차이점이다.

그러나 만약 위 액체비료가 다른 제품의 생산과정에서 발생한 부산물 내지 가축분뇨 등 통상적으로 폐기물로 분류될 만한 물질이 아니라, 당해 사업장의 사업활동에 최초로 사용되는 원료 물질(이하 '최초 사용물질')에 불과한 경우라면, 피고인의 행위가 폐기물관리법 제13조 위반을 구성하는 시점이 달라질 수 있다는 점에 유의하여야 한다. 위 액체비료가 최초 사용물질이라면 저장탱크에 담겨 있는 상태에서는 폐기물이 아님이 명백하므로, 그 상태에서는 다른 관계법령의 적용을 받을지언정 폐기물관리법의 적용을 받지는 않는다고 할 것이다. 위 액체비료가 최초 사용물질이라면, 저장탱크로부터 유출된 시점에야 비로소 인근 농경지의 토양이나 농수와 혼합되어 사용가치를 상실하고 폐기물에 해당하게 되었다고 보는 것이 타당하다. 그렇다면 피고인 甲에게 구 폐기물관리법 제13조에 따른 보관 의무가 부과되는 시점도 유출 이후가 되었어야 할 것이다.

그럼에도 불구하고 대상판결과 원심은 단순히 피고인 甲이 자신의 공장에서 보관 중인 액체비료에 빗물 등 차단시설 등을 설치하지 않아 위 액체비료가 누출되었다는 사실만을 기초로 구체적인 위반 시점을 특정하지 아니한 채 피고인 甲이 구 폐기물관리법상 폐기물 보관 의무를 소홀히 하였다고 판시하였다는 점에서 비판의 여지가 있다. 보다 명확한 판시를 위해서는 위 액체비료가 저장탱크에 보관되어 있던 단계에서도 폐기물에 해당하는지 여부 및 그 시점에 피고인 甲에게 구 폐기물관리법 제13조에 따른 보관 의무가 부과되는지에 대한 판단이 선행되었어야 할 것이다.

참고문헌

김홍균, "폐기물재활용 개념－폐기물과의 구별", 저스티스 제84호 (2005)

황계영, "재활용 가능자원의 '폐기물' 해당 여부", 환경법연구 제38권 제2호 (2016)

김홍균, 『환경법』 제5판, 홍문사 (2019)

[58] 오염토양의 폐기물성

— 대법원 2011. 5. 26. 2008도2907 판결 —

정 훈 (전남대학교)

[사실 개요]

1. 사건의 전개

피고인 甲 등은 자신이 운영하는 사업장에서 발생된 다량의 산업폐기물을 소각한 후 이 사건 토지에 매립하였다. 이 사건 토지의 토양에서는 토양오염우려기준을 초과하여 아연, 니켈, 카드뮴, 구리, 비소, 납, PCB(폴리 염화 비페닐) 등 각종 유해물질이 검출되었고, 토양의 심부까지 유해물질이 함유된 산업폐기물로 인해 광범위하게 오염되었는데, 이 사건 토지의 오염토양은 전체가 지정폐기물에 해당하게 되었다.

피고인 甲 등은 피고인 乙 등과 이 사건 토지의 산업폐기물 처리에 관한 도급계약을 체결하였고, 피고인 乙 등은 포크레인 등 중장비를 동원하여 이 사건 토지에 있는 폐토사 8,700톤가량을 굴착한 후, 육안으로 보아 색상이 검은 것은 지정폐기물로, 양호한 것은 건설폐기물로 분류한 다음 지정폐기물로 분류된 2,900톤을 이 사건 공사현장 인근에 옮겼다가 차량에 상차하여 이러한 사정을 모르는 폐기물처리업 허가업체들에게 처리하게 하였다. 이로 인해 피고인 甲 등과 피고인 乙 등은 폐기물관리법 위반죄로 기소되었다.

2. 원심판결

폐토사를 지정폐기물과 건설폐기물로 분리하여 상차한 행위는 폐기물관리법상 폐기물처리업 허가의 대상인 '수집' 및 '처리'에 해당한다. 피고인 甲 등은 폐기물관리법에 위반하여 사업장폐기물을 적정하게 자가처리하거나 폐기물처리업허가를 받은 자에게 위탁처리하지 않고 처리하였고, 피고인 乙 등은 허가를 받지 않고 폐기물처리업을 했다는 이유로 유죄를 인정하였다.

[판결 요지]

구 폐기물관리법은 물론 그 밖에 건설폐기물의 재활용촉진에 관한 법률과 그 각 시행령에서도 특정 공사나 작업에 사용된 토사만을 폐기물로 규정하고 있을 뿐, 자연 상태의 토양 자체를 구성하는 토사를 폐기물로 규정하고 있지는 아니하다.

토양환경보전법의 관련 규정을 종합하면 토양은 폐기물 기타 오염물질에 의하여 오염될 수 있는 대상일 뿐 오염토양이라 하여 동산으로서 '물질'인 폐기물에 해당한다고 할 수 없고, 나아가 오염토양은 법령상 절차에 따른 정화의 대상이 될 뿐 법령상 금지되거나 그와 배치되는 개념인 투기나 폐기의 대상이 된다고 할 수는 없다.

> 오염토양 자체의 규율에 관하여는 '사람의 생활이나 사업 활동에 필요하지 아니하게 된 물질'의 처리를 목적으로 하는 구 폐기물관리법에서 그 처리를 위한 별도의 근거 규정을 두고 있지 아니한 이상 구 폐기물관리법의 규정은 성질상 적용될 수 없다.
>
> 이는 오염토양이 구 폐기물관리법상의 폐기물이나 그 구성요소인 오염물질과 섞인 상태로 되어 있다거나 그 부분 오염토양이 정화작업 등의 목적으로 해당 부지에서 반출되어 동산인 '물질'로서의 상태를 일시 갖추게 되었다 하더라도 마찬가지라 할 것이다.

해설 ─────────────────────────────

I. 대상판결의 쟁점과 분석

1. 폐기물과 토양오염의 관계

폐기물은 궁극적으로 토양에 귀속되어 토양에 영향을 준다는 점에서 폐기물과 토양은 상호 밀접한 관계에 있다. 즉, 토양에 버려지거나 매립된 폐기물은 토양의 일부가 되거나 토양을 오염시켜 토양오염의 원인이 될 수 있다. 이 경우 폐기물과 토양을 하나로 볼 것인지, 아니면 여전히 별개의 것으로 볼 것인지는 환경보호를 위한 기술적인 측면이나 규범적인 측면에서 중요한 과제이다. 특히 폐기물관리와 토양환경보전에 대해 각각 별개의 법으로 규율하고 있는 한국의 법제 현실에서는 더욱 그러하다.

오염토양이 폐기물에 해당하는지에 관해서는 긍정하는 견해와 부정하는 견해 및 절충설적 견해가 있다(신현범, 954-960면). 대상판결은 토양은 폐기물에 의해 오염될 수 있는 대상이고 정화의 대상일 뿐 폐기물처럼 투기나 폐기의 대상이 될 수 없다고 한다. 또한 폐기물로 오염된 오염토양을 토지에서 분리한 경우에도 역시 정화의 대상인 오염된 토양이지 폐기물은 아니라고 한다. 나아가 오염토양이 폐기물과 혼합된 경우에도 이와 달리 볼 것은 아니라는 입장이다.

2. 오염토양이 폐기물인지 여부

대상판결은 오염토양은 폐기물이 아니라는 입장인데, 대법원은 '오니'를 토지에 적치한 후 그 위에 흙을 덮고 다시 그 위에 나무를 심은 경우에도 오니의 폐기물성을 인정하였고 (대법원 2003. 2. 28. 2002도6081 판결), 횡배수관 관로준설공사를 시행한 후 발생한 토사(준설토)를 폐기물로 인정하였다(대법원 2006. 5. 11. 2006도631 판결). 이들 사례에서 '오니'나 '준설토'는 그 성상에 따라 다를 수도 있으나 일단 오염된 토양으로서 궁극적으로 정화의 대상으로 보아야 한다. 대상판결과 앞선 사례의 판례 입장에 비추어 볼 때, 대상판결의 태도는 좀 더 심도 있는 분석과 평가가 필요하다고 보아야 할 것인데, 이에 대해 오니나 흙이 폐기물인지 여부에 대해서는 오염도가 아니라 필요성에 따라 판단해야 하고, 만일 오염도가 토양오염 우려기준을 넘는 오니나 흙의 경우에는 토양환경보전법의 제정취지에 비추어 폐기물관리법상 폐기물의 개념요건을 충족한다 하더라도 폐기물로 볼 것이 아니라, 토양환경보전법의 적용대상으로 보아야 한다는 견해가 있다(박종원, 117-118면).

한편, 토양으로부터 분리된 오염토양에 대해서 역시 대상판결은 폐기물이 아니라는 입장인데, 참고로 독일의 경우 토지와 부착된 것은 토지의 구성부분일 뿐 동산이 아니므로 토양의 일부분인 오염토양은 그 자체는 폐기물이 아니지만, 토양과 분리된 오염토양은 폐기물로 보고 있다. 즉, '부착의 견고성' 정도 또는 부착된 물건의 '분리 가능성'이 있으면 폐기물이라는 것이다(정 훈, 184-185면). 분리 가능성과 관련하여 분리 가능성 여부는 폐기물 여부를 판단하는데 중요한 기준이지만, 이것이 절대적인 기준이 될 수는 없고, 분리된 토양이라도 토양오염우려기준을 넘는 경우에는 토양환경보전법의 적용을 받는 것으로 보아야 한다는 견해가 있다(박종원, 121-122면).

또한 오염토양과 폐기물이 섞여 있는 경우, 오염우려기준을 초과하였는지 여부가 확인되지 않은 채 분리된 경우에는 폐기물로 보아야 하고, 폐기물인지 오염토양인지를 확인할 수 없을 정도로 혼합되어 있고, 오염우려기준을 초과하는 경우에는 토양환경보전법이 적용되어야 한다는 견해가 있다(박종원, 123-124면).

Ⅱ. 대상판결의 평가

토양은 폐기물이나 폐수 등에 의해 오염될 수 있고, 폐기물 등에 의해 오염되었을지라도 오염원인물질과는 무관하게 '오염된' 토양으로 존재할 뿐 폐기물이 되는 것은 아니다. 이러한 시각은 폐기물에 대해서는 '발생'이나 '처리', '투기', '오염원' 등의 동적인 측면에서 보고 있고, 토양은 '오염', '정화되어야 할 상태' 등 정적인 측면에서 보는데서 유래하는 것이 아닌가 한다.

그러나 토양과 폐기물은 별개의 것으로 취급하기보다는 상호 연관성 속에서 입법이나 정책이 수립되어야 할 것이다. 지상의 모든 것은 결국 토양으로 귀속되므로 귀속되는 물질을 토양과 따로 떼어서 규율하는 것이 오히려 더 힘든 일이 아닌가 한다. 우리나라는 폐기물과 토양에 대해 폐기물관리법과 토양환경보전법이라는 별도의 법률을 제정하여 폐기물과 오염토양 또는 토양오염물질을 따로 정의하고 있고, 이에 따른 각종 조치나 규제도 각각 달리 하고 있다. 또한 대상판결은 오염토양은 폐기물이 아니라 정화대상일 뿐이라고 하여 폐기물관리법의 적용을 배제하고 있다.

그러나 폐기물은 토양오염물질의 하나이고 폐기물을 투기하는 것은 토양을 오염시키는 것이며, 폐기물에 의해 오염된 토양이 토양으로부터 분리된 경우 이것을 폐기물로 볼 것인지 아니면 토양으로 볼 것인지는, 단순히 법논리적인 차원이 아니라 폐기물의 적정한 처리와 토양환경보전을 위해 바람직한 것이 무엇인지를 고려하여 판단해야 할 것이다. 실제로 폐기물이 토양에 매립된 경우 토양과 전혀 섞이지 않은 경우도 있고 토양과 완전히 혼재되는 경우도 있고, 그 중간 상태인 경우도 있을 것이다. 이러한 상태의 물질을 폐기물로 볼 것인지, 혹은 오염토양으로 볼 것인지는 어떻게 취급하는 것이 토양환경보전에 더 적합한지에 따라 개별·구체적으로 판단해야 할 것이다(정 훈, 190-191면).

대상판결이 오염토양을 정화의 대상인 물질로 보고 처리의 대상인 폐기물로 보지 않는 것이 오염된 토양을 친환경적으로 정화하는 측면에서는 바람직할 수 있으나, 한편, 현행 폐기물관리법과 토양환경보전법의 처벌 정도가 다른 점에 비추어 오염토양의 불법적인 처리를 폐기물로 보지 않은 결과 행위자 입장에서 폐기물관리법에 의한 중한 처벌을 면하는 길을 제시하는 결과가 야기되어서는 아니 될 것이다.

참고문헌

박종원, "오염토양과 폐기물의 법적 구별과 그 처리책임", 환경법과 정책 제8권 (2012)

신현범, "오염토양에 대한 적용 법률", 대법원판례해설 제88호 (2011)

정 훈, "폐기물관리와 토양환경보전에 관한 현행법의 규율현황 및 문제점", 환경법연구 제34권 제3호 (2012)

조홍식, 『판례환경법』, 박영사 (2012)

[59] 화선키메탈 사건

— 대법원 1997. 8. 22. 95누17724 판결 —

이 희 정 (고려대학교)

[사실 개요]

1. 금융기관인 원고 甲(주식회사 서울은행)은 비철금속제련공장을 가동하던 소외 丙(화선키메탈 주식회사)에 대하여 금 1,400,000,000원을 대출하고 그에 상당하는 丙 소유 공장용지 및 그 지상 공장건물 등에 관하여 근저당권 설정등기를 마쳤다. 이후 丙이 부도를 내자 근저당권 실행을 위한 경매를 신청하여 공장용지 등을 경락받았다.

2. 甲이 경락받을 당시 공장용지에는 납, 주석 등 중금속이 다량 함유된 특정폐기물이 야적·매립·방치되어 있는 상태였다(기존 폐기물). 이후 甲은 공장을 관리하면서 종업원들과 협의하여 공장을 일부 가동하였고, 원료에 대한 관리를 소홀히 하여 특정폐기물을 배출하여 공장에 야적·방치하였다(추가 배출 폐기물).

3. 피고 乙(지방환경관리청장)은 甲의 위 폐기물 야적, 방치 행위로 인하여 인근 상수원 등에 중대한 위해가 발생할 우려가 있다고 보고, 甲이 '특정폐기물의 처리를 한 자'에 해당한다고 보아, 위해 발생의 방지를 위하여 甲에게 이 사건 특정폐기물을 위탁처리하라는 내용의 처분을 하였다.

[판결 요지]

원고 甲이 소외 병 회사 소유이던 공장용지 등을 납, 주석 등 당해 특정폐기물 중 일부가 야적·매립, 방치되어 있는 상태에서 경락을 받았고, 위 회사의 부도 후 공장을 관리하여 오면서 종업원들과 협의하여 공장을 일부 가동하고 원료에 대한 관리를 소홀히 함으로써 당해 특정폐기물 중 일부를 배출하여 공장에 야적, 방치하였고, 그로 인하여 인근 상수원 등에 중대한 위해가 발생할 우려가 있다면, 위 원고는 당해 특정폐기물의 처리를 한 자에 해당한다는 취지의 전제하에, 지방환경관리청장이 위와 같은 위해 발생의 방지를 위하여 위 원고에 당해 특정폐기물처리에 대한 조치명령을 한 것은 적법하다.

해설

I. 대상판결의 의의 및 쟁점

대상판결의 의미 있는 쟁점은 원고 甲이 배출행위를 한 자가 아님에도 법령상 기준에 따라 처리되지 않고 매몰 내지 방치되어 있는 공장용지를 경락받은 것만으로 (명문의 규정이 없음에도) 그 폐기물의 적정처리에 대한 의무가 승계되었다고 인정할 수 있는가 하는 점이다. 대상판결과 원심판결은 이를 인정하였다. 이는 아래에서 보는 바와 같이 관련 법규정의 적극적인 해석이 필요한 결론으로 보이는데, 이를 일반적인 해석론으로 인정할 수 있는지 아니면 이 사안의 특수한 사실관계가 반영된 것으로 보아야 할지에 대해서 주의하여 분석해 볼 필요가 있다.

대상판결의 취지는 이후 폐기물관리법의 개정이나 토양환경보전법의 제정 그리고 부동산 양도·양수자의 토양환경오염에 관한 민사책임에 대한 최근의 판결들에 반영되어 현재는 유사한 문제에 대한 법적 해결방안들이 풍부해졌다. 이 판결은 입법적 공백에도 불구하고 폐기물 관리 책임이 인정되는 범위를 넓혔다는 데 의의가 있다.

Ⅱ. 대상판결의 분석

1. 당시 폐기물관리법의 적용 법조에 대한 검토

대상판결 사안에 적용된 법은 1995. 8. 4 개정 전 폐기물관리법(이하 '동법'이라 한다)으로, 현행 폐기물관리법의 관련 규정들에 비해 규정이 미비한 점이 많았다. 따라서 대상판결의 결론에 이르기 위해서는 법문의 엄격한 해석이 아니라 폐기물관리법의 목적 달성을 위한 적극적인 해석이 필요하였다. 먼저 이러한 필요성에 대해 확인하기 위해 판결에는 잘 나타나 있지 않지만, 당시 폐기물관리법의 관련 법조문들을 검토해 본다.

특정폐기물은 1995. 8. 4 개정 전 폐기물관리법상 용어로 현행 폐기물관리법상 '지정폐기물'에 해당된다. 즉 사업장폐기물 중 환경 및 국민보건에 대한 유해성이 있는 물질이 포함된 폐기물이다. 동법 제24조 제1항에서 특정폐기물의 배출자에게 이를 적정히 처리할 의무를 부과하였다. 동법 제25조 제4항은 특정폐기물배출자에게 이를 직접 또는 위탁하여 처리할 의무를 부여하고, 총리령이 정하는 기준 및 방법에 따라 특정폐기물을 수집·보관·운반·처리할 의무를 부여하고 있다. 또한 제25조 제5항은 환경처장관은 특정폐기물을 처리하는 자가 특정폐기물을 처리함에 있어 제4항의 기준에 적합하지 아니하게 수집·보관·운반 또는 처리를 하는 경우에는 총리령이 정하는 바에 따라 기간을 정하여 당해 특정폐기물을 처리하는 자에게 수집·운반 또는 처리방법의 변경 기타 필요한 조치를 명할 권한을 부여하고 있다. 또한 동법 제45조는 특정폐기물처리기준에 적합하지 않게 특정폐기물을 처리한 경우 폐기물의 처리를 한 자에게 그 위해의 제거 또는 발생의 방지를 위하여 필요한 조치를 명할 수 있는 권한을 부여하고 있다. 또한 동법에서는 경매로 사업장을 인수한 자에게 폐기물 관련 권리·의무가 승계된다는 규정도 제정되어 있지 않았다(2007. 8. 3 개정 폐기물관리법에

"경매에 따른 환가 … 에 따라 사업장폐기물배출자의 사업장 전부 또는 일부를 인수한 자는 그 사업장폐기물과 관련한 권리와 의무를 승계한다."는 규정이 신설되었다).

대상판결과 원심판결 상으로는 처분의 근거 법조가 제24조 제5항인지, 제45조인지 명확하지 않지만, 어느 규정에 의하든 조치명령의 대상은 '폐기물을 처리하는 자' 또는 '처리한 자'이다. 그리고 동법 제2조 제4호에 따르면, "처리"라 함은 "폐기물의 소각·중화·파쇄·고형화 등에 의한 중간처리와 매립·해역배출 등에 의한 최종처리를 말한다." 원고 甲이 기존 폐기물에 대하여 한 행위는 문언적 의미의 '처리'행위에 해당되지 않아, 원고가 '처리하는 자' 또는 '처리한 자'에 해당하는지 의문이다.

다만 제25조 제5항이 규율대상으로 하는 행위에는 '처리'행위 외에 '수집·보관·운반' 행위도 포함되므로, 이러한 규정이 합리적인 의미를 가지려면 법령상 기준에 따라 특정폐기물을 처리할 의무를 가진 자가 이를 이행하지 않을 때 이러한 조치명령을 할 수 있다고 해석해야 할 것이다. 한편, 제45조는 이미 처리를 한 자에 대해 적용되는 규정으로 볼 수 있고, 그렇다면 공장용지에 폐기물이 매몰되어 있는 상태를 '기준에 따르지 않고 처리를 한 상태'로 볼지 여부에 따라 이 규정이 적용될 수도 있을 것이다. 즉 배출은 있었으나 처리는 하지 않은 상태로 방치되었다면 제45조보다는 제25조 제5항이 적용될 것이나, '매몰'이 처리의 한 방식이었다고 평가한다면 제45조도 적용될 여지가 있다.

2. 판시사항의 구체적 범위

조치명령이 제24조 제5항과 제45조 중 어느 규정에 근거한 것이든, 그 전제는 원고 甲이 자신이 직접 배출하지 않은 폐기물이 방치 또는 매몰된 토지를 경락받은 자로서 그 토지 상의 폐기물을 적정히 처리할 의무가 있음이 인정되어야 한다. 경매로 인한 폐기물 관련 책임의 승계 규정이 없음에도 대법원과 원심법원이 이를 인정하였으므로 이는 원고 甲이 '배출자', '처리하는 자' 또는 '처리한 자'에 해당한다고 해석하였음을 의미한다. 그렇다면 이 판례는 폐기물이 야적된 토지를 경락받아 소유하는 자는 배출자 또는 처리자에 해당한다는 일반적인 해석론을 인정한 것일까?

원심판결에 따르면 경매를 위해 한국감정원에서 작성한 감정평가서에 폐기물이 야적되어 있음이 나타나있어 甲이 이를 미리 알 수 있었고, 근저당권자로서 甲이 성업공사에 위임한 공매의 공고에서도 이 부동산에 쌓여있는 폐기물의 처리비용을 매수자가 부담하는 조건이 포함되어 있었으며, 이 부동산이 경매절차에서 4차례나 유찰되어 최저경락가격의 40% 정도의 금액에 경락되었다. 따라서 甲이 이러한 폐기물 처리비용이 감안된 가격으로 이 부동산을 취득하였다는 점이 甲의 폐기물 처리의무를 인정한 이유였을 것으로 분석하는 견해도 있다.

Ⅲ. 대상판결의 평가

　　부동산을 경락받은 자가 그 부동산 위에 이러한 사정을 알지 못했다면 책임의 승계를 인정한 명문의 규정도 없는 상태에서 책임의 승계를 인정하기는 어려웠을 것이라는 점에서 이 판례의 판시사항은 경락을 받은 자가 그러한 사정을 사전에 알았고 폐기물 처리비용이 가격에도 반영이 된 경우에 책임이 인정되는 것으로 한정해서 해석함이 타당할 것으로 본다. 그러나 인정범위를 제한적으로 본다 하더라도, 이 판결은 해석론으로서 폐기물의 적정 처리책임을 귀속시키는 범위를 적극적으로 해석하여 넓게 인정했다는 의의를 가진다. 이것이 사인들 간의 권리·의무를 확정하는 판결이 아니라 법치행정 원칙이 적용되는 행정처분의 적법성에 관한 판결이고, 불이익처분의 근거가 넓게 해석되었다는 점에 대한 평가는 엇갈릴 수 있다.

　　현행 폐기물관리법에는 경매 등으로 사업장을 인수한 자의 책임승계에 관한 명문 규정(제17조 제9항)도 마련되었고, 폐기물의 배출자와 처리 과정에 관여하는 자들의 책임도 비교적 잘 분리되어 규정되어 있다. 또한 이후 토지환경보전법이 제정되어 토지의 양도·양수인의 책임에 대해서도 규정되었다. 따라서 이와 유사한 상황에 대해 행정청이 책임을 물을 수 있는 법적 근거는 더 보강되어있다.

참고문헌

김홍균, "환경법상 책임의 승계", 사법 제29호 (2014)

조홍식, "폐기물관리법상 사업장폐기물 배출사업자의 법적 책임", 서울대학교 법학 제45권 제2호 (2004)

황창식, "기업의 인수·합병과 토양오염", 환경문제연구총서 제9집 (2001)

[60] 폐기물처리업 허가과정에서 부적정통보처분의 법적 성격

— 대법원 1998. 4. 28. 97누21086 판결 —

황 성 익 (법무법인 세종)

[사실 개요]

1. 원고 甲은 1997. 2. 27. 폐기물관리법 제26조 제1항, 같은 법 시행규칙 제17조 제2항에 의하여 폐기물 수집운반업 중 영업대상 폐기물을 생활폐기물 및 사업장생활계 폐기물, 업종을 같은 폐기물의 수집과 운반으로 한 사업계획서를 작성하여 피고 대구광역시 동구청장에게 제출하였다. 피고는 1997. 2. 28. 원고에게, 생활폐기물 및 사업장생활계 폐기물수집, 운반업 허가는 폐기물량의 대폭적인 증가와 위탁구역확대 등의 요인이 발생할 때 적법절차에 따라 공개적인 방법으로 선정, 허가할 계획이라는 이유로 부적정 통보(이하 "이 사건 처분"이라 함)를 하였다.

2. 원심인 대구고등법원은 1997. 11. 28. 97구4419 판결에서 피고는 원고가 제출한 폐기물처리업 사업계획서 등의 적정 여부를 검토하여 그 적정 여부를 원고에게 통지하여야 하지 같은 법 시행규칙이 검토사항으로 규정하지 아니하는 다른 이유 즉, 생활폐기물 및 사업장생활계 폐기물 수집, 운반업 허가는 폐기물량의 대폭적인 증가와 위탁구역확대 등의 요인이 발생할 때 적법절차에 따라 공개적인 방법으로 선정, 허가할 계획이라는 이유로 부적정 통보를 한 것은 아무런 법적 근거 없이 한 것이며 환경부 예규인 폐기물처리업 허가업무처리지침에서도 사업계획물량과 사업계획기간의 적정성 등을 검토 사유로는 삼고 있으나 이를 부적정 통보 사유로는 규정하고 있지 아니하다고 하면서 피고의 부적정통보처분은 위법하다고 판시하였다.

[판결 요지]

이 사건 처분의 근거인 폐기물관리법 제26조 제1항, 제2항과 같은 법 시행규칙 제17조 제1항 내지 제4항의 체제 또는 문언을 살펴보면 이들 규정들은 폐기물처리업허가를 받기 위한 최소한도의 요건을 규정해 두고는 있으나 사업계획 적정 여부에 대하여는 일률적으로 확정하여 규정하는 형식을 취하지 아니하여 그 사업의 적정 여부에 대하여 재량의 여지를 남겨 두고 있다 할 것이고, 이러한 경우 사업계획 적정 여부 통보를 위하여 필요한 기준을 정하는 것도 역시 행정청의 재량에 속하는 것이므로, 그 설정된 기준이 객관적으로 합리적이 아니라거나 타당하지 않다고 볼 만한 다른 특별한 사정이 없는 이상 행정청의 의사는 가능한 한 존중되어야 한다.

환경부예규인 폐기물처리업 허가업무처리지침(1996. 3. 5. 환경부예규 제137호)과 대구광역시장의 1997. 2. 13. 생활폐기물 및 사업장생활계폐기물 수집, 운반업 허가에 따른 사업계획서 검토지침 등은 폐기물처리업허가와 관련한 사업계획 적정 여부 통보에 관한 기준으로 보여지고, 그 설정된 기준이 객관적으로 합리적이 아니라거나 타당하지 않다고 볼 만한 다른 특별한 사정이 없으므로, 이러한 예규 및 지침에 따라 한 당해 처분은 적법하다.

해설

Ⅰ. 대상판결의 의의

폐기물관리법은 지난 1986. 제정, 그 이듬해부터 시행되었으며 기존에 오물청소법과 환경보전법에 흩어져 있던 폐기물 관련 규정을 통합, 일원화된 폐기물 관리를 구축하였다. 폐기물관리법은 오물청소법에 있던 오물처리업, 환경보전법에 있던 산업폐기물처리업 제도를 승계하였다. 폐기물처리업 허가 절차에서 단계적 행정절차의 예비결정으로서의 폐기물처리업 사업계획서에 대한 적정 여부의 통보제도는 1991. 12. 13. 전부개정된 총리령인 폐기물관리법 시행규칙에 처음 그 근거를 마련하였다(당시 정부조직법상 환경처 신설로 기존 보건사회부령에서 총리령으로 위임입법의 구조가 변경되었는데 이 사건 당시에는 환경부령이었음). 이에 따르면 일반폐기물처리업은 물론 특정폐기물처리업의 경우 모두 폐기물처리업 허가를 받기 위해서는 사업계획의 적정통보를 받은 연후에야 시설, 장비, 기술능력 등의 허가 요건을 갖추어 최종적인 폐기물처리업허가를 신청할 수 있었다. 이러한 제도적 배경 하에서 대상판결은 폐기물관리법 관계 법령에 의한 폐기물처리업 허가권자의 폐기물처리업 사업계획서에 대한 부적정통보가 행정처분이며 그 통보행위가 재량행위라고 판시한 최초의 판례다.

Ⅱ. 대상판결의 분석 및 평가

1. 부적정통보처분의 법적 의의

현재 폐기물관리법과 달리 폐기물처리업 사업계획서에 대한 적정 여부의 통보제도는 법규상 근거를 동 법이 위임한 총리령에 근거를 두고 있었다. 대상판결은 폐기물처리업의 허가에 앞서 사업계획서에 대한 적정·부적정 통보제도를 두고 있는 것은 폐기물처리업을 하고자 하는 자가 스스로 시설 등을 설치하여 허가신청을 하였다가 허가단계에서 그 사업계획이 부적정하다고 판명되어 불허가되면 허가신청인이 막대한 경제적·시간적 손실을 입게 되므로, 이를 방지하는 동시에 허가관청이 미리 사업계획서를 심사하여 그 적정·부적정

통보 처분을 하도록 하고, 나중에 허가단계에서는 나머지 허가 요건만을 심사하여 신속하게 허가업무를 처리하는 데 그 취지가 있다고 판시하였다.

2. 부적정통보처분이 행정소송법상 행정처분으로서 취소소송의 대상이 되는지 여부

당시 행정소송법의 항고소송은 고등법원을 제1심으로 하고 있었고 취소소송의 대상이 되려면 "행정청이 행하는 구체적 사실에 관한 법집행으로서 공권력의 행사 또는 그 거부와 그 밖에 이에 준하는 행정작용"에 해당하여야 하는바, 대상판결은 이에 대하여 폐기물처리업의 허가를 받기 위하여는 먼저 사업계획서를 제출하여 허가권자로부터 사업계획에 대한 적정통보를 받아야 하고, 그 적정통보를 받은 자만이 일정 기간 내에 시설, 장비, 기술능력, 자본금을 갖추어 허가신청을 할 수 있으므로, 결국 부적정 통보는 허가신청 자체를 제한하는 등 개인의 권리 내지 법률상의 이익을 개별적이고 구체적으로 규제하고 있어 행정처분에 해당한다고 판시하였다.

3. 부적정 통보처분의 재량행위 여부의 판단기준과 처분의 위법성 심사

행정청의 부적정 통보처분이 취소소송의 대상이 된 경우에도 사법심사의 범위 및 강도를 획정하기 위해서는 당해 처분이 기속행위인지 재량행위인지를 판별해야 한다. 대상판결은 어느 행정행위가 기속행위인지 재량행위인지 나아가 재량행위라고 할지라도 기속재량행위인지 또는 자유재량에 속하는 것인지 여부는 이를 일률적으로 규정지을 수 없고, 당해 처분의 근거가 된 규정의 형식이나 체제 또는 문언에 따라 개별적으로 판단하여야 한다고 판시하였다.

대상판결의 논리 구조를 살펴본다. 대상판결은 우선 (1) 이 사건 처분의 근거인 폐기물관리법 제26조 제1항, 제2항과 같은 법 시행규칙 제17조 제1항 내지 제4항의 체제 또는 문언을 살펴보면 이들 규정들은 폐기물처리업허가를 받기 위한 최소한도의 요건을 규정해 두고는 있으나 사업계획 적정 여부에 대하여는 일률적으로 확정하여 규정하는 형식을 취하지 아니하여 그 사업의 적정 여부에 대하여 재량의 여지를 남겨 두고 있다 할 것이라고 판시하여 부적정 통보 즉, 적정 여부의 심사를 통한 부적정통보처분은 재량행위임을 결정하고, (2) 이러한 경우 사업계획 적정 여부 통보를 위하여 필요한 기준을 정하는 것도 역시 행정청의 재량에 속하는 것이므로, 그 설정된 기준이 객관적으로 합리적이 아니라거나 타당하지 않다고 볼 만한 다른 특별한 사정이 없는 이상 행정청의 의사는 가능한 한 존중되어야 한다고 판시하여 사법심사의 범위와 강도에 대한 기준을 밝힌 다음, (3) 구체적으로 이 사건 당시의 환경부 예규인 폐기물처리업 허가업무처리지침(1996. 3. 5. 환경부예규 제137호)과 대구광역시장의 1997. 2. 13. 생활폐기물 및 사업장생활계폐기물 수집, 운반업 허가에 따른 사업계획서 검토지침 등은 폐기물처리업허가와 관련한 사업계획 적정 여부 통보에 관한 기준으로 보이고, 그 설정된 기준이 객관적으로 합리적이 아니라거나 타당하지 않다고 볼 만한 다른 특별한 사정이 없으므로, 이러한 예규 및 지침에 따라 한 당해 처분은 적법하다고 판시하였다.

대상판결과 궤를 같이하면서도 대법원 2013. 10. 31. 2013두10731 판결의 의미를 음미해 볼 필요가 있다. 이 판결에서는 행정청이 폐기물처리 사업계획서의 적합 여부를 심사함에 있어서 폐기물관리법 제25조 제2항 각 호에서 열거된 사항을 검토한 결과 이에 저촉되거나 문제 되는 사항이 없다고 하더라도 폐기물의 수집·운반·처리에 관한 안정적이고 효율적인 책임행정의 이행 등 공익을 해칠 우려가 있다고 인정되는 경우에는 이를 이유로 사업계획서의 부적합 통보를 할 수 있다고 보아야 할 것이라고 판시하여 처분의 위법성 심사의 범위와 강도의 측면에서는 일단 행정청의 재량적 판단을 존중하고 있다. 다만, 대법원은 행정청의 재량적 판단이 존중되기 위해서는 객관적인 합리성과 타당성 있는 근거제시가 필요함을 설시하면서 단순히 기존의 업체만으로도 폐기물의 수집·운반·처리에 별다른 지장이 없다는 사유만으로 폐기물처리사업계획서를 부적정하다고 판단하는 것은 실질적으로 허가업체의 수를 유지하거나 독점적 대행권을 유지하는 것이 되어 법령의 목적에 위배되거나 객관적인 합리성과 타당성을 잃은 것으로서 재량권을 일탈 남용한 것으로 보았다.

참고문헌

이원일, "폐기물관리법 관계 법령에 의한 폐기물처리업 허가권자의 부적정통보가 행정처분인지의 여부 및 그 통보행위가 재량행위인지의 여부", 대법원판례해설 30호 (1998)

이은상, "독일 재량행위 이론의 형성에 관한 연구－요건재량이론에서 효과재량이론으로의 변천을 중심으로－", 서울대학고 법과대학 법학박사 학위논문 (2014)

홍정선, "예비결정", 『최신 행정법판례특강』 제2판, 박영사 (2012)

[61] 폐기물처리업 허가신청에 대한 불허가처분의 위법성과 사정판결의 요건

— 대법원 1998. 5. 8. 98두4061 판결 —

권 순 현 (서울중앙지방법원)

[사실 개요]

1. 원고 甲은 행정청인 피고 乙로부터 폐기물처리업 사업계획에 대한 적정통보를 받은 후 상당한 비용과 노력을 들여 폐기물관리법령 소정의 허가요건을 완비하고 피고 乙에게 폐기물처리업 허가신청을 하였다. 그러나 피고 乙은 다수 청소업자의 난립으로 능률적이고 안정적인 청소업무 수행에 지장이 있어 주민들의 공익을 저해할 소지가 있다는 이유 등으로 원고 甲에게 불허가처분을 하였다.

2. 원고 甲은 폐기물처리업 허가는 기속행위이므로 법령상 허가요건이 충족된 경우 허가권자는 허가를 하여야 하고, 설령 위 허가가 재량행위라고 하더라도 이 사건 불허가처분은 신뢰보호의 원칙과 비례의 원칙에 반하여 재량권을 일탈 또는 남용한 위법이 있다는 이유로 위 불허가처분의 취소를 구하였다.

[판결 요지]

1. 행정청의 행위에 대하여 신뢰보호의 원칙이 적용되기 위하여는, ① 행정청이 개인에 대하여 신뢰의 대상이 되는 공적인 견해표명을 하여야 하고, ② 행정청의 견해표명이 정당하다고 신뢰한 데에 대하여 그 개인에게 귀책사유가 없어야 하며, ③ 그 개인이 그 견해표명을 신뢰하고 이에 어떠한 행위를 하였어야 하고, ④ 행정청이 위 견해표명에 반하는 처분을 함으로써 그 견해표명을 신뢰한 개인의 이익이 침해되는 결과가 초래되어야 하며, 어떠한 행정처분이 이러한 요건을 충족할 때에는, 공익 또는 제3자의 정당한 이익을 현저히 해할 우려가 있는 경우가 아닌 한, 신뢰보호의 원칙에 반하는 행위로서 위법하게 된다.

2. 행정처분이 위법한 때에는 이를 취소함이 원칙이고 그 위법한 처분을 취소·변경함이 도리어 현저히 공공의 복리에 적합하지 않은 경우에 극히 예외적으로 위법한 행정처분의 취소를 허용하지 않는다는 사정판결을 할 수 있으므로 사정판결의 적용은 극히 엄격한 요건 아래 제한적으로 하여야 하고, 그 요건인 현저히 공공복리에 적합하지 아니한가의 여부를 판단함에 있어서는 위법·부당한 행정처분을 취소·변경하여야 할 필요와 그 취소·변경으로 인하여 발생할 수 있는 공공복리에 반하는 사태 등을 비교·교량하여 그 적용 여부를 판단하여야 한다.

해설

Ⅰ. 대상판결의 쟁점

이 사건에서는 폐기물처리업 허가의 법적 성질, 즉 기속행위인지 재량행위인지 여부와 폐기물처리업 허가가 재량행위라면 이 사건 불허가처분이 신뢰보호의 원칙에 위반되는지 여부, 이 사건 불허가처분이 위법한 경우에도 공익을 고려하여 사정판결을 할 수 있는지 여부가 문제되었다.

Ⅱ. 대상판결의 분석

1. 폐기물처리업 허가의 법적 성질

구 폐기물관리법(1999. 2. 8. 법률 제5865호로 개정되기 전의 것) 제26조의 규정형식만으로는 폐기물처리업 허가가 기속행위인지 여부가 불분명하다. 그러나 폐기물처리업 허가는 폐기물처리를 대행할 수 있는 자격을 부여한다는 점에서 그 법적 성질이 설권행위인 특허에 해당하고, 영업의 신규가입을 규제하는 취지가 단순히 일정한 인적·물적 시설을 갖출 것만을 요구하는 것이라고는 보기 어려우므로, 폐기물처리업 허가는 재량행위라고 봄이 타당하다. 대상판결은 폐기물처리업 허가의 법적 성질에 대해서 명시적인 판단을 하지는 않았으나, 원심 판단과 같이 폐기물처리업 허가가 재량행위임을 전제로 신뢰보호의 원칙 위반 여부에 대한 판단으로 나아갔다.

2. 신뢰보호의 원칙 위반 여부

기속행위뿐 아니라 재량행위도 취소소송의 대상이 되나, 재량행위의 경우 행정청의 판단은 가능한 한 존중되어야 하므로, 재량권의 일탈·남용만이 사법심사의 대상이 된다. 신뢰보호의 원칙, 비례의 원칙 등은 재량권 일탈·남용의 중요한 판단기준이 된다.

행정법의 일반원칙 중 하나인 신뢰보호의 원칙이란, 개인이 행정청의 명시적·묵시적 언동의 정당성 또는 존속성을 신뢰한 경우 그 신뢰가 보호받을 가치가 있는 한 그 신뢰를 보호하여야 한다는 것을 말한다. 일반적으로 행정상의 법률관계에 있어서 신뢰보호의 원칙이 적용되기 위해서는, ① 행정청의 공적 견해표명, ② 선행조치에 대한 신뢰 및 귀책사유의 부존재, ③ 신뢰에 기인한 행위, ④ 선행조치에 반하는 처분이라는 요건이 충족되어야 한다.

원고 甲은 폐기물관리법 시행규칙(1997. 7. 19. 환경부령 제27호로 개정되기 전의 것) 제17조에 의하여 이루어진 피고 乙의 폐기물처리업 사업계획 적정통보를 행정청의 공적 견해표명으로서 신뢰하였다. 폐기물처리업 사업계획 적정통보는 소위 내인가의 성질을 갖는 것이고, 내인가를 받아 시설을 갖추었다고 하여 반드시 본인가를 받을 수 있는 것은 아니다(대법원 1992. 7. 14. 91누12080 판결 등 참조). 그러나 원고 甲은 법령상 허가요건이 충족될 경우 폐기물처리업 허가를 받을 수 있을 것이라는 신뢰를 가지게 되었고, 원고 甲이 피고 乙의 적정통보를 정당하다고 신뢰한 데에 아무런 귀책사유가 없으며, 이에 따라 원고 甲은 상당한 자금과 노력을 들여 허가요건을 갖추었다. 피고 乙은 폐기물관리법령에서 정한 사유가 아닌 다른 사유를 들어 원고 甲의 폐기물처리업 허가신청을 거부하였는데, 이는 보호가치 있는 원고 甲의 신뢰를 저버리는 것이 된다.

한편, 이 사건은 신뢰보호의 원칙이 적용되는 경우이므로 비례의 원칙을 직접적으로 문제 삼을 것은 아니나, 공익 또는 제3자의 이익을 해할 우려가 있는 경우에도 개인의 신뢰를 보호하여야 하는지 살펴볼 필요가 있다. 대상판결 이전의 대법원판례는 이러한 점에 관하여 특별히 언급하지 않았다. 살피건대, 행정절차법 제4조 제2항에서 공익 또는 제3자의 정당한 이익을 현저히 해칠 우려가 있는 경우를 신뢰보호의 제외사유로 두고 있고, 비례의 원칙과의 관계상 공익 또는 제3자의 정당한 이익을 현저히 해할 우려가 있는 경우에는 신뢰보호의 원칙이 적용된다고 볼 수 없다. 대상판결도 피고 乙이 달성하려는 '생활폐기물의 적정하고도 안정적인 처리'라는 공익이 폐기물처리업 허가가 가능할 것이라고 믿은 원고 甲이 입게 될 재산상 손해 등의 불이익보다 크지 않다는 비교·형량을 거쳐 신뢰보호의 원칙을 적용하였다.

3. 사정판결의 허용 여부

사정판결은, 처분의 취소를 구하는 원고의 청구가 이유가 있다고 인정하는 경우에도 법원이 처분을 취소하는 것이 현저히 공공복리에 적합하지 아니하다고 인정하여 원고의 청구를 기각하는 판결을 말한다(행정소송법 제28조 제1항).

사정판결은 ① 처분에 취소사유가 있으나, ② 처분을 취소하는 것이 현저히 공공복리에 적합하지 않을 경우에 인정된다. 이 사건에서는 피고 乙이 사정판결을 하여야 한다고 주장하였으나, 사정판결은 당사자의 명백한 주장이 없는 경우에도 법원이 직권으로 할 수 있다. 그러나 위법한 행정처분은 취소하는 것이 원칙이고 그 위법한 처분을 취소·변경함이 도리어 현저히 공공의 복리에 적합하지 않은 경우에 극히 예외적으로 위법한 행정처분의 취소를 허용하지 않는다는 사정판결을 할 수 있다.

이 사건의 경우 이 사건 불허가처분의 취소에 따라 생활폐기물 처리업체의 난립 및 과다경쟁으로 안정적이고 효율적인 청소업무가 불가능하게 된다고 보기는 어렵고 달리 위 불허가처분의 취소가 현저히 공공복리에 부적합한 사정도 보이지 않으므로, 사정판결이 허용되지 않는다.

Ⅲ. 대상판결의 평가

대법원은 신뢰보호의 원칙을 매우 제한적으로 적용하고 있으나, 대상판결은 원고 甲의 신뢰를 보호할 필요성을 인정하여 신뢰보호의 원칙을 적용하였다. 또한 대상판결은 신뢰보호의 원칙을 적용함에 있어 공익 또는 제3자의 정당한 이익을 현저히 해할 우려가 없을 것을 소극적 요건으로 삼아 신뢰보호의 원칙에 한계가 있음을 밝혔다. 그리고 사정판결은 극히 예외적으로 인정되는 것으로서 그 요건을 엄격히 해석·적용하여야 한다는 기존 판례의 입장을 재확인하였다.

1995. 8. 4. 폐기물처리법의 개정으로 폐기물처리업 허가의 정수제한제가 폐지되어 폐기물처리업의 서비스향상을 꾀하려는 자유경쟁체제가 도입되었고, 폐기물의 발생을 최대한 억제하고 발생한 폐기물을 친환경적으로 처리함으로써 환경보전과 국민생활의 질적 향상에 이바지하기 위한 폐기물관리법의 목적을 고려하면, 이미 적정통보를 받은 자에 대하여 단지 기존업체의 기득권 보호 등을 이유로 폐기물처리업 허가신청을 거부하는 것은 허용되기 어렵다. 이러한 점에서 대상판결은 타당하다.

참고문헌

김덕진, "행정청이 신뢰의 대상이 되는 공적인 견해표명을 한 경우에 있어서의 신뢰보호의 원칙 적용에 관한 고찰", 재판실무연구 (2000)

김홍균, "환경법상의 재량행위", 행정소송(I) (2008)

이영창, "환경소송에서 행정청의 재량에 대한 사법심사의 방법과 한계", 사법논집 제49집 (2009)

최계영, "신뢰보호 원칙의 적용요건 – 공적 견해표명의 의미를 중심으로", 사법 제38호 (2016)

[62] 재활용의 원료로 사용되는 물질의 폐기물성 상실 시점과 폐기물관리법상 금지되는 '매립'의 의미

— 대법원 2003. 2. 28. 2002도6081 판결 —

윤 태 현 (김·장 법률사무소)

[사실 개요]

1. 피고인은 폐수처리오니를 재활용하여 비료를 제조하는 폐기물중간처리업자이다(사건 발생 당시 폐기물관리법에는 폐기물재활용업 허가 제도가 없었음). 피고인은 제지공장 등 폐수처리오니 배출업체들과 체결한 폐수처리오니 처리계약 내지 일반폐기물 재활용계약에 따라 수거한 오니를 피고인 경영의 공장 옆 부지에 매립하고 그 위에 흙을 덮은 후 나무를 심었다. 구 폐기물관리법(2002. 1. 26. 법률 제6627호로 개정되기 전의 것. 이하 '구 폐기물관리법'이라 한다) 제2조 제1호는 "폐기물"이라 함은 쓰레기·연소재·오니·폐유·폐알카리·동물의 사체 등으로써 사람의 생활이나 사업활동에 필요하지 아니하게 된 물질을 말한다고 규정하고 있고, 같은 법 제7조 제2항은 법에 의하여 허가를 받거나 승인을 얻은 매립시설 외의 곳에 폐기물을 매립하여서는 아니된다고 규정하고 있다.

2. 제1심은 피고인이 폐수처리오니 약 500톤을 허가를 받지 아니한 공터에 매립한 행위를 구 폐기물관리법 제7조 제2항 위반에 해당한다고 보아 벌금 500만 원을 선고하였다. 피고인은 이에 항소하여 ① 제1심에서 폐기물로 인정한 물질(이하 '이 사건 물질'이라 한다)은 식품폐기오니에 톱밥과 발효제를 혼합하여 발효시킨 다음 마사토를 섞은 '녹생토(碌生土)'로 폐기물이 아닌 점, ② 이 사건 물질의 수량은 500t이 아닌 200t에 불과한 점을 들어 사실오인을 다투고, ③ 피고인은 이 사건 물질을 공장 옆 부지에 옮겨 놓았을 뿐 버린다는 의사를 가지고 땅에 묻은 것이 아니므로 폐기물관리법 제7조 제2항이 금지하는 '매립' 행위에 해당하지 않는다는 점을 들어 법리를 오해하였으며, ④ 형량이 무거워 양형이 부당하다는 점을 다투었다. 원심은 피고인의 항소를 기각하였고, 이에 피고인이 상고하였으나 상고 또한 기각되어 원심 판결이 확정되었다.

[판결 요지]

1. 구 폐기물관리법 제2조 제1호는 "폐기물"이라 함은 쓰레기·연소재·오니·폐유·폐산·폐알카리·동물의 사체 등으로써 사람의 생활이나 사업활동에 필요하지 아니하게 된 물질을 말한다고 규정하고 있어, 당해 사업장의 사업활동에 필요하지 아니하게 된 물질은 비록 그 물질이 재활용의 원료로 공급된다는 사정만으로는 폐기물로서의 성질을 상실하지 않는다.

2. 폐기물중간처리업자가 자신이 경영하는 공장 옆 부지에 수거한 오니를 적치하

고 그 위에 흙을 덮은 후 나무를 심은 행위는 폐기물관리법상 금지되는 '매립'에 해당한다.

해설

I. 대상판결의 쟁점 및 분석

1. 재활용 원료로 공급되는 물질의 폐기물로서의 성질 상실 시점

폐기물관리법은 폐기물을 "쓰레기·연소재·오니·폐유·폐알카리·동물의 사체 등으로써 사람의 생활이나 사업활동에 필요하지 아니하게 된 물질"이라고 정의하고 있다. 폐기물관리법의 폐기물 정의상 "필요성" 여부가 문제되는바, ① 필요하지 않게 되었는지 여부는 해당 물질의 소유자 또는 점유자의 주관적 판단을 기초로 한다는 주관설, ② 객관적으로 사회통념상 어느 누구의 생활이나 사업 활동에 필요하지 않게 된 물질은 폐기물에 해당한다는 객관설, ③ 주관적 폐기물 개념을 원칙으로 하여, 객관적 폐기물 개념에 의하여 보충되는, 가장 넓은 의미의 폐기물 개념을 채택하는 병합설, ④ 폐기물 여부는 해당 물질의 성상, 배출의 상황, 통상의 취급 형태, 거래가격의 유무 및 사업자의 의사 등을 종합하여 판단하여야 한다는 종합판단설 등이 논의되고 있다.

판례는 "자연환경 및 생활환경에 중대한 영향을 미칠 우려가 있는 폐기물의 배출을 엄격히 규제하여 환경보전과 국민생활의 질적 향상을 도모하려는 폐기물관리법의 취지에 비추어, 사업장에서 배출되는 위와 같은 물질이 당해 사업장의 사업 활동에 필요하지 아니하게 된 이상, 그 물질은 폐기물관리법에서 말하는 폐기물에 해당한다고 보아야 하고, 당해 사업장에서 폐기된 물질이 재활용 원료로 공급된다고 해서 폐기물로서의 성질을 상실하는 것은 아니"라고 판시하고 있으며(대법원 2010. 9. 30. 2009두6681 판결 등), 이에 대해서는 대법원이 종합판단설에 가깝다는 견해가 있다(황계영, 95-96면).

한편, 폐기물이 재활용될 수 있는 경우에, 재활용 가능자원과 폐기물의 관계 및 그 범위의 설정에 관해서는 ① 폐기물을 재활용 가능자원과 최종처분되는 폐기물을 포괄하는 개념으로 이해하여야 한다고 보는 포괄설과, ② 재활용 가능자원을 폐기물의 범위에서 제외하여야 한다고 보는 구별설이 존재한다. 포괄설의 경우 폐기물은 배출자의 의사에 의해 버린 것이나 버리고자 하는 것뿐만 아니라 환경과 사람의 건강의 보호라는 관점에서 사회통념상 사람의 생활이나 사업활동에 필요하지 않게 된 것을 포함하는 것으로 해석하는 것이 타당하다고 보고(박균성, 163-185면), 구별설의 경우 자원순환형 사회를 지향하는 입장에서 재활용 가능자원의 개념을 순환자원으로 바꿔 순환자원의 개념을 폐기물 개념에 선행시켜야 한다고 본다(채영근, 145-169면).

　　판례는 재활용 가능자원과 폐기물에 관하여, 폐기물이 재활용될 수 있는지 여부는 폐기물성에 영향을 미치지 않고(대법원 2001. 6. 1. 2001도70 판결), 폐기물을 공급받은 자가 이를 파쇄, 선별, 풍화, 혼합 및 숙성의 방법으로 가공한 후 완제품을 생산하는 경우에 있어서는 그 물질을 공급받는 자의 의사, 그 물질의 성상 등에 비추어 아직 완제품에 이르지 않았다고 하더라도 위와 같은 가공과정을 거쳐 객관적으로 사람의 생활이나 사업활동에 필요하다고 사회통념상 승인될 정도에 이르렀다면 그 물질은 그 때부터는 폐기물로서의 속성을 잃고 완제품생산을 위한 원료물질로 바뀌었다고 할 것이므로 폐기물에 해당한다고 볼 수는 없다(대법원 2002. 12. 26. 2002도3116 판결)는 법리를 설시한 이래 일관된 입장을 유지하고 있고, 대상판결에서도 위 법리를 재확인하였다.

　　구체적으로 대상판결은 피고인 경영 공장에서 오니를 재활용하여 생산되는 비료 및 암반녹화식생토는 오니를 공장 내에 야적하고 톱밥 및 발효제를 배합한 후 약 1주일간의 발효과정과 건조과정을 거쳐 선별되는 것인 반면, 이 사건 물질은 피고인이 폐기물배출업자들로부터 수거한 오니 그 자체이거나 혹은 오니에 흙을 섞은 것에 불과하고 위의 공정을 거치지 않았으므로, 이 사건 물질이 장차 피고인에 의하여 피고인 경영의 공장에서 비료 내지 암반녹화식생토로 만들어지는 원료로 사용된다는 사정만으로는 그 성상이 변경된 것으로 볼 수 없어 아직 폐기물로서의 속성을 상실하지 않았다고 보았다.

2. 폐기물관리법상 금지되는 '매립'의 의미

구 폐기물관리법 제7조 제2항(현행 제8조 제2항)은 법에 의하여 허가를 받거나 승인을 얻은 매립시설 외의 곳에 폐기물을 매립하여서는 아니된다고 규정하고 있다.

　　대상판결은 피고인이 피고인 경영의 공장 옆 부지에 이 사건 물질을 적치하고 그 위에 흙을 덮은 후 그 위에 나무를 심은 것은 위 법에서 금지하고 있는 '매립'에 해당함이 분명하고, 피고인이 흙을 덮는 데서 나아가 그 위에 나무를 심기까지 한 만큼 이 사건 물질을 일시적으로 옮겨 놓은 것이 아니라 이를 종국적으로 처리할 의사로 매립한 것으로 인정된다고 보았다.

　　나아가 대상판결은 폐기물관리법이 금지하는 '매립'을 반드시 그 대상물을 '종국적으로 버린다'는 의사하에 행하여지는 것으로 제한하여 해석할 수 없다고 판단하여, 폐기물관리법상 금지되는 '매립'의 해석에 대하여 구체적인 설시를 하였다. 폐기물의 매립, 소각의 경우 허가, 승인을 받거나 신고한 폐기물처리시설에서만 할 수 있도록 규정한 취지에 비추어 대상판결과 같이 종국적으로 버린다는 의사와 무관하게 객관적으로 폐기물을 적치하고 흙을 덮었다면 매립의 행위를 인정하는 것이 타당하다고 생각한다.

II. 대상판결의 평가

대상판결은 종전 판례의 입장을 유지하면서도 폐기물성의 상실 시점과 관련하여 재활용이 가능한 물질 또는 물건의 경우 재활용 등의 과정에서 폐기물의 성상이 변경되는 경우에 폐기물로서의 성질을 상실한다고 보아 폐기물성 상실 시점에 관하여 설시하였다는 점에 의의가 있다.

참고문헌

박균성, "폐기물 관련법령의 기본구조", 환경법연구 제26권 제2호 (2004)

채영근, "폐기물 관련 법령체계의 문제점 및 개선방안", 환경법연구 제31권 2호 (2009)

황계영, "폐기물 관리 법제에 관한 연구", 경인문화사 (2015)

[63] 재활용 원료로 공급되는 폐기물의 성질

—대법원 2002. 12. 26. 2002도3116 판결—

박 희 경 (한국환경공단, 변호사)

[사실 개요]

1. 피고인 甲은 사업장에서 발생하는 폐기물을 재사용·재생이용하는 방법으로 다른 사람의 사업장 폐기물을 재활용하는 자인데, 피고인 甲은 재활용하기 위하여 수집한 재활용대상폐기물을 파쇄, 선별, 풍화, 혼합 및 숙성 등의 과정을 거친 후, 이를 사업장 내 보관시설에 보관하지 않고 그대로 노상에 야적하였다.

2. 검사는 위와 같은 피고인 甲의 행위에 대해 회사가 재활용하기 위하여 수집한 재활용대상폐기물은 가사 선별의 과정을 거쳤다고 하더라도, 재활용의 방법에 의하여 재활용될 수 있는 물건으로 완성되기 전까지는 여전히 폐기물관리법 제2조 제1호에 규정된 "폐기물"에 해당한다고 보아, 이를 폐기물관리법 위반으로 기소하였다.

[판결 요지]

1. 폐기물관리법 제2조 제1호는 '폐기물'이라 함은 쓰레기·연소재·오니·폐유·폐산·폐알카리·동물의 사체 등으로서 사람의 생활이나 사업활동에 필요하지 아니하게 된 물질을 말한다고 규정하고 있어, 당해 사업장의 사업활동에 필요하지 아니하게 된 물질은 비록 그 물질이 재활용의 원료로 공급된다는 사정만으로는 폐기물로서의 성질을 상실하지 않는다고 할 것이다.

2. 그러나 그 물질을 공급받은 자가 이를 파쇄, 선별, 풍화, 혼합 및 숙성의 방법으로 가공한 후 완제품을 생산하는 경우에 있어서는 그 물질을 공급받는 자의 의사, 그 물질의 성상 등에 비추어 아직 완제품에 이르지 않았다고 하더라도 위와 같은 가공과정을 거쳐 객관적으로 사람의 생활이나 사업활동에 필요하다고 사회통념상 승인될 정도에 이르렀다면 그 물질은 그때부터는 폐기물로서의 속성을 잃고, 완제품 생산을 위한 원료물질로 바뀌었다고 할 것이다.

3. 이 사건 물질은 피고인 甲이 재활용대상 폐기물을 반입하여 파쇄, 선별, 풍화, 혼합 및 숙성 등의 가공을 거친 것으로, 시멘트와 혼합하여 곧바로 벽돌 등의 건축자재 생산을 위한 원료로 사용된다는 것이 인정되는 만큼, 이는 이미 폐기물로서 속성을 잃고 완제품 생산을 위한 원료물질로 탈바꿈하였다고 할 것이니, 이 사건 물질이 폐기물임을 전제로 피고인이 이를 보관기준에 적합하지 아니하게 보관하였음을 이유로 한 이 사건 조치명령

은 위법한 것으로서, 이는 구폐기물관리법(법률 제5868호, 2002. 1. 22. 개정되기 이전의 것) 제60조 제10호로 처벌할 수 없다.

해설

I. 대상판결의 의의

폐기물이 일정한 가공을 거쳐 더 이상 폐기물로 관리할 필요가 없게 된 경우에도 여전히 이를 폐기물로 보아 폐기물관리법상의 규제대상으로 취급하는 것은 비례원칙에 반하는 과도한 규제가 될 수 있고, 또한 자원순환 촉진 측면에서도 부정적인 영향을 가지고 올 수 있는바, 대상판결은 재활용원료로 공급되는 폐기물이 '폐기물'로서의 속성을 잃는 요건에 대해 법리적 판단을 함으로써, 해당 요건에 충족되는 폐기물을 그 규제대상에서 제외한다는 점에서 그 의의가 있다.

특히, EU가 2008년 기존 「폐기물 기본지침」을 개정하면서 '폐기물 종료(End-of-Waste)'라는 개념을 도입한 이후(황계영, 7면) 기존에 폐기물로 분류되었던 물질이 자원으로 구분되어 관리받게 됨으로써, 폐기물로서의 불필요한 관리부담이 감소하고 자원순환 촉진에 기여하는 점이 분명히 존재한다는 점에서 대법원이 설시한 재활용 원료로 공급되는 폐기물의 성질과 폐기물을 재활용하는 경우에 있어 폐기물의 기준에 관해 대상판결의 세부적인 법리를 이해·분석하는 것이 필요하다.

II. 대상판결의 분석

1. 폐기물의 정의

우선 대상판결에서 주목할 점은 재활용 원료로 공급되는 모든 폐기물이 폐기물관리법상의 '폐기물'의 성질을 상실하지 않는다고 언급한 점이다. 즉 대상판결은 재활용 원료로 공급되는 폐기물이라도 할지라도, 해당 폐기물이 당해 사업장의 사업활동에 필요하지 아니하게 된 경우에는 단순히 그 물질이 재활용의 원료로 공급된다는 사정만으로는 폐기물로서의 성질을 상실하지 않는다고 보았다.

즉, 폐기물로서의 속성을 잃었는지 여부는 특정 폐기물이 재활용 원료로 공급되는 사정뿐만 아니라 이를 공급 받은 자가 파쇄, 선별 등의 방법으로 폐기물을 가공한 후 완제품을 생산하는 경우에 있어서는 그 물질을 공급받는 자의 의사, 그 물질의 성상 등에 비추어 아직 완제품에 이르지 않았더라도 위와 같은 가공과정을 거쳐 객관적으로 사람의 생활이나 사업활동에 필요하다고 사회통념상 승인될 정도에 이르렀는지 여부를 그 기준으로 삼아야 한다고 보고 있는바, 결국 대상판결은 폐기물이 재활용 원료로 공급되는 사정, 가공절차, 물질의 성상이라는 객관적인 요소, 그 물질을 공급 받은 자의 의사라는 주관적인 요소, 사회통념이라는 개념적인 요소를 모두 종합하여 폐기물에 대한 정의를 내리고 있다는 점은 특히 주목할 만한 부분이다.

2. 폐기물로서 속성을 잃는 시점

대상판결이 재활용 원료로 공급되는 폐기물이 폐기물관리법상의 폐기물에 해당하는지 여부에 대해 객관적 요소 이외에 주관적 요소 및 개념적 요소를 모두 그 기준으로 삼고 있다는 점에서 결국 폐기물의 속성이 상실되었는지 여부에 대한 구체적인 판단은 개별적인 사안별로 제반상황을 종합적으로 고려하여 판단하여야 할 것이다(김홍균, 514면).

따라서 특정폐기물이 재활용 목적으로 유가(有價)로 거래된다고 하더라도 폐기물의 속성을 변화시키는 처리공정을 거치지 않은 상태에서 배출되거나 이를 위탁받는 경우에는 해당 폐기물을 재활용원료로 사용한다고 할지라도 이를 폐기물관리법상 폐기물에 해당하지만, 폐기물의 속성을 변화시키는 처리공정을 거치는 경우에는 배출자의 의사와, 그 물질의 성상, 상업적 목적의 유가거래 여부 등을 종합적으로 판단하여 객관적으로 사람의 생활이나 사업활동에 필요하다고 사회통념상 승인될 수 있는 정도에 다다른 경우에는 바로 그 시점에서 폐기물로서 속성을 잃고 완제품 생산을 위한 원료 등으로 전환된다고 보아야 할 것이다(박석현 외, 100-117면).

3. 폐기물 종료에 대한 검토

현행 폐기물관리법은 폐기물이 일정한 요건을 충족할 경우 더 이상 폐기물이 아닌 상태로 자유롭게 거래될 수 있도록 하는 '폐기물 종료(End-of-Waste)'라는 제도를 명시적인 규정을 두고 있지 않으며, 국내 학설 태도 역시 명확하지 않은 것으로 보인다. 폐기물관리법 제13조의2와 동 조항의 위임에 따라 폐기물의 종류별 재활용 방법을 규정하고 있는 동법 시행규칙 별표 5의2가 폐기물 종료에 대한 기준의 역할을 한다고 보는 견해가 존재하나(조지혜, 30-33면), 동 규정들을 폐기물 종료에 대한 구체적인 기준의 제시로 보기에는 그 규정이 너무 간략하게 규정되어 있어 이를 폐기물 종료로 보기에는 무리가 있을 것으로 보인다. 다만 2017년 5월 제정된 자원순환기본법상 순환자원인정제도가 폐기물 종료선언과 유사하게 운용되고 있는 상황인바, 동법 제9조에 따라 환경부장관으로부터 순환자원으로 인정받는 경우에는 폐기물관리법에 따른 특정규제의 적용대상에서 제외될 수 있는 가능성을 열어

두게 되었다.

Ⅲ. 대상판결의 평가

　　결론적으로 재활용 원료로 공급되는 폐기물의 성질 및 폐기물이 재활용되는 경우에 있어서의 재활용 원료로 공급되는 폐기물이 폐기물로서의 속성을 잃는지 여부는 대상판결의 기준에 따라 폐기물의 속성을 변화시키는 처리공정을 거치는 경우에는 배출자의 의사와, 그 물질의 성상, 상업적 목적의 유가거래 여부 등을 종합적으로 판단하여 객관적으로 사람의 생활이나 사업활동에 필요하다고 사회통념상 승인될 수 있는 정도에 다다른 경우인지를 종합적으로 고려하여 판단하여야 할 것이다. 그러나 대상판결의 기준 역시 결국 폐기물의 속성이 상실되었는지 여부에 대한 구체적인 판단은 개별적인 사안별로 달라질 수 있다는 점에서 폐기물관리법상 폐기물 종료제도 및 그 객관적 기준을 명문화하는 등의 방법으로 수범자의 예측가능성을 객관적으로 담보하거나, 자원순환기본법상의 순환자원인정제도를 통하여 더 이상 폐기물관리법에 따른 규제를 받지 않는 자원임을 공식적으로 인정받는 별도의 절차적 노력이 필요할 것으로 보인다.

참고문헌

박석현, "폐기물 재활용 선진화 방안 마련을 위한 연구", 환경부·한국환경공단 (2011)

조지혜, "유해성에 따른 폐기물 종료기준의 해외현황 및 정책적 시사점", 한국환경정책·평가연구원 (2012).

황계영, "폐기물 종료 제도에 대한 검토", 서울대학교 법학박사학위논문 (2015)

김홍균, 『환경법』 제3판, 홍문사 (2014)

[64] 재활용의 원료로 공급되는 물질의 폐기물성

— 대법원 2010. 9. 30. 2009두6681 판결 —

이 윤 정 (김·장 법률사무소)

[사실 개요]

원고 甲은 원석 입고, 분쇄 파쇄, 선별 등의 제조공정을 거쳐 모래 및 골재를 생산 판매하는 비금속광물 제조업을 영위하는 법인으로 2007. 11. 28. 모래 및 골재를 생산하는 과정에서 발생한 흙(이하 '이 사건 흙'이라 한다)을 인근지역 농민인 원고 乙에게 성토용으로 공급하였다.

이에 대하여 피고 행정청은 2007. 12.경 '원고 甲이 원고 乙에게 공급한 흙은 무기성 오니로서 폐기물 관리법에서 정한 산업용 폐기물에 해당하고, 원고 甲이 위 법에서 정한 폐기물재활용 신고절차를 이행 하지 않고 폐기물을 처리하였다'는 이유로 원고 甲에 대하여 '불법배출 폐기물 적정처리'를, 원고 乙에 대하여 '폐기물 반입지 원상복구'를 내용으로 하는 조치명령을 내렸다(이하 '이 사건 처분'이라 한다).

[판결 요지]

사업장에서 배출된 사업장의 사업활동에 필요하지 않게 된 물질이 재활용의 원료로 공 급되는 경우, 폐기물관리법 제2조 제1호에서 정한 폐기물에 해당한다.

해설

I. 대상판결의 쟁점 및 분석

1. 폐기물의 개념에 관한 법령 규정 및 관련 학설의 검토

폐기물관리법은 폐기물의 개념을 "쓰레기·연소재·오니·폐유·폐알카리·동물의 사체 등으로서 사람의 생활이나 사업활동에 필요하지 아니하게 된 물질"이라고 규정하고 있다(법 제2조 제1호).

폐기물관리법상의 폐기물 개념에 관하여 법적으로 적정한 처리가 요구되는 동산인지 여부에 따라서 판단하는 객관설과, 버리는 사람의 의사에 따라 판단하는 주관설, 두 개념을 모두 고려하여 판단하는 병합설(종합판단설)이 존재한다.

병합설은 인간 및 환경에 대한 위해의 방지를 위해 규제되어야 하는 물질을 정하는 의 미에서 그 위해의 방지를 위해 규제되어야 하는 물질은 모두 포함되도록 망라하여 정의하여야 하므로 배출자가 주관적으로 폐기물로 판단한 경우뿐만 아니라 객관적으로 사람의 생활이나 사업활동에 필요하지 않은 것으로 판단되는 경우도 포함하여야 한다고 본다(박균성·함태성, 528-529면).

폐기물관리법 제2조 제1호에서 의미하는 폐기물의 개념에 관하여 검토하건대, "쓰레기·연소재·오니·폐유·폐알카리·동물의 사체"라 함은 인간 및 환경에 대한 위해의 방지를 위해 규제되어야 하는 물질의 예시로 보아야 할 것이고, "사람의 생활이나 사업활동에 필요하지 아니하게 된 물질"이라는 부분은 객관적, 주관적으로 더 이상 필요 없다고 판단되는 경우 폐기물로 보아야 한다는 의미로 해석될 수 있을 것으로 보인다.

또한, 폐기물관리법 제2조 제1호의 문언적 해석상 폐기물의 정의를 만족시키기 위해서는 폐기물의 객관적, 주관적 요건을 모두 만족시켜야 할 것으로 판단된다. "쓰레기·연소재·오니·폐유·폐알카리·동물의 사체 등으로서 사람의 생활이나 사업활동에 필요하지 아니하게 된 물질"이라는 문구는 객관적 요건과 주관적 요건을 동시에 모두 충족해야 폐기물의 정의에 부합하는 것으로 해석되기 때문이다.

그러므로 주관설에 따른 폐기물과 객관설에 따른 폐기물을 단순 합산하여 폐기물의 범위를 정하는 것, 즉, 주관설이나 객관설 중 어느 하나에만 해당해도 폐기물이라고 보는 것은 곤란하다고 생각한다. 이 경우 폐기물의 범위가 지나치게 넓어질 뿐만 아니라 폐기물관리법 제2조 제1호의 문언상 해석에도 반하기 때문이다. 주관적으로 폐기물이면서 동시에 객관적으로도 폐기물일 경우에만 폐기물로 보는 것이 타당할 것이다.

2. 재활용 가능 자원과 폐기물의 관계에 대한 학설과 판례의 검토

폐기물이 재활용될 수 있는 경우에, 재활용 가능 자원과 폐기물의 관계에 관해서 ① 폐기물을 재활용 가능 자원과 최종처분되는 폐기물을 포괄하는 개념으로 이해하여야 한다고 보는 포괄설과, ② 재활용 가능자원을 폐기물의 범위에서 제외하여야 한다고 보는 구별설이 존재한다. 구별설은, 자원순환형사회를 지향하는 입장에서 재활용 가능 자원의 개념을 순환자원으로 바꿔 순환자원의 개념을 폐기물 개념에 선행시켜야 한다고(채영근, 145-169면) 본다.

판례는 폐기물이 재활용될 수 있는지 여부는 폐기물성에 영향을 미치지 않는다(대법원 2001. 6. 1. 2001도70 판결)고 판단하고 있어 포괄설과 동일한 입장을 취하고 있다. 대상판결에서도 위 법리를 재확인하였다.

검토하건대, 일단 폐기물의 개념을 폐기물관리법상 규정에 입각하여 엄격하게 해석을 하여 폐기물에 해당한다면 폐기물관리법에 따라서 처리하여야 하고, 재활용이라 함은 폐기물관리법상 폐기물 처리의 한 유형이므로(폐기물관리법 제2조 제5의3호) 재활용 가능 여부에 따라서 폐기물인지 아닌지 여부를 구별할 필요는 없을 것으로 보이는바, 포괄설이 타당하다고 생각된다.

Ⅱ. 대상판결의 평가

대상판결은 이 사건 흙이 폐기물에 해당하는지 여부 및 이 사건 흙이 재활용된 경우 폐기물성을 잃게 되는지 여부에 대하여 설시하였다는 점에서 의의가 있다. 즉, 대상판결은 폐기물관리법 제2조 제1호의 규정이 폐기물의 종류를 예시한 것임을 전제로, 원고 甲이 원고 乙에게 공급한 흙(이하 '이 사건 흙'이라 한다)에 관하여 ① 단지 오염되지 않았다거나 유해성이 없다는 이유만으로는 폐기물에 해당하지 않는다고 할 수 없는 점, ② 원고 甲이 자신의 사업장에서 발생하는 폐기물의 종류를 '무기성 오니'라고 표시하여 사업장폐기물배출자신고를 하였고, 피고 또한 그에 따라 이 사건 처분을 한 것으로 보이는 점, ③ 이 사건 흙은 원고 甲의 사업목적상 객관적으로 사업 활동에 더 이상 필요하지 아니하게 된 물질임이 분명한 점 등을 고려하면 이 사건 흙이 오니가 아니라 이토(泥土)라 하더라도 폐기물에 해당한다고 보았다.

또한 이 사건 흙이 거래된 것은 원고들의 경제적 이해관계가 합치한 결과일 뿐 이 사건 흙 자체가 일반적으로 농업용 흙으로 거래될 만한 경제적 가치를 가졌기 때문이 아닌 점, 이 사건 흙이 원고의 사업활동에 더 이상 필요하지 아니하게 된 것인 점 등을 고려할 때 이 사건 흙이 농업용 객토로 사용하기에 유리한 점이 있다는 사정만으로 농업용 재료로 바뀌어 폐기물로서의 속성을 상실하였다고 볼 수 없다고 판시하였다.

검토하건대, 비록 이 사건 흙이 원고 甲의 사업 목적상 사업 활동에 더 이상 필요하지 아니하게 된 물질이라고 하더라도 이는 폐기물의 주관적 요건을 충족시키는 것일 뿐이고 이 사건 흙이 폐기물의 객관적 요건을 충족하여 인간 및 환경에 대한 위해의 방지를 위해 규제되어야 하는 물질인지 여부는 대상판결 및 원심 판결의 이유만으로는 불분명한 것으로 보인다. 만약 이 사건 흙이 자연 상태의 원석을 분쇄, 파쇄, 선별하여 모래 및 골재를 생산하는 과정에서 나온 토사로서 생산과정에 어떠한 화학물질도 인위적으로 첨가되지 않았다면 인간 및 환경에 대한 위해의 방지를 위해 규제되어야 하는 물질은 아닐 것이고 따라서 폐기물관리법상의 폐기물은 아닐 가능성이 있다.

반대로 만약 이 사건 흙이 화학물질이 첨가된 상태의 토사라면 설령 폐기물관리법상 지정폐기물에 해당할 정도의 오염이나 유해성이 있지 않다고 하더라도 인간 및 환경에 대한 위해의 방지를 위하여 규제되어야 하는 물질에 해당할 것이므로 폐기물의 객관적 요건을 충족한다고 보아야 할 것이다. 그리고 일단 폐기물에 해당하는 경우라면 그것이 재활용

가능한 상태라고 하더라도 폐기물관리법에 정해진 절차 및 요건에 따라서 재활용되어야 하
므로 여전히 폐기물관리법상의 폐기물이라고 보는 것이 타당할 것이다.

참고문헌

박균성, "폐기물 관련법령의 기본구조", 환경법연구 제26권 제2호 (2004)

채영근, "폐기물 관련 법령체계의 문제점 및 개선방안", 환경법연구 제31권 제2호 (2009)

박균성·함태성, 『환경법』, 박영사 (2017)

[65] 돼지가죽의 폐기물성

— 대법원 2001. 12. 24. 2001도4506 판결 —

김 치 환 (영산대학교)

[사실 개요]

1. 甲은 경쟁입찰을 통하여 乙 축산업협동조합에게 보증금 2억 5천만 원을 예치하고 1년 단위 부산물판매계약을 체결하였다. 이에 따라 甲은 위 조합이 돼지를 도축하는 과정에서 발생하는 돼지지육을 그 중량에 따라 단가를 지불하고 계속적으로 공급받아왔다. 甲은 이렇게 해서 공급받은 돼지지육을 기름을 제거하고 염장처리하는 등의 방법으로 가공하여 재생된 돼지가죽을 가죽공장에 납품해왔다.

2. 돼지를 도축하는 과정에서 발생하는 돼지가죽(돼지지육)은 사업활동에 필요하지 않게 된 것이므로 폐기물관리법 제2조 제1호 소정의 폐기물에 해당한다. 그런데 甲은 이를 폐기물재생처리업의 허가도 받지 않고 재생처리, 가공하여 왔으므로 무허가 폐기물재생처리업 운영의 죄로 기소되었다. 이에 대해 甲은 부산물판매계약에서 보는 바와 같이 도축하고 남은 돼지가죽이지만 乙이 상업적으로 매각한 것이므로 폐기물이 아니어서 폐기물재생처리업 허가를 받을 필요가 없다고 주장한다.

3. 제1심판결은 돼지를 도축하는 과정에서 발생하는 돼지가죽은 폐기물관리법상의 폐기물에 해당하므로 허가 없이 재처리하여 판매하는 행위는 폐기물관리법 위반이라 판시하였고 원심도 이를 유지하였다. 甲은 이에 불복하여 상고하였다.

[판결 요지]

경쟁입찰을 통하여 축산업협동조합과 1년 단위로 부산물판매계약을 체결하고, 조합에게 보증금을 예치하고 돼지지육의 중량에 따른 단가를 정하여 계속적으로 공급받아 돼지가죽에서 기름을 제거하고 염장처리하는 등의 방법으로 가공한 후 가죽공장에 원자재로 납품하였다면 그 돼지가죽은 조합 공판장에서 상업적으로 매각하고 있으므로 이에 비추어 본 조합의 의사와 그 물건의 성상 등을 감안하면 이를 두고 사업활동에 필요하지 않게 된 폐기된 물질에 해당한다고 볼 수는 없다.

해설

I. 대상판결의 의의

대상판결은 도축과정에서 발생한 돼지가죽(엄밀히는 돼지지육이라 부르는 것이 타당해보이나 이하 '돼지가죽'이라 인용한다)이 과연 폐기물인가와 관련하여 폐기물관리법이 정의하고 있는 폐기물의 개념에 관한 대법원의 판단을 보여주는 데에 그 의의가 있다.

우리 법원은 폐기물관리법상의 폐기물 개념에 관하여 항상 일관된 판단잣대를 가지고 있는 것으로는 보이지 않는다. 대상판결에서의 판단과 다른 판단기준을 제시한 판례도 존재한다. 그런 점에서 대상판결을 통하여 폐기물개념에 대하여 검토하고 대상판결 전후의 일부 판례의 태도와 비교하여 살펴보는 것은 유익하다 할 것이다.

Ⅱ. 대상판결의 분석 및 평가

1. 폐기물의 개념

(1) 학설

"폐기물"이란 쓰레기, 연소재, 오니, 폐유, 폐산, 폐알칼리 및 동물의 사체 등으로서 사람의 생활이나 사업활동에 필요하지 아니하게 된 물질을 말한다(폐기물관리법 제2조 제1호). 이 정의는 1986. 12.에 폐기물관리법이 제정된 이후 현재까지 동법의 수많은 개정 속에서도 변함없이 유지되어왔다. 핵심은 "사람의 생활이나 사업활동에 필요하지 않게 되었다"는 점, 즉 필요성의 유무에 있다. 문제는 필요성에 대한 판단기준을 어떻게 설정할 것인지에 있는데 견해의 대립이 있다.

주관설은 해당 폐기물을 폐기한 자의 의사를 중시한다. 이에 의하면, 타인이 볼 때에는 가치 없는 물질이라고 해도 자신에게는 필요한 물질이라면 폐기물에 해당하지 않는다. 객관설은 객관적으로 사용가치가 없다고 사회통념상 승인되는 경우만을 폐기물로 이해한다. 따라서 개인적으로는 필요하지 않다고 해도 사회통념상 사용가치가 인정되면 폐기물로 분류되지 않는다.

두 관점을 모두 반영하여 결정할 것을 주문하는 견해도 있다. 주관설을 원칙으로 하되 객관설로 보충하여 결정해야 한다는 견해나, 폐기물은 배출자의 의사에 의해 버린 것이거나 버리고자 하는 것뿐만 아니라 환경과 사람의 건강의 보호라는 관점에서 사회통념상 사람의 생활이나 사업활동에 필요하지 않게 된 것을 포함한다는 견해가 그러하다.

(2) 대법원의 태도

대상판결은 오로지 폐기물의 개념을 규명하는 데에만 초점이 맞추어져 있다. 돼지의 도축과정에서 발생한 돼지가죽이 폐기물이 아니라고 한다면 그것에 대해 일정한 가공을 하는 행위가 재생처리에 해당하지 않을 것이고, 폐기물관리법상의 폐기물재생처리업의 허가를 받을 필요가 없게 되기 때문이다.

폐기물의 개념에 대하여 앞서 보았듯이 학설은 주관설과 객관설, 이 둘의 조화를 꾀하는 설 등이 대립하는데, 대상판결은 물건의 성상 등도 감안하고 있기에 종합적인 관점에서의 판단처럼 보이지만 실제로는"도축으로 발생한 돼지가죽을 상업적으로 매각"하고 있다는 사실에 큰 비중을 두고 있는 것으로 보인다. 이는 물질 배출자의 의사를 헤아리려 했다는 점에서는 주관적이고, 상업적 매각이라는 사실을 주시하고 있다는 점에서는 사회경제적 가치를 고려한 객관적 관점도 내포하고 있다고 생각된다.

이에 반해 대법원 2001. 6. 1. 2001도70 판결은 "당해 사업장의 사업활동에 필요하지 아니하게 된 이상은 그 물질은 … 폐기물에 해당한다고 보아야 하며, 당해 사업장에서 폐기된 물질이 재활용 원료로 공급된다고 해서 폐기물로서의 성질을 상실한다거나 사업장폐기물배출자의 신고의무가 없어진다고 볼 것이 아니"라고 했다. 이 사건은 역시 돼지가죽에 관한 사건이고 해당 물질을 상업적으로 매각하고 있었으나 대상판결과는 상이한 결론을 내렸다.

한편 대법원 2008. 6. 12. 2008도3108 판결은 "그 물질을 공급받는 자의 의사, 그 물질의 성상 등에 비추어 아직 완제품에 이르지 않았다고 하더라도 … 가공과정을 거쳐 객관적으로 사람의 생활이나 사업활동에 필요하다고 사회통념상 승인될 정도에 이르렀다면 그 물질은 그 때부터는 폐기물로서의 속성을 잃고 완제품 생산을 위한 원료물질로 바뀌었다"고 판시한다. 이는 사람의 생활이나 사업활동에 필요한지 여부를 '사회통념상 승인'여부로 판단하려는 것으로 객관설의 입장에 선 것이라 할 수 있다.

2. 폐기물의 개념에서 '필요성'에 관한 판단

이상과 같이 현재 폐기물의 개념에 대한 법원의 태도는 '필요성'을 판단하여야 한다는 점에서는 공통되지만 그 필요성을 어떤 기준으로 판단할 것인지에 대해서는 통일된 입장을 가지고 있는 것으로 보이지 않는다.

생각건대 폐기물성의 판단기준인 '필요성'은 결국 가치의 문제이다. 사용가치이든 보존가치이든 효용가치이든 가치가 인정되는 경우에는 필요성을 긍정할 수 있다. 그러나 가치는 해당 물질을 대하는 주체에 따라 상이할 수 있다. 이러한 상대성이 폐기물성의 판단을 곤란하게 하는 점은 의심의 여지가 없다. 그러나 그렇다고 하여 필요성의 잣대를 포기할 수도 없다. 필요성은 분명 폐기물성을 판단함에 있어 가장 중요한 기준이 아닐 수 없기 때문이다.

유의할 점은 필요성을 누구를 기준으로 판단할 것이고 어떠한 시각으로 판단할 것인가에 있다고 할 수 있다. 폐기물관리법은 "사람의 활동이나 사업활동에 필요하지 않게 된"이라고만 규정하고 있어 여기서의 사람이나 사업이 '모든' 사람이나 사업을 의미하는지 아니면 해당 물질의 '배출자'로서의 사람이나 사업을 의미하는지 명확하지 않다. 그러나 통상은 그것을 배출하는 자에게 필요하지 않게 되었다는 점에 폐기물 개념의 출발점을 찾아야 할 것이다. 다만 이에 의하면 개인의 독단적인 필요성 주장으로 폐기물관리법의 규율을 면탈할 우려가 있으므로 사회통념이라는 시각으로 이를 수정하는 것이 필요하게 된다. 따라서 개인적으로는 필요하다고 주장하여도 사회통념상 해당 물질의 사회경제적 가치를 인정할 수 없다면 해당 물질은 폐기물로 분류될 수 있다. 반대로 개인적으로는 필요하지 않다고 주장하면 사회통념상 그 가치가 인정되더라도 일단은 폐기물이라고 하지 않을 수 없을 것이다.

대상판결에서의 돼지가죽의 경우에는 그것이 원재료로 쓰이기 위한 가공 또는 재처리를 필요로 하는 것이므로 만일 돼지가죽이 그 배출자 자신에게 사용의 필요성이 없어 방출된 것이라면 그 방출이 상업적 매각의 방법에 의하였는지 여부에 관계없이 여전히 폐기물의 성질을 상실하지 않는다고 해석될 필요가 있다. 재활용 개념이 폐기물개념을 필연적 전제로 하는 이유는 폐기물을 재활용(재처리, 재가공 등)하는 과정에서 환경에의 유해물질을 배출하게 되는 경우가 적지 않고, 따라서 그러한 재처리사업을 허가제와 같은 폐기물관리법상의 규율하에 두지 않을 수 없다는 관점도 고려되어야 할 것이다. 그렇다면 대상판결에서와 같이 단지 상업적 매각을 주된 근거로 해당 물질의 경제적 가치가 사회적으로 승인되었다고 보고 그것으로 곧바로 폐기물성을 부인해버린다면 재처리과정에서 발생하는 환경적 문제에 대한 규율을 회피할 수 있는 여지를 부여하게 될 우려가 있다고 할 것이다.

참고문헌

김홍균, "폐기물재활용 개념 – 폐기물과의 구별", 저스티스 제84호 (2005)

조성규, "폐기물관리법제의 법적 문제", 행정법연구 제27권 (2010)

황계영, "재활용 가능자원의 '폐기물' 해당 여부", 환경법연구 제38권 제2호 (2016)

[66] 사업장 양수인의 사업장폐기물 관련 권리·의무 승계의 범위

—대법원 2002. 10. 22. 2002다46331 판결—

구 도 형 (법무법인(유한) 태평양)

[사실 개요]

1. 피고는 염료 안료 제조업 및 판매업 등을 목적으로 하는 주식회사인데, 공장저당법에 의하여 피고의 공장 대지, 건물 및 기계(이하 통칭하여 "이 사건 부동산 등")에 설정된 근저당권이 실행되어 임의경매 절차가 개시되었다. 원고는 위 임의경매 절차에서 이 사건 부동산 등을 소유권을 취득하였는데, 이 사건 토지 지상에는 피고가 배출한 폐수 처리 오니 1,500톤(이하 "이 사건 폐기물")이 적재되어 있었다.

2. 이에 원고는 민법 제214조에 의하여 피고에게 이 사건 폐기물을 수거하고 그 점유토지 부분을 인도하라는 내용의 소유물방해제거청구의 소를 제기하였다. 이에 대하여 피고는, 경매로 사업장을 양수한 자는 사업장폐기물과 관련한 권리·의무를 승계한다는 구 폐기물관리법(1999. 12. 31. 법률 제6096호로 일부개정되어 2000. 7. 1. 시행된 것) 제24조 제5항에 의하여 원고가 이 사건 부동산 등의 소유권을 취득함으로써 이 사건 폐기물에 관한 권리·의무를 승계한 이상 피고에게는 위와 같은 의무가 없다고 항변하였다.

[판결 요지]

폐기물관리법 제24조 제5항 후문에 의하면, 민사집행법(구 민사소송법)에 의한 경매, 파산법에 의한 환가나 국세징수법·관세법 또는 지방세법에 의한 압류재산의 매각 기타 이에 준하는 절차에 따라 사업장폐기물배출자의 사업을 인수한 자는 당해 사업장폐기물과 관련한 권리·의무를 승계한다고 규정되어 있는바, 폐기물관리법이 폐기물을 적정하게 처리하여 자연환경 및 생활환경을 청결히 함으로써 환경보전과 국민생활의 질적 향상에 이바지함을 목적으로 하고(제1조), 환경정책기본법 제7조 및 폐기물관리법 제24조 제1항, 제25조가 오염원인자책임 원칙을 규정하고 있는 점에 비추어 보면, 위 승계규정은 방치되는 폐기물의 발생을 예방하기 위하여 오염원인자책임 원칙을 확장한 것으로서 위와 같은 인수자가 사업장폐기물배출자의 공법상 권리·의무를 승계한다는 취지일 뿐이고, 이로써 사업장폐기물배출자의 사법상 권리·의무까지 당연히 승계되는 것은 아니라고 보아야 한다.

해설

I. 대상판결의 의의

정부는 2019. 2. 21. 전국의 불법폐기물에 대한 전수조사 결과, 총 120.3만 톤의 불법폐기물이 확인되었다고 밝혔다. 방치폐기물은 그중 약 70%(83.9만 톤)을 차지하고 있다. 이처럼 전국에 대량의 방치폐기물이 있는 것은 무엇보다 사업장폐기물 배출자 또는 폐기물처리업자가 조업중단, 경영부실, 도산 등의 이유로 폐기물을 적정처리하지 않고 방치하는 일이 빈번하기 때문이다. 이와 같은 문제는 배출사업자가 스스로 처리하는, 소위 자가처리에서 비롯되어 잠복되어 있다가 폐기물이 투기·매립된 토지의 소유·사용관계에 변동이 생길 때 수면 위로 떠오른다(조홍식, 478-481면).

대상판결은 산업계에서 인수 합병(M&A)이 활발히 이루어지고, 법적 위험을 검토함에 있어 폐기물관리법 등 환경법적 쟁점이 나날이 중시되는 가운데, 사업장 양수인의 사업장폐기물 관련 권리·의무 승계의 범위에 대한 기준을 제시하였다는 점에서 의의가 있다.

II. 대상판결의 분석

1. 사업자폐기물의 정의 및 배출현황

"사업장폐기물"이란, "대기환경보전법, 물환경보전법 또는 소음·진동관리법에 따라 배출시설을 설치·운영하는 사업장이나 그 밖에 대통령령으로 정하는 사업장에서 발생하는 폐기물"을 말하고, "사업장폐기물을 배출하는 사업자"를 "사업장폐기물배출자"라고 한다(폐기물관리법 제2조 제3호 내지 제5호, 제17조; 동법 시행령 제2조 내지 제4조). 2017년도 전국 폐기물 발생 및 처리현황과 지정폐기물 발생 및 처리현황에 의하면, 전국 폐기물 발생량(429,530.6/일) 중 사업장폐기물은, 사업장생활계 폐기물 8,480.6톤/일, 사업장배출시설계 폐기물 164,874.7톤/일, 건설폐기물 196,261.6톤/일, 의료폐기물 600톤/일, 기타 지정폐기물 14,304.8톤/일, 총 384,521.7/일로서 전국 폐기물 발생량의 약 90%에 달한다.

2. 사업장폐기물배출자의 의무 및 위반 시 조치명령

사업장폐기물배출자는 (i) 그 종류와 발생량 등에 대한 배출신고의무(폐기물관리법 제17조 제2항), (ii) 생산공정에서의 사업장폐기물 감량의무(폐기물관리법 제17조 제1항), (iii) 제품의 제조·가공·수입·판매 등에 사용되는 재료·용기나 제품 등의 회수 및 처리가 쉽도록 할 의무(폐기물관리법 제47조 제1항), (vi) 해당 사업장에서 발생하는 모든 폐기물들의 적정처리의무(폐기물관리법 제17조 제1항 제1의2호, 제13조, 제13조의2), (v) 폐기물 처리책임을 이행하여야 할 배출자책임의 원칙 준수 의무를 부담한다(폐기물관리법 제18조 제1항).

환경부장관, 관할 지방자치단체장은 위법성이나 고의·과실 여부와 무관하게, 폐기물이 폐기물 처리 기준·방법 또는 재활용 원칙 및 준수사항에 맞지 아니하게 처리되거나 투기 금지의무를 위반하여 버려지거나 매립되면, (i) 폐기물을 처리한 자, (ii) 수탁자의 수탁처리 능력을 확인하지 아니하고 폐기물처리를 위탁한 사업장폐기물배출자, (iii) 폐기물을 직접 처리하거나 다른 사람에게 자기 소유의 토지 사용을 허용한 경우 폐기물이 버려지거나 매 립된 토지의 소유자에게 조치명령을 내릴 수 있다(폐기물관리법 제48조).

3. 사업장 양수인의 사업장폐기물 관련 권리·의무 승계 규정 및 그 입법취지

폐기물관리법은, "사업장폐기물배출자가 그 사업을 양도하거나 사망한 경우 또는 법인 이 합병한 경우에는 그 양수인·상속인 또는 합병 후 존속하는 법인이나 합병에 의하여 설 립되는 법인은 그 사업장폐기물과 관련한 권리와 의무를 승계한다"고 규정하고 있다(폐기물 관리법 제17조 제8항). 그리고 「민사집행법」에 따른 경매, 「채무자 회생 및 파산에 관한 법률」 에 따른 환가(換價)나 「국세징수법」·「관세법」 또는 「지방세징수법」에 따른 압류재산의 매 각, 그 밖에 이에 준하는 절차에 따라 사업장폐기물배출자의 사업장 전부 또는 일부를 인수 한 자는 그 사업장폐기물과 관련한 권리와 의무를 승계한다"고 규정하고 있다(폐기물관리법 제17조 제9항).

이와 같은 규정은 폐기물관리법이 1999. 2. 8. 개정되면서 "폐기물을 배출하는 사업자 의 양수인·상속인·경락인 및 합병법인 등에게 폐기물에 관한 권리·의무도 함께 승계되도 록 함으로써 방치되는 폐기물의 발생을 예방"하기 위하여 도입되었다.

Ⅲ. 대상판결의 평가

이상 살펴본 바와 같이, 사업장 양수인은 사업장폐기물에 관한 권리·의무(양수 전 양도 인의 위법행위로 인한 제재사유 포함)를 승계하고, 만약 사업장 양도인이 폐기물을 정상적으로 처리하지 아니하고 방치하였다면, 조치명령 등 제재처분을 받을 수 있다.

그런데 폐기물관리법이 폐기물의 발생 억제 및 친환경적 처리로 환경보전 및 국민 생 활의 질적 향상에 이바지하는 것을 목적으로 하는 '공법'에 해당하고, 폐기물관리법 제17조 제8항 및 제9항의 입법취지가 방치폐기물 발생 예방을 위하여 오염원인자책임 원칙을 확장 한 것에 있다는 점을 고려할 때, 양수인이 승계하는 양도인의 권리·의무는, 어디까지나 폐 기물관리법에 의한 '공법상'의 권리·의무에 한정되어야 하고(조홍식, 115면; 박균성·함태성, 559 면), '사법상' 권리·의무는 승계하지 않는다고 보아야 한다.

사업장 양도인이 폐기물을 적정처리하지 아니하거나 투기·매립한 경우, 양수인에 대한 진술 및 보증 위반 등 채무불이행에 따른 손해배상책임이나 위법행위로서 불법행위에 따른 손해배상책임이 발생할 수 있는데(대법원 2016. 5. 19. 2009다66549 전원합의체 판결 참조), 만약 양수인이 양도인의 사업장폐기물 관련 '사법상' 권리·의무를 승계한다고 본다면, 손해배상채권과 손해배상채무가 동일한 주체에 귀속되어 민법상 혼동의 법리에 따라 소멸하는 부당한 결론에 이를 수 있다(민법 제507조). 따라서 사업장 양수인의 사업장폐기물 관련 '사법상' 권리·의무 승계를 제한한 대상판결은 타당하다.

참고문헌

조홍식, "폐기물관리법상 사업장 폐기물 배출사업자의 법적 책임", 서울대학교 법학 제45권 제2호 (2004)

박균성·함태성, 『환경법』, 박영사 (2017)

조홍식, 『판례환경법』, 박영사 (2012)

[67] 토지소유자에 대한 폐기물처리 등 조치명령

— 부산고법 2003. 10. 24. 2003누2731 판결 —

정 지 영 (법무법인(유한) 율촌)

[사실 개요]

1. 원고 甲은 소외인과 원고 甲 소유의 토지(이하 "이 사건 토지")에 대한 매매계약을 체결하면서, 특약 사항으로 "매도자는 계약 후 이 사건 토지상에 재활용품 재생자재의 적치를 허용하며 또한, 농지일시 전용허가와 관련된 서류 및 공장허가신청에 필요한 토지사용승낙서 등의 서류를 매수자의 요구시기 에 제출하는 등 일련의 허가사항에 협력한다. 단, 계약파기시 이 사건 토지상에 적치된 제반 물건은 10일 이내에 원상복구하여야 하며 이를 위반시에는 매도자가 임의처리하여도 일체의 이의를 제기하 지 않는다."는 내용을 매매계약서에 반영하였다. 그 후 소외인은 매매 잔금을 치르기 전에 소외 주식 회사로부터 처리를 위탁받은 폐비닐, 폐합성수지 등 사업장 폐기물(이하 "이 사건 방치폐기물")을 이 사건 토지에 투기하였다.

2. 이에 피고 창녕군수는 소외인 등에 대하여 이 사건 방치폐기물에 대한 1차 처리책임을 물어 제거명령 을 하였으나 폐기물 처리가 제대로 이행되지 않자, 폐기물관리법 제45조 제1항 제3호에 기하여 이 사건 토지의 소유자인 원고 甲에 대하여 이 사건 방치폐기물의 제거를 명하는 처분을 하였다.

[판결 요지]

1. 원고 甲은 이 사건 토지의 매매 당시 소외인에게 재활용품 재생자재의 적치만을 승 낙하였을 뿐, 산업폐기물 등을 버리는 것까지 승낙하거나 묵인한 바는 없는 것으로 인정 된다.

2. 그러나, 폐기물관리법 제45조 제1항 제3호에서 폐기물처리에 대한 조치명령의 상대 방으로 규정하고 있는 '다른 사람에게 자기 소유의 토지 사용을 허용한 경우 폐기물이 버 려지거나 매립된 토지의 소유자'란 그 법문의 해석상 용도를 불문하고 타인에게 자신의 토지의 사용을 허용한 경우를 모두 포함한다고 해석함이 상당하고, 달리 이를 폐기물의 투기나 매립을 위한 토지사용을 허용한 소유자에 한정되는 것으로 해석할 근거는 없다. 따라서 원고 甲이 이 사건 매매계약 체결 당시 소외인에게 이 사건 토지상에 재활용품 재 생자재의 적치를 위한 이 사건 토지의 사용을 허용한 이상, 원고 甲은 폐기물관리법 제45 조 제1항 제3호에서 정한 폐기물처리에 대한 조치명령의 상대방에 해당한다 할 것이다.

해설 ──

Ⅰ. 대상판결의 의의

대상판결은 폐기물 처리에 대한 조치명령의 상대방과 관련하여, '타인에게 자기 소유의 토지 사용을 허용한 토지소유자'에 대한 해석기준을 제시한 사례라는 데 의의가 있다.

Ⅱ. 대상판결의 분석

구 폐기물관리법(2003. 5. 29. 법률 제6912호로 개정되기 전의 것) 제45조 제1항은 폐기물이 같은 법 제12조에서 정한 기준에 적합하지 않게 수집·운반·보관 또는 처리된 경우에 행정청이 조치명령을 발할 수 있는 근거를 마련하고 있는 규정으로서, 그중 제3호는 '다른 사람에게 토지 사용을 허용한 토지의 소유자'도 조치명령의 상대방으로 규정하고 있다. 현행 폐기물관리법(2017. 11. 29 개정된 법률 제15103호)에서도 동일한 취지의 규정이 제48조 제3호로 유지되고 있다.

위 규정에 비추어 보면, 폐기물관리법은 직접원인자로서 행위책임자라고 볼 수 있는 폐기물을 처리한 자와 비교하여, 단순히 다른 사람에게 토지사용을 허락한 토지소유자에게 보충적 지위를 부여하지 않고 동일한 1차적 책임귀속자로 취급하고 있다. 폐기물관리법이 이와 같이 폐기물처리와 관련한 직접원인자로 볼 수 없는 토지소유자까지 조치명령의 상대방을 병렬적으로 규정하고 있는 이유는 행정청으로 하여금 효과적인 폐기물 처리를 위하여 필요한 조치를 취할 수 있는 사람을 선택할 수 있는 재량을 발휘할 수 있도록 하기 위함이며(박균성·함태성, 504-506면), 이는 곧 행정청의 조치명령으로 인하여 토지소유자가 입게 될 불이익보다 이로 인하여 달성할 수 있는 공익(폐기물의 효과적인 처리 내지 환경 보전)이 훨씬 크다는 점을 전제한 것으로 보인다(헌재 2010. 5. 27. 2007헌바53 결정 참조).

그런데 대상판결에서는 행정청의 조치명령의 상대방이 될 수 있는 토지사용을 허용한 토지소유자의 범위에 '용도를 불문하고 타인에게 자신의 토지의 사용을 허용한 경우를 모두 포함한다'고 판단하여, 애초에 토지소유자와 임차인간에 합의한 토지용도와 달리 임차인이 임의로 폐기물을 토지에 투기한 경우에서의 토지소유자에 대하여도 조치명령을 부과할 수 있다고 판단하였다.

이처럼 대상판결은 앞서 언급한 토지소유자에 대한 조치명령을 통하여 달성할 수 있는 행정편의적 측면과 공익달성의 측면을 고려함과 동시에 폐기물관리법상 토지소유자에게 인정되는 토지에 관한 관리의무를 정한 규정들까지도 아울러 고려하여 구 폐기물관리법 제45조 제1항 제3호의 범위를 상당히 넓게 해석하고 있는 것으로 보인다. 즉, 구 폐기물관리법

제6조 제2항은 토지·건물의 소유자·점유자 또는 관리자에게 그가 소유·점유 또는 관리하고 있는 토지·건물의 청결을 유지하도록 노력하여야 하며, 시장·군수·구청장이 정하는 계획에 따라 대청소를 실시하여야 하는 의무를 부과하고 있고, 구 폐기물관리법 제7조 제3항은 이러한 의무가 제대로 이행되지 않았을 경우에 시장·군수·구청장에게 당해 지방자치단체의 조례가 정하는 바에 따라 필요한 조치를 명할 수 있는 권한을 부여하고 있어, 토지소유자에 일정 수준의 토지 관리의무가 있음을 규정하고 있다(조홍식, 2면).

Ⅲ. 대상판결의 평가

기본적으로 폐기물관리법상의 조치명령은 조치명령의 상대방에 대하여 일정한 작위/부작위 의무를 부과하는데다, 폐기물관리법에 따르면 이러한 조치명령에 따르지 않는 자에 대하여는 3년 이하의 징역이나 3천만원 이하의 벌금 등 형사처벌까지도 부과할 수 있다. 그렇다면 폐기물관리법상의 조치명령은 처분의 상대방에 대한 침익적인 효과를 야기하는 행정처분이므로, 조치명령의 근거 법령은 엄격해석의 원칙에 따라 해석되어야 할 것이다. 즉, 기본적으로 폐기물관리법상의 조치명령에 관한 규정은 처분의 상대방에게 불리한 방향으로 지나치게 확장해석하거나 유추해석하지 않도록 할 필요가 있어 보인다(대법원 2013. 12. 12. 2011두3388 판결 등).

임차인이 임대차계약상 정해진 용도와 달리 임대 대상 토지에 폐기물을 방치하고 사라지게 되면, 폐기물관리법상의 조치명령으로 인하여 토지소유자인 임대인으로서는 폐기물 투기에 아무런 귀책사유가 없음에도 해당 폐기물을 제거하는 등의 의무를 부담하게 된다. 그리고 경우에 따라 임대인은 얼마 되지 않는 임차료 수익을 거두려다가, 폐기물관리법상의 조치명령에 따라 자신의 토지시가를 초과할 정도의 비용을 지출하여야 하는 등 예상치 못한 과도한 불이익을 입게 되는 측면이 존재한다. 그럼에도 불구하고 폐기물관리법은 귀책사유가 없는 토지소유자에 대하여 면책사유나 책임 제한에 관하여 아무런 규정을 두고 있음이 없이 토지소유자를 조치명령의 수범자로 규정하고 있다.

헌법재판소가 토양환경보전법 제10조의3 제3항 제2호 등에 대하여 주유소부지의 소유자가 제기한 위헌소원에서, '토양오염관리대상시설의 소유자·점유자·운영자에게 토양오염을 유발한 자의 책임에 대한 보충책임을 부담시키는 방법, 토양 오염 발생에 관하여 선의·무과실이고 그 책임으로 돌릴 수 없는 경우에 한하여 면책하는 방법, 토양 오염 발생에 대하여 선의·무과실인 토양오염관리대상시설의 소유자·점유자·운영자의 책임을 당해 토양오염관리대상시설의 시가 범위 내로 제한하거나, 일반적인 책임한도제를 도입하는 방법 등을 강구함이 없이 선의·무과실의 토지소유자등에게 과도한 책임을 지우는 것은 과잉금지원칙에 반하여 위헌'이라고 판단하면서 헌법불합치 선언을 하였다는 점(헌재 2012. 8. 23. 2010헌바167 결정)을 고려하면, 대상판결에서와 같이 폐기물 투기 등에 관하여 아무런 예측가능성과 귀책사유가 없는 토지소유자에 대하여는 토지소유자가 부담하는 책임의 범위를 합리적으로 제한하여 토지소유자의 재산권 등 기본권에 대한 침해를 최소화할 필요가 있다고 생각된다(이기춘, 125－127면).

그렇다면, 구 폐기물관리법 제45조 제1항 제3호의 '다른 사람에게 토지 사용을 허용한 토지의 소유자'를 해석함에 있어, 애초에 토지소유자와 임차인간에 합의한 토지용도와 달리 임차인이 임의로 폐기물을 토지에 투기한 경우에서의 토지소유자와 같이 임차인의 폐기물 투기에 선의·무과실인 토지소유자를 제외하는 방향으로 해석할 필요가 있어 보인다.

참고문헌

이기춘, "판례를 통해서 본 토지임대인에 대한 폐기물처리책임 귀속의 문제", 환경법연구 제34권 3호 (2012)
박균성·함태성, 『환경법』 제5판 (2012)
조홍식, 『판례환경법』, 박영사 (2012)

[68] 폐기물중간처리업 허가의 성질

— 대법원 2008. 4. 11. 2007두17113 판결 —

주 신 영 (법률사무소 ELPS)

[사실 개요]

1. 원고 甲은 피고 乙(평택시장)로부터 폐기물중간처리업 허가를 받아 그 영업을 해 오던 중 다이옥신 발생 등에 관한 민원이 제기되자 2001. 12. 19. 평택시와 사이에 원고 甲이 2007년 상반기까지 위 업소를 타 지역으로 이전하되, 평택시가 업소부지인 이 사건 토지를 매수하기로 하는 협약을 체결하였다.

2. 그 후 원고 甲은 평택시와 사이에 2002. 12. 18. 이 사건 토지에 관하여, 2004. 12. 14. 소각시설 1·3호기, 폐수처리장 등(이하 '폐기물처리시설')에 관하여 각 매매계약을 체결하였고, 2005. 1. 28. 평택시에게 이 사건 토지에 관하여 소유권이전등기를 경료하고 2006. 1. 13.까지 그 매매대금을 전부 지급받음으로써 이 사건 토지 및 폐기물처리시설은 모두 평택시에 양도되었다.

3. 원고 甲은 2006. 1. 5. 피고 乙에게 '폐기물처리시설 소재지 변경(이전)'을 사유로 폐기물처리업 휴업신고를 하였는데, 피고 乙은 2006. 1. 16. "제반 허가조건인 시설·장비가 평택시로 소유권이전되어 구 폐기물관리법(2007. 4. 11. 법률 제8371호로 전문 개정되기 전의 것, 이하 '법') 제26조 제3항, 같은 법 시행규칙(이하 '시행규칙') 제17조 제1항 [별표 6]의 규정에 의한 시설·장비에 미달한다"는 이유로 위 휴업신고를 반려하는 한편(이하 '이 사건 반려처분'), 2006. 3. 29. 원고 甲에 대하여 같은 이유로 폐기물중간처리업 허가를 취소하였다(이하 '이 사건 허가취소처분').

4. 이에 원고 甲은 이 사건 허가취소처분의 취소를 구하는 이 사건 소를 제기하였고, 1심에서는 패소, 항소심에서는 승소하였으나, 대법원에서 파기환송되었다.

[판결 요지]

1. 폐기물중간처리업 허가는 폐기물처리를 위한 시설·장비 및 기술능력 등 객관적 요소를 주된 대상으로 하는 대물적 허가 내지는 대물적 요소가 강한 혼합적 허가(대인적 요소로는, 법 제27조에서 법에 위반하여 형을 받거나 폐기물중간처리업의 허가가 취소된 후 2년이 경과되지 아니한 자 등에 대하여 허가를 금하고 있는 것 등을 들 수 있다)로서, 그 영업장의 소재지 및 시설·장비 등은 폐기물중간처리업 허가의 대상을 이루는 중요한 요소라 할 것이다.

2. 폐기물중간처리업 허가를 받은 사람이 영업장 소재지 및 폐기물처리시설을 모두 양도하여 폐기물중간처리업 자체가 불가능하게 되었다면, 관할관청은 법 제28조 제4호('법

제26조 제3항의 규정에 의한 시설·장비 및 기술능력에 미달하게 된 경우')에 의하여 그 허가를 취소할 수 있고 그 경우 휴업신고를 할 수 없다.

해설

Ⅰ. 대상판결의 의의

일반적으로 허가의 종류를 대물적, 대인적, 혼합적 허가로 분류하는 실익은 허가대상 영업의 양도가능성, 행정처분효과 내지 제재적 처분사유의 승계가능성 등의 쟁점과 관련되어 있는바, 대상판결은 폐기물관리법상 폐기물중간처리업 허가의 성질을 확인함으로써 위 쟁점판단의 기초를 마련하였다는 점에 일차적인 의의가 있다.

다른 한편, 이 사건에서 보다 중요하게 다투어진 쟁점은, 폐기물중간처리업 허가는 유지하면서 타 지역에서 영업을 계속하고자 하는 경우, 그 과정에서 기존 소재지 및 시설이 양도되었다는 점만으로 허가를 취소해야 하는지 여부였는데, 시설의 양도는 영업의 양도와 다르고, 법에서 폐기물처분시설의 소재지 변경을 인정하고도 있으므로, 이에 관한 법리를 살펴볼 필요가 있다.

Ⅱ. 대상판결의 쟁점

1. 허가의 성질에 따른 분류 및 그 구분실익

일반적으로 허가는 ① 허가의 대상 내지 기준이 특정인의 학식·능력·기술 같은 주관적인 사항인 대인적 허가, ② 그것이 물적 설비, 지리적 여건과 같은 객관적·물적인 사항인 대물적 허가, ③ 대인적, 대물적 성격을 함께 갖춘 혼합적 허가로 분류된다.

전형적으로 논의되는 위 분류의 실익은 다음과 같다. 첫째, 허가대상영업의 양도가능성 관련하여, 일반적으로 대인적 허가는 양도가 불가능하고, 대물적 허가는 양도가 인정되며, 혼합적 허가는 법령에 규정이 있는 경우에만 양도가 허용된다고 한다. 둘째, 영업허가가 양도(승계)되는 경우 양도인에 대한 행정처분효과 또는 제재적 처분사유가 양수인에게 승계되는지의 치열한 쟁점과 관련하여, 양도되는 영업허가가 대물적 허가인 이상 그 승계를 인정하여야 한다는 견해가 유력히 주장된다.

2. 이 사건 허가취소처분의 적법 여부

대상판결의 원심은, 원고는 이 사건 토지 및 폐기물처리시설을 평택시에 매도하면서 폐기물처리업 허가까지 양도하기로 한 것은 아니라고 보여지고, 일반적으로 시설·장비에 관하여 기준에 미달하게 된 폐기물처리업자가 일시적으로 휴업을 한 다음 그 기간 동안 시설·장비를 정비하여 재개업하려는 경우 휴업신고 당시 시설·장비가 기준에 미달되었음을 이유로 휴업신고를 반려할 수는 없다는 이유 등에서 이 사건 반려처분이 위법하다고 판시하였고 아울러 유효한 휴업기간 1년 이전에 허가취소를 한 피고의 이 사건 허가취소처분 역시 위법하다고 판시하였다.

그러나 대상판결은 폐기물중간처리업 허가를 받은 사람이 영업장 소재지 및 폐기물처리시설을 모두 양도하여 폐기물중간처리업 자체가 불가능하게 되었다면, 관할관청은 법 제28조 제4호에 의하여 그 허가를 취소할 수 있다고 판단하였는바, 허가취소처분의 적법 여부가 쟁점이 된다.

Ⅲ. 대상판결의 분석과 평가

1. 폐기물중간처리업 허가의 성격에 관하여

폐기물중간처리업 허가를 대물적 허가 내지는 대물적 요소가 강한 혼합적 허가로 판단한 대상판결은 기본적으로 타당하다고 보인다. 현행 폐기물관리법에서도 ① 결격사유, ② 시설의 입지, ③ 시설, 장비, 기술능력, ④ 시설의 설치·운영으로 인한 주변 환경에의 영향 등을 검토하여 폐기물처리업 허가에 대한 적합통보를 내어주도록 규정하고 있는데(제25조 제2항), 결격사유를 제외한 나머지 요건들은 물적 설비나 지리적 여건에 관한 객관적·물적 사항이다. 한편, 결격사유 규정은 누구든지 허가를 받을 수 있지만 결격사유에 해당하는 자는 허가를 제한한다는 소극적 의미를 가지는데 불과하므로, 이를 대인적 허가에 있어서의 사람의 경력, 학식, 자격 등과 같은 특별한 요건과 동일선상에서 평가하는 것은 곤란하다(배지숙, 89면). 따라서 대상판결과 같이 폐기물처리업허가를 대물적 허가 내지는 최소한 대물적 요소가 강한 혼합적 허가로 판단하는 것이 타당하다.

대상판결 사안 자체는 앞서 살펴본 허가의 성질과 관련된 전형적인 쟁점들(영업의 양도가능성, 행정처분효과 내지 제재적 처분사유의 승계)과는 직접적 관련이 없으나, 관련 쟁점판단의 기초를 제공하였다는 데 의미가 있다.

2. 이 사건 허가취소처분의 적법 여부에 관하여

폐기물중간처리업 허가의 성격을 위와 같이 보더라도, 기존 영업장 소재지 및 폐기물처리시설을 양도하였다는 점만으로 폐기물처리업 자체가 불가능한 상황이므로 허가를 취소해야 한다는 결론이 곧바로 도출된다고 보기는 어렵다. 소재지와 시설을 양도한 것만으로 법률상의 "영업"양도가 있었다고 단정하기 어렵고, 법상 폐기물처분시설의 소재지 변경은 변경허가 대상으로 인정되고 있기 때문이다.

대상판결의 원심에서 원고가 타 지역에서 영업을 영위하고자 한 점에 비추어, 원고가 소재지 및 시설을 양도하면서 폐기물처리업 허가까지 양도하기로 한 것은 아니라고 보이는 점, 평택시가 원고와 사이에 협약을 체결하여 토지 및 시설을 매수하면서 원고가 타 지역으로 이전하여 폐기물처리업을 하는 것까지 금지하고자 의도한 것은 아닌 것으로 보이는 점 등을 지적한 것도 같은 맥락에서 이해가 가능하다.

그럼에도 불구하고 결론적으로 대상판결의 판단은 타당했다고 생각한다. 가사 "영업" 양도의 의사는 없었다고 보더라도 이 사건에서는 원고가 폐기물처리시설을 양도할 때까지, 그리고 그 이후에도 타 지역에서 영업을 이어가기 위한 최소한의 물적 요건(시설, 적법한 입지 등)을 전혀 마련하지 못하였다는 사정이 인정되기 때문이다. 법에서 시설 소재지 변경을 변경허가 대상으로 인정하는 것도 어디까지나 소재지 변경 대상시설이 존재하고, 그 변경이 가능할 것을 전제로 한다고 할 것이다.

결국, 대상판결은 허가의 중요한 요소인 물적 실체가 없는 폐기물중간처리업 허가는 취소할 수 있게 하여 그와 같은 업체에 의한 폐기물의 불법·부적정처리, 방치폐기물 발생 등의 문제를 미연에 방지함으로써 폐기물의 발생을 최대한 억제하고 발생된 폐기물을 적정하게 처리함으로써 환경보전과 국민생활의 질적 향상에 이바지하게 하려는 법의 취지에 부합하는 적절한 판결이라 하겠다.

참고문헌

배지숙, "행정처분 효과의 승계에 관한 단상", 법제 통권 제542호 (2003)

홍정선, 『행정법원론(상)』, 박영사 (2016)

[69] 폐기물처리시설 입지선정위원회의 구성 하자가 입지결정처분에 미치는 영향

─ 대법원 2007. 4. 12. 2006두20150 판결 ─

김 길 량 (서울고등법원)

[사실 개요]

1. 화순군수는 2002. 9. 13. 관내 주민 210인, 사회단체장 25인, 의회의원 16인, 기자 13인, 공무원 16인 총 280인을 입지선정위원으로 위촉하여 폐기물처리시설 입지선정위원회를 설치하였다.

2. 입지선정위원회에서 투표를 실시한 결과 과반수를 얻은 한천면 가암리가 폐기물처리시설 입지로 정해졌다.

3. 화순군수는 폐기물처리시설의 부지면적이 28,650㎡(외부도로, 소각시설, 재활용선별시설의 부지면적 제외)임을 전제로 2004. 2. 17. 피고에게 폐기물처리시설 설치승인신청을 하였고, 전라남도지사는 2004. 3. 12. 폐기물관리법 제30조 제2항 및 같은 법 시행규칙 제21조 제2항의 규정에 따라 위 신청을 승인하였다(이하 '이 사건 처분'이라 함).

4. 폐기물처리시설 설치 예정지의 인근 주민인 원고들은 전라남도지사를 상대로 이 사건 처분의 무효확인 등을 구하는 소를 제기하였다.

[판결 요지]

1. 구 「폐기물처리시설 설치촉진 및 주변지역지원 등에 관한 법률」(2004. 2. 9. 법률 제7169호로 개정되기 전의 것, 이하 '폐기물시설촉진법'이라 함) 제9조 제3항, 같은 법 시행령(2004. 8. 10. 대통령령 제18514호로 개정되기 전의 것, 이하 '폐기물시설촉진법 시행령'이라 함) 제7조 [별표 1], 제11조 제2항 각 규정들에 의하면, 입지선정위원회는 폐기물처리시설의 입지를 선정하는 의결기관이고, 입지선정위원회의 구성방법에 관하여 일정 수 이상의 주민대표 등을 참여시키도록 한 것은 폐기물처리시설 입지선정 절차에 있어 주민의 참여를 보장함으로써 주민들의 이익과 의사를 대변하도록 하여 주민의 권리에 대한 부당한 침해를 방지하고 행정의 민주화와 신뢰를 확보하는 데 그 취지가 있는 것이므로, 주민대표나 주민대표 추천에 의한 전문가의 참여 없이 의결이 이루어지는 등 입지선정위원회의 구성방법이나 절차가 위법한 경우에는 그 하자 있는 입지선정위원회의 의결에 터 잡아 이루어진 폐기물처리시설 입지결정처분도 위법하게 된다.

2. 폐기물시설촉진법에 정한 입지선정위원회가 그 구성방법 및 절차에 관한 같은 법 시행령의 규정에 위배하여 군수와 주민대표가 선정·추천한 전문가를 포함시키지 않은

채 임의로 구성되어 의결을 한 경우, 그에 터 잡아 이루어진 폐기물처리시설 입지결정처분의 하자는 중대한 것이고 객관적으로도 명백하므로 무효사유에 해당한다.

해설 ——————————————————————————————————

Ⅰ. 대상판결의 적용 법령

이 사건 처분 당시 시행 중이던 폐기물시설촉진법 제9조 제3항, 폐기물시설촉진법 시행령 제6조, 「화순군 폐기물처리시설 설치촉진 및 주변지역지원 등에 관한 조례」(2001. 7. 1. 조례 제1696호, 이하 '화순군조례'라 함) 제3조에 따르면 조성면적 3만㎡ 이상인 폐기물매립시설을 설치·운영하고자 할 때에는 주민대표가 참여하는 입지선정위원회를 설치하여 시설의 입지를 선정하여야 한다. 한편 구 폐기물관리법(2007. 4. 11. 법률 제8371호로 전부개정되기 전의 것) 제2조 제7호, 같은 법 시행령(2007. 9. 6. 대통령령 제20244호로 전부개정되기 전의 것) 제4조 [별표 2]에 따르면, 폐기물 최종처리시설의 하나인 관리형 매립시설에는 침출수처리시설, 가스소각·발전·연료화처리시설 등 부대시설이 포함된다. 따라서 화순군조례 제3조 제1호의 '조성면적'에는 관리형 매립시설의 경우 순수매립시설의 부지면적뿐만 아니라 관련 부대시설들의 부지면적이 모두 포함되는 것으로 보아야 한다.

이 사건 시설은 순매립장, 침출수처리장, 내부도로, 외부도로, 소각시설 및 재활용선별시설로 구성되어 있는데, 순매립장 외의 시설들도 순매립장과 기능적으로 연계되어 있는 부대시설이라 할 수 있다. 따라서 이 사건 시설의 조성면적은 순매립장의 부지면적과 나머지 시설들의 부지면적을 모두 합한 총 42,810㎡라고 보아야 하므로, 이 사건 시설에 대해서는 입지선정위원회에 관한 폐기물시설촉진법령의 규정이 적용된다.

Ⅱ. 대상판결의 분석 및 평가

1. 하자 유무

종전에도 대법원은 폐기물처리시설의 입지 선정과 관련하여 "입지선정위원회는 전문연구기관의 입지 타당성 조사 결과 등을 참작하여 폐기물처리시설의 입지를 선정하는 의결기관이라 할 것이고, 입지선정위원회의 구성방법에 관하여 일정 수 이상의 주민대표 등을 참여시키도록 한 것은 폐기물처리시설입지 선정절차에 있어 주민의 참여를 보장함으로써 주민들의 이익과 의사를 대변하도록 하여 주민의 권리에 대한 부당한 침해를 방지하고 행정의 민주화와 신뢰를 확보하는 데 그 취지가 있는 것이므로, 주민대표나 주민대표 추천에 의한 전문가의 참여 없이 이루어지는 등 입지선정위원회의 구성방법이나 절차가 위법한 경우에는 그 하자 있는 입지선정위원회의 의결에 터 잡아 이루어진 폐기물처리시설입지결정 처분도 위법하게 된다."라고 판단하였다(대법원 2003. 11. 14. 2003두7118 판결 등).

　폐기물시설촉진법 시행령 제7조 [별표 1]은 입지선정지역이 1개 시·군·구인 경우 입지선정위원회의 정원은 11인 이내로, 위촉 기준은 시·군·구의회 의원 2인, 시·군·구 공무원 2인, 시·군·구의회에서 선정한 주민대표 3인, 시장·군수·구청장이 선정한 전문가 2인, 주민대표가 추천한 전문가 2인으로 위촉하도록 규정하고 있다.

　그런데 화순군수는 위원회를 구성하면서 군의회로 하여금 주민대표 3인을 선정하게 하거나 군수와 주민대표가 선정 또는 추천한 전문가를 위원으로 위촉하지 않았다. 화순군수는 이 사건 시설의 면적을 잘못 산정하였으므로, 처음부터 폐기물시설촉진법령에 따른 입지선정위원회를 구성하려는 의사가 없었던 것으로 보이기도 한다. 설령 폐기물시설촉진법령에서 정한 입지선정위원회를 구성하려는 의사였다고 하더라도 지나치게 많은 인원으로 위원회를 구성하면서 전문가 위원을 포함시키지 않았다는 점에서 법령을 위반한 하자가 있음은 분명하다(화순군수가 지역주민 210명을 위원으로 위촉한 것은 지역주민들의 의견을 널리 수렴하겠다는 좋은 의도에서 비롯된 것으로 볼 수도 있지만, 자칫 힘의 논리에 떠밀려 최적의 입지 조건에 관한 충분한 논의가 이루어지지 못할 위험성도 배제하기 어렵다).

2. 하자의 정도

　행정처분에 절차적 하자가 있는 경우, 절차를 정한 취지·목적이 상호 대립하는 당사자 사이의 이해를 조정함을 목적으로 하는 경우 또는 이해관계인의 권리·이익의 보호를 목적으로 하는 경우로서 절차의 당사자에게 일종의 절차적 권리가 주어져 있다고 해석될 경우에는, 그러한 절차의 흠결은 중대한 하자에 해당된다고 보는 것이 타당하다. 반면, 절차의 취지·목적이 단순히 행정의 적정·원활한 운영을 위하는 등 행정상의 편의에 있거나, 당사자에게 절차적 권리가 인정되는 경우라도 절차상 하자가 경미하여 절차적 권리가 침해된 것으로까지 인정되기 어려울 때는 그러한 하자는 중대한 하자라고 보기 어려울 것이다.

　폐기물설치촉진법령에서 지역주민 등이 참여하는 입지선정위원회를 구성하도록 한 것은 폐기물처리시설 입지선정 절차에 주민들이 참여할 수 있도록 보장함으로써 주민들의 이익과 의사를 대변하도록 하여 주민의 권리에 대한 부당한 침해를 방지하고 행정의 민주화와 신뢰를 확보하는 데 그 취지가 있다. 따라서 입지선정위원회의 구성상 하자로 인하여 지역주민 등의 절차적 권리가 본질적으로 침해된 경우에는 처분의 무효 사유가 될 수 있지만, 하자의 정도가 그에 이르지 않아 주민들의 절차적 권리가 침해되었다고 평가하기 어려운 경우에는 처분을 무효로 할 정도의 하자를 인정하기는 어려울 것이다.

대법원은 폐기물처리시설 입지결정에 관한 종전 선례에서 "원심은 하자 있는 입지선정위원회의 의결에 터 잡아 이루어진 이 사건 폐기물처리시설입지결정처분도 위법하나 그와 같은 위법사유는 이 사건 처분을 당연무효로 돌릴 만큼 객관적으로 중대하고 명백한 하자가 아니라고 판단하였는바, 기록에 의하여 살펴보면, 원심의 사실인정과 판단은 정당한 것으로 수긍할 수 있고, 거기에 상고이유에서 주장하는 바와 같은 행정처분의 무효에 관한 법리오해 등의 잘못이 있다고 할 수 없다(대법원 2002. 4. 26. 2002두394 판결)."라고 하여 입지선정위원회의 구성상 하자는 처분을 무효로 할 정도로 중대·명백한 하자가 아니라고 판단한 적이 있다. 위 판결의 사안은 주민대표 3인이 스스로 전문가 2인의 추천을 포기하고 시장이 선정한 전문가로 갈음하기로 하는 내용의 추천포기서를 작성·제출하였고, 그 후 주민대표 2인이 위원으로 추가 위촉되어, 시공무원 2인, 시의회의원 2인, 시장 추천 전문가 2인, 주민대표 5인의 11인으로 위원회가 구성된 것으로, 위원회의 구성이 폐기물시설촉진법령의 규정과 일부 다르게 이루어지기는 하였지만 그로 인하여 지역주민들의 절차적 권리가 침해되었다고 보기는 어려운 사안이었다.

반면, 대상 사건의 경우에는 지역주민들의 의사와 무관하게 주민 추천 전문가 위원을 처음부터 배제하였고, 군의회에 주민대표 추천권도 부여하지 않았으며, 280인으로 위원회를 구성하였다는 점에서 과연 폐기물시설촉진법령이 예정한 입지선정위원회가 구성된 것인지에 대한 의문이 제기될 정도의 하자가 있다고 할 수 있다. 관련 법령의 입법취지, 입지선정위원회의 역할 등에 비추어 본다면, 이러한 위원회 구성상의 하자는 중대·명백한 하자라고 보아야 할 것이다.

참고문헌

김유환, "행정절차하자의 법적 효과 — 절차 및 하자의 유형론과 당사자의 절차적 권리의 관점에서의 검토", 법학논집 제8권 제1호 (2003)

김동희, 『행정법 I』, 박영사 (2017)

박균성, 『행정법론(상)』, 박영사 (2018)

[70] 자기 소유 토지 사용을 허락한 자의 건설폐기물법상 책임 부과의 위헌성

— 헌재 2010. 5. 27. 2007헌바53 결정 —

이 기 춘 (부산대학교)

[사실 개요]

1. 청구인들(이하 '甲'이라 한다)의 배우자이자 부친 A는 자신의 토지사용과 관련하여 화성시장으로부터 건설폐기물중간처리업 및 수집운반업 허가를 받아 건설폐기물처리업을 하는 乙주식회사(이하 '乙기업'이라 한다)와 임대차계약을 맺고 나서 사망하였다. A의 배우자 및 자녀들은 그 토지소유권을 공동 상속하였다. 이후 乙기업이 국세를 체납하자 수원세무서는 화성시장에게 乙기업에 대한 위 허가취소처분을 요청하였고 이에 따라 화성시장은 허가를 취소하였다. 그리고 화성시장은 당시 건설폐기물의 재활용촉진에 관한 법률(이하 '건설폐기물법'이라 한다) 제43조, 구 폐기물관리법 제45조에 따라 위 토지에 방치된 건설폐기물 전량의 적정처리 조치명령을 발하였다. 乙기업이 이를 이행하지 않자, 건설폐기물법 제44조 제1호, 제45조 제1항, 구 폐기물관리법 제45조 제1항 제3호에 따라 이 사건 토지의 소유자이자 임대인인 甲에게 같은 조치명령을 발하였다. 甲은 수원지방법원에 화성시장을 피고로 조치명령처분의 취소소송을 제기하여 소 계속 중 이 법률조항에 대한 위헌법률심판제청신청을 하였으나 기각되었다. 이에 甲은 헌법재판소법 제68조 제2항에 따라 헌법소원을 청구하였다.

2. 건설폐기물법 제44조는 방치폐기물 처리책임의 승계에 관한 것으로 제1호에 건설폐기물처리업의 허가를 받은 자에게 허가받은 사업장 부지를 임대하여 준 자를 규정하고 있고 이에 따라 동법 제45조에 근거하여 甲에게 조치명령처분이 행해진 것이다. 그리고 구 폐기물관리법 제45조 제1항 제3호 즉 "폐기물을 직접 처리하거나 다른 사람에게 자기 소유의 토지 사용을 허용한 경우 폐기물이 버려지거나 매립된 토지의 소유자"에도 甲이 해당한다고 본 것이 이 사건에서 함께 문제되었다.

[결정 요지]

폐기물의 발생을 억제하고 발생한 폐기물을 적정하게 처리하여 환경보전과 국민생활의 질적 향상을 도모하려는 이 사건 법률조항들의 입법목적은 정당하고, 직접적인 오염원인자 이외에 폐기물이 방치된 토지의 소유자에게도 폐기물 처리책임을 확장하여 인정하는 것은 위와 같은 입법 목적을 달성하는 데에 효과적인 방법이다. 나아가 이 사건 법률조항들로 인한 토지소유자의 책임은 보충적인 처리책임인데, 만일 방치폐기물에 대한 책임을 직접적 원인제공자에게만 한정하고 그 외의 경우에는 항상 국가나 지방자치단체가 이를 부담한다면, 폐기물의 방치가 조장되거나 폐기물의 처리가 적시에 이행되기 어려울 수 있으며, 무엇보다 폐기물 방치에 아무런 원인도 제공하지 않은 일반 국민들에게 막대한 비용을 떠안기게 되는 불합리한 결과를 초래하게 된다. 한편 관계법령은 방치폐기물처리 이행보증제도를 마련하여 폐기물처리업자가 방치한 폐기물에 대한 1차적 처리를 담당하게 하고 있다. 또한 이 사건 법률조항들로 인하여 토지소유자들이 입게 되는 불이익보다는 이로 인하여 얻게 될 환경보전이라는 공익이 훨씬 크다. 그렇다면 이 사건 심판대상 조항들이 재산권을 지나치게 제한하여 헌법에 위배되는 것으로 볼 수는 없다.

해설

I. 대상결정의 의의

방치된 건설폐기물의 처리의 조치명령을 이행하지 않은 처리업자의 책임을 승계하는 형식으로 토지를 사업장부지로 임대하여 준 소유자의 방치된 건설폐기물의 처리를 위한 조치명령의 근거를 건설폐기물법이 마련한 것이 동법 제44조 제1호인데, 이 사건은 그에 따른 조치명령이라는 하명처분의 결과 과도한 처리책임을 지게 된 토지임대인이 그 근거규정의 위헌을 구한 것이다. 헌법재판소(이하 '헌재'라 함)는 헌법 제23조 제2항 재산권의 사회적 기속성에서 이 토지임대인의 처리책임의 근거를 발견하고, 폐기물의 사회적 위험을 고려할 때 직접적 오염원인자 외에 책임이 확장되어 책임을 부담하게 되는 토지임대인은 사실상 영향력을 행사할 수 있는 사람으로서 그의 책임부담이 위험방지에 효과적이라고 하였다. 그리고 헌재는 이러한 토지임대인의 책임은 국민에 대한 책임의 전가나 1차적 책임부담이 아니라 보충적 책임의 성격을 갖는다는 점 등을 이유로 과도한 재산권 제한은 인정될 수 없다고 결정하였다. 특히 이 결정의 의의는 그동안 경찰법, 환경법에서 논의되어 온 재산권자의 상태책임론을 도입하였다는 점에서 발견된다.

II. 대상결정의 분석

1. 토지임대인의 처리책임의 근거로서 헌법상 책임의 원칙과 사실상 영향력 행사 가능성 보유자의 의미

이 헌법소원의 청구인들은 자신들에게 귀책사유가 없음을 강조하고 처리책임의 근거 법규정이 재산권 보장의 헌법 제23조와 제10조에 위반됨을 주장하였다. 그러나 수원지방법원은 위헌제청신청의 기각이유로 토지소유자의 '책임의 원칙'에 비추어 처리책임은 정당하고, 폐기물 불법 처리의 예방효과, 보충적 책임성격 등을 제시하였다. 문제된 조치명령자인 화성시장은 모든 국민의 폐기물 적정처리 의무, 모든 사건에서 직접원인자 확인 후 조치를 취하는 것은 불가능하다는 여건, 국가가 책임부담 시 일반국민에게 책임이 전가되는 결과, 토지소유자의 관리소홀로 환경권 침해됨 등과 함께 헌법상 책임원칙이나 비례의 원칙에 어긋나지 않음을 주장하였다. 또한 환경부장관은 합헌의견을 제시한 바 있다.

헌재는 수원지방법원, 화성시장의 의견을 수용한 것으로 보인다. 헌재는 토지임대인이 건설폐기물이 방치된 토지에 대한 사실상 영향력행사 가능성보유자성격을 인정하고 그에 대한 조치명령이 환경위험방지에 효과적임을 강조하였다. 헌재결정과 위 의견들은 학문적 의미의 경찰법과 환경법의 '상태책임론'에 따른 것인데, 그에 대한 근거와 한계에 관한 논의가 없었다는 점에서 아쉬움이 발견된다.

2. 상태책임의 의의와 한계

독일의 고전적 경찰법과 환경법학에 따른 상태책임이란 재산권 소유자 등 물건에 대한 사실상 영향력의 주체는 그 물건이 위험원인이 된 경우 행위기여와 상관없이 그 물건에 관한 위험의 방지조치의 상대방으로 선택되어 부담하게 될 위험방지/제거의무를 말한다. 2000. 2. 16. 오염토양(Altlasten)에 관한 독일 연방헌법재판소결정에 의하면 상태책임의 실정법적 근거는 독일기본법 제14조 제2항의 사회적 기속(Sozialbindung)이다. 더 나아가 토지 등 물건의 재산권으로부터 이익을 향유할 가능성을 가지는 자는 그 영향력행사가능성을 이용하여 토지 등 물건으로부터의 위험을 방지할 의무와 그에 따른 비용책임의 불이익도 부담한다는 것이다(이익–불이익연계원칙). 그 책임의 귀속점은 물건에 대한 '사실상 영향력행사가능성'이다. 이 점에서 상태책임은 신속하고 효과적인 위험의 방지를 위해 미래지향적 귀속 개념이 된다. 이를 통해 환경상 위험원이 된 물건에 대하여 가장 적절하고 신속한 정화조치 가능자에게 책임이 귀속된다.

현재 독일지배설상 위험방지나 정화현장에서의 책임자결정과 위험상황 종료 후 비용 책임자 결정은 구분되어야 한다고 한다(소위 1차적/우선적 단계와 2차적/부차적 단계 구분론). 전자에서는 가장 효과적이고 적합한 위치에 있는 사람이 정화책임자로 선택되어야 하고, 그 본질은 '협력'을 구하는 것이다. 그리고 후자의 경우 환경상 위해상황 종료 후 비용부담자 결정의 단계에서는 고의나 과실, 인과성에 대한 기여, 물건의 거래가치 등을 모두 고려하여 책임자를 결정하여야 한다. 경우에 따라 정화 등 위험방지조치의 협력을 위하여 희생자가 된 경우 비용부담자가 아니라 손실보상을 받아야 할 경우도 상정되어야 한다. 이 사례에서 토지임대인은 상태책임자로서 처리책임을 부담하는 것이다. 그러나 과잉금지원칙상 이 책임은 무제한적이어서는 안 되고 면책이나 감경 등 합리적인 조정이 될 수 있도록 하는 규정이 있어야 하는데 우리 법제에는 없고, 일본은 이러한 법제를 '조례'를 통해 도입해놓고 있다(예, 교토시 산업폐기물조례 제11조).

Ⅲ. 대상결정의 평가

구 건설폐기물법 제44조 책임의 승계규정은 2009. 6. 9.에 삭제되었고, 제45조에서 행위책임자이자 직접원인제공자인 건설폐기물처리업자가 방치폐기물의 처리명령을 이행하지 아니한 경우 조치명령과 그 상대방을 한꺼번에 규정하면서 제1항 제2호에 과거 그대로 "제21조 제3항에 따른 건설폐기물 처리업의 허가를 받은 자에게 허가받은 사업장 부지를 임대하여 준 자"를 조치명령의 상대방으로 정하고 있다. 그런데 여전히 책임의 합리적 조정을 위한 감면규정이 도입되어 있지 않다. 이 점에서 2012. 토양환경보전법의 헌법불합치결정 이래로 각종 책임감면 규정이 도입된 점을 건설폐기물법, 폐기물관리법에 도입해야 한다. 전부비용부담을 당연시하는 것으로 해석하는 한 위헌이라는 한정위헌 결정이 타당하지 않았을까 생각된다. 더 나아가 관할 행정청들은 선택재량권의 행사 시 합리적 범위로 책임을 제한하는 노력을 하여야 한다. 재량권이 있음을 생각하면 이는 비례의 원칙에 입각한 정당한 주장이라고 할 것이다.

참고문헌

김현준, "경찰법상의 상태책임", 토지공법연구 제22권 (2004)
이기춘, "건설폐기물과 토지소유자의 처리책임에 관한 소고", 환경법연구 제31권 제3호 (2009)
이기춘, "판례를 통해서 본 토지임대인에 대한 폐기물처리책임 귀속의 문제", 환경법연구 제34권 제3호 (2012)
조홍식, "폐기물관리법상 사업장 폐기물 배출사업자의 법적 책임", 환경법연구 제26권 제2호 (2004)
채영근, "폐기물 관련 법령체계의 문제점 및 개선방안", 환경법연구 제31권 제2호 (2009)

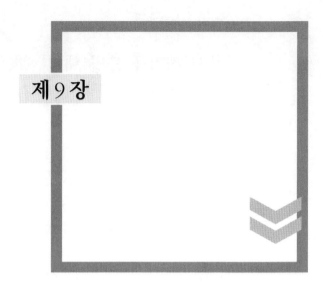

제 9 장

토양환경

[71] 폐기물 불법 매립: 채무불이행과 하자담보책임 경합

―대법원 2004. 7. 22. 2002다51586 판결―

설 동 근 (법무법인(유한) 광장)

[사실 개요]

1. 원고는 공공사업의 시행자인데 피고는 자신의 토지가 공공사업시행지에 포함되자 인근 도로 및 지표면보다 낮은 자신의 토지의 보상가격을 높이기 위하여 대지조성공사를 하였고 그 과정에서 토사와 함께 산업폐기물을 매립하고 토사를 덮어 외견상 쉽게 발견되지 않도록 한 뒤에 협의취득 방식으로 이 사건 토지 소유권을 원고에게 이전하였다.

2. 소유권 이전 이후 이 사건 매립지에 다량의 각종 폐기물이 매립되어 있음이 드러나 원고는 관계관청으로 폐기물을 적정처리하라는 행정명령을 받았으며, 피고의 폐기물 매립으로 인하여 그 매립 부분 주변의 토지에 중금속 등 오염이 확산되고 지하수까지 오염되었고, 원고는 폐기물처리를 위한 공사도급계약을 체결하고 복구비용 감정결과에 따라 산출된 복구비용의 상당 부분을 실제 지출하였다.

3. 원고는 피고를 상대로 손해배상청구소송을 제기하면서 청구원인으로 민법 제580조의 하자담보책임, 제390조의 채무불이행 책임 및 제750조의 불법행위책임에 기한 각 손해배상을 선택적으로 주장하였다.

[판결 요지]

매도인이 성토작업을 기화로 다량의 폐기물을 은밀히 매립하고 그 위에 토사를 덮은 다음 도시계획사업을 시행하는 공공사업시행자와 사이에서 정상적인 토지임을 전제로 협의취득절차를 진행하여 이를 매도함으로써 매수자로 하여금 그 토지의 폐기물처리비용 상당의 손해를 입게 하였다면 매도인은 이른바 불완전이행으로서 채무불이행으로 인한 손해배상책임을 부담하고, 이는 하자 있는 토지의 매매로 인한 민법 제580조 소정의 하자담보책임과 경합적으로 인정된다고 할 것이다.

해설

I. 대상판결의 의의

이 사건에서 폐기물을 불법 매립한 피고가 최초 1심(수원지방법원 1998. 4. 7. 96가합24029

판결)과 항소심(서울고등법원 1999. 2. 2. 98나22989 판결)에서 원고에 대한 불법행위 성립을 이유로 패소를 하여 상고를 한 후 대법원에서 피고의 불법행위성립을 부인하는 취지로 파기환송(대법원 2002. 1. 11. 99다16460 판결)하였다. 그러나 파기 환송된 서울고등법원에서 다시 피고가 패소(서울고등법원 2002. 8. 7. 2002나7697 판결)한 후에 재상고를 하였으나 피고가 최종 패소하였다. 대상판결은 자기 땅에 폐기물을 불법매립하고 매도한 피고에게 채무불이행으로 인한 손해배상책임과 하자담보책임이 경합적으로 성립함을 최초로 인정한 판결로서 의의가 있다.

II. 대상판결의 분석

1. 불완전이행으로 인한 채무불이행 책임

민법 제390조는 채무자가 채무의 내용에 좇은 이행을 하지 아니한 때는 채권자는 손해배상을 청구할 수 있다고 규정하고 있다. 채무불이행의 유형으로 이행불능, 이행지체 외에 불완전이행을 제3의 채무불이행으로 인정하는 것에 대해 논란이 있으나 위 대상판결이 명시적으로 불완전이행을 인정한 사례로 인정된다. 불완전이행이란 채무자가 채무의 이행으로 일정한 행위를 하였으나 그것이 채무의 내용에 좇은 완전한 이행으로 되지 않는 경우로, 이행불능이나 이행지체의 경우 채무자가 이행을 하지 않은 소극적 상태임에 반하여 불완전이행은 채무자에 의하여 일정한 이행행위가 적극적으로 이루어졌으나 채무의 내용에 좇은 제대로 된 이행으로 되지 못한 상태를 말하는데, '적극적 채권침해'라고 표현하기도 한다.

2. 하자담보책임

민법 제580조는 매도인의 하자담보책임과 관련하여 매매의 목적물에 하자가 있으나 매수인이 이를 알지 못한 때는 이로 인하여 계약의 목적을 달성할 수 없는 경우에 한하여 매수인은 계약을 해제할 수 있고, 기타의 경우에는 손해배상만을 청구할 수 있다고 규정하고 있다. 대상판결 이전에도 대법원은 건축을 목적으로 매매된 토지에 대하여 건축허가를 받을 수 없어 건축이 불가능하다는 법률적 장애가 매매목적물의 하자에 해당한다고 보았다(대법원 2000. 1. 18. 98다18506 판결).

3. 불법행위책임

민법 제750조는 고의 또는 과실로 인한 위법행위로 타인에게 손해를 가한 자는 그 손해를 배상할 책임이 있다고 불법행위 책임을 규정하고 있다.

대상판결의 사안과 관련하여 최초 서울고등법원에서는 은밀하게 행해진 불법매립 행위의 성질에 비추어 불법매립자의 위법행위와 폐기물의 제거를 위한 현실적인 손해의 발생 사이에는 시간적인 간격이 있게 되고, 이러한 경우에는 단지 관념적이고 부동적인 상태에서 잠재적으로만 존재하던 손해가 그 후 현실화되었다고 볼 수 있는 때에 불법행위가 완성된다고 보아 손해배상책임이 있다고 판결하였다(서울고등법원 1999. 2. 2. 98나22989 판결).

그러나 피고가 처음 상고한 대법원에서는 피고가 자신의 소유였던 이 사건 토지에 폐기물 등을 매립한 행위는 피고 자신에 대한 행위로서 제3자에 대한 행위가 아니므로 불법행위가 성립되지 않을 뿐만 아니라 피고가 이 사건 토지에 폐기물 등을 매립한 행위 자체만으로는 당연히 원고에게 어떤 손해가 발생하였다고 볼 수는 없으므로, 피고가 자신의 소유였던 이 사건 토지에 폐기물 등을 매립하였다는 사실만으로는 그 후 이 사건 토지에 관한 소유권을 취득한 원고에 대하여 불법행위를 구성하거나 승계되는 것은 아니라고 하여 피고의 손해배상책임을 부인하는 취지로 파기환송을 하였다(대법원 2002. 1. 11. 99다16460 판결).

이후 대법원 2016. 5. 19. 2009다66549 전원합의체 판결에서 헌법 제35조 제1항, 환경정책기본법, 토양환경보전법 및 폐기물관리법의 취지와 토양오염원인자의 피해배상의무 및 오염토양 정화의무, 폐기물처리의무 등에 관한 관련 규정들과 법리를 고려하여 토지의 소유자라 하더라도 토양오염물질을 토양에 누출·유출하거나 투기·방치함으로써 토양오염을 유발하였음에도 오염토양을 정화하지 않은 상태에서 오염토양이 포함된 토지를 거래에 제공함으로써 유통되게 하거나, 토지에 폐기물을 불법으로 매립하였음에도 처리하지 않은 상태에서 토지를 거래에 제공하는 등으로 유통되게 하였다면, 다른 특별한 사정이 없는 한 이는 거래의 상대방 및 토지를 전전 취득한 현재의 토지 소유자에 대한 위법행위로서 불법행위가 성립한다고 보았다.

4. 환경정책기본법상의 무과실책임

환경정책기본법은 환경오염 또는 환경훼손으로 피해가 발생한 경우에는 해당 환경오염 또는 환경훼손의 원인자가 그 피해를 배상하여야 한다고 환경오염피해에 대한 무과실책임을 규정한다(법 제44조 제1항). 대법원은 환경정책기본법 제44조 제1항은 민법의 불법행위 규정에 대한 특별규정으로서, 환경오염 또는 환경훼손의 피해자가 그 원인을 발생시킨 자에게 손해배상을 청구할 수 있는 근거규정이며, 환경오염 또는 환경훼손으로 인한 책임이 인정되는 경우는 사업장에서 발생되는것에 한정되지 않고, 원인자는 사업자인지와 관계없이 그로 인한 피해에 대하여 환경정책기본법 제44조 제1항에 따라 귀책사유를 묻지 않고 배상할 의무가 있다고 한다(대법원 2018. 9. 13. 2016다35802 판결).

Ⅲ. 대상판결의 평가

대상판결이 채무불이행 책임과 하자담보책임 외에 폐기물 매립으로 토양오염을 일으킨 피고의 불법행위책임을 인정하지 않았으나, 폐기물 매립 등 토양오염에 매도인의 귀책이 인정되는 경우에는 채무불이행 책임, 하자담보책임 및 불법행위 책임이 경합한다 할 것이다. 문제는 매도인의 귀책이 없는 경우, 예를 들어 폐기물이 묻힌 토지를 과실 없이 알지 못하고 상속 등으로 취득한 후에 매매를 한 매도인에게는 토양환경보전법상의 정화책임은 별론으로 하고 민법상 채무불이행 책임이나 불법행위 책임은 고의나 과실이 없어 묻기가 어렵고, 매도인이 오염의 원인을 발생시킨 경우가 아니면 환경정책기본법 제44조 제1항에 의하여 배상책임도 물을 수 없을 것이다. 이 경우 성립할 수 있는 것이 하자담보책임이다. 물론 하자담보책임의 경우 확대손해의 배상이 인정되는지 여부에 대하여 현재 논란(부정설이 국내의 지배적 다수설)이 있고, 권리행사기간이 하자를 안 날로부터 6개월이라는 제한도 있다.

관련하여 현행 토양환경보전법상 토양오염우려기준을 1지역(주로 대지), 2지역(임야, 창고용지, 잡종지 등), 3지역(공장용지, 주차장, 도로 등)으로 구분하여 설정하고 있는데, 재활용 폐기물매립 등으로 토양오염이 발생한 경우라도 매매 당시 지목에 따른 용도상 토양오염우려기준을 초과하지 않았거나 토지매매 당시의 매수인의 토지 사용 목적이 명백하게 현출되지 않는 경우에는 채무불이행, 하자담보책임 또는 불법행위가 성립할 수 있을지에 대하여 위 대상판결 및 전원합의체 판결 이후에도 여전히 많은 법적 논란이 있을 것으로 보인다.

참고문헌

박종원, "폐기물의 성토재 재활용에 관한 환경법적 문제", 환경법연구 제41권 1호 (2019)
김홍균, 『환경법』 제5판, 홍문사 (2019)
한국사업행정학회, 『주석 민법(채권총칙, 채권각칙)』 제4판 (2014)

[72] 토지양수인의 정화책임과 면책

—창원지법 2008. 12. 18. 2007구합3204 판결—

박 종 원 (부경대학교)

[사실 개요]

1. 원고 주식회사 부영(이하 "부영")은 2003. 3. 14. 한국철강 주식회사(이하 "한국철강")로부터 X 토지를 매수하여 2003. 3. 25. 부영 앞으로 소유권이전등기를 마쳤다. X 토지는 오래전부터 한국철강의 철강공장 부지로 사용되어 오던 것으로서, 2006. 10.경 토양오염정밀조사 결과 아연, 니켈, 불소, 카드뮴 등 9개 항목 토양오염물질이 토양환경보전법(이하 "법")이 정한 토양오염 우려기준을 초과하는 것으로 나타났다.

2. 피고 마산시장은 2007. 9. 18. 부영에게 법 제10조의3 제3항 제3호의 토양오염관리대상시설을 양수한 자에 해당한다고 보아, X 토지에 대하여 법 제15조 제3항 제3호의 정화조치명령을 하였다. 이에, 부영은 마산시장의 이 사건 토지에 대한 정화조치명령(이하 "이 사건 처분")의 취소소송을 제기하였다.

[판결 요지]

1. 공장시설 등의 부지는 법 제2조 제3호의 토양오염관리대상시설(판결문에는 "토지오염관리대상시설"로 기재되어 있으나 오기(誤記)임이 분명하므로 "토양오염관리대상시설"로 바로잡았다)에 포함되거나 해당한다고 풀이함이 상당하다. … 공장시설 등의 부지만을 양수한 경우에도 그것이 토양오염관리대상시설의 일부인 이상 토양오염관리대상시설을 양수한 자에 해당하는 것으로 보지 않을 수 없고, 설령 그 양수 당시 공장시설의 가동이 이미 중단된 상태이거나 앞으로 그 부지는 토양오염의 우려가 없는 용도에 사용될 예정이라는 등의 사정이 있다 하더라도 이와 달리 볼 수 없다.

2. 건설전문업체인 원고로서는 아파트 건설을 위하여 철강공장 부지였던 이 사건 토지를 매수함에 있어 더욱 신중하게 처리하는 것이 통상적일 것임에도, 법 제10조의2 제1항의 토양환경평가(판결문에는 "토양환경영향평가"로 기재되어 있으나 오기(誤記)임이 분명하므로 "토양환경평가"로 바로잡았다) 등 토양오염실태에 대한 별다른 조사 없이 이 사건 매매계약을 체결한 점, 매수 당시 이 사건 토지 및 그 지상 공장시설의 상태, 원고가 위 매매계약 당시 한국철강과 사이에 이 사건 토지 지상, 지하의 폐기물에 대하여 자신이 책임지기로 약정하는 등 위 매매계약의 약정 내용, 그 밖의 이 사건 토지의 규모, 현황, 형성과정 등에 비추어 보면, 원고는 위 매매계약 당시 설령 이 사건 토지의 토양오

염 상태 및 그 정도를 알지 못하였다 하더라도 거기에 과실이 있었다고 봄이 상당하다.

3. 원고가 법 제10조 제3항 제3호의 오염원인자로서 이 사건 토지에 대하여 공법상 직접적인 토양정화의무를 부담하는 점, 피고가 한국철강에 대하여도 원고와 마찬가지 내용으로 정화조치명령을 한 점, 이 사건 토지의 토양오염 상황 및 소유 관계 등에 비추어, 원고가 주장하는 위 사정만으로 이 사건 처분이 재량권을 일탈·남용하였다고 볼 수 없다(이상의 판시는 상고심인 대법원 2009. 12. 24. 2009두12778 판결에서도 거의 그대로 받아들여졌다).

해설

Ⅰ. 대상판결의 의의 및 쟁점

이 사건에서 원고 부영은 크게 3가지 주장을 하였다. 첫째, 부영은 공장건물 등 시설물 일체의 철거를 전제로 토양을 오염시킬 우려가 없는 토지만을 매수하였고, X 토지는 토양오염관리대상시설에 포함되거나 해당되지 않으므로 자신은 토양오염관리대상시설을 양수한 자에 해당하지 않는다. 둘째, 부영은 매수 당시 X 토지의 토양오염을 몰랐고 그에 아무런 과실이 없으므로 정화책임이 면제된다. 셋째, 마산시장은 직접적인 오염원인자인 한국철강에만 정화조치명령을 하면 충분함에도 부영에게까지 정화조치명령을 한 것은 재량권의 일탈·남용에 해당한다는 것이다.

대상판결은 토지양수인의 정화책임을 최초로 인정하였다는 점과 구 토양환경보전법 (2017. 11. 28. 법률 제15102호로 개정되기 전)에 따른 '오염원인자'의 정화책임 면제사유 가운데 양수인의 선의·무과실 여부 판단을 위한 고려요소를 제시하고 있다는 점에서 그 의의를 찾을 수 있다.

Ⅱ. 대상판결의 분석

1. 토지양수인(소유자)의 정화책임

대상판결은 '토양오염관리대상시설'이 "토양오염물질을 직접 생산 또는 처리하는 시설 등에 한정되지 아니하며 토양을 오염시킬 우려가 있는 시설 등이 설치되어 있는 부지도 이에 포함된다."고 판시함으로써, 토지양수인의 정화책임을 인정하고 있다.

이는 사건 당시 '토양오염관리대상시설'의 개념이 " (…) 장소 등"으로 규정되어 있음에 따른 것으로 볼 수 있지만, 이러한 법원의 태도는 이후 헌법재판소가 양수인의 정화책임을 상태책임으로 이해하는 중요한 계기가 된 것으로 볼 수 있다(헌재 2012. 8. 23. 2010헌바167). 그리고 2014. 3. 23. 개정법에서는 '오염원인자'를 '정화책임자'로 대체하면서 토양오염관리대상시설과 무관하게 토양오염이 발생한 토지의 소유자 등을 정화책임자로 명시하기에 이르렀는데, 이 역시 대상판결에서 "앞으로 그 부지는 토양오염의 우려가 없는 용도에 사용될 예정이라는 등의 사정이 있다 하더라도 이와 달리 볼 수 없다."고 판시한 것과 무관하지 않은 것으로 평가할 수 있다.

2. 선의·무과실의 판단기준과 토양환경평가

현행법상 정화책임자의 유형이 일부 재구성되기는 하였으나, 법 제10조의4 제2항 제3호에서 "토양오염이 발생한 토지를 양수할 당시 토양오염 사실에 대하여 선의이며 과실이 없는 경우"를 정화책임의 면제사유로 정하고 있으므로, 대상판결에서 제시하고 있는 선의·무과실 여부에 관한 판단기준은 현행법하에서도 여전히 유효하다.

대상판결은 토양환경평가의 실시 여부, 양도 당시 토지 등의 상태나 규모·현황·형성과정, 매매계약의 내용 등을 선의·무과실의 판단기준으로 제시하고 있다. 특히, 부영이 건설전문업체라는 점에서 토양환경평가를 실시하지 않았다는 점을 중요하게 고려한 것으로 보인다.

3. 연대책임과 재량 심사

대상판결은 직접적인 오염원인을 제공한 한국철강이 아니라 토지양수인에 해당하는 부영에게까지 정화조치명령을 내린 것에 관하여 재량권 일탈·남용 여부를 심사하고 있다. 다만, 부영도 오염원인자에 포함되므로 공법상 "직접적인" 토양정화의무를 부담하는 점, 한국철강에 대해서도 정화조치명령을 한 점 등을 그 고려요소로 나열하고 있을 뿐, 재량권의 일탈·남용 여부에 대한 구체적인 심사기준을 제시하고 있지는 않다.

Ⅲ. 대상판결의 평가

대상판결은 판결 당시 토양환경보전법에 따른 공법상 정화책임에 관한 몇 안 되는 판례 가운데 하나로, 토지양수인의 정화책임을 처음으로 인정하고 그 면책을 위한 판단기준을 제시하였다는 점에서 그 의의를 인정할 수 있다.

유의할 것은 토양환경평가의 실시 및 그 결과에 대한 신뢰가 곧 정화책임의 면책으로 귀결된다고 단정해서는 안 된다는 점이다. 2011. 4. 5. 일부개정에서는 토양환경평가의 실시 및 우려기준 이하라는 사실의 확인을 선의·무과실의 한 예로 명시하고 있었으나, 이에 대해서는 허위·부실의 토양환경평가를 양산하게 되고 결국 토양환경평가가 정화책임을 면책받기 위한 면죄부로 전락할 우려가 있다는 점이 지적되었고(박종원, 191–192면), 2014. 3. 23. 일부개정에서는 토지양수인이 양수 당시 토양환경평가를 받고 그 토지의 오염 정도가 우려기준 이하인 것을 확인한 경우에는 토양오염 사실에 대하여 선의이며 과실이 없는 것으로 추정하는 것으로 개정되어, 현행에 이르고 있다(제10조의2 제2항).

결국, 토양환경평가의 실시가 선의·무과실을 인정받기 위한 주요한 수단이 될 수 있기는 하나(채영근, 127면), 허위·부실의 토양환경평가가 실시된 경우라든가 통상적인 거래가격에 비하여 지나치게 낮은 가격으로 토지 거래가 이루어졌다는 등의 반대사실의 증명에 의해 그 추정은 얼마든지 번복될 수 있는 것이다.

한 가지 아쉬운 점은 대상판결에서 토지양수인에 대한 정화책임이 인정되는 근거와 복수 정화책임자 간의 선택재량의 일탈·남용에 관한 심사기준을 명확히 밝히지 못했다는 점이다. 공법상 토양정화책임이 연대책임의 성질을 갖는다고 이해하더라도, 사법상의 부진정연대책임과는 그 성질을 달리 하는 것이며, 행정청이 복수의 정화책임자 가운데 누구를 대상으로 정화조치명령을 내릴 것인지에 관하여 선택재량을 행사함에 있어서도 역시 하자 있는 재량권을 행사하여서는 아니 된다는 한계가 있다(김현준, 197면). 이러한 점에서 피해자가 원인자 중 누구를 대상으로 할지에 관하여 아무런 제한 없이 손해배상청구권을 행사할 수 있는 사법상의 부진정연대책임과는 그 성질을 달리하는 것이며, 행정청이 복수의 정화책임자 중 누구를 대상으로 정화조치명령을 내릴 것인지에 관해서는 재량의 통제법리인 비례의 원칙, 평등의 원칙 등이 적용되어야 한다는 것이다.

만약 대상판결에서 이를 보다 구체적으로 제시하였더라면, 헌법재판소가 공법상의 정화책임을 "사실상 면책이 불가능한 1차적인 무과실 책임"(헌재 2012. 8. 23. 2010헌바167)이라고 단정할 수 있었을지 의문이다.

참고문헌

김현준, "토양오염으로 인한 정화책임과 손해배상책임: 최근 판례를 중심으로", 토지법학 제28–1호 (2012)

박종원, "토지양수인의 정화책임과 토양환경평가", 환경법연구 제32권 제2호 (2010)

채영근, "기업의 환경책임에 관한 법적 고찰: 한국철강부지 오염에 대한 정화책임을 중심으로", 환경법연구 제32권 제1호 (2010)

[73] 토양오염관리대상시설 및 오염원인자의 범위

── 대법원 2010. 2. 11. 2009두20137 판결 ──

김   홍 (법무법인(유한) 율촌)

[사실 개요]

1. 원고는 택시운수업을 영위하는 회사로서, 1987.경부터 택시 차고지로 이용되어 왔던 토지 및 택시차고지 시설을 소유자로부터 임차하여 2001.경부터 같은 용도로 계속 사용하여 왔다. 피고 동대문구청은 2006.경 대상 토지의 토양오염실태를 조사한 결과 토양오염물질인 아연의 농도가 우려기준을 초과한다는 이유로 2007. 4. 3. 원고에게 토양정밀조사 실시 및 오염토양의 정화를 명하였다. 원고는 (i) 택시차고지 시설은 법에서 정한 토양오염관리대상시설에 해당하지 아니하고, (ii) 원고가 법에서 정한 오염원인자에도 해당하지 아니한다는 이유로 피고의 토양정밀조사의 실시 및 오염토양의 정화 명령의 취소를 구하였다.

2. 한편, 구 토양환경보전법(2007. 4. 11. 법률 제8352호로 개정되기 전의 것, 이하 "법") 제2조 제3호는 '토양오염관리대상시설'을 "토양오염물질을 생산·운반·저장·취급·가공 또는 처리함으로써 토양을 오염시킬 우려가 있는 시설·장치·건물·구축물 및 장소 등"으로 정의하고 있으며, 동조 제2호 및 법 시행규칙(2009. 6. 2. 환경부령 제333호로 개정되기 전의 것) 제1조의2 [별표 1]은 아연과 그 화합물을 토양오염물질의 하나로 정하고 있다. 또한, 법 제10조의3 제3항 제2호는 오염원인자 중 하나로 "토양오염의 발생 당시 토양오염의 원인이 된 토양오염관리대상시설을 소유·점유 또는 운영하고 있는 자"를 정하고 있다.

[판결 요지]

1. 토양환경보전법이 정하고 있는 '토양오염관리대상시설'은 토양오염물질을 직접 생산 또는 처리하는 시설 등에 한정되는 것이 아니라, 토양을 오염시킬 우려가 있는 시설 등이라면 토양오염물질을 포함하거나 배출하는 물품 등을 생산 또는 처리하는 시설 등도 포함한다고 해석함이 상당하다. 자동차 타이어에 포함된 산화아연이 자동차의 운행 중 마모되는 타이어의 입자에 포함되어 있다가 물에 씻겨 토양에 스며들 수 있음을 인정하면서도, 택시차고지로서 세차장 및 정비소를 갖춘 이 사건 시설이 그 자체로 아연을 생산 또는 처리하는 시설이 아니라고 판단한 것에는 토양오염관리대상시설의 범위에 관한 법리를 오해한 위법이 있다.

2. 오염의 가능성이 크다고 보이는 세차장이나 정비소 앞 채취지점의 지하 1.5m 지점에서 다른 지점에 비하여 많은 양의 아연이 검출된 점 등을 종합하면, 채취지점에서 검출

된 아연은 이 사건 시설에서 배출된 아연이 물에 씻겨 스며든 것으로 추단하기 상당하다. 한편, 이 사건 토지에 대한 오염은 이 사건 토지가 택시 차고지로 사용된 1987.경 이래 원고가 점유·사용하고 있는 현재까지 계속되고 있다고 볼 것이므로, 원고는 토양오염의 발생 당시 토양오염의 원인이 된 토양오염관리대상시설을 점유 또는 운영하는 자로서 법 제10조의3 제3항 제2호의 오염원인자에 해당한다.

해설

Ⅰ. 대상판결의 의의 및 쟁점

이 사건의 제1심 및 원심 판결은 '토양오염관리대상시설'의 의미를 엄격하게 파악하여 자동차타이어에서 첨가된 아연 성분이 마모되는 타이어 입자에 포함되어 결과적으로 토양을 오염시킬 가능성이 있는 점을 감안하더라도 택시차고지 시설이 그 자체로서 오염물질인 아연을 직접 생산 또는 처리함으로써 토양을 오염시킬 우려가 있어야만 토양오염관리대상시설에 포함되는 것으로 본 반면, 대상판결은 토양환경보전법의 입법취지 등을 고려하여 토양오염관리대상 시설은 토양오염물질을 직접 생산 또는 처리하는 시설에 한정되는 것이 아니라 토양오염물질을 포함하거나 배출하는 물품 등을 생산 또는 처리하는 시설 등도 포함되는 것으로 넓게 해석하여 토양오염관리대상시설의 범위를 확대하였다.

Ⅱ. 대상판결의 분석

1. 토양오염관리시설의 범위

법 제2조 제3호에서 정의한 '토양오염관리대상시설'의 범위를 어디까지로 보아야 할 것인지 여부는, 특히 오염토양에 대하여 토양정밀조사 및 토양정화 등의 책임을 부담하는 정화책임자를 규정하는 법 제10조의3 제3항 제2호(현 토양환경보전법 제10조의4 제1항 제2호와 동일함)와 연계하여 치열하게 논의되어 왔는데, 이는 위 법 제10조의3 제3항 제2호에 따른 정화책임이 "토양오염의 발생 당시 토양오염의 원인이 된 토양오염관리대상시설"의 점유자·소유자 또는 운영자일 것을 요건으로 하고 있어서 오염 발생의 원인이 되는 시설이 토양오염관리대상시설에 해당하지 않을 경우 그 점유자·소유자 또는 운영자는 정화책임 또한 부담하지 않는 것으로 귀결되기 때문이다.

대상판결은 택시차고지가 법상 토양오염관리시설에 해당하는지 여부를 판단함에 있어서, 원심판결과는 달리 대상시설이 실제로 토양오염을 유발할 수 있는 시설인지 여부를 실질적으로 판단하려는 것으로 보이는데, (i) 우선 토양오염이 우려되는 지역에 대하여 실시되는 토양오염실태조사와 관련하여 그 방법과 절차를 정한 토양오염실태조사지침에서 실태조사지역을 오염원에 따라 공장 및 공업지역, 교통관련시설지역 등으로 분류하고 있고, 교통관련시설지역에는 차고지가 열거되어 있다는 점을 적시하고, (ii) 토양오염이 반드시 직접 토양오염물질을 생산 또는 처리하는 시설 등에서만 발생하는 것은 아니고, 이에 더해 법의 취지 등을 종합하여 보면 토양을 오염시킬 우려가 있는 시설 등이라면 토양오염물질을 포함하거나 배출하는 물품 등을 생산 또는 처리하는 시설 등도 포함한다고 해석함이 상당하다고 판시하고 있다.

2. 법 제10조의3 제3항 제2호의 오염원인자 요건

이어서 대상판결은 원고가 법 제10조의3 제3항 제2호의 오염원인자(현 토양환경보전법 제11조의4 제1항에서는 "정화책임자"로 변경됨)에 해당하는지 여부를 판단함에 있어서 대상 택시차고지 시설이 위치한 토양에서의 시료 채취 및 오염물질의 검출 사실을 토대로 해당 토양오염이 택시차고지에서 배출된 오염물로 인한 것인지 여부를 구체적으로 검증하고 있는바, 비록 대상판결에서는 구체적으로 명시하고 있지는 아니하나 대상판결 이후의 대법원 판례(대법원 2012. 6. 12. 2009다76546 판결)에서 위 오염원인자의 요건에 대하여 "법 제10조의3 제3항 제2호는 토양오염관리대상시설을 소유·점유 또는 운영하고 있는 자의 직접적인 행위로 토양오염시설을 유발시킬 것을 요건으로 하지는 않지만 토양오염관리대상시설이 토양오염의 원인이 될 것을 요건으로 한다고 해석함이 타당하다. 즉, 토양오염관리대상시설이라는 유체물(有體物)과의 인과관계가 요구되고 소유·점유 또는 운영하고 있는 자와의 인과관계는 요구되지 않는다"고 판시한 것과 동일한 취지에서 택시차고지 소유자의 오염원인자 책임 여부를 판단한 것으로 보인다.

Ⅲ. 대상판결의 평가

법 제2조 제3호에서 정의되는 '토양오염관리대상시설'의 범위를 어디까지로 보아야 할 것인지 여부와 관련해서는 특히 "장소 등"의 해석과 관련하여 오염된 부지 자체도 토양오염관리 대상시설에 포함될 수 있는지 여부에 대하여 첨예한 다툼이 있었고, 이를 긍정하는 일련의 판례들과 토양환경보전법의 오염원인자의 무과실책임이 확대되는 것에 대한 헌법불합치 결정에 따라, 토양오염관리대상시설의 정의 조항은 이후 두 차례의 법령 개정을 거쳐 현재는 "토양오염물질의 생산·운반·저장·취급·가공 또는 처리 등으로 토양을 오염시킬 우려가 있는 시설·장치·건물·구축물(構築物) 및 그 밖에 환경부령으로 정하는 것"으로 정리되었다.

한편, 대상판결은 택시차고지 시설 자체가 토양오염관리대상시설에 해당하는지 여부가 쟁점이 된 사건이므로 대상판결의 결론과 판시 내용은 이후의 위 헌법불합치 결정이나 법령의 변경에 영향을 받는 부분은 없는 것으로서, 대상판결은 토양오염관리대상시설의 범위를 파악하는 기준을 제시하였다는 점에서 여전히 의의를 갖는 것으로 보인다.

대상판결의 원심판결은 토양오염관리대상에 해당하는지 여부를 판단함에 있어 "직접" 생산 또는 처리를 하는 시설인지 여부를 기준으로 다소 형식적인 결론에 도달한 반면, 대상판결은 법의 입법취지 등을 고려하여 실질적으로 오염을 유발하는지 여부를 판단하고자 하는 태도를 취하고 있는데, 이는 결과적으로 토양환경보전법에 따른 정화책임을 부담하는 오염원인자의 범위를 보다 넓게 판단함으로써 토양환경보전법의 입법목적인 토양생태계의 보전을 위하여 오염된 토양을 정화하는 등 토양을 적정하게 관리·보전함으로써 모든 국민이 건강하고 쾌적한 삶을 누릴 수 있게 한다는 취지를 보다 실질적으로 구현하게 하는 것으로서 타당한 해석으로 보인다.

참고문헌

김연태, "토양환경보전법상 정화책임자의 범위와 책임의 한계", 고려법학 제77권 (2015)

김현준, "토양오염으로 인한 정화책임과 손해배상책임", 토지법학 제28권 제1호 (2012)

박종원, "2014년 개정「토양환경보전법」에 따른 토양정화책임조항에 대한 평가와 전망", 환경법연구 제36권 제1호 (2014)

조홍식, 『판례환경법』, 박영사 (2012)

[74] 토양오염부지 소유자 정화책임조항의 재산권 및 평등권 침해 여부

—헌재 2012. 8. 23. 2010헌바167 결정—

채 영 근 (인하대학교)

[사실 개요]

1. 乙은 甲으로부터 2004. 10. 16. 토지를 임차하여 주유소를 운영하던 중 토양오염 정밀조사를 실시한 결과 해당 토지 지하에서 토양오염물질이 우려기준 이상 검출되었다. 이에 마산시장은 2005. 7. 18. 乙에게 오염토양의 정화조치를 명하였으나 乙이 이를 이행하지 않자 2008. 5. 21. 이 사건 토지의 소유자인 甲에게 오염토양의 정화를 명하였다. 이에 甲은 자신이 토양오염의 원인을 제공하지 않았음에도 불구하고 토지소유자라는 이유만으로 막대한 비용이 소요되는 토양정화 책임을 자신에게 부과하는 것은 명확성의 원칙에 위배되고 재산권 및 평등권을 침해한 것이라며 토양환경보전법 관련조항에 대한 헌법소원심판을 청구하였다.

2. 헌법소원심판의 대상이 된 토양환경보전법 제2조 제3호는 "토양오염관리대상시설"을 "토양오염물질을 생산·운반·저장·취급·가공 또는 처리함으로써 토양을 오염시킬 우려가 있는 시설·장치·건물·구축물 및 장소 등"으로 정의(이하 이 사건 정의조항이라 한다)하고 있고, 토양환경보전법 제10조의3 제3항 제2호는 정화책임을 지는 오염원인자에 "토양오염의 발생 당시 토양오염의 원인이 된 토양오염관리대상시설을 소유·점유 또는 운영하고 있는 자"를 포함(이하 이 사건 오염원인자조항이라 한다)하고 있다.

[결정 요지]

1. 이 사건 정의조항은 '토양오염물질을 생산·운반·저장·취급·가공 또는 처리함으로써 토양을 오염시킬 우려가 있는'이라는 문구에 의하여 그 범위가 한정되고 있고, 이는 토양오염을 예방하고 오염된 토양을 정화한다는 토양환경보전법의 목적을 달성하기 위하여 일정한 부지의 소유자·점유자·운영자, 양수자, 인수자에게도 토양오염에 대한 책임을 부담시킬 필요가 있기 때문이며, 구법 제10조의2 제1항이 이 사건 정의조항과 모순된다고 보기 어려우므로, 이 사건 정의조항이 일정한 부지를 토양오염관리대상시설에 포함시키고 있는 것과 모순되지 아니한다. 그렇다면 이 사건 정의조항은 명확성원칙에 위배되지 아니한다.

2. [재판관 7인의 법정의견]

이 사건 오염원인자조항은 신속하고 확실하게 토양오염에 대한 책임자를 특정하고 그에 따른 책임이행을 확보할 수 있도록 오염원인자의 범위를 토양오염관리대상시설의 소유자·점유자·운영자로 확장하여 이들에게 무과실의 책임을 부담시키고 있는데, 이러한 입법목적은 토양환경보전법의 목적에 비추어 정당하다. 한편, 토양오염관리대상시설의 소유자·점유자·운영자에게 손해배상책임 및 오염토양의 정화책임 등을 부과하는 것은 그러한 입법목적 달성에 적합한 수단이 된다.

그러나 토양오염관리대상시설의 소유자·점유자·운영자에게 '토양오염을 유발시킨 자'(구법 제10조의3 제3항 제1호)의 책임에 대한 보충책임을 부담시키는 방법, 토양오염 발생에 관하여 선의·무과실이고 그 책임으로 돌릴 수 없는 경우에 한하여 면책하는 방법, 토양오염 발생에 대하여 선의·무과실인 토양오염관리대상시설의 소유자·점유자·운영자의 책임을 당해 토양오염관리대상시설의 시가 범위 내로 제한하거나, 일반적인 책임 한도제를 도입하는 방법 등으로 침해를 최소화할 수 있으므로, 이 사건 오염원인자조항은 침해의 최소성 원칙에 반한다.

토양오염관리대상시설의 소유자·점유자·운영자는 사실상 면책이 불가능한 1차적인 무과실 책임을 부담하고, 경우에 따라서는 파산에 이를 정도로 거액에 이르기도 하는 비용을 그 범위의 제한 없이 전부 부담하여야 한다는 점에서, 이 사건 오염원인자조항으로 인하여 얻게 될 공익보다 토양오염관리대상시설의 소유자·점유자·운영자가 입게 되는 불이익이 더 클 수도 있다.

나아가, 토양오염관리대상시설의 양수자·인수자와는 달리, 토양오염관리대상시설의 소유자·점유자·운영자에게는 천재·지변, 전쟁으로 인한 면책만을 허용하고 다른 면책 사유 또는 책임 제한수단을 전혀 인정하지 않은 것은 합리적인 이유가 있다고 할 수 없다. 따라서 이 사건 오염원인자조항은 토양오염관리대상시설 소유자·점유자·운영자의 재산권 및 평등권을 침해한다.

해설

I. 대상결정의 의의 및 쟁점

토양환경보전법은 과거 산업활동으로 토지가 오염된 경우, 토양오염물질을 해당 토지에 버리거나 유출한 행위책임자뿐만 아니라 해당 토지의 소유자에 대하여도 오염된 토지에 대한 정화책임을 지우고 있다. 대상결정에서는 임차인의 토양오염관리대상시설의 설치 및 운영으로 인하여 토지가 오염된 경우 임대인인 토지소유자에게도 정화책임을 지우고 있는 이 사건 정의조항 및 오염원인자조항이 명확성의 원칙에 반하는 것은 아닌지, 개인의 재산권을 침해하는 것은 아닌지, 그리고 이미 오염된 토지를 양수한 자에 대하여는 선의·무과실을 이유로 면책을 허용하면서 오염당시의 토지소유자에 대하여는 그러한 면책을 허용하지 않는 것이 평등권을 침해하는 것은 아닌지가 문제되었다.

Ⅱ. 대상결정의 분석

1. 명확성의 원칙

법규범의 문언은 어느 정도 일반적·규범적 개념을 사용하지 않을 수 없기 때문에 기본적으로 최대한이 아닌 최소한의 명확성을 요구하는 것으로서, 법문언이 법관의 보충적인 가치판단을 통해서 그 의미내용을 확인할 수 있고, 그러한 보충적 해석이 해석자의 개인적인 취향에 따라 좌우될 가능성이 없다면 명확성원칙에 반한다고 할 수 없다. 이 경우 법규범의 의미내용은 법규범의 문언뿐만 아니라 입법목적이나 입법취지, 입법연혁, 그리고 법규범의 체계적 구조 등을 종합적으로 고려하는 해석방법에 의하여 구체화하게 되므로 결국 당해 법률조항이 명확성원칙에 위반되는지 여부는 위와 같은 해석방법에 의하여 의미내용을 합리적으로 파악할 수 있는 해석기준을 얻을 수 있는지 여부에 달려 있다.

2. 오염원인자 책임에 관한 입법형성의 자유와 그 한계

입법자는 오염원인자의 범위와 그 책임 내용을 규율함에 있어서 기본권 제한의 한계, 즉 과잉금지원칙을 준수하여야 한다. 헌법 제35조 제1항은 국민의 환경권의 보장, 국가와 국민의 환경보전의무를 규정하고 있다. 이는 국가뿐만 아니라 국민도 오염방지와 오염된 환경의 개선에 관한 책임을 부담함을 의미한다. 환경오염에 대하여 책임을 부담하는 오염원인자의 구체적인 범위 및 그 책임 내용은, 환경보호 및 피해자의 구제라는 공익을 효과적으로 달성하기 위해 당해 법률이 추구하는 목적, 해당 환경오염의 특성, 귀책의 근거를 종합적으로 고려하여 입법자에 의하여 정해진다. 즉, 입법자에게는 오염원인자의 범위와 그 책임 내용을 결정함에 있어서 일정한 형성의 자유가 인정된다.

3. 재산권 및 평등권 침해 여부

이 사건 오염원인자조항으로 인하여 제한되는 주된 기본권은 재산권 및 평등권이라 할 것이다. 재산권의 침해 여부를 판단함에 있어서는 기본권 제한의 한계, 즉 과잉금지원칙을 준수했는지를 판단하여야 하는바, 입법목적의 정당성, 수단의 적절성, 침해의 최소성 및 법익의 균형성을 충족하여야 한다. 평등권 침해 여부를 판단함에 있어서는 차별적으로 취급을 하는 것이 합리적인 이유가 있다고 할 수 있는지 여부에 달려 있다.

Ⅲ. 대상결정의 평가

헌법재판소는 이 사건 오염원인자조항이 입법목적의 정당성, 수단의 적절성은 충족하나, 침해의 최소성 및 법익의 균형성을 충족하지 못하여 재산권을 침해하였으며, 오염당시의 토지소유자와 오염된 부지의 양수자·인수자가 오염된 토지에 대한 상태책임을 진다는 점에서 책임의 성격이 본질적으로 동일함에도 불구하고 합리적인 이유없이 토지소유자에게만 선의·무과실 면책을 인정하지 않는 것은 평등권을 침해한다고 보았다. 이 사건에서 헌법재판소는 재산권 및 평등권 침해여부 심사를 하며 재산권을 두텁게 보호하는 입장을 취하였다.

헌법재판소의 결정에 대하여는, 토양환경보전법상 토지소유자 등의 정화책임을 상태책임의 성격으로 이해하고 그 한계설정에 관하여 입법촉구를 하였다는 점에서 의의를 찾거나(이기춘, 440-441면), 구 토양환경보전법 오염원인자 조항이 소유자 등에게 너무 과중한 책임을 지우고 있었다는 점을 지적하거나(김홍균, 217면), 토지소유자에게 책임을 돌릴 수 있는 특별한 사정이 있는 경우에 한하여 적극적인 위험방제의무를 인정하고 그렇지 않은 경우 효과적 위험방제라는 관점에서 수인의무를 과하는 정도로 족하다는 입장(조태제, 395면)에서 헌법재판소의 결정을 긍정적으로 보는 견해가 있다.

그러나 상태책임의 근거로서 안전관리의무가 강조되는 것이 자기책임원칙에 비추어 타당하며, 행위책임에 대한 상태책임의 보충적 성격은 부인되어야 한다(이기춘, 454면)거나, 소유자의 상태책임과 양수인의 승계책임은 본질적으로 다른 것임에도 불구하고 이를 같은 것으로 보고 상태책임규정의 경우 선의·무과실의 면책조항이 없음을 들어 평등권 침해로 본 것은 타당하지 않다(김현준, 584면)거나, 최소침해성원칙은 '같은 목적을 달성하는 수단 중'에서 기본권을 최소로 침해하는 작용을 선택해야 한다는 것인데 헌법재판소 결정은 '같은 목적을 달성하는 수단'인지 여부에 대한 논증없이 단지 완화된 수단이 없다는 점만을 들어 침해의 최소성을 판단하였다(김현준, 590-591면)거나, 법익의 균형성 심사에서 파산가능성이라는 우연적인 결과를 침해되는 사익과 동일시한 반면 엄격한 책임원칙이 갖는 환경공익적 측면은 충분히 검토하지 않아 설득력 있는 공·사익의 형량이 부족하였다(채영근, 287면)는 비판적인 평가도 있다.

참고문헌

김현준, "책임승계인의 신뢰보호와 상태책임의 한계-헌법재판소 2012. 8. 23.자 2010헌바28 결정; 2012. 8. 23.자 2010헌바167결정에 대한 비판적 검토-", 공법학연구 제14권 제1호 (2013)

김홍균, "토양환경보전법상 오염원인자 조항의 위헌성과 위헌성 제거방안", 환경법연구 제35권 1호 (2013)

이기춘, "토양환경보전법의 무과실책임조항에 대한 헌법재판소 결정에 관한 소고-위험오염부지의 소유자 등에 대한 책임귀속의 문제를 중심으로", 공법연구 제41집 제3호 (2013)

조태제, "위험방제법상의 상태책임-토양환경보전법상의 상태책임의 제한", 한양법학 제24권 제3집 (2013)

채영근, "토양환경보전법 토양오염부지 소유자의 정화책임 조항에 대한 헌법불합치 결정(헌재2010헌바167 사건)에 관한 소고", 헌법재판연구 제5권 제1호 (2018)

[75] 오염원인자 조항의 소급입법금지원칙 및 신뢰보호원칙 위배 여부

— 헌재 2012. 8. 23. 2010헌바28 결정 —

김 성 배 (국민대학교)

[사실 개요]

청구인은 철강공장 부지로 사용하던 토지를 매수하여 아파트건설을 추진하던 중 토양오염정밀조사를 받게 되었고 그 결과 토양오염물질이 토양오염 우려기준을 초과하는 것으로 나타났으며, 관할 행정청은 당해 토지가 구 토양환경보전법 제2조 제3호에서 정하는 '토양오염관리대상시설'에 해당하고 청구인이 동법 제10조의3 제3항 제3호의 '토양오염관리대상시설을 양수한 자'에 해당하므로 청구인에게 정화조치명령을 하자, 청구인은 행정소송을 제기하고 패소하자 대법원에서 위헌법률심판을 청구하였으나 기각되자 헌법소원심판을 제기한 사건이다.

[결정 요지]

1. 정의조항이 일정한 부지를 토양오염관리대상시설에 포함시키고 있는 것과 모순되지 아니한다. 이 사건 정의조항은 명확성원칙에 위배되지 아니한다.

2. 오염원인자조항은 부진정소급입법으로서 종래의 법적 상태를 신뢰한 자들에 대한 신뢰보호의 문제를 발생시킬 뿐, 소급입법금지원칙에 위배되지 않는다.

3. 오염원인자조항이 2002. 1. 1. 이전에 이루어진 토양오염관리대상시설의 양수에 대해서 무제한적으로 적용되는 경우에는 이 사건 오염원인자조항이 추구하는 공익만으로는 신뢰이익에 대한 침해를 정당화하기 어렵다. 그러나 2002. 1. 1. 이후 토양오염관리대상시설을 양수한 자는 자신이 관여하지 않은 양수 이전의 토양오염에 대해서도 책임을 부담할 수 있다는 사실을 충분히 인식할 수 있고, 토양오염사실에 대한 선의·무과실을 입증하여 면책될 수 있으므로, 보호가치 있는 신뢰를 인정하기 어렵다.

4. 오염원인자조항에 대하여 헌법불합치결정을 한다.

해설

I. 대상결정의 의의 및 쟁점

본 결정은 소위 부영사건으로 불리우는 판례들의 최종 결말로서 청구인이 대법원에서 상고심(최종 패소)이 계속되는 중 헌법소원심판청구를 직접 제기한 사건이다. 본 사건에서는 법률의 명확성의 원칙, 소급입법의 종류와 심사방법, 부진정소급입법의 심사방법으로서 신뢰보호원칙의 적용과 판단이 쟁점이 되었다.

Ⅱ. 대상결정의 분석

1. 법률명확성의 원칙

이 사건 정의조항은 토양오염관리대상시설에 '장소 등'을 포함시키고 있는바, '장소'의 의미는 통상 '어떤 일이 이루어지거나 일어나는 곳'으로, '등'의 의미는 '장소에 준하는 것'으로 각 해석되고, 위 '장소 등'은 '토양오염물질을 생산·운반·저장·취급·가공 또는 처리함으로써 토양을 오염시킬 우려가 있는'이라는 문구에 의하여 그 범위가 한정되고 있으며 통상의 경우 시설·장치·건물·구축물은 일정한 '장소'를 가질 수밖에 없는데, 그 장소를 토지의 측면에서 평가한 것이 '부지'이므로, '토양오염물질을 생산 · 운반 · 저장 · 취급 · 가공 또는 처리함으로써 토양을 오염시킬 우려가 있는 시설 · 장치 · 건물 · 구축물의 부지' 역시 '장소'의 범위에 포함된다고 보았다. 일정한 부지를 토양오염관리대상시설에 포함시키는 것은, 토양환경보전법의 목적을 달성하기 위하여 일정한 부지의 소유자 · 점유자 · 운영자, 양수자, 인수자에게도 토양오염에 대한 책임을 부담시킬 필요가 있기 때문이며 … 또한 토양은 토양오염물질의 확산을 통하여 그 자체 다른 토양오염의 원인이 되거나 다른 토양을 오염시킬 우려가 있으므로, 구법 제10조의3 제3항 제2호가 '토양오염의 원인이 된 토양오염관리대상시설'이라고 규정한 것은, 이 사건 정의조항이 '토양오염물질을 생산 · 운반 · 저장 · 취급 · 가공 또는 처리함으로써 토양을 오염시킬 우려가 있는 장소 등'이라고 규정하여 일정한 부지를 토양오염관리대상시설에 포함시키고 있는 것과 모순되지 아니한다고 판단하였기에 헌법재판소는 이 사건 정의조항은 수범자의 예측가능성을 해하거나 법집행기관의 자의적인 집행을 가능하게 할 정도로 불명확하다고 할 수 없으므로, 명확성원칙에 위배되지 아니한다고 결정하였다.

2. 오염원인자 조항의 소급입법금지 원칙 위반 여부

헌법재판소는 입법형성의 자유를 인정한 후 소급입법을 '진정소급입법'과 '부진정소급입법'으로 구분하고, 진정소급입법은 헌법적으로 허용되지 않는 것이 원칙이며 특단의 사정이 있는 경우에만 예외적으로 허용될 수 있지만 '부진정소급입법'은 원칙적으로 허용되지만 소급효를 요구하는 공익상의 사유와 신뢰보호의 요청 사이의 교량과정에서 신뢰보호의 관점이 입법자의 형성권에 제한을 가하게 되는데, 본 사건 오염원인자조항은 부진정소급입법으로서 종래의 법적상태를 신뢰한 자들에 대한 신뢰보호의 문제를 발생시킬 뿐, 헌법 제13조 제2항이 규정하는 소급입법금지원칙에는 위반되지 않는다고 결정하였다.

3. 신뢰보호 원칙 위반 여부

헌법재판소는 오염원인자조항이 추구하는 공익을 '토양오염을 신속하고 확실하게 제거·예방하고, 그로 인한 손해를 배상'하는 것으로 판단하고 신뢰이익을 검토하면서 제23조 제3항 제3호가 시행된 2002. 1. 1. 이전(①)과 이후(②)로 나누어서 검토하였는데 ①의 양수의 경우에는 폐기물에 대한 공법적 규제가 시작된 1970년대 이전까지는 토양오염관리대상시설을 양수한 자가 비록 토양오염 사실을 알거나 알지 못한 데 과실이 있다고 하더라도 자신이 직접 관여하지 않은 토양오염에 대해서까지 공법상의 책임을 부담할 수 있음을 예측하기 어려웠던 것으로 보지만 선의이며 무과실인 양수자는 면책되지만, 토양오염관리대상시설의 양수자는 통상 토양오염사실 또는 그 가능성에 대해 알거나 알 수 있는 위치에 있다고 평가되기 쉽고, 양수자의 면책을 위해 도입된 토양환경평가제도는 2002. 1. 1.에서야 시행되었으므로, 그 이전의 양수자에 대해서는 위 면책규정이 사실상 의미가 없으므로 본 사건 오염원인자조항은 예측하기 곤란한 중대한 제약을 사후적으로 가하고 있으면서도, 그로 인한 침해를 최소화할 다른 제도적 수단을 마련하고 있지 않으므로 신뢰이익의 손상 정도가 중대하다고 판단하였지만 ② 이후 토양오염관리대상시설을 양수한 자는 자신이 관여하지 않은 양수 이전의 토양오염에 대해서도 책임을 부담할 수 있다는 사실을 충분히 인식할 수 있어서 보호가치 있는 신뢰를 인정하기 어렵다고 판단하였다. 헌법재판소는 공익과 신뢰이익과 비교형량을 하면서 오염원인자조항이 ① 이전에 이루어진 토양오염관리대상시설의 양수에 대해서 무제한적으로 적용되는 경우에는, 기존 법상태에 대한 신뢰의 정당성, 책임회피 가능성의 부재, 신뢰침해 결과의 중대성을 고려해 볼 때, 토양오염을 신속하고 확실하게 제거·예방하고, 그로 인한 손해를 배상한다는 오염원인자조항이 추구하는 공익만으로는 신뢰이익에 대한 침해를 정당화하기 어렵다고 판단하면서 오염원인자조항은 ① 이전에 토양오염관리대상시설을 양수한 자를 그 양수 시기의 제한 없이 모두 오염원인자로 간주하여 보호가치 있는 신뢰를 침해하였으므로, 신뢰보호원칙에 위배된다고 결정하였다.

Ⅲ. 대상결정의 평가

김종대 재판관은 ① 토양오염관리대상시설을 양수한 자가 오염원인자로 간주되기 시작한 2002. 1. 1. 이후에 토양오염관리대상시설을 양수한 자는 자신이 관여하지 않은 양수 이전의 토양오염에 대해서도 책임을 부담할 수 있다는 사실을 충분히 인식할 수 있어서 보호가치 있는 신뢰를 인정할 수 없고, ② 자신이 지배하는 물건으로 인한 피해에 대해 손해배상책임을 부담할 수 있다는 것은 오래된 민법상의 일반원칙이란 점, ③ 폐기물규제는 이미 1970년대 초부터 존재했고, ④ 오염원인자 책임원칙은 환경보전법이 제정되면서 도입되었으며 본격적인 산업화가 시작된 시점이 1970년대 이후이므로 1970년대 이전에 토양오염관리대상시설을 양수한 자는 '오염유발자' 또는 '토양오염의 발생 당시 토양오염의 원인이 된 토양오염관리대상시설을 소유·점유 또는 운영하고 있는 자'에 해당할 가능성이 높으며, ⑤ 토양오염관리대상시설을 양수한 자가 오염원인자로 간주되기 시작한 2002. 1. 1. 이전에 토양오염관리대상시설을 양수한 자더라도, 그 신뢰의 보호가치는 크지 않지만, ⑥ 토양오염을 신속하고 확실하게 제거·예방하고, 그로 인한 손해를 배상하여 궁극적으로 일반 공중의 건강 및 쾌적한 생활환경을 확보한다는 공익은 긴급하고도 대단히 중요한 공익이므로, 신뢰보호원칙에 위배된다고는 볼 수 없다는 의견을 개진하였다.

약 30년 동안 헌법재판소가 헌바사건에서 심판대상이 신뢰보호원칙에 위배된다고 결정한 것은 총 4건에 불과하고(이종엽·김주경, 92면) 다수의견과 반대의견은 동일한 사건에 대한 정반대의 가치판단을 하고 있는데, 신뢰보호원칙의 위반은 기본적으로 침해받는 신뢰이익의 가치와 공익사이의 비교형량문제로서 종합적 가치판단이지만 토양정화책임은 단순한 사법상의 책임이 아니라 공법상 책임으로서 위험책임(한상운, 5면)이며 토양오염의 특성과 파급효과를 충분히 고려했는지 강한 의문이 들며 부진정소급입법에 있어서 소급입법금지의 원칙은 위배되지 않았지만 신뢰보호원칙에 위배된다는 헌법재판소의 논리구조에 의문이 제기된다(박종원 122면). 본 결정 이후 개정된 토양환경보전법의 관련조항에 대한 위헌심판사건에서는 환경적 위험과 토양오염에 근접한 자에 대한 정화책임을 긍정하면서 평등원칙과 재산권을 침해하지 않는다며 토양환경보전법 관련조문의 합헌성을 확인하였다. 토양환경보전법을 제정할 당시 많은 참조를 하였던 미국의 종합환경책임대응법(CERCLA)도 유사한 조문이 존재하고 수많은 위헌시비가 있었음에도 거의 모든 조항이 연방대법원에서 합헌판단을 받았다(김성배1, 90)는 사실에 비추어 보면 본 사건에서 토양오염의 심각성, 발견·처리곤란성, 계속성, 위험성 등이 충분히 고려되었어야 하며, 위헌심판에 제기되었을 때 담당 부처의 자발적이고 적극적인 대처가 매우 아쉬운 사건이다.

참고문헌

김성배, "소급적 토양정화책임의 위헌문제", 환경법과 정책 제8권 (2012)

김성배, "토양오염사건과 환경정의", 환경법연구 제35권 제2호) (2013)

박종원, "헌법불합치결정에 따른 토양정화책임조항 입법론", 환경법과 정책 제10권 (2013)

이종엽·김주경, "법원의 헌법판단을 위한 위헌심사기준 연구", 사법정책연구원 연구총서 (2018)

한상운, "토양환경보전법상의 토양오염원인자의 법적 책임, 환경포럼 제16권 11호 (2012)

[76] 토양환경보전법상 토지소유자의 손해배상책임 인정 요건

—대법원 2012. 1. 26. 2009다76546 판결—

채 동 수 (부산고등법원 창원재판부)

[사실 개요]

1. 甲은 마산시 석전동 대 128.8㎡의 소유자이고, 乙은 위 토지에 인접한 131.01㎡(이하 '이 사건 토지'라 함)의 소유자이며, 丙은 乙로부터 이 사건 토지를 임차한 후 주유소 영업을 위하여 지하에 유류저장조를 설치하여 주유소를 운영한 사람이다.

2. 유류저장조의 배관 불량으로 기름이 유출되어 甲 소유 토지에 토양오염 기준수치가 초과되는 오염이 발생하자, 甲은 乙과 丙을 상대로 손해배상청구를 하면서 乙에 대하여 구 토양환경보전법(2011. 4. 5. 법률 제10551호로 개정되기 전의 것, 이하 '구법'이라 함) 제10조의3 제3항 제2호의 오염원인자에 해당한다는 이유로 같은 조 제1항에 따른 손해배상책임을 주장하였다(다른 청구원인 및 이에 관한 부분은 생략. 이하 같음).

[판결 요지]

구법 제10조의3 제3항 제1호에서 직접적인 행위로 토양오염을 유발시킨 자를 규정하고 이어서 제2호에서 '토양오염의 원인이 된 토양오염관리대상시설'이라고 규정한 문언적인 해석이나 법 제2조 제3호에서 단지 '토양을 오염시킬 우려가 있는 시설·장치·건물·구축물 및 장소 등'을 '토양오염관리대상시설'로 정의하고 있는 것과 대비하여 볼 때, 구법 제10조의3 제3항 제2호는 토양오염관리대상시설을 소유·점유 또는 운영하고 있는 자의 직접적인 행위로 토양오염을 유발시킬 것을 요건으로 하지는 않지만 토양오염관리대상시설이 토양오염의 원인이 될 것을 요건으로 한다고 해석함이 타당하다. 즉 토양오염관리대상시설이라는 유체물과의 인과관계가 요구되고 소유·점유 또는 운영하고 있는 자와의 인과관계는 요구되지 않는다.

해설

Ⅰ. 대상판결의 쟁점

甲의 주장에 대하여 乙만이 다투었는데, 원심은 구법에 따른 오염원인자로서 손해배상책임을 인정하지 아니하여 甲의 乙에 대한 청구를 배척하였다. 이에 甲이 상고하면서 상고이유로서 乙이 구법 제2조 제3호 소정의 토양오염관리대상시설인 이 사건 토지의 소유자이므로 구법 제10조의3 제3항 제2호 소정의 오염원인자에 해당한다고 주장하였다. 유류저장조의 부지인 이 사건 토지가 토양오염관리대상시설에 해당하는지, 그렇다면 그 소유자가 구법 제10조의3 제3항 제2호의 오염원인자에 해당하는지가 문제된다.

Ⅱ. 대상판결의 분석

1. 종전 판례

구법 제2조 제3호는 "토양오염관리대상시설"을 "토양오염물질을 생산·운반·저장·취급·가공 또는 처리함으로써 토양을 오염시킬 우려가 있는 시설·장치·건물·구축물 및 장소 등을 말한다"고 규정하고 있고, 제10조의3 제3항 제2호는 "토양오염의 발생 당시 토양오염의 원인이 된 토양오염관리대상시설을 소유·점유 또는 운영하고 있는 자"를 오염원인자 중 하나로 규정하고 있다.

대법원은 2009. 12. 24. 2009두12778 판결에서 "구법 제2조 제3호에 규정된 토양오염관리대상시설 중 '장소'에는 토양오염물질을 생산·운반·저장·취급·가공 또는 처리함으로써 토양을 오염시킬 우려가 있는 시설·장치·건물·구축물이 설치되어 있는 부지도 포함된다고 볼 것이므로, 위와 같은 부지를 양수한 자는 구법 제10조의3 제3항 제3호의 규정에 따라 같은 조 제1항의 규정에 의한 오염원인자로 보되, 다만 선의이며 과실이 없는 때에는 그러하지 아니하다고 할 것이다."고 판시하였다.

이 사건과 관련하여 행정청은 丙에게 '시설개선 또는 오염토양의 정화조치'를 명하였는데 丙이 위 명령을 이행하지 아니하고 소재가 불분명해지자, 乙에게 '정밀조사 실시 및 정밀조사 확인된 오염토양의 정화'를 명하였다. 乙이 위 처분의 취소를 구하였으나 제1심법원은 乙이 이 사건 토지의 소유자로서 오염원인자에 해당한다는 이유로 청구기각 판결을 선고하였고, 乙이 항소 및 상고하였으나 모두 기각되었다(대법원 2010. 3. 11. 2009두20908 판결, 이하 '관련 행정사건'이라 함).

위 판결들은 토지오염관리대상시설을 소유·점유·운영·양수·인수한 자는 곧바로 오염원인자에 해당한다는 구도를 취하고 있는바, 이에 따르면 이 사건 토지는 토양을 오염시킬 우려가 있는 유류저장조가 설치되어 있는 부지이므로 토양오염관리대상시설에 해당하고, 이 사건 토지의 소유자인 乙은 오염원인자에 해당한다고 볼 수 있다.

2. 새로운 해석 기준의 제시

대상판결은 위 판결들의 구도에서 벗어나 토지소유자의 오염원인자 인정에 있어 인과관계를 추가로 요구하여 구법 제10조의3 제3항 제2호의 새로운 해석 기준을 제시하였다고 볼 수 있다.

구법 제2조 제3호의 정의 규정에 의하면 이 사건 토지가 토양오염관리대상시설에 해당하나, 이 사건 토지의 소유자를 오염원인자로 인정하려면 이 사건 토지를 소유하는 것만으로는 부족하고 이 사건 토지 자체가 인접 토지의 오염의 원인이 되어야 한다는 것이다(원심은 乙과 丙 사이의 임대차 관계, 유류저장조를 포함한 주유소 영업에 필요한 시설물의 권리변동경위, 유류누출경위 등을 종합할 때 이 사건 토지와 인접한 토지의 오염 사이에 인과관계가 인정되지 않는다는 이유로 乙의 책임을 인정하지 않았고, 대상판결은 이를 수긍하였다).

즉 토양오염의 원인이 된 토양오염관리대상시설을 소유하는 자가 오염원인자가 된다는 것이다. 이때 토지의 소유자가 실제로 토양을 오염시켰는지, 토양오염에 일정한 원인을 제공하였는지는 묻지 않는다. 토양오염관리대상시설이라는 유체물과의 인과관계가 요구되고 그 소유자·점유자·운영자인 사람과의 인과관계는 요구되지 않는다는 것이다.

이러한 해석은 구법 제10조의3 제3항 제2호의 문언, 즉 '토양오염의 발생 당시 토양오염의 원인이 된 토양오염관리대상시설을 소유·점유 또는 운영하고 있는 자'에서 '토양오염의 원인이 된' 부분에 방점을 두는 것으로서 민사책임의 대원칙인 자기책임의 원칙에 충실한 해석으로 볼 수 있다.

이에 관하여는 구법 제10조의3 제1항의 책임이 법정책임으로서 특별히 무과실책임을 규정하였는데, 인과관계를 추가 요건으로 한다면 사실상 유과실책임으로 전환하는 것이 아닌가 하는 의문이 있을 수 있지만 인과관계와 과실은 구별되는 개념이므로 인과관계를 추가 요건으로 한다고 해서 무과실책임과 양립할 수 없는 것은 아니다.

3. 헌법재판소의 결정 및 법률의 개정

乙은 관련 행정사건의 상고심 계속 중 구법 제2조 제3호 정의조항 중 '장소 등' 부분 및 구법 제10조의3 제3항 제2호에 관하여 위헌법률심판제청신청을 하였고, 대법원이 위 신청에 대하여 기각결정을 하자 헌법재판소에 헌법소원심판을 청구하였다. 헌법재판소는 2012. 8. 23. 2010헌바167 결정으로 구법 제2조 제3호 '장소 등' 부분은 헌법에 위반되지 않으나 구법 제10조의3 제3항 제2호는 침해의 최소성 원칙에 반하고, 소유자 등의 재산권 및 평등권을 침해한다는 등의 이유로 헌법불합치결정을 하였다.

토양오염으로 인하여 피해가 발생한 경우, 당초 토양환경보전법은 일정한 요건에 해당하는 자를 오염원인자로 보고, 오염원인자에게 무과실책임으로 피해배상(사법상 책임) 및 정화책임(공법상 책임)을 부과하는 구조였는데, 위 헌법불합치결정 및 구법 제10조의3 제3항 제3호 중 '토양오염관리대상시설을 양수한 자' 부분에 관한 헌법재판소 2012. 8. 23. 2010헌바28 결정(신뢰보호원칙에 위배되어 헌법불합치)을 반영하여 2014. 3. 24. 법률 제12522호로 개정되면서 '오염을 발생시킨 자'에게 무과실책임으로 피해배상 및 오염토양 정화의무를 부과하되, 일정한 요건에 해당하는 자를 토양정밀조사, 오염토양의 정화 또는 오염토양 개선사업의 실시 등에 관한 정화책임자로 규정하는 구조로 변경하였고, 정화책임의 면책사유를 아울러 규정하고 있으며, 이는 현재에도 대체적으로 유지되고 있다. 이에 관하여는 사법상 책임과 공법상 책임의 수범자를 명확히 구분하였다는 평가를 할 수 있다. 개정 법률 아래에서는 토지소유자가 사법상 책임을 지는지 여부는 그가 인접 토지에 오염을 발생시킨 자에 해당하는지를 검토하면 될 것이다.

Ⅲ. 대상판결의 평가

대상판결은 구법 제10조의3 제3항 제2호에서 정한 오염원인자의 개념을 인과관계에 기초하여 풀이한 최초의 판결에 해당한다. 토양오염관리대상시설인 토지의 소유자라는 이유만으로 오염원인자에 해당하여 손해배상책임을 질 수 있는 사안에서 손해배상책임의 성립요건으로 해당 토지와 인접 토지의 오염 사이의 인과관계를 요구함으로써 토지소유자의 책임 성립을 제한한 것이다. 이는 토지소유자에게 인접 토지에 대한 자칫 무제한적인 무과실책임이 부과될 수 있는 결과를 방지한다는 점에서 관련 헌법재판소의 결정 및 이에 따른 법률의 개정과도 일맥상통한다고 할 수 있다.

참고문헌

김도요, "토양환경보전법상 토지소유자의 책임에 있어서 인과관계에 관한 고찰", 법학연구 제26권 제2호 (2015)

김현준, "토양오염으로 인한 정화책임과 손해배상책임 – 최근 판례를 중심으로", 토지법학 제28권 제1호 (2012)

조용현, "토양환경보전법 제10조의3 제3항 제2호에서 정한 오염원인자의 요건", 대법원 판례해설 제91호 (2012)

[77] 자기 소유 토지에 토양오염을 유발한 자의 불법행위책임

— 대법원 2016. 5. 19. 2009다66549 전원합의체 판결—

한 지 형 (서울남부지방법원)

[사실 개요]

1. 피고 乙은 20년간 본인 소유 토지에서 공장을 운영하면서 토양을 오염시켰다. 乙은 그 지상을 복토한 다음 X에게 매도하였다. X는 특별한 조치 없이 수년간 그 지상을 사용한 다음 원고 甲에게 매도하였다. 甲은 건물 신축을 위해 자신의 비용으로 오염토양을 정화하였다. 甲은 乙의 불법행위로 인하여 정화비용 상당의 손해를 입게 되었다고 주장하며 그 배상을 구하였다.

2. 종래 대법원은, 본인 소유 토지에 폐기물 등을 매립한 행위는 자신에 대한 행위로서 제3자에 대한 행위가 아니므로 불법행위가 성립되지 않고, 매립 행위 자체만으로 어떠한 손해가 발생하는 것도 아니라고 하면서, 그러한 사실만으로 그 후 토지 소유권을 취득한 자에 대하여 불법행위를 구성하는 것은 아니라고 보았다(대법원 2002. 1. 11. 99다16460 판결).

3. 대상판결 사안에서는 乙의 행위를 그 토지를 전전 취득한 甲에 대한 위법행위로 보아 乙에게 불법행위책임을 지울 수 있는지가 쟁점이 되었다.

[판결 요지]

환경오염에 관한 법률관계에 대하여 규정들 및 관련 법리를 해석·적용할 때에는 환경보전을 위한 헌법의 정신과 환경정책기본법의 기본이념이 충분히 실현되도록 하여야 한다.

1. [다수의견]

토지의 소유자라 하더라도 토양오염물질을 토양에 누출하는 등으로 토양오염을 유발하였음에도 오염토양을 정화하지 않은 상태에서 오염토양이 포함된 토지를 거래에 제공함으로써 유통되게 하였다면, 이는 거래의 상대방 및 토지를 전전 취득한 현재의 토지소유자에 대한 위법행위로서 불법행위가 성립할 수 있다. 그리고 현재의 토지소유자가 자신의 소유권을 완전하게 행사하기 위하여 또는 행정명령에 따라 오염토양 정화비용을 지출하게 되었다면 위법행위로 인하여 오염토양 정화비용의 지출이라는 손해의 결과가 현실적으로 발생하였으므로, 토양오염을 유발한 종전 토지소유자는 오염토양 정화비용 상당의 손해에 대하여 불법행위자로서 손해배상책임을 진다.

2. [반대의견]

자신의 토지의 토양을 오염시켜 토지를 유통시킨 경우는 물론 타인의 토지에 그러한 행위를 하여 토지가 유통된 경우라 하더라도, 행위자가 토양오염을 유발시킨 자라는 이유만으로 자신과 직접적인 거래관계가 없는 토지의 전전 매수인에 대한 관계에서 정화비용 상당의 손해에 관한 불법행위책임을 부담한다고 볼 수는 없다.

해설

I. 대상판결의 쟁점

토양오염으로 인하여 발생하는 비용을 당해 토지 오염토양 정화에 소요되는 비용과 그 외의 비용(치료비나 인접 토지 정화비용)으로 나누어 본다면 이 사안은 전자의 문제이다.

구 토양환경보전법(2011. 4. 5. 법률 제10551호 개정되기 전의 것, 이하 '법'이라 함) 제11조, 제15조에 따르면 오염원인자는 정화조치 명령에 따른 정화의무를 부담한다. 한편 법 제10조의3에 따르면 토양오염 피해가 발생한 경우 해당 오염원인자는 그 피해를 배상함과 아울러 오염된 토양을 정화하여야 한다. 정화의무를 지는 자가 정화비용을 부담하여야 함은 명백해 보이는데, 법은 복수의 오염원인자 중 자신의 비용으로 정화의무를 이행한 오염원인자(또는 오염원인자가 아닌 자)가 다른 오염원인자에게 그 비용의 일부 또는 전부를 청구할 수 있는지는 규율하고 있지 않아 문제가 되었다.

다수의견은 헌법상 환경권, 법 제10조의3의 해석 등을 토대로 민법상 불법행위책임 규정을 해석하여 그 문제를 풀어내었다. 반면 반대의견은 그것이 법원의 권한 범위를 넘는 것이고 새로운 법리를 창설한 것이라 비판하였다.

II. 대상판결의 해석적 입장: '환경법적 해석'론

대법원은 환경오염 관련 규정의 해석에 관하여 "헌법의 정신과 환경정책기본법의 기본 이념이 충분히 실현될 수 있도록" 하여야 한다고 강조하였다. 그런데 그러한 해석(이하 '환경법적 해석'이라 함)이란 과연 무엇일까?

미국이나 독일과 달리 우리 헌법이 환경권을 헌법상 기본권으로 인정하여 그 가치를 중시하고 있음은 분명하다. 그러나 그것이 다른 모든 가치에 우선하는 가치일 수는 없고 다양한 다른 가치와 조화를 이루어야 하는 가치인 점도 분명하다. 환경 가치와 다른 가치가 충돌할 경우 누군가 이를 조정해 주어야 할 터인데, 민주주의 국가인 우리나라에서는 입법으로 해결하는 것이 바람직하다. 따라서 법원의 해석 또한 입법자가 사용한 문언과 그 의도를 충실하게 파악하는 데에서부터 시작되어야 한다. 뿐만 아니라 법적 안정성 또는 예측 가능성을 위해 선례 역시 중시되어야 한다. 법원의 재량은 들어맞거나 유사한 선례가 없을 때 행사되는 것이 바람직하다. 다만 선례가 있더라도 법원의 새로운 해석이 사회 전체에 더 큰 이익을 가져오는 경우라면 이를 변경하여서라도 새로운 해석을 관철할 필요도 있겠다. 환경법적 해석은 이러한 방법적 통제를 따르는 해석이라고 하겠다.

대상판결은 법 제10조의3 등의 문언과 입법목적을 살피고, 기존 판례의 사실관계 및 법리와의 이동(異同)을 드러내기 위한 논증에 판결서의 많은 부분을 할애하고 있다. 이러한 점에서 대상판결이 말하는 환경법적 해석은 위 해석이론과 궤를 같이한다고 생각한다.

Ⅲ. 대상판결의 분석

1. 토양환경보전법 제10조의3의 정화의무

다수의견은 자기 소유 토지에 토양오염을 유발한 자는 "전전 매수한 현재의 토지소유자에 대하여 직접 법 제10조의3에 따른 오염토양 정화의무를 부담한다"라고 하면서 위 규정 중 정화의무에 관한 부분이 사법상 책임을 규정한 것으로 해석하고 이를 아래에서 보는 불법행위책임의 근거 중 하나로 삼았다.

정화의무 부분은 처음 위 규정이 제정되었을 당시에는 없었던 것으로, 도입 무렵부터 그 법적 성질 등에 관한 다양한 견해가 개진되었다. 법 제10조의3이 피해 발생 시 정화의무를 규정하고 있을 뿐 법 제11조, 제15조와 같은 행정명령의 근거 규정은 두지 않은 것을 보면, 법은 이를 사인 간의 문제로 다루는 것으로 보인다. 같은 취지의 다수의견에 동의한다.

다만 다수의견이 정화의무가 불법행위책임 인정의 전제 조건인 것처럼 논리를 전개하면서 법적 성질(개인적으로는 민법상 방해배제청구권의 특칙으로 이해한다)이나 요건·효과에 대해 더 나아가 다루지 아니한 것은 다소 아쉬움이 남는다. 반대의견에 대한 조희대 대법관의 보충의견에서도 지적하였듯 정화의무를 불법행위책임의 효과로 본다면 법률요건과 효과가 순환되는 오류가 발생하고, 소유물방해배제청구권의 특칙이라고 본다면 그 요건이 무엇이고 이를 충족하였는지 문제가 될 여지가 있기 때문이다.

또한, 다수의견이 법 제10조의3의 배상 부분에 관하여 다루지 않은 점에 대해서도 아쉬움이 남는다. 종래 민법 제750조의 적용 없이 곧바로 법 제10조의3에 의하여 손해배상 문제를 해결할 수 있다고 보는 견해도 있었고 그런 취지의 하급심 판결도 있었다. 이러한 견해에 따르면 이 사안의 해결은 간단해진다. 그러나 법의 문언, 입법 연혁, 자기책임의 원칙 등을 고려하여 볼 때 이는 민법 제750조가 적용되는 경우를 전제로 그 귀책사유를 요구하지 않는 규정이라고 보는 것이 타당하다. 다수의견도 위법행위의 실체에 대한 논증에 나아간 것을 보면 적어도 위 견해의 입장은 아닌 것으로 파악된다.

2. 민법 제750조

다수의견은 이른바 위험책임의 법리에 기초해서 乙에게 불법행위책임을 인정하였다. 그리고 다수의견은 토양오염이 타인의 법익을 침해할 수 있는 위험을 단계적으로 구성, 판단(오염시킨 토지가 자신의 소유로 머물러 있는 단계에서는 타인의 법익을 침해하지 않으므로 불법행위가 성립하지 않지만 그 토지가 유통에 놓이게 되면 달라진다는 것)하는 한편, 그 토양오염의 특수성(오염토양은 지하에 존재하므로 전전 매매 과정에서도 인식되지 않고 있다가 그 지하까지 사용하려는 현재의 소유자에 이르러 비로소 정화비용을 지출해야만 하는 손해를 입게 된다)을 고려하였다.

반대의견은 이를 '새로운 법리를 제시한 것'이라고 비판한다. 그러나 다수의견의 접근방식은 앞에서 언급한 환경법적 해석으로 평가될 수 있다고 생각한다. 법 제10조의3의 정화의무가 사법상 규정이라고 해석한 것은 헌법상 환경권, 환경정책기본법 및 법의 관련 규정을 문언과 입법 목적에 충실하게 한 것이라 하겠고, 그에 기초하여 위험책임의 법리나 불법행위를 한 날(현실적으로 손해의 결과가 발생한 날)의 의미에 관한 확립된 대법원 판례의 법리를 환경법적 특성에 맞게 적용하였기 때문이다. 자기 토지에 폐기물을 매립한 사안에 관한 기존 판례를 변경하기 위해, 그와 달리 판단한 과정과 그 이유, 사회적 필요성 등을 논리적으로 전개해 나간 점 역시 그러한 해석이론에 부합한다.

Ⅳ. 대상판결의 평가

대상판결 사안은 복수의 오염원인자 사이의 정화비용 분담의 문제이다. 외국의 입법례를 보면 구상에 관한 규정이 있고 현행법도 개정을 통해 그 규정을 두고 있으므로 이후로 유사한 사안은 다른 차원(분담 비율을 정하는 문제)으로 전개될 것이다.

그럼에도, 대상판결은 민사법의 영역에서 환경 가치와 다른 가치가 충돌하여 조정이 필요하게 된 상황에서, 헌법과 행정법의 관련 규정, 기존의 법리를 종합하여 일반적이고 추상적인 민법 규정을 환경법적으로 해석·적용하기 위한 지난한 여정을 잘 보여주고 있다는 점에서 그 의의가 크다.

참고문헌

김현준, "토양오염으로 인한 정화책임과 손해배상책임—최근 판례를 중심으로", 토지법학 제28권 제1호 (2012)

조홍식, "환경법의 해석과 자유민주주의", 서울대학교 법학 제51권 제1호 (2010)

채영근, "오염된 토양의 정화책임", 공법연구 제30권 제4호 (2002)

[78] 토지소유자의 정화책임 면책을 허용하지 않은 입법의 위헌 여부

— 헌재 2016. 11. 24. 2016헌바11 결정 —

정 완 (서울중앙지방법원)

[사실 개요]

1. 甲은 1989. 9. 23. 마산시 석전동 271-7 대 131.01㎡(이하 '이 사건 토지'라 함)를 매수하여 소유권을 취득한 후, 2004. 10. 16. 이 사건 토지 외 2필지를 乙에게 임대하여, 乙은 2004. 11. 1.경부터 이 사건 토지에서 주유소를 운영하였는데, 2005. 6.경 이 사건 토지 지하에 설치된 유류저장탱크의 연결배관 불량으로 이 사건 토지에서 토양오염물질이 우려기준 이상 검출되었다. 이에 관할 행정청은 2005. 7. 18. 乙에게 오염토양 정화조치 등을 명하였음에도 乙이 이를 불이행하자, 2008. 5. 21. 甲에게 이 사건 토지 등에 대한 토양정밀조사의 실시 및 오염토양의 정화를 명하는 처분을 하였다.

2. 甲은 위 처분의 취소를 구하는 행정소송의 상고심(대법원 2009두20908) 계속 중 구 토양환경보전법(2011. 4. 5. 법률 제10551호로 개정되기 전의 것) 제10조의3 제3항 제2호에 대하여 헌법소원심판을 청구하였는데, 헌법재판소는 2012. 8. 23. 위 법률조항이 토양오염관리대상시설 소유자·점유자 등의 재산권·평등권을 침해함을 이유로 헌법불합치결정을 선고하였다(2010헌바167).

3. 甲이 2011. 5.경 사망하자 상속인들은 재심을 청구하였고(대법원 2012재두329), 대법원은 2015. 3. 26. 재심대상판결(대법원 2009두20908)을 취소하고 원심판결(부산고등법원 2009누3897)을 파기·환송하였는데, 상속인들은 부산고등법원(창원) 2015누38 사건의 소송 계속 중 개정된 토양환경보전법(2014. 3. 24. 법률 제12522호로 개정된 것, 이하 '개정법'이라 함) 제10조의4 제2항 단서 중 '자신이 소유 중인 토지의 사용을 허용한 경우'에 관한 부분(이하 '이 사건 조항'이라 함)에 의하여 여전히 토양오염 정화책임자가 됨으로써 재산권 등이 침해된다며 위헌법률심판제청신청을 하였으나 기각되자, 2016. 1. 4. 다시 이 사건 헌법소원심판을 청구하였다.

[결정 요지]

1. 이 사건 조항은, ① 토지소유자에게 정화책임 등을 부과하는 것은 신속하게 토양오염 책임자의 책임이행을 확보하려는 입법목적 달성에 적합한 수단이 되는 점, ② 토지소유자가 토양오염발생자 등에게 토지사용을 허용한 경우에는 토양오염 발생에 관여하거나 위험을 인수한 것이므로, 토지소유자에게 토양오염에 대한 상태책임을 지우는 것은 정당한 근거가 있는 점, ③ 개정법은 토지소유자의 면책범위를 대폭 확대하고 책임을 완화하는 수단을 마련하고 있는 점, ④ 구 토양환경보전법이 1996. 1. 6. 시행됨으로써 토지

소유자는 공법상 무과실책임을 부담할 수 있다는 예측을 할 수 있게 된 점, ⑤ 이 사건 조항으로 얻게 될 공익은 토지소유자가 입게 되는 불이익보다 크다고 보아야 하는 점 등에 비추어 보면, 과잉금지원칙에 위배되지 아니하므로 청구인들의 재산권을 침해하지 아니한다.

　2. 이 사건 조항이 토지소유자 중 1996. 1. 5. 이전까지 토지사용을 허용한 경우와 구별하여, 1996. 1. 6. 이후에 토양오염발생자 등에게 토지사용을 허용한 경우에는 정화책임자에서 제외되지 않도록 규정하고 있더라도, 여기에는 구 토양환경보전법의 제정과 시행으로 인한 예측가능성의 측면에서 명백한 차이가 있어 자의적인 차별로 볼 수 없으므로, 이 사건 조항은 청구인들의 평등권을 침해하지 아니한다.

해설

I. 대상결정의 쟁점

　개정법은 헌재 결정(2010헌바167)의 취지에 따라 토지소유자 등의 정화책임 면책범위를 확대하였는데, 그 개정 내용에 의하더라도 토양오염이 발생한 토지소유자는 원칙적으로 정화책임자로서 토양정화 등의 의무가 있고, 이에 대해서는 예외적인 면책사유가 규정되어 있다. 그러나 이 사건 조항에 의하면, 일단 토지소유자가 해당 토지를 1996. 1. 5. 이전에 양수함으로써 면책사유에 해당하는 경우에도, 현재까지 이를 타인에게 임대하지 않고 직접 점유하고 있는 경우 등에는 설령 해당 토지가 오염되어 있더라도 정화책임자로 간주되지 않지만, 만일 1996. 1. 6. 이후 타인에게 토지사용을 허용한 경우에는 다시 면책대상에서 배제시켜 정화책임을 부과하고 있다. 즉, 후자의 경우에는 토지소유자가 토양오염 사실에 대해 선의·무과실이거나 토양오염 발생에 귀책사유가 없는 경우에도 면책되지 않는 무과실책임을 지게 되어 있는데, 이와 같이 이 사건 조항이 청구인들에게 면책이 허용되지 않는 토양정화책임을 부과함으로써 과잉금지원칙을 위반하여 청구인들의 재산권을 침해하는지 여부가 문제될 수 있다.

　또한 이 사건 조항은 토지소유권 취득시기가 동일하게 1996. 1. 5. 이전인 토지소유자들에 대해 '1996. 1. 6. 이후 타인의 사용을 허용하였는지 여부'라는 우연한 조건에 따라 정화책임 부담 여부에 관하여 서로 다르게 규율하고 있는데, 이러한 차별이 입법재량권을 자의적으로 남용한 것이어서 청구인들의 평등권을 침해하는지 여부도 문제된다.

Ⅱ. 대상결정의 분석

1. 재산권 침해 여부

우리 헌법은 토지 관련 재산권에 대해서는 재산권의 사회적 기속성(제23조 제2항)에 의한 제한 이외에도 '국토의 효율적이고 균형 있는 이용·개발과 보전'의 목적을 위해 더욱 강한 규제의 필요성이 있음을 전제로 광범위한 입법형성권을 부여하고 있다(제122조).

이와 관련하여, 국가뿐만 아니라 우리 국민도 토양오염을 방지하고 오염된 토양을 정화해야 할 헌법상 의무를 부담하고 있고(제35조 제1항), 이에 따라 환경오염 정화책임자의 구체적인 범위 및 책임의 내용에 대해서는 입법자에게 광범위한 입법형성의 자유가 인정되고 있는데(헌재 2012. 8. 23. 2010헌바167 결정), 이러한 국민의 토양환경 보전 및 개선의무 등에 관한 입법은 '국토의 보전'이라는 목적을 위해 토지소유자 등의 재산권을 제한하는 것에 해당하므로, 이 경우에도 다른 기본권 제한 입법과 마찬가지로 과잉금지의 원칙이 준수되어야 한다(헌재 2010. 5. 27. 2007헌바53 결정).

이 사건 조항에서 규정한 토지소유자는 타인에게 해당 토지를 사용하도록 허용하여 차임 등의 이익을 얻었을 뿐만 아니라, 토지사용자로 하여금 해당 토지를 토양오염발생의 위험을 초래할 수 있는 용도로 사용하게 하거나 이를 묵인함으로써 토지소유자 스스로 토양오염 발생에 관여하였거나 위험을 인수한 것으로 볼 수 있다. 또한, 토지소유자로서는 토양환경보전법이 처음으로 시행된 1996. 1. 6. 이후에는 자신이 부담해야 할 정화책임을 어느 정도 예측할 수 있었다고 보아야 한다. 따라서 이 사건 조항이 위와 같은 근거로 해당 토지소유자에게 면책이 허용되지 않는 정화책임을 부과하는 것은 충분히 수긍할 수 있고, 여기에 토양오염 정화의무는 토지소유권에 필연적으로 수반되는 국민의 헌법상 의무라는 점까지 고려하면, 이 사건 조항의 입법목적의 정당성과 수단의 적합성은 모두 인정될 수 있다.

나아가, 개정법은 이 사건 조항에 의해 토지소유자가 부담하는 정화책임의 경우에도 정화책임 원인자 규명이나 정화조치명령 대상자 선택에 관하여 토양정화자문위원회 자문을 거칠 수 있도록 하고 있는 점(제10조의4 제3항), 정화비용에 대한 구상권 행사의 근거를 명시하고 있는 점(같은 조 제4항), 토양정화비용이 일정한 금액을 초과하는 경우 국가가 토양정화비용의 전부 또는 일부를 지원할 수 있게 함으로써 책임완화 수단을 마련하고 있는 점(같은 조 제5항) 등에 비추어, 이 사건 조항은 침해 최소성의 원칙 및 법익 균형성의 원칙도 모두 준수한 것으로 볼 수 있다. 따라서 이 사건 조항이 청구인들의 재산권을 침해한다고 보기 어렵다.

2. 평등권 침해 여부

토지소유권을 1996. 1. 5. 이전에 취득한 경우이더라도, 해당 토지를 1996. 1. 5. 이전까지 임대하거나 혹은 현재까지 자신이 직접 점유하고 있는 토지소유자와는 달리, 1996. 1. 6. 이후 토양오염발생자로 하여금 이를 사용하게 한 토지소유자의 경우는, 향후 토양오염의 위험을 예측할 수 있는 상태에서 토지사용을 허용함으로써 토양오염 발생의 위험을 자초하였거나 그 토지 사용방법에 내재된 위험이 실현된 것이므로, 이 경우 입법자가 토지소유자에게 토양오염에 대하여 상태책임 내지 무과실책임을 부과한 것은 그 입법목적에 정당한 근거가 있고, 또 양자를 다르게 취급할 합리적인 이유도 있다고 볼 수 있다. 따라서 이 사건 조항이 청구인들의 평등권을 침해한다고 볼 수 없다(입법재량권이 인정될 여지가 많은 영역이므로, 엄격한 비례의 원칙보다 더 완화된 자의금지원칙을 적용하여 차별에 합리적 이유가 있는지 여부만을 심사하고 있음, 헌재 2010. 11. 25. 2010헌마144 결정).

Ⅲ. 대상결정의 평가

토양오염으로 인한 피해의 예방과 회복을 위해 기본권을 제한하는 입법이 이루어진 경우 토양오염의 특수성과 환경권의 중요성 등에 비추어 입법재량권이 최대한 존중되어야 한다는 점에서, 이 사건 결정은 지극히 타당하다.

다만, 이 사건 조항의 경우에도 이러한 폭넓은 입법재량권을 인정하기 위해서는 재산권침해 여부에 대한 판단에 있어서도 과잉금지의 원칙보다는 좀 더 완화된 심사기준을 적용하는 것이 바람직하다는 비판이 제기될 수 있다.

참고문헌

김혜진, "구 토양환경보전법 제2조 제3호 등 위헌소원", 헌법재판소결정해설집 11집 (2013)

채영근, "토양환경보전법 토양오염부지 소유자의 정화책임 조항에 대한 헌법불합치 결정(헌재 2010헌바167 사건)에 관한 소고", 헌법재판연구 제5권 제1호 (2018)

제 10 장

환경피해 공법상 구제

[79] 금강수계법상 토지등 매수거부결정의 처분성과 신청권

─ 대법원 2009. 9. 10. 2007두20638 판결 ─

최 인 호 (충남대학교)

[사실 개요]

1. 甲은 乙에게 금강수계 물관리 및 주민지원 등에 관한 법률(이하 '금강수계법'이라 한다) 제8조 제1항에 따라 자신 소유의 토지 및 정착물을 매수하여 달라는 신청을 하였으나, 乙은 금강수계관리기금 사용의 공공성과 효율성 저해 등의 사유를 들어 거부하였다. 이에 甲은 乙의 매수거부결정에 대한 취소소송을 제1심 관할법원에 제기하였다.

2. 금강수계법 제8조 제1항은 상수원보호구역, 수변구역 또는 상수원의 수질보전을 위하여 필요한 지역으로서 환경부령으로 정하는 지역 내의 토지 또는 정착물(이하 '토지등'이라 한다)의 소유자는 국가에 대하여 토지등의 매수신청을 할 수 있고, 국가는 금강수계관리기금으로 이를 매수할 수 있다고 규정하고 있다. 동조 제2항은 매수결정 시 매수가격은 공익사업을 위한 토지 등의 취득 및 보상에 관한 법률(이하 '토지보상법'이라 한다)의 예에 따라 산정해야 한다고 규정하고 있으며, 동법 시행령 제9조에 따르면, 유역환경청장 또는 지방환경청장은 금강수계관리위원회가 정하는 매수 우선순위에 따라 매수 여부를 결정하고 이를 토지등의 소유자에게 통보하여야 한다.

3. 원심에서 원고 甲은 매수결정을 통보한 후 입장을 번복하여 매수를 거부한 피고 乙의 행위는 신뢰보호의 원칙 등을 위반한 것이라고 주장한 반면, 피고 乙은 토지등의 매수는 사법상 매매계약에 해당하므로 매수거부결정은 항고소송의 대상이 되는 처분으로 볼 수 없다는 내용의 항변을 제출하였다. 원심법원은 乙의 항변을 받아들여 각하판결을 내렸다.

[판결 요지]

1. 국민의 신청을 거부한 행위가 항고소송의 대상이 되는 처분에 해당하기 위해서는, 신청한 행위가 공권력의 행사 또는 이에 준하는 행정작용이어야 하고, 그 거부행위가 신청인의 법률관계에 어떤 변동을 일으키는 것이어야 하며, 신청인에게 그 행위발동을 요구할 법규상 또는 조리상 신청권이 있어야 한다. 신청권의 존부는 신청인이 누구인가를 고려하지 않고 관계법규의 해석에 의하여 신청권을 인정하고 있는가를 살펴 추상적으로 결정되는 것이므로, 신청의 근거가 된 조항의 해석상 국민의 신청권을 인정하고 있다고 보이면 그 거부행위는 처분에 해당하며, 신청의 인용 여부는 본안에서 판단하여야 한다.

2. 토지등의 매수절차에 관한 금강수계법 및 동법 시행령상 관련규정의 내용 및 토지등의 매수제도는 환경침해적인 토지이용을 예방하여 상수원의 수질개선을 도모하는 한

편 상수원지역의 토지이용규제로 인한 토지등의 소유자의 재산권 침해에 대해 보상하는 것을 목적으로 하는 것으로서 손실보상을 대체하는 성격도 있는 점, 매수신청에 대하여 매수거절의 결정을 할 경우 토지등의 소유자로서는 재산권에 대한 제한을 피할 수 없게 되는데, 위 매수거절을 항고소송의 대상이 되는 처분으로 보지 않는다면 달리 불복방법이 없게 되는 점 등에 비추어 보면, 피고 乙의 매수거부결정은 공권력의 행사 또는 이에 준하는 행정작용으로서 항고소송의 대상이 되는 처분에 해당한다.

해설

I. 대상판결의 의의 및 쟁점

이 사건에서 쟁점은 토지등의 매수를 거절한 피고 乙의 행위가 항고소송의 대상이 되는 처분에 해당하는가(즉 거부행위의 처분성), 구체적으로는 원고 甲에게 매수결정을 요구할 수 있는 법규상 또는 조리상 신청권이 있는가의 여부이다.

II. 거부처분과 신청권의 법리

신청권의 존재를 거부처분의 성립요건의 하나로 보는 것이 판례의 일관된 입장이다('대상적격설'). 거부처분과 부작위는 소극적인 공권력의 행사라는 점에서 공통점을 가지므로 부작위의 경우와 마찬가지로 '일정한 처분을 하여야 할 법률상 의무'(행정소송법 제2조 제1항 제2호), 즉 신청권은 거부처분의 개념요소가 되어야 한다는 것이 주된 논거이며, 신청권이 없는 경우 각하판결을 함으로써 법원의 소송부담을 경감할 수 있다는 정책적 판단이 내재되어 있다(박균성, 706면). 판례의 입장에 따르면, 신청권은 형식적 권리로서 개별적·구체적 사안의 특수성을 고려하여 그 존부를 판단하는 것이 아니라 관계법규의 해석에 의하여 추상적으로 결정되어야 한다.

대상적격설을 다음과 같이 비판하면서 신청권을 원고적격의 문제로 접근해야 한다는 견해가 학계에서 유력하게 제시되고 있다('원고적격설'). 처분의 개념을 정의하는 행정소송법 제2조 제1항 제1호의 해석상 신청권을 거부처분의 개념요소로 볼 수 없으므로 신청권을 거부처분의 성립요건으로 요구하는 판례의 입장은 타당하지 않으며, 항고소송 외에 권리구제 수단이 없는 경우에는 원고의 헌법상 재판청구권을 침해할 수 있다. 신청권의 존부에 대한 판단은 경우에 따라 사안의 개별적·구체적 상황을 고려해야만 가능하며, 신청권을 원고적격의 문제로 접근하여 신청인인 원고에게 처분의 취소 등을 구할 법률상 이익이 있는가를 판단하는 것이 논리적이다(김남철, 767면; 박정훈, 86-87면; 정하중, 753면; 홍정선, 1031면).

Ⅲ. 대상판결의 분석 및 평가

1. 대법원 태도에 대한 비판적 검토

행정소송법상 처분의 개념 정의규정에 비추어 볼 때 원고적격설이 논리적으로 타당하다. 다만, 신청권에 관한 판례를 분석해 보면, 판례의 입장은 원고적격설에 접근하고 있는 추세에 있어 거부처분의 범주를 지나치게 제한하는 결과로 이어지고 있다고 보기는 어렵다. 법원은 근거법령의 해석에 의해서 법규상 신청권이 있다고 보기 어려운 경우에도 조리상 신청권의 존재를 인정함으로써 거부처분의 범주를 점차 확대하고 있다. 원칙적으로 처분의 취소·철회에 대한 신청권을 부인하면서도, 공사중지명령의 사유가 해소된 경우에는 그 상대방은 공사중지명령의 해제를 신청할 수 있는 조리상의 권리를 갖는다고 판단한 대법원의 판결이 대표적이다(대법원 2007. 5. 11. 2007두1811 판결). 항고소송 외에 권리구제수단이 없다는 점을 고려할 때 조리상 신청권을 인정하지 않으면 권리구제의 기회가 박탈되는 불합리한 결과가 발생한다는 사실을 인식하고 있는 것이다.

또한 법원은 근거법령의 관련규정에서 인·허가의 신청절차에 준하는 성격의 절차를 마련하고 있는 경우 이에 근거하여 법규상 신청권이 인정된다고 해석하면서, 재산권과 같은 중요한 헌법상 기본권을 보호하고자 하는 해당 규정의 입법취지를 감안하여 조리상 신청권을 함께 도출하고 있다. 구 도시계획법상 주민의 도시계획입안제안을 거부한 행정청의 결정을 처분으로 판단한 대법원의 판결이 대표적이다(대법원 2004. 4. 28. 2003두1806 판결).

이 사건에서 대법원은 주민의 입안제안절차를 규정한 구 도시계획법의 규정에 근거하여 법규상 신청권을 인정하는 데 그치지 않고, 도시계획시설부지의 매수청구권, 도시계획시설결정의 실효 등에 관한 규정과 마찬가지로 도시계획입안제안제도는 헌법상 재산권 보장의 취지를 갖는다는 점을 들어 원고에게 조리상 신청권이 있다고 판시하고 있다. 판례의 경향을 종합적으로 살펴볼 때, 신청권의 존부는 원고의 이익이 근거법령에 의해 보호되고 있는가(즉 법적 이익인가) ─ 보충적으로 권리구제(기본권보호)의 필요성 ─ 에 의해 판단되는 것으로 이해할 수 있기 때문에 '사익보호성'의 인정 여부를 판단하는 원고적격의 문제와 실질적으로 큰 차이가 없게 된다.

또한 법원은 법규상 신청권이 인정되기 어려운 일부 사건에서 개별적·구체적 사안의 특수성을 고려하여 조리상 신청권이 인정된다고 결론을 내리고 있다는 점에서 신청권의 존부는 관계법규의 해석에 의하여 추상적으로 결정되어야 한다는 입장과도 모순되고 있다.

따라서 처분개념의 혼란을 야기해온 신청권의 법리는 폐기되는 것이 바람직하며, 이는 권리구제의 기회를 확대해야 한다는 헌법상 법치국가원리의 요청에 부합한다.

2. 상수원보호구역제도 등에 따라 행위제한을 받는 자의 토지매수신청권의 인정

이 사건에서 대법원은 거부처분의 성립 여부에 대해 단계적·분석적으로 검토하고 있지는 않지만, 판결문을 재구성하면 다음과 같이 판시하고 있다고 해석된다. 첫째, 신청의 대상인 토지등의 매수결정은 국가가 사경제주체로서 행하는 국고행위로 볼 수 없고 상수원의 수질보전이라는 공익을 달성하기 위한 공권력의 행사 또는 이에 준하는 행정작용에 해당한다. 둘째, 매수를 거절한 행위에 의해 신청인인 원고 甲의 재산권이 침해될 수 있다. 셋째, 금강수계법 및 동법 시행령의 토지등 매수신청절차에 관한 규정의 해석상 원고 甲의 법규상 신청권이 인정되고, 매수제도가 갖는 헌법상 재산권 보장의 입법취지에 비추어 조리상 신청권 또한 인정된다. 특히 매수결정은 손실보상을 대체하는 성격을 가지고 있고, 처분성을 인정하지 않을 경우 효과적인 권리구제수단이 존재하지 않는다는 점을 대법원은 강조하고 있다.

매수결정은 상수원 지역 내에서의 토지이용의 제한으로 인해 토지등의 소유자가 입게 되는 재산권의 침해를 보상하는 목적을 가지고 있다고 볼 수 있고, 매수가격을 산정할 때 토지보상법이 준용될 뿐 동법상의 수용절차 및 불복방법에 관한 규정은 적용되지 않기 때문이다.

참고문헌

김남철, 『행정법강론』, 박영사 (2016)
박균성, 『행정법강의』, 박영사 (2018)
박정훈, 『행정소송의 구조와 기능』, 박영사 (2006)
정하중, 『행정법개론』, 법문사 (2008)
홍정선, 『행정법원론(상)』, 박영사 (2018)

[80] 4대강 집행정지 사건에서 회복하기 어려운 손해의 요건

— 대법원 2011. 4. 21. 2010무111 전원합의체 결정 —

김 태 호 (서울대학교)

[사실 개요]

1. 대상결정은 신청인들이 이른바 4대강 정비사업 중 한강 살리기 사업(이 사건 사업)의 중단을 요구하면서 국토해양부장관 등을 상대로 정비사업의 하천공사시행계획과 각 공구별 사업실시계획 승인처분 등에 대해 효력정지를 신청한 사건이다.

2. 신청인들은 사업에 따른 수질오염, 홍수기 침수, 환경 훼손 등이 현실화하여 생명이나 신체 또는 건강에 관한 손해가 발생할 우려가 있다고 하면서 집행정지를 주장하였다.

3. 정부는 4대강 정비사업의 2011년 완공을 목표로 하고 있었기 때문에 대상결정 사건은 법적인 수단을 통해 사업 추진을 저지할 수 있을지 판가름하는 마지막 관문으로 인식되고 있었다. 실제 대법원 최종 본안 판결은 사업이 종료된 이후인 2015년 말에서야 선고되었다(대법원 2015. 12. 10. 2011두 32515 판결).

[결정 요지]

1. 행정소송법의 효력정지 요건인 '회복하기 어려운 손해'라 함은 특별한 사정이 없는 한 금전으로 보상할 수 없는 손해로서 금전보상이 불가능한 경우 내지는 금전보상으로는 사회관념상 행정처분을 받은 당사자가 참고 견딜 수 없거나 또는 참고 견디기가 현저히 곤란한 경우의 유형·무형 손해를 일컫는다.

2. **[다수의견]**

(이 사건 원심결정에 대한 재항고는) 처분의 적법성을 다투는 취지 또는 손해 발생의 우려에 관하여 사실심의 전권 사항인 증거의 취사나 사실인정이 잘못되었다는 취지이므로 적법한 재항고이유가 아니다.

[반대의견]

환경문제가 포함된 이 사건의 규모와 성격, 직·간접적 파급효과 등을 고려할 때 효력 정지 요건 충족 여부와 관련한 신청인들의 주장은 '회복하기 어려운 손해' 및 '긴급한 필요'의 의미를 종전과 다르게 해석하여야 한다거나 소명책임과 관련된 소명의 정도를 완화하여야 한다는 취지의 주장(이므로) 적법한 재항고 이유이다.

해설

I. 대상결정의 쟁점

집행정지를 하려면 '회복하기 어려운 손해를 예방하기 위하여 긴급한 필요'가 있음이
소명되어야 한다(행정소송법 제23조 제2항). 이에 대한 대상결정의 판단 과정은 집행정지 국면
에서 환경분쟁이 갖는 특수성을 잘 보여주는 점에 의의가 있다.

다만, 이 사건의 다수의견은 신청인들의 재항고 취지가 원심판단의 사실인정 등을 다
투는 것에 지나지 않아 법률심에서의 적법한 재항고사유가 되지 않는다고 함으로써 '회복하
기 어려운 손해'의 우려가 있는지 등에 대한 구체적 판단은 하지 않았다. 반면, 대상결정의
반대의견은 신청인들의 재항고사유가 집행정지의 요건을 종래와 다르게 해석하여야 한다는
취지이므로 법리오해를 주장하는 적법한 재항고라고 보면서 인용 판단으로 나아간다. 이
때문에 '회복하기 어려운 손해'에 대한 법리적 쟁점은 대상결정의 원심결정(서울고등법원
2010. 6. 25. 2010루121 결정)과 대상결정의 반대의견을 통해 명확히 드러난다.

II. 대상결정의 분석 및 평가

1. 집행정지의 요건과 그 적용

(1) 개관

신청인은 사업 시행으로 인하여 ① 팔당지역의 유기농업이 더 이상 불가능하게 되어
유기농업이 해체될 수 있는 점, ② 사업구간 내 위치한 취수장에서 식수를 공급받는 신청인
들이 상수원 수질 악화로 오염된 식수를 공급받음으로써 환경상 이익과 건강권에 대한 손
해를 입게 되는 점, ③ 홍수 등 침수피해로 인근 거주 신청인들이 생명·신체에 대한 침해를
받을 우려가 있는 점, ④ 희귀종이 멸종할 위기에 처하는 등 수생태계에 악영향을 미치고
자연환경이 파괴되는 점을 '회복하기 어려운 손해'의 내용으로 주장하였다.

대상결정에서는 기존 법리에 따라 팔당지역의 유기농업이 사실상 해체될 위기에 처
하는 손해(①)를 금전으로 보상할 수 있고 사회관념상 금전보상으로 참고 견디기 어렵
거나 현저히 곤란한 유·무형의 손해도 아니라고 하였는데, 그 외 신청인이 입을 수 있는
환경·건강과 관련한 피해(②, ③)와 생태계 파괴(④)에 대해서는 다음과 같이 판단하였다.

(2) 신청인의 환경·건강손해가 회복하기 어려운 손해인지 여부

환경·건강 피해가 회복하기 어려운 손해에 해당할 수 있음은 분명하나 대상결정에서
는 그 '소명'이 문제 되었다. 원심결정은 "피신청인 측에서 제시한 수질오염의 정도와 영향
에 대한 예측의 정확성 및 저감 대책의 실효성 등에 대한 검토가 상수원으로서의 적격성 유

지를 위한 수질 관리 문제에 대한 우려를 배제할 수 있을 만큼 충분하게 이루어졌다고 하기에는 부족하다"고 하면서도, "이 사건 사업이 시행되면 신청인들이 주장하는 바와 같은 심각한 수질오염 사태가 현실적으로 발생하여 오염된 식수가 공급될 수밖에 없는 회복불능의 손해가 생길 것이라고 추단하기에는 부족"하고, 손해를 막기 위해 "공사를 당장 중단시켜야 할 긴급한 필요가 있다는 데 대한 소명이 되었다고 보기도 어렵다."고 판단하였다.

앞서 본 바와 같이 대상결정의 다수의견에서는 신청인들의 재항고 주장을 구체적으로 판단하지 않아 원심결정의 결론을 유지하였다. 반면 대상결정의 반대의견은, "수질오염 등이 발생할 경우, 이 사건 사업지역 인근에 거주하거나 한강을 상수원으로 삼는 재항고인들의 생명이나 건강이 침해될 것이고, 이러한 피해는 금전으로 보상할 수 없는 점, 일단 수질이 오염되는 등 자연환경이 훼손되면 이를 회복하기가 극히 어려울 것으로 보이는 점(…)" 등을 종합적으로 고려하면 집행정지의 인용이 필요하다고 보았다.

이러한 차이는 '소명'의 정도에 대한 판단의 시각차에서 기인한다. 반대의견에서 환경사건의 소명책임 정도를 완화해야 한다는 주장을 명시적으로 제시하고 있지는 않으나, 적어도 결과적으로 그러한 전제에서 소명이 되었다는 견해에 이른 것으로 보인다. 신청인이 주장하는 손해는 본안에서 승소하더라도 회복 불가능한 것이 되어버리기 쉬운 반면, 피신청인은 집행정지로 인해 입을 수 있는 손해를 본안 승소 시 금전적으로 전보 받을 수 있는 경우가 다수 있다는 점(최준규, 126면 이하)까지 고려한다면 소명책임을 완화할 여지가 크다고 본다.

(3) 자연환경 파괴가 회복하기 어려운 손해에 해당하는지 여부

생태계 파괴가 회복하기 어려운 손해에 포함될 수 있는가에 대해 대상결정의 진지한 언급은 없다. 다만, 원심결정에서는 다음과 같은 판시를 발견할 수 있다. "생태계의 혼란과 훼손으로 인한 손해가 법률상 보호되는 특정인의 개별 이익에 대한 침해라고 인정될 수 있으려면 단순히 국토환경이나 생태계의 악화로 인한 환경상 이익의 침해라는 정도로는 부족하고 좀더 구체적이고 직접적인 이익 침해나 침해의 우려가 있다고 할 수 있는 객관적 연관성이 제시되어야 한다고 할 것인데, 신청인들에게 그러한 이익침해의 구체적 연관성이 있다는 점에 대한 소명이 없(다)."

원심결정의 판단은 현재의 행정소송 권리구제 체계 아래에서 자연환경 파괴로 인한 손해가 집행정지의 사유가 되려면 생태계 악화 등 그 피해가 신청인에 대한 손해로서도 인정된다는 연결고리가 요구된다는 점을 확인하고 있다. 이는 현행법체계에서 납득할 수 있는 결론이다. 다만 원심의 취지는 환경 훼손이 신청인의 '수인한도를 넘는 환경상의 이익'을 해치는 것으로 받아들여질 수 있고 그 소명이 있다면 생태계 악화를 신청인 자신의 손해로 볼 여지를 열어둔 것이기도 하다. 생각해 보면 광범한 생태계 파괴는 그 자체 생태계를 구성하는 각 개인의 손해일 수 있다. 현행법체계에서도 생태계 피해를 개인의 '주관적' 피해로 보는 적극적인 법리 적용이 필요하겠다.

2. 집행정지 요건 완화 가능성에 대한 판단

실제 대상결정에서 견해가 엇갈린 지점(이재욱, 887면 이하 참조)은 집행정지 요건의 구성 법리에 있었다. 즉 확립된 기존 판례는 집행정지 제도의 취지와 이념을 고려하여 본안의 승소 가능성은 집행정지의 소극적 요건으로서 인정해 왔는데, 이 사건에서는 더 나아가 본안 청구의 승소 가능성이 크다고 판단한다면 '회복하기 어려운 손해의 소명'과 같은 다른 집행 정지의 요건을 더 완화할 여지가 없는지가 쟁점이었다(오현규, 1302면 이하).

대상결정 다수의견은 본안청구의 승소 가능성을 집행정지 판단의 적극적인 요건으로 삼을 수 없다는 입장인 반면, 반대의견은 적극적이다. "관련 이익을 정당하게 비교·교량하지 아니한 탓에 상대방들의 예측이 빗나가 이 사건 사업의 시행 (…) 여부를 다시 결정하도록 할 필요가 있는 점 등을 종합적으로 고려" 하여야 한다고 한다. 처분의 위법가능성, 즉 본안의 승소가능성을 집행정지 인용 판단에서 적극적으로 포함하여 본안의 위법 가능성을 판단한 다음 이를 지렛대로 '회복하기 어려운 손해'를 종합적으로 살피려 한 것이다. 이러한 판단은 본안의 승소 가능성이 클수록 회복하기 어려운 손해가 발생하여 권리구제가 불가능 해지는 상황을 방치해서는 안 된다는 인식에 따른 것으로 이해할 수 있다.

참고문헌

오현규, "본안청구의 승소가능성이 큰 경우에는 집행정지 요건이 완화되는지 여부", 정의로운 사법 (2011)

이재욱, "행정소송법상 집행정지의 재항고이익 및 재항고이유", 판례연구 제23권 (2012)

최준규, "환경소송과 임시구제수단 – 민사가처분과 행정소송법상 집행정지를 중심으로", 저스티스 제164호 (2018)

[81] 환경행정소송과 인접 지역주민의 원고적격

— 대법원 1998. 4. 24. 97누3286 판결 —

신 성 욱 (춘천지방법원 강릉지원)

[사실 개요]

1. 피고 내무부장관은 1995. 12. 20. 공원사업시행자인 피고보조참가인에게 구 자연공원법 제21조의2 및 같은 법 시행규칙 제7조의 규정에 의하여 속리산국립공원 내 용화집단시설지구 기본설계변경승인을 하였고, 이에 따라 피고 국립공원관리공단은 1996. 5. 9. 피고보조참가인에게 자연공원법 제22조 제1항의 규정에 의하여 용화집단시설지구 기반조성 공원사업시행허가를 하였다. 이에 용화집단시설지구를 발원지로 하는 신월천의 하류지점에 거주하는 주민들인 원고들이 위 변경승인·허가처분으로 인하여 자연환경이 침해됨을 이유로 행정심판을 거쳐 그 취소를 구하는 취소소송을 제기하였다.

2. 위 취소소송의 원심(서울고등법원 1997. 1. 14. 96구20651 판결)은 변경승인·허가처분의 상대방이 아닌 원고들은 처분들의 근거법률인 자연공원법령에 의하여 보호되는 직접적이고 구체적인 이익을 가지는 것이 아니라 간접적이고 사실적·경제적 이해관계를 가질 뿐이므로 그 처분의 취소를 구할 원고적격이 없다고 판단하였다.

3. 대상판결에서는 환경영향평가대상지역에 거주하는 주민이 환경권침해를 이유로 환경영향평가대상사업의 하나인 공원집단시설지구 개발사업에 관한 기본설계승인처분 및 공원사업시행허가처분의 취소를 구할 제3자 원고적격이 있는지가 쟁점이 되었다.

[판결 요지]

1. 조성면적 10만㎡ 이상이어서 환경영향평가대상사업에 해당하는 당해 국립공원 집단시설지구개발사업에 관하여 당해 변경승인 및 허가처분을 함에 있어서는 반드시 자연공원법령 및 환경영향평가법령 소정의 환경영향평가를 거쳐서 그 환경영향평가의 협의내용을 사업계획에 반영시키도록 하여야 하는 것이니 만큼 자연공원법령뿐 아니라 환경영향평가법령도 당해 변경승인 및 허가처분에 직접적인 영향을 미치는 근거 법률이 된다.

2. 환경영향평가에 관한 자연공원법령 및 환경영향평가법령의 규정들의 취지는 집단시설지구개발사업이 환경을 해치지 아니하는 방법으로 시행되도록 함으로써 집단시설지구개발사업과 관련된 환경공익을 보호하려는 데에 그치는 것이 아니라 그 사업으로 인하여 직접적이고 중대한 환경피해를 입으리라고 예상되는 환경영향평가대상지역 안의 주민들이 개발 전과 비교하여 수인한도를 넘는 환경침해를 받지 아니하고 쾌적한 환경에서 생활할 수 있는 개별적 이익까지도 이를 보호하려는 데에 있다 할 것이므로, 위 주민들이

당해 변경승인 및 허가처분과 관련하여 갖고 있는 위와 같은 환경상의 이익은 단순히 환경공익 보호의 결과로 국민일반이 공통적으로 가지게 되는 추상적·평균적·일반적인 이익에 그치지 아니하고 주민 개개인에 대하여 개별적으로 보호되는 직접적·구체적인 이익이라고 보아야 한다.

 3. 당해 국립공원 용화집단시설지구개발사업으로 인하여 직접적이고 중대한 환경피해를 입으리라고 예상되는 환경영향평가대상지역 안의 주민에게 환경영향평가대상사업에 관한 변경승인 및 허가처분의 취소를 구할 원고적격이 있다고 한 사례.

해설

Ⅰ. 대상판결의 쟁점

행정소송법상의 취소소송에서 당해 행정처분의 직접 상대방이 아닌 제3자라도 당해 행정처분의 취소소송을 제기할 수 있는 원고적격이 있는지가 문제되는데, 행정소송법 제12조가 '취소소송은 처분 등의 취소를 구할 법률상 이익이 있는 자가 제기할 수 있다'고 규정하고 있으므로, 당해 처분의 직접 당사자가 아닌 제3자라 하더라도 그 처분의 취소를 구할 법률상 이익이 있으면 원고적격이 있다고 해석된다.

현대사회에 있어서 행정의 기본적 성격이 질서유지행정으로부터 급부행정, 개발행정, 계획행정으로 전환되어 감에 따라 도시계획사업, 토지구획정리사업, 공업시설 등의 설치 등이 빈번하게 행해지고, 이것들이 지역주민의 생활환경에 영향을 미치게 되고 지역주민의 권리의식이 고양됨에 따라 지역주민이 생활환경의 파괴 등을 이유로 이들 처분의 취소를 구하는 소송이 증대되고 있다. 대상판결의 원고들도 집단시설지구 인근의 지역주민으로서 해당 처분들로 인하여 식수원 피해, 내수면어업 피해, 농업용수 오염피해, 관광유원지 훼손 피해 등을 이유로 피고보조참가인에 대한 이 사건 승인 및 허가처분의 취소를 구하고 있다.

Ⅱ. 대상판결의 분석

1. 환경침해 등을 이유로 한 인접주민의 제3자 원고적격 인정 여부에 관한 일반론

기존 대법원 판례의 태도를 종합하여 보면 환경침해 등을 이유로 한 인접주민의 제3자 원고적격 인정 여부에 관하여, 절차적 규정을 포함한 당해 처분의 근거법규 및 관련법규의 규정의 명문 또는 합리적 해석에 의하여 당해 처분의 근거규정이 환경 등의 이익을 불특정 다수인의 일반적·추상적 이익으로서만이 아니라 그러한 일반적·추상적 이익에 흡수해소되지 아니하는(그 이익보호의 결과로서 보호되는 반사적 이익이 아닌) 개인의 개별적 이익으로서도 보호하려는 것이라고 해석되는 경우에는, 그 보호하려는 개별적 이익은 '근거법규에 의하여 보호되는 이익'이 되고 그 개별적 이익이 귀속되는 범위의 개인(주민)은 당해 처분의 취소 등을 구할 제3자 원고적격이 있다고 볼 수 있다.

2. 환경영향평가법령을 근거로 한 제3자 원고적격의 도출

대상판결에서, 원고들이 침해받게 되었다고 주장하는 식수원 등의 환경적 이익은 위 처분들의 근거법률인 자연공원법령에 의하여 보호되는 직접적이고 구체적인 이익이 아니라 간접적이거나 사실상·경제적인 이해관계에 불과하다는 이유로 원고적격을 부인한 원심판결을 파기환송한 것은 무엇보다도 환경영향평가법령의 관계규정들을 위 처분들의 근거법률로 봄으로써 법적 보호이익을 인정할 수 있었기 때문이다. 이처럼 대법원이 환경영향평가에 관한 자연공원법령 및 환경영향평가법령의 규정들의 취지를 집단시설지구 개발사업이 환경을 해치지 아니하는 방법으로 시행되도록 함으로써 집단시설지구 개발사업과 관련된 환경공익을 보호하려는 데에 그치는 것이 아니라, 그 사업으로 인하여 직접적이고 중대한 환경피해를 입으리라고 예상되는 환경영향평가 대상지역 안의 주민들이 개발 전과 비교하여 수인한도를 넘는 환경침해를 받지 아니하고 쾌적한 환경에서 생활할 수 있는 개별적 이익까지도 이를 보호하려는 데에 있는 것이라고 해석함으로써, 위 주민들이 당해 변경승인 및 허가처분과 관련하여 갖고 있는 위와 같은 환경상의 이익은 단순히 환경공익 보호의 결과로 국민일반이 공통적으로 가지게 되는 추상적·평균적·일반적인 이익에 그치지 아니하고 주민 개개인에 대하여 개별적으로 보호되는 직접적·구체적인 이익이라고 판단한 것은 주목할 만한 일이다.

특히 환경영향평가법령의 절차규정이 환경영향평가대상지역 주민의 의견수렴을 별도로 규정하고 있다는 점을 기초로 하여 이는 위 규정이 환경공익의 보호를 넘어서 위 주민의 환경사익의 보호까지도 그 취지로 하고 있다고 하면서 제3자 원고적격의 범위를 확대한 것은 기존 대법원 판례와 비교할 때 제3자 원고적격의 인정범위에 관하여 진일보한 판결이라 평가할 만하다.

Ⅲ. 대상판결의 평가

대상판결은 환경영향평가법령을 처분의 근거법률로 봄으로써 환경침해 등을 이유로 한 인접주민의 제3자 원고적격 인정범위 확대 가능성을 열었다는 점에서 분명 긍정적인 평가를 받아 마땅하다. 하지만 대상판결에 대해서 '환경영향평가 대상지역'이라는 형식논리에 치중한 나머지 환경영향평가 대상지역 밖의 주민들이 가지는 환경상 이익이나 재산상 이익을 보호범위에서 배제하는 결과가 되었다는 비판, 그리고 사업의 규모가 작아서 환경영향평가 대상사업에 해당되지 않더라도 인접주민이 수인한도를 넘는 환경침해를 받게 되는 경우가 있을 수 있는데, 이 경우에 인접주민의 제3자 원고적격 인정 여부에 대한 명확한 답을 제시하지 못했다는 비판도 제기된다.

궁극적으로는 환경침해 등을 이유로 한 제3자 원고적격 인정범위는 헌법상 환경권 규정을 기초로 하여 해당 주민의 생명이나 건강 등 중대한 생활이익에 영향이 있는지, 그로 인해 해당 주민이 직접적이고 구체적인 보호이익을 가지는지 여부를 판단하는 것이 바람직할 것이다. 그럼에도 대상판결은 원고적격의 판단기준인 법률상 이익의 개념을 관계법령의 분석을 통해 확장적으로 해석·적용함으로써 환경법 분야에서 두드러지게 나타나고 있는 원고적격의 확대경향을 보여주는 판결로 의미가 있다. 특히 대상판결이 관계법령의 해석을 통해 '수인한도를 넘는 환경침해를 받지 아니하고 쾌적한 환경에서 생활할 수 있는 개별적 이익', 즉 환경이익의 직접성·구체성을 확인한 부분은 환경권을 보장한 헌법정신을 반영한 것으로 헌법상 환경권의 구체화를 향한 중요한 한 걸음으로 평가할 만하다.

참고문헌

김동건, "환경행정소송과 지역주민의 원고적격", 사법연수원 환경법 (2003)

김학세, "취소소송과 원고적격, 법률상 이익", 법제 제505호 (2000)

홍준형, "환경영향평가와 대상지역 주민들의 환경상의 이익", 판례행정법 (1999)

[82] 환경행정소송에서의 원고적격 확대

— 대법원 2010. 4. 15. 2007두16127 판결 —

이 준 서 (한국법제연구원)

[사실 개요]

1. 김해시 상동면 매리 산 140–8번지 일대는 원래 골프장 조성사업을 추진하던 토지였으나, 자금 사정으로 사업이 중단된 이후 채석장으로 운영되고 있었다. 그러던 중 28개의 업체들이 그곳에 공장을 설립하기 위하여 해당 토지 및 그 일대를 대상부지로 하는 공장설립승인신청을 하였다.

2. 이에 김해시장(乙)은 낙동강환경유역청에 사전환경성검토를 의뢰하였고, 낙동강환경유역청은 ① 그 지역에서 약 2.4㎞ 떨어진 곳에 물금취수장이, 약 2.7㎞ 떨어진 곳에 양산취수장과 정수시설이 건설 중이어서 공장입지로서 적절하지 않고, ② 이 신청은 당시 김해시의 공장건축가능지역 지정에 관한 조례 제5조 제2항에 위배되며, ③ 낙동강 원수(原水)를 상수원수로 이용하고 있는 부산광역시, 양산시가 안정적인 상수원수 확보를 이유로 반대하고 있다는 등의 사유로 공장설립은 바람직하지 않다는 사실상의 불가 통보를 하였다.

3. 그럼에도, 乙은 산업집적활성화 및 공장설립에 관한 법률을 근거로 업체들의 공장설립을 승인하였다. 이에 따라 부산과 양산시민들로 구성된 358인의 원고들(甲등)이 乙의 공장설립승인의 취소를 구하는 소를 제기하였다.

[판결 요지]

공장설립승인처분의 근거 법규 및 관련 법규의 취지는, 공장설립승인처분과 그 후속 절차에 따라 공장이 설립되어 가동됨으로써 그 배출수 등으로 인한 수질오염 등으로 직접적이고도 중대한 환경상 피해를 입을 것으로 예상되는 주민들이 환경상 침해를 받지 아니한 채 물을 마시거나 용수를 이용하며 쾌적하고 안전하게 생활할 수 있는 개별적 이익까지도 구체적·직접적으로 보호하려는 데 있다. 따라서 수돗물을 공급받아 이를 마시거나 이용하는 주민들로서는 위 근거 법규 및 관련 법규가 환경상 이익의 침해를 받지 않은 채 깨끗한 수돗물을 마시거나 이용할 수 있는 자신들의 생활환경상의 개별적 이익을 직접적·구체적으로 보호하고 있음을 증명하여 원고적격을 인정받을 수 있다.

해설

I. 대상판결의 쟁점

이 사건의 주된 쟁점은 김해시장의 공장설립승인처분에 대한 취소소송에 있어, 해당 사업으로 인한 영향권의 범위에 포함되는 김해시민 외에 부산과 양산시민으로 구성된 원고들이 그 효력을 다툴 법률상의 이익이 있는지에 관한 것이다. 즉 공장설립에 따라 부산광역시나 경상남도 양산시 주민인 원고들이 깨끗하고 원활하게 수돗물을 이용할 권리를 침해하거나 침해할 우려가 있는지 여부에 관한 것이다.

II. 대상판결의 분석 및 평가

1. '법률상 이익'에 대한 기존 판례의 태도

법률상 이익에 관한 종래 판례는 법률상 이익설을 취하여 법률상 이익을 좁게 해석해 왔으나, 최근 판례는 처분의 직접 근거가 되는 법규에서 나아가 처분의 근거가 되는 법규가 원용하고 있는 법규도 처분의 근거법규에 포함하여 취소소송의 원고적격을 확대하는 경향을 보이고 있다. 특히 대법원은 환경영향평가의 대상이 되는 개발사업이 이루어지는 곳의 인근 주민이 개발사업의 승인취소를 청구하는 소송에서 환경영향평가법을 개발사업승인처분의 근거법으로 보고, 개발사업으로 인하여 직접적이고 중대한 환경피해를 입으리라고 예상되는 환경영향평가대상지역 안의 주민에게 환경영향평가 대상사업을 승인하는 처분의 취소를 구할 원고적격을 인정한 바 있다.

이처럼 원고적격을 인정하는 방법 중 개별 법률에 의한 소송유형 및 원고적격을 인정하는 경우, 보다 직접적으로 소송을 제기할 수 있는 자격을 부여하는 명문의 규정을 두는 방법과 법원이 원고적격의 부여 여부를 구분할 수 있는 일정한 기준을 제공함으로써 원고적격의 확대를 간접적으로 촉진할 수 있는 방법이 있는데, 환경영향평가법에 의하여 환경영향평가대상지역 내 주민과 그 외의 주민을 구분하여 대상지역 내 주민에게만 원고적격을 인정하도록 한 것이 그 예이다.

'환경영향평가대상지역'이라는 지역적 구분 개념은 원고적격의 인정 여부를 판단하는 결정적인 요소로 작용해왔다(김홍균, 153면). 법원은 환경영향평가대상지역의 안과 밖을 구분하여 환경영향평가대상지역 안의 주민에게만 원고적격을 인정하였는데, 환경영향평가대상지역 안의 주민이 그 밖에 거주하는 주민보다 직접적이고 중대한 환경피해를 입을 가능성이 높다는 점에서 환경영향평가대상지역이라는 물리적 기준은 입증의 부담을 완화하는 중요한 역할을 하고 있지만, 이 지역은 환경영향평가를 실시하는 주체인 사업자(또는 평가대행자)가 환경영향평가가 필요하다고 설정한 지역에 불과하므로, 직접적이고 중대한 환경피해가 예상되는 지역을 환경영향평가대상지역의 안팎을 기준으로 하여 구분하는 것이 타당한 것은 아니다.

2. 환경상 이익의 침해나 침해 우려에 관한 전향적 해석 방향의 제시

대상판결에서 법원은 "비록 나머지 원고들의 거주지역이 물금취수장으로부터 다소 떨어진 부산광역시 또는 양산시이기는 하나, 수돗물은 수도관 등 급수시설에 의해 공급되는 것이어서 수돗물을 공급받는 주민들이 가지게 되는 수돗물의 수질 악화 등으로 인한 환경상 이익의 침해나 침해 우려는 그 거주지역에 불구하고 그 수돗물을 공급하는 취수시설이 입게 되는 수질오염 등의 피해나 피해 우려와 동일하게 평가될 수 있다"라고 판시하며, 공급원인 원수의 오염이 그 원수를 통해 수돗물을 공급받는 주민들의 피해와 결과와 상당히 밀접하다는 것을 인정하고 있다.

대상판결의 논리는 향후 이와 유사하게 피해의 광역성이 인정될 수 있는 대기 및 소음·진동과 같이 광범한 영역에 피해가 야기될 수 있는 영역까지도 충분히 확장될 수 있으리라 본다(이준서, 77면). 이처럼 일정 대상 지역에 한정하지 않고 지역적 개념을 넘어 원고적격을 인정받을 수 있도록 하는 논리는 이미 새만금 소송에서 확인된 바 있다. 환경영향평가대상지역과 수인한도의 입증, 관련 법규상 이해관계 등의 난제로 비록 원고적격이 인정되지 않았지만, 새만금 소송에서 법원은 "환경영향평가 대상 지역 밖의 주민이라 할지라도 … 수인한도를 넘는 환경피해를 받거나 받을 우려가 있는 경우에는 … 원고적격을 인정받을 수 있다"고 하며 원고적격의 인정범위를 확대한 바 있기 때문이다(대법원 2006. 3. 16. 2006 두330 전원합의체 판결).

그동안 환경영향평가대상지역 안의 주민에 대한 환경침해 가능성을 사실상 추정함으로써 대상지역 밖의 주민들의 원고적격을 부정한 법원의 태도의 부당함을 지적한 견해들은 많았으나, 대상지역 밖의 주민들이 수인한도를 넘는 환경피해를 받거나 받을 우려가 있는 경우를 어떻게 인정할 것인지에 대하여 판단한 사례는 부족했다. 대상판결에서 법원은 공장 설립 및 운영으로 인하여 영향을 받는 물금취수장과 양산취수장의 수질이 다소 이격된 지역이기는 하나 해당 지역 주민들에 대한 '수질 보전의 이익'으로 인정하는 특정한 관계이익을 형성·유지하고 있어 현실적으로 영향지역 내의 환경상 이익을 향유하고 있음을 인정하였다(박태현, 311면).

이러한 태도는 환경이라는 매체의 특성이 갖는 피해의 광역성을 고려하여 환경오염과 그에 따른 피해의 관계를 특정 지역 내에만 한정시키지 않고, 환경피해의 영향권을 보다 폭넓게 인정할 수 있는 전향적인 해석 방향을 제시한 것이라 할 수 있다(이준서, 77면).

참고문헌

박태현, "영향권 내 '주민'에서 영향권 내 '사람'으로: 환경행정소송에서 원고적격에 관한 판례이론의 종합적 이해-대법원 2010. 4. 15. 선고 2007두16127 판결 논리에 대한 새로운 접근법-", 강원법학 제32권 (2011)

이준서, "'낙동강 취수장 판결'로 살펴본 환경행정소송상의 원고적격 확대의 문제-대법원 2010. 4. 15. 선고 2007두16127 판결에 대한 평석", 한양법학 제21권 제3집 (2010)

김홍균, 『환경법』, 홍문사 (2019)

[83] 상수원보호구역변경처분등취소

— 대법원 1995. 9. 26. 94누14544 판결 —

진 재 용 (법무법인(유한) 강남)

[사실 개요]

1. 부산광역시가 운영하여 오던 당감동 공설화장장이 시설 노후와 인근에의 주택 밀집 등을 이유로 폐쇄되었다. 그 대체 화장장을 설치하기 위하여 부산광역시가 소유자로서 운영하고 있는 공설묘지인 시립 영락공원 내의 부산 금정구 두국동 산 83의2 일대 69,200㎡(이하 '이 사건 토지'라 한다)를 그 부지로 선정하였다. 그러나 이 사건 토지는 부산광역시의 동래구, 금정구, 해운대구의 일부 지역에 급수되는 회동 수원지에 인접한 곳으로서 수도법 제5조에 의거 상수원보호구역으로 지정되어 있고 도시계획법 제12조에 의거 묘지공원으로 도시계획시설결정이 되어 있는 곳이다.

2. 그런데 도시계획법 등 관계법령에 의하면 화장장은 상수원보호구역이나 묘지공원 내에는 설치할 수 없게 되어 있다. 이에 따라 부산광역시장은 화장장 가동에 따른 오폐수가 회동 수원지로 유입되지 않고 전용 하수관을 통하여 막바로 수영천으로 유입되도록 하는 등의 제반 오염방지장치를 갖출 것을 조건으로 이 사건 토지를 상수원보호구역에서 제외하고 화장장을 설치하기로 하였다.

3. 부산광역시장은 수도법, 도시계획법 등이 정한 절차를 거쳐 1993. 8. 27. 부산직할시 고시 1993-497호로 이 사건 토지를 상수원보호구역에서 제외하는 회동 수원지 상수원보호구역 변경처분을 하고, 이어 같은 해 10. 5. 부산직할시 고시 1993-279호로 이 사건 토지 위에 화장장을 설치하기로 하는 도시계획결정을 하였다. 이에 이 사건 토지의 인근 주민들로 구성된 원고들은 상수원보호구역변경처분 및 도시계획결정처분에 대한 취소를 구하는 소를 제기하였다.

[판결 요지]

1. 상수원보호구역 설정의 근거가 되는 수도법 제5조 제1항 및 동 시행령 제7조 제1항이 보호하고자 하는 것은 상수원의 확보와 수질보전뿐이고, 그 상수원에서 급수를 받고 있는 지역주민들이 가지는 상수원의 오염을 막아 양질의 급수를 받을 이익은 직접적이고 구체적으로는 보호하고 있지 않음이 명백하다. 위 지역주민들이 가지는 이익은 상수원의 확보와 수질확보라는 공공의 이익이 달성됨에 따라 반사적으로 얻게 되는 이익에 불과하므로 지역주민들에 불과한 원고들은 위 상수원보호구역변경처분의 취소를 구할 법률상의 이익을 갖고 있지 않다. 따라서 상수원보호구역변경처분에 관하여 원심법원이 원고들이 원고적격이 없다고 보아 소를 각하한 것은 정당하다.

2. 원심 법원은 위 도시계획결정처분의 근거는 도시계획법 제12조라 할 것인데 도시계

획법상 도시계획시설 인근 주민들의 이익을 배려하는 규정은 찾아볼 수 없으므로(설령 이 사건 결정처분이 매장 및 묘지 등에 관한 법률(이하 '매장묘지법'이라 한다) 제7조 제3항, 그 시행령 제4조 제2호 (라)목 소정의 이격거리를 위배하였다 하더라도 매장묘지법은 위 처분의 근거 법률이 아니어서 도시계획결정 시 고려할 사항에 불과하다), 위 도시계획결정에 관하여 인근 주민들이 가지는 이익은 사실적, 경제적 이익에 불과하다고 판단하였다. 이러한 근거에서 원심법원은 원고들의 원고적격을 부정하여 소를 각하하였다.

그러나 도시계획법 제12조 제3항의 위임에 따라 제정된 도시계획시설기준에 관한 규칙 제125조 제1항이 화장장의 구조 및 설치에 관하여는 매장묘지법이 정하는 바에 의한다고 규정하고 있어, 도시계획의 내용이 화장장의 설치에 관한 것일 때에는 도시계획법 제12조뿐 아니라 매장묘지법 및 동법 시행령 역시 그 근거법률이 된다고 보아야 한다. 따라서 매장묘지법 시행령 제4조 제2호가 공설화장장은 20호 이상의 인가가 밀집한 지역, 학교 또는 공중이 수시 집합하는 시설 또는 장소로부터 1,000미터 이상 떨어진 곳에 설치하도록 제한을 가하고, 같은 시행령 제9조가 국민보건상의 위해를 끼칠 유려가 있는 지역, 도시계획법 제17조의 규정에 의한 주거지역, 상업지역, 공업지역 및 녹지지역 안의 풍치지구 등에의 공설화장장설치를 금지함에 의하여 보호되는 부근 주민들의 이익은 위 도시계획결정처분의 근거 법률에 의하여 보호되는 법률상 이익이라고 할 것이다. 따라서 이 부분에 대해 원심이 원고들의 원고적격이 존재하지 않는다고 판단한 것은 잘못이라며 파기환송하였다.

해설

I. 대상판결의 쟁점

행정처분의 직접 상대방이 아닌 제3자도 당해 행정처분의 취소를 구할 법률상의 이익이 있는 경우에는 원고적격이 인정된다 할 것이나, 여기서 말하는 법률상의 이익은 당해 처분의 근거 법률에 의하여 보호되는 직접적이고 구체적인 이익이 있는 경우를 말하고, 다만 공익 보호의 결과로 국민 일반이 공통적으로 가지는 추상적, 평균적, 일반적인 이익과 같이 간접적이나 사실적, 경제적 이해관계를 가지는 데 불과한 경우는 여기에 포함되지 않는다고 할 것이다.

Ⅱ. 대상판결의 분석과 평가

이 사건에서 대법원은 도시계획의 내용이 화장장의 설치에 관한 것일 때에는 도시계획법 제12조뿐만 아니라 매장묘지법 및 동법 시행령 역시 근거 법률이 된다고 판단하여 도시계획결정처분에 관하여는 부근 주민들의 원고적격을 인정하였다. 이 부분은 관계법령의 체계를 종합적으로 검토하여 합리적인 판단을 내린 것으로 보인다. 한편, 상수원보호구역변경처분에 대하여는 상수원보호구역 설정의 근거가 되는 수도법 및 동 시행령이 보호하고자 하는 것은 상수원의 확보와 수질보전일 뿐이고, 그 상수원에서 급수를 받고 있는 지역주민들이 가지는 상수원의 오염을 막아 양질의 급수를 받을 이익은 직접적으로 보호하고 있지 않음이 명백하다고 판단하였다. 그러나 이 부분은 선뜻 납득할 수가 없다.

수도법 및 동시행령에서 보호하고자 하는 상수원의 확보와 수질보전이 지역주민이 양질의 급수를 받을 이익과 구분될 수 있는지 의문스럽다. 상수원을 확보하고 수질보전을 하고자 하는 목적은 결국 이를 공급받는 자, 즉 상수원에서 급수를 받는 지역주민에게 양질의 급수를 하기 위함이라고 볼 수밖에 없기 때문이다. 따라서 주민에게 양질의 급수를 하기 위함이라는 문언이 관련법령에 명시적으로 드러나 있지 않더라도 상수원의 확보와 수질보전이 목적하는 바를 고려하여 보면 주민들이 양질의 급수를 받을 이익은 법률에 의하여 보호되는 법률상 이익이라고 해석하는 것이 타당하다고 생각된다.

이 사안과 유사한 사안을 다른 관점에서 판단한 판결도 있다. 대법원 2010. 4. 15. 2007두16127 판결은 김해시장이 낙동강에 합류하는 하천수 주변의 토지에 구 산업집적활성화 및 공장성립에 관한 법률 제13조에 따라 공장설립을 승인하는 처분을 한 사안에서, 공장설립으로 수질오염 등이 발생할 우려가 있는 취수장에서 물을 공급받는 부산광역시 또는 양산시에 거주하는 주민들도 위 처분의 근거 법규 및 관련 법규에 의하여 보호되는 이익이 침해되거나 침해될 우려가 있는 주민으로서 원고적격이 인정된다는 취지의 판단을 하였다(박균성·함태성, 211면).

원고적격이 있는지를 살피기 위해 처분의 근거 법률에 의하여 보호되는 직접적이고 구체적인 이익이 존재하는지를 검토하여야 한다. 그러나 이를 판단함에 있어 문언에 명시적으로 드러나 있지 않은 목적과 맥락도 충분히 검토하여야 할 것이다. 이처럼 기존의 판례 법리를 통해서도 관련 법령의 목적이나 취지를 종합적으로 고려하여 원고적격을 확대하는 것이 가능한 영역이 있다. 원고적격은 법원에 소송을 통한 판단을 구할 수 있는 자격을 부여하는 것이므로 이를 지나치게 제한하면 국민의 권리구제에 공백이 생길 수 있다. 따라서 법원이 이러한 점을 감안하여 적극적인 법리해석에 나서야 할 것이다.

참고문헌

김치중, "상수원보호구역변경 및 도시계획시설(화장장)결정처분의 취소를 구하는 소송에 있어서의 부근주
        민의 원고적격", 대법원판례해설 제24호 (1996)

이영진, "지역주민들이 공설화장장설치결정처분의 취소를 구할 수 있는 원고적격을 가지는지 여부", 판례월
        보 307호 (1996)

허상수, "환경소송의 원고적격", 부산판례연구회 판례연구 9집 (1998)

박균성·함태성, 『환경법』, 박영사 (2017)

[84] 절대보전지역 지정으로 보호되는 이익

— 대법원 2012. 7. 5. 2011두13187 판결 —

김 은 주 (제주대학교)

[사실 개요]

1. 2007. 6. 8. 국방부는 제주도 민·군 복합형 관광미항(제주해군기지)의 건설지역을 강정마을 해안으로 결정하였다. 제주해군기지 건설은 총 부지면적 478,550㎡ 중 369,605㎡의 공유수면 매립이 예정되었고 여기에는 절대보전지역인 서귀포시 강정동 105,295㎡가 포함되었다. 제주특별자치도의 설치 및 국제자유도시 조성에 관한 특별법은 절대보전지역 안에서의 공유수면 매립을 금지하고 있다.

2. 이에 해군본부는 국방부의 제주해군기지 사업시행을 위하여 2009. 9. 22. 제주특별자치도지사에게 사업계획대상토지 중 절대보전지역인 서귀포시 강정동 105,295㎡에 대한 절대보전지역지정의 해제를 요청하였고, 제주특별자치도지사는 도의회의 동의를 얻어 2009. 12. 23. 절대보전지역으로 지정되어 있었던 서귀포시 강정동 826,194㎡ 중 105,295㎡에 관하여 절대보전지역을 변경(축소)하고, 이를 고시하였다.

3. 서귀포시 강정동에 거주하는 주민들로 구성된 마을회와 주민들은 위 절대보전지역 변경처분의 무효확인 등을 구하는 행정소송을 제기하였고 제주지방법원은 2010. 12. 15. 원고들의 소를 각하하는 판결을 하였다(제주지방법원 2010. 12. 15. 2010구합34, 2010구합218 판결). 이후 광주고등법원에의 항소가 기각되었고 2012. 7. 15. 대법원은 원심판결을 확정하였다.

[판결 요지]

절대보존지역의 유지로 지역주민회와 주민들이 가지는 주거 및 생활환경상 이익은 지역의 경관 등이 보호됨으로써 반사적으로 누리는 것일 뿐 근거 법규 또는 관련 법규에 의하여 보호되는 개별적·직접적·구체적 이익이라고 할 수 없다는 이유로, 지역주민회 등은 위 처분을 다툴 원고적격이 없다고 본 원심판단은 정당하다.

해설

I. 대상판결의 쟁점

절대보전지역 변경처분은 국방부장관의 해군기지 실시계획 승인처분 등을 전제로 행하여진 것이다. 그러나 대상판결은 절대보전지역 변경처분은 위 승인처분과는 독립된 별개의 행정처분이므로 행정처분의 적법 여부는 물론이고 행정처분을 다투는 절차 역시 별개로 보아야 한다고 하면서, 구 제주특별자치도 설치 및 국제자유도시 조성을 위한 특별법(2009. 10. 9. 법률 제9795호로 개정되기 전의 것) 및 구 제주특별자치도 보전지역 관리에 관한 조례(2010. 1. 6. 조례 제597호로 개정되기 전의 것)에 따라 절대보전지역으로 지정되어 보호되는 대상은 인근 주민의 주거 및 생활환경 등이 아니라 제주의 지하수·생태계·경관 그 자체인 점 등을 들어 강정마을 주민 등의 원고적격을 부인하였다.

종래 대법원은 원고적격과 관련하여 법률상 이익구제설의 입장을 취하면서 그 이익의 판단범위를 점차 넓게 해석하여왔다. 환경행정소송에서의 원고적격은 처분의 위법성을 판단하기 위한 전제요건으로서 이를 부당하게 제한하게 되면 당사자의 피침해 이익의 구제는 물론 처분의 적법성을 확보할 수 있는 기회도 제한당하는 결과를 가져온다. 이에 대상판결의 법률상 이익 판단에 관한 법리를 분석하여 살펴볼 필요가 있다.

II. 대상판결의 분석

1. 법률상 이익의 판단범위

(1) 제3자의 법률상 보호이익

대법원의 일관된 입장과 같이, 대상판결은 행정처분의 직접 상대방이 아닌 제3자라 하더라도 해당 행정처분으로 인하여 법률상 보호되는 이익을 침해당한 경우에는 그 처분의 무효확인 등을 구하는 행정소송을 제기하여 그 당부의 판단을 받을 자격이 있다 할 것이며, 여기에서 말하는 법률상 보호되는 이익이란 해당 처분의 근거 법규 및 관련 법규에 의하여 보호되는 개별적·직접적·구체적 이익이 있는 경우를 말하고, 공익보호의 결과로 국민 일반이 공통적으로 가지는 일반적·간접적·추상적 이익이 생기는 경우에는 법률상 보호되는 이익이 있다고 할 수 없다(대법원 2006. 3. 16. 2006두330 전원합의체 판결 등 참조)고 판시하였다.

(2) 당해 처분의 행정목적을 달성하기 위한 일련의 단계적인 관련 처분들의 근거 법규에 의하여 명시적으로 보호받는 법률상 이익

대상판결은, 이 사건 처분인 절대보전지역 변경처분이 국방부장관의 해군기지 실시계획 승인처분 등을 전제로 행하여진 것이라는 점을 인정하면서도 양자는 독립된 별개의 행정처분이라는 이유로 승인처분의 근거법규 내지 관련법규를 보호규범으로 고려하지 않은 원심의 판단을 그대로 받아들였다. 그러나 절대보전지역 변경처분은 공유수면매립을 위한 것으로서 해군기지 건설이라는 행정목적을 달성하기 위한 일련의 단계적인 관련 처분에 해당한다.

대법원은 법률상 보호되는 이익에 관하여 "당해 처분의 근거 법규 및 관련 법규에 의하여 보호되는 법률상 이익은 당해 처분의 근거 법규의 명문 규정에 의하여 보호받는 법률상 이익, 당해 처분의 근거 법규에 의하여 보호되지는 아니하나 당해 처분의 행정목적을 달성하기 위한 일련의 단계적인 관련 처분들의 근거 법규에 의하여 명시적으로 보호받는 법률상 이익, 당해 처분의 근거 법규 또는 관련 법규에서 명시적으로 당해 이익을 보호하는 명문의 규정이 없더라도 근거 법규 및 관련 법규의 합리적 해석상 그 법규에서 행정청을 제약하는 이유가 순수한 공익의 보호만이 아닌 개별적·직접적·구체적 이익을 보호하는 취지가 포함되어 있다고 해석되는 경우까지를 말한다"고 하여 점차 넓게 해석하여왔다(대법원 2015. 7. 23. 2012두19496, 19502 판결).

원고인 강정마을 주민들은 환경영향평가 대상사업인 제주해군기지 건설사업을 다툴 법률상 이익이 있다는 점에 근거하여 보면, 절대보전지역 변경처분의 근거법규인 구 제주특별자치도 설치 및 국제자유도시 조성을 위한 특별법 및 구 제주특별자치도 보전지역 관리에 관한 조례에서 명시적으로 주민들의 환경상 이익을 보호하는 명문의 규정이 없더라도 법률상 보호이익을 적극적으로 해석할 여지가 존재한다. 즉, 절대보전지역 변경(해제)이 해군기지 등의 건설계획승인처분의 단계적 처분으로서 성격을 지니고 있다고 본다면, 건설계획 승인에 따른 환경영향평가법 역시 근거법규에 포함될 여지가 있으며 이는 최근의 판례 경향에 따르면, 원고들의 재산권은 물론 생존권 및 행복추구권 나아가 구체적·개별적 이익으로서 환경 이익에 대한 침해로 판단될 수도 있다(윤익준, 125면).

2. 절대보전지역 관련법규의 보호법익

대상판결은, 절대보전지역으로 지정되어 보호되는 대상은 인근 주민의 주거 및 생활환경 등이 아니라 제주의 지하수·생태계·경관 그 자체이며 절대보전지역의 지정 및 변경절차에서도 절대보전지역 지정으로 인하여 환경상 혜택을 받는 주민들이 아니라 권리의 제한을 받게 되는 주민들을 주된 보호의 대상으로 하고 있는 점 등에 비추어 이 사건 처분 대상인 서귀포시 강정동 해안변 지역 105,295㎡가 절대보전지역으로 유지됨으로써 원고들이 가지는 주거 및 생활환경상 이익은 그 지역의 경관 등이 보호됨으로써 반사적으로 누리는 것일 뿐 근거 법규 또는 관련 법규에 의하여 보호되는 개별적·직접적·구체적 이익이라고 할 수 없다고 한 원심의 판단을 정당하다고 하였다.

대법원에 따르면, 처분의 근거법규 내지 관련법규로부터 개별적인 사익보호성이 도출되지 않는다면 처분에 의하여 개인의 이익이 직접 구체적으로 침해되거나 침해될 개연성이 있는 경우에도 원고적격이 인정되지 않는다. 이러한 판례의 입장은 인근 주민의 환경상 이익의 보호를 위해 관련처분의 취소를 구하는 소송에서 중요한 제한을 가져오고 있다(김은주, 16면). 예컨대 대법원은 "상수원보호구역 설정의 근거가 되는 수도법 제5조 제1항 및 동 시행령 제7조 제1항이 보호하고자 하는 것은 상수원의 확보와 수질보전일 뿐이고, 그 상수원에서 급수를 받고 있는 지역주민들이 가지는 상수원의 오염을 막아 양질의 급수를 받을 이익은 직접적이고 구체적으로는 보호하고 있지 않음이 명백하여 위 지역주민들이 가지는 이익은 상수원의 확보와 수질보호라는 공공의 이익이 달성됨에 따라 반사적으로 얻게 되는 이익에 불과하므로 지역주민들에 불과한 원고들에게는 위 상수원보호구역변경처분의 취소를 구할 법률상의 이익이 없다"고 판단하였고(대법원 1995. 9. 26. 94누14544 판결), 대상판결 역시 같은 취지에서 비롯된 것이다.

Ⅲ. 대상판결의 평가

원고적격은 처분의 위법성을 판단하기 위해 전제되어야 하는 요건으로서 재판청구권의 실질적 보장, 권리구제의 확대 및 분쟁의 해결, 행정에 대한 감시기능의 강화 등을 위해서도 확대될 필요성이 있다. 더욱이 환경상 이익의 침해는 그 유형이 매우 다양하고 그 피해의 범위가 광범위하기 때문에 이를 단지 규범적으로만 판단하기에 한계가 존재한다.

대상판결은 절대보전지역 지정 및 변경은 공익의 보호만을 목적으로 하고, 재산권으로서의 사익의 측면에서 소유권의 제한 완화라는 측면에 한정하여 논리를 설시하였던바, 인근주민의 원고적격을 배척한 법원의 판단대로 한다면, 절대보전지역의 유지로 인하여 제주도민 각자가 향유하고 있던 지하수·생태계·경관의 이익에 대해 어떠한 주장도 할 수 없게 된다(윤익준, 130면).

이처럼 원고적격을 엄격하게 적용함으로써 환경소송을 제기함에 있어 큰 걸림돌이 되어서는 안 될 것이며 법원으로서는 근거법규 내지 관련법규의 보호목적만을 기준으로 하여 원고적격을 인정하여야 한다고 하더라도 비교적 유연하게 법체계 전체를 종합적으로 고려하여 합목적적으로 판단하여야 할 것이다(김홍균, 541면).

참고문헌

김은주, "환경분쟁의 해결을 위한 사법부의 역할", 분쟁해결연구 제13권 제3호 (2015)

윤익준, "환경행정소송과 원고적격", 한양법학 제24권 제1호 (2013)

김홍균, 『로스쿨 환경법』, 홍문사 (2019)

[85] 생태·자연도 및 그 등급권역 변경과 원고적격
― 대법원 2014. 2. 21. 2011두29052 판결 ―

강 현 호 (성균관대학교)

[사실 개요]

1. 공주시 일대(이하 '이 사건 지역')는 2000년 전국자연환경조사 결과 침식산지(지형형성의 외적 작용 가운데 특히 침식이 주된 힘으로 형성된 산지를 의미한다)로서 자연·경관이 우수하다는 근거로 생태·자연도 1등급으로 지정되었다. A 주식회사는 채석단지 개발을 위하여 충청남도 도지사에게 이 사건 지역 일대에 관하여 생태·자연도의 등급 수정을 요구하였다. 이에 충청남도 도지사는 2008. 12. 3. 환경부에 이 사건 지역에 대하여 생태·자연도 일부 수정·보완을 요청하였다.

2. 피고(환경부장관)는 2008. 12. 3. 국립환경과학원장에게 현장조사를 지시하였고, 국립환경과학원은 현장조사를 실시한 후, 2008. 12. 30. 이 사건 지역이 '침식산지 및 기반암 풍화층' 지형으로 2001년 지형경관 조사결과인 Ⅰ등급에서 Ⅲ 또는 Ⅳ등급으로 하향 조정할 수 있다는 결과를 제시하였다. 이에 따라 피고는 이 사건 지역의 생태·자연도 등급을 1등급에서, 이 사건 지역을 구분하여 생태·자연도 2등급 또는 3등급으로 수정하는 내용을 포함한 생태·자연도 일부 수정·보안(안)을 관보 및 환경부 홈페이지에 열람 및 공고를 실시하였으며, 생태·자연도 작성위원회의 심의·의결을 거친 후, 2009. 2. 18. 생태·자연도 수정·보완을 고시하였다(이하 '이 사건 등급조정').

3. 원고는 2009. 2. 내지 같은 해 4.경 피고에게 여러 차례 국민신문고 등을 통하여 이 사건 지역의 생태·자연도 등급 조정과정에서 현지조사가 미흡하였다는 민원을 제기하였고, 피고는 학계 전문가 등으로 구성된 합동조사팀을 구성하여 이 사건 지역의 식생, 어류, 지형 및 조류 분야에 대한 현지조사와 이 사건 지역 인근의 멸종위기 조류발생지의 식생분야에 대한 현지조사를 실시하였다. 피고는 2009. 5. 28. 충청남도, 공주시 등에 조사결과를 통보하였다. 원고는 행정심판을 제기하였으나 기각을 당하였고, 그 후에 서울행정법원에 주위적 청구취지로 "피고 환경부장관이 2009. 2. 18. 이 사건 지역에 관하여 한 생태·자연도 등급조정 처분이 무효임을 확인한다."라는 소송을 제기하였다.

[판결 요지]

환경부장관이 생태·자연도 1등급으로 지정되었던 지역을 2등급 또는 3등급으로 변경하는 내용의 생태·자연도 수정·보완을 고시하자, 인근 주민이 생태·자연도 등급변경처분의 무효 확인을 청구한 사안에서, 생태·자연도의 작성 및 등급변경의 근거가 되는 구 자연환경보전법(2011. 7. 28. 법률 제10977호로 개정되기 전의 것) 제34조 제1항 및 그 시행령 제27조 제1항, 제2항에 의하면, 생태·자연도는 토지이용 및 개발계획의 수립이나 시행에 활용하여 자연환경을 체계적으로 보전·관리하기 위한 것일 뿐, 1등급 권역의 인근 주민들이 가지는 생활상 이익을 직접적이고 구체적으로 보호하기 위한 것이 아님이 명백하고, 1등급 권역의 인근 주민들이 가지는 이익은 환경보호라는 공공의 이익이 달성됨에 따라 반사적으로 얻게 되는 이익에 불과하므로, 인근 주민에 불과한 갑은 생태·자연도 등급권역을 1등급에서 일부는 2등급으로, 일부는 3등급으로 변경한 결정의 무효 확인을 구할 원고적격이 없다.

해설

Ⅰ. 대상판결의 쟁점

1. 문제 제기

판례는 생태·자연도는 공익을 위한 것일 뿐이고 생태·자연도 등급 권역지정 및 변경에 따른 이익은 반사적 이익에 불과하므로, 피고가 행하는 생태·자연도 등급권역의 변경에 대해서 원고는 이를 다툴 원고적격이 없다고 판시하였다. 그렇지만 생태·자연도 등급의 결정 및 변경이 그 지역을 이용하려는 자에게나 이해관계인의 재산권, 환경권 나아가 직업의 자유 등에게 커다란 영향을 미침에도 불구하고 이러한 이익을 도외시 하는 것이 과연 타당한가에 대한 문제가 제기될 수 있다.

2. 행정작용의 처분성

생태·자연도 등급의 결정과 변경과 관련된 관할행정청의 행정작용의 처분성을 긍정할 수 있는가가 문제되는바, 이와 관련하여서는 행정절차법과 행정소송법에 명문으로 처분에 대한 정의 규정을 두고 있다. 즉 처분등이라 함은 행정청이 행하는 구체적 사실에 관한 법집행으로서의 공권력의 행사 또는 그 거부와 그 밖에 이에 준하는 행정작용 및 행정심판에 대한 재결을 말한다(행정소송법 제2조 제1항 제1호). 이러한 법률상 처분개념 외에 판례는 스스로의 처분 개념을 "항고소송의 대상이 되는 행정처분이라 함은 행정청의 공법상 행위로서 특정사항에 대하여 법규에 의한 권리의 설정 또는 의무의 부담을 명하며 기타 법률상 효과를 발생하게 하는 등 국민의 구체적 권리의무에 직접적 변동을 초래하는 행위(대법원 2019. 2. 14. 2016두41729 판결)"라고 설시하고 있다. 이러한 법률상 내지 판례의 입장에 비추어 생태·자연도 등급권역의 지정 및 변경의 법적 성질을 판단할 필요가 있다.

3. 법률상 이익과 원고적격

처분에 대한 항고소송에서 원고에게 처분등의 취소를 구할 법률상 이익이 있을 것을 요구하는데, 법률상 이익의 의미와 관련하여 생태·자연도 등급권역의 지정 및 변경으로 인하여 법률상 이익에 침해를 받을 수 있는가가 문제된다. 판례에 의하면 "행정처분의 직접 상대방이 아닌 자로서 그 처분에 의하여 자신의 환경상 이익을 침해받거나 침해받을 우려가 있다는 이유로 취소나 무효확인을 구하는 제3자는 자신의 환경상 이익이 그 처분의 근거 법규 또는 관련 법규에 의하여 개별적·직접적·구체적으로 보호되는 이익, 즉 법률상 보호되는 이익임을 입증하여야 원고적격이 인정된다(대법원 2018. 8. 1. 2014두42520 판결)." 그러므로 생태·자연도 등급권역의 지정 및 변경으로 인하여 상대방 및 이해관계인이 침해받는 이익의 법적 성질을 탐구할 필요가 있다.

Ⅱ. 대상판결의 분석과 평가

1. 생태·자연도 등급 결정의 처분성

생태·자연도에 대해서는 자연환경보전법 제34조에서 토지이용 및 개발계획의 수립이나 시행에 활용할 수 있도록 하기 위하여 피고가 작성하도록 하고 있다. 생태·자연도의 작성은 과학기술을 활용하여 환경보전이라는 행정목적을 달성하기 위한 수단으로 활용되는 전형적인 예라고 할 수 있다. 생태·자연도의 작성은 행정규제기본법상의 행정규제 즉 국가나 지방자치단체가 특정한 행정 목적을 실현하기 위하여 국민의 권리를 제한하거나 의무를 부과하는 것으로서 법령 등이나 조례·규칙에 규정되는 사항에 해당될 수 있을 것이다.

행정규제기본법상 행정규제는 규제의 법적 근거와 명확성이 요구되며, 나아가 규제가 법률에 직접 규정되어야 한다. 생태·자연도의 작성 내지 등급 결정의 처분성 판단에 있어서 가장 중요한 기준은 국민의 권리·의무에 어떠한 영향을 미치는가가 될 것으로 보이는바(대법원 2014. 4. 24. 2013두7834 판결), 자연환경보전법 제34조 제4항과 동법시행령 제28조 제2항 및 동법시행규칙 제16조에 의거하여 생태·자연도의 작성은 토지이용 및 개발계획의 수립이나 시행에 활용하게 되고 개별적인 사업의 인·허가에 영향을 끼치고 있으므로, 처분성을 긍정할 수 있을 것이다. 생태·자연도 작성 및 세부등급의 부여를 통해서 주민들은 토지이용(Bodennutzung)에 직접적인 영향을 받게 되므로, 그 처분성을 긍정할 수 있을 것이다.

2. 생태·자연도 등급 결정의 사익보호성

생태·자연도의 작성 및 그 등급권역변경으로 인하여 처분 등의 상대방이 법률상 이익을 침해받는가와 관련하여 근거법령의 제3자 보호규범성에 대해서 살펴본다. 판례는 생태·자연도와 관련되는 규정들이 공익을 위한다고 하면서, 생태·자연도 등급권역으로 인하여 원고가 받는 이익을 반사적 이익으로 보아 원고적격을 부정하고 있다. 그렇지만 판례와는 달리 생태·자연도 내지 그 등급권역의 지정 내지 변경이 원고에 대하여 개별적이고도 구체적인 이익을 부여하는 것이라는 것을 도출할 수 있다면 향후 원고의 원고적격을 긍정할 수도 있을 것이다. 이를 위해서는 관련법령으로부터 제3자 보호규범성(drittschützender Normcharakter)을 도출할 수 있는가가 중요하다.

관련법령으로서 생태·자연도 작성지침을 살펴보면, 동 지침은 제1조(목적)에서 자연환경보전법시행령 제27조 제1항에 따라 생태·자연도 작성에 관하여 필요한 사항을 정함을 목적으로 하고 있으며, 동지침 제16조(등급의 수정·보완 신청) 제1항에서는 "생태·자연도의 권역별 구분(이하 "등급"이라 한다)에 대한 이의가 있는 자는 관계 중앙행정기관의 장 또는 시·도지사를 경유하여 국립생태원장에게 생태·자연도 등급의 수정·보완을 신청할 수 있다."라고 규정하여 생태·자연도의 등급과 관련하여 제3자에게 이의신청권을 부여하고 있다. 이러한 이의신청권의 부여는 그 제3자의 사익을 보호하기 때문으로 해석될 수 있을 것이다. 상기 규정에서 사익보호성을 도출함에 있어서는 주로 공익적 목적으로 수립·결정되는 도시·군관리계획에 있어서 주민에게 사익보호성을 긍정하는 판례를 원용하여(대법원 2015. 3. 26. 2014두42742 판결) 생태·자연도의 작성 내지 등급결정 역시 사익보호성을 긍정할 수도 있을 것이다.

개발계획의 수립이나 구체적인 사업의 인·허가가 생태·자연도의 등급에 의존되어 있으며, 나아가 환경영향평가에 있어서도 중요한 의미를 지님에 비추어 볼 때, 이를 단순히 반사적 이익으로 평가절하하는 것은 문제의 소지가 있다고 할 수 있다.

참고문헌

박정훈, "행정입법에 대한 사법심사: 독일법제의 개관과 우리법의 해석론 및 입법론을 중심으로", 행정법연구 제11호 (2004)

박지훈 외 7인, "생태·자연도를 활용한 생태취약성평가와 보전전략", 한국사진지리학회지 제25권 제4호 (2015)

안경환 외 8인, "생태·자연도의 관·민원 현황에 대한 고찰", 환경영향평가 제24집 제1호 (2015)

Wolff/Bachof/Stober, VerwR, Band I, § 43 Rn. 12.

[86] 토지형질변경허가 등에서 행정청의 재량권 남용 여부 판단기준

— 대법원 2004. 7. 22. 2003두7606 판결 —

김 윤 희 (광주지방법원)

[사실 개요]

1. 원고는 1971. 2. 3. 광명시 임야 약 43,000㎡에 대하여 택지조성을 목적으로 개간허가(이하 '기존 개간허가'라 함)를 받은 후 택지조성사업을 시작하였다.

2. 위 임야가 1971. 7. 30. 도시계획법(이하 '법'이라 함)에 의하여 개발제한구역으로 지정되어 택지개발이 불가능하게 되었고, 그 후 경기도가 국비 및 도비로 위 임야에 수목을 심었다.

3. 원고는 1999. 9.경 기존 개간허가에 대한 조정신고 및 토지형질변경허가신청, 토석채취허가신청 등(이하 '새로운 신청'이라 함)을 하였다.

4. 피고 광명시장은 1999. 9. 29. 위 임야를 형질변경하는 것이 개발제한구역의 지정목적에 현저한 지장을 초래한다는 등의 사유로 도시계획법 시행령(1999. 6. 16. 개정된 것, 이하 '시행령'이라 함) 제21조 제3항 제2호 등에 근거해 기존 개간허가를 취소하고, 새로운 신청을 불허하는 처분을 하였다.

5. 원고는 피고 광명시장을 상대로 위 처분의 취소를 청구하는 소를 제기하였다.

[판결 요지]

1. 위임명령은 법률이나 상위명령에서 구체적으로 범위를 정한 개별적인 위임이 있을 때 가능하고, 구체적인 위임의 범위는 일률적 기준을 정할 수는 없지만, 적어도 위임명령에 규정될 내용 및 범위의 기본사항이 구체적으로 규정되어 있어서 누구라도 당해 법률로부터 위임명령에 규정될 내용의 대강을 예측할 수 있어야 한다.

2. 행정행위를 한 처분청은 비록 그 처분 당시에 별다른 하자가 없었고, 이를 철회할 별도의 법적 근거가 없다 하더라도 원래의 처분을 존속시킬 필요가 없게 된 사정변경이 생겼거나 또는 중대한 공익상의 필요가 발생한 경우에는 그 효력을 상실케 하는 별개의 행정행위로 이를 철회할 수 있다.

3. 시행령 제21조 제3항 제2호는 법 제21조 제2항 단서가 예정하고 있는 범위 내에서 기존 허가의 철회 또는 취소 사유를 구체화한 것이거나 행정행위의 철회 또는 취소 이론상 가능한 것을 명시한 것에 지나지 않으므로, 위임입법의 한계를 초과한 것이 아니다.

4. 수익적 행정처분을 취소 또는 철회하는 경우에는 이미 부여된 그 국민의 기득권을 침해하는 것이 되므로, 그 취소권 등의 행사는 기득권의 침해를 정당화할 만한 중대한

공익상의 필요 또는 제3자의 이익보호의 필요가 있는 때 한하여 상대방이 받는 불이익과 비교·교량하여 결정하여야 하고, 그 처분으로 인하여 공익상의 필요보다 상대방이 받게 되는 불이익 등이 막대한 경우에는 재량권의 한계를 일탈한 것으로서 위법하다.

5. 개발제한구역 내에서는 구역 지정의 목적상 건축물의 건축, 토지의 형질변경 등의 행위가 원칙적으로 금지되고, 다만 구역 지정의 목적에 위배되지 아니할 경우 예외적으로 허가에 의하여 그러한 행위를 할 수 있게 된다. 개발제한구역 내에서 건축 등에 대한 예외적 허가는 그 상대방에게 수익적인 것으로서 재량행위에 속하는 것이라고 할 것이므로 그에 관한 행정청의 판단이 사실오인, 비례·평등의 원칙 위배, 목적위반 등에 해당하지 아니하는 이상 재량권의 일탈·남용에 해당한다고 할 수 없다.

해설

Ⅰ. 대상판결의 쟁점

1. 관련 법령

법 제21조 제2항은 "개발제한구역 안에서는 그 구역지정의 목적에 위배되는 건축물의 건축 (… 중략 …) 또는 도시계획사업의 시행을 할 수 없다. 다만, 개발제한구역 지정 당시 이미 관계법령의 규정에 의하여 건축물의 건축, 공작물의 설치 또는 토지의 형질변경에 관하여 허가를 받아 공사 또는 사업에 착수한 자는 대통령령이 정하는 바에 의하여 이를 계속 시행할 수 있다."고 규정하고 있다.

시행령 제21조 제1항은 "법 제21조 제2항 단서의 규정에 의하여 공사 또는 사업을 계속 시행하고자 하는 자는 그 공사 또는 사업의 설계내용을 관할 시장·군수에게 신고하여 그의 조정을 받아야 한다."고 규정하고 있고, 같은 조 제3항은 "시장·군수는 제1항의 규정에 의한 신고를 받았을 경우에는 (… 중략 …) 다음 각호의 1에 해당하는 조치를 할 수 있다." 고 규정하고 있으며, 같은 항 제2호는 "개발제한구역의 지정목적에 현저한 지장을 초래한다고 인정될 때에는 허가의 취소 또는 그 허가취소의 건의"로 규정하고 있다.

2. 쟁점

대상판결의 주요 쟁점은, ① 기존 개간허가 취소 처분의 근거인 시행령 제21조 제3항 제2호가 위임입법의 한계를 벗어나 무효인지, ② 기존 개간허가는 수익적 행정행위이고, 행정행위 당시 별다른 하자가 없는 경우에 해당하는바, 이러한 경우 사정변경이나 공익상 필요를 이유로 행정행위를 철회할 수 있는지, ③ 수익적 행정행위를 철회할 수 있다면, 그 재량권의 일탈·남용 여부를 판단하는 기준, ④ 새로운 신청을 불허하는 행위가 재량행위에 해당하는지와 그 재량권의 일탈·남용 여부를 판단하는 기준이다.

대상판결은 쟁점 ①부터 ③까지에 대하여 앞서 본 판결 요지 1.항 내지 4.항의 법리를 적용하여 기존 개간허가 취소 처분이 위법하다고 판단하였고, 쟁점 ④에 대하여 앞서 본 판결 요지 5.항의 법리를 적용하여 새로운 신청의 불허처분이 위법하지 않다고 판단하였다.

Ⅱ. 대상판결의 분석

1. 기존 개간허가 취소처분

(1) 시행령 제21조 제3항 제2호의 무효 여부

위 시행령의 조항이 기존에 허가를 받은 공사 또는 사업의 조정 외에 기존 허가의 취소까지 할 수 있도록 정한 것이 위임입법의 한계를 벗어난 것인지가 문제이다.

대상판결은 위임입법의 한계 및 그 판단 기준에 관한 기존 판례를 인용한 후 위 시행령이 위법하지 않다고 판단하였다. 이러한 판단을 함에 있어서 개발제한구역 지정의 취지·목적과 개발제한구역에서의 허가가 갖는 성격 등이 고려된 것으로 보인다. 뒤에서 검토하는 바와 같이 수익적 행정행위의 철회가 법령에 특별한 규정이 없어도 가능하다는 점 또한 위 시행령이 위법하지 않다는 판단의 근거가 되었다.

(2) 수익적 행정행위의 철회

철회는 적법한 행정행위의 효력을 사후적으로 소멸시키는 행정처분인데, 수익적 행정행위의 철회에 있어서 별도의 법적 근거가 필요한지에 대하여 견해 대립이 있다. 불필요설의 논거는 행정은 공익에 적합하고 변화에 적응하여야 하고, 원행정행위의 수권규정을 철회의 수권규정으로 볼 수 있다는 것이고, 필요설의 논거는 수익적 행정행위의 철회는 기득권을 침해하므로 부담적 행정행위와 동일하게 보아야 한다는 것이다. 판례는 필요하지 않다는 입장이다.

불필요설은 신뢰보호의 원칙에 따른 이익형량을 통하여 기득권이 보호될 수 있다고 주장한다. 판례도 수익적 행정행위의 철회는 그로 인한 기득권의 침해를 정당화할 수 있는 공익상의 필요 등이 있는 때에 한하여 이루어져야 하고, 공익상의 필요보다 상대방이 받는 불이익이 막대한 경우에는 재량권을 일탈·남용한 것으로서 위법하다고 본다.

대상판결은 기존 개간허가를 취소할 경우 원고가 입게 되는 불이익(재산권의 침해)이 너무 크다는 등의 이유로 기존 개간허가 취소 처분을 위법하다고 판단하였다.

2. 새로운 신청 불허처분

대상판결은 개발제한구역 내에서의 허가는 예외적, 수익적인 것으로서 재량행위이며, 재량행위에 대한 사법심사는 법원이 독자의 결론을 도출함이 없이 당해 행위에 재량권의 일탈·남용이 있는지를 심사하게 되고, 이러한 심사는 사실오인, 비례·평등의 원칙 위배, 당해 행위의 목적 위반 등을 판단 대상으로 한다는 기존 판례 법리를 따랐다.

대상판결은 이 사건 임야의 현황과 새로운 신청을 허가할 경우 대규모의 형질변경이 불가피하다는 점, 원고는 시행령 제21조 제1항의 조정신고를 통하여 개발제한구역의 지정목적에 위반되지 않는 범위에서 택지를 조성할 수 있다는 점 등을 고려하여, 불허 처분이 위법하지 않다고 판단하였다.

Ⅲ. 대상판결의 평가

대상판결은 각 처분에 대한 재량권 일탈·남용 판단기준을 구분하여 제시한 후 그에 따라 처분별로 위법성을 다르게 결론 내렸다.

기존 개간허가 취소처분은 중대한 공익상의 필요를 피고가 입증하여야 그 처분의 적법성이 인정되고, 이와 달리 새로운 신청 불허처분은 허가를 구하는 행위가 개발제한구역의 지정목적에 위배되지 않는다는 등의 특별한 사정을 원고가 증명하여야 그 처분의 위법성이 인정되는 등 분명한 차이점이 있다. 이러한 점에서 대상판결이 피고의 처분을 성격별로 구분하여 논리를 전개한 것은 큰 의의가 있다고 생각한다.

참고문헌

이영창, "환경소송에서 행정청의 재량에 대한 사법심사의 방법과 한계", 사법논집 제49집 (2009)
정하중, "한국 행정판례의 성과와 과제", 행정판례연구 제11권 (2006)

[87] 행정청의 재량행위가 사실오인 등에 근거한 경우 위법 여부

— 대법원 2001. 7. 27. 99두8589 판결 —

송 승 훈 (인천지방법원)

[사실 개요]

1. 피고보조참가인(이하 '참가인'이라고 함) 문장대온천관광지개발지주조합이 상수원수 1급 자연환경보전구역 인근(약 2km 정도)에 문장대온천관광지를 조성하는 계획에 대하여, 피고 상주시장이 이를 승인하는 내용의 온천관광지 조성사업 시행허가처분(이하 '이 사건 처분'이라고 함)을 하자, 인근 주민들 68명이 원고로서 위 온천관광지 조성사업에 오수처리시설들이 설치되더라도 효능이 불확실하여 하류 지역 거주 주민들의 식수, 농업용수 오염에 영향을 미친다는 이유로 이 사건 처분의 취소를 청구하였다.

2. 이 사건 처분의 주요 내용은, 사업시행면적 135,140㎡, 1일 오수발생 예상량 2,400톤(그중 700톤은 온천수 사용허가량이고, 나머지 1,700톤은 생활오수량이다)이고, 그에 대한 오수처리시설 등 오수처리계획에는 총 면적에 대한 계획을 수립하여 단계별로 시행계획에 의거하여 실행설계를 한 후 협의를 거쳐야 한다는 등의 조건이 붙어 있었다.

3. 피고와 참가인은 참가인이 이 사건 처분에 따른 관광지 조성공사를 함에 있어서 모관침윤트렌치공법(이하 '트렌치공법'이라 함) 등에 의하여 오수처리시설을 함으로써, 온천관광지로부터 발생할 오수를 정화하여 원고들의 거주지역에 위치하는 신월천 등의 수질오염을 방지할 수 있다고 주장하였다. 원고들은 참가인이 위와 같은 오수처리시설을 한다 하더라도, 그 설치 및 가동이 완벽하게 이루어지지 않아 위 온천관광지 하류의 수질이 심각하게 오염되는 등 그 지역의 주민들인 원고들에게 수인한도를 초과하는 생활환경에 관한 이익을 침해할 우려가 있으므로, 위 조성사업시행을 허가한 이 사건 처분은 취소되어야 한다고 주장하였다.

[판결 요지]

1. 관광지조성사업의 시행은 국토 및 자연의 유지와 환경의 보전에 영향을 미치는 행위로서 그 허가 여부는 사업장소의 현상과 위치 및 주위의 상황, 사업시행의 시기 및 주체의 적정성, 사업계획에 나타난 사업의 내용, 규모, 방법과 그것이 자연 및 환경에 미치는 영향 등을 종합적으로 고려하여 결정하여야 하는 일종의 재량행위에 속한다고 할 것이고, 위와 같은 재량행위에 대한 법원의 사법심사는 당해 행위가 사실오인, 비례·평등의 원칙 위배, 당해 행위의 목적 위반이나 부정한 동기 등에 근거하여 이루어짐으로써 재량권의 일탈·남용이 있는지 여부만을 심사하게 되는 것이나, 법원의 심사결과 행정청

의 재량행위가 사실오인 등에 근거한 것이라고 인정되는 경우에는 이는 재량권을 일탈·남용한 것으로서 위법하여 그 취소를 면치 못한다.

2. 관광지조성사업시행 허가처분에 오수처리시설의 설치 등을 조건으로 하였으나, 그 시설이 설치되더라도 효능이 불확실하여 오수가 확실하게 정화 처리될 수 없어 인접 하천 등의 수질이 오염됨으로써 인근 주민들의 식수 등도 오염되어 주민들의 환경이익 등이 침해되거나 침해될 우려가 있고, 그 환경이익의 침해는 관광지의 개발 전과 비교하여 사회통념상 수인한도를 넘는다고 보이며, 주민들의 환경상의 이익은 관광지조성사업시행 허가처분으로 인하여 사업자나 행락객들이 가지는 영업상의 이익 또는 여가생활향유라는 이익보다 훨씬 우월하다 할 것인데, 그럼에도 피고가 이 사건 관광지의 개발로 인하여 야기될 환경적 위해 발생을 고려하지 않은 채 위 공법 등에 의한 오수처리시설로 위 관광지로부터 배출될 오수를 정화 처리할 수 있다고 하여 이 사건 처분을 한 것은, 합리적인 사실인정을 결한 것으로서 사회통념상 현저하게 타당성을 잃었다고 판단되고, 따라서 위와 같은 사실오인 등에 기초한 이 사건 처분은 재량권을 일탈·남용한 것으로서 위법하다.

해설

I. 대상판결의 쟁점

원심은, 이 사건 공사로 인하여 설치될 온천관광지로부터 배출될 오수를 처리하기 위하여 참가인이 계획하고 있는 트렌치공법 등은 위 온천관광지에서 배출되기로 예정되어 있는 오수(2,400톤/1일, BOD 150ppm 내지 200ppm)를 전부 정화처리할 수 있고, 그 후 자연적인 희석작용을 통하여 신월천 등이 현재보다 오염될 가능성이 거의 없는 등 원고들에게 수인한도를 넘는 생활환경에 관한 이익침해의 염려가 없으므로, 이 사건 처분의 취소를 구하는 원고들의 청구는 이유 없다고 판단하였다.

결국 이 사건에서는 참가인이 이 사건 공사를 실시함에 있어서 오수의 처리를 위하여 계획하고 있는 트렌치공법이 이 사건 사업의 규모, 위 공법의 특성 등에 비추어 볼 때 그 효능을 신뢰할 수 있는 것인지, 참가인이 위와 같은 오수처리시설을 하여 이 사건 사업을 운영할 경우 신월천 등의 수질을 오염시키는 등 환경위해의 가능성은 없는 것인지가 쟁점이 되었고, 특히 이로 인하여 원고들에게 이 사건 온천관광지의 개발 전과 비교하여 수인한도를 넘는 환경침해(식수원의 오염 등)를 초래할 우려가 있는 것은 아닌지가 문제되었다.

또한 관광지조성사업 시행허가의 법적 성질이 재량행위인지, 이에 대한 법원의 사법심

사 대상이 무엇인지, 나아가 행정청의 재량행위가 사실오인 등에 근거한 경우 재량권 일탈
남용에 해당하여 위법한지에 관한 대상판결의 판시도 주목할 만하다.

Ⅱ. 대상판결의 분석

1. 환경 행정처분의 자유재량행위성

경제적, 사회적, 기술적, 과학적 여건에 크게 영향을 받는 환경행정의 특성상 다른 행
정보다 폭넓은 재량이 인정될 여지가 많은데, 대법원도 "자연공원법이 적용되는 지역 내에
서 식품위생법상 식품접객업의 하나인 단란주점영업허가의 신청이 있는 경우에, 식품위생
법 관련 규정상 시설요건 등을 갖추었다고 하여 반드시 허가하여야 하는 것이 아니라, 그
단란주점영업이 자연공원법의 목적인 국민의 보건 및 여가와 정서생활의 함양, 건전한 탐
방질서의 유지 등에 배치되는 등 공익상 필요가 있을 때는 불허가할 수 있다."고 판시한 바
있다(대법원 2001. 1. 30. 99두3577 판결).

2. 자유재량행위의 위법 여부에 대한 판단

행정청의 재량에 속하는 처분이라도 재량권의 한계를 넘거나 그 남용이 있는 경우에는
사법심사의 대상이 된다(행정소송법 제27조).

대법원은 종래 "행정행위 중 재량행위 내지 자유재량행위의 경우 행정청의 재량에 기
한 공익판단의 여지를 감안하여 법원은 독자의 결론을 도출함이 없이 당해 행위에 재량권
의 일탈·남용이 있는지 여부만을 심사하게 되고, 이러한 재량권의 일탈·남용 여부에 대한
심사는 사실오인, 비례·평등의 원칙 위배, 당해 행위의 목적 위반이나 동기의 부정 유무 등
을 그 판단 대상으로 한다."고 판시한 바 있다(대법원 2001. 2. 9. 98두17593 판결).

그런데 대법원은 이 사건에서 더 나아가 "트렌치공법은 당초 농어촌지역의 소규모 간
이오수처리시설로 설치 이용되어 온 것으로 그 오수처리용량이 하루에 500톤 미만인 지역
에서 권장되고 있었던 공법으로서(더욱이 환경부, 감사원 등에서는 트렌치공법의 불완전성 때문에 향
후에는 위 방식의 선정을 지양하도록 행정지도를 하고 있다), 위 관광지에서 배출될 하루 약 2,400톤
의 오수를 처리하는 것은 무리라고 보이는 사정 등이 있음에도, 피고가 위 공법 등에 의한
오수처리시설로 위 관광지로부터 배출될 오수를 정화 처리할 수 있다고 하여 이 사건 처분
을 한 것은, 합리적인 사실인정을 결한 것으로서 사회통념상 현저하게 타당성을 잃었다고
판단되고, 따라서 위와 같은 사실오인 등에 기초한 이 사건 처분은 재량권을 일탈·남용한
것으로서 위법하다."고 판시하여, 행정청의 재량행위가 사실오인 등에 근거한 경우 재량권
일탈·남용에 해당하여 위법하다는 법리까지 제시하였다.

3. 환경권과 환경상 이익의 침해

환경권은 명문의 법률규정이나 관계법령의 규정 취지 및 조리에 비추어 권리의 주체·대상·내용·행사방법 등이 구체적으로 정립될 수 있어야만 법률상의 권리로 인정된다는 것이 종래의 확립된 판례이므로(대법원 1995. 9. 15. 95다23378 판결; 대법원 1997. 7. 22. 96다56153 판결; 대법원 1999. 7. 27. 98다47528 판결 등), 그러한 구체적 권리로 인정되지 아니하는 환경권의 침해를 이유로 곧바로 당해 승인 등 처분이 위법하다고 할 수는 없다(대법원 1998. 9. 22. 97누19571 판결).

그러나 그와 같이 구체적 권리로까지는 인정되지 못하더라도 주민이 누리는 환경상의 이익은 적어도 법률상 보호되는 이익에는 해당되므로, 만일 대상사업이 그러한 이익을 침해하고 그 침해의 정도가 수인한도를 넘는 것이며, 당해 사업에 관한 승인 등 처분의 내용이 그러한 침해를 허용하는 것이라면 당해 승인 등 처분이 위법하다고 할 것이다.

Ⅲ. 대상판결의 평가

대상판결은 주민들의 환경상 이익이 관광지 조성사업시행 허가처분으로 인하여 그 사업자나 행락객들이 가지는 영업상의 이익 또는 여가생활 향유라는 이익보다 훨씬 우월하다는 이유로 그 허가 처분에 위법이 있다고 한 흔하지 않은 사례이다.

특히, 대상판결은 행정청의 재량행위가 사실오인 등에 근거한 경우 재량권 일탈·남용에 해당하여 위법하다는 법리를 제시하였다는 점에서 큰 의의가 있다.

참고문헌

김홍균, "환경법상의 재량행위", 행정소송(I) (2008)

우성만, "수질오염, 해양오염과 환경소송", 환경법의 제문제(하), 재판자료 제95집 (2002)

이영창, "환경소송에서 행정청의 재량에 대한 사법심사의 방법과 한계", 사법논집 제49집 (2009)

[88] 시장의 지정·고시 유무와 준농림지역 내의 숙박시설 건축허가 여부

— 대법원 1999. 8. 19. 98두1857 전원합의체 판결—

이 재 욱 (서울고등법원)

[사실 개요]

1. 원고는 국토이용관리법상 준농림지역 내 토지 위에 숙박시설을 신축할 목적으로 건축허가신청을 하였다. 피고 서산시장은 위 토지가 경관이 수려한 농촌지역에 위치하고 있고, 숙박시설이 들어서는 경우 퇴폐분위기를 조성하여 지역의 건전한 발전을 저해할 우려가 있으며, 서산시 조례로 숙박시설 건축을 제한하고 있다는 이유로 건축허가신청을 반려하였다.

2. 원고가 건축허가를 신청할 당시 서산시 조례가 제정되어 시행 중이었으나, 준농림지역에서의 제한지역 결정에 대한 일반적 기준만을 제시하였을 뿐 숙박시설 등 설치제한지역에 대한 구체적인 지정고시는 이루어지지 아니한 상태였다.

[판결 요지]

1. [다수의견]

관련 법령에 의하면, 준농림지역 내의 지방자치단체의 조례가 정하는 지역에서 숙박업 등을 영위하기 위한 시설 중 조례가 정하는 시설의 건축을 제한할 수 있다. 조례의 의하여 준농림지역 내의 건축제한지역이라는 구체적인 취지의 지정·고시가 행하여지지 아니하였다 하더라도, 조례에서 정하는 기준에 맞는 지역에 해당하는 경우에는 숙박시설의 건축을 제한할 수 있고, 그 기준에 해당함에도 불구하고 무조건 숙박시설 등의 건축허가를 하여야 하는 것은 아니며, 조례에서 정한 요건에 저촉되지 않는 경우에 비로소 건축허가를 할 수 있다.

2. [보충의견]

지방자치단체가 조례로 제한지역을 구체적으로 지정하지 않고 있다는 사유만으로 환경오염의 우려가 있는 행위가 무제한적으로 허용된다고 보는 것은, 환경권을 재산권이나 영업의 자유보다 우위에 있는 기본권으로 보장하면서, 환경보전을 국가나 지방자치단체의 의무인 동시에 그에 의하여 자유와 권리가 제한되는 국민 자신의 의무로 규정하고 있는 헌법과 환경관련 법률의 이념에 어긋나는 해석이다.

3. [반대의견]

가. 준농림지역에서의 행위제한도 조례라는 자치법규가 정한 바에 따라 그 구체적 내용이 정하여진다. 조례 자체에서는 일반적인 기준만을 제시하고 구체적인 제한지역과 제한대상시설의 범위 등은 다시 지정·고시에 의하여 정하도록 규정하고 있는 경우, 지정·고시에 의하여 구체적인 제한지역과 제한대상시설의 범위가 정하여지지 아니하였다면 구체적인 행위제한의 법적 효력이 아직 발생하지 아니하였다. 이 상태에서는 조례나 그 근거가 된 관계 법령을 들어 건축법상의 건축허가를 거부할 수 없다.

나. 건축법에 정한 건축허가권자는 건축허가신청이 관계 법규에서 정한 제한에 배치되지 않는 이상 당연히 건축허가를 하여야 한다. 그러나 건축허가거부처분이 위법하다고 하여 이를 취소하는 것은 현저히 공공복리에 적합하지 아니하므로 사정판결을 할 사유가 있다.

해설

I. 대상판결의 관계 법령

국토이용관리법 제15조 제1항 제4호는 준농림지역 안에서는 환경오염의 우려가 있거나 부지가 일정규모 이상인 공장·건축물·공작물 기타의 시설의 설치 등 대통령령이 정하는 토지이용행위는 이를 할 수 없다고 규정하고, 같은 법 시행령(1995. 10. 19. 대통령령 제14789로 개정되어 1997. 9. 11. 대통령령 제15480호로 개정되기 전의 것) 제14조 제1항 제4호는 법 제15조 제1항 제4호에서 "대통령령이 정하는 토지이용행위"의 하나로서 "조례가 정하는 지역에서 숙박업 등을 영위하기 위한 시설 중 조례가 정하는 시설의 설치"를 규정하였다.

서산시 준농림지역 안에서의 행위제한에 관한 조례(이하 '서산시 조례'라 함)는 제한지역지정 기준으로, 교육 또는 지역주민의 정서함양 및 생활환경에 영향이 있는 지역, 지역발전 및 지역개발사업에 지장이 있는 지역, 명승·사적·유적지·자연경관·관광자원·환경보전 등을 위하여 필요하다고 판단되는 지역 등을 정하고, 피고 서산시장에게 위 기준에 의하여 제한지역을 지정·고시하도록 규정하였다.

II. 대상판결의 분석

1. 건축허가의 법적 성질

(1) 기속행위성

건축허가는 강학상의 허가로서 기속행위에 속하며 대물적 허가로 보는 것이 종래의 일반적 견해이고, 건축허가권자는 관계법령에서 정하는 제한사유 이외의 사유를 들어 건축허가신청을 거부할 수 없다고 보았다.

판례도 자연경관 훼손 및 주변환경의 오염과 농촌지역의 주변정서에 부정적인 영향을 끼치고 농촌지역에 퇴폐분위기를 조성할 우려가 있다는 등의 사유가 관계법령상 숙박시설 건축의 제한사유로 규정되어 있지 아니한 이상 이를 이유로 건축을 불허할 수는 없다고 판시하였다(대법원 1996. 3. 8. 95누7451 판결 참조).

(2) 이른바 집중효와 재량행위 여부

건축법은 1991년과 1995년에 각 개정되면서 건축허가를 받으면 토지형질변경허가 등 건축물의 허가요건을 규율하고 있는 다른 건축 관련 행정법들에 의한 허가도 받은 것으로 의제하는 이른바 집중효를 도입하였다[구 건축법(1991. 5. 31. 법률 제4381호로 전부개정된 것) 제8조 제4항; 구 건축법(1995. 1. 5. 법률 제4919호로 일부 개정된 것) 제8조 제5항].

이처럼 재량행위에 속하는 관련 행정법상의 허가가 건축법상의 건축허가에 의하여 허가받은 것으로 의제되게 되었음에도 건축허가를 일률적으로 기속행위로 보는 것은 부적절하고, 이를 개별적으로 검토하여 재량적인 것은 재량행위로, 기속적인 것은 기속행위로 보아야 한다는 비판이 있다. 대법원은 도시지역 안에서 토지의 형질변경행위를 수반하는 건축허가는 재량행위에 속한다고 판시하였다(대법원 2005. 7. 14. 2004두6181 판결 참조).

(3) 준농림지역에서의 건축허가의 기속재량행위

서산시 조례 제4조 제1항은 설치제한지역지정 기준을 불확정개념으로 규정하고 있어 위 금지대상에 해당하는지 여부를 판단함에 있어서는 행정청에 재량권이 부여되어 있으므로, 준농림지역 안의 숙박시설에 대한 건축허가 여부는 그 범위 내에서 재량의 여지가 있다.

2. 제한지역지정·고시의 필요 여부

관계 법령의 규정 및 아래 각 사정을 종합하여 보면, 준농림지역 안의 숙박시설의 건축허가가 제한되는지 여부는 당해 토지가 설치제한지역으로 지정·고시되었는지를 불문하고, 그 실질적인 제한사유에 해당하는지 여부에 따라 구체적, 개별적으로 결정되어야 한다.

① 위임의 근거 법령인 국토이용관리법 관련 규정에는 제한지역의 구체적 지정·고시를 예정하고 있지 않다. 실제로 지방자치단체에 따라서는 조례에 설치제한지역의 지정·고시에 관한 규정을 두지 아니한 경우도 있다.

② 제한지역설정은 개인의 자유를 제한하는 것이므로 해당요건을 정함에 있어서는 예견가능성이 요청되는데, 예견가능성이 있을 정도의 객관성·구체성을 가지는 것인지 여부를 판단함에 있어서는 그 입법목적까지 고려하여야 한다. 서산시 조례에서 정한 제한지역 지정기준은 준농림지역에서의 숙박업시설 등 설치제한의 입법목적에 비추어 볼 때 요건충족

여부를 예견할 수 있을 정도로 상당히 구체적이고, 준농림지역 내 숙박시설 등 억제의 필요성에 대한 공익상 요청도 충분히 강하다.

③ 토지형질변경허가에 관하여 그 기준을 정한 구 토지의 형질변경 등 행위허가기준 등에 관한 규칙(1998. 6. 5. 건설교통부령 제328호로 개정되기 전의 것) 제4조도 준농림지역 안에서의 시설제한지역의 지정·고시에 관한 관계 법령의 규정형식과 유사한데, 대법원 1998. 9. 25. 98두6494호 판결은 형질변경 허가제한 지역의 고시 여부는 그 허가 여부를 결정하는 요건으로 볼 수 없다고 판시하였다.

Ⅲ. 대상판결의 평가

대상판결은 위임법령의 입법목적, 즉 준농림지역의 숙박시설 등에 대한 제한 필요성에 비추어 문언 해석에 예측 가능성의 요청을 해치지 않는 범위 내에서 다소간 제한을 가함으로써 건축의 허가 여부에 행정청의 재량을 인정하는 것이 적정하다는 인식에 기초한 것으로 보인다. 이는 법규의 자구에만 얽매여 판단한 결과 발생한 러브호텔의 난립으로 인한 농촌지역 자연 및 생활환경의 심각한 훼손결과에 대한 부정적 평가를 언급한 보충의견에서도 뒷받침된다.

다수의견에 대하여는 국민의 법적 안정성과 예측 가능성을 해칠 것을 우려하는 반대의견과 공익상의 필요가 있는 경우 사정판결에 의하여 사익과의 조화를 도모하여야 한다는 입장에서 반대의견에 대한 별개의견이 제시되었다.

제한지역지정·고시의 필요 여부라는 대상판결의 쟁점은 구 국토이용관리법 시행령 제14조 제1항 제4호의 개정으로 더 이상 문제되지 않겠지만, 대상판결은 환경권의 법적 의미를 되새기고 건축허가의 법적 성질에 대한 검토의 기회를 제공하는 의미 있는 판결로 보인다.

참고문헌

김동희, "건축허가처분과 재량", 행정판례연구 Ⅴ (2001)

박영하, "조례에 정한 준농림지역 내의 숙박시설 설치 제한지역에 대한 시장의 지정·고시 유무가 건축허가 여부를 결정하는 요건인지 여부", 국민과 사법 (1999)

정 훈, "환경보호와 법치국가 원리의 충돌: 독일의 판례와 학설을 중심으로", 환경법연구 제25권 제2호 (2003)

조성규, "건축허가의 법적 성질과 린인(隣人)의 보호", 법학연구 제23집 (2002)

[89] 가습기살균제 규제 부작위로 인한 국가배상책임

—서울중앙지법 2016. 11. 15. 2014가합563032 판결—

박 지 혜 (기후솔루션, 변호사)

[사실 개요]

1. 원고들은 피고 주식회사가 제조한 가습기살균제 제품을 사용한 후 사망·상해 등의 피해를 입은 피해자들과 그 부모 13인이다. 원고들은 이 사건 가습기살균제에는 인간의 폐 등 호흡기에 치명적인 손상을 야기할 수 있는 위험물질인 PGH 성분이 함유되어 있음에도 그 용기에 '인체에 무해하며 흡입시에도 안전'이라는 문구가 표시되어 있는 등 설계상 및 표시상의 결함으로 원고들의 생명 또는 신체에 손해를 입혔으므로 피고 주식회사는 그 정신적 손해를 배상할 의무가 있다고 주장하였다. 또한, 피고 대한민국은 이 사건 가습기살균제에 대한 관리·감독을 소홀히 하였으므로, 국가배상법에 따라 원고들에게 위 가습기살균제로 인하여 입은 손해를 배상할 책임이 있다고 주장하였다.

2. 2006.경부터 원인불명의 폐질환 환자가 서울 소재 큰 병원들에 잇따라 찾아왔고, 2011. 질병관리본부의 역학조사가 실시되었고, 그 결과 가습기살균제가 원인으로 판명되어 수거명령 등의 행정조치가 이루어졌다. 2014.경부터 현재까지 총 4차례에 걸쳐 이루어진 피해 조사에서 5,435명의 피해 신고가 이루어졌는데, 이 중 1,267명이 사망하였다. 이 중 가습기살균제와의 연관성이 거의 확실한 것으로 판명된 사례(1, 2단계)는 총 474명이다.

[판결 요지]

1. 피해자들의 가습기살균제 사용 경위, PGH의 독성학적 성상, 동물 실험 결과, 피해자들의 증세, 질병관리본부의 역학조사 및 연구 결과 등을 종합하여 볼 때, 이 사건 가습기살균제에는 흡입독성이 높은 PGH를 사용한 설계상의 결함이 있고(제조물책임법 제2조 제2호 나목 참조), 일응 하자가 있다는 것을 추단할 수 있고 피해자들은 위 가습기살균제를 정상적인 용법으로 사용하였음에도 생명이나 신체에 손상을 입은 사실을 인정할 수 있다. 이 사건 가습기살균제 용기에 기재된 문구의 내용, 해당 문구가 표시된 경위, 피해자들이 피고 주식회사가 제공하는 정보에 의존할 수밖에 없었던 사실 등을 고려할 때 표시상의 결함 역시 인정된다(제조물책임법 제3조). 그럼에도 피고 주식회사는 피해자들의 손해가 이 사건 가습기살균제의 하자가 아닌 다른 원인으로 발생한 것임을 증명하지 못하고 있으므로 제조물책임법에 따라 이 사건 가습기살균제에는 하자가 존재하고 하자로 말미암아 피해자들에게 손해가 발생하였다고 추정된다.

2. 공무원의 부작위로 인한 국가배상책임을 인정하기 위하여는 공무원의 작위로 인한 국가배상책임을 인정하는 경우와 마찬가지로 '공무원이 그 직무를 집행함에 당하여 고의 또는 과실로 법령에 위반하여 타인에게 손해를 가한 때'라고 하는 국가배상법 제2조 제1항의 요건이 충족되어야 한다. 국민의 생명, 신체, 재산 등에 대하여 절박하고 중대한 위험상태가 발생하였거나 발생할 우려가 있는 경우가 아닌 한, 원칙적으로 공무원이 관련 법령대로만 직무를 수행하였다면 그와 같은 공무원의 부작위를 가지고 '고의 또는 과실로 법령에 위반'하였다고 할 수는 없을 것이다. 가습기살균제 사건에서 국민에게 발생한 손해는 심각하고 절박한 것이었지만, PGH 등이 포함된 가습기살균제로 인하여 그러한 손해가 발생하였으리라는 점을 쉽게 예견하여 회피조치를 취할 가능성이 있었다고 보이지 않는다. 유해화학물질관리법, 공산품안전법, 감염병의 예방 및 관리에 관한 법률, 의약외품범위지정 고시 등 관계 법령에 따른 의무 역시 게을리 하였다고 보기 어렵다. 따라서, 원고들이 제출하는 증거만으로는 피고 대한민국의 국가배상책임을 인정하기에 부족하고 달리 이를 인정할 만한 증거가 없다.

해설

I. 대상판결의 쟁점

가습기살균제 사건에 대해서는 2012년부터 가해 기업은 물론 정부의 책임을 묻기 위한 손해배상 청구 소송이 진행되어왔다. 대상판결에서 법원은 처음으로 제조물책임법상 기업의 배상책임을 인정하였다. 그러나, 국가배상책임에 대해서는 공무원의 부작위로 인한 국가배상책임에 관한 일반적인 법리에 따라 국가의 배상책임을 부인하는 결정을 내렸다. 같은 취지의 판결들은 현재도 계속되고 있다(서울중앙지방법원 2015. 1. 29. 2012가합4515 판결; 서울중앙지방법원 2017. 5. 11. 2014가합563148 판결 등). 이에 국가배상책임에 관한 법원의 판단을 둘러싸고 다양한 문제제기가 이루어지고 있다. 이하에서는 국가배상책임을 둘러싼 쟁점에 대하여 살펴보기로 한다.

II. 대상판결의 분석

1. 가습기살균제로 인한 건강 피해의 예측 가능성과 회피 가능성

대상판결은 공무원에 대하여 작위의무를 명하는 법령의 규정이 없다면 공무원의 부작위로 인하여 침해된 국민의 법익 또는 국민에게 발생한 손해가 어느 정도 심각하고 절박한 것인지, 관련 공무원이 그와 같은 결과를 예견하여 그 결과를 회피하기 위한 조치를 취할 수 있는 가능성이 있는지 등을 종합적으로 고려하여 판단하여야 한다면서도(이러한 논리에 따라 국가배상책임을 인정한 사례로 구 농어촌진흥공사(농업기반공사)가 침수피해를 방지하는 데 필요한 적절한 조치를 신속히 취하여야 할 의무가 있음에도 그러한 조치를 취하지 않은 것이 공무원의 부작위의 위법에 해당한다고 한 사례 대법원 2001. 4. 24. 2000다57856 판결 등이 존재한다), 망인들의 사망 전에 영유아들이 가습기살균제로 인하여 급성 간질성 폐질환으로 사망하였다는 점을 의심할 만한 분명하고도 객관적인 정황이 있었다고 인정하기 어렵다는 점, 즉, 가습기살균제로 인하여 폐손상이 일어날 수 있다는 점을 예측하고 회피 조치를 취할 수 있는 가능성이 낮았다는 점을 국가배상책임을 부인하는 주요 근거로 들고 있다.

그러나 화학물질 사용으로 인한 건강 피해와 같이 과학적 불확실성의 문제가 결부된 사안에 있어서도 이와 같이 위험의 존재와 발생가능성이 국가 행위 당시 구체화되어 있을 것을 요구하는 것은 국가배상책임의 성립 범위를 지나치게 축소하는 것이다. 이러한 법원의 판단은 위험 사회에서 대부분의 위험은 결국 개인이 감당해야 한다는 결론에 이르게 한다는 점에서 재고되어야 할 필요가 있다. 과학적 불확실성이 큰 사안의 경우 위험의 내용과 발생가능성이 구체화되어 있지 않았다 하더라도 관련 법령에 따른 의무 해태가 국민의 생명과 재산에 대한 피해로 이어졌을 만한 추상적인 가능성이 인정되는 사안이라면 국가배상책임의 성립에 필요한 예측 가능성과 회피 가능성이 존재한다고 봄이 바람직하다.

2. 법령상 의무의 해태

피고 주식회사가 사용한 PGH의 경우, 경구독성시험만을 근거로 하여 PGH를 유독물에 해당되지 않는다고 한 결정에는 당시 관련 법령에 따르더라도 해당 결정의 위법성과 주의의무의 해태를 인정할 수 있는 여지가 있다. 2003년 PGH가 신규화학물질로 유해성 심사를 받을 당시 유해화학물질관리법상 관련 규정에 따르면 신규화학물질의 유해성 심사는 신청인이 제출한 노출경로를 감안하여 이루어져야 하는데, 주 노출경로가 경피 또는 흡입으로 판단되는 경우 급성흡입독성 시험성적서를 제출하여야 한다(동법 제8조; 동법 시행규칙 제4조 제5항; 국립환경연구원 고시 제1999-39호 제7조). 그러나, PGH에 대해서는 사업자가 'spray or aer-osol 상태로 제품에 첨가'를 주요 배출경로로 적어 냈음에도 사업자가 제출한 경구독성시험 성적서만을 기초로 유해성 심사가 이루어졌고, 그에 따라 유독물에 해당되지 않는다는 결정이 이루어질 수 있었다.

또한, 독성학적으로는 화학물질의 사용용도와 노출경로가 달라지는 경우 독성 효과가 달라진다는 것이 기본상식이지만, 우리나라에는 관련 규정이 존재하지 않아 2009. PGH를 가습기살균제 제조용으로 사용하기 시작한 시점에 유해성 재심사가 이루어지지 않은 점,

환경부는 1997.에 이미 유해화학물질관리대책으로 "미국의 주요 신규사용규칙(SNUR)과 같은 특정용도로의 사용제한이나 생산량을 규제할 수 있는 근거를 마련할 계획"임을 밝힌 바 있으나, 1990. 유해화학물질관리법 제정 이후 23년이 경과한 2013. 가습기살균제 사건으로 온 나라가 시끄럽게 되고 나서야 화학물질의 등록 및 평가 등에 관한 법률을 제정하면서 비로소 화학물질의 용도를 등록하고, 용도변경 시 변경 등록하는 제도를 마련한 점 (동법 제12조 제2호) 등을 감안할 때 당시의 유해화학물질 관련 규제는 현저히 불충분한 것으로 국민의 생명과 건강에 관한 국가의 보호의무 해태를 인정할 수 있는 여지도 충분하다고 생각된다.

Ⅲ. 대상판결의 평가

유해화학물질의 사용으로 인한 건강 영향과 환경 피해 등에 대해서는 분명히 규명되지 않은 부분이 많다는 과학적 불확실성의 문제가 존재한다. 따라서 환경 및 건강에 대한 회복할 수 없는 심각한 위험 발생 가능성이 예견되더라도 이를 뒷받침할 만한 증거가 명백하게 존재하지 않는 경우가 많아 규제의 정당성을 확보하는 데 어려움이 존재한다. 정부는 강력한 규제를 설계하는 데 부담을 느끼고, 관련 규정이 존재하더라도 소극적으로 집행에 나설 수밖에 없다. 따라서 본 사안에서 살펴본 바와 같이 유해화학물질의 유해성 심사 제도는 사업자가 제공한 정보에 기초하여 제한적인 범위에서 이루어지도록 설계되었다. 이러한 제도 하에서 유해성 관련 정보는 과소 공급될 수밖에 없었고, 이 때문에 가습기살균제 사건과 같은 많은 인명피해가 발생하였다.

국가배상청구 소송은 이러한 규제 현실에 대해 사법부의 개입을 촉구하고 유해성 정보의 과소공급 상태를 해소할 수 있도록 행정청의 관행을 개선하며, 관련 법령의 허점을 정비할 수 있는 계기를 마련하는 데 의미가 있다. 사업자들이 제공한 자금을 바탕으로 별도의 피해구제 계정을 운용함으로써 피해자들의 손해에 대한 금전적 회복이 이루어지고 있는 상황이지만, 국가배상청구에 대한 법원의 적극적인 판단이 필요한 이유이다.

참고문헌

김은주, "리스크 규제에 있어 사전예방의 원칙이 가지는 법적 의미", 행정법 연구 제20권 (2008)

박태현, "가습기살균제 사건과 국가배상책임", 환경법과 정책 제16권 (2016)

조홍식, "리스크 법－리스크관리체계로서의 환경법", 서울대학교 법학 제43권 제3호 (2002)

[90] 그린벨트(Green Belt)의 합헌성과 손실보상

─헌재 1998. 12. 24. 89헌마214, 90헌바16, 97헌바78 결정(병합) ─

최 봉 석 (동국대학교)

[사실 개요]

1. 89헌마214 사건

청구들은 구 도시계획(1971. 제정, 1972. 개정 법률) 제21조 제1항에 따라 개발제한구역으로 지정된 토지 위에 건축물을 건축하여 소유하고 있다는 이유로 건축물에 대한 철거대집행계고처분 등을 받고, 건축물철거대집행계고처분 등의 취소를 구하는 행정소송을 제기하였다. 청구인들은 위 소송계속 중 위헌심판제청을 신청하였으나 기각되자, 1989. 헌법소원심판을 청구하였다(90헌바16 결정 사건의 사실관계도 유사함).

2. 97헌바78 사건

청구인들은 구 도시계획법 제21조에 의하여 개발제한구역으로 지정된 지역 내에 위치한 토지의 소유자들이다. 청구인들은 개발제한구역의 지정에 의하여 입은 손실로 청구인 1인당 각 30만 원씩 보상하라는 내용의 소송을 제기하였다. 이 소송계속 중 청구인들은 도시계획법 제21조가 재판의 전제가 된다고 하여 위헌심판제청을 신청하다 기각되자 이 사건 헌법소원심판을 청구하였다.

[결정 요지]

1. 개발제한구역은 도시의 무질서한 확산을 방지하고 도시 주변의 자연환경을 보전하려는 목적에서 설정되는 것으로서 그 취지와 역할은 헌법에 부합하는 것이다. 토지재산권의 강한 사회성 내지는 공공성으로 인해 다른 재산권에 비하여 보다 강한 제한과 의무가 부과될 수 있다. 개발제한구역에 관한 법률은 토지재산에 관한 권리와 의무를 일반·추상적으로 확정하는 재산권 형성규정인 동시에 공익적 요청에 따른 재산권의 사회적 제약을 구체화하는 규정이다. 토지재산권은 강한 사회성·공공성을 내포하고 있다고 해도 이를 제한할 때에는 비례성원칙이 준수되어야 하며, 재산권의 본질인 사용·수익권과 처분권을 부인하여서는 안 된다.

2. 개발제한구역 지정으로 인하여 토지를 종래의 목적으로도 사용할 수 없거나 또는 더 이상 법적으로 허용된 토지이용의 방법이 없어 실질적으로 토지의 사용·수익이 불가능한 경우는 사회적 제약의 한계를 넘는 특별희생에 해당한다. 그러나 장래의 기대가능성이나 신뢰 및 이에 따른 지가상승의 기회 등은 원칙적으로 재산권의 보호범위에 속하지 않는다. 그린벨트 지정에 따른 특별희생을 감수하도록 하면서도 손실보상규정의 결여

로 이에 대해 적절한 보상을 하지 않는 것은 토지재산권을 과도하게 침해하는 것으로 위헌이다.

3. 보상의 구체적 기준과 방법은 입법자가 입법 정책적으로 정할 사항으로서 입법자는 빠른 시일 내 보상입법을 제정하여 위헌적 상태를 제거하여야 한다. 이에 입법자가 입법의 위헌적인 상태를 제거할 때까지 조항을 형식적으로 존속하게 하기 위해 헌법불합치결정을 하는 것이므로 보상입법이 마련되기 전에 새로 개발제한구역을 지정할 수 없으며, 소송을 통해 개발제한구역의 지정이나 그에 따른 보상에 관해 주장할 수 없다. 토지재산권의 공적 제약에 대한 보상방법은 헌법상 반드시 금전보상만을 해야 하는 것은 아니며, 지정의 해제 또는 토지매수청구 등 금전보상에 갈음하거나 기타 손실을 완화하는 등 여러 방법이 가능하다.

해설

Ⅰ. 대상결정의 의의

그린벨트는 1971. 구 도시계획법에 의해 우리나라에 처음 도입되었다. 1971. 서울외곽지역에 최초로 지정된 이후 전국 14개 권역에 걸쳐 지정되어 관리되었다. 이후 "개발제한구역의 합리적 제도개선"이 1997. 김대중정부의 국정과제 중 하나로 지정되어 제도개선이 추진되었다. 그 해 개발제한구역의 지정과 제한에 대해 손실보상규정을 두지 않은 도시계획법 제21조가 헌법재판소에 의해 헌법불합치결정을 받음에 따라 개발제한구역의 지정과 관리는 새로운 전기를 맞이하게 되었다. 이 결정은 그린벨트의 필요성과 합헌성 및 지속성을 확인했다는 점에서 환경법적으로, 또한 그린벨트는 보상이 이루어져야 하는 재산권에 대한 특별희생임을 확인했다는 점에서 행정법적으로 큰 의의를 갖는다. 또한 이 결정에 따라 만들어진 그린벨트 법제와 관리체계는 그린벨트에 관한 새로운 문제점과 과제를 양산하게 되었다는 점에서, 이 판례는 그린벨트제도변화의 분수령이라 할 수 있다.

Ⅱ. 대상결정의 분석

1. 그린벨트의 합헌성과 공용제약의 당위성 확인

헌법재판소는 개발제한구역이라는 재산권에 대한 공익적 제약은 국토의 효율적 이용과 환경보호 및 지속가능한 이용을 위해 필요한 합헌적인 정책임을 전제하면서 이를 위해 손실보상이 필요한 특별희생의 발생 또한 불가피한 것임을 확인하고 있다. 다만 이러한 특별희생에 대해 손실보상규정을 두고 있지 않은 법규정, 즉 개발제한구역의 설치 및 운용에 관한 구 도시계획법 제21조의 규정은 특별희생과 보상과의 관계에 적용되는 일반적인 법리와 헌법에 부합하지 않는 것으로서 위헌이라는 입장을 천명하였다. 헌법재판소의 결정은 공공의 필요에 의한 개발제한구역의 지정과 이로 인한 재산권 제한은 원칙적으로 합헌이지만 토지재산권에 대한 예외적인 가혹한 침해, 즉 특별희생을 허용하는 법률은 반드시 손실보상규정과 연계하여 규율되어야 한다는 불가분조항(Junktimal klausel)의 법리를 재확인하면서 이를 지키지 못한 법률이 위헌임을 확정한 것이다.

2. 보상규정 없는 특별희생규정의 위헌성과 정책적 손실보상 제시

헌법재판소는 보상규정이 결여된 특별희생 규정은 위헌무효임을 확정하였다. 이로써 손실보상이 필요한 재산권 제약, 즉 특별희생에 대해 손실보상규정을 두고 있지 않은 법률규정에 대한 기존 학계의 논란에 종지부를 찍었다는 점에 학술적 의의가 크다. 헌법재판소는 일단 위헌결정이 아닌 헌법불합치결정을 통해 입법 공백의 부담을 제거하고자 하였다. 더불어 그린벨트의 제도적 존속을 지속하면서도, 국회나 정부의 입법부작위 및 행정부작위에 대해 사법심사의 청구하고자 하는 시도 역시 차단하고자 한 것으로 보인다. 그 결과 손실보상 등 금전적 손해보전의 방식이 아닌 새로운 정책적 대안을 제시하여 이른바 가치(금전)보상에 관한 헌법 제23조의 정당보상규정을 확대 해석해 종래와는 다른 다양한 조절적 보상책이 제시되었다. 이와 같은 결정내용은 보상에 관한 재정적 부담의 축소와 권리회복적 차원에서의 조절보상으로 그 당시 독일연방헌법재판소의 새로운 결정(BVerfGE 100, 226)을 반영한 것으로 보인다.

Ⅲ. 대상결정의 평가

이 사건은 원칙적으로 그린벨트의 도입 시 불완전입법에 기인한 것이라 할 수 있다. 그린벨트에 관한 사법부의 판결 부작위가 장기화되고 헌법재판소의 위헌결정이 회피된 것도 그로 인해 초래될 수 있는 손실보상 재원의 부담 때문이었다고 할 수 있다. 이는 그린벨트의 70% 이상이 국공유지이거나 사유지인 경우도 농경지나 산지인 외국의 경우와 달리 우리나라의 그린벨트는 상당한 구역이 도시외곽지역이나 대도시권에 있었다는 점과 무관하지 않아 보인다. 우리의 그린벨트는 최초 지정 당시부터 그 대상지역에 대한 엄밀한 조사와 그린벨트의 기능과 제반여건 등 대한 합리적인 조사와 대응 및 적정한 입법이 없었기 때문에 실제 그린벨트 운용상 사유지에 대한 보상요구, "그린(green)하지 않은 그린벨트" 등 다양한 문제가 있었던 게 사실이다. 이렇게 본다면 과거 우리나라에서 이루어진 그린벨트의 지정

방식은 소위 "박정희식 개발방식"의 전형적인 양태와 다르지 않다고 해도 과언이 아닐 것이다. 이로 인해 이 사건 헌법불합치결정에 따라 제정된 개발제한구역의 지정 및 관리에 관한 특별조치법에 따라 새롭게 마련된 그린벨트 관리체계 역시 일정한 한계를 가지지 않을 수 없었다. 오히려 새로운 관리체계는 그린벨트의 해제를 용이하게 함으로써 그린벨트가 무차별적으로 해제되거나 구역 내에서 무분별한 개발이 확대되는 등의 문제가 지속되고 있다.

지역개발과 지역경제 활성화를 부르짖는 지방자치단체 및 광역자치단체의 장들은 그린벨트 해제(2001. 제주권 최초 해제, 2003. 이후 서울특별시·광역시·대도시 대부분으로 확대)에 신속히 나섰고 주민과 지역을 위한다는 이유로 실상 보호되어야 할 자연지역까지 개발의 소용돌이에 말려들고 있다. 따라서 그린벨트의 해제를 위해서는 기존의 개발목적 등과 같은 사유 외에 그린벨트의 본래적 목적인 도시의 연담화 방지, 유휴지 및 녹지공간의 확보 등 국민과 사회의 친환경적 수요가 고려되어야 한다. 나아가 1930년대 그린벨트를 최초로 도입한 영국이 제도도입의 취지로 선언한 "국토의 지속가능성"에 부합하도록 그린벨트지역의 생태계의 보호 및 그린벨트 해제나 완화에 따른 동·식물의 이전서식지 마련 등 제반 대책 또한 함께 마련해 나가야 할 것이다.

참고문헌

김상겸, "개발제한구역제도의 개선방안에 관한 연구", 토지공법연구 제41권 (2008)

최봉석, "보상규정 없는 법률에 의한 공용침해와 보상", 한국군사학논문집 제51권 (1996)

김남진, 『행정법의 기본문제』, 법문사 (1994)

최봉석, 『행정법총론』, 삼원사 (2018)

최봉석, 『환경법』, 도서출판 청목 (2014)

[91] 개발제한구역제도 개선방안의 헌법소원 대상적격

— 헌재 2000. 6. 1. 99헌마538등 결정 —

김 유 성 (서울중앙지방법원)

[사실 개요]

1. 피청구인(건설교통부장관)은 1971년 이후에 도입된 개발제한구역제도가 지녀온 문제점들을 해소하기 위하여 개발제한구역제도개선협의회를 설치하였다. 그 이후 제도개선협의회는 설문 및 현지조사를 거쳐 개발제한구역 제도개선시안을 마련하여 발표하였고, 피청구인은 14개 도시권을 대상으로 환경평가를 실시한 뒤 공청회 등을 거쳐 개발제한구역제도개선방안(이하 '이 사건 개선방안'이라 함)을 확정하여 1999. 7. 22. 발표하였다.

2. 이 사건 개선방안에 의해 개발제한구역이 해제될 예정인 지역에 거주하던 청구인들은 이 사건 개선방안 발표로 자신들의 환경권이 침해될 것이라고 주장하며 1999. 9. 18. 이 사건 헌법소원심판을 청구하였다.

[결정 요지]

1. 1999. 7. 22. 발표한 개발제한구역제도개선방안은 건설교통부장관이 개발제한구역의 해제 내지 조정을 위한 일반적인 기준을 제시하고, 개발제한구역의 운용에 대한 국가의 기본방침을 천명하는 정책계획안으로서 비구속적 행정계획안에 불과하므로 공권력행위가 될 수 없으며, 이 사건 개선방안을 발표한 행위도 대내외적 효력이 없는 단순한 사실행위에 불과하므로 공권력의 행사라고 할 수 없다.

2. 비구속적 행정계획안이나 행정지침이라도 국민의 기본권에 직접적으로 영향을 끼치고, 앞으로 법령의 뒷받침에 의하여 그대로 실시될 것이 틀림없을 것으로 예상될 수 있을 때에는, 공권력행위로서 예외적으로 헌법소원의 대상이 될 수 있다.

3. 이 사건 개선방안은 7개 중소도시권과 7개 대도시권에서 개발제한구역을 해제하거나 조정하기 위한 추상적이고 일반적인 기준들만을 담고 있을 뿐, 개발제한구역의 해제지역이 구체적으로 확정되어 있지 않아서, 해당지역 주민들은 개발제한구역을 해제하는 구체적인 도시계획결정이 내려진 이후에야 비로소 법적인 영향을 받게 되므로, 이 사건 개선방안이 청구인들의 기본권에 직접적으로 영향을 끼칠 가능성이 없다. 그리고 이 사건 개선방안의 내용들은 건설교통부장관이 마련한 후속지침들에 반영되었고, 해당 지방자치단체들이 이 지침들에 따라서 관련 절차들을 거친 후 내려지는 도시계획결정을 통하여 실시될 예정이지만, 예고된 내용이 그대로 틀림없이 실시될 것으로 예상할 수는 없다.

따라서 이 사건 개선방안의 발표는 예외적으로 헌법소원의 대상이 되는 공권력의 행사에 해당되지 아니한다.

해설

Ⅰ. 대상결정의 쟁점

이 사건 개선방안은 개발제한구역을 해제, 조정하기 위한 일반적인 기준을 제시한 것으로, 그 핵심적인 내용은 7개 중소도시권 및 7개 대도시권으로 나누어 환경평가 결과에 따라 개발제한구역을 재조정하는 도시계획결정을 한다는 것이다. 이 사건 개선방안의 취소를 구하는 다툼에는 국토의 효율적인 개발을 목적으로 하는 개발공익과 환경보존이라는 공익이 대립하고 있고, 한편으로는 개발제한구역 내 주민의 재산권보장과 생활불편 해소라는 사익과 개발제한구역 내 인근 주민들이 자신들이 거주하는 지역의 생활환경을 보호하고자 하는 환경적 사익이 충돌하고 있다는 점에서 그 특색이 있다. 이와 같이 대립되는 이익이 모두 헌법상으로 존중되어야 할 법적 권리라는 측면에서 그 이해관계가 복잡하므로 조화롭고 균형 잡힌 분쟁해결이 쉽지 않다.

Ⅱ. 대상결정의 분석

1. 이 사건 개선방안의 법적 성격

이 사건 개선방안은 개발제한구역의 해제 내지 조정방침을 국민들에게 알리는 피청구인의 정책계획안에 불과하므로, 대외적 효력이 없는 비구속적 행정계획안에 속한다. 법령에 의하여 구체화되지 않은 단계에 있는 이 사건 개선방안은 법적 효력이 없는 행정계획안이어서 이를 입안한 것은 사실상의 준비행위에 불과하고, 이를 발표한 행위는 장차 도시계획결정을 통해 그와 같이 개발제한구역의 해제나 조정을 할 계획임을 미리 알려주는 일종의 사전안내로서 행정기관의 사실행위일 뿐이다.

2. 이 사건 개선방안에 관한 쟁송 가능성

헌법 제35조 제1항은 환경권을 기본권의 하나로 승인하고 있으므로 사법의 해석과 적용에 있어서도 이러한 기본권이 충분히 보장되도록 배려하여야 하나, 현재 우리사회에서 발생하는 다양한 환경분쟁의 양상에 비추어 구체적인 입법에 의하여 뒷받침되지 않는 한 헌법의 환경권에 관한 규정만으로는 심각한 위기에 놓인 환경을 보호하기 어려운 실정이다. 이 사건 개선방안에서 예정하고 있는 개발제한구역의 해제 내지 조정 역시 피청구인이 최종적으로 내리는 도시계획결정을 통해 이루어지게 되므로, 행정소송의 대상이 되는 도시계획결정이 이루어지기 이전에는 환경피해를 유발할 수 있는 행정청의 처분이 행사되지 않도록 사전에 저지시킬 수 있는 수단이 없다는 문제점이 있다.

그런데 헌법재판소는 대상결정에서 보는 바와 같이, 대외적인 구속력을 가지는 처분으로서의 행정행위만이 아니라 처분성을 인정하기 애매한 비구속적 행정계획안이나 행정지침이라도 기본권에 직접 영향을 미치고 장차 법령의 뒷받침에 의해 그대로 실시될 것이 틀림없는 것으로 예상될 때에는 공권력의 행사로 파악하여 헌법소원의 제기가 가능하다고 하고 있다. 이는 헌법소원이 환경피해의 확산을 방지할 수 있는 예방적 청구권으로서 기능할 수 있다는 점에서 급증하는 환경분쟁에 있어 하나의 효율적인 해결책을 제시하고 있다고 볼 수 있다.

3. 이 사건 개선방안의 헌법소원 대상적격

헌법재판소법 제68조 제1항에 의하면 헌법소원심판은 공권력의 행사 또는 불행사로 인하여 헌법상 보장된 기본권을 침해받은 자가 청구하여야 하는바, 기본권을 침해받은 자라 함은 공권력의 행사 또는 불행사로 인하여 자기의 기본권이 현재 그리고 직접적으로 침해받은 자를 의미한다. 따라서 이 사건 개선방안은 비구속적 행정계획안으로서 단순한 사실행위에 불과하므로 공권력행위가 될 수 없어 헌법소원심판의 대상이 되지 않는다.

그런데 헌법재판소는 "사실상의 준비행위 내지 사전안내에 해당하여 행정소송의 대상이 될 수 없는 비구속적 행정계획안이나 행정지침이라도 그 내용이 국민의 기본권에 직접 영향을 끼치는 내용이고 앞으로 법령의 뒷받침에 의하여 그대로 실시될 것이 틀림없을 것으로 예상되는 경우에는 그로 인하여 직접적으로 기본권 침해를 받게 되는 사람에게 사실상의 규범작용으로 인한 위험성이 이미 현실적으로 발생하였다고 보아야 할 것이므로 이는 헌법소원의 대상이 되는 공권력의 행사에 해당된다"고 보아 서울대학교가 94학년도 대학입학고사 주요요강을 제정·발표한 행위는 헌법소원의 대상이 된다고 판시하였다(헌재 1992. 10. 1. 92헌마68등).

따라서 대상결정은 이 사건 개선방안이 예외적으로 헌법소원의 대상이 될 수 있는지를 중요한 쟁점으로 다루었고, 이 사건 개선방안에서 어느 지역이 개발제한구역에서 해제되고, 그 해제의 정도는 어느 범위인지, 어느 지역이 구체적으로 해제될 것인지는 사전에 예상할 수 없다는 점을 들어 "이 사건 개선방안이 아직 청구인들의 기본권에 직접적으로 영향을 끼친다고 할 수 없고, 장차 도시계획법령에 의거한 도시계획결정을 통하여 그대로 실시될 것

이 틀림없다고 예상되는 경우도 아니기 때문에 그 발표가 예외적으로 헌법소원의 대상이
되는 공권력의 행사에 해당되지 아니한다"고 판시하였다.

Ⅲ. 대상결정의 평가

대상결정은 예외적으로 공권력행위로 보아 헌법소원의 대상으로 삼을 수 있는 비구속
적 행정계획안이나 행정지침 등의 범위를 정함으로써 헌법소원이 환경피해를 사전에 방지
하는 예방적 금지소송으로서의 역할을 할 수 있는 방법을 제시하였다는 점에서 그 의의가
있다. 그러나 헌법소원제도의 보충성원칙으로 인하여 행정행위에 대하여는 먼저 행정소송
을 제기하여야 하고 재판소원은 금지되어 있는데도, 대상결정과 같이 공권력의 개념을 확
대하여 헌법소원 요건을 완화하는 것은 보충적인 기본권 구제수단으로서의 헌법소원의 길
이 일반 소송절차를 통한 권리구제절차의 경우에 비하여 넓혀지고 헌법소원이 만병통치적
인 것으로 오인됨으로써 남소의 우려가 있다는 비판적 견해도 존재한다.

실질적으로도 환경침해를 이유로 한 헌법소원은 대부분 대상결정과 마찬가지로 청구
요건의 불비를 이유로 부적법 각하되고 있어 환경침해에 대한 권리구제수단으로서는 미흡
한 상황이고(헌재 2003. 1. 30. 2001헌마579 결정; 헌재 2003. 4. 22. 2003헌마263 결정), 환경정책에 관
한 입법자의 광범위한 형성재량까지 고려한다면 헌법재판에 의한 환경보호의 구현이라는
국가적 과제는 실현하기가 어려운 실정이다.

다만, 헌법재판에서 예외적으로 헌법소원 대상적격의 범위를 넓혀 국민의 기본권보장
을 위하여 노력하는 것과 같이, 환경피해에 대한 권리구제를 주목적으로 하는 환경 행정소
송에서도 행정계획의 책정과 내부결정 등 조기단계에서 다툴 수 있도록 행정소송의 대상을
확대하려는 시도를 해야 하고, 환경에 피해를 발생시키는 행정처분이 아예 행사되지 않도
록 예방적 금지소송 제도를 도입하는 방안을 적극적으로 검토하여 급증하는 환경분쟁 해결
에 효과적으로 대처하여야 할 필요성만은 부정할 수 없다.

참고문헌

고문현, "헌법재판소의 환경쟁송결정개요 및 그 정책적 시사점", 환경법연구 제28권 제1호 (2006)

채우석, "환경행정소송의 전개와 법리변화", 환경법연구 제28권 제3호 (2006)

황도수, "행정의 행위형식으로서의 행정계획의 개념에 대한 검토", 일감법학 제26권 (2013)

[92] 지방자치단체에 상수도 정수시설 비용을 부담하게 한 법률규정의 위헌성 여부

— 헌재 2000. 11. 30. 2000헌마79 결정 —

문 병 선 (법무법인(유한) 태평양)

[사실 개요]

1. 청구인들은 충주댐 광역상수도를 통하여 물을 공급받는 충주시 등 10여 개 시·군들 주민들 및 밀양 댐 광역상수도를 통하여 물을 공급받는 밀양시 주민들로, 1993. 7. 27. 법률 제4627호로 개정된 수 도법 제52조의2 제1항 단서(이 사건 법률조항)가 자신들이 거주하는 지방자치단체에 광역상수도 정 수시설 설치비용을 부담하도록 하여, 자신들의 환경권, 평등권 및 재산권 등을 침해하였다는 이유로 헌법소원심판을 청구하였다.

2. 헌법소원심판의 대상이 된 수도법 제52조의2 제1항 단서는 "국가 또는 한국수자원공사가 설치하는 광 역상수도 중 정수시설의 설치비용은 물을 공급받는 수도사업자가 이를 부담한다."라고 규정하고 있다.

[결정 요지]

1. 헌법재판소법 제68조 제1항에서 말하는 '공권력'에는 입법권도 당연히 포함되므로 법률에 대한 헌법소원심판청구도 가능하다. 그러나 법률조항 자체가 헌법소원의 대상이 될 수 있으려면 청구인이 그 법률조항에 의하여 구체적인 집행행위를 기다리지 아니하고 직접, 현재, 자기의 기본권을 침해받아야 하는 것을 요건으로 한다.

2. [재판관 8인의 법정의견]

이 사건 법률조항에 의하면 광역상수도의 정수시설 설치비용을 부담하는 자는 지방자 치단체이고 주민들인 청구인들이 이 사건 법률조항에 의한 비용 부담을 하는 것이 아니 다. 이 사건 법률조항 시행 이전에 국가가 비용을 부담하여 광역상수도의 정수시설 설치 를 이미 완료한 서울, 부산 등과 비교해 볼 때 청구인들의 평등권이 침해되었다는 등의 주장에 따르더라도, 이는 충주시나 밀양시의 비용부담의 결과로 발생하는 시의 재정악화 에 따라 그 지역 주민들에게 끼쳐지는 간접적, 사실적 또는 경제적 불이익에 불과한 것이 어서 청구인들의 기본권이 현재, 그리고 직접적으로 침해당한 경우라고 할 수 없으므로 (더구나 정수시설 설치비용을 누가 부담하느냐 하는 문제와 환경권의 침해 여부와는 아 무런 관련이 없다), 이 사건 심판청구는 헌법소원 심판청구에 있어서 필요한 자기관련성 또는 직접성을 인정할 수 없다.

[재판관 1인의 반대의견]

설치비용은 지방자치단체가 수도사용자에 대한 요금의 고지·징수절차를 통하여 주민들에게 전가하게 되므로, 실질적인 면에서 보면 청구인들이 위 법률조항의 규율 상대방에 다름 아닌 결과에 이르게 된다. 더군다나 문언상 직접 수규자로 된 우리의 지방자치단체의 경우, 위 법률조항을 대상으로 헌법소원을 할 수도 없고(헌재 1998. 3. 26. 96헌마 345 결정) 권한쟁의 심판이 허용되는 것도 아니므로(헌법재판소법 제62조 제1항 제1호, 제2호), 그 설치비용을 부담하는 주민들에게 자기관련성이 있는 것으로 인정하여 이를 다툴 수 있게 하여야 한다. 또한 지방자치단체가 위 법률조항에 대한 위헌 여부를 다툴 수 있는지 분명하지 아니하므로, 현재성과 직접성 또한 있다고 보는 것이 합리적인 해석이다.

해설

Ⅰ. 대상결정의 의의

대상결정은 상수도 정수시설 비용의 부담 주체를 지방자치단체로 규정한 수도법 법률조항에 대한 헌법소원의 적법요건을 판단한 결정으로서, 소위 법령소원의 적법요건과 관련한 다양한 시각을 보여주고 있다는 데 의의가 있다. 이에 헌법재판소가 설시한 법령소원의 적법요건과 관련하여 대상결정의 법리와 의의를 이해·분석하는 것이 필요하다.

Ⅱ. 대상결정의 분석

1. 기본권 침해의 자기관련성

"어떠한 경우에 제3자의 자기관련성을 인정할 수 있는가의 문제는 입법의 목적, 실질적인 규율대상, 법규정에서의 제한이나 금지가 제3자에게 미치는 효과나 진지성의 정도 및 규범의 직접적인 수규자에 의한 헌법소원제기의 기대가능성 등을 종합적으로 고려하여 판단해야 한다."라는 기준(헌재 1997. 9. 25. 96헌마133 결정)을 중심으로, 자기관련성은 법률의 수범자로 규정된 자에게 인정되는 것이어서 제3자의 법령소원 청구는 자기관련성의 결여로 각하되는 것이 원칙이다(헌재 1991. 4. 8. 91헌마53 결정). 만약, 이를 제3자에게 무한정 허용하면 민중소송을 인정하는 결과가 초래되기 때문이다(헌재 1994. 6. 30. 91헌마162 결정).

다만, 헌법재판소는 예외적으로 규율의 직접 상대방이 아닌 제3자의 자기관련성을 인정하기도 한다(헌재 2005. 6. 30. 2003헌마841 결정). 이는 법규정의 실질적 규율대상과 효과, 법

의 목적, 법규정의 제한이나 금지가 제3자에게 미치는 효과나 진지성의 정도, 수규자에 의
한 헌법소원의 제기가능성 등을 토대로 판단된다(헌재 2000. 6. 29. 99헌마289 결정).

2. 기본권 침해의 현재성, 직접성

장래 발생할 권리침해의 우려만으로는 헌법소원의 현재성이 부정되고(헌재 1989. 7. 21.
89헌마12 결정), 법령소원에 있어서도 어느 시점에서나 법령소원의 청구를 허용하면 민중소
송이 인정되는 것이 되므로 마찬가지로 현재성이 요구된다(위 헌재 91헌마162 결정). 다만, 기
본권 침해 시점이 장래인 경우에도 그 침해가 충분히 예측된다면 예외적으로 현재성이 인
정된다(헌재 1994. 12. 29. 94헌마201 결정).

한편, 법령소원에 있어서 기본권 침해의 직접성은 중요한 의미를 가지는 데 이는 법령
과 국민의 권리·의무 사이에 일정한 집행행위가 매개되는 경우가 많기 때문이다(김현철,
425-426면). 직접성은 "구체적인 집행행위를 통하여 비로소 당해 법률 또는 법률조항에 의
한 기본권 침해의 법률효과가 발생하는 경우"에는 부정되고(헌재 2000. 11. 30. 99헌마190 결정),
다만 "집행행위를 대상으로 하는 구제절차가 없거나 구제절차가 있다고 하더라도 권리구제
의 기대가능성이 없고 다만 기본권 침해를 당한 청구인에게 불필요한 우회절차를 강요하는
것밖에 되지 않는 경우"에는 예외적으로 인정되기도 한다(헌재 1992. 4. 14. 90헌마82 결정).

Ⅲ. 대상결정의 평가

이 사건 법률조항의 수범자는 물을 공급받는 수도사업자로서 해당 지방자치단체 주민
은 수범자가 아니므로, 원칙적으로는 청구인들의 자기관련성은 인정되기 어렵고, 예외적인
자기관련성의 인정 여부를 따져보아야 할 것이다. 그런데 재정 악화는 해당 지방자치단체
의 재정 상황에 따라 발생하는 결과이고, 지방자치단체 재정에 미치는 요소는 매우 다양하
고도 복잡한 것이므로 이 사건 법률조항으로 인하여 실질적으로 지방자치단체의 재정 악화
가 초래된다고 보기는 어렵다. 또한 지방자치단체의 재정 악화에 따라 주민들이 부담하는
비용이 증가한다는 것은 간접적이거나 사실적·경제적인 결과이고, 헌법이 보호하는 재산권
의 영역에 해당하는지도 의문이라는 점에서, 이 사건 법률조항에 대한 청구인들의 기본권
침해의 자기관련성을 부정한 대상결정은 타당하다.

또한 해당 지방자치단체가 그 설치비용을 부담하게 된 결과, 재정이 악화될 것이고 그
로 인하여 안정적으로 물을 공급받을 수 없게 된다는 청구인들의 주장만으로는 이 사건 법
률조항과 청구인들이 주장하는 기본권 제한 사이의 직접적인 관련성을 뚜렷하게 알기는 어
렵다. 한편, 반대의견에 개진된 지방자치단체의 헌법소원 관련, 지방자치단체가 법령소원을

제기할 수는 없다고 하더라도(헌재 1995. 9. 28. 92헌마23 결정), 비용부담에 대한 민사소송(법률조항과 별도로 협약이 존재하였다면 협약의 무효나 취소를 구하는 행정소송)을 제기한 후 법원에 이 사건 법률조항에 대한 위헌법률심판제청을 신청함으로써 헌법재판소법 제41조 제1항 또는 제68조 제2항에 근거하여 위헌성을 판단 받을 수 있으므로, 구제절차가 없다고 보기도 어렵다. 따라서 이 사건 법률조항에 대한 청구인들의 기본권 침해의 현재성, 직접성을 부정한 대상결정은 타당하다.

대상결정은 청구인들이 주장하는 재정 악화로 인한 비용부담이 국가에 전가되어 다른 지방자치단체의 국민들까지 이를 부담하는 것은 적정하지 않다는 맥락에서 이해할 수 있다. 다만, 대상결정은 정수시설 설치비용을 누가 부담하느냐 하는 문제와 환경권의 침해 여부와는 아무런 관련이 없다고 판단하였는데, 이와 관련하여 '깨끗한 물을 먹을 권리'에 대한 연구(관련 논의로는 최용전 참조)를 통하여, 환경권 또는 자유권의 측면에서 '깨끗한 물을 먹을 권리'가 헌법상 기본권으로 인정될 수 있는지, 그 기본권이 법령소원에서 가지는 의미가 무엇인지 등에 대한 논의가 진행될 필요가 있다(조홍식, 256면).

참고문헌

최용전, "'깨끗한 물을 먹을 권리'에 대한 헌법적 검토 – 상수도관련 법제를 중심으로", 토지공법연구 제43집 제2호 (2009)
김현철, 『판례 헌법소송법』 제4판, 전남대학교출판부 (2016)
조홍식, 『판례환경법』, 박영사 (2012)

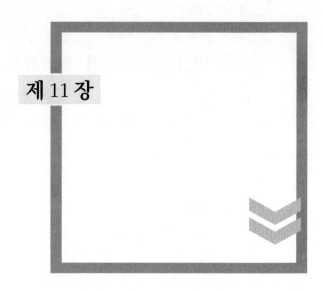

제 11 장

환경피해 사법상 구제

[93] 수인한도를 초과하는 공해물질을 배출한 법인의
공동불법행위책임

— 대법원 1991. 7. 26. 90다카26607, 26614 판결 —

이 승 훈 (청주지방법원 충주지원)

[사실 개요]

1. 원고들은 경남 울주군 온산면에 거주하면서 농업에 종사하던 사람들이고, 피고들은 1974년경부터 온산면에 조성된 비철금속단지(온산공단)에서 공장을 가동하던 법인이다.

2. 피고들 공장의 가동으로 오염물질(유해가스 및 분진)이 배출되어 온산면의 대기 및 수질 등이 오염되었고, 원고들은 이러한 오염지역에 거주하면서 인체에 해로운 유해가스와 강하분진으로 오염된 대기에 노출된 결과 이 지역 각 부락에서 1년에 수백 명씩 피부병, 호흡기질환 및 눈병 등이 발생하여 집단적인 치료를 받았으며, 그 외의 질병으로 인한 자각증상을 호소하게 되었다.

3. 원고들은 피고들을 상대로 위와 같은 오염물질 배출이라는 불법행위로 인하여 원고들이 입은 재산적(농작물) 손해(이 부분에 대하여는 항소 및 상고가 되지 아니하였다)와 정신적 고통에 대한 위자료의 지급을 구하였다.

[판결 요지]

1. 피고들의 공장에서 배출된 공해물질로 인하여 초래된 환경오염의 정도에 비추어 볼 때 원고들이 구체적인 발병에 이르지는 아니하였다 하여도 적어도 장차 발병 가능한 만성적인 신체건강상의 장해를 입었고 이는 통상의 수인한도를 넘는다고 할 것인바, 위와 같은 환경오염을 초래한 피고들의 행위는 생활환경의 보호와 그 침해에 대한 구제를 규정하고 있는 헌법 제35조 및 환경보전법 제60조 등에 비추어 볼 때 그 위법성이 있다.

2. 따라서 피고들은 공동불법행위자로서 이로 인한 손해를 배상할 책임이 있고, 원고들이 위와 같은 생활환경의 침해 및 이로 인한 발병 가능한 만성적인 신체건강상의 장해로 심대한 정신적 고통을 받았을 것임은 경험칙상 넉넉히 수긍되므로 피고들은 공동불법행위자로서 원고들이 받은 위와 같은 정신적 고통을 위자함에 상당한 위자료를 지급할 의무가 있다.

해설

I. 대상판결의 쟁점 및 분석

1. 수인한도론

대상판결은 대법원이 환경오염 행위의 위법성 판단 기준으로 이른바 '수인한도론'을 채택하고 있음을 확인하였다. 수인한도론이란, 공해 내지 생활방해와 관련하여 침해의 정도가 사회공동생활을 영위함에 있어 일반적으로 용인할 수 있는 한도, 즉 수인한도를 넘으면 위법성을 인정하는 것을 의미한다. 대법원은 일조권 침해사건(대법원 1982. 9. 14. 80다2859 판결)에서 수인한도론을 처음 판시한 이후 여러 유형의 환경소송에서 이를 재확인하고 있다[소음피해(대법원 2007. 6. 15. 2004다37904 판결), 굴진공사(대법원 2008. 9. 25. 2006다49284 판결), 일조이익(대법원 2008. 4. 17. 2006다35865 전원합의체 판결), 조망이익(대법원 2004. 9. 13. 2003다64602 판결), 수질오염(대법원 2012. 1. 12. 2009다84608, 84615, 84622, 84639 판결)].

침해의 정도가 수인한도를 넘는지의 여부는 피해의 정도, 피해이익의 성질 및 그에 대한 사회적 평가, 가해행위의 공공성, 지역성, 이용의 선후 관계, 가해방지 및 피해회피의 가능성, 공법적 규제의 위반 여부, 교섭 경과 등 모든 사정을 종합적으로 고려하여 판단하여야 하고, 관련 행위 전체를 일체로만 판단하여 결정하여야 하는 것은 아니고 문제가 되는 행위마다 개별적·상대적으로 판단하여야 한다(대법원 2010. 7. 15. 2006다84126 판결).

그중 공법적 규제의 위반 여부에 관하여, 통상 관계 법령은 공법상의 최소기준을 정하고 있는바, 이는 입법자가 수인한도에 대하여 정책적 판단을 한 것으로 볼 수 있으므로 원칙적으로 수인한도를 판단할 때는 이를 고려하는 것이 바람직하다. 다만, 판례는 공법상 규제에 형식적으로 적합하다고 하더라도 사회통념상 수인한도를 넘은 경우에는 위법행위로 평가될 수 있고, 건축 후에 신설된 새로운 공법적 규제 역시 이러한 위법성의 평가에 있어서 중요한 자료가 될 수 있다고 판시하는 한편(대법원 2004. 9. 13. 2003다64602 판결), 행정법규에서 정하는 기준을 넘는 철도소음·진동이 있다고 하여 바로 수인한도를 넘는 위법한 침해행위가 있어 민사책임이 성립한다고 단정할 수 없다고 판시하여(대법원 2017. 2. 15. 2015다23321 판결) 행정법적 규제의 준수 여부를 여러 판단 요소 중 하나로 보고 있다.

2. 공동불법행위 책임

(1) 의의

민법 제760조는 수인이 공동의 불법행위로 타인에게 손해를 가한 경우(제1항, 협의의 공동불법행위), 공동 아닌 수인의 행위 중 어느 자의 행위가 그 손해를 가한 것인지 알 수 없는 경우(제2항, 가해자 불명의 공동불법행위), 교사자나 방조자의 경우(제3항)로 구분하고 있고, 위와 같은 공동불법행위자에 대하여 부진정연대책임(대법원 2002. 9. 27. 2002다15917 판결)을 지도록 하고 있다.

(2) 협의의 공동불법행위

협의의 공동불법행위가 성립하기 위해서는 각각 독립하여 불법행위의 요건을 갖추어야 할 뿐 아니라, 각 행위자 사이의 행위의 관련공동성이 필요하다. 민법 제760조 제1항에서 말하는 '공동'의 의미에 관하여 견해 대립이 있으나, 판례는 "행위자 상호간의 공모는 물론 공동의 인식을 필요로 하지 아니하고, 다만 객관적으로 그 공동행위가 관련 공동되어 있으면 족하다"는 입장이다(대법원 2006. 1. 26. 2005다47014, 47021, 47038 판결). 이와 같은 객관적 관련공동설에 따르면 제1항의 협의의 공동불법행위의 적용 범위가 넓어지는 반면, 제2항의 가해자 불명의 공동불법행위의 적용 범위는 좁아지게 된다.

오염물질 배출에 따른 협의의 공동불법행위의 경우에도 각개의 배출행위와 손해 발생 사이에 상당인과관계가 요구된다. 다수의 행위가 결합하여 비로소 일정한 결과를 발생시키는 '보충적 인과관계'나 각각 단독으로도 결과를 발생하기 충분한 행위들이 경합하여 일정한 결과를 발생시키는 '중첩적 인과관계'의 경우 모두 각각의 행위와 손해 전체에 대하여 인과관계가 인정된다. 대상판결의 경우에도 위와 같은 유형에 포섭되어 협의의 공동불법행위를 인정한 것으로 볼 수 있다('선택적 인과관계', 즉 각각의 행위 모두가 손해 전체를 야기하기에 충분하지만 가해자의 관여형태가 밝혀지지 아니한 경우는 민법 제760조 제2항에 따라 인과관계가 추정된다).

한편 협의의 공동불법행위책임이 인정되는 경우, 가해자들이 공동으로 가한 불법행위에 대하여 그 책임을 추궁하는 것이므로 가해자 각자가 그 금액의 전부에 대한 책임을 부담하고, 가해자 1인이 다른 가해자에 비하여 불법행위에 가공한 정도가 경미하다고 하더라도 그 책임 범위를 일부로 제한하여 인정할 수는 없다는 점에서(대법원 2005. 11. 10. 2003다66066 판결) 아래에서 보는 가해자 불명의 공동불법행위와 다르다.

(3) 가해자 불명의 공동불법행위

앞서 본 '공동'의 의미 내지 범위를 어떻게 보는가에 따라 가해자 불명의 공동불법행위의 개념 및 성립요건이 달라진다. 객관적 관련공동설의 입장에서는 가해자 불명의 공동불법행위는 '손해를 발생케 한 행위 자체'에는 공동성이 없고 '손해를 발생케 할 위험성이 있는 행위'를 공동으로 한 경우에 성립되고, 이 점에서 협의의 공동불법행위와 구별된다. 다만, 실제 사건에서 협의의 공동불법행위와 가해자 불명의 공동불법행위를 엄격하게 구분하는 것은 쉽지 않고, 민법 제760조 제2항을 명시적으로 적용한 판결례를 찾아보기 어렵다(환경사건의 경우 공단 내 복수의 오염배출원에서 배출된 공장폐수와 축산폐수 및 생활하수가 경합하여 양식장이 피해를 입힌 대법원 2006. 2. 24. 2005다57189 판결이 있다).

한편, 가해자 불명의 공동불법행위의 경우에도 인과관계를 제외한 나머지 불법행위의 요건을 갖추어야 한다. 인과관계의 경우, 공동불법행위자들의 각 행위와 손해 사이의 상당인과관계의 존부가 불분명한 상태이면 족한데, 만약 공동불법행위자의 행위와 손해 사이의 상당인과관계의 존재가 인정되면 협의의 공동불법행위가 성립할 것이고, 상당인과관계의 부존재가 인정되면 공동불법행위책임 자체가 부정될 것이기 때문이다.

대법원은 최근 가해자 불명의 공동불법행위의 경우 개별 행위자의 행위와 손해 발생 사이의 인과관계의 법률상 추정 및 증명책임의 전환, 기여도에 따른 책임의 제한 내지 면책 가능성에 관하여 직접적으로 판시한 바 있다(대법원 2008. 4. 10. 2007다76306 판결).

II. 대상판결의 평가

대상판결은 대법원이 환경오염 행위의 위법성 판단 기준으로 이른바 '수인한도론'을 채택하고 있음을 확인하였다. 또한 객관적 관련공동설에 따르면 공동불법행위책임을 인정하였다.

참고문헌

강승준, "민법 제760조 제2항에 있어서 개별 행위와 손해 발생 사이의 인과관계에 관한 증명책임", 대법원판례해설 75호 (2008)

민정석, "환경소송에서 인과관계 증명에 관한 법리", 자유와 책임 그리고 동행: 안대희 대법관 재임기념 (2012)

이영창, "소음공해, 일조방해, 조망침해에 관한 판례의 동향", 민사판례연구 제39권 (2017)

전경운, "복수인자에 의한 환경침해책임", JURIST plus 412호 (2007)

[94] 공해로 인한 손해배상청구의 위법성, 인과관계 및 손해액 산정

— 대법원 1991. 7. 23. 89다카1275 판결 —

박 노 을 (대구지방법원 안동지원)

[사실 개요]

1. 원고는 1961년부터 고급관상수를 키우는 농장을 운영하고 있었다. 피고는 1969. 10.경부터 원고 농장에 연접하여 모직 제조공장을 설치한 후, 12년간 방카씨유를 연료로 사용하였고, 그 과정에서 아황산가스와 낙진이 배출되었다. 한편, 1980~1981년 겨울에는 한파로 전국 각지에서 많은 수목이 동해를 입었다. 원고 농장에서는 1981. 3.경을 전후하여 일부 관상수가 고사하고 변색되는 피해가 발생하였다.

2. 원고가 피고 공장에서 배출된 아황산가스로 인하여 원고 농장의 관상수들이 고사되었다고 주장하면서 피고를 상대로 고사한 관상수들의 가액 상당의 손해배상을 청구하였다.

[판결 요지]

1. 피고 공장에서 배출된 아황산가스의 농도가 환경보전법에 의하여 허용된 기준치 이내라 하더라도 그 유해의 정도가 통상의 수인한도를 넘어 원고 농장의 관상수를 고사케 하는 한 원인이 된 이상 그 배출행위로 인한 손해배상책임을 면치 못한다.

2. 일반적으로 불법행위로 인한 손해배상청구사건에 있어서 가해행위와 손해발생 간의 인과관계의 입증책임은 청구자인 피해자가 부담하나, 대기오염에 의한 공해를 원인으로 하는 손해배상청구소송에 있어서는 기업이 배출한 원인물질이 대기를 매개로 간접적으로 손해를 끼치는 경우가 많고 공해문제에 관하여는 현재의 과학수준으로 해명할 수 없는 분야가 있기 때문에 가해행위와 손해 발생 간의 인과관계의 과정을 모두 자연과학적으로 증명하는 것은 극난 내지 불가능한 경우가 대부분인 점 등에 비추어 가해기업이 배출한 어떤 유해한 원인물질이 피해물건에 도달하여 손해가 발생하였다면 가해자 측에서 그 무해함을 입증하지 못하는 한 책임을 면할 수 없다.

3. 원고 농장의 관상수들이 고사하게 된 직접 원인은 한파로 인한 동해이고 피고 공장에서 배출된 아황산가스로 인한 것은 아니지만, 피고 공장에서 수목의 생육에 악영향을 줄 수 있는 아황산가스가 배출되고 그중 일부가 대기를 통하여 원고 농장에 도달되었으며, 그로 인하여 유황이 잎 내에 축적되어 수목의 성장에 장해가 됨으로써 한파로 인한 동해에 상조작용을 하였다. 그렇다면 피고 공장에서 배출한 아황산가스와 원고 농장의 관상수들의 동해 사이에 인과관계가 인정된다.

4. 공해사건에서 피해자의 손해가 한파, 낙뢰와 같은 자연력과 가해자의 과실행위가 경합되어 발생된 경우, 가해자의 배상의 범위는 손해의 공평한 부담이라는 견지에서 손해에 대한 자연력의 기여분을 제한 부분으로 제한하여야 할 것이고, 그 외에 피해자의 과실이 있을 때에는 이를 참작하여야 한다.

해설

Ⅰ. 대상판결의 쟁점

제1심은 원고의 청구를 기각하였고, 항소심도 원고의 항소를 기각하였는데, 대법원은 '관상수의 고사는 한파와 피고 공장의 공해 분출이 공동원인'이라는 원고 주장에 관한 심리미진 및 판단누락을 이유로 원심판결을 파기하였다. 파기환송심에서는 피고 공장의 공해 분출과 원고 농장의 피해 사이의 인과관계를 인정하면서 원고의 과실비율을 60%로 인정하여 원고의 청구를 일부 인용하였다. 대법원은 인과관계에 관하여 같은 취지로 판시하면서 파기환송심에서 원고의 과실비율을 산정한 취지에는 자연력의 기여에 따른 책임감경이 포함되어 있다고 보아 상고를 기각하였다.

공해소송에서 손해배상이 인정되기 위해서는 유해물질의 배출 등 환경침해 행위가 피고의 고의·과실에 의한 위법한 행위이어야 하고, 그러한 행위와 손해의 발생 사이에 인과관계가 있어야 한다. 이 사건에서는 ① 공해 배출의 위법성 판단기준, ② 공해와 자연재해가 경합한 경우 공해와 피해 사이의 인과관계, ③ 손해액 산정 기준이 쟁점이 되었다.

Ⅱ. 대상판결의 분석

1. 공해소송에서 위법성과 수인한도

공해 배출로 인하여 손해가 발생하는 사안에서, 시설의 운영자는 사회적으로 허용되는 행위로서 생산활동을 영위하는데, 그로 인하여 환경에 대한 간섭 및 그 파급을 통해 타인의 법익을 침해할 위험성이 있으므로, 그러한 위험이 실현되지 않도록 배려할 주의의무를 부담한다. 대법원은 이 사건에서 "피고 공장에서 배출된 아황산가스의 농도가 환경보전법에 의하여 허용된 기준치 이내라고 하더라도 그 유해의 정도가 통상의 수인한도를 넘어 원고 농장의 관상수를 고사케 한 원인이 된 이상 그 배출행위로 인한 손해배상책임을 면치 못한다."라고 판시하여 최초로 위법성 판단기준으로 수인한도를 언급하였고, 이후 대법원은 공해소송에서 대상판결을 원용하고 있다. 특히 이 사건에서는 관련 법령상의 기준을 준수하였더라도 개별적인 사정을 고려하여 수인한도를 넘는 침해가 있을 수 있음을 인정하였다.

또한 대법원은 수인한도를 판단할 때 고려할 구체적인 사정으로 "일반적으로 침해되는 권리나 이익의 성질과 침해의 정도뿐만 아니라 침해행위가 갖는 공공성의 내용과 정도, 그 지역 환경의 특수성, 공법적인 규제에 의하여 확보하려는 환경기준, 침해를 방지 또는 경감시키거나 손해를 회피할 방안의 유무 및 그 난이 정도 등 여러 사정"을 들고 있다(대법원 2005. 1. 27. 2003다49566 판결).

2. 공해소송에서 인과관계

불법행위로 인한 손해배상청구 사건에서 가해행위와 손해발생 간의 인과관계에 대한 입증책임은 청구자인 피해자가 부담한다. 그런데 대법원은 공장의 폐수 배출로 김이 병해를 입은 사안에서 "가해기업이 어떠한 유해한 원인물질을 배출하고 그것이 피해물건에 도달하여 손해가 발생하였다면 가해자 측에서 그것이 무해하다는 것을 입증하지 아니하는 한 책임을 면할 수 없다. ① 피고 공장에서 김 생육에 영향을 줄 수 있는 폐수가 배출되고, ② 폐수 일부가 김 양식장에 도달하였으며, ③ 그 후 김에 피해가 있었다는 사실이 증명된 이상 폐수 배출과 김의 병해로 인한 손해 간에 원인관계가 일응 증명이 되었다고 할 것이다. 피고가 폐수에 김 생육에 악영향을 끼칠 물질이 들어 있지 않고, 들어 있어도 해수혼합률이 안정농도범위 내라는 사실을 반증을 들어 인과관계를 부정하지 못하는 한 불이익은 피고에게 돌려야 한다."는 이른바 '개연성이론'을 판시하였고(대법원 1984. 6. 12. 81다558 판결), 이후 공해소송에서 위 대법원판결을 원용하고 있다.

이 사건에서는 공해인 아황산가스와 자연재해인 한파가 관상수 고사의 공동원인이 되었다. 이에 관한 학설로는 첫째 민법 제763조 공동불법행위론 유추적용설, 둘째 공해원인자가 책임을 지되 자연재해를 불가항력에 의한 감경사유로 하자는 학설, 셋째 민법 제393조 유추적용설(공해에 의한 손해는 통상손해, 자연재해에 의한 손해는 특별손해)이 있다. 이 사건에서는 앞서 본 법리를 재확인하면서 "자연재해인 한파가 관상수 고사의 직접 원인이 되었더라도 피고 공장에서 아황산가스가 배출되었고, 일부가 대기를 통해 원고 농장에 도달되었으며, 그로 인하여 유황이 잎 내에 축적되어 수목의 성장에 장해가 됨으로써 한파로 인한 동해에 상조작용을 하였다면, 아황산가스와 관상수들의 동해 사이에 인과관계가 인정된다."고 판시하였다. 이러한 판례는 학설 중 두 번째 견해를 취한 것으로 평가된다.

이 사건에서는 피해의 직접적 원인을 분석하고 공해와 피해 사이의 인과관계를 판단하기 위하여 다양한 증거조사에 기초한 사실인정이 이루어졌다. 실제 공해소송에서 공해와 피해의 종류와 특수성을 고려하여 전문적 지식을 갖춘 공정한 감정인을 선임하여 적절한 감정사항을 정하고 과학적 원칙에 따라 감정을 실시하는 것이 인과관계를 입증하고, 재감정, 소송의 장기화를 방지하는 데 있어 매우 중요하다. 또한, 가해행위가 종료된 시점에는 실질적으로 감정이 어려운 경우가 있기 때문에, 사안에 따라서는 소 제기 이전이라도 증거보전 절차를 통해 그 종료 이전에 증거를 확보할 필요도 있다.

3. 공해소송에서 손해액 산정

이 사건에서는 공해, 자연재해, 피해자의 과실이 경합하는 경우 전체 발생한 손해에 대하여 자연력의 기여도, 피해자의 과실을 각각 공제한 나머지 부분에 한하여 공해를 발생시킨 피고의 책임을 인정하였다. 피고는 피고 공장의 아황산가스가 원고 농장의 관상수에 무해함을 반증하는 데에는 실패하였으나, 자연력, 원고의 과실에 의하여 손해가 발생한 한도 내에서는 인과관계의 존재에 대한 일부 반증에 성공함에 따라 배상액이 감경되었다고 볼 수 있다.

Ⅲ. 대상판결의 평가

대상판결은 공해소송에서 위법성 판단기준으로 수인한도를 제시하고, 공해, 자연재해가 경합하는 사안에서 공해와 피해 간의 인과관계를 인정하며, 손해액 산정의 기준을 확립하였다는 점에서 의의가 있다.

참고문헌

김형석, "민사적 환경책임", 서울대학교 법학 제52권 제1호 (2011)
민정석, "환경소송에서의 인과관계 증명에 관한 법리", 자유와 책임 그리고 동행: 안대희 대법관 재임기념 (2012)
오용호, "공해소송의 인과관계에 대한 고찰", 민사판례연구 Ⅶ (1985)
임치용, "환경소송에서의 인과관계와 입증책임", 재판자료 제94집 (2002)
황영선, "환경과 공해 및 공해소송에 있어서의 인과관계의 입증책임에 관한 판례연구", 부산법조 16호 (1998)

[95] 화학제품 제조사의 고도의 위험방지의무

— 대법원 2013. 7. 12. 2006다17539 판결 —

윤 용 희 (법무법인(유한) 율촌)

[사실 개요]

베트남전 참전군인들(원고들)은 미국 화학제품제조사들(피고들)에 의하여 제조되어 베트남전에서 살포된 고엽제의 유해물질로 인하여 염소성여드름 등 질병이 발생하였다며 피고들을 상대로 제조물책임 또는 일반불법행위책임에 기한 손해의 배상을 청구(이하 "이 사건 청구")하였다. 서울중앙지방법원과 서울고등법원은 이 사건 청구에 대하여 일부 인용하는 취지의 판결을 선고하였고(서울중앙지방법원 2002. 5. 23 99가합84123 판결; 서울고등법원 2006. 1. 26 2002나32662 판결), 이에 대하여 원고들 및 피고들 모두 상고하였다.

[판결 요지]

제조업자가 인체에 유해한 독성물질이 혼합된 화학제품을 설계·제조하는 경우, 그 화학제품의 사용 용도와 방법 등에 비추어 사용자나 그 주변 사람이 그 독성물질에 계속적·반복적으로 노출될 수 있고, 그 독성물질이 가진 기능적 효용은 없거나 극히 미미한 반면, 그 독성물질에 계속적·반복적으로 노출됨으로써 사용자 등의 생명·신체에 위해가 발생할 위험이 있으며 제조업자가 사전에 적절한 위험방지조치를 취하기 전에는 사용자 등이 그 피해를 회피하기 어려운 때는, 제조업자는 고도의 위험방지의무를 부담한다. 즉 이러한 경우 제조업자는 그 시점에서의 최고의 기술 수준으로 그 제조물의 안전성을 철저히 검증하고 조사·연구를 통하여 발생 가능성 있는 위험을 제거·최소화하여야 하며, 만약 그 위험이 제대로 제거·최소화되었는지 불분명하고 더욱이 실제 사용자 등에게 그 위험을 적절히 경고하기 곤란한 사정도 존재하는 때에는, 안전성이 충분히 확보될 정도로 그 위험이 제거·최소화되었다고 확인되기 전에는 그 화학제품을 유통시키지 말아야 한다. 따라서 제조업자가 이러한 고도의 위험방지의무를 위반한 채 생명·신체에 위해를 발생시킬 위험이 있는 화학제품을 설계하여 그대로 제조·판매한 경우에는 특별한 사정이 없는 한 그 화학제품에는 사회통념상 통상적으로 기대되는 안전성이 결여된 설계상의 결함이 존재한다고 봄이 상당하다.

해설

I. 대상판결의 의의

대상판결은 "인체에 유해한 독성물질이 혼합된 화학제품을 설계·제조하는 제조업자가 부담하는 위험방지의무"와 관련하여, "피고들에게는 베트남전 당시의 최고의 기술 수준으로 tcdd의 인체 유해 가능성과 고엽제의 안전성을 철저히 검증하고 조사·연구를 통하여 발생 가능성 있는 위험을 제거·최소화하는 한편, 그 안전성이 충분히 확보될 정도로 그 위험이 제거·최소화되었다고 확인되기 전에는 고엽제를 유통시키지 말아야 할 고도의 위험방지의무가 있었음에도, 이러한 조치를 제대로 취하지 아니한 채 단지 2,4,5-t 내 tcdd 함량기준을 1ppm을 넘지 않도록 설정하거나 그러한 기준조차 설정하지 않은 채로 고엽제를 제조하여 이를 유통시켰으므로, 피고들이 베트남전 동안 제조·판매한 고엽제에는 인체의 안전을 위한 고도의 위험방지의무를 위반함으로써 사회통념상 통상적으로 기대되는 안전성을 결여한 설계상의 결함이 있다고 봄이 상당하다."고 판단하고 이를 토대로 피고들의 손해배상책임까지 인정하였다.

II. 대상판결의 분석과 평가

1. 독성물질 혼합 화학제품 제조사의 고도의 위험방지의무에 관한 법원의 입장

가습기살균제 사건은 전 세계적으로 유례를 찾기 힘든 살생물제(殺生物劑: biocide) 사건(즉, 미생물이나 해충을 죽이려고 사용한 제품이 외려 인간의 생명을 앗아간 사건)으로서 2011. 8.경 질병관리본부 역학조사 결과 발표 이후에 대한민국에서 큰 파장을 가져왔다(가습기 살균제 건강 피해 사건 백서, vii면). 이처럼 가습기살균제 사건이 큰 사회적 이슈로 떠오르고 이에 관한 정부의 조사가 한창 진행되고 있는 상황에서, 독성물질이 포함된 화학제품을 설계·제조하는 제조업자가 고도의 위험방지의무를 부담한다는 취지의 고엽제사건 대법원 판결이 2013. 7. 12 선고된 것이다.

고엽제 사건에서 명확하게 밝힌 "화학제품 제조사의 고도의 위험방지의무"에 관한 대법원의 법리는 ① 최근에 선고된 가습기살균제 사건의 형사판결에도 영향을 미쳤고, ② 가습기살균제 사건 이후에 화학제품 제조사의 위험방지의무를 확대·강화하는 방향으로 관련 법령이 제정·개정되는 데 있어서 핵심적인 입법적 근거로서 작용했다는 점에서 그 선례적 가치가 상당히 높다고 생각된다.

먼저, 독성물질이 사용되거나 포함된 화학제품을 설계·제조하는 제조업자가 고도의 위험방지의무를 부담한다는 점은 최근 가습기살균제 사건의 형사판결에서 재차 명확하게 확인된 것으로 보인다. 가습기살균제 사건에서 화학제품 제조사들이 제품 설계·제조 단계에서 위험방지의무를 위반한 채 이를 만연히 제조·공급한 행위가 업무상 주의의무를 위반한 행위인지가 다투어졌는데, 이에 관하여 대법원 및 서울고등법원은 형사상의 주의의무 위반 여부를 판단함에 있어서 제조물책임법상 제조업자가 부담하는 민사상 주의의무 위반 여부를 고려할 수 있다는 전제에서, 독성물질을 사용하는 제조업자가 부담하는 위험방지의무 위반 여부를 판단하면서 아래와 같은 내용의 위험방지의무를 인정하였는데(대법원 2018. 1. 25. 2017도13628 판결; 서울고등법원 2017. 8. 17. 2017노243 판결), 이는 대법원이 고엽제 사건 대법원 판결에서 판시한 법리와 같은 취지로 이해된다.

"화학물질에는 기본적으로 용량 상관적인 독성이 있기 때문에, 위 피고인들은 살균제 성분의 화학제품이 원료물질로 사용된 H 가습기청정제를 제조·판매하면서 그 성분을 정함에 있어, 가습기의 강한 진동에 의해서도 살균제 성분이 공기 중으로 분무되지 않고 가습기에 남아있거나 분무되더라도 공기 중에 확산되지 않는 원료물질을 사용하여 사람이 살균제 성분을 흡입하지 않도록 해야 하고, 만일 가습기의 진동에 의하여 분무되어 공기 중으로 살균제 성분이 확산되는 원료물질을 사용할 경우에는 사람이 흡입하더라도 안전한 살균제 성분과 함량을 사용하도록 주의를 기울였어야 한다"(서울고등법원 2017. 8. 17. 2017노243 판결).

지금까지 살펴본 고엽제사건 및 가습기살균제사건 등에서 확인할 수 있는 "독성물질 혼합 화학제품 제조사의 고도의 위험방지의무"에 관한 대법원의 입장을 요약하면 아래와 같다.

독성물질 혼합 화학제품 제조사의 위험방지의무 위반 ⇨ 화학제품의 설계상 결함 존재

독성물질이 혼합된 화학제품을 설계·제조하는 사업자의 위험방지의무:

[i] 그 시점에서의 최고의 기술 수준으로 그 제조물의 안전성을 철저히 검증하고 조사·연구를 통하여 발생 가능성 있는 위험을 제거·최소화하여야 하고,

[ii] 만약 그 위험이 제대로 제거·최소화되었는지 불분명하다는 등의 사정이 있는 때에는, 안전성이 충분히 확보될 정도로 그 위험이 제거·최소화되었다고 확인되기 전에는 그 화학제품을 유통시키지 말아야 함

☞ 위험방지의무를 위반하여 생명·신체에 위해를 발생시킬 위험이 있는 화학제품을 설계하여 그대로 제조·판매한 경우

  → 그 화학제품에는 사회통념상 통상적으로 기대되는 안전성이 결여된 설계상의 결함이 존재

2. 화학물질 위험으로부터 국민의 생명·신체 안전 보장의 강화

이처럼 화학제품 제조사가 위험방지의무를 위반하여 생명·신체에 위해를 발생시킬 위험이 있는 화학제품을 설계하여 그대로 제조·판매한 경우, 이는 위험방지의무를 위반한 불법행위에 해당할 뿐만 아니라, 그 화학제품에는 설계상 결함이 인정되는바, 다른 요건사실이 충족되지 않는 등 특별한 사정이 없는 한 화학제품 제조사는 불법행위에 따른 손해배상책임과 제조물책임법상 손해배상책임을 부담하게 된다는 결론에 이른다. 다만, 대법원은, 고엽제사건 등에서 "독성물질이 포함된 화학제품을 설계·제조하는 제조업자는 그 독성물질로 인하여 사용자, 소비자 등의 생명, 신체에 위해가 발생할 위험을 사전에 방지할 의무(위험방지의무)를 부담한다"는 법적 근거를 주로 제조물책임법 제3조에서 도출하였으나, 제조물책임법에 더하여 소비자기본법 제19조 제1항, 환경정책기본법 제8조 제2항 등에서도 위와 같은 화학제품 제조사의 위험방지의무를 도출할 수 있을 것으로 생각된다.

한편, 현실에서는 가습기살균제 사건에서 그치지 않고 2016. 6.경 OIT 항균 필터 사건(가습기살균제 사고의 원인 독성물질인 CMIT 계열의 유독물질(살생물물질)로 알려져 있다) 등 유사한 유형의 화학물질 사고가 계속되면서, 화학물질 내지 화학제품의 규제 공백에 대한 비판이 강하게 제기되었다. 특히 그 비판의 중심에는 세계적 화학제품 제조사들이 심각한 결함이 있는 제품(가습기살균제, OIT 항균 필터 등)을 외국에서는 출시하지 않은 채 한국에서만 설계·제조·판매할 수 있도록 방치한 한국의 화학물질 규제체계에 심각한 결함이 있고, 각 공급 체인 단계별 다양한 국내외 기업들이 결함 있는 규제체계를 악용하는 등 기업의 사회적 책임을 다하지 않고 있다는 비판이 있었다.

위와 같은 배경에서, 2013. 화학물질의 등록 및 평가 등에 관한 법률(이하 "화평법")이 제정되었고(2015. 1. 1. 시행), 2017. 2. 8. 가습기살균제 피해구제를 위한 특별법(이하 "가습기살균제 피해구제법")이 제정되었으며(2017. 6. 9. 시행), 그 이후 가습기살균제 사고의 재발을 방지하고 화학물질로부터 안전한 사회를 만든다는 목적 아래 생활화학제품 및 살생물제의 안전관리에 관한 법률 제정안과 화평법 개정안이 2018. 3.경 마련되어 2019. 1. 1.부터 시행되고 있다.

이처럼 화학제품 제조사의 위험방지의무를 확대·강화하는 방향으로 관련법령이 제정·개정되고 이에 맞추어 정부의 정책 방향이 수정될 수 있었던 요인들은 다양하겠으나, 대법원이 고엽제 사건에서 "화학제품 제조사의 고도의 위험방지의무"를 명확하게 밝힌 것이 주요한 요인들 중에 하나임은 분명하다는 점에서 고엽제 사건 대법원 판결의 의의가 상당하다 하겠다.

참고문헌

보건복지부(질병관리본부 폐손상조사위원회), 「가습기 살균제 건강피해 사건 백서」 (2014)

박균성·함태성, 『환경법』, 박영사 (2013)

[96] 여천공단에서 배출된 폐수와 재첩 폐사 간의 인과관계

― 대법원 2004. 11. 26. 2003다2123 판결 ―

김 현 아 (법무법인(유한) 태평양)

[사실 개요]

1. 원고들은 1986.과 1987. 각각 패류양식면허를 받아 여천시 소라면 대포리 소재 대포조류지 내 일부 지역(이하 "이 사건 양식장")에서 재첩 양식을 하고 있었다. 위 대포조류지는 피고들이 운영하고 있는 공장이 소재하고 있는 여천공업단지로부터 3km 정도, 광양제철소로부터 12km 정도 떨어져 있다. 원고들은 이 사건 양식장에서 재첩양식을 하였으나, 1988.부터 수확량이 점차 감소하자 1991.부터는 종패를 살포하지 아니하였다.

2. 원고들은 피고들이 운영하는 석유화학 공장들에서 페놀과 같은 유해성 물질을 대량으로 생산하거나 취급하는 과정에서 발생하는 폐수를 자체처리한 후 여천공단 내 하천을 통하여 광양만 해역으로 방류한 결과 페놀 등의 유해성 물질로 인하여 광양만의 해수가 오염되었고, 오염된 해수가 대포조류지 내 이 사건 양식장으로 유입됨에 따라 1988.부터 재첩수확량이 점차 감소하였으며 1991년 양식장을 폐쇄하는 등의 손해를 입었으므로 피고들이 연대하여 이를 배상할 책임이 있다고 주장하였다. 반면, 피고들은 피고들의 공장가동행위와 재첩수확량의 감소 및 폐사 사이에는 아무런 인과관계가 없다고 주장하였다.

[판결 요지]

1. 공해로 인한 손해배상청구소송에 있어서는 가해행위와 손해 발생 사이의 인과관계의 고리를 모두 자연과학적으로 증명하는 것은 곤란 내지 불가능한 경우가 대부분이고, 가해기업은 기술적·경제적으로 피해자보다 원인조사가 용이할 뿐 아니라 자신이 배출하는 물질이 유해하지 않다는 것을 입증할 사회적 의무를 부담한다고 할 것이므로, 가해기업이 배출한 어떤 물질이 피해 물건에 도달하여 손해가 발생하였다면 가해자 측에서 그 무해함을 입증하지 못하는 한 책임을 면할 수 없다고 봄이 사회 형평의 관념에 적합하다.

2. 여천공단 내 공장들의 폐수 배출과 재첩양식장에 발생한 손해 사이에 인과관계가 일응 증명되었으므로, 위 공장들의 운영자인 피고들이 반증으로 그 폐수 중에 재첩양식장에 피해를 발생시킨 원인물질이 들어 있지 않거나 원인물질이 들어 있다고 하더라도 재첩 양식에 피해를 일으킬 정도의 농도가 아니라는 사실을 증명하거나, 또는 재첩양식장의 피해가 전적으로 다른 원인에 의한 것임을 증명하지 못하는 한 피고들은 그 책임을 면할 수 없다.

해설

I. 대상판결의 의의

환경소송에 있어서 원고의 인과관계 입증책임과 관련하여 대법원은 1974. 한국전력 사건(대법원 1974. 12. 10. 72다1774 판결) 등을 통해 개연성 이론을 도입한 이래, 1984. 진해화학 판결(대법원 1984. 6. 12. 81다558 판결)을 통해 원고가 입증하여야 하는 주요사실을 배출, 도달, 손해 발생 등의 요건으로 유형화하는 소위 신개연성 이론 혹은 간접반증이론을 수용한 것으로 평가되고 있다.

대상판결에서는 (1) 피고들 공장이 위치한 여천공단에서 재첩 양식에 악영향을 줄 수 있는 폐수가 배출되고, (2) 그 폐수 중 일부가 물의 흐름에 따라 이 사건 재첩양식장에 도달하였으며, (3) 그 후 재첩에 피해가 있었다는 사실이 각 모순 없이 증명되었으므로 여천공단 공장들의 폐수배출과 재첩 양식이 폐사함으로 발생한 손해 사이의 인과관계가 일응 증명되었다고 판단하였다. 대상판결은 진해화학 사건과 마찬가지로 환경소송에 있어서 원고의 입증책임을 완화하는 입장을 유지하였다는 데 의의가 있다. 다만, 학설에서는 원고가 유형화된 주요사실의 전부가 아니라 일부만을 모순 없이 입증한 경우에도 인과관계를 인정함에 비하여 대상판결에서는 여전히 원고가 주요사실 전부를 모순 없이 입증할 것을 요구하고 있다는 측면에서 학설에 비하여 경직된 입장이라는 비판이 존재한다(신원일, 1093면).

II. 대상판결의 분석 및 평가

1. 제1심과 원심 그리고 대법원 판결이유

1심 법원은 원고들이 제출한 자료만으로는 폐수의 배출과 그 폐수 중 일부가 이 사건 양식장에 도달된 사실을 인정할 수 없다고 판단하였다. 원심은 그러나 폐수 배출 및 이 사건 양식장에의 도달 사실은 인정하면서도, ① 이 사건 양식장이 원래 재첩양식장으로 적합한 환경이 아닌 지역에 위치한 점, ② 대포조류지의 기존 수질이 이미 오염된 상태이고, 유입하천의 오염농도가 높고 중심지나 배수갑문 부근에서는 오염농도가 낮은 점을 감안할 때 주된 오염원인을 유입하천으로 볼 수 있는 점, ③ 이 사건 재첩양식장 내에서 검출된 페놀의 추정 수치가 재첩 생리 저해 영향한계 최저농도에 미치지 못하고 있는 점, ④ 자연현상인 가뭄이 이 사건 양식장의 재첩 생육에 치명적인 악영향을 미쳤다고 할 수 있는 점 등의 사정을 들어 여천공단 공장의 폐수와 이 사건 재첩양식장의 피해와의 사이에 인과관계를 인정하기에 부족하다고 판단하였다.

그러나, 대법원은 원심이 들고 있는 사정들은 이 사건 재첩 피해의 원인물질이 페놀만에 의한 것이 아니라고 인정할 사정은 될 수 있으나, 이 사건 양식장으로 유입된 광양만의 해수 중에 재첩 양식에 피해를 발생시킨 원인물질이 들어 있지 않거나 그 농도가 피해를 일으킬 정도에 이르지 않았다고 단정할 수 없다고 평가하면서 원고들의 주요사실 입증으로 추정된 인과관계가 번복되었다고 볼 수 없다고 판단하였다.

2. 사회형평의 관점에서 판단할 규범 문제로서 인과관계

대상판결에서는 (1) 피고들 공장이 위치한 여천공단에서 재첩 양식에 악영향을 줄 수 있는 폐수가 배출되고, (2) 그 폐수 중 일부가 물의 흐름에 따라 이 사건 재첩양식장에 도달하였다는 점을 원고들이 입증한 것으로 평가할 수 있는지 여부가 주요한 쟁점이 되었다.

1심 법원은 여천공단 폐수처리장 방류구 해역 지점에서 검출된 나프탈렌 등의 물질이 양식장 내에서는 검출되지 않았고 인근 해역에서 검출되지 않은 톨루엔, 자일렌 등의 물질이 양식장에서 검출된 점, 배수갑문 바깥 지역에서는 검출되지 않은 페놀이 하천이 유입되는 상류 및 제방 내에서는 검출된 점 등을 감안하여 피고들의 폐수가 이 사건 양식장에 도달되었다는 점을 인정하지 않았다. 반면, 원심 법원은 이 사건 양식장에 배수갑문의 틈 사이 등을 통하여 광양만으로부터 해수 일부가 유입되고 있는 사실, 여천공단에서 배출된 1.2−dichoroethane이 광양만 인근해역 및 이 사건 양식장 내 배수갑문 지점에서도 검출되었고, 이 사건 양식장 내에서 벤젠, 톨루엔, 자일렌 등이 미량 검출된 사실, 1990. 및 1992. 의 조사결과에 의할 때 이 사건 양식장에서 페놀이 검출된 점 등을 근거로 피고들의 폐수가 이 사건 이 사건 양식장에 폐수가 도달한 사실 자체는 인정하였다.

원심이 들고 있는 위와 같은 사정들 역시 이 사건에서 재첩피해의 원인물질로 원고들이 주장한 페놀 등의 화학물질이 피고가 운영하는 공장에서 배출되어 이 사건 양식장에 도달하였다는 점을 직접적으로 입증하였다고는 보이지 않는다. 인과관계가 일응 추정되는 이상, 피고들이 이를 번복하기 위해서는 예를 들어 원고들의 피해는 피고 공장들이 배출한 폐수가 아닌 다른 원인이 전적으로 작용하여 발생한 것임을 입증하여야 하는데, 이러한 입증은 피고들로서도 매우 어려운 수준이라는 점을 감안할 때 적어도 오염물질의 배출 및 도달에 관하여는 원고들이 통상적인 수준의 입증을 하는 것이 필요한 것 아니냐는 비판이 가능할 것이다.

이와 관련하여, 오염물질의 배출, 도달의 주요사실 외에 배출물질의 유해성에 대해서도 피해와 관련하여 유의미한 정도라는 점은 원고가 입증하여야 한다는 견해가 있다. 이 견해에 의하면 이 사건에서 문제 되는 페놀과 같이 물질 자체가 통상의 경험칙상 고도의 위험성이 인정되는 경우에는 원고는 그 농도에 관한 특별한 입증부담 없이 최소한의 배출사실 입증만으로 책임을 다 하였다고 할 것이고 나머지 피해의 메커니즘을 포함한 안전농도에 관한 사항은 피고가 반증을 통해 입증하여야 한다고 본다(신원일, 1097-1098면).

원심은 이 사건 재첩 피해의 원인물질이 페놀만에 의한 것이 아니라고 인정할 만한 다른 사정이 존재한다는 점에서 피고들에게 손해배상책임을 부담하게 하는 것이 부당한 것이 아니냐는 점을 감안하였던 것으로 추측된다. 반면, 대상판결은 비록 재첩 피해가 전적으로 피고들의 행위로 인한 것이 아니라 하더라도 피고들이 손해배상책임을 면하기 위해서는 피고들의 폐수에 원인물질이 없거나 안전농도에 미달한다는 점을 입증하거나, 전적으로 다른 원인에 의한 피해임을 간접반증으로 입증하여야 한다는 점을 명확하게 함으로써 환경소송에 있어서 인과관계에 대한 입증을 실질적으로 피고에게 부담하게 하였다는 의미를 갖는다. 대상판결 이후 다양한 사실관계에 따라 법원이 원고에게 요구하는 입증의 정도는 달라지고 있는 것으로 보이나, 기본적으로 환경소송에서의 인과관계는 단순히 자연적이고 기술적인 것에 대한 확인이 아니라 사회형평의 관점에서 법관이 평가할 수 있는 규범적인 문제라는 점이 감안되어야 할 것이다.

참고문헌

신원일, "환경침해와 인과관계의 증명－판례 법리의 비판적 검토 및 환경오염피해구제법 제9조의 전망에 관하여", 민사판례연구 제39권 (2017)

오용호, "공해소송의 인과관계에 대한 고찰", 민사판례연구 제7권 (1985)

김홍균, 『환경법』, 홍문사 (2014)

[97] 자연력과 가해자 과실이 경합한 경우의 손해배상책임

─ 대법원 2003. 6. 27. 2001다734 판결 ─

조 혜 인 (법무법인(유한) 광장)

[사실 개요]

1. 양식장 운영자인 원고는 피고가 설치한 울진원자력발전소에서 배출되는 온배수를 이용하기 위하여 온배수배출구 인근에 육상수조양식장을 설치하였다. 그런데 원고는 이상고온으로 양식장 부근의 수온이 평소보다 높아진 상태에서 피고가 배출한 온배수가 자연 해수와 혼합된 채로 양식장에 유입되었고, 양식조의 수온이 급상승하여 양식장의 어류가 집단 폐사하였다고 주장하면서 손해배상청구소송을 제기하였다.

2. 원심(서울고법 2000. 12. 6. 99나31997 판결)은 위와 같은 집단폐사는 자연력(이상고온)과 피고의 온배수 배출행위가 경합하여 발생한 것인바 자연력 기여도는 50%로 봄이 상당하고, 나머지 부분 중 원고 측의 과실은 45%이므로, 피고의 책임비율은 전체의 27.5%라고 판단하였다.

[판결 요지]

1. 자연력과 가해자의 과실이 경합되어 손해가 발생한 경우 가해자의 배상 범위는 자연력의 기여분을 공제한 나머지 부분으로 제한해야 한다. 다만 가해자가 특수한 자연적 조건이나 위험을 미리 예상할 수 있었고 과도한 노력이나 비용을 들이지 아니하고도 그러한 위험의 발생을 사전에 예방할 수 있었다면, 그 특수한 자연력의 기여분을 인정하여 가해자의 배상 범위를 제한할 것은 아니다.

2. 원전냉각수 순환 시 발생되는 온배수의 배출은 사람의 활동에 의하여 자연환경에 영향을 주는 수질오염 또는 해양오염으로서 환경오염에 해당한다.

3. 양식장 운영자가 원자력발전소의 온배수를 이용하기 위하여 온배수 영향권 내에 육상수조식양식장을 설치하였는데 원자력발전소에서 배출된 온배수가 이상고온으로 평소보다 온도가 높아진 상태에서 자연 해수와 혼합되어 위 양식장의 어류가 집단 폐사한 경우, 원자력발전소 운영자의 과실에 비하여 양식장 운영자의 과실이 훨씬 중대하다고 판단한 사례이다.

해설

Ⅰ. 대상판결의 의의

대상판결은 손해의 발생 및 확대가 불법행위자의 과실행위뿐만 아니라 중립적인 제3의 원인, 즉 자연력과의 경합으로 인해 발생한 경우 그러한 자연력이 손해배상책임의 범위 결정에 있어 어떻게 고려되어야 하는지를 결정하였다. 또한 원전 배출수의 온도가 자연환경에 영향을 미친다는 점에 착안하여 온배수 배출을 환경오염으로 인정하였다는 점에서 대상판결의 의의가 있다.

Ⅱ. 대상판결의 분석

1. 자연력과 불법행위의 경합

피해자의 손해가 전혀 예상할 수 없는 자연력에 의해 발생하였고 가해자의 행위가 없더라도 그 손해가 발생하였을 경우, 불법행위에 의해 손해가 발생하였고 자연력이 가공하지 않았더라도 그 손해가 발생하였을 경우, 자연력으로 인한 손해와 불법행위로 인한 손해가 명확하게 구별되는 경우에는 자연력과 불법행위의 경합이 문제 될 여지가 적다. 각 경우 피해자가 손해배상을 청구할 수 있는 범위가 비교적 명확하게 특정되기 때문이다.

그러나 실제 자연력이 개입된 사건에서는 가해자의 불법행위와 자연력이 경합하고, 그 인과관계를 일일이 구별하기 어려운 경우가 대부분일 것이다. 이처럼 자연력으로 인해 피해자의 손해가 확대되었거나 '불법행위 – 자연력 – 손해 발생' 사이에 인과관계를 명확히 증명할 수 없는 경우 당사자 사이에 그 손해의 범위에 대한 다툼이 발생할 수 있다.

대상판결은 가해자의 책임 범위 산정 시 원칙적으로 자연력의 기여도를 공제할 수 있다고 하면서도, 예외적으로 가해자가 그 자연력의 기여를 예측하고 조치를 취하여 예방할 수 있는 경우에는 그러한 공제가 적용되지 않는다고 보았다. 대상판결의 태도는 자연력과 가해행위가 경합된 경우에도 가해자에 대하여 과실책임의 법리를 적용하면서, 가해자의 예견 가능성과 결과회피 가능성을 책임인정의 척도로 삼는 것이라고 할 수 있다.

2. 온배수 배출에 대한 환경오염의 인정

대상판결은 환경정책기본법 제3조 제4호상 환경오염의 정의에 따라 '온배수'를 수질오염 또는 해양오염에 해당한다고 판단하였다.

원고의 양식장에서 집단폐사가 발생하였을 당시의 수질환경보전법(1994. 8. 3. 법률 제4782호로 개정되기 전의 것)의 배출허용기준에 따르면 배출수의 온도 기준은 40℃였다(수질환경보전법 시행규칙 제8조 [별표 5]). 피고 乙이 배출한 온배수의 수온은 31.3 – 34.2℃로서 위와 같은 배출허용기준을 준수하고 있고, 그 외에 별다른 수질오염물질이 포함되어 있었다는 사정도 없었음에도, 온배수가 생태계에 미치는 영향 등을 고려하여 이와 같은 판단을 내린 것이다.

Ⅲ. 대상판결의 평가

1. 환경정책기본법 제44조 및 환경오염피해 배상책임 및 구제에 관한 법률(이하 "환경오염피해구제법") 제6조 등에는 환경오염의 피해에 대한 무과실책임이 규정되어 있는바 환경오염으로 인해 피해가 발생한 경우에 대하여 오염원인자의 무과실책임을 인정하려는 것이 최근의 경향인 것으로 보인다. 그럼에도 불구하고 자연 수온의 급상승과 같은 자연적 재해로 인한 피해는 피해자 스스로가 부담해야 하는 위험인 이상, 가해자의 배상 범위에서 자연력의 기여 부분을 공제한다는 대상판결의 법리는 여전히 타당한 것으로 보인다(다만, 학설상으로 자연력 기여 부분을 손해배상책임 감경사유로 인정하지 않는 견해로 공동불법행위법리의 유추적용설이 있고, 감경사유로 인정하는 견해로는 민법 제765조에 의한 배상액 경감청구설, 과실상계법리 유추적용설, 자연력제감설 등이 있다. 전경운, 321면).

2. 다만 대상판결의 법리 중 기여도 공제 제한에 대해서는 비판의 여지가 있다. 자연력의 기여 부분을 공제하는 것은 가해자의 불법행위와 손해 발생(또는 손해 확대) 사이에 그만큼의 인과관계가 없기 때문이다. 그런데 가해자가 자연력의 기여를 쉽게 예견하고 방지할 수 있었던 경우에는 조치를 게을리했다는 이유만으로 공제가 인정되지 않는다면, 자신의 행위와 인과관계가 없는 부분, 즉 자연력의 기여 부분에까지 책임을 부담하게 된다는 문제가 있다.

그러나 2016. 시행된 환경오염피해구제법 제9조에 사업자가 책무를 다하였다는 사정이 없는 한 시설과 환경오염피해 사이에 인과관계가 추정된다는 규정이 명시된 이상, 인과관계와 귀책사유를 구별하는 해석론적 논의는 큰 의미가 없다고 생각된다.

3. 온배수가 오염물질에 해당하는지는 다소 논쟁이 있다. 온배수가 오염물질에 해당하지 않는다는 입장은 온배수가 배출되더라도 바닷물의 수온 변화가 발생할지언정 수질에는 영향을 주지 않는다는 점을 근거로 든다.

그러나 온배수로 인해 배출시설 인근의 수온이 상승하는 경우 생산성 저하, 생물 군집 구조의 변화, 특정 생물의 도피, 소멸 및 새로운 종의 발생 등의 영향이 나타나는 것으로 알려져 있다. 유엔 해양법 협약상 '해양환경오염'은 생물자원과 해양생물에 대한 손상, 인간의 건강에 대한 위험, 어업과 그 밖의 적법한 해양이용을 포함한 해양활동에 대한 장애, 해수

이용에 의한 수질 악화 및 쾌적도 감소 등과 같은 해로운 결과를 가져오거나 가져올 가능성이 있는 물질이나 에너지를 인간이 직접적으로 또는 간접적으로 강어귀를 포함한 해양환경에 들여오는 것을 의미하고(UN Convention on the Law of the Sea Article 1, 1. (4)), 국내법상으로도 '해양오염'이란 해양에 유입되거나 해양에서 발생되는 물질 또는 에너지로 인하여 해양환경에 해로운 결과를 미치거나 미칠 우려가 있는 상태를 의미한다(해양환경 보전 및 활용에 관한 법률 제2조 제3호; 해양환경관리법 제2조 제2호). 이러한 점을 볼 때, 온배수는 해수 내 오염물질의 농도 증가를 가져오지 않더라도 해양환경에 장애를 가져오는 물질이므로 수질오염물질에 해당한다고 판단된다.

참고문헌

김민규, "자연력 개입으로 인한 피해에 대한 우리나라 사법적 구제의 현황", 토지법학 제28권 제2호 (2012)

박동진, "원인경합한 자연력의 손해배상법적 평가", 비교사법 제8권 제2호 (2001)

이성진, "자연력과 경합한 불법행위로 인한 손해배상책임", 민사법의 이론과 실무 제20권 제2호 (2017)

전경운, "중립적 원인자가 손해 발생에 가공한 경우 가해자의 손해배상책임", 환경법연구 제40권 제3호 (2018)

조홍식, 『판례환경법』, 박영사 (2012)

[98] 방해제거청구에서 방해의 현존성의 의미

— 대법원 2019. 7. 10. 2016다205540 판결 —

박 태 현 (강원대학교)

[사실 개요]

1. 피고는 1984. 4.경부터 김포시 하천 16,296㎡(이하 '이 사건 쓰레기매립지'라 한다)를 쓰레기매립장으로 사용하여 생활쓰레기 등을 매립하다가 1988. 4.경 그 사용을 종료하였다. 피고가 이 사건 쓰레기매립지에 쓰레기를 매립하는 과정에서 위 매립지와 경계를 같이하는 인접 토지(이하 '이 사건 토지'라 한다)에도 상당한 양의 쓰레기가 매립되었다. 원고는 2010. 7. 8. 이 사건 토지의 소유권을 취득한 다음 토지를 굴착해 보았는데, 지하 1.5~4m 지점 사이에 비닐, 목재, 폐의류, 오니류, 건축폐기물 등 각종 생활쓰레기가 뒤섞여 혼합된 상태로 매립되어 있었고, 그 주변 토양은 검게 오염되었다.

2. 이에 원심은 피고의 쓰레기매립행위가 종료되었더라도 매립한 생활쓰레기가 이 사건 토지 지하에 계속 존재하는 이상 피고는 원고의 토지소유권을 현재 방해하고 있다고 판단하여 원고의 방해배제청구를 인용하였다.

[판결 요지]

이 사건 토지 지하에 매립된 생활쓰레기는 매립된 후 30년 이상 경과하였고, 그 사이 오니류와 각종 생활쓰레기가 주변 토양과 뒤섞여 토양을 오염시키고 토양과 사실상 분리하기 어려울 정도로 혼재되어 있다면, 이러한 상태는 과거 피고의 위법한 쓰레기매립행위로 인하여 생긴 결과로서 토지 소유자인 원고가 입은 손해에 불과할 뿐 생활쓰레기가 현재 원고의 소유권에 대하여 별도의 침해를 지속하고 있는 것이라고 볼 수 없으므로 원고의 방해배제청구는 인용될 수 없다.

해설 ─────

1. 대상판결의 쟁점

피고가 토지 소유자의 동의 없이 무단으로 토지에 생활쓰레기를 매립하여 현재도 토지 지하에 계속 존재하는 경우, 피고의 쓰레기매립행위로 토지소유권에 대한 방해가 현재 계속되고 있다고 보아 방해배제청구권을 인정할 수 있는지 아니면 쓰레기매립행위는 이미 종료되어 더 이상 방해는 없고 다만 그 결과로 발생한 손해의 배상청구권만을 인정할 수 있는지 하는 점이다.

Ⅱ. 방해제거청구권에서 방해의 현존성의 의미

1. 견해 대립

(1) 통설·판례

방해제거청구권에서 방해란 "현재에도 계속되고 있어야 한다"(이른바 현존성 요건)는 것이 통설과 판례의 태도이다(주석 민법, 536면). 통설은 소유권에 대한 방해는 방해자가 소유자의 권리를 부정하거나 그 법적 행위를 한 후에는 더 이상 방해배제청구권을 행사할 수 없고, 그 이후에는 손해배상청구권만을 행사할 수 있다고 한다(주석 민법, 542면).

판례도 소유권에 기한 방해배제청구권에서 '방해'라 함은 "현재에도 지속되고 있는 침해"를 의미하고, 법익 침해가 과거에 일어나서 이미 종결된 경우에 해당하는 '손해'의 개념과는 다르다며, "소유권에 기한 방해배제청구권은 방해결과의 제거가 아니라(이는 손해배상의 영역에 해당한다) 현재 계속되고 있는 방해원인의 제거를 내용으로 한다"고 한다.

(2) 반대견해

이러한 통설과 판례의 태도와 달리 방해의 결과로 방해상태가 계속되고 있다면 여전히 방해로 해석해 이러한 방해행위를 한 자는 그 방해를 제거해야 할 책임이 있고, 따라서 소유권에 기한 방해배제청구권도 인정되어야 한다는 견해도 있다(주석 민법, 539면). 통설에 따르면, 타인의 토지 위에 건물을 축조하는 행위가 계속되는 동안에는 방해배제청구를 행사하여 건축물의 축조를 중지해달라고 청구할 수 있음이 당연하나, 이미 준공된 경우에는 "침해가 과거에 발생하여 이미 종결된 경우"에 해당하여 방해제거를 청구할 수 없는 결과가 될 것인데 이는 기존 판례의 태도(예컨대 대법원 1965. 6. 15. 65다685 판결 등 다수 판결은 건축이 종료한 후 존속하고 있는 건물이 토지소유권을 방해하고 있음을 전제로 하고 있다)와 부합하지 않는다고 한다(주석 민법, 543면).

한편, 통설적 견해에 원칙적으로 찬동하면서도, 사실상의 방해(가령 이 사안에서처럼 쓰레기를 불법 매립하여 현재 존재하는 경우)에서와 같이 방해와 손해의 구별이 어려운 경우에는 방해자의 행태를 고려하여 방해배제의 범위의 기준을 정해야 한다는 견해가 있다. 이 견해에 따르면, 방해자의 행위를 기준으로 방해자는 자신이 행한 방해행위에 대한 반대의 행위 곧 방해원인을 제거할 의무를 지고, 그 밖의 결과의 제거는 손해배상의 영역으로 해석하자는 것이다(예컨대, 돌을 던져 창문을 깬 사례에서 방해배제는 반대행위인 돌의 수거행위에 국한되고, 창문의 교체 등은 손해배상에 의하여야 한다)(김형석, 419-420면). 이 견해는 쓰레기 매립으로 조성한 토지에 소유자가 매립에 동의하지 않은 쓰레기가 매립되어 있다 하더라도 그 쓰레기가 현재 소유권에 대하여 별도의 침해를 지속하고 있다고 볼 수 없다는 이유로 소유권에 기한 방해배제청구권을 행사할 수 없다고 한 대법원 2003. 3. 28. 2003다5917 판결사안에서 피고의 방해행위는 종료하였으나 그 결과가 원고의 토지에 남아서 계속 방해가 현존하고 있다고 할 수 있으므로, 행위책임으로서 방해제거의무가 있다고 한다(김형석, 429면).

2. 독일의 판례 태도

예컨대 어떤 자의 투석으로 어느 가옥의 유리창이 깨져 가옥의 소유자가 찬바람이나 습기의 유입 등 가옥의 용익에 방해를 받고 있다고 가정하자. 이 경우 소유자에게 유리창을 끼워 줄 것을 내용으로 하는 방해제거청구권을 인정할 수 있을 것인가? 이 경우 독일의 통설은 대체로 방해제거청구권의 성립을 긍정한다고 한다. 특히 근래의 판례는 방해제거의 본질은 물건의 이용 가능성의 회복에 있다고 하면서, '방해 원인' 내지 '1차적 방해'와 그것의 제거와 직접적이고 불가피하게 연계되는 '2차적 방해' 그리고 '그 밖의 방해결과'를 구별하고, 방해원인 내지 1차적 방해(위 사례에서 돌) 및 2차적 방해(위 사례에서 유리창의 파손)는 방해제거청구의 내용에 포함될 수 있다고 한다(김진우, 50−51면).

이 입장에 따르면 2차적 방해에는 방해물로 인하여 오염된 부동산의 "복구"도 포함된다. 예컨대 기름을 실은 B의 화물열차가 B의 귀책사유 없이 궤도에서 이탈하여 A의 토지 위에 전복되고 그 토양에 기름이 누출된 경우, 기름으로 오염된 토지 자체는 계속적 방해의 기초 내지 원인이 되므로 소유권의 방해를 구성하게 된다. 그러나 화물열차의 궤도이탈로 인한 경작물의 손괴는 "그 밖의 방해결과"에 해당해 방해제거청구의 내용에 포함되지 않는다고 한다(김진우, 52면; 통설 및 판례에 대한 반대견해 및 그에 대한 비판은 김진우, 52−60면 참조).

Ⅲ. 대상판결의 분석 및 평가

대상판결에서 대법원은 생활쓰레기가 매립된 후 30년 이상 경과함으로써 현재 토양과 사실상 분리하기 어려울 정도로 혼재되어 있음을 강조하며, 이 사태를 방해의 '현존성(現存性)' 개념에 포섭하기는 어렵다고 보고 있다.

그러나 제도기능적 관점에서 사안에 접근한다면 현존성 개념을 달리 구성할 수 있어 보인다. 곧, '물건의 이용 가능성의 회복'이라는 방해배제청구 제도의 목적·기능의 관점에서는 위 사태는 토지 이용을 현실적으로 (사실상) 방해(=토지소유권 행사의 실질적 방해)하므로 방해배제청구에 따라 토지 이용의 가능성이 회복되어야 한다면 방해의 현존성을 인정할 수 있으리라 본다.

물권적 방해배제청구 제도와 불법행위로 인한 손해배상청구 제도는 요건과 청구권 행사기간 등에서 서로 다르므로 방해의 현존성에 대한 해석에 따라 결론이 달라질 수 있다. 논의가 필요해 보인다.

참고문헌

김진우, 독일법상의 소유물방해제거청구권에서의 "방해", 재산법연구 제29권 제4호 (2013)

김형석, "소유물방해배제청구권에서의 방해의 개념 – 대법원 2003. 3. 28. 선고 2003다5917 판결의 평석을 겸하여 –", 법학 제45권 제4호 (2004)

김용담(편집대표), 『주석 민법』 제4판 (2011)

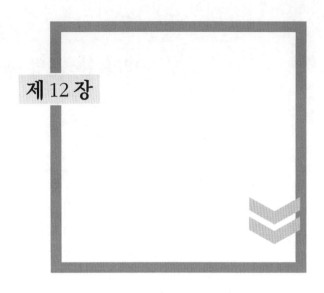

제 12 장

환경형법

[99] 환경형법 규정과 죄형법정주의

— 대법원 1997. 5. 28. 97도363 판결 —

고 은 설 (광주지방법원 목포지원)

[사실 개요]

1. 수질환경보전법(1995. 12. 29. 법률 제5095호로 개정된 것, 이하 '법'이라 함) 제10조 제1항은 폐수배출시설을 설치하고자 하는 자에게 환경부장관의 허가를 받거나 환경부장관에게 신고하도록 규정하고 있다. 피고인은 이러한 허가나 신고 없이 폐수배출시설을 설치·운영하면서 수질오염물질을 배출하였고, 검사는 법 제56조의2 제4호를 적용하여 피고인을 기소하였다.

2. 원심은 법 제56조의2 제4호 및 제15조 제1항에 규정된 사업자는 법 제10조 제1항의 규정에 의하여 배출시설의 설치 또는 변경에 대한 허가를 받은 자를 의미하는데, 피고인은 그와 같은 사업자가 아님을 이유로 무죄를 선고하였다.

3. 검사는 법 제56조의2 제4호 및 제15조 제1항의 사업자의 범주에는 당연히 배출시설에 대해 허가를 받지 아니하거나 신고를 하지 아니한 자도 포함된다고 보아야 하고, 그렇지 않을 경우 제10조 제1항의 규정에 의하여 배출시설의 설치 또는 변경에 대한 허가를 받지 않고 폐수를 배출하는 경우보다 그와 같은 절차를 거친 후 배출하는 경우를 무겁게 처벌하는 모순이 생긴다는 이유로 상고하였다.

[판결 요지]

법 제56조의2 제4호는 법 제15조 제1항 각 호의 1에 해당하는 자를 처벌하게 규정되어 있고, 법 제15조 제1항은 "사업자는 배출시설 및 방지시설을 운영할 때에는 다음 각 호의 행위를 하여서는 아니된다."고 규정하고 있는바, 위 제15조 제1항 소정의 '사업자'에 대하여는 법 제11조가 "제10조 제1항 내지 제3항의 규정에 의하여 허가·변경허가를 받은 자, 또는 신고·변경신고를 한 자(이하 사업자라 한다) … "라고 규정하고 있어, 법 제15조 제1항 소정의 사업자도 결국 같은 법 제11조에서 정의하고 있는 사업자로 해석하지 않을 수 없으므로, 법 제56조의2 제4호가 처단하는 법 제15조 제1항 각 호의 1에 해당하는 행위를 한 자는 위와 같은 신분에 있는 사업자의 행위를 처단하는 규정이라고 보아야 하고, 위와 같은 신분을 갖지 않은, 즉 허가·신고 없이 배출시설, 방지시설을 운영한 자의 오염물질 배출행위에는 적용될 수 없다.

해설 ─────────────────────────────────────

Ⅰ. 대상판결의 쟁점

건강하고 쾌적한 환경에 대한 국민적 관심이 높아감에 따라 환경을 보호하고 환경오염
행위를 규제하기 위한 많은 법률들이 제정되었다. 이러한 환경관련 법률에는 오염행위를
행정법적으로 규제하는 규정뿐만 아니라 위와 같은 행정법규를 위반할 경우 형법적 제재를
가하여 행정법규의 실효성을 높이기 위한 환경형법 규정들이 다수 포함되어 있다. 이러한
환경형법 규정들은 대부분 행정법규 위반을 그 구성요건으로 하고 있다는 점에서 형벌규정
의 적용 여부를 판단함에 있어 행정법규에 대한 해석이 우선되어야 한다. 이때 죄형법정주
의에 따라 엄격한 해석이 요구되는 형벌법규의 해석방법이 구성요건에 규정된 행정법규를
해석하는 데에도 그대로 적용되는지가 문제된다.

대상판결에서 허가 없이 배출시설을 설치·운영하면서 오염물질을 배출한 피고인을 환
경형법 규정인 법 제56조의2 제4호 위반죄로 처벌할 수 있는지를 판단함에 있어서도 위와
같은 논의가 그대로 적용된다.

Ⅱ. 대상판결의 분석

1. 법 제56조의2 제4호 위반죄의 해석

(1) 관계 법령
❑ **수질환경보전법**(1995. 12. 29. 법률 제5095호로 개정된 것)
제10조 (배출시설의 설치허가 및 신고) ① 배출시설을 설치하고자 하는 자는 대통령령
이 정하는 바에 의하여 환경부장관의 허가를 받거나 환경부장관에게 신고하여야 한다.
② 제1항의 규정에 의하여 허가를 받은 자가 허가받은 사항 중 대통령령이 정하는 중
요한 사항을 변경하고자 하는 때에는 변경허가를 받아야 하고, 그 외의 사항을 변경하
고자 하는 때에는 변경신고를 하여야 한다.
③ 제1항의 규정에 의하여 신고를 한 자가 신고한 사항을 변경하고자 하는 때에는 환
경부령이 정하는 바에 의하여 변경신고를 하여야 한다.
제11조 (방지시설의 설치등) ① 제10조 제1항 내지 제3항의 규정에 의하여 허가·변경
허가를 받은 자 또는 신고·변경신고를 한 자(이하 "사업자"라 한다)가 당해 배출시설을 설
치하거나 변경할 때에는 그 배출시설로부터 배출되는 오염물질이 제8조의 배출허용기
준이하로 배출되게 하기 위하여 수질오염방지시설(이하 "방지시설"이라 한다)을 설치하여
야 한다. 다만, 대통령령이 정하는 기준에 해당하는 경우로서 환경부장관의 승인을 얻

은 경우에는 그러하지 아니하다.

제15조 (배출시설 및 방지시설의 운영) ① 사업자(제13조 제3항의 규정에 의한 공동방지시설의 대표자를 포함한다)는 배출시설 및 방지시설을 운영할 때에는 다음 각 호의 행위를 하여서는 아니된다.

1. 배출시설에서 배출되는 오염물질을 방지시설에 유입하지 아니하고 배출하거나 방지시설에 유입하지 아니하고 배출할 수 있는 시설을 설치하는 행위

제56조의2 (벌칙) 다음 각 호의 1에 해당하는 자는 5년 이하의 징역 또는 3천만 원 이하의 벌금에 처한다.

4. 제15조 제1항 각 호의 1에 해당하는 행위를 한 자

(2) 검토

법 제15조 제1항 제1호는 '사업자'가 배출시설에서 배출되는 오염물질을 방지시설에 유입하지 아니하고 배출하는 행위를 금지하고 있다. 그런데 법 제11조는 사업자를 "법 제10조 제1항 내지 제3항의 규정에 의하여 배출시설의 허가·변경허가를 받은 자, 또는 신고·변경신고를 한 자"라고 규정하고 있으므로, 법 제15조 제1항의 '사업자'는 법 제11조에서 정의하고 있는 사업자를 의미한다. 따라서 법 제56조의2 제4호는 배출시설의 설치·변경허가 등을 받은 사업자가 오염물질을 배출하는 경우에 적용된다고 보아야 한다.

이와 달리 배출시설의 설치·변경허가 등 없이 배출시설을 설치·운영하면서 오염물질을 배출한 사람도 법 제56조의2 제4호 위반죄의 적용대상이 된다고 해석하는 것은 명문규정의 의미를 피고인에게 불리한 방향으로 확장·유추 해석하는 것이 되어 죄형법정주의의 원칙에 반한다고 할 것이다. 이러한 해석으로 인해 허가 등을 받지 않고 폐수를 배출하는 경우보다 그와 같은 절차를 거친 후 배출하는 경우를 더 무겁게 처벌하게 된다고 하더라도 그러한 사정은 법규정의 미비에 해당하여 입법적인 해결 대상이 될 뿐, 처벌법규의 구성요건을 유추·확대 해석할 수는 없다는 것이 대상판결의 입장이다.

2. 환경형법 규정의 해석방법

대상판결에서 보았듯이 대부분의 환경형법 규정은 행정법규 위반을 그 구성요건으로 하고 있다. 범죄의 구성요건이 행정행위나 행정법에 의해 보충됨으로써 비로소 확정된다는 점에서 환경형법에는 행정법의 개념 및 법리가 적용될 수밖에 없고, 일부 학자들은 이러한 환경형법 규정의 특성을 환경범죄의 행정종속성이라 표현한다. 그러나 이때에도 환경형법 규정의 구성요건인 행정법규의 해석에는 죄형법정주의의 원칙에 따른 엄격한 해석이 요구된다. 즉, 환경형법 규정 또한 엄연한 형벌규정이므로 그 구성요건인 행정법규는 명확히 규

정되어야 하고, 그 규정의 해석은 엄격하여야 하며, 명문규정의 의미를 피고인에게 불리한 방향으로 지나치게 확장하거나 유추하여 해석하는 것은 죄형법정주의의 원칙에 어긋나는 것으로서 허용되지 않는다.

대상판결 또한 이와 같은 입장에서 허가 없이 배출시설을 설치·운영하면서 오염물질을 배출한 피고인을 법 제56조의2 제4호 위반죄로 처벌할 수 없다고 보았다. 이후 대상판결을 참조판례로 하여 구 오수·분뇨및축산폐수의처리에관한법률 제55조 제6호의 구성요건인 같은 법 제24조2 제4항의 해석에 관하여도 처벌규정을 엄격하게 해석한 판결(대법원 2001. 3. 9. 2000도5895)이 선고되었다. 즉, 이미 축산폐수배출시설을 설치한 자가 그 설치 당시에는 신고대상자가 아니었다가 그 후 법령의 개정에 따라 그 시설이 신고대상 규모에 해당하게 된 경우에는 같은 법 제24조의2 제4항의 규정에 의한 신고대상자에 해당한다고 볼 수 없으므로, 위 법 제55조 제6호 위반죄로 처벌할 수 없다는 내용이다.

또한 구 대기환경보전법 제55조 제3호의 구성요건인 제32조 제1항의 해석과 관련하여서는 "형벌법규의 해석은 엄격하여야 하고 명문규정의 의미를 피고인에게 불리한 방향으로 지나치게 확장 해석하거나 유추 해석하는 것은 죄형법정주의의 원칙에 어긋나는 것으로서 허용되지 않으며, 이러한 법해석의 원리는 그 형벌법규의 적용대상이 행정법규가 규정한 사항을 내용으로 하고 있는 경우에 있어서 그 행정법규의 규정을 해석하는 데에도 마찬가지로 적용된다"는 내용의 판결(대법원 2007. 6. 29. 2006도4582)이 선고되었다.

Ⅲ. 대상판결의 평가

대상판결은 대법원이 환경형법 규정의 구성요건인 행정법규의 해석함에 있어서도 죄형법형주의에 따른 엄격한 법해석이 요구됨을 밝혔다는 점에서 의의가 있다. 이러한 대상판결의 태도는 이후 다른 판례를 통해 확장되었고, 환경형법 규정에 관한 최근의 판결들을 통해 더욱 명확해졌다고 할 수 있다.

참고문헌

박균성, "사법의 기능과 행정판례", 행정판례연구 제22권 제1호 (2017)
장한철, "환경형법에 있어서의 보호법익과 행정종속성에 대한 고찰", 환경법연구 제26권 제1호 (2004)
조홍식, 『판례환경법』, 박영사 (2012)

[100] 폐수 배출시설 및 방지시설의 비정상 운영 처벌규정과 죄형법정주의

—대법원 1992. 12. 8. 92도407 판결 —

박 상 훈 (서울중앙지방법원)

[사실 개요]

1. 페놀수지를 생산하는 피고인 甲 주식회사(이하 '甲 회사'라 함)의 구미공장에서 수질오염방지시설인 폐수소각로 2대를 설치하여 운영하다가 그중 1대가 고장이 나 나머지 1대로는 생산공정에서 발생되는 폐수를 전부 소각할 수 없게 되자, 1990. 10. 21.경부터 1991. 3. 20.경까지 사이에 배출허용기준을 초과한 폐수를 낙동강에 방류하였다.

2. 이에 甲 회사 및 그 임직원들로서 위 공장에서 배출되는 오염물질이 배출허용기준에 적합하도록 조업을 할 책임이 있는 나머지 피고인들에 대하여 수질환경보전법위반죄로 공소가 제기되었다.

[판결 요지]

1. 형법 부칙 제4조 제1항은 형법을 시행함에 즈음하여 구 형법과의 관계에서 그 적용범위를 정한 경과규정으로서, 형법 제8조가 타 법령에 정한 죄에도 적용하도록 규정한 "본법 총칙"에 해당되지 않을 뿐만 아니라, 범죄의 성립과 처벌은 행위 시의 법률에 의한다고 규정한 형법 제1조 제1항의 해석으로서도 행위가 종료된 때 시행되는 법률의 적용을 배제한 점에서 타당한 것이 아니므로, 신·구 형법 사이의 관계가 아닌 다른 법률 사이의 관계에서는 위 법조항을 그대로 적용하거나 유추적용할 것이 아니다.

2. 수질환경보전법이 시행된 1991. 2. 2. 전후에 걸쳐 계속되다가 1991. 3. 20.에 종료된 수질오염물질배출 행위는 같은 법 부칙 제15조가 규정하고 있는 "이 법 시행 전에 행한 종전의 환경보전법 위반행위"라고 볼 수 없으므로 그 행위가 종료된 때에 시행되고 있는 수질환경보전법을 적용한 것은 행위시법주의와 법률불소급의 원칙에 반하지 아니한다.

3. 수질환경보전법 제56조 제3호에서 "배출시설 및 방지시설을 정상운영하지 아니한 자"라 함은, 같은 법 제8조의 규정에 의한 배출허용기준 이하로 오염물질이 배출될 수 있도록 설계·시공되어 적합판정을 받은 배출시설이나 방지시설을 정상적으로 운영하지 아니함으로써 배출허용기준을 초과하여 오염물질을 배출시킨 자를 가리키는 것임이 분명하므로, 같은 법 제56조 제3호가 처벌대상으로 규정하고 있는 행위가 구체적이고 명확하게 규정되어 있지 않다고 볼 수 없을 뿐만 아니라, 지역적 사정과 환경의 질적인 향상 및 그 보전을 위한 여러 가지 여건을 감안하여 정하여야 하는 오염물질의 배출허용기준

을 직접 법률에서 모두 규정하지 아니하고 총리령 등으로 정하도록 위임하였다 하여 같은 법 제8조의 규정이 죄형법정주의에 위반된다고 볼 수 없다.

해설

Ⅰ. 대상판결의 적용 법률

구 수질환경보전법(1990. 8. 1. 법률 제4260호로 제정되어 1991. 2. 2. 시행된 것, 이하 같음)의 규정

제56조 다음 각 호의 1에 해당하는 자는 5년 이하의 징역 또는 3,000만 원 이하의 벌금에 처한다.

3. 제15조 제1항의 규정에 위반하여 배출시설 또는 방지시설을 정상운영하지 아니한 자

제15조 ① 사업자는 조업을 할 때에는 배출시설에서 배출되는 오염물질이 제8조 또는 제13조 제3항의 규정에 의한 배출허용기준에 적합하도록 배출시설 및 방지시설을 정상운영하여야 한다.

제8조 ① 폐수배출시설에서 배출되는 오염물질의 배출허용기준은 관계중앙행정기관의 장의 의견을 들어 총리령으로 정한다.

② 환경처장관은 환경정책기본법 제22조의 규정에 의한 특별대책지역 안의 수질오염방지를 위하여 필요하다고 인정하는 때에는 당해 지역 안에 설치된 배출시설에 대하여 제1항의 기준보다 엄격한 배출허용기준을 정할 수 있으며 당해 지역 안에 새로이 설치되는 배출시설에 대하여 특별배출허용기준을 정할 수 있다.

제13조 ③ 공동방지시설에 있어서의 배출허용기준은 제8조의 규정에 의한 배출허용기준과 다른 기준을 정할 수 있으며, 그 배출허용기준 및 공동방지시설의 설치·운영에 관하여 필요한 사항은 총리령으로 정한다.

Ⅱ. 대상판결의 분석

1. 구 수질환경보전법 시행 전후에 수질오염물질을 배출한 행위에 대한 적용 법률

(1) 쟁점

형법 제8조는 "본법 총칙은 타 법령에 정한 죄에 적용한다. 단, 그 법령에 특별한 규정이 있는 때에는 예외로 한다."라고 규정하고 있고, 형법의 최초 시행 당시 부칙(1953. 9. 18.

법률 제293호, 이하 같음) 제4조 제1항은 "1개의 죄가 본법 시행 전후에 걸쳐서 행하여진 때에는 본법 시행 전에 범한 것으로 간주한다."라고 규정하고 있다. 한편, 구 수질환경보전법 부칙(1990. 8. 1. 법률 제4260호) 제15조는 "이 법 시행 전에 행한 종전의 환경보전법의 위반행위에 대한 벌칙의 적용은 종전의 규정에 의한다."라고 규정하여, 구 수질환경보전법이 시행된 1991. 2. 2. 전후에 걸쳐 이루어진 수질오염물질배출 행위에 신법인 구 수질환경보전법의 처벌규정이 적용될 수 있는지가 문제되었다.

(2) 판단

대상판결은 형법 부칙이 형법 제8조의 형법 총칙에 해당하지 않고, 형법 부칙 제4조 제1항은 행위시법주의를 취하고 있는 형법 제1조 제1항에도 부합하지 않는다는 이유로, 위 부칙 규정을 다른 법률의 처벌규정 위반행위에 적용하거나 유추적용할 수 없다고 보았다. 또한, 수질오염물질배출 행위를 계속범으로 보고, 구법인 환경보전법(1990. 8. 1. 법률 제4257호로 1991. 2. 2. 폐지된 것)이 아니라 그 행위가 종료된 때인 1991. 3. 20.경에 시행되고 있는 구 수질환경보전법의 처벌규정을 적용하여야 하므로, 이러한 처벌규정이 행위시법주의와 법률불소급 원칙에 반하는 것은 아니라고 보았다.

2. 구 수질환경보전법 제56조 제3호가 명확성 원칙, 죄형법정주의 원칙에 위반되는지

(1) 쟁점

구 수질환경보전법 제56조 제3호의 '배출시설 또는 방지시설을 정상운영하지 아니한 자'를 처벌하는 규정이 추상적이거나 모호하여 명확성의 원칙에 반하는 것이 아닌지와 그 처벌의 근거가 되는 오염물질 배출허용기준을 법률에서 규정하지 아니하고 총리령 등으로 정하도록 위임한 같은 법 제8조가 죄형법정주의에 반하는 것이 아닌지가 문제되었다.

(2) 판단

구 수질환경보전법 제56조 제3호에 규정된 '배출시설 및 방지시설을 정상운영하지 아니한 자'라 함은, '같은 법 제8조의 규정에 의한 배출허용기준 이하로 오염물질이 배출될 수 있도록 설계·시공되어 적합판정을 받은 배출시설이나 방지시설을 정상적으로 운영하지 아니함으로써 그 배출허용기준을 초과하여 오염물질을 배출시킨 자'를 가리키는 것임이 분명하므로, 그 처벌규정이 명확성 원칙에 반하지 않고, 오염물질의 배출허용기준은 지역적 사정과 환경의 질적인 향상 및 그 보전을 위한 여러 여건을 감안하여 정해져야 하므로, 같은 법 제8조가 이를 직접 법률로써 규정하지 아니하고 하위법령에 위임한 것이 죄형법정주의에 반하지 않는다고 보았다.

Ⅲ. 대상판결의 평가

대상판결은 신·구 형법 사이가 아닌 다른 법률 사이의 관계에서는 위 형법 부칙 규정이 (유추)적용될 수 없다는 기존의 대법원 1986. 7. 22. 86도1012 전원합의체 판결의 입장을 확인하면서, 오염물질 배출 행위를 계속범으로 보아 그 행위의 종료 시를 기준으로 하여 형사 처벌의 근거 법률을 판단함으로써 행위시법주의를 관철한 점, 구 수질환경보전법 제56조 제3호의 행위주체를 명확히 한 점, 환경형법의 행정종속적인 측면을 고려하여 구성요건인 오염물질 배출허용기준을 하위법령에 위임한 것이 죄형법정주의에 반하지 않는다고 봄으로써 환경관련 범죄의 처벌기준 설정을 탄력적으로 운용할 수 있게 된 점 등에 의의가 있다.

다만, 대상판결에 대하여는 구 수질환경보전법 제56조 제3호가 사업자가 아닌 행위자도 처벌대상으로 삼은 것인지 모호하고, 형사 처벌의 근거가 되는 오염물질 배출허용기준을 하위법령에 위임한 것이 죄형법정주의에 반할 소지가 있다는 지적도 있었다. 이와 관련하여 1993. 12. 27. 개정(1994. 6. 28. 시행)된 구 수질환경보전법 제15조 제1항 제1호 내지 제4호에서는 배출시설 및 방지시설을 운영함에 있어서 사업자가 하여서는 아니 되는 행위를 세분하여 더 명확하게 규정하고, 같은 법 제56조 제3호는 '제15조 제1항 각 호의 1에 해당하는 행위를 한 자'를 처벌하도록 개정되었는데, 이는 전자의 지적 등이 고려된 것으로 보인다.

한편, 현재 시행되고 있는 물환경보전법(2017. 1. 17. 법률 제14532호로 '수질 및 수생태계 보전에 관한 법률'에서 제명 변경) 제76조 제3호, 제38조 제1항은 일부 추가·제외된 구성요건을 제외하고는 개정된 위 구 수질환경보전법 처벌규정과 같은 내용과 구조를 취하고 있고, 제32조도 오염물질 배출허용기준을 하위법령인 환경부령으로 정할 수 있도록 위임하고 있어, 같은 행위에 대한 처벌규정 형식의 틀은 그대로 유지되고 있다.

참고문헌

강대석, "개정 수질환경보전법·대기환경보전법상 방지시설 등의 비정상운영", 검찰 107호(1996)

김홍균, "환경범죄의 형사법적 규제", 법조 통권 558호 (2003)

유희일, "환경행정에 대한 법원의 접근태도", 새울법학 제4집 (2000)

조홍식, 『판례환경법』, 박영사 (2012)

[101] 양벌규정에 의한 행위자 처벌의 가부 및 판단기준

— 대법원 2007. 12. 28. 2007도8401 판결 —

박 대 범 (제주지방검찰청)

[사실 개요]

1. 피고인은 주한미군 부평교역처 보급창에서 폐기물 처리업무를 담당하는 직원으로서, 유통기한이 경과하여 판매할 수 없는 밀가루, 햄, 과자, 치즈 등 위 보급창에서 발생한 사업장폐기물의 종류, 발생량 등을 구청장에게 신고하지 아니하고, 환경업체 운영자가 관할 관청으로부터 폐기물처리업 허가를 받거나 폐기물 재활용 신고를 하지 않은 채 영업을 한다는 사실을 알면서도 위 사업장폐기물 35만㎏을 위탁하여 처리하게 하였다.

2. 이에 피고인에 대하여 구 폐기물관리법(2007. 1. 3. 법률 제8213호로 개정되기 전의 것) 제62조(양벌규정), 제60조 제2호, 제25조 제1항, 제61조 제2호, 제24조 제2항을 적용, 기소되어 유죄 확정되었다.

[판결 요지]

1. 구 폐기물관리법 제62조의 양벌규정은 사업장폐기물배출자가 아니면서 당해 업무를 실제로 집행하는 자가 있는 때에 위 벌칙규정의 실효성을 확보하기 위하여 그 적용대상자를 당해 업무를 실제로 집행하는 자에게까지 확장함으로써 위 양벌규정에 의하여 처벌할 수 있도록 한 행위자의 처벌규정임과 동시에 그 위반행위의 이익귀속주체인 사업장폐기물배출자에 대한 처벌규정이라고 할 것이고, '당해 업무를 실제로 집행하는 자'라 함은 독자적인 권한 없이 노무 제공을 하는 것에 그치는 것이 아니라, 적어도 일정한 범위 내에서는 자신의 독자적인 판단이나 권한에 의하여 그 업무를 수행할 수 있는 자를 의미한다.

2. 피고인이 폐기물 업무 담당 부서에서 하위 직급자로 일하면서 유통기한이 지난 제품을 점검하여 최고결재권자에게 제품 폐기 예정 결재를 받은 후, 폐기할 제품 수량이 쌓이면 폐기물처리업자에게 연락하여 폐기물을 인계한 사실, 피고인이 자신의 권한으로 개별적 업무를 처리하고 부서책임자에게 일일이 보고를 하거나 결재를 받지는 않은 사실 등에 비추어 볼 때, 피고인은 폐기물 처리에 있어서는 어느 정도의 범위 안에서 독자적 권한이 있음을 알 수 있으므로, 양벌규정에서 규정한 대리인·사용인 기타의 종업원에 해당한다.

해설 ──

Ⅰ. 대상판결의 의의

의무규정의 적용을 받는 업무주 아닌 자, 즉 수범자의 신분 없는 실제 행위자를 양벌규정에 의하여 처벌할 수 있는지 여부에 관하여, 대법원은 1999. 7. 15. 95도2870 전원합의체 판결에 의하여 판례를 변경한 이후 일관되게 양벌규정이 벌칙규정의 적용대상자를 확장하는 기능을 한다는 이유로 긍정설의 입장이다. 대상판결은 위 일관된 판례를 재확인함과 동시에 양벌규정의 적용대상이 되는 '대리인·사용인 기타의 종업원'에 대하여 그 업무 범위 및 권한에 의한 판단기준을 제시하였다.

Ⅱ. 대상판결의 분석

1. 양벌규정에 의한 수범자 확대의 가부

신분범에서 의무규정의 적용을 받는 업무주가 아닌 종업원이 업무에 관하여 위반행위를 한 경우 양벌규정에 의하여 처벌할 수 있는지 여부에 대하여 많은 논의가 있어 왔다.

처벌 긍정설은 양벌규정의 '행위자를 벌하는 외에'라는 명시적 문언에 근거하여 실제 행위자를 처벌함으로써 처벌규정의 실효성을 확보할 수 있다고 한다. 이견의 여지는 있으나, 행위자에게 양벌규정을 통해 벌칙규정 본조가 적용되므로 법정형은 벌칙규정이 적용된다.

이에 반해 처벌 부정설은 신분 없는 행위자를 양벌규정에 의하여 처벌하는 것은 유추해석으로 허용될 수 없다고 한다. 양벌규정이 행위자에게 수범자의 신분을 부여하지 않는 바 '행위자를 벌하는 외에'라는 문언은 벌칙규정에 의한 행위자 처벌을 전제로 하는 점, 양벌규정을 그 적용의 전 단계인 행위자 범죄성립의 근거로 하는 것은 이론적 모순이라는 점 등을 논거로 한다(장한철, 102면).

실제 행위자의 처벌은 처벌규정의 실효성 확보 및 처벌 공백 방지를 위하여 반드시 필요하고, 양벌규정의 '행위자를 벌하는 외에' 문언을 기초로 행위자를 처벌하는 것이 정당한 해석 범위를 벗어난다고 볼 수 없으므로 처벌 긍정설이 타당하다고 본다. 다만, 논란을 해소하기 위하여 독일 형법 제14조의 대리인책임과 같은 명시적 규정을 도입함이 상당하다.

2. 행위자 특정의 기준 및 주요 판례

대법원은 실제 행위자에 대하여 '일정한 범위 내에서는 독자적인 판단이나 권한에 의하여 그 업무를 수행할 수 있는 자'라는 기준을 제시하고 있다. 노무자를 데리고 축사 청소 등 단순 노무에 종사한 목장 관리인은 업주의 정화시설 설치의무 위반행위에 공모, 가담하였다고 볼 수 없다고 판시한 판례(대법원 1990. 12. 11. 90도2178 판결)도 같은 취지이다. 자기 전결권 없는 사람은 단순한 사자에 불과하므로, 대법원 판단이 일응 타당하다고 할 것이다. 행위자는 직책이나 명칭과는 상관없이 일정한 권한을 가지고 객관적, 외형적으로 본인의 업무에 해당하는 행위를 하였다는 행위의 행태가 중요하다(김대휘, 37면).

　　실무상 본건과 같은 하급직원이 아니라 법인의 대표이사, 공장장, 현장소장 등이 실제 행위자로 처벌되는 경우가 대다수인데, 다만, 대규모 기업의 대표이사 등 임원의 경우는 복잡한 위임, 결재 체계 등으로 인해 그 판단이 쉽지 않다. 아래 판례와 같이 사업체의 규모, 위반행위의 성질 및 중요도, 임원의 업무와 개별현장 작업과의 관계, 별도의 실질적인 관리책임자 지정 여부, 구체적인 업무분담 관계 등 제반 사정을 종합하여 행위자 및 고의 여부를 개별적으로 판단할 수밖에 없다(이주원, 316면).

　　판례는 축산협동조합의 전무가 환경기사 자격이 있는 인공수정사를 도축장 폐수처리 업무를 겸하도록 하였는데, 그가 오염방지시설을 정상적으로 운영하지 아니한 사례에서, 피고인이 위 인공수정사의 요청에 따라 폐수처리 업무를 지원할 직원을 추가로 보임한 사실, 폐수처리약품을 충분히 공급한 사실 등에 비추어 피고인이 위 인공수정사에 대한 지휘감독상의 과실은 인정될지언정 고의로 오염방지시설을 정상운영하지 아니한 것이라고는 볼 수 없어 행위자에 해당하지 않는다는 이유로 무죄를 선고하였다(대법원 1991. 11. 12. 91도801 판결). 같은 취지로 대법원은 2013. 삼성전자 불산 누출 사고와 관련하여 삼성전자의 대표이사의 대리인인 인프라기술센터장은 삼성전자 사업장에서 발생한 불산 누출 사고에 대하여 구체적, 직접적 주의의무를 부담한다고 보기 어려우므로 산업안전보건법위반의 점에 대하여 행위자라고 인정할 수 없다고 판시하였다(대법원 2018. 10. 25. 2016도11847 판결). 또한, 건설회사의 대표이사가 소속 근로자의 추락 방지 조치를 취하지 않은 사실로 기소된 사건에서, 회사가 매출 99억 원, 전국 건설현장 25군데로 그 규모가 크고, 각 현장소장이 안전관리를 담당한 사실 등에 비추어 볼 때, 대표이사를 행위자로 볼 수 없다는 이유로 무죄 선고된 사례도 있다(의정부지법 2005. 3. 31. 2004노1726 판결). 차량 정비업체 대표이사가 미신고 대기배출시설을 설치, 조업하였다는 사실로 기소된 사건에서, 일용 근로자가 임의로 적법한 도장시설 밖에서 도장작업을 하였으므로 대표이사의 지시, 공모관계를 인정할 수 없다는 이유로 무죄 선고된 사례(대법원 2011. 12. 8. 2011도13386 판결)도 같은 취지이다.

　　한편, 대법원은 서울대학교 부속병원 관리부원장이 치과대학 부속병원의 폐수를 위 대학교병원 본원의 배출시설을 거치지 않고 그대로 방류하도록 한 사안에서, 위 관리부원장이 폐수처리 등 시설 운영을 총괄하는 자로서, 치과대학 부속병원이 본원과 거리가 멀어 본원의 배출시설로 폐수관이 연결되어 있지 않고 그대로 폐수 배출해 온 사정을 알고 있었던 점을 근거로 행위자로 유죄 판시한 바 있다(대법원 1991. 2. 26. 90도2597 판결). 또한, 법인의 지방세 체납으로 인한 조세범처벌법위반 사건에서, 대표이사를 행위자로 보아 유죄 판시한 사례도 있다(대법원 2004. 9. 24. 2004도4066 판결).

Ⅲ. 대상판결의 평가

대법원이 일관되게 신분 없는 행위자를 양벌규정에 의하여 처벌하는 것은 처벌 실효성 확보를 위한 필수불가결한 조치라고 할 것이다. 본건에서 피고인의 부서 소속원이 아닌 보안담당자가 폐기물 처리업자와의 계약을 체결하였고, 피고인의 부서책임자나 부평교역처 보급창을 총괄하는 창장이 폐기물의 불법 처리에 관하여 지시, 묵인 등으로 구체적으로 관여한 사실이 확인되지 아니한 점 등 때문에 피고인만 행위자로 특정되었다. 위와 같이 법인 대표이사 등 고위직이 행위 관여 사실 입증 곤란으로 인해 쉽게 면책되는 문제를 해결하기 위하여 법인의 대표자 등에게 부작위 감독책임을 묻는 내용을 양벌규정에 포함하자는 주장도 있다(유수연, 168면).

참고문헌

김대휘, "양벌규정의 해석", 형사판례연구 제10권 (2002)

유수연, "기업범죄에서 대표이사 처벌의 문제점과 개선방안", 법학연구 제10권 제1호 (2007)

이주원, "산업안전보건법상 양벌규정에 의한 사업주와 행위자의 처벌", 고려법학 제51호 (2008)

장한철, "환경범죄의 책임주체에 관한 고찰", 한양법학 제21권 (2010)

대상판례색인

환경판례백선

초판발행   2019년 12월   5일
중판발행   2021년   3월 10일

지은이   (사) 한국환경법학회·대법원 환경법연구회
펴낸이   안종만·안상준

편 집   심성보
기획/마케팅   조성호
표지디자인   이미연
제 작   우인도·고철민

펴낸곳   (주) **박영사**
            서울특별시 금천구 가산디지털2로 53, 210호(가산동, 한라시그마밸리)
            등록 1959. 3. 11. 제300-1959-1호(倫)

전 화   02)733-6771
f a x   02)736-4818
e-mail   pys@pybook.co.kr
homepage   www.pybook.co.kr
ISBN   979-11-303-3517-9 93360

정 가   38,000원